Arztrecht

Hans-Peter Ries · Karl-Heinz Schnieder ·
Björn Papendorf · Ralf Großbölting ·
Sebastian Berg

Arztrecht

Praxishandbuch für Mediziner

4. Auflage

Unter Mit-Autorenschaft der Rechtsanwältinnen und Rechtsanwälte Prof. Dr. Christoff Jenschke, Dr. Daniela Kasih, Thomas Vaczi, Björn Stäwen, Dr. Franziska Neumann, Dr. Tobias Witte, Dominik Neumaier und Dirk Wenke

Hans-Peter Ries
kwm - rechtsanwälte
Münster
Deutschland

Karl-Heinz Schnieder
kwm - rechtsanwälte
Münster
Deutschland

Björn Papendorf
kwm - rechtsanwälte
Münster
Deutschland

Ralf Großbölting
kwm - rechtsanwälte
Berlin
Deutschland

Sebastian Berg
kwm - rechtsanwälte
Münster
Deutschland

ISBN 978-3-662-54404-4   ISBN 978-3-662-54405-1   (eBook)
DOI 10.1007/978-3-662-54405-1

Die Deutsche Nationalbibliothek verzeichnet diese Publikation in der Deutschen Nationalbibliografie; detaillierte bibliografische Daten sind im Internet über http://dnb.d-nb.de abrufbar.

© Springer-Verlag GmbH Deutschland 2004, 2007, 2012, 2017
Das Werk einschließlich aller seiner Teile ist urheberrechtlich geschützt. Jede Verwertung, die nicht ausdrücklich vom Urheberrechtsgesetz zugelassen ist, bedarf der vorherigen Zustimmung des Verlags. Das gilt insbesondere für Vervielfältigungen, Bearbeitungen, Übersetzungen, Mikroverfilmungen und die Einspeicherung und Verarbeitung in elektronischen Systemen.
Die Wiedergabe von Gebrauchsnamen, Handelsnamen, Warenbezeichnungen usw. in diesem Werk berechtigt auch ohne besondere Kennzeichnung nicht zu der Annahme, dass solche Namen im Sinne der Warenzeichen- und Markenschutz-Gesetzgebung als frei zu betrachten wären und daher von jedermann benutzt werden dürften.
Der Verlag, die Autoren und die Herausgeber gehen davon aus, dass die Angaben und Informationen in diesem Werk zum Zeitpunkt der Veröffentlichung vollständig und korrekt sind. Weder der Verlag, noch die Autoren oder die Herausgeber übernehmen, ausdrücklich oder implizit, Gewähr für den Inhalt des Werkes, etwaige Fehler oder Äußerungen. Der Verlag bleibt im Hinblick auf geografische Zuordnungen und Gebietsbezeichnungen in veröffentlichten Karten und Institutionsadressen neutral.

Einbandabbildung: © Picture-Factory, fotolia.com

Gedruckt auf säurefreiem und chlorfrei gebleichtem Papier

Springer ist Teil von Springer Nature
Die eingetragene Gesellschaft ist Springer-Verlag GmbH Deutschland
Die Anschrift der Gesellschaft ist: Heidelberger Platz 3, 14197 Berlin, Germany

Vorwort

Dieses Buch soll jeden niedergelassenen Arzt für die tagtäglichen Fragestellungen im Rahmen seiner beruflichen Tätigkeit wappnen, die nicht Gegenstand seiner medizinischen Ausbildung waren. Diese Frage- und Problemstellungen wirken sich oftmals in erheblichem Maße aus – sei es persönlich im Verhältnis zum Patienten, finanziell im Verhältnis zu den Körperschaften oder hinsichtlich der beruflichen Perspektive.

Ein Arzt ist immer weniger allein Mediziner, sondern auch selbständiger Unternehmer, der die sich wandelnden Bedürfnisse der Patienten ebenso zu beachten hat, wie die sich permanent verändernde Rechtslage. Allein im Vertragsarztrecht (SGB V) gab es seit der Erstauflage dieses Buches im Jahre 2004 eine zweistellige Zahl bedeutender gesetzlicher Änderungen. Auch die letzten Jahre seit der dritten Auflage aus dem Jahre 2012 haben im ambulanten Bereich grundlegende Strukturveränderungen gebracht. Chancen und Risiken liegen hier eng beieinander, teilweise wird erst die nähere Zukunft zeigen, welche der neuen Regelungen in der Praxis zum Erfolgsmodell werden.

Dieses Buch soll dem Arzt ein übersichtlicher und verständlicher Ratgeber sein – ein Wegweiser durch die rechtlichen Labyrinthe.

Einen Schwerpunkt des Buchs bildet dabei der Bereich des Vertragsarztrechts mit seinen vielfältigen Problemen. Nachdem die Vorauflage insbesondere das Versorgungsstrukturgesetz zu berücksichtigen hatte, sind in dieser Auflage neben dem Patientenrechtegesetz insbesondere das Versorgungsstärkungsgesetz aus dem Jahre 2015 sowie die neuen Korruptionsvorschriften (§§ 299a ff. StGB) aus dem Jahre 2016 eingearbeitet, um eine größtmögliche Aktualität zu gewährleisten.

Daneben werden ebenfalls alle wesentlichen praxisrelevanten Rechtsgebiete wie das Haftpflichtrecht (unter Beachtung des Patientenrechtsgesetzes), das Arbeitsrecht und Disziplinarrecht sowie das Mietrecht dargestellt. Auch die Erläuterungen zum Vermögensschutz des Arztes im Bereich des Familienrechts wurden aktualisiert.

Münster/Berlin, im Frühjahr 2017
Hans-Peter Ries
Karl-Heinz Schnieder
Ralf Großbölting
Björn Papendorf
Sebastian Berg

Inhaltsverzeichnis

1 Der Privatpatient... 1
   1.1 Die Rechtsbeziehung Arzt – Patient 1
   1.2 Beteiligte („Parteien") des Behandlungsvertrages................ 3
       1.2.1 Behandlerseite 3
       1.2.2 Patientenseite 4
   1.3 Das Ende des Behandlungsvertrages........................... 6
   1.4 Rechte und Pflichten des Arztes aus dem Vertragsverhältnis........ 6
       1.4.1 Behandlungspflicht im weiteren Sinne 6
       1.4.2 Aufklärungspflicht................................... 7
       1.4.3 Wirtschaftliche Aufklärungspflicht 8
       1.4.4 Dokumentationspflicht................................ 10
       1.4.5 Schweigepflicht 11
   1.5 Pflichten des Patienten aus dem Behandlungsvertrag 13
       1.5.1 Das Arzthonorar..................................... 13
       1.5.2 Exkurs: Mahnwesen und Beitreibung 17
       1.5.3 Die Mitwirkungspflicht (Compliance) und Duldungspflicht... 20
       1.5.4 Die Offenbarungspflicht.............................. 20

2 Der Kassenpatient.. 21
   2.1 Vertragsverhältnisse...................................... 21
   2.2 Rechte und Pflichten 21
       2.2.1 Umfang der Behandlungspflicht 21
       2.2.2 Anspruch des Patienten auf Einholung einer
               Zweitmeinung 24
       2.2.3 Exkurs: Elektronische Gesundheitskarte und
               E-Health-Gesetz.................................... 24
   2.3 Abdingung und Individuelle Gesundheitsleistung (IGeL)........... 25
       2.3.1 Abdingung 26
       2.3.2 Individuelle Gesundheitsleistungen..................... 27

3 Der Arzt und die KV.. 35
   3.1 Die KV – Organisation und Aufbau........................... 35
   3.2 Formen vertragsärztlicher Tätigkeit........................... 36
       3.2.1 Zulassung.. 36

		3.2.2	Ermächtigung	39
		3.2.3	Anstellung	39
	3.3	Praxisvertretung		40
	3.4	Nebentätigkeit		41
	3.5	Abrechenbarkeit vertragsärztlicher Leistungen		42
	3.6	Die vertragsärztliche Vergütung		42
	3.7	Wirtschaftlichkeitsprüfung		43
		3.7.1	Rechtliche Grundlagen	43
		3.7.2	Prüfgegenstand, Prüfanlass, Prüfmethode	46
		3.7.3	Verfahrensablauf	52
		3.7.4	Checkliste	60
	3.8	Abrechnungsprüfung		65
		3.8.1	Sachlich-rechnerische Richtigstellung	65
		3.8.2	Plausibilitätsprüfung	66
		3.8.3	Ausblick	67
	3.9	Wechselwirkung zwischen verschiedenen Kürzungsmechanismen		68
4	**Der Arzt und die besonderen Versorgungsformen**			**71**
	4.1	Einleitung		71
	4.2	Besondere Versorgung		71
		4.2.1	Vertragsgegenstand	72
		4.2.2	Versorgungsangebot/Voraussetzungen	72
		4.2.3	Vertragspartner	73
		4.2.4	Vergütung	74
		4.2.5	Teilnahme der Versicherten	74
	4.3	Hausarztzentrierte Versorgung, § 73 b SGB V		75
		4.3.1	Teilnahme der Versicherten	75
		4.3.2	Qualität und Rahmenbedingungen	76
		4.3.3	Vertragspartner	76
		4.3.4	Vertragsinhalt	76
		4.3.5	Sicherstellungsauftrag und Gesamtvergütung	77
	4.4	Besondere ambulante ärztliche Versorgung („Selektivverträge")		77
	4.5	Umsetzung von besonderen Versorgungsformen und Vertragsgestaltung		77
	4.6	Disease Management Programme (DMP)		79
	4.7	Praxis- und Ärztenetze/Strukturverträge		80
	4.8	Ambulante spezialfachärztliche Versorgung (ASV)		80
		4.8.1	Inhalt	81
		4.8.2	Teilnehmer	82
		4.8.3	Vergütung	83
5	**Ärztliches Standesrecht**			**85**
	5.1	Allgemeines		85
		5.1.1	Der Berufszugang nach der Bundesärzteordnung	85
		5.1.2	Widerruf und Rücknahme der Approbation	86
		5.1.3	Ruhen der Approbation	86
		5.1.4	Berufserlaubnis	87

	5.2	Der Arzt und die Kammer	87
	5.3	Die Berufsordnung	88
		5.3.1 Grundpflichten des Arztes	88
		5.3.2 Zulässige Formen der gemeinsamen ärztlichen Berufsausübung	91
		5.3.3 Anti-Korruptionsregelungen	95
		5.3.4 Praxismarketing und Werbung	96
		5.3.5 Das Internet	105
	5.4	Weiterbildungsordnung	106
	5.5	Die ärztliche Berufsgerichtsbarkeit	107
6	**Der Arzt und das Disziplinarrecht Zulassungsentziehung**		109
	6.1	Das Disziplinarrecht	109
		6.1.1 Verletzung vertragsärztlicher Pflichten als Grund für die Einleitung des Disziplinarverfahrens	110
		6.1.2 Disziplinargewalt	111
		6.1.3 Ablauf des Disziplinarverfahrens	112
		6.1.4 Rechtsschutzmöglichkeiten	118
	6.2	Die Entziehung der Zulassung	118
		6.2.1 Voraussetzungen der Zulassungsentziehung	119
		6.2.2 Gang des Entziehungsverfahrens und Entscheidung	123
		6.2.3 Rechtsschutzmöglichkeiten	124
	6.3	Das Verhältnis verschiedener Verfahren untereinander	125
7	**Der Arzt und das Strafrecht**		127
	7.1	Einleitung	127
	7.2	Einzelne Tatbestände des ärztlichen Strafrechts	128
		7.2.1 Abrechnungsbetrug	128
		7.2.2 Fahrlässige Körperverletzung und fahrlässige Tötung	131
		7.2.3 Unterlassene Hilfeleistung	134
		7.2.4 Verletzung der ärztlichen Schweigepflicht	136
		7.2.5 Bestechlichkeit und Bestechung	138
		7.2.6 Weitere medizinstrafrechtliche Tatbestände	143
	7.3	Rechtsfolgen ärztlicher Straftaten	144
	7.4	Ablauf eines Strafverfahrens	146
8	**Der Arzt und die berufliche Kooperation**		149
	8.1	Einführung	149
	8.2	Rechtliche Rahmenbedingungen der Zusammenarbeit	153
		8.2.1 Berufsrechtliche Vorgaben	154
		8.2.2 Vertragsarztrechtliche Vorgaben	158
		8.2.3 Gesellschaftsrechtliche Rahmenbedingung	160
	8.3	Die Berufsausübungsgemeinschaft („Gemeinschaftspraxis")	168
		8.3.1 Vorteile einer Berufsausübungsgemeinschaft	168
		8.3.2 Die Voraussetzungen an eine Berufsausübungsgemeinschaft anhand der vertraglichen Regelungen	169

		8.3.3	Folgen fehlerhafter Berufsausübungsgemeinschaftsverträge 177

- 8.3.3 Folgen fehlerhafter Berufsausübungsgemeinschaftsverträge 177
- 8.3.4 Bestandsschutz der Berufsausübungsgemeinschaft 178
- 8.3.5 Sonderformen der Berufsausübungsgemeinschaft 184
- 8.4 Organisationsgemeinschaften 189
  - 8.4.1 Die Praxisgemeinschaft 189
  - 8.4.2 Die Apparategemeinschaft 192
  - 8.4.3 Laborgemeinschaften 192
- 8.5 Das Medizinische Versorgungszentrum 193
  - 8.5.1 Gründungsvoraussetzungen 193
  - 8.5.2 Zulassungsstatus, Verfahren 195
  - 8.5.3 Organisation 198
  - 8.5.4 Vergütung 198
- 8.6 Kooperation mit Krankenhäusern 198
  - 8.6.1 Nutzung von Krankenhausstrukturen 199
  - 8.6.2 Der Belegarzt 200
  - 8.6.3 Der niedergelassene Arzt als Teilzeitangestellter im Krankenhaus 201
  - 8.6.4 Honorarärztliche Tätigkeit im Krankenhaus 202
  - 8.6.5 Kooperationen im Rahmen der ambulanten spezialfachärztlichen Versorgung (§ 116b SGB V) 207
  - 8.6.6 Praxismiete in sog. Gesundheitszentren an Krankenhäusern 208
  - 8.6.7 Die Angemessenheit von Leistung und ihrer Vergütung 208
- 8.7 Praxisnetze/Praxisverbund 209
- 8.8 Anstellung eines Arztes in der Praxis eines Vertragsarztes 210
  - 8.8.1 Vertreter 211
  - 8.8.2 Assistenten 212
  - 8.8.3 angestellte Ärzte (Dauerassistenten) 213

9 Arzthaftpflichtrecht 217
- 9.1 Begriff und praktische Bedeutung 217
- 9.2 Haftungsgrundlagen 217
  - 9.2.1 Die Haftung aus einem Behandlungsfehler 218
  - 9.2.2 Die Haftung aus einem Aufklärungsfehler 225
  - 9.2.3 Umfang von Schadensersatz und Schmerzensgeld 228
- 9.3 Der typische Gang einer Auseinandersetzung 231
  - 9.3.1 Die außergerichtliche Auseinandersetzung zwischen einem Arzt und einem Patienten 231
  - 9.3.2 Das Gerichtsverfahren 234
- 9.4 Die Prävention von Haftungsfällen 238
  - 9.4.1 Außerrechtliche Ansatzpunkte zur Verringerung des Haftungsrisikos 238
  - 9.4.2 Rechtliche Ansatzpunkte 239
  - 9.4.3 Kontrolle des Versicherungsschutzes 241

10 Der Arzt und das Arbeitsrecht 243
   10.1 Rechtliche Grundlagen 243
   10.2 Begründung eines Arbeitsverhältnisses 243
      10.2.1 Vertragsanbahnung 243
      10.2.2 Abschluss eines Arbeitsvertrages 246
      10.2.3 Vertragsinhalte 246
   10.3 Mutterschutz und Elternzeit 252
   10.4 Der „Minijob" 254
   10.5 Der Ehegatten-Arbeitsvertrag 254
   10.6 Arbeitnehmerhaftung 255
   10.7 Beendigung des Arbeitsverhältnisses 256
      10.7.1 Aufhebungsvertrag 256
      10.7.2 Kündigung 257
      10.7.3 Zeugniserteilung 269
   10.8 Besonderheit: Praxiserwerb 272
      10.8.1 Rechtsfolgen des § 613a BGB 272
      10.8.2 Widerspruchsrecht der Arbeitnehmer 272
      10.8.3 Unterrichtungspflicht 273
   10.9 Anstellung von Ärzten 273
      10.9.1 Einhaltung der vertragsärztlichen und berufsrechtlichen
             Pflichten 273
      10.9.2 Variable Vergütung 274
      10.9.3 Berufshaftpflichtversicherung 274
      10.9.4 Nachvertragliches Wettbewerbsverbot 274

11 Der Arzt und das Mietrecht 279
   11.1 Bedeutung des Mietvertrages 279
   11.2 Kein gesetzlicher Mieterschutz 279
   11.3 Schriftform des Mietvertrages 280
   11.4 Notwendige Inhalte des Praxismietvertrages 281
      11.4.1 Vertragszweck 281
      11.4.2 Dauer des Mietvertrages 281
      11.4.3 Mietzins und Nebenkosten 282
      11.4.4 Mietsicherheiten 284
      11.4.5 Ausweitung der Praxistätigkeit 284
      11.4.6 Beendigung der Praxistätigkeit 285
      11.4.7 Ein- und Umbauten 285
      11.4.8 Instandhaltung, Schönheitsreparaturen, Praxisschild .. 286
      11.4.9 Konkurrenzschutzklausel 287
      11.4.10 Veräußerung des Mietobjekts 288
   11.5 Fazit 288

12 Praxiskauf und Praxisabgabe 293
   12.1 Einleitung 293
   12.2 Die Arztpraxis als Veräußerungsobjekt 294
      12.2.1 Begriff der Arztpraxis 294

12.2.2 Der Vertragsarztsitz 294
12.2.3 Übertragung eines Praxisanteils. 295
12.3 Die Vorbereitung der Praxisübertragung 296
    12.3.1 Planung und Anbahnung der Praxisübertragung 296
    12.3.2 Die Bestimmung des Kaufpreises 298
12.4 Grundzüge des öffentlich-rechtlichen Nachbesetzungsverfahrens ... 303
    12.4.1 Zulassungsbeschränkungen und Praxiskauf 303
    12.4.2 Gang des Nachbesetzungsverfahrens. 305
    12.4.3 Rechtsmittel und Konkurrentenstreit 312
12.5 Notwendige vertragliche Regelungen des Praxiskaufvertrages...... 313
    12.5.1 Vorverträge 313
    12.5.2 Konkretisierung des Kaufgegenstandes/Gegenstand
           des Praxisübernahmevertrages 314
    12.5.3 Kaufpreis. 315
    12.5.4 Fälligkeit und Sicherung des Kaufpreises. 316
    12.5.5 Übergabe der Patientenkartei 317
    12.5.6 Der Übergang von Arbeitsverhältnissen 320
    12.5.7 Der Praxismietvertrag 322
    12.5.8 Versicherungsverträge. 323
    12.5.9 Sonstige Dauerschuldverhältnisse 324
    12.5.10 Übergabe, Gefahrübergang, Gewährleistung,
            Rechnungsabgrenzung 324
    12.5.11 Zustimmungspflicht des Ehegatten/Lebenspartners 325
    12.5.12 Konkurrenzschutz 325
    12.5.13 Formerfordernisse. 327
    12.5.14 Absicherung von Risiken zwischen Vertragsunterzeichnung
            und Übergabe der Praxis. 327
    12.5.15 Vorbehalte und Bedingungen 328
    12.5.16 Absicherung durch eine „Salvatorische Klausel"? 329
12.6 Leistungsstörungen beim Praxiskauf. 329
    12.6.1 Mängel der Arztpraxis 329
    12.6.2 Aufklärungspflicht des Abgebers. 331
    12.6.3 Rechtsfolgen 332
    12.6.4 Verjährung 333
12.7 Checkliste. 333

13 Der Arzt und das Familienrecht 337
13.1 Einleitung. 337
13.2 Die Arztpraxis im Zugewinn – Grundlagen. 337
    13.2.1 Der Güterstand der Zugewinngemeinschaft 337
    13.2.2 Der Zugewinnausgleich 338
    13.2.3 Vermögenswerte im Zugewinn 340
    13.2.4 Zugewinnausgleich und Konsequenzen für die
           berufliche Existenzgrundlage. 344
13.3 Vermögensschutz – Gestaltungsmöglichkeiten 345

  13.3.1 Der Ehevertrag.................................... 345
  13.3.2 Grenzen der Vertragsfreiheit 345
  13.3.3 Allgemeine Regelungsmöglichkeiten in Eheverträgen 346
  13.3.4 Regelungsmöglichkeiten zum Schutz der
     Praxis/Gesellschaftsanteile 353
  13.3.5 Fazit 361

Stichwortverzeichnis... 363

Der Privatpatient

1.1 Die Rechtsbeziehung Arzt – Patient

Die Rechtsbeziehung des Arztes zum Patienten nimmt in der juristischen Literatur einigen Raum ein. Hier existieren zahlreiche Erklärungsmodelle. Je älter diese sind, umso mehr steht darin die empathische, fürsorgliche Rolle des Arztes im Vordergrund: Mit rein rechtlichen Kriterien sei die Beziehung von Arzt und Patient kaum zu beschreiben. An dieser Stelle kam sogar in der juristischen Literatur die Liebe ins Spiel. Das Bundesverfassungsgericht hat (Urteil vom 25.07.1979 – 2 BvR 878/74) festgestellt, dass das Verhältnis zwischen Arzt und Patient weit mehr sei als eine juristische Vertragsbeziehung.

Mit der Zeit sind die Juristen emotionsärmer geworden. Nur selten findet sich noch eine Bezugnahme auf die ehemals angenommen Sonderbeziehung von Arzt und Patient. So hat der BGH noch im Jahre 2011 seine eigene Rechtsprechung von 1974 bestätigt, nach der zumindest der Vertrag zwischen Zahnarzt und Patient als solcher über Dienste höherer Art anzusehen ist (BGH, Urteil vom 29.03.2011 – VI ZR 133/10). Die wichtigsten Regelungen der Beziehung des Arztes zum Patienten wurden letztendlich durch das am 26.02.2013 in Kraft getretene „Gesetz zur Verbesserung der Rechte von Patientinnen und Patienten" (Patientenrechtegesetz) im Bürgerlichen Gesetzbuch kodifiziert.

Die „klassische" Ausgangsform des Arztvertrages findet sich dabei zwischen niedergelassenem Arzt und dem Privatpatienten. Der Privatpatient ist also juristisch instruktiv und damit attraktiv. Attraktiv, wenngleich hier gerade nicht der „Normalfall", ist der Privatpatient auch aus wirtschaftlicher Sicht. Im Vergleich zur gesetzlichen Krankenversicherung zahlen die privaten Versicherungen dem Patienten für weitaus mehr Leistungen die anfallenden Behandlungskosten bzw. für gleiche Leistungen häufig eine höhere Vergütung. Die Behandlung von Privatpatienten belastet zudem kein Budget und unterliegt auch keiner vergleichbaren Mengenbegrenzung. Darüber hinaus bestehen grundsätzlich zwischen Privatpatient und Arzt einerseits sowie zwischen Privatpatient und Krankenversicherung andererseits völlig getrennte Vertragsverhältnisse. Grundsätzlich ist daher der Privatpatient

© Springer-Verlag GmbH Deutschland 2017
H.-P. Ries et al., *Arztrecht*,
DOI 10.1007/978-3-662-54405-1_1

und nicht etwa die Krankenversicherung Schuldner der ärztlichen Rechnung. Dabei mag schon hier erwähnt sein, dass die behandelte Person nicht zwangsläufig auch selbst Honorarschuldner sein muss. Ausnahmen kommen dann in Betracht, wenn Versicherungsnehmer und Patient nicht identisch sind, so z. B. bei mitversicherten Ehegatten und Kindern. Aber auch Jugendliche unter 18 Jahren kommen grundsätzlich aufgrund ihrer mangelnden bzw. beschränkten Geschäftsfähigkeit nicht als Honorarschuldner in Frage.

Beim Privatpatienten besteht eine vertragliche „Kette": Der Patient (bzw. der Erstattungsberechtigte) ist Honorarschuldner des Arztes, durch seinen Versicherungsvertrag hat er aber wiederum gegen seine Versicherung einen versicherungstarifgemäßen Erstattungsanspruch. Aus dieser Konstellation folgt bereits, dass grundsätzlich kein Anspruch des Patienten darauf besteht, die Vergütung des Arztes von der Erstattung durch seine Versicherung abhängig zu machen. Dies gilt sowohl zeitlich, als auch der Höhe der Vergütung nach.

Im hier zunächst maßgeblichen Verhältnis zwischen Privatpatient und Arzt kommt ein Behandlungsvertrag mit wechselseitigen Rechten und Pflichten zustande. Seit Einführung des Patientenrechtegesetzes ist der Behandlungsvertrag nunmehr ausdrücklich gesetzlich geregelt (§§ 630a ff. BGB). Nach § 630a Abs. 1 BGB wird durch den Behandlungsvertrag derjenige, welcher die medizinische Behandlung eines Patienten zusagt (Behandelnder), zur Leistung der versprochenen Behandlung, der andere Teil (Patient) zur Gewährung der vereinbarten Vergütung verpflichtet, soweit nicht ein Dritter zur Zahlung verpflichtet ist. Nach § 630a Abs. 2 BGB hat die Behandlung nach den zum Zeitpunkt der Behandlung bestehenden, allgemein anerkannten fachlichen Standards zu erfolgen, soweit nicht etwas anderes vereinbart ist. Vereinfacht gesagt, wird beim **Behandlungsvertrag** als Unterfall des Dienstvertrages ein „Tätigwerden" geschuldet und nicht – wie beim Werkvertrag – das Herbeiführen eines bestimmten Erfolges. Der Arzt schuldet damit lediglich eine Behandlung nach den Regeln der ärztlichen Kunst, hingegen grundsätzlich keinen Erfolg seiner Behandlung. Der behandelnde Arzt hat bei der Diagnoseerstellung den aktuellen wissenschaftlichen Erkenntnisstand zu beachten, den Patienten aufzuklären und zu beraten. Er hat ihn auf die schonendste Art und Weise zu therapieren, mit dem Ziel, die Krankheit zu heilen oder Symptome zu lindern. Im Gegenzug schuldet der Patient dem Arzt eine angemessene Vergütung, deren Umfang sich nach der Gebührenordnung für Ärzte (GOÄ) bestimmt. Daneben ist, was gerne vergessen wird, der Patient zur Mitwirkung bei der Behandlung verpflichtet und darf den Therapieerfolg nicht durch eigenes Fehlverhalten gefährden.

Da der Arzt keinen Behandlungserfolg schuldet, würde es diesem Grundsatz widersprechen, wenn er vertraglich stets dafür einzustehen hätte, dass der Patient bei vertragsgerechter Arbeit tatsächlich auch geheilt wird. Krankheitsverläufe und individuelle Besonderheiten beim Patienten sind nur schwerlich vorhersehbar. Es kann allerdings ein Schadensersatzanspruch des Patienten bestehen, sofern der Behandler einen schuldhaften Vertragsverstoß oder eine schuldhafte Körperverletzung begeht. Der Schadensersatzanspruch kann auch dadurch geltend gemacht werden, dass die Honorarzahlung (teilweise) verweigert wird.

Ferner hat der Patient das Recht, den Behandlungsvertrag jederzeit zu kündigen. Dem Arzt steht nach h.M. in diesem Fall die ordnungsgemäße Vergütung für die Behandlung nur insoweit nicht zu, als er durch sein vertragswidriges Verhalten die Kündigung des Patienten verursacht **und** seine bisherige Leistung infolge der Kündigung für den Patienten wertlos geworden ist bzw. er hieran kein Interesse mehr hat (§ 630b BGB i.Vm. § 628 Abs. 1 BGB). Nach aktueller Rechtsprechung (BGH, Urteil vom 29.03.2011, Az. VI ZR 133/10) ist allerdings nicht erforderlich, dass das vertragswidrige Verhalten als schwerwiegend anzusehen ist.

In Einzelfällen kann der Arztvertrag auch werkvertragliche Elemente enthalten, insbesondere dann, wenn der Arzt die Aufgabe eines Technikers übernimmt, z. B. bei der Herstellung einer Prothese. Die Anwendung werkvertraglicher Grundsätze ist dann aber auf den konkreten einzelnen Behandlungsschritt beschränkt, der Behandlungsvertrag wird also nicht insgesamt zum Werkvertrag.

Für das Zustandekommen des Behandlungsvertrages gelten die allgemeinen zivilrechtlichen Regelungen. Dabei ist keine bestimmte Form, insbesondere keine Schriftform, vorgeschrieben. Dies ist lebensnah, denn in der Regel werden zwischen Arzt und Patient keine besonderen Verhandlungen über Inhalt und Zustandekommen des Arztvertrages geführt. Nach allgemeiner Auffassung kommt ein Arztvertrag schon dadurch zustande, dass der Patient die Praxis des Arztes aufsucht und durch den Arzt eine Behandlung durchgeführt wird. Hier liegt ein Fall des sog. schlüssigen Verhaltens vor. Auch mündliche Vereinbarungen genügen, wozu auch die telefonische Konsultation des Arztes gehört.

Im Übrigen besteht auch im Arztrecht grundsätzlich Vertragsfreiheit. Zwar hat der Patient das Recht der freien Arztwahl, ein sog. „Kontrahierungszwang", also eine korrespondierende Verpflichtung des Arztes, ein Behandlungsverhältnis einzugehen, besteht aber grundsätzlich nicht. Ausnahmen gelten selbstredend bei Notfällen, in denen der Patient sonst ohne Hilfe bleiben würde. Der soeben erläuterte Grundsatz der Vertragsfreiheit gilt in dieser Form aber nur beim Privatpatienten, der ja bekanntlich nicht die Mehrheit der Patienten ausmacht. Beim gesetzlich versicherten Patienten sind eine Vielzahl weiterer Regelungen zu beachten, die die „Vertragsfreiheit" des Arztes beschränken und mit einer ganzen Schicht von Vorschriften, Verträgen und Rechtsprechung bedecken. Nähere Darlegungen dazu finden sich im folgenden Kapitel.

1.2 Beteiligte („Parteien") des Behandlungsvertrages

1.2.1 Behandlerseite

Im Normalfall des Behandlungsvertrages kommt das Rechtsverhältnis zwischen dem niedergelassenen Arzt und dem volljährigen Patienten zustande. Vertragspartner auf Seiten des Arztes ist damit, abstrakt gesprochen, stets der Praxisinhaber. Besteht eine Praxis aus mehreren Ärzten, handelt es sich also um eine ärztliche Kooperation, kommt es bei der Bestimmung des ärztlichen Vertragspartners auf die konkrete Rechtsform der Kooperation und ihr Auftreten nach außen an.

Bei der *Praxisgemeinschaft* hat bekanntlich jeder Arzt seine eigenen Patienten. Konsequenterweise kommt der Arztvertrag damit zwischen dem jeweiligen Einzelarzt und seinem Patienten zustande. Dass zwischen den Ärzten der Praxisgemeinschaft regelmäßig eine Gesellschaft bürgerlichen Rechts (GbR) besteht, ist für den Patienten unerheblich, da die GbR nur den Zweck hat, die gemeinsame Nutzung von Räumlichkeiten, Personal und Sachmitteln zu regeln und zu organisieren. In Bezug auf den Patienten handelt es sich daher um eine sog. „Innengesellschaft".

Ganz anders ist dies im Falle der *Berufsausübungsgemeinschaft* (BAG), geläufiger unter dem bisherigen Begriff Gemeinschaftspraxis. Hier üben die beteiligten Ärzte ihre Tätigkeit gemeinsam aus und kündigen dies auch nach außen an. Die Partner der Berufsausübungsgemeinschaft haben gemeinsame Patienten und arbeiten auf gemeinsame Rechnung. Den Vertrag mit dem Patienten schließt zwar zumeist nur ein Partner der Kooperation ab, dies geschieht aber mit Wirkung für und gegen alle Partner der Kooperation. Die Gesellschaft entfaltet damit auch Wirkungen nach außen.

Im Wesentlichen nichts anderes gilt für das *Medizinische Versorgungszentrum* (MVZ). Hier kommt der Behandlungsvertrag zwischen der jeweiligen MVZ-Gesellschaft und dem Patienten zustande.

Die Einzelheiten des Rechts der ärztlichen Kooperation werden in Kap. 8 erläutert.

1.2.2 Patientenseite

Im Normalfall kommt der Behandlungsvertrag ohne weiteres mit dem jeweiligen Patienten zustande. Das gilt jedenfalls dann, wenn dieser geschäftsfähig ist, was beim volljährigen Patienten regelmäßig der Fall ist.

Fehlt ausnahmsweise beim volljährigen Patienten die Geschäftsfähigkeit, also die Fähigkeit, rechtlich bindende Willenserklärungen abzugeben, zum Beispiel Verträge zu schließen, gilt etwas anderes. Wenn der Patient beispielsweise bewusstlos ist, kann er auch keinen Behandlungsvertrag abschließen. Gerade in solchen Fällen geschieht es aber nicht selten, dass ein Arzt Eingriffe und Behandlungsmaßnahmen durchführt, weil diese akut erforderlich sind. Der dabei entstehende Honoraranspruch des Arztes resultiert in diesem Falle nicht aus einem Behandlungsvertrag, sondern beruht auf dem Grundsatz der sog. „Geschäftsführung ohne Auftrag" (§§ 677 ff. BGB). Der Arzt muss sich bei seinen Maßnahmen dann aber auf die konkret indizierten Behandlungsschritte beschränken, darüber hinausgehende Maßnahmen bedürften der späteren Genehmigung des Patienten. Unterbleibt diese, besteht kein Vergütungsanspruch.

Sonderfall: Behandlung eines Kindes Auch für die Behandlung von Kindern gelten Besonderheiten. Hier ist jedenfalls der kleine Patient zumeist nicht Kostenschuldner. Minderjährige werden gem. § 1629 BGB grundsätzlich gemeinschaftlich durch die Eltern vertreten. Jedoch ist auch eine Einzelvertretung des Kindes durch nur einen Elternteil möglich. Sei es, dass diese auf einer allgemeinen

1.2 Beteiligte („Parteien") des Behandlungsvertrages

Aufgabenaufteilung zwischen den Eltern oder auf einer besonderen Bevollmächtigung durch den jeweils anderen Elternteil beruht. Es ist dabei auch zu berücksichtigen, dass Ehegatten, sofern sie nicht getrennt leben, gemäß § 1357 BGB berechtigt sind, Geschäfte zur angemessenen Deckung des Lebensbedarfs der Familie mit Wirkung auch für den anderen Ehegatten zu besorgen. Dazu gehört die Konsultation eines Arztes für die Kinder (BGH, Urteil vom 03.02.1967, Az. VI ZR 114/65). Je umfangreicher und schwerwiegender eine Behandlung jedoch ist, desto mehr wird der Arzt eine Einwilligung und Beauftragung durch beide Elternteile benötigen.

Zum Bereich der Einwilligung in eine ärztliche Behandlung hat der Bundesgerichtshof entschieden, dass bei routinemäßiger Behandlung leichterer Erkrankungen i. d. R. ungefragt von einer Einzelvertretungsvollmacht des erschienenen Elternteils ausgegangen werden kann (BGH, Urteil vom 22.06.1971, Az. VI ZR 230/69).

Bei schwereren Eingriffen mit nicht unbedeutenden Risiken muss sich der Arzt hingegen durch Nachfrage versichern, ob eine entsprechende Vertretungsmacht vorliegt. Dabei darf er aber regelmäßig ohne weitere Ermittlungen darauf vertrauen, dass die Auskunft des erschienenen Elternteils wahrheitsgemäß ist.

Nur bei schwierigen und weitreichenden Entscheidungen über die Behandlung des Kindes, die mit erheblichen Risiken verbunden ist, muss sich der Arzt Gewissheit darüber verschaffen, dass der nicht erschienene Elternteil mit der vorgesehenen Behandlung des Kindes einverstanden ist. Sind diese Voraussetzungen jeweils erfüllt, kann auch von einer Zahlungsverpflichtung des erschienenen Elternteils ausgegangen werden, der damit auch der richtige Adressat für die Rechnung ist.

Sonderfall: Behandlung eines Ehepartners Aus § 1357 BGB ergibt sich, dass neben dem Patienten selbst unter Umständen auch sein Ehepartner unmittelbar für die Kosten einer ärztlichen Behandlung haftet, sofern diese zum angemessenen Lebensbedarf der Familie zählen. Der Arzt erhält also einen zusätzlichen Honorarschuldner. Ob dies der Fall ist, muss im Einzelfall durch Vergleich der konkreten Behandlungskosten mit den allgemeinen Einkommens- und Lebensverhältnissen der Familie bestimmt werden. Hierfür sind in der Regel keine besonderen Ermittlungen, wie z. B. Nachfragen des Arztes, erforderlich. Dieser kann vielmehr allgemein davon ausgehen, dass eine medizinisch gebotene Behandlung ohne Inanspruchnahme von Sonderleistungen zur angemessenen Deckung des Lebensbedarfs jeder Familie zählt, da sie der Gesundheit als primärem und ursprünglichem Lebensbedarf dient und damit zugleich Bestandteil des angemessenen Unterhalts ist, den sich die Ehepartner grundsätzlich zu gewähren haben.

Etwas anderes ist nur bei besonders aufwendigen oder medizinisch in dieser Form nicht erforderlichen ärztlichen Behandlungen anzunehmen, z. B. bei Leistungen, die – Stichwort: Schönheitsoperationen – medizinisch nicht indiziert sind, auf Wunsch des Patienten aber dennoch erbracht werden. In solchen Fällen tritt eine Verpflichtung des Ehepartners nur dann ein, wenn sich die Partner vorab über die Durchführung der Behandlung in dieser aufwendigen Form ausdrücklich verständigt haben. Im Zweifel sollte der Arzt sich aktiv erkundigen. Selbst bei pflichtversicherten Patienten der gesetzlichen Krankenversicherung sind von der Rechtsprechung, jedenfalls bei unstrittig guten wirtschaftlichen Verhältnissen der

Ehepartner, Behandlungskosten in Höhe von über 4.000,00 €. Privatanteil als nicht ungewöhnlich hoch eingeschätzt worden.

Erweist sich der Patient in derartigen Fällen daher z. B. als zahlungsunfähig, besteht ein eigener unmittelbarer Zahlungsanspruch des Arztes gegenüber dem Ehepartner, dem dann auch eine Rechnung gestellt werden kann.

1.3 Das Ende des Behandlungsvertrages

Jedes Vertragsverhältnis hat ein Ende, nichts anderes gilt für den Behandlungsvertrag. In der Regel endet dieser, wenn beide Vertragsparteien ihre jeweiligen Leistungen bewirkt haben. Der Arzt hat die Behandlung durchgeführt, der Patient die fällige Vergütung geleistet.

Es kommen aber auch weitere Beendigungsgründe in Betracht. Beim Behandlungsvertrag zwischen Arzt und Patient handelt es sich um einen besonderen Fall des Dienstvertrages, der aufgrund besonderen Vertrauens eingegangen wird. Der Behandlungsvertrag stellt somit ein sogenanntes Dienstverhältnis „höherer Art" dar. Beide Seiten können dieses Rechtsverhältnis grundsätzlich ohne Angabe von Gründen kündigen. Erfolgt die Kündigung durch den Patienten, wird diese häufig nicht ausdrücklich erklärt, sondern ergibt sich beispielsweise dadurch, dass er sich zur Fortsetzung der Behandlung bei einem anderen Arzt vorstellt, der dies sodann dem Vorbehandle mitteilt.

Das Kündigungsrecht des Arztes ist allerdings durch diverse Vorschriften begrenzt. Solche Einschränkungen finden sich insbesondere in den Berufsordnungen. Besonders hervorzuheben ist, dass der Arzt nur dann kündigen darf, wenn eine anderweitige Versorgung des Patienten sichergestellt ist. Ausnahmen hiervon sind wiederum in besonderen Fällen anzunehmen. Ist das Vertrauensverhältnis zwischen Patient und Arzt massiv gestört, z. B. bei groben Beleidigungen oder Tätlichkeiten des Patienten, ist eine Fortsetzung der Behandlung nicht zumutbar. Im Recht der gesetzlichen Krankenversicherung gelten weitere, teilweise massive, Einschränkungen. Auch auf diese Besonderheiten wird im nachfolgenden Kapitel gesondert eingegangen.

1.4 Rechte und Pflichten des Arztes aus dem Vertragsverhältnis

1.4.1 Behandlungspflicht im weiteren Sinne

Auch nach Einführung des Patientenrechtegesetzes sind die sich für den Arzt aus dem Behandlungsvertrag ergebenden Pflichten nicht abschließend kodifiziert. Konkret ergeben sich die Pflichten weiterhin aus den Notwendigkeiten der jeweiligen medizinischen Behandlung. Der Arzt ist aufgrund des Behandlungsvertrages in erster Linie verpflichtet, alle Schritte der Behandlung nach den Regeln der ärztlichen Heilkunst zu erbringen. Er hat die Anamnese zu erstellen, den Patienten sorgfältig zu untersuchen, die Diagnose zu stellen, den Patienten aufzuklären und zu

1.4 Rechte und Pflichten des Arztes aus dem Vertragsverhältnis

behandeln. Behandlungsziel ist grundsätzlich stets die Heilung bzw. die Linderung eines Leidens, wobei dies auf die einfachste, schnellste und schonendste Weise zu geschehen hat. Maßstab ist der aktuelle Stand der medizinischen Wissenschaft. Der Arzt muss die Maßnahmen ergreifen, die von einem aufmerksamen und gewissenhaften Arzt seines Fachbereichs in berufsfachlicher Sicht vorausgesetzt und erwartet werden.

Nur erwähnt sei an dieser Stelle, dass nicht immer die Heilung einer „Krankheit" im engeren Sinne Inhalt des Behandlungsvertrages ist. Als Gegenbeispiele sind kosmetische Eingriffe, Maßnahmen der künstlichen Befruchtung, der Schwangerschaftsverhütung oder Schwangerschaftsabbrüche zu nennen, welche als „sonstige Eingriffe und Maßnahmen" ebenfalls Gegenstand eines Behandlungsvertrages sein können. Auch für diese Art der Behandlungen gelten daher im Kern die vorstehend genannten Pflichten.

Im Zusammenhang mit der Behandlungspflicht sind als weitere ärztliche Pflichten die zur Ausstellung von Attesten und Bescheinigungen sowie die Rezeptur- und Verschreibungspflicht zu nennen.

Neben der Behandlungspflicht bestehen aufgrund des Arztvertrages weitere Verpflichtungen, die teilweise als sog. „Nebenpflichten" bezeichnet werden. Beispielhaft sei hier die Pflicht genannt, dem Patienten jederzeit Einsicht in die Behandlungsunterlagen zu geben (§ 630g BGB).

1.4.2 Aufklärungspflicht

Eine wesentliche Nebenpflicht des Arztes ist die Aufklärung des Patienten. Nach traditioneller juristischer Auffassung stellt jeder ärztliche Heileingriff, auch der lege artis erbrachte, eine Körperverletzung dar. Strafrechtlich ist diese Körperverletzung nur deshalb nicht relevant, weil das Einverständnis des Patienten vorliegt.

Vor Durchführung einer medizinischen Maßnahme normiert § 630d Abs. 1 BGB die Pflicht des Behandelnden, die Einwilligung des Patienten einzuholen. Einer ausdrücklichen Einwilligung bedarf es nur dann nicht, soweit diese ausnahmsweise aufgrund einer unaufschiebbaren Maßnahme nicht rechtzeitig eingeholt werden kann und die Maßnahme dem mutmaßlichen Willen des Patienten entspricht. Man spricht dann von einer sogenannten „mutmaßlichen Einwilligung", die insbesondere bei bewusstlosen Notfallpatienten in Frage kommt.

Ist eine Einwilligung hingegen nicht ausnahmsweise entbehrlich, ist die Wirksamkeit der Einwilligung grundsätzlich von einer vorherigen ordnungsgemäßen Aufklärung des Patienten beziehungsweise des zur Einwilligung Berechtigten abhängig, § 630d Abs. 2 BGB.

Welche Anforderungen an eine ordnungsgemäße Aufklärung zu stellen sind, regelt § 630e BGB. Danach ist der Behandelnde verpflichtet, den Patienten in verständlicher Weise über Art, Umfang, Durchführung, zu erwartende Folgen und Risiken der Maßnahme sowie ihre Notwendigkeit, Dringlichkeit, Eignung und Erfolgsaussichten im Hinblick auf Diagnose und Therapie aufzuklären. Darüber hinaus hat der Behandelnde auch auf alternative Maßnahmen hinzuweisen, wenn mehrere medizinisch gleichermaßen indizierte und übliche Methoden zu wesentlich unterschiedlichen Belastungen, Risiken oder Heilungschancen führen können. Neben der Einwilligung ist auch eine Aufklärung ausnahmsweise aufgrund besonderer Umstände entbehrlich. In Betracht kommt dies insbesondere bei Notfallbehandlungen oder der Patient hat ausdrücklich auf die Aufklärung verzichtet, § 630e Abs. 3 BGB.

Dem Patienten soll mit der Aufklärung eine allgemeine Vorstellung von Art und Schweregrad der in Betracht stehenden Behandlung sowie von den Belastungen und Risiken, denen er sich aussetzt, vermittelt werden. Damit soll gleichzeitig dem Selbstbestimmungsrecht des Patienten genüge getan werden, so dass er nicht Objekt, sondern eigenverantwortliches Subjekt der Behandlung ist. Es wird daher auch von der sogenannten „Selbstbestimmungsaufklärung" gesprochen. Der Patient soll durch die Aufklärungspflicht davor geschützt werden, dass sich der Arzt ein ihm nicht zustehendes Bevormundungsrecht anmaßt. Die Aufklärung ist in besonderer Hinsicht im Bereich des Arzthaftungsrechts von Bedeutung. Die Einzelheiten der Aufklärung werden daher vertieft in Kap. 9, Arzthaftpflichtrecht, erläutert.

1.4.3 Wirtschaftliche Aufklärungspflicht

Von erheblicher Bedeutung ist die Frage nach einer sog. „wirtschaftlichen Aufklärungspflicht". Immer häufiger verweigern Privatpatienten die Bezahlung erbrachter Leistungen eines Arztes. Das meist gleichlautende Argument des Patienten: „Meine Krankenversicherung hat die Kostenübernahme abgelehnt. Sie hätten mir das doch sagen müssen." Oder: „Meine Krankenkasse verweigert die Bezahlung des 3,5-fachen Steigerungssatzes, muss ich das jetzt zahlen?".

Auf den ersten Blick scheint die Frage, ob der Arzt mit dem Patienten grundsätzlich ein entsprechendes Aufklärungsgespräch führen muss, geklärt.

Nach § 630 Abs. 3 BGB **kann** der Behandelnde eine wirtschaftliche Aufklärung schulden. Wie bereits das Wort „kann" vermuten lässt, statuiert § 630c Abs. 3 BGB dabei keinesfalls eine umfassende und unbedingte Pflicht des Behandelnden zur Aufklärung über die Erstattungsfähigkeit der für die Behandlung anfallenden Kosten. Vielmehr entsteht die Pflicht zur wirtschaftlichen Aufklärung erst dann, wenn der Behandelnde entweder positive Kenntnis davon hat, dass eine vollständige Übernahme der Behandlungskosten durch einen Dritten nicht gesichert ist oder sich nach den Umständen hierfür gesicherte Anhaltspunkte ergeben.

Mit anderen Worten reicht allein die Tatsache, dass die Krankenversicherung die Behandlungskosten nicht (vollständig) erstattet, nicht aus. Hinzukommen muss ferner, dass dem Arzt zumindest begründete Zweifel an der Erstattung der Behandlungskosten kommen.

In diesem Zuge ist zu berücksichtigen, dass die Inanspruchnahme der Krankenversicherung grundsätzlich vom Patienten ausgeht. Das Vertragsverhältnis Patient – Krankenversicherung ist ein eigenständiges. Berührungspunkte zum Behandlungsverhältnis ergeben sich nur insoweit, als der Versicherer dem Patienten nur die notwendigen und wirtschaftlichen Behandlungskosten erstattet.

1.4 Rechte und Pflichten des Arztes aus dem Vertragsverhältnis

Der behandelnde Arzt hat insbesondere im Falle von privaten Krankenversicherungen in Anbetracht der dort herrschenden Tarifvielfalt und Leistungskatalogen grundsätzlich keinerlei Kenntnis von dem Inhalt der Versicherung.

Hat der Behandelnde hingegen begründete Zweifel an der Erstattung der Behandlungskosten, so sollte eine entsprechende Aufklärung gegenüber dem Patienten erfolgen. Der Arzt, für den erkennbar alternative, gleichwertige, aber kostengünstigere Behandlungsmethoden bestehen, muss dem Patienten entsprechende Mitteilungen machen. Wichtig dabei: Dokumentation der Aufklärung. Wenn der Arzt bereits vor der Behandlung weiß, dass die Krankenkostenversicherung seines Patienten Zweifel an der medizinischen Notwendigkeit der Heilbehandlung geäußert hat, muss ebenfalls eine Aufklärung erfolgen.

Denn in diesen Fällen muss es sich dem Arzt aufdrängen, dass die Durchführung der geplanten Behandlung für den Versicherungsnehmer negative finanzielle Folgen haben kann. Wenn er den Patienten gleichwohl behandelt, ohne ihn zuvor auf das sich daraus ergebende Risiko hinzuweisen, verstößt er gegen die ihm obliegende Aufklärungspflicht.

Zwar können der Arzt und der Versicherer über die medizinische Notwendigkeit einer ärztlichen Behandlung im Einzelfall unterschiedlicher Ansicht sein. Ist es jedoch für den Arzt erkennbar zweifelhaft, ob die Behandlung notwendig ist oder nicht, folgt daraus, dass der Arzt den Patienten darauf hinzuweisen hat, dass die in Aussicht genommene Behandlung möglicherweise vom Krankenversicherer nicht als notwendig anerkannt wird und der Versicherer dementsprechend keine Leistungen erbringen wird. Es kommt mithin allein darauf an, ob dem Arzt eine Bestreitens- oder Nichtanerkennungspraxis eines Versicherers bekannt ist (LG Karlsruhe, Urteil vom 15.07.2005, Az. 5 S 124/04). Ob die Verweigerungshaltung berechtigt oder unberechtigt ist, ist in diesem Zusammenhang unerheblich.

Das OLG Stuttgart – Urteil vom 08.01.2013, Az. 1 U 87/12 – nahm eine Aufklärungspflicht für den Fall an, dass die Behandlungsseite Anhaltspunkte dafür hatte, dass eine private Krankenversicherung Behandlungskosten in einer Privatklinik nur in der Höhe übernimmt, wie sie in einem Plankrankenhaus angefallen wären.

Schuldet der Behandelnde nach diesen Grundsätzen eine wirtschaftliche Aufklärung, so hat diese in Textform zu erfolgen. Eine rein mündliche Aufklärung – wie bei der Selbstbestimmungsaufklärung – ist demnach nicht ausreichend. Inhaltlich sind dem Patienten vor allem die voraussichtlich entstehenden Kosten der Behandlung mitzuteilen. Dies kann bei privat krankenversicherten Patienten insbesondere durch einen entsprechenden Kostenvoranschlag geschehen.

▶ **Praxistipp:** Zur Absicherung **empfiehlt sich** ein schriftlicher Behandlungsvertrag und in Zweifelsfällen eine **ausführliche Dokumentation**.

Darüber hinaus ist grundsätzlich anzuraten, dass der Arzt den Patienten auf Behandlungsalternativen und die damit verbundenen unterschiedlichen Kosten hinweist und sodann die aus seiner Sicht zweckmäßige Behandlungsmethode vorschlägt.

Zu Beachten ist auch folgendes: Äußert sich der Arzt von sich aus zu Fragen der Erstattungsfähigkeit, müssen diese Auskünfte auch richtig sein. Das OLG Köln (Urteil vom 23.03.2005 – 5 U 144/04) formuliert insoweit sehr treffend: *„Gibt ein Arzt eine persönliche Einschätzung zur Kostenerstattung ab, stellt er sie gar als gesicherte Erfahrung oder Erkenntnis hin, muss er damit rechnen, dass der Patient sich auf ihn verläßt. Eine Auskunft muss daher entweder richtig sein oder unterbleiben."*

Missachtet der Behandelnde die Pflicht zur wirtschaftlichen Aufklärung, so steht dem Vergütungsanspruch des Arztes ein Schadensersatzanspruch des Versicherungsnehmers wegen Verletzung einer Pflicht des ärztlichen Behandlungsvertrages entgegen. Es erfolgt eine Befreiung vom Arzthonorar im Wege der Aufrechnung.

Ebenso droht dem Arzt eine Schadensersatzpflicht, wenn er mit der fraglichen Behandlung beginnt, obgleich ihm bekannt ist, dass eine Stellungnahme des Versicherers zur Kostenübernahme angefordert, aber noch nicht erteilt ist.

1.4.4 Dokumentationspflicht

Weiterhin ist der Behandelnde nach § 630f BGB verpflichtet, zum Zweck der Dokumentation in unmittelbarem zeitlichen Zusammenhang mit der Behandlung eine Patientenakte in Papierform oder elektronisch zu führen. Berichtigungen und Änderungen von Eintragungen in die Patientenakte sind nur zulässig, wenn neben dem ursprünglichen Inhalt erkennbar bleibt, wann sie vorgenommen worden sind. Inhaltlich sind sämtliche aus fachlicher Sicht für die derzeitige und künftige Behandlung wesentlichen Maßnahmen und deren Ergebnisse aufzuzeichnen, insbesondere die Anamnese, Diagnosen, Untersuchungen, Untersuchungsergebnisse, Befunde, Therapien und ihre Wirkungen, Eingriffe und ihre Wirkungen, Einwilligungen und Aufklärungen. Auch Arztbriefe sind in die Patientenakte aufzunehmen. In Übereinstimmung mit den Berufsordnungen ist nun auch normiert, dass die Patientenakte für die Dauer von zehn Jahren nach Abschluss der Behandlung aufzubewahren ist. Die Rechtsprechung erkennt eine Dokumentationspflicht an, wenn hierfür eine medizinische Erforderlichkeit besteht. Als Korrektiv kann sich der Behandelnde selbst fragen, ob man selbst oder als Nachbehandelnder Kenntnis von der jeweiligen Behandlungsmaßnahme haben muss, um eine fachgerechte Weiterbehandlung gewährleisten zu können. Aufklärungen und Einwilligungen sind hingegen ausnahmslos zu dokumentieren.

Mit der Pflicht zur Dokumentation korrespondiert das in § 630g BGB normierte Recht des Patienten auf Einsichtnahme in die Patientenakte. Der Patient kann zu jeder Zeit unverzüglich Einsicht in seine Patientenakte verlangen, soweit dem nicht erhebliche therapeutische Gründe oder sonstige erhebliche Rechte Dritter entgegenstehen. Da es sich bei den Behandlungsunterlagen um Eigentum des Behandelnden handelt, kann eine Herausgabe der Originalakte nicht verlangt werden. Der Patient kann lediglich die Einsichtnahme am Ort der Belegenheit der Unterlagen (regelmäßig also in den Praxisräumlichkeiten) verlangen. Alternativ kann der Patient auch die Herausgabe von Kopien verlangen. Dies kann der Behandelnde hingegen solange verweigern, bis der Patient die für die Anfertigung anfallenden Kopierkosten vorgestreckt hat.

1.4.5 Schweigepflicht

Aus ärztlicher Sicht eher ein Schattendasein führen Fragen der ärztlichen Schweigepflicht. Dies ist nicht unbedenklich, da im schlimmsten Falle sogar strafrechtliche Konsequenzen nicht auszuschließen sind, vgl. hierzu auch das Kap. 7 „Der Arzt und das Strafrecht".

Der historische Ursprung der ärztlichen Schweigepflicht ist bereits im Eid des Hippokrates zu finden. Dort ist zu lesen, dass alles, was der Arzt vom Patienten weiß, „niemals nach draußen ausgeplaudert" werden soll.

Auch die jeweiligen Berufsordnungen definieren deutlich, dass der Arzt über das, was ihm in seiner Eigenschaft als Arzt anvertraut oder bekannt geworden ist, zu schweigen hat (§ 9 Abs. 1 der Musterberufsordnung für Ärzte).

Verfassungsrechtliche Grundlage ist nach Auffassung des Bundesverfassungsgerichts die geschützte Würde des Menschen und sein Recht auf freie Entfaltung der Persönlichkeit, welche das Respektieren der Privat- und Intimsphäre fordern.

Für den Arzt und seine Mitarbeiter besteht die Schweigepflicht selbstverständlich über das Ende der Berufstätigkeit hinaus. Auch sind der Arzt und seine Mitarbeiter nach dem Tode des Patienten weiterhin zur Verschwiegenheit verpflichtet. Abzugrenzen ist die Schweigepflicht von dem den Ärzten zustehenden Zeugnisverweigerungsrecht, welches in der Strafprozessordnung niedergelegt wurde. Aktuelle Bedeutung erhält die Schweigepflicht in verschiedenen Bereichen.

1.4.5.1 Praxisverkauf

Ein Vertrag über die Übernahme einer Arztpraxis, in dem sich der Abgeber verpflichtet, dem Käufer die gesamte Patientenkartei zu übergeben, d. h. ohne Beschränkung auf die Patienten, die vorher zugestimmt haben, ist wegen Verstoßes gegen die ärztliche Schweigepflicht bzw. das informationelle Selbstbestimmungsrecht der Patienten **nichtig**. Diese Einschätzung kann als ständige Rechtsprechung bezeichnet werden (so BGH, Urteil vom 11.12.1991 – VIII ZR 4/91; Kammergericht, Urteil vom 09.10.1995 – 12 U 1926/92).

Dies gilt selbst dann, wenn vereinbart ist, dass bei Teilnichtigkeit des Vertrages dieser im Übrigen gültig bleiben solle. Denn die Bestimmung über die Übergabe der Patientenkartei ist wesentlicher Bestandteil des Vertrages. Folge einer solchen sittenwidrigen Vereinbarung ist die Rückabwicklung des Übernahmevertrages. Dies kann insbesondere mit Blick auf die übrigen rechtlichen Vorgänge (Mietvertrag, Zulassung, Arbeitsverträge etc.) verheerende Wirkungen haben.

Auch in berufsrechtlicher Hinsicht besteht die Pflicht zur Einholung der Einwilligung nach § 10 Abs. 4 MBO-Ä.

Praxisübernahmeverträge müssen daher (neben anderen wichtigen Aspekten) entweder auf die „Münchener Empfehlung zur Wahrung der ärztlichen Schweigepflicht bei Veräußerung einer Arztpraxis" verweisen oder selbst eine detaillierte

Klausel vorsehen. Diese kann darin bestehen, dass sämtliche Patienten um ihr schriftliches Einverständnis gebeten werden. In der Praxis entfällt dieser Vorgang regelmäßig, da derjenige Patient, welcher sich in die Behandlung des Praxiserwerbers begibt, ohnehin stillschweigend mit der Karteiübernahme einverstanden ist. Zunächst ist aber eine strikte Trennung der Karteikarten vorzusehen.

1.4.5.2 Honorarabrechnungen

Viele Ärzte scheuen den hohen Verwaltungsaufwand der persönlichen Rechnungsbeitreibung. Spätestens nach der ersten Mahnung oder sogar schon vor der Rechnungslegung werden die entsprechenden Daten an eine privatärztliche Verrechnungsstelle abgegeben, welche für ihre Tätigkeit einen bestimmten Prozentsatz des Honorars vereinnahmt. Auch in diesem Bereich sind Bestimmungen des Datenschutzes und damit auch die Schweigepflicht von Bedeutung.

Der Bundesgerichtshof (BGH) hat bereits Anfang der neunziger Jahre entschieden, dass die Übergabe von Abrechnungsunterlagen im Zusammenhang mit einer Honorarabtretung an gewerbliche Verrechnungsstellen wegen Verletzung der ärztlichen Schweigepflicht strafbar ist, wenn der Patient nicht zugestimmt hat. Obwohl der BGH in diesem Verfahren nicht konkret über die Strafbarkeit und eine Geld- bzw. Gefängnisstrafe als solche entschieden hat, ist diese Beurteilung Ausgangspunkt für die Frage ob die Honorarabtretung an die Verrechnungsstelle zivilrechtlich wirksam ist. Denn die allgemeine Sittenwidrigkeitsklausel (§ 138 BGB) geht davon aus, dass Verträge, die gegen (Straf)Gesetze verstoßen, automatisch nichtig sind.

Im Ergebnis bedarf es daher einer ausdrücklichen Zustimmung des Patienten, welche regelmäßig bereits bei der Anmeldung erfolgt. Verweigert der Patient seine Unterschrift oder wird das Formular versehentlich nicht unterschrieben, ist der Ärger spätestens dann vorprogrammiert, wenn der Patient sich gegen die Rechnungslegung durch die Verrechnungsstelle gerichtlich zur Wehr setzt. Sogar ein Schadensersatzanspruch des Patienten gegen den Arzt ist nicht ausgeschlossen.

▶ **Praxistipp:** Schriftliche Zustimmung des Patienten zur Weitergabe seiner Daten an Verrechnungsstellen unbedingt bereits bei der Anmeldung einholen!

1.4.5.3 Praxisgemeinschaft

Die Praxisgemeinschaft ist gegenüber der Berufsausübungsgemeinschaft (Gemeinschaftspraxis) eine Kooperationsform, welche eine beschränkte Form der Zusammenarbeit vorsieht. Sie ist beschränkt auf die sachlichen und persönlichen Mittel der Praxis. In Bezug auf ihre ärztliche Tätigkeit bleiben die Ärzte völlig selbstständig. Jeder führt in teils gemeinsamen Räumen seine eigene Praxis mit seinem eigenen Patientenstamm und damit auch mit eigener Krankenblattführung.

Das heißt, dass die einzelnen Patienten – von Fällen der Vertretung abgesehen – grundsätzlich immer von demselben Arzt behandelt werden. Juristisch schließt der Patient seinen Behandlungsvertrag mit *einem* Arzt ab, nicht etwa mit beiden Ärzten oder mit der aus zwei oder mehreren Ärzten bestehenden Gesellschaft bürgerlichen Rechts.

Dies bedeutet für die Schweigepflicht, dass ein „buntes Hin- und Herwechseln" der Patienten in der Praxisgemeinschaft nicht ohne deren Zustimmung möglich ist. Zwar erteilt der Patient, soweit er sich in die Behandlung des anderen Arztes begibt, sein Einverständnis zur Einsicht in die Karteikarte. Dennoch hat der Partner der Praxisgemeinschaft grundsätzlich eine eigene Karteikarte anzulegen und entsprechend gegenüber der KV abzurechnen. Wird dieses Prozedere nicht eingehalten, kann es bei einem Klageverfahren, in dem die Karteikarte zu übersenden ist, oder bei Wirtschaftlichkeitsprüfverfahren zu enormen Schwierigkeiten kommen.

1.4.5.4 Offenbarungspflichten/Rechtfertigung

Nicht jede Weitergabe von Daten ist unbefugt im Sinne des Strafgesetzbuches. Diverse Gesetze (z. B. die Diagnoseverschlüsselung nach dem ICD-Schlüssel gemäß § 295 Abs. 1 SGB V) sehen die Pflicht bzw. das Recht des Arztes vor, Unterlagen zu übersenden, ohne dass eine Verletzung der ärztlichen Schweigepflicht festzustellen ist.

So ist der Arzt im Rahmen einer Wirtschaftlichkeitsprüfung vor den Ausschüssen bei der KV regelmäßig zur Mitwirkung verpflichtet und kann sich nicht auf die ärztliche Schweigepflicht berufen. Im Gegenteil: Er muss in diesem Fall damit rechnen, dass er ein disziplinarrechtliches Verfahren wegen Verletzung der Mitwirkungspflicht erdulden muss.

Die Offenbarung von Geheimnissen ist z. B. auch immer dann gerechtfertigt, wenn der Patient eingewilligt hat. Er kann den Arzt von seiner Schweigepflicht entbinden. Dies geschieht regelmäßig in Haftpflichtprozessen. Auch bei der Verfolgung besonderer eigener Interessen, z. B. zum Zwecke der Verteidigung in einem Haftpflichtprozess oder Anspruchsbegründung in einem Beitreibungsprozess, ist der Arzt bei der Offenbarung gerechtfertigt.

1.5 Pflichten des Patienten aus dem Behandlungsvertrag

Nicht nur den Arzt treffen Pflichten aus dem Behandlungsvertrag. Auch den Patienten treffen aufgrund des Behandlungsvertrages Haupt- und Nebenpflichten.

1.5.1 Das Arzthonorar

Der Patient ist durch den Behandlungsvertrag gem. § 630a Abs. 1 BGB zur Gewährung der vereinbarten Vergütung verpflichtet, soweit nicht ein Dritter zur Zahlung verpflichtet ist.

1.5.1.1 Die Gebührenordnung für Ärzte

Die Vergütung des Arztes richtet sich bei der Behandlung des Privatpatienten nach den zwingenden Vorschriften der Gebührenordnung für Ärzte, der GOÄ.

Der Verordnungstext stellt in aller Kürze fest: *„Die Vergütung für die beruflichen Leistungen der Ärzte bestimmen sich nach dieser Verordnung, soweit nicht durch Bundesgesetz etwas anderes bestimmt ist".* Die GOÄ ist dabei auch auf die Abrechnung medizinisch nicht indizierter kosmetischer Operationen anzuwenden (BGH, Urteil vom 23.03.2006, NJW 2006, S. 1879 ff.) Die GOÄ ist eine Rechtsverordnung, die die Bundesregierung mit Zustimmung des Bundesrates erlässt.

Nach der GOÄ bemisst sich die Höhe der einzelnen Gebühr nach dem einfachen bis 3,5-fachen des Gebührensatzes. Innerhalb dieses Gebührenrahmens sind die Gebühren unter Berücksichtigung von Schwierigkeit und Zeitaufwand der einzelnen Leistung sowie der Umstände bei der Ausführung nach billigem Ermessen zu bestimmen. Die Schwierigkeit der einzelnen Leistung kann auch durch die Schwierigkeit des Krankheitsfalles begründet sein.

In der Regel darf eine Gebühr nur zwischen dem einfachen und dem 2,3-fachen des Gebührensatzes bemessen werden. Ein Überschreiten des 2,3-fachen des Gebührensatzes ist nur zulässig, wenn Besonderheiten der genannten Bemessungskriterien dies rechtfertigen.

Für das Jahr 2018 ist, nach mehrfacher Verschiebung des Termins, eine Novellierung der GOÄ angekündigt.

1.5.1.2 Honorarvereinbarungen

Über die Vergütung für privatärztliche Leistungen können von der GOÄ abweichende Vereinbarungen getroffen werden. Diese Vereinbarungen unterliegen bestimmten Voraussetzungen, welche zwingend eingehalten werden müssen. Ansonsten ist die Vereinbarung unwirksam und der Arzt hat eine neue Berechnung der Vergütung nach den allgemeinen Bestimmungen der GOÄ vorzunehmen. Im Rahmen dieser Vereinbarung kann aber nur ein abweichender Steigerungsfaktor vereinbart werden.

Die entscheidende Vorschrift findet sich in § 2 der GOÄ. Dort heißt es:

> Abweichende Vereinbarung
> (1) Durch Vereinbarung kann eine von dieser Verordnung abweichende Gebührenhöhe festgelegt werden. Für Leistungen nach § 5a ist eine Vereinbarung nach Satz 1 ausgeschlossen. Die Vereinbarung einer abweichenden Punktzahl (§ 5 Abs. 1 Satz 2) oder eines abweichenden Punktwerts (§ 5 Abs. 1 Satz 3) ist nicht zulässig. Notfall- und akute Schmerzbehandlungen dürfen nicht von einer Vereinbarung nach Satz 1 abhängig gemacht werden.
> (2) Eine Vereinbarung nach Absatz 1 Satz 1 ist nach persönlicher Absprache im Einzelfall zwischen Arzt und Zahlungspflichtigem vor Erbringung der Leistung des Arztes in einem Schriftstück zu treffen. Dieses muss neben der Nummer und der Bezeichnung der Leistung, dem Steigerungssatz und dem vereinbarten Betrag auch die Feststellung enthalten, dass eine Erstattung der Vergütung durch Erstattungsstellen möglicherweise nicht in vollem Umfang gewährleistet ist. Weitere Erklärungen darf die Vereinbarung nicht enthalten. Der Arzt hat dem Zahlungspflichtigen einen Abdruck der Vereinbarung auszuhändigen.

Sinn und Zweck der Regelung ist nach der amtlichen Begründung die zum **Schutz des Patienten** erforderliche **klare Erkennbarkeit** der Abweichung der Vereinbarung von den Regelsätzen der Gebührenordnung und der Tatsache, dass eine Kostenerstattung ggf. nicht in Betracht kommt. Die Erkennbarkeit soll insbesondere dadurch gewährleistet werden, dass die Abweichung nicht unter zahlreichen

1.5 Pflichten des Patienten aus dem Behandlungsvertrag

anderen Vereinbarungen versteckt wird. Es ist daher anzuraten, auch keine nur erläuternden Erklärungen aufzunehmen.

Folgende Aspekte sollten beim Abschluss von Honorarvereinbarungen beachtet werden:

- Absprachen über unbestimmte Gebührenspannen führen zur Unwirksamkeit der gesamten Vereinbarung. Dem Patienten muss klar erkennbar sein, für welche Leistungen der jeweils vereinbarte Satz gelten soll. Daher darf nicht lediglich ein von der GOÄ abweichender Gebührenrahmen vereinbart und es dem Arzt freigestellt werden, im Anschluss an die Behandlung die Gebühren nach den Maßstäben der GOÄ zu bestimmen (BGH, Urteil vom 19.02.1998 – III ZR 106/97). Die einzelnen Leistungen und Vergütungen müssen aufgeführt sein.
- Die Honorarvereinbarung muss vom Arzt und vom Patienten unterschrieben werden. Dem Patienten ist ein Exemplar der Vereinbarung auszuhändigen.
- In der Vereinbarung muss der Hinweis enthalten sein, dass die Krankenversicherung des Patienten nicht ohne Weiteres zur Erstattung des Rechnungsbetrags verpflichtet ist. Ansonsten sind Erklärungen zu vermeiden.
- Befand sich der Patient bereits zur Wahrnehmung eines zuvor vereinbarten Behandlungstermins von voraussichtlich längerer Dauer in den Praxisräumen, so ist die schriftliche Vereinbarung, die erst unmittelbar vor dem Behandlungsbeginn getroffen wurde, nicht „vor" Erbringung der Leistung im Sinne der GOÄ zustande gekommen (OLG Karlsruhe, Urteil vom 15.07.1999, Aktenzeichen: 12 U 288/98).
- Honorarvereinbarungen sollen in jedem Fall nach persönlicher Absprache zwischen Arzt und Patient getroffen werden. Diese individuelle Absprache sollte dokumentiert werden. Vereinbarungen, die für eine Vielzahl von Fällen vorformuliert sind, unterliegen der Kontrolle durch die Regelungen zu den Allgemeinen Geschäftsbedingungen, welche in den §§ 305 ff. des Bürgerlichen Gesetzbuchs zu finden sind.
- Der Arzt sollte den Patienten – soweit dies erkennbar ist – darauf hinweisen, dass mit einer außergewöhnlichen Besonderheit zu rechnen sei, die eine höhere Gebühr erfordert. Eine solche Hinweispflicht ergibt sich als Nebenpflicht aus dem Behandlungsvertrag (OLG Köln, Urteil vom 21.08.1996, Aktenzeichen 5 U 196/95).

Für bestimmte Leistungen ist der Abschluss einer Honorarvereinbarung nicht zulässig. Dies regelt § 2 Abs. 3 GOÄ. Betroffen sind die Leistungen nach den Abschnitten A (Gebühren in besonderen Fällen, für die der Gebührenrahmen 1,0–2,5 gilt), E (Physikalisch-medizinische Leistungen), M (Laboratoriumsuntersuchungen) und O (Strahlendiagnostik, Nuklearmedizin, Magnetresonanztomographie und Strahlentherapie) sowie Leistungen im Zusammenhang mit einem nicht rechtswidrigen Schwangerschaftsabbruch. Bei vollstationären, teilstationären sowie vor- und nachstationären wahlärztlichen Leistungen ist eine abweichende Vereinbarung nur für Leistungen, die vom Wahlarzt höchstpersönlich erbracht werden, möglich. Schließlich darf die Notfall- und akute Schmerzbehandlung nicht von einer Honorarvereinbarung abhängig gemacht werden.

1.5.1.3 Ausfallhonorar

Nicht nur der tägliche Termindruck bereitet dem Arzt regelmäßig Sorgen, auch der gegenteilige Sachverhalt, nämlich terminsäumige Patienten, wirft Zweifelsfragen auf. Wenn der Arzt in seiner Bestellpraxis einen Patienten zu einer bestimmten Zeit zur Behandlung bestellt und dafür Zeit im Terminkalender reserviert, der Patient jedoch nicht zur Behandlung erscheint, kann der Arzt mangels Alternative oftmals nicht behandeln.

In diesem Zusammenhang stellt sich die Frage, ob dem Patienten ein Ausfallhonorar bzw. eine Verweilgebühr auch für den Zeitverlust berechnet werden kann. Fordert der Arzt eine Zahlung, stößt dies beim Patienten regelmäßig auf Unverständnis. Denn grundsätzlich dienen Termine ja nur dem geregelten Praxisablauf.

Mittlerweile relativ etabliert ist die Rechtsauffassung, dass der Patient aber bei kurzfristiger Absage bzw. Nichtwahrnehmung eines Termins grundsätzlich zum Schadensersatz verpflichtet ist. Der Klarheit halber sollte eine solche Zahlung aber mit dem Patienten im Vorfeld vereinbart werden. Das Landgericht Berlin hat in einer bislang unwidersprochenen Entscheidung den Erwägungen zum Ausfallhonorar eine weitere Facette hinzugefügt (LG Berlin, Urteil vom 15.04.2005, Az. 55 S 310/04). Vorausgegangen war ein Streit vor dem Amtsgericht. Dieses hatte entschieden, dass die behandelnde Ärztin mit ihrem Patienten eine wirksame Vereinbarung über ein Ausfallhonorar geschlossen habe.

Die Ärztin hatte ein vorgedrucktes „Anmeldeformular", in das der Patient handschriftlich seine persönlichen Daten eintragen konnte, verwendet. Im Text erfolgte dann ein Hinweis auf das Bestellsystem und die Bitte, Termine pünktlich einzuhalten. Absagen hätten spätestens 24 Stunden vorher zu erfolgen, anderenfalls würden pro versäumter halber Stunde 35,00 € fällig. Diese Regelung wurde vom Patienten unterschrieben.

Nachdem ein Patient Termine nicht wahrgenommen hatte, kam es zum Streit. Bei einem Termin lag keine Absage vor, der nachfolgende Termin wurde „aus beruflichen Gründen" abgesagt. Die Ärztin forderte das vereinbarte Ausfallhonorar und bekam zunächst vom Amtsgericht Recht.

Das Landgericht sah dies anders. Es sah in dem Vordruck der Ärztin zu Recht eine „Formularvereinbarung", für die das Recht der so genannten allgemeinen Geschäftsbedingungen (AGB) zu gelten habe. Daher sei eine Inhaltskontrolle vorzunehmen und zu prüfen, ob die Klausel den Patienten in unangemessener Weise benachteilige. Dies hat das Landgericht im Ergebnis bejaht. Denn es sei lediglich einseitig die Zahlungsverpflichtung für das Nichterscheinen des Patienten geregelt, was diesen schutzlos stelle. Problematisch sei, dass die Vereinbarung der Ärztin nicht danach differenziere, ob die Terminsversäumnis verschuldet oder unverschuldet sei. Die getroffene Vereinbarung sei daher nichtig, was zur Konsequenz habe, dass der Anspruch der Ärztin nicht bestehe. Es sei besser, eine Vereinbarung zu treffen, die auch einen Zusatz enthalte, der das Kriterium des Verschuldens berücksichtige („Es sei denn, dass Nichterscheinen ist unverschuldet").

1.5 Pflichten des Patienten aus dem Behandlungsvertrag

Das Gericht deutete zwar an, dass es im konkreten Fall die geltend gemachte Entschuldigung kaum gelten lassen würde, in erster Linie sei aber die Vereinbarung des Honorars rechtswidrig gewesen.

Als Konsequenz mag jede Bestellpraxis kritisch überprüfen, mit welchen Vereinbarungen hier ein Ausfallhonorar vereinbart werden soll. Eine vorsichtige Formulierung schafft im Zweifelsfall die größere Sicherheit.

1.5.2 Exkurs: Mahnwesen und Beitreibung

Die Verpflichtung des Patienten, seine Arztrechnung zu begleichen, führt allein noch nicht zum Zahlungseingang. Die Liste der offenen Posten, das sog. „Forderungsmanagement" spielt auch in der Arztpraxis eine erhebliche Rolle. Soweit der Arzt sich nicht entschließt, eine Verrechnungsstelle mit der Einziehung der offenen Rechnungen zu beauftragen, muss er selbst dafür sorgen, dass seine Praxis ein effektives Mahnwesen betreibt. Das Gesetz gibt dafür einige Möglichkeiten an die Hand. Letztlich stellt sich insbesondere bei kleinen Rechnungsbeträgen allerdings oftmals die Frage, ob das gesamte Gerichts- und Vollstreckungsverfahren tatsächlich durchgeführt werden sollte. In einem nicht unerheblichen Teil der Fälle bleibt nämlich der Arzt aufgrund der Zahlungsunfähigkeit des Schuldners auf allen Kosten (Mahn- und Vollstreckungsgebühren, etc.) sitzen.

Folgende Grundsätze sind bei der Beitreibung einer Forderung zu beachten:

1.5.2.1 Verzug

Zunächst muss der Arzt den zahlungsunwilligen Patienten in Verzug setzen. Der Verzug wird als „schuldhafte Nichtleistung trotz Fälligkeit und Mahnung" definiert (§ 286 Abs. 1 BGB) und setzt daher zunächst voraus, dass ein fälliger und durchsetzbarer Anspruch besteht, mithin eine ordnungsgemäße Rechnung (nach § 12 GOÄ) gestellt wurde. § 12 GOÄ lautet wie folgt:

§ 12 Fälligkeit und Abrechnung der Vergütung; Rechnung
1. Die Vergütung wird fällig, wenn dem Zahlungspflichtigen eine dieser Verordnung entsprechende Rechnung erteilt worden ist.
2. Die Rechnung muss insbesondere enthalten:
   - das Datum der Erbringung der Leistung,
   - bei Gebühren die Nummer und die Bezeichnung der einzelnen berechneten Leistung einschließlich einer in der Leistungsbeschreibung gegebenenfalls genannten Mindestdauer sowie den jeweiligen Betrag und den Steigerungssatz,
   - bei Gebühren für stationäre, teilstationäre sowie vor- und nachstationäre privatärztliche Leistungen zusätzlich den Minderungsbetrag nach § 6a,
   - bei Entschädigungen nach den §§ 7–9 den Betrag, die Art der Entschädigung und die Berechnung,
   - bei Ersatz von Auslagen nach § 10 den Betrag und die Art der Auslage; übersteigt der Betrag der einzelnen Auslage 50,- Deutsche Mark, ist der Beleg oder ein sonstiger Nachweis beizufügen.
3. Überschreitet eine berechnete Gebühr nach Absatz 2 Nr. 2 das 2,3fache des Gebührensatzes, ist dies auf die einzelne Leistung bezogen für den Zahlungspflichtigen

verständlich und nachvollziehbar schriftlich zu begründen; das gleiche gilt bei den in § 5 Abs. 3 genannten Leistungen, wenn das 1,8fache des Gebührensatzes überschritten wird, sowie bei den in § 5 Abs. 4 genannten Leistungen, wenn das 1,15fache des Gebührensatzes überschritten wird. Auf Verlangen ist die Begründung näher zu erläutern. Soweit im Falle einer abweichenden Vereinbarung nach § 2 auch ohne die getroffene Vereinbarung ein Überschreiten der in Satz 1 genannten Steigerungssätze gerechtfertigt gewesen wäre, ist das Überschreiten auf Verlangen des Zahlungspflichtigen zu begründen; die Sätze 1 und 2 gelten entsprechend. Die Bezeichnung der Leistung nach Absatz 2 Nr. 2 kann entfallen, wenn der Rechnung eine Zusammenstellung beigefügt wird, der die Bezeichnung für die abgerechnete Leistungsnummer entnommen werden kann. Leistungen, die auf Verlangen erbracht worden sind (§ 1 Abs. 2 Satz 2), sind als solche zu bezeichnen.

4. Wird eine Leistung nach § 6 Abs. 2 berechnet, ist die entsprechend bewertete Leistung für den Zahlungspflichtigen verständlich zu beschreiben und mit dem Hinweis „entsprechend" sowie der Nummer und der Bezeichnung der als gleichwertig erachteten Leistung zu versehen.

5. Durch Vereinbarung mit den in § 11 Abs. 1 genannten Leistungs- und Kostenträgern kann eine von den Vorschriften der Absätze 1–4 abweichende Regelung getroffen werden.

Die Mahnung muss **eine bestimmte und eindeutige Leistungsaufforderung** enthalten. Es muss klar zum Ausdruck kommen, dass die Zahlung des geschuldeten Betrages verlangt wird. Nicht ausreichend sind z. B. folgende Formulierungen:
- „Ihrer Leistung wird gerne entgegengesehen."
- „Wir wären dankbar, wenn wir die Zahlung nunmehr erwarten dürften."
- „Wir möchten Ihnen mitteilen, dass unsere Forderung nunmehr fällig ist."

Wichtig ist also die deutliche Formulierung am Ende der Mahnung „Bitte zahlen Sie den Betrag von … EURO **bis zum** … auf unser Konto … "

Nach dem Bürgerlichen Gesetzbuch kann der Schuldner einer Geldforderung auch automatisch 30 Tage nach Zugang der ordnungsgemäßen Rechnung in Verzug geraten. Dies gilt gegenüber einem Verbraucher – und hierum handelt es sich beim Patienten – allerdings nur, wenn er auf diese Folge in der Rechnung **besonders hingewiesen** wird. Einer Mahnung bedarf es dann nicht mehr. Den Zugang der Rechnung beim Patienten hat aber der Arzt zu beweisen. Der Verzug tritt nicht bereits dadurch ein, dass die Rechnung ein bestimmtes Leistungsziel definiert, wie z. B. „zahlbar in 14 Tagen". Vielmehr müsste ein solches Zahlungsziel wirksam vereinbart werden.

Die Folgen des Verzuges sind für den Patienten weitreichend. Wichtig sind insbesondere:

1. Ersatz des **Verzögerungsschadens** gem. §§ 280 und 286 I BGB (zu ersetzen sind die Kosten von Mahnschreiben, sofern die Mahnung nach Eintritt des Verzuges erfolgt ist und eine zweckentsprechende Maßnahme der Rechtsfolge darstellt; z. B. Rechtsanwaltkosten). Umstritten ist die Kostenerstattung bei Inkassobüros. Sehr viele Gerichte lehnen eine solche Kostenerstattung als nicht notwendig ab.

2. **Verzugszinsen** gemäß § 288 BGB:

> Eine Geldschuld ist während des Verzuges zu verzinsen. Der Verzugszinssatz beträgt fünf Prozentpunkte über dem Basiszinssatz.

Der jeweils geltende Zinssatz wird zu den o. g. Zeitpunkten im Bundesanzeiger bekannt gemacht, kann aber auch jederzeit bei den Banken in Erfahrung gebracht werden. Kann der Gläubiger aus einem anderen Rechtsgrunde höhere Zinsen verlangen, so sind diese fortzuentrichten. Zudem ist die Geltendmachung eines weiteren Schadens nicht ausgeschlossen. Die Geltendmachung von Zinseszinsen ist demgegenüber unzulässig.

Zahlt der Patient auch nach Erhalt einer oder mehrerer Mahnungen nicht, bleibt dem Arzt nichts anderes übrig, als einen Mahnbescheid zu beantragen oder (soweit ihm bekannt ist, dass der Patient gegen den Mahnbescheid Widerspruch erheben wird, so dass es ohnehin zum Klageverfahren vor Gericht kommt) sofort Klage zu erheben.

Erst diese Verfahren führen zu dem begehrten Titel, auf dessen Grundlage der Gerichtsvollzieher bis zur Pfändungsfreigrenze in das vorhandene Vermögen des Patienten vollstrecken kann, zur Not auch mit staatlichen Zwangsmaßnahmen.

1.5.2.2 Verjährung

Seit dem 01.01.2002 beträgt die Verjährungsfrist für Honoraransprüche grundsätzlich drei Jahre. Die Verjährungsfrist beginnt dabei mit dem Ende des Jahres, in dem der Anspruch entstanden ist. Verjähren kann eine Forderung jedoch überhaupt erst, wenn sie fällig ist, also mit ordnungsgemäßer Rechnungslegung gemäß § 12 GOÄ.

Ausnahmen: Ist der Patient aufgrund einer Vereinbarung mit dem Arzt vorübergehend zur Leistungsverweigerung berechtigt (z. B. aufgrund einer Stundungsvereinbarung), so ist die Verjährung für die Dauer der Vereinbarung gehemmt. Nach Ablauf der Vereinbarung läuft die Verjährung weiter. Gleiches gilt bei der Beantragung eines Mahnbescheids bei Gericht oder der Klageerhebung durch den Arzt.

Ein Neubeginn der dreijährigen Verjährungsfrist findet statt, wenn der Patient dem Arzt gegenüber den Anspruch z. B. durch Abschlagszahlung anerkennt oder eine gerichtliche oder behördliche Vollstreckungshandlung vorgenommen oder beantragt wird. Der Neubeginn der Verjährungsfrist wird in der Praxis in den meisten Fällen erfolgen, wenn der Patient eine Ratenzahlung leistet.

Nach Ablauf der Verjährungsfrist kann die Forderung zwar weiterhin geltend gemacht werden. Sie kann jedoch dann nicht mehr durchgesetzt werden, wenn sich der Patient auf die Verjährung beruft.

▶ **Beachte:** Die Zusendung einer Mahnung hat in diesem Zusammenhang keine Auswirkungen. Die Verjährung wird weder gehemmt noch unterbrochen.

1.5.2.3 Verwirkung

Die Behandlungsrechnung ist zeitnah zur Untersuchung zu legen. Der Patient kann ggf. bei zu langen Zeitabständen dem Anspruch des Arztes dadurch entgegentreten, dass er nicht mehr mit einer Rechnungslegung rechnen musste. In der Rechtsprechung ist noch nicht einheitlich und abschließend geklärt, nach welchem Zeitablauf eine solche Verwirkung des Anspruches eintreten könnte. Teilweise wird bereits ein Zeitraum von mehr als drei Monaten als tauglicher Einwendungsgrund diskutiert. Andere Gerichte gehen hingegen davon aus, dass eine Verwirkung jedenfalls nicht vor Ablauf der Zeit eintreten kann, die der Verjährungszeit entspricht – also nicht vor Ablauf von drei Jahren (LG Nürnberg-Fürth, Urteil vom 25.11.2008, Az. 13 O 1808/06).

1.5.3 Die Mitwirkungspflicht (Compliance) und Duldungspflicht

Verlangt der Patient vom Arzt eine Behandlung, obliegt es ihm – spiegelbildlich zur Verpflichtung des Arztes – alles zu tun, um eine erfolgreiche Behandlung zu ermöglichen. Diese bereits früher allgemein vertretene Ansicht ist nach Einführung des Patientenrechtegesetzes nunmehr ausdrücklich in § 630c Abs. 1 BGB normiert. Danach sollen Behandelnder und Patient zur Durchführung der Behandlung zusammenwirken. Die Mitwirkungs- und Duldungspflicht sind dabei sogenannte Obliegenheiten, also Rechtspflichten im eigenen Interesse des Patienten. Verstößt der Patient gegen seine Obliegenheit zur Mitwirkung („Non-Compliance") oder verweigert der Patient die Duldung von Untersuchungen, Heilbehandlungen oder Heileingriffen, begründet dies im Haftungsprozess fast immer ein Mitverschulden des Patienten (vgl. § 254 BGB) oder führt dazu, dass der Arzt einen Misserfolg der Behandlung nicht zu vertreten hat. Eine eigene Schadensersatzpflicht des Patienten löst die Obliegenheitsverletzung hingegen nicht aus.

1.5.4 Die Offenbarungspflicht

Zwar trifft den Arzt stets die Pflicht, eine Eigendiagnose zu erheben. Auch Befunde ärztlicher Kollegen dürfen keineswegs ungeprüft übernommen werden. Gleichwohl hat nicht nur der Arzt die Verpflichtung, im Rahmen der Anamnese Informationen abzufragen, auch der Patient muss von sich aus Angaben machen. Diese vertragliche Offenbarungspflicht des Patienten bezieht sich auf den gesamten Verlauf der Heilbehandlung, also auf Untersuchung, Anamnese, Diagnose und Behandlung.

Hier ist im Einzelfall aber große Vorsicht geboten. Die Rechtsprechung ist durchaus uneinheitlich, was den konkreten Inhalt der Offenbarungspflichten betrifft. Jedenfalls in den Fällen, in denen ein Patient nicht alltägliche Vorerkrankungen, Empfindlichkeiten etc. auch auf Nachfrage vorsätzlich oder fahrlässig verschweigt, ist aber ein Mitverschulden des Patienten im Sinne des § 254 BGB gegeben.

Der Kassenpatient

2.1 Vertragsverhältnisse

Der Arzt schließt auch mit dem Kassenpatienten einen zivilrechtlichen Vertrag ab. Allerdings können aus diesem keine direkten Zahlungsansprüche gegenüber dem Patienten hergeleitet werden. Mit Abgabe der elektronischen Gesundheitskarte (eGK) ist der GKV-Patient daher zunächst außen vor. Honoraransprüche bestehen letztlich – mit Ausnahme einer privat vereinbarten Leistungserbringung, bei sonstiger Abbedingung oder in gesetzlich geregelten Ausnahmefällen – nur gegenüber der KV, welche mit den gesetzlichen Krankenkassen das Gesamtbudget aushandelt bzw. entsprechend den gesetzlichen Vorgaben festlegt und den Ärzten im Rahmen der Honorarverteilung zur Verfügung stellt.

2.2 Rechte und Pflichten

Zwischen GKV-Patient und Arzt bestehen im Wesentlichen identische Vertragsrechte und -pflichten wie zwischen Privatpatient und Arzt (Aufklärung, Dokumentation, Behandlung einerseits, Mitwirkung und Duldung andererseits). Unterschiede ergeben sich insbesondere aus den vertragsärztlichen Vorschriften. Im Bundesmantelvertrag für Ärzte findet sich eine umfassende und nachvollziehbare Darstellung der den Arzt betreffenden Regelungen.

Bedeutsam sind hier insbesondere die Regelungen zum Umfang der Behandlung:

2.2.1 Umfang der Behandlungspflicht

Nicht selten stellt sich auf Seiten des behandelnden Arztes die Frage, ob er jede Therapie, die sich der Kassenpatient von ihm wünscht, durchzuführen hat.

Der Begriff der Heilbehandlung umfasst nach der juristischen Definition alle Eingriffe und therapeutischen Maßnahmen, die am Körper eines Menschen vorgenommen werden, um Krankheiten, Leiden, Körperschäden, körperliche Beschwerden oder seelische Störungen nicht krankhafter Natur zu verhüten, zu erkennen, zu heilen oder zu lindern.

Die Berufsordnungen der Ärzte (sowohl die Muster-Berufsordnung in § 7 Abs. 2 S. 2 als auch die Berufsordnungen der jeweiligen Kammern) legen fest, dass der Arzt eine Behandlung grundsätzlich auch ablehnen kann. Die Verpflichtung des Arztes, in **Notfällen** zu helfen, bleibt von dieser Regelung unberührt. Diesen Grundsatz hatten wir auch bereits im Kapitel zum Privatpatienten erläutert.

Der Grundsatz der Behandlungsfreiheit besagt also zweierlei: Der Arzt ist als Freiberufler berechtigt, frei darüber zu entscheiden, ob er einen Behandlungsfall übernehmen will und er darf eine übernommene Behandlung unter Beachtung des Patientenwillens grundsätzlich nach der von ihm präferierten Methode durchführen. Bei alternativen Methoden hat er selbstverständlich das Risiko-Nutzen-Verhältnis zu beachten und entsprechende Aufklärung zu betreiben.

Geht der Arzt mit dem Patienten ein Vertragsverhältnis ein, ist er verpflichtet, den Patienten entsprechend den medizinischen Erfordernissen rechtzeitig zu behandeln. Zeitmangel oder die notwendige Erholung sind in diesem Fall keinesfalls Gründe, eine dringend indizierte Behandlung aufzuschieben.

Mit der **Vertragsarztzulassung** gliedert sich der Vertragsarzt allerdings in den der KV obliegenden **Sicherstellungsauftrag** zur Durchführung einer ordnungsgemäßen vertragsärztlichen Versorgung ein (§ 75 I SGB V). Die KV kann nur dann die Gewähr für eine solche ordnungsgemäße Versorgung gegenüber den Krankenkassen und den Versicherten übernehmen, wenn der Vertragsarzt als ihr Mitglied seinerseits im erforderlichen Umfang an der vertragsärztlichen Versorgung teilnimmt.

Daher steht es nicht mehr im Belieben des Vertragsarztes, ob und in welchem Umfang er sozialversicherte Patienten versorgen will. Ihn trifft grundsätzlich die Verpflichtung, sozialversicherte Patienten nach Maßgabe der Bedingungen der gesetzlichen Krankenversicherung zu behandeln.

Zwei Konstellationen, in denen der Vertragsarzt eine Behandlung allerdings ablehnen darf, sind im BMV-Ä enthalten:

Nach den Regeln der Verträge ist der Vertragsarzt berechtigt, die Behandlung eines Versicherten, der das 18. Lebensjahr vollendet hat, abzulehnen, wenn dieser nicht vor der Behandlung die elektronische Gesundheitskarte vorlegt. Dies gilt nicht bei akuter Behandlungsbedürftigkeit sowie für die nicht persönliche Inanspruchnahme des Vertragsarztes durch den Versicherten.

Darüber hinaus ist der Vertragsarzt dann aber grundsätzlich zur Behandlung verpflichtet. Die pauschale Verweigerung der Behandlung stellt daher einen schwerwiegenden Verstoß gegen die durch die Vertragsarztzulassung übernommenen Pflichten dar.

Aber auch in diesem Bereich kann der Vertragsarzt in begründeten Fällen die Behandlung oder Weiterbehandlung von Kassenpatienten ablehnen (§ 13 Abs. 7 BMV-Ä). Von der Ablehnung der Weiterbehandlung darf er die Krankenkasse unter Mitteilung der Gründe unterrichten.

Ein begründeter Fall kann z. B. in akuter **zeitlicher Überlastung** bestehen. Ein Arzt, der 10 oder mehr Stunden pro Tag in der Praxis ist und behandelt, kann eine

2.2 Rechte und Pflichten

weitere Behandlung als unzumutbar zurückweisen. Hingegen kann die fachliche Überlastung nicht als Argument herhalten, da jeder Arzt das Rüstzeug für eine erste (Schmerz-)Behandlung aufzuweisen hat und selbstverständlich auch aufweist. Ggf. muss eine Überweisung erfolgen.

Unzulässig ist es, wenn der Arzt Patienten aus pauschalen Gründen (Zugehörigkeit zu einer bestimmten Kasse, Nationalität, zu erwartender Zeitaufwand, etc.) ablehnt. Vielmehr ist immer eine auf den Einzelfall bezogene Begründung erforderlich.

Unverschämtes Verhalten des Patienten muss nicht hingenommen werden. In diesem Fall kann sicherlich nicht mehr von einem intakten Vertrauensverhältnis gesprochen werden und aus diesem Grund eine Behandlung abgelehnt werden.

Der Vertragsarzt ist nach alledem grundsätzlich nicht berechtigt, die nach Maßgabe des Wirtschaftlichkeitsgebotes notwendige Behandlung von Versicherten der GKV mit gültigem Behandlungsausweis zu verweigern. Dies gilt auch dann, wenn der Vertragsarzt damit rechnen muss, dass er nach Überschreiten seines Budgets möglicherweise für die zu erbringenden Leistungen kein oder kein volles Honorar mehr erhält. Satzungsbestimmungen einer KV, die vorschreiben, dass der Arzt sein vertragsärztlichen Leistungsangebot von der kostendeckenden Vergütung einzelnen ärztlicher Leistungen abhängig machen darf, sind rechtswidrig (Urteil BSG, vom 14.02.2001, Az: B 6 KA 54/00 R). Denn nach Auffassung des Bundessozialgerichts liegt dem Zuschnitt der vertragsärztlichen Versorgung eine Mischkalkulation zugrunde. Dies bedeutet, dass es durchaus Leistungen geben kann, bei denen selbst eine kostengünstig organisierte Praxis keinen Gewinn erzielt. Das Tarifsystem bilde ein als ausgewogen zu unterstellendes Tarifgefüge (BSG, Urteil vom 26.01.2000, Az: B 6 KA 59/98). Von diesen Bewertungen ist das BSG in den letzten Jahren, trotz aller Proteste der Ärzteschaft, nicht abgerückt.

Soweit gesetzlich nichts anderes geregelt ist, ist ein Vertragsarzt konsequenterweise auch nicht berechtigt, für eventuelle qualitative Unterschiede bei einer bestimmten ärztlichen Behandlungsweise, für die eine Gebührennummer vorhanden ist und die daher zum Gegenstand der vertragsärztlichen Versorgung gehört, von Versicherten der gesetzlichen Krankenversicherung private Zuzahlungen zu beanspruchen (BSG, Urteil vom 14.03.2001, Az: B 6 KA 77/00 B). Schon gar nicht darf der Vertragsarzt Termine nur noch gegen Selbstzahlung oder an Privatpatienten vergeben (LSG Bayern, Urteil vom 15.01.2014, AZ: L 12 KA 91/13). Der Vertragsarzt darf insofern für vertragsärztliche Leistungen – mit Ausnahme der Zuzahlung bei Massagen, Bädern und Krankengymnastik, die als Bestandteil der ärztlichen Behandlung erbracht werden – von GKV-Patienten keine Zuzahlungen für einzelne Leistungen fordern (§ 18 Abs. 10 S. 1 BMV-Ä).

Das Verlangen einer Zuzahlung als Gegenleistung für die Erbringung einer ärztlichen Leistung – das heißt zusätzlich zu einer von der KV entgegengenommenen vertragsärztlichen Honorierung – begründet einen Pflichtverstoß des Vertragsarztes und kann im Wege des Disziplinarrechtes sanktioniert werden (so BSG, Urteil vom 17.05.2001, Az: B 6 KA 8/00 R). Hier ist auch kein systematisches Vorgehen des Arztes zu fordern, das Verlangen einer ungerechtfertigten Zuzahlung in einem, zumindest aber in zwei Fällen ist bereits disziplinarrechtlich relevant (vgl.

SG Marburg, Urteil vom 29.11.2006, Az: S 12 KA 656/06; Urteil vom 07.05.2008, Az.: S 12 KA 349/07). Dies gilt auch, wenn der Vertragsarzt die (Weiter-) Behandlung davon abhängig macht, dass der Versicherte eine Zusatzvereinbarung über die Erbringung Individueller Gesundheitsleistungen abschließt (vgl. für PZR beim Zahnarzt LSG NRW, Urteil vom 01.07.2010, Az.: L 11 KA 68/07). Bei unmissverständlicher Belehrung zu diesem Grundsatz durch die KV und nicht folgender Verhaltensänderung droht sogar die Zulassungsentziehung.

2.2.2 Anspruch des Patienten auf Einholung einer Zweitmeinung

Der Versicherte hat in bestimmten Fällen Anspruch auf eine unabhängige ärztliche Zweitmeinung (§ 27b SGB V).

Der Anspruch des Patienten nach § 27b SGB V beschränkt sich jedoch auf die Fälle, in denen die Indikation zu einem planbaren Eingriff gestellt wird, bei dem im Hinblick auf die zahlenmäßige Entwicklung seiner Durchführung die Gefahr der Indikationsausweitung nicht auszuschließen ist. Mit anderen Worten handelt es sich um Eingriffe, bei denen die Fallzahlen auffällig ansteigen und daher nicht auszuschließen ist, dass die Therapieempfehlung hauptsächlich auf finanziellen Motiven gründet. Welche Eingriffe hierunter konkret fallen, unterliegt der näheren Bestimmung durch Richtlinien des Gemeinsamen Bundesausschusses.

Sobald konkretisiert ist, welche Eingriffe unter den Tatbestand fallen, haben Vertragsärzte zu prüfen, ob eine Indikation, die einer Zweitmeinung zugänglich ist, gegeben ist. In diesem Fall haben sie den Patienten über die Möglichkeit zur Einholung einer Zweitmeinung aufzuklären sowie auf Informationsangebote geeigneter Leistungserbringer hinzuweisen (§ 27b Abs. 5 SGB V). Die Aufklärung hat mindestens zehn Tage vor dem geplanten Eingriff zu erfolgen.

2.2.3 Exkurs: Elektronische Gesundheitskarte und E-Health-Gesetz

Zum 01.01.2015 löste die elektronische Gesundheitskarte die bisherige Krankenversicherungskarte ab. Die elektronische Gesundheitskarte bietet im Gegensatz zur früheren Krankenversicherungskarte größere Speicher- und Anwendungsmöglichkeiten.

Derzeit enthält die elektronische Gesundheitskarte lediglich die Versichertenstammdaten des Patienten (Name, Anschrift, Geburtsdatum, Geschlecht, Krankenversichertennummer, Versichertenstatus). Verpflichtend muss die Gesundheitskarte jedoch geeignet sein, ärztliche Verordnungen als elektronisches Rezept aufzunehmen und technisch das Erheben, Verarbeiten und Nutzen von medizinischen Daten ermöglichen. Hierzu gehören etwa Daten über Befunde, Diagnosen, Therapiemaßnahmen und Behandlungsberichte. Die Speicherung medizinischer Daten soll jedoch nur mit Zustimmung des Versicherten möglich sein.

Mit dem Ziel der besseren Vernetzung von Ärzten, Kliniken und Krankenkassen und um einen schnellen und sicheren Austausch wichtiger medizinischer Daten zu ermöglichen, hat das „Gesetz für sichere digitale Kommunikation und Anwendungen im Gesundheitswesen" (E-Health-Gesetz) vom 21.12.2015 einen Fahrplan für den schrittweisen Ausbau der technischen Infrastruktur zur Anwendung der verschiedenen Funktionen der Karte geschaffen.

Von Interesse für das Arzt-Patienten-Verhältnis sind etwa die folgenden Regelungen:

Notfalldatenmanagement
Ab 01.01.2018 soll allen Versicherten die Möglichkeit offenstehen, notfallrelevante Informationen (Diagnosen, Medikation, Allergien, Unverträglichkeiten etc.) auf ihrer elektronischen Gesundheitskarte eintragen zu lassen, damit die Daten im Notfall schnell verfügbar sind. Entsprechend soll Ärzten für die Anlage und Pflege von Datensätzen zu notfallrelevanten Informationen auf der elektronischen Gesundheitskarte eine Vergütung geleistet werden. Patienten müssen der Speicherung zustimmen.

Elektronische Patientenakte
Ab dem 01.01.2019 haben Versicherte einen Anspruch auf eine elektronische Patientenakte, in der wichtige elektronische Dokumente wie Arztbriefe, Notfalldatensatz, Impfausweis etc. aufbewahrt werden können, um den behandelnden Arzt entsprechend informieren zu können. Die Akte liegt in der Hand des Patienten.

Telemedizinische Anwendungen
Telekonsile zwischen Ärzten bei der Befundbeurteilung von Röntgenaufnahmen und die Durchführung von Online-Videokonferenzen zwischen Arzt und Patient sollen in die vertragsärztliche Versorgung aufgenommen werden.

Medikationsplan (§ 31a SGB V)
Versicherte, die gleichzeitig mindestens drei verordnete Arzneimittel anwenden, haben einen Anspruch auf Erstellung und Aushändigung eines Medikationsplans in Papierform durch den behandelnden Arzt. Vertragsärzte müssen anspruchsberechtigte Patienten über ihren Anspruch aufklären. Ab 01.01.2018 soll der Medikationsplan auf der elektronischen Gesundheitskarte gespeichert werden können.

Prüfungspflicht der Versichertenstammdaten
Ab dem 01.07.2018 sind Vertragsärzte verpflichtet, die Versichertenstammdaten ihrer Patienten zu überprüfen und gegebenenfalls zu aktualisieren. Bei Nichterfüllung sollen Honorarkürzungen erfolgen.

2.3 Abdingung und Individuelle Gesundheitsleistung (IGeL)

Darf ein Vertragsarzt Kassenpatienten auch Leistungen außerhalb des Leistungskataloges der gesetzlichen Krankenkassen anbieten? Darf er sie dann privat liquidieren? Welche Regelungen muss er beachten, um solche Leistungen unter Beachtung des Berufs- und Vertragsarztrechts zu erbringen?

2.3.1 Abdingung

Der Inhalt der im Rahmen der gesetzlichen Krankenversicherung abrechnungsfähigen Leistungen ist im einheitlichen Bewertungsmaßstab (EBM) abschließend beschrieben (§ 87 Abs. 2 SGB V).

Die durch die Krankenkassen finanzierte ärztliche Tätigkeit umfasst nach dem Gesetz (§§ 28, 12 SGB V) Maßnahmen, die zur Verhütung, Früherkennung sowie Behandlung von Krankheiten nach den Regeln der ärztlichen Kunst ausreichend, zweckmäßig sowie wirtschaftlich sind. Diese Leistungen dürfen das Maß des Notwendigen nicht überschreiten. Leistungen, die nicht notwendig oder unwirtschaftlich sind, können die Versicherten nicht beanspruchen, dürfen die Ärzte nicht bewirken und die Krankenkassen nicht bewilligen (§ 12 Abs. 1 S. 2 SGB V).

Der Vergütungsanspruch für die erbrachten Leistungen richtet sich bekanntlich grundsätzlich gegen die KV. Es besteht daher in der Regel kein Vergütungsanspruch für ärztliche Leistungen gegen den Versicherten selbst. Ein solcher Anspruch kann nur dann entstehen, wenn der Versicherte ausdrücklich vor Behandlungsbeginn verlangt, auf eigene Kosten behandelt zu werden und dies schriftlich erklärt.

Darüber hinaus besteht für jeden gesetzlich Versicherten die Möglichkeit vom sog. „Sachleistungsprinzip" abzurücken und die Kostenerstattung (§ 13 Abs. 2 SGB V) zu wählen. Die Kostenerstattung ist durch das GKV-WSG erheblich vereinfacht und flexibilisiert worden. Versicherte, die im Einzelfall anstelle der Sach- oder Dienstleistungen Kostenerstattung wählen, haben ihre Krankenkasse vor Inanspruchnahme der Leistung lediglich in Kenntnis zu setzen. Eine Einschränkung der Wahl auf den Bereich der ärztlichen Versorgung, der zahnärztlichen Versorgung, den stationären Bereich oder auf veranlasste Leistungen ist möglich. Ein Anspruch auf Erstattung besteht dabei höchstens in Höhe der Vergütung, die die Krankenkasse bei Erbringung als Sachleistung zu tragen hätte, die Krankenkasse kann Abschläge vom Erstattungsbetrag für Verwaltungskosten in Höhe von bis zu 5 % in Abzug bringen. Daher hat der Arzt den Versicherten vor Inanspruchnahme der Leistung darüber zu informieren, dass Kosten, die nicht von der Krankenkasse übernommen werden, von ihm zu tragen sind. Die Versicherten sind an ihre Wahl der Kostenerstattung mindestens drei Monate gebunden. Hat sich der Patient für die Kostenerstattung entschieden, besteht der ärztliche Vergütungsanspruch direkt gegenüber dem Patienten.

Die Abrechnung ärztlicher Leistungen als privatärztliche Leistungen bei GKV-Patienten ist auch dann gestattet, wenn der Versicherte die elektronische Gesundheitskarte nicht vorlegt und sie nicht innerhalb der gesetzlich geregelten Frist nachreicht (§ 18 Abs. 8 Nr. 1 BMV-Ä).

Im Falle der Abdingung ist nach den gesetzlichen Vorschriften vor Beginn der Behandlung eine schriftliche Vereinbarung zwischen Arzt und Patient zu treffen, welche die vollständige Loslösung vom Sachleistungsprinzip (Kostentragungspflicht der Kassen) zum Inhalt hat. § 18 BMV-Ä bestimmt hierzu folgendes:

1. Der Vertragsarzt darf von einem Versicherten eine Vergütung nur fordern
   – wenn die elektronische Gesundheitskarte vor der ersten Inanspruchnahme im Quartal nicht vorgelegt worden ist bzw. ein Anspruchsnachweis nicht vorliegt und

nicht innerhalb einer Frist von zehn Tagen nach der ersten Inanspruchnahme nachgereicht wird, wenn und soweit der Versicherte vor Beginn der Behandlung ausdrücklich verlangt, auf eigene Kosten behandelt zu werden, und dieses dem Vertragsarzt schriftlich bestätigt,
– wenn für Leistungen, die nicht Bestandteil der vertragsärztlichen Versorgung sind, vorher die schriftliche Zustimmung des Versicherten eingeholt und dieser auf die Pflicht zur Übernahme der Kosten hingewiesen wurde.
2. Bei Leistungen der künstlichen Befruchtung rechnet der Vertragsarzt 50 % der nach dem Behandlungsplan genehmigten Behandlungskosten unmittelbar gegenüber dem Versicherten auf der Grundlage des EBM ab.
3. Eine entsprechend Abs. 8 Nr. 1 vom Versicherten entrichtete Vergütung ist zurückzuzahlen, wenn dem Vertragsarzt bis zum Ende des Kalendervierteljahres eine gültige elektronische Gesundheitskarte bzw. ein Anspruchsnachweis vorgelegt wird.
4. Der Vertragsarzt darf für vertragsärztliche Leistungen mit Ausnahme
– von Massagen, Bädern und Krankengymnastik, die als Bestandteil der ärztlichen Behandlung erbracht werden, von Versicherten keine Zuzahlungen fordern.

Die Verbände der Krankenkassen verständigen sich intern über einheitliche Zuzahlungsbeträge für die Leistungen gemäß Satz 1 und teilen diese den Kassenärztlichen Vereinigungen spätestens sechs Wochen vor Quartalsende mit Wirkung zum folgenden Quartal mit. Den Vertragsärzten wird durch die Kassenärztlichen Vereinigungen der für ihren Praxissitz geltende, für alle Kassenarten einheitliche Zuzahlungsbetrag mitgeteilt.

2.3.2 Individuelle Gesundheitsleistungen

Für Leistungen, die außerhalb der vertragsärztlichen Versorgung erbracht werden, findet sich in § 3 BMV-Ä die Grundsatzregelung. Danach umfasst die vertragsärztliche Versorgung keine Leistungen, für die die Krankenkassen/Ersatzkassen nicht leistungspflichtig sind oder deren Sicherstellung anderen Leistungserbringern obliegt. Dies gilt insbesondere für Leistungen, die nach der Entscheidung des zuständigen Organs der Selbstverwaltung der Ärzte und Krankenkassen (Gemeinsamer Bundesausschusses) in den Richtlinien (§ 92 SGB V) von der Leistungspflicht der gesetzlichen Krankenversicherung ausgeschlossen wurden.

Hierüber muss mit dem Versicherten vor Beginn der Behandlung ein schriftlicher Behandlungsvertrag abgeschlossen werden, der zum einen auf die fehlende Kostenübernahme hinweist. Eine solche Pflicht besteht parallel auch schon aufgrund des Rechts zum Behandlungsvertrag (§ 630c Abs. 3 Satz 1 BGB). Zum anderen hat der Arzt über die Höhe des nach der GOÄ voraussichtlich abzurechnenden Honorars zu informieren. Diese Vorgaben sind seit 2011 auch Bestandteil der Berufsordnungen (§ 12 Abs. 4 MBO).

Als Beispiele für den Ausschluss aus der vertragsärztlichen Versorgung sind zu nennen:
- kosmetische Operationen
- Einstellungs-, Reihen- und Tauglichkeitsuntersuchungen
- vorbeugende Impfungen für Auslandsreisen
- Alkoholtests für die Polizei
- Bescheinigung über die Arbeitsfähigkeit von Arbeitnehmern für den Arbeitgeber
- Bescheinigung für Kindergarten, Schule, Finanzamt etc.

- Verordnung/Anregung von Heilverfahren, (Rentenversicherungsträger)
- Ausfüllen von Notfallausweisen
- Totenscheine

Verlangt der Patient über das notwendige Maß hinausgehende ärztliche Leistungen, dürfen diese aufgrund eines privaten Behandlungsvertrages nach der GOÄ erbracht werden. Der Behandlungsvertrag ist schriftlich abzufassen. Will ein Versicherter die Verordnung von Arznei-, Heil- oder Hilfsmitteln im Wege der Kostenerstattung in Anspruch nehmen, sind diese Mittel auf Kassenrezept mit dem Vermerk „Kostenerstattung" zu verordnen (§ 25a Abs. 5 BMV-Ä). Wünscht der Patient eine über das Maß des Notwendigen hinausgehende Verordnung oder eine solche von der Leistungspflicht ausgenommenen Arzneimitteln, ist diese auf Privatrezept zulässig (§ 25aAbs. 6 BMV-Ä). Die Versicherten sind vom verordnenden Vertragsarzt im konkreten Fall darüber aufzuklären, dass sie die Kosten für nicht verordnungsfähige veranlasste Leistungen selbst zu tragen haben (§ 25a Abs. 7 BMV-Ä).

Bei der Anwendung der GOÄ ist zu beachten, dass Pauschalhonorare nicht verlangt werden dürfen (siehe hierzu bereits die Ausführungen in Kap. 1: Der Privatpatient).

▶ **Wichtig:** Auch für IGeL-Leistungen gilt grundsätzlich die gebietliche Zuordnung, in jedem Fall muss die fachliche Qualifikation vorhanden sein. Fachfremde Leistungen dürfen daher nur in Ausnahmefällen erbracht und abgerechnet werden.

Im Hinblick auf die Budgetierungen und die wirtschaftliche Gesamtsituation im GKV-Bereich ist der Arzt in der täglichen Praxis bestrebt, ja teilweise gezwungen, möglichst viele Privatleistungen anzubieten.

Werden allerdings Leistungen als individuelle Gesundheitsleistungen erbracht und abgerechnet, die vom Einheitlichen Bewertungsmaßstab für ärztliche Leistungen erfasst sind, gilt dies als gröbliche Verletzung vertragsärztlicher Pflichten und kann mit einem Disziplinarverfahren oder gar Zulassungsentzug geahndet werden (LSG Bayern, Beschluss vom 05.01.2011 Az: L 12 KA 116/10 B ER).

Zu diesem Zweck können Patienten auch unaufgefordert mit sachlichen Informationen versorgt werden. Dabei muss erkennbar werden, dass der allgemeinen Information eine spezielle und individuelle Beratung nachfolgt. Jede unsachliche Beeinflussung oder gar Steuerung (z. B. durch das „Schlechtreden" der GKV-Leistung) hat allerdings zu unterbleiben. Die allgemeine wie die individuelle Information über die Notwendigkeit einer ärztlichen Leistung muss selbstverständlich vollständig und richtig sein. Die Patienten sollen darauf vertrauen dürfen, dass Ärztinnen und Ärzte sich nicht von Gewinnstreben leiten lassen, sondern im Dienst ihrer medizinischen Aufgabe stehen.

In diesem Rahmen besteht für den Arzt auch eine Pflicht zur Beratung über die Kosten der Leistungen, welche von der gesetzlichen Krankenversicherung nicht erfasst werden. Dem Patienten sollte genügend Zeit eingeräumt werden, seine Entscheidung über die Inanspruchnahme von IGeL-Leistungen zu überdenken.

2.3 Abdingung und Individuelle Gesundheitsleistung (IGeL)

Instruktiv ist in diesem Zusammenhang die Lektüre des Beschlusses des 109. Deutschen Ärztetags zum Umgang mit individuellen Gesundheitsleistungen sowie des von der Bundesärztekammer und der Kassenärztlichen Bundesvereinigung herausgegebenen Ratgebers „Selbst zahlen? – Ein IGeL-Ratgeber für Ärzte und Patienten".

In der Vergangenheit haben die Körperschaften der Ärzte regelmäßig Kataloge zu den Individuellen Gesundheitsleistungen veröffentlicht. Allerdings haben sich die KVen und die KBV aus berufspolitischen Gründen darauf verständigt, keine eigenen IGeL-Listen mehr zu veröffentlichen. Die entweder diskutierten oder weiterhin „beispielhaft" geführten IGeL-Listen der Körperschaften, wie auch umfassend bearbeitete und aktualisierte Listen von Berufsverbänden und Unternehmen umfassen in der Regel den folgenden Grundkatalog:

Vorsorgeuntersuchungen Es ist unbestritten, dass bei fehlenden Beschwerden und fehlender Symptomatik sämtliche Vorsorgeuntersuchungen, soweit sie nicht ausdrücklich im Sozialgesetzbuch (SGB) V oder in entsprechenden Verträgen vereinbart worden sind, zu den „IGeL-Leistungen" gehören. Unter diesen Voraussetzungen sind der sogenannte Facharzt-Check, General-Check, Sono-Check, Intervall-Check, Früherkennung von Hautkrebs (mit Ausnahme der für den Patienten nicht sichtbaren Hautpartien) keine vertragsärztlichen Leistungen. In diesem Zusammenhang ist darauf hinzuweisen, dass Nachsorgeuntersuchungen (beispielsweise zu einem Krebsleiden) nicht als Vorsorgeuntersuchung abgerechnet werden können. Bei der Erbringung von IGeL-Leistungen ist es notwendig, dass der Arzt im Gespräch mit dem versicherten Patienten höchstpersönlich abklärt, inwieweit die o. g. Voraussetzungen für eine individuelle Gesundheitsleistung gegeben sind. Beschreibt der Patient von sich aus mehr oder weniger zufällig eine gewisse Symptomatik, so handelt es sich um eine Leistung zu Lasten der gesetzlichen Krankenversicherung. IGeL-Leistungen liegen dann vor, wenn die Untersuchung nicht von konkreten, vom Patienten beschriebenen Symptomen ausging. Die Diskussion über die Abgrenzung von vertrags- und privatärztlichen Leistungen belastet das Arzt-Patienten-Verhältnis. Individuelle Gesundheitsleistungen sollten deshalb im Rahmen von separaten Sprechstundenzeiten angeboten werden. Damit ist organisatorisch eine klare Trennung zwischen privater Gesundheitsvorsorge und Leistungen der gesetzlichen Krankenversicherung gegeben. Es ist jedoch auch möglich, in derselben Sitzung im Anschluss an die GKV-Behandlung oder vor der GKV-Behandlung IGeL-Leistungen zu erbringen. Entscheidend ist hierbei, dass eine für den Patienten erkennbare Trennung zwischen IGeL-Leistungen und der Behandlung im Rahmen der gesetzlichen Krankenversicherung beachtet wird. Patienten können über diese besonderen Leistungen informiert werden und frei entscheiden.

Darunter fallen u. a.:
- Zusätzliche jährliche Gesundheitsuntersuchung („Intervall-Check")
- Ergänzung der Gesundheitsuntersuchung um Belastungs- und/oder Ruhe-EKG sowie weitere Laboruntersuchungen („Check-up-Ergänzung")

- Ergänzungsuntersuchungen zu den Kinder-Früherkennungsuntersuchungen bis zum 18. Lebensjahr („Kinder-Intervall-Check")
- Fachbezogene Gesundheitsuntersuchung auf Wunsch des Patienten („Facharzt-Check")
- Umfassende ambulante Vorsorge-Untersuchung („General-Check")
- Sonographischer Check-up der inneren Organe („Sono-Check")
- Doppler-Sonographie der hirnversorgenden Gefäße bei fehlenden anamnestischen oder klinischen Auffälligkeiten
- Lungenfunktionsprüfung zur Früherkennung (z. B. im Rahmen eines „General-Checks")
- Untersuchung zur Früherkennung von Hautkrebs
- Mammographie zur Früherkennung des Mammakarzinoms bei Frauen ohne relevante Risikofaktoren
- Untersuchung zur Früherkennung des Prostata-Karzinoms mittels Bestimmung des Prostata-spezifischen Antigens (PSA) und gegebenenfalls transrektaler Sonographie
- Hirnleistungs-Check („Brain Check") zur Früherkennung von Demenzen
- Untersuchung Früherkennung von Schwachsichtigkeit und Schielen im Kleinkind- und Vorschulalter
- Glaukomfrüherkennung mittels Perimetrie, Ophthalmoskopie und/oder Tonometrie

Freizeit, Urlaub, Sport, Beruf
- Reisemedizinische Beratung, einschl. Impfberatung
- Reisemedizinische Impfungen
- Sportmedizinische Beratung
- Sportmedizinische Vorsorge-Untersuchung
- Sportmedizinische Fitness-Tests
- Eignungsuntersuchungen (z. B. für Reisen, Flugtauglichkeit, Tauchsport)
- Ärztliche Berufseingangsuntersuchung

Medizinisch-kosmetische Leistungen Die folgenden Leistungen sind im Einzelfall im Rahmen der GKV abzurechnen, wenn die körperlichen Fehlbildungen beispielsweise zu gesundheitlichen Beschwerden führen oder geführt haben.
- Medizinisch-kosmetische Beratung
- Sonnenlicht- und Hauttyp-Beratung
- Tests zur Prüfung der Verträglichkeit von Kosmetika
- Behandlung der androgenetischen Alopezie bei Männern (Glatzenbehandlung)
- Epilation von Haaren außer bei krankhaftem und entstellendem Haarwuchs an Händen und im Gesicht
- Ästhetische Operationen (z. B. Nasenkorrektur, Lidkorrektur, Brustkorrektur, Fettabsaugung)
- Korrektur störender Hautveränderungen außerhalb der GKV-Leistungspflicht
- Beseitigung von Besenreiser-Varizen
- Entfernung von Tätowierungen

2.3 Abdingung und Individuelle Gesundheitsleistung (IGeL)

- Peeling-Behandlung zur Verbesserung des Hautreliefs
- UV-Bestrahlungen aus präventiven Gründen

Umweltmedizin Häufig wird empfohlen, dass ein entsprechender Standard für Umweltuntersuchungen festgelegt werden soll. Grundlage könnte beispielsweise ein Umweltanamnesebogen sein. Sonst ist eine Abgrenzung zur normalen Erst- und Folgeanamnese und Familienanamnese schwer vorzunehmen.

Unter umweltmedizinische Leistungen fallen:
- Umweltmedizinische Erst- und Folgeanamnese
- Eingehende umweltmedizinische Beratung
- Umweltmedizinische Wohnraumbegehung
- Umweltmedizinische Schadstoffmessungen
- Umweltmedizinisches Biomonitoring
- Erstellung eines umweltmedizinisch begründeten Behandlungskonzeptes
- Umweltmedizinisches Gutachten

Psychotherapeutische Angebote Diese Leistungen können nur als IGeL-Leistungen angeboten werden, wenn keine medizinische Indikation vorliegt. Das Biofeedback-Verfahren wurde vom Bundesausschuss der Ärzte und Krankenkassen ausdrücklich nicht anerkannt.
- Psychotherapeutische Verfahren zur Selbsterfahrung ohne medizinische Indikation
- Selbstbehauptungstraining
- Stressbewältigungstraining
- Entspannungsverfahren als Präventionsleistung
- Biofeedback-Behandlung
- Kunst- und Körpertherapien, auch als ergänzende Therapieverfahren
- Verhaltenstherapie bei Flugangst

Alternative Heilverfahren und ärztliche Serviceleistungen
- Akupunktur (z. B. zur Schmerzbehandlung, Allergiebehandlung)
- Ärztliche Untersuchungen und Bescheinigungen außerhalb der kassenärztlichen Pflichten auf Wunsch des Patienten (z. B. Bescheinigung für den Besuch von Kindergarten, Schule oder Sportverein oder Reiserücktritt)
- Untersuchung zur Überprüfung des intellektuellen und psychosozialen Leistungsniveaus (z. B. Schullaufbahnberatung auf Wunsch der Eltern)
- Ärztliche Begutachtung zur Beurteilung der Wehrtauglichkeit auf Wunsch des Patienten
- Durchführung von psychometrischen Tests auf Wunsch des Patienten
- Diät-Beratung ohne Vorliegen einer Erkrankung
- Gruppenbehandlung bei Adipositas
- Raucherentwöhnung
- Beratung zur Zusammenstellung und Anwendung einer Hausapotheke
- Beratung zur Selbstmedikation im Rahmen von Prävention und Lebensführung
- Begleitende Beratung und Betreuung bei Verordnung von Lifestyle-Arzneimitteln außerhalb der GKV-Leistungspflicht

Laboratoriumsdiagnostische Wunschleistungen Hier handelt sich in der Regel um sog. Check-up-Leistungen, die unter den Voraussetzungen der Vorsorgeuntersuchungen abzurechnen sind.
- Blutgruppenbestimmung auf Wunsch
- Anlassbezogener Labor-Teiltest auf Patientenwunsch (z. B. Leberwerte, Nierenwerte, Blutfette, Sexualhormone, Schilddrüsenfunktion, HIV-Test)
- Untersuchung auf Helicobacter pylori-Besiedlung mittels 13C-Harnstoff-Atemtest als Primärdiagnostik
- Zusatzdiagnostik in der Schwangerschaft auf Wunsch der Schwangeren (z. B. AFP, Toxoplasmose, Triple-Test zur Risikoabschätzung des M. Down)
- Tests zum Ausschluss von Metall-Allergien (z. B. auch Amalgam) ohne Vorliegen anamnestischer oder klinischer Hinweise

Sonstige Wunschleistungen
- Kontaktlinsen-Anpassung und -Kontrolle ohne GKV-Indikation zur Kontaktlinsen-Versorgung
- Zyklusmonitoring bei Kinderwunsch ohne Vorliegen einer Sterilität
- Künstliche Befruchtung außerhalb der GKV-Leistungspflicht
- Zusätzliche sonographische Schwangerschaftsuntersuchung auf Wunsch der Schwangeren bei Nicht-Risiko-Schwangerschaften („Baby-Fernsehen")
- Osteodensitometrie zur Früherkennung der Osteoporose
- Injektion eines nicht zu Lasten der GKV verordnungsfähigen Arzneimittels auf Wunsch des Patienten (z. B. Vitamin- und Aufbaupräparate, knorpelschützende Substanzen)
- IUP-Lagekontrolle mittels Ultraschall außerhalb der GKV-Leistungspflicht
- Refertilisationseingriff nach vorangegangener operativer Sterilisation
- Andrologische Diagnostik (Spermiogramm) ohne Hinweis auf Vorliegen einer Sterilität oder nach Sterilisation
- Medizinisch nicht indizierte Abklärungsdiagnostik im Rahmen der Beweissicherung nach Drittschädigung (z. B. bei HWS-Schleudertrauma)

Neuartige Untersuchungs- und Behandlungsverfahren
- Refraktive Hornhautchirurgie zur Behandlung der Kurzsichtigkeit
- Bright-light-Therapie der saisonalen Depression
- Apparative Schlafprofilanalyse zur Diagnostik von Schlafstörungen
- Isokinetische Muskelfunktionsdiagnostik und -therapie zur Rehabilitation nach Sportverletzungen und Operationen am Bewegungsapparat
- Apparative isotonische Muskelfunktionsdiagnostik und -therapie (z. B. MedX-Therapie)
- Auflichtmikroskopische Untersuchung zur Differentialdiagnose von Hautveränderungen

Seit 2012 bietet der Medizinische Dienst des Spitzenverbandes Bund der Krankenkassen e.V. (MDS) den sogenannten „IGeL-Monitor" an. Das für den IGeL-Monitor tätige Team bewertet auf Basis klinischer Studien nach Prinzipien der evidenzbasierten Medizin Nutzen und Schaden von individuellen Gesundheitsleistungen und veröffentlicht die Ergebnisse auf seiner Internetseite. Bislang wurden 41 individuelle Gesundheitsleistungen bewertet, davon jedoch nur drei als „tendenziell positiv" (Nutzen belegt) befunden.

Der Arzt und die KV

3.1 Die KV – Organisation und Aufbau

Die Vertragärzte bilden für den Bereich jedes Bundeslandes (mindestens) eine Kassenärztliche Vereinigung (im Folgenden: KV), um die ihnen nach dem SGB V übertragenen Aufgaben zu erfüllen. Seit 2012 ist es – wie bereits seit geraumer Zeit den Krankenkassen – den KVen gestattet, miteinander zu fusionieren. Die KVen sind Körperschaften des öffentlichen Rechts (§ 77 SGB V) und als solche Teil der öffentlichen Verwaltung. Mit der Zulassung wird jeder Vertragarzt ordentliches Mitglied der KV.

Die KVen haben das Recht zur Selbstverwaltung. Dementsprechend haben alle KVen **Satzungen** verabschiedet, die ihre Aufgaben im Rahmen ihres gesetzlichen Auftrags näher definieren. Die Rechtmäßigkeit der Handlungen der jeweiligen KVen haben die zuständigen Landesministerien als oberste Verwaltungsbehörden gemäß §§ 72, 78 SBG V zu überwachen. Die Vertreterversammlung stellt das alleinige Selbstverwaltungsorgan der KVen dar. Sie fungiert als Legislativ- und Kontrollorgan, dies bedeutet, dass ihre Aufgabe insbesondere darin besteht, die Satzung und den Haushaltsplan zu beschließen und den Vorstand zu überwachen. Ferner hat sie alle Entscheidungen zu treffen, die für die KV von grundsätzlicher Bedeutung sind. Der Vorstand hingegen führt die Geschäfte der KV und vertritt sie nach außen. Die Vorstandsmitglieder werden hauptamtlich tätig und erhalten hierfür eine Vergütung, deren Höhe zur Wahrung der Transparenz zu veröffentlichen ist.

Die Vorschrift des § 81 a SGB V verpflichtet die KVen, eigenständige „Stellen zur Bekämpfung von Fehlverhalten im Gesundheitswesen" einzurichten. Hierdurch sollten die Kontrollmechanismen gegenüber den Vertragsärzten verschärft werden, um so einen effizienten Einsatz der finanziellen Mittel zu gewährleisten. Im Falle des Vorliegens hinreichender Anhaltspunkte sind diese Stellen zur Aufnahme von Ermittlungen verpflichtet. Bei Verdacht einer Straftat sind sie grundsätzlich – d. h. von Bagatellfällen abgesehen – gehalten, ihre Erkenntnisse der Staatsanwaltschaft mitzuteilen. Die zuständigen Stellen können von jedermann angerufen werden und haben entsprechenden Eingaben nachzugehen.

Zu den vielfältigen Aufgaben der KVen zählt an erster Stelle der **Sicherstellungsauftrag**, d. h. die Bereitstellung einer ausreichenden Anzahl von qualifizierten Ärzten, um die Bevölkerung medizinisch zu versorgen. Dies gilt auch in Bezug auf den Notdienst, welcher seit 2012 auch durch Kooperationen oder organisatorische Verknüpfungen mit Krankenhäusern sektorenübergreifend sichergestellt werden kann. Kassenärztliche Vereinigungen können seit 2012 im Falle der Unterversorgung erleichtert eigene Praxen betreiben. Neu aufgenommen wurde hierzu in § 105 Abs. 1 SGB V, dass die Honorare für dort erbrachte Leistungen aus der Gesamtvergütung bezahlt werden und nicht aus dem Verwaltungsetat der KV. Darüber hinaus können auch Kommunen in Absprache mit der zuständigen KV eigene Praxen betreiben. Zudem müssen die KVen gegenüber den Krankenkassen und ihren Verbänden die Gewähr bieten, dass die vertragsärztliche Versorgung den gesetzlichen und vertraglichen Anforderungen entspricht (**Gewährleistungsauftrag**). Auch obliegt es grundsätzlich den KVen, die durch die Kassen zur Verfügung gestellte **Gesamtvergütung** an die Vertragsärzte zu verteilen.

Ebenfalls ermöglicht wird mit § 77a SGB V die Gründung von Dienstleistungsgesellschaften der KVen. Diese können dann Leistungen wir z. B. Beratung bei der Gestaltung von Gesellschaftsverträgen, in allgemeinen wirtschaftlichen Fragen usw. anbieten. Problematisch könnten hier jedoch die Frage der Haftung für fehlerhafte Beratungen sowie die Kompetenz der in den „KV-Tochterunternehmen" eingesetzten Mitarbeiter bzgl. dieser teilweise juristisch hochkomplexen Problemfelder sein, so dass entsprechende Angebote kritisch überprüft werden sollten. Es ist zudem zu berücksichtigen, dass solche Dienstleistungsunternehmen nicht aus den Haushaltsmitteln der „Betreiber-KV" finanziert werden dürfen, sondern sich allein durch Kostenersatz tragen müssen.

3.2 Formen vertragsärztlicher Tätigkeit

Ein erfolgreiches wirtschaftliches Agieren ist einem Arzt in aller Regel nur dann möglich, wenn er an der vertragsärztlichen Versorgung teilnimmt, da der Privatpatienten, bzw. Privatbehandlungsanteil in den ärztlichen Praxen normalerweise nicht ausreicht, um eine wirtschaftlich sinnvolle Tätigkeit zu ermöglichen. Als Formen der Teilnahme sieht § 95 SGB V die Zulassung und die Ermächtigung vor. Hiervon zu unterscheiden ist das Angestelltenverhältnis, das ebenfalls eine vertragsarztrechtliche Grundlage hat.

3.2.1 Zulassung

3.2.1.1 Persönliche Voraussetzungen
Um eine Zulassung als Vertragsarzt kann sich jeder Arzt bewerben, der seine Eintragung in ein Arztregister nachweist. Diese Arztregister werden von den KVen für jeden Zulassungsbezirk geführt. Eine Eintragung in das Arztregister setzt die Approbation und eine fachärztliche Weiterbildung voraus (wobei insbesondere für

EU-Ausländer Ausnahmen bestehen). Durch das Vertragsarztrechtsänderungsgesetz (VÄndG) wurden die bis dahin geltenden Altersgrenzen aufgehoben. Nunmehr können auch Ärzte, die das 55. Lebensjahr bereits überschritten haben, die Zulassung erteilt bekommen. Darüber hinaus endet die Zulassung nicht mehr am Ende des Kalendervierteljahres, in dem der Vertragsarzt sein 68. Lebensjahr vollendet hat.

Zuständig für die Entscheidung über die Zulassung ist der **Zulassungsausschuss** der KV, für deren Bezirk ein Arzt die Zulassung anstrebt.

In Bezug auf ärztliche **Kooperationen** (vgl. Kap. 8) sieht § 33 Ärzte-ZV für die gemeinsame Ausübung der vertragsärztlichen Tätigkeit in einer *Berufsausübungsgemeinschaft* das Erfordernis einer Genehmigung vor, die nur bei Beeinträchtigung der Versorgung oder aus berufsrechtlichen Gründen versagt werden darf. Eine bloße *Praxisgemeinschaft*, d. h. die gemeinsame Nutzung von Ausstattung und Personal bei Führung getrennter Praxen, ist der KV lediglich anzuzeigen.

Medizinische Versorgungszentren sind fachübergreifende, ärztlich geleitete, Einrichtungen, in denen Ärzte als Angestellte oder Vertragsärzte tätig sind (näher hierzu Kap. 8). Auch ein solches Zentrum kann sich um eine Zulassung bewerben, wenn seine Ärzte ihrerseits die Zulassungsvoraussetzungen erfüllen.

3.2.1.2 Zulassungsbeschränkungen

Trotz des Vorliegens der persönlichen Voraussetzungen für eine Zulassung können sich Beschränkungen aus Planungsgesichtspunkten ergeben. Grenzen ergeben sich hier, wenn im Rahmen der Bedarfsplanung eine Überversorgung festgestellt wurde. Die Feststellung einer Über-/Unterversorgung erfolgt durch einen von der KV aufgestellten Bedarfsplan, wobei das gesetzlich festgelegte Verhältnis von Haus- und Fachärzten zu berücksichtigen ist. Kommt es wegen einer Überversorgung zu Zulassungsbeschränkungen, so sind diese amtlich bekannt zu machen, d. h. in der Regel im jeweiligen Ärzteblatt.

Die Bedarfsplanung (§ 99 SGB V) wurde durch das Versorgungsstrukturgesetz 2012 grundlegend überarbeitet. Zuvor entsprachen die Planungsbereiche den Stadt- und Landkreisen. Im Versorgungsstrukturgesetz ist bestimmt, dass der Gemeinsame Bundesausschuss neue Planungsbereiche erarbeitet, deren Ausgestaltung sich an den Anforderungen für eine flächendeckende Versorgung orientiert. Dabei können die Bereiche für hausärztliche, fachärztliche und spezialisierte fachärztliche Versorgung unterschiedlich ausgestaltet werden. Bei der Anpassung der Verhältniszahlen muss der Gemeinsame Bundesausschuss die demografische Entwicklung der jeweiligen Region berücksichtigen (Demografiefaktor).

In das Verfahren sind auch die zuständigen Landesbehörden einzubinden, welche auch die Rechtsaufsicht über die Landesausschüsse der Ärzte und Krankenkassen erhalten. Diese Landesausschüsse können regionale Gremien zu sektorübergreifenden Versorgungsfragen bilden, welche einen Gestaltungsspielraum beispielsweise bei der Festlegung der Verhältniszahlen und der Planungsbereiche erhalten und entsprechende Empfehlungen aussprechen können.

Grundsätzlich ist die Neuzulassung in einem gesperrten Bezirk ausgeschlossen. Gleichwohl existieren einige **Ausnahmefälle**, in denen trotz der Sperre eine

Zulassung möglich ist. Eine dieser Ausnahmen bildet die so genannte eingeschränkte Zulassung gemäß § 101 SGB V. Nach dieser Regelung kann ein Arzt in einem gesperrten Planungsbereich im Wege des Job-Sharings (siehe auch Kap. 8) gemeinsam mit einem dort bereits tätigen Vertragsarzt die vertragsärztliche Tätigkeit im Rahmen einer Berufsausübungsgemeinschaft ausüben, wenn sich die Partner gegenüber dem Zulassungsausschuss zu einer Leistungsbegrenzung verpflichten.

Eine weitere Möglichkeit, im gesperrten Bereich eine Zulassung erlangen, stellt die Praxisnachfolge gemäß § 103 Abs. 3a, 4 SGB V dar (vgl. Kap. 12), auch bezogen auf einen hälftigen Versorgungsauftrag (0,5-Zulassung). Die Teilung der Zulassung dient in der Praxis häufig dazu, die nachteiligen Auswirkungen des Job-Sharing zu umgehen. Voraussetzung für das Nachbesetzungsverfahren ist, dass der entsprechende Antrag nicht aufgrund bestehender Überversorgung vom Zulassungsausschuss abgelehnt wird, der Vertragsarzt seine Praxis an den Nachfolger überträgt und dieser die Praxis fortführt.

Im Zusammenspiel mit ebenfalls möglichen Nebentätigkeiten, z. B. an Krankenhäusern (vgl. hierzu Kap. 8) ergibt sich eine deutliche Flexibilisierung der beruflichen Betätigungsmöglichkeiten.

Zuletzt besteht das Instrument der Sonderbedarfszulassung zur Feinsteuerung der Versorgungssituation, wenn lokale oder qualifikationsgebundene Versorgungslücken bestehen. Der Gemeinsame Bundesausschuss hat hierzu Vorgaben entwickelt, wie ein lokaler Sonderbedarf festgestellt werden kann und welche Qualitätsanforderungen hierfür gestellt werden (§ 101 Abs. 1 Nr. 3 SGB V). Die Maßstäbe für einen Sonderbedarf werden in Kap. 8 der Bedarfsplanungsrichtlinie-Ärzte näher definiert.

3.2.1.3 Rechtsfolgen und Beendigung der Zulassung

Mit der Zulassung wird der Arzt zum Vertragsarzt und Mitglied der für seinen Vertragsarztsitz zuständigen KV. Zugleich ist er nunmehr zur Teilnahme an der vertragsärztlichen Versorgung berechtigt und verpflichtet. Die Pflichten eines Vertragsarztes ergeben sich aus den unterschiedlichsten Rechtsgrundlagen, insbesondere aus dem SGB V, dem Satzungsrecht der KV, den Bundesmantelverträgen, etc. Auch das Berufsrecht zählt hierzu, soweit es im Zusammenhang mit der vertragsärztlichen Tätigkeit steht.

Aus dem Kreis der zahlreichen **Pflichten** ist zunächst die Pflicht zur persönlichen, in freier Praxis ausgeübten Tätigkeit zu nennen (§ 32 Ärzte-ZV). Ein Vertragsarzt hat am Ort seiner Niederlassung Sprechstunden abzuhalten (Präsenzpflicht). Er muss seinen Wohnsitz so wählen, dass die Notfallversorgung nicht gefährdet wird. Eine weitergehende Residenzpflicht wurde abgeschafft. Ein Vertragsarzt hat seine Leistungen wirtschaftlich zu erbringen und darf die Behandlung gesetzlich versicherter Patienten nicht ohne triftigen Grund (Auslastung der Praxis, unzumutbare Störung der Vertrauensbeziehung zum Patienten) ablehnen.

Das wichtigste **Recht**, das mit der Befugnis zur Teilnahme an der vertragsärztlichen Versorgung einhergeht, ist der Anspruch des Vertragsarztes auf eine **Vergütung** der von ihm erbrachten Dienst- oder Sachleistungen. Der Vergütungsanspruch richtet sich gegen die KV, soweit nicht ausnahmsweise Kostenerstattung nach

3.2 Formen vertragsärztlicher Tätigkeit

§ 13 SGB V gewählt wurde oder Direktverträge (§§ 73b, 140a SGB V, s. Kap. 4) geschlossen wurden. Ein Anspruch auf eine bestimmte Vergütung besteht nicht. Er ist lediglich auf die Teilnahme an der Honorarverteilung gerichtet. Der Arzt hat jedoch Anspruch auf eine angemessene Vergütung, § 72 SGB V.

Die Zulassung **endet** mit dem Tod, einem Verzicht oder wenn der Vertragsarzt mit seiner Praxis aus dem KV-Bezirk wegzieht. Entsprechendes gilt für ein medizinisches Versorgungszentrum, wobei an die Stelle des Todes hier naturgemäß die Auflösung des Zentrums tritt (§ 95 SGB V).

3.2.2 Ermächtigung

Ebenso wie eine Zulassung berechtigt und verpflichtet auch eine Ermächtigung gemäß § 31 Ärzte-ZV zur Teilnahme an der vertragsärztlichen Versorgung. Der Unterschied zur Zulassung besteht darin, dass der Ermächtigte nicht Mitglied der betreffenden KV wird. Darüber hinaus ist die Ermächtigung regelmäßig sachlich und/oder patientenorientiert auf ein bestimmtes Spektrum von Leistungen beschränkt und zeitlich (i. d. R. auf zwei Jahre) begrenzt. Im Wesentlichen ähnelt der Status des Ermächtigten jedoch dem des Vertragsarztes. Insbesondere unterliegen auch Ermächtigte der Disziplinargewalt der KV.

Jeder Ermächtigung geht eine Bedarfsprüfung voraus. Ein Bedarfsfall ist gegeben, wenn eine Unterversorgung der Bevölkerung droht oder wenn die Ermächtigung erforderlich ist, um einen begrenzten Personenkreis (z. B. Rehabilitanden) zu versorgen. Sind die Voraussetzungen für eine Ermächtigung erfüllt, so besteht ein Rechtsanspruch auf ihre Erteilung.

Antragsberechtigt sind nicht nur Ärzte (z. B. Krankenhausärzte mit abgeschlossener Weiterbildung), sondern – in besonderen Fällen (§§ 116–119c SGB V) – auch ärztlich geleitete Einrichtungen und Krankenhäuser, soweit ein lokaler Versorgungsbedarf festgestellt wurde. Zuständig für die Erteilung einer Ermächtigung sind die Zulassungsgremien. Von diesem Verfahren sind Hochschulambulanzen ausgenommen, die nunmehr gemäß § 117 SGB V kraft Gesetzes zur vertragsärztlichen Versorgung ermächtigt sind.

3.2.3 Anstellung

Insbesondere junge Ärzte sind häufig nicht bereit oder in der Lage, die Selbständigkeit zu wagen. Dieser Interessenlage wird das Gesetz dadurch gerecht, dass es Vertragsärzten und medizinischen Versorgungszentren die Möglichkeit einräumt, andere Ärzte als Angestellte zu beschäftigen.

Während lange Zeit ein Vertragsarzt nur einen ganztags beschäftigten Arzt oder zwei halbtags beschäftigte Ärzte anstellen konnte, wurden diese Beschränkungen 2007 aufgehoben. Zu beachten ist jedoch, dass im Falle eines gesperrten Zulassungsbezirks eine weitere Zulassung für den angestellten Arzt erworben werden muss und je niedergelassenem Vertragsarzt die Zahl vollzeitbeschäftigter Angestellter auf maximal drei beschränkt ist. Die Anstellungszulassung gibt dabei die Möglichkeit, diese auch nach Auflösung des Anstellungsverhältnisses in der Praxis zu behalten und mittels eines neuen Angestellten zu besetzen. Damit erfahren Einzelpraxis und Berufsausübungsgemeinschaft eine dahingehende Gleichstellung mit dem MVZ (vgl. zu den weiteren Besonderheiten der Anstellung eines Arztes, auch in Abgrenzung zum Job-Sharing Kap. 8). Zu beachten sind Konkretisierungen durch den BMV-Ä.

Eine genehmigte Anstellung ist auf Antrag des anstellenden Vertragsarztes vom Zulassungsausschuss in eine Zulassung **umzuwandeln**, sofern der Umfang der Tätigkeit des angestellten Arztes einem ganzen oder halben Versorgungsauftrag entspricht. Beantragt der anstellende Vertragsarzt nicht zugleich die Nachbesetzung, wird der bisher angestellte Arzt Inhaber der Zulassung.

Zu unterscheiden ist das soeben beschriebene Anstellungsverhältnis von der Assistenz nach § 32 Ärzte-ZV (Ausbildungs-, Entlastungs- und Weiterbildungsassistent). Für sie gelten gesonderte Regeln.

3.3 Praxisvertretung

Ist ein Vertragsarzt – aus welchen Gründen auch immer – an der Ausübung seiner Tätigkeit gehindert, so entsteht das Bedürfnis nach einer Praxisvertretung. Die Möglichkeit für eine Vertretung eröffnet § 32 Ärzte-ZV für fünf Fälle: Krankheit, Urlaub, Teilnahme an ärztlicher Fortbildung oder einer Wehrübung sowie Schwangerschaft. Mit dem sog. Versorgungsstärkungsgesetz 2015 wurden diese Fälle um die Möglichkeit der Vertretung von angestellten Ärzten im Falle von Freistellung, Kündigung, Tod oder Beendigung des Arbeitsverhältnisses aus anderen Gründen ergänzt (§ 32b Abs. 6 SGB V).

Grundsätzlich besteht die Möglichkeit, sich innerhalb von zwölf Monaten bis zu einer Dauer von drei Monaten als niedergelassener Arzt oder, für bestimmte Fälle bis zu 6 Monaten, als angestellter Arzt vertreten zu lassen. Eine besondere Regelung gilt freilich für **schwangere Vertragsärztinnen**. Diese können sich in unmittelbarem Zusammenhang mit einer Entbindung bis zu einer Dauer von zwölf Monaten vertreten lassen. Für die Erziehung von Kindern wird zudem die Möglichkeit geschaffen, für bis zu drei Jahre einen Entlastungsassistenten zu beschäftigen. Dieser Zeitraum muss nicht zusammenhängend genommen werden (§ 32 Absatz 1 a Ärzte-ZV). Die KVen können die genannten Zeiträume verlängern.

Unabhängig davon, aus welchem Grunde eine Vertretung erfolgt, ist diese der KV mitzuteilen, wenn sie länger als eine Woche dauert.

Eine über den soeben beschriebenen Umfang hinaus gehende Vertretung ist demgegenüber nur mit Genehmigung der KV möglich. Voraussetzung ist zudem, dass die Beschäftigung zum Zwecke der Aus- oder Weiterbildung oder aus Gründen der Sicherstellung der Versorgung erfolgt. Die fehlende Genehmigung kann dazu führen, dass erbrachte Leistungen vollständig regressiert werden.

Da der Vertreter die Arbeit des Vertragsarztes an dessen Stelle übernimmt, muss der vertretene Vertragsarzt darauf hinwirken, dass der Vertreter die vertragsärztlichen Pflichten beachtet. Bei der Auswahl des Vertreters ist darauf zu achten, dass der potenzielle Vertreter hinreichend qualifiziert ist. Denn grundsätzlich darf eine Vertretung nur durch einen anderen Vertragsarzt oder einen Arzt erfolgen, der über eine Approbation/Berufserlaubnis verfügt und, von engen Ausnahmen abgesehen, die Weiterbildung zum Facharzt erfolgreich abgeschlossen hat. Von diesen Anforderungen kann in Sonderfällen abgesehen werden, namentlich dann, wenn ein kurzfristiges Einspringen des Vertreters, etwa wegen einer plötzlichen Erkrankung des Vertragsarztes, erforderlich ist (Notvertretung). Die Vertreterleistungen werden über den Abrechnungsstempel des Vertretenen abgerechnet.

3.4 Nebentätigkeit

Der massiv gestiegene Konkurrenzdruck sowie das permanente Bestreben der Politik, die Kosten der gesetzlichen Krankenversicherung zu dämpfen, haben die Ärzteschaft unter erhebliche wirtschaftliche Zwänge gesetzt. Um diesen Zwängen auszuweichen, sind viele Vertragsärzte bestrebt, sich ein zweites wirtschaftliches Standbein zu schaffen. Das wirft die Frage nach der rechtlichen Zulässigkeit zusätzlicher Aktivitäten auf.

Im Zusammenhang mit der Zulassung wurde bereits erörtert, dass Ärzte mit ihrer Einbindung in das System der vertragsärztlichen Versorgung einer Reihe von Pflichten unterliegen. Hierzu zählt auch die **Präsenzpflicht**. Sie gebietet dem Vertragsarzt, in den Praxisräumen seines Vertragsarztsitzes Sprechstunden in ausreichendem Umfang abzuhalten und diese – grundsätzlich mit festen Uhrzeiten – auf einem Praxisschild bekannt zu geben. Ein weiterer Ausdruck dieser Pflicht ist die Regelung des § 20 Ärzte-ZV. Danach ist für die Ausübung vertragsärztlicher Tätigkeit nicht geeignet, wer wegen anderweitiger Tätigkeiten für die Versorgung der Versicherten persönlich nicht im erforderlichen Maße zur Verfügung steht, sofern es sich nicht um eine ehrenamtliche Tätigkeit handelt.

Vertragsärzte sind also **grundsätzlich** gehalten, ihre **volle Arbeitskraft** für die Versorgung der gesetzlich versicherten Patienten zur Verfügung zu stellen.

Die Zulassungsverordnung normiert im § 20 Abs. 1 seit 2012, dass ein Beschäftigungsverhältnis oder eine andere nicht ehrenamtliche Tätigkeit der Eignung für die Ausübung der vertragsärztlichen Tätigkeit nur dann nicht entgegensteht, „wenn der Arzt unter Berücksichtigung der Dauer und zeitlichen Lage der anderweitigen Tätigkeit den Versicherten nicht in dem seinem Versorgungsauftrag entsprechenden Umfang persönlich zur Verfügung steht und insbesondere nicht in der Lage ist, Sprechstunden zu den in der vertragsärztlichen Versorgung üblichen Zeiten anzubieten". Die bisherige – durch die Rechtsprechung des BSG geprägte – starre Grenze von 13 Stunden ist daher nur noch ein Anhaltspunkt für die mit der Neuregelung in jedem Einzelfall zu beantwortende Frage des möglichen zeitlichen Umfangs der Nebentätigkeit.

Erforderlich bleibt aber, dass die beabsichtigte vertragsärztliche Tätigkeit als **Hauptberuf** des Zulassungsbewerbers qualifiziert werden kann. Hat der Vertragsarzt allerdings seinen Versorgungsauftrag auf eine „Teilzulassung" reduziert, ist es gerechtfertigt, eine Nebentätigkeit in größerem Umfang zuzulassen.

Über diese Vorgabe hinaus muss gewährleistet sein, dass die Nebentätigkeit nicht zu **Interessen- und Pflichtenkollisionen** mit der vertragsärztlichen Tätigkeit führt. Wenn eine anderweitige ärztliche Tätigkeit und die vertragsärztliche Tätigkeit sich vermischen und dies zu einem Nachteil der Versicherten, z. B. wegen einer faktischen Beschränkung des Rechts auf die freie Arztwahl, führt, kann eine Kollision angenommen werden.

3.5 Abrechenbarkeit vertragsärztlicher Leistungen

Nicht jede Leistung, die in der Praxis eines Arztes erbracht wird, ist ohne weiteres gegenüber der KV abrechenbar. Grundvoraussetzung ist zunächst ein **ordnungsgemäßer vertragsarztrechtlicher Status**, d. h. eine Zulassung als Vertragsarzt, eine Ermächtigung oder eine genehmigte Angestellten- bzw. Assistententätigkeit. Fehlt es hieran, so können Leistungen nicht abgerechnet werden.

Darüber hinaus ist es erforderlich, dass der Arzt seine Leistung persönlich erbracht hat. Persönlich bedeutet „in eigener Person". „In eigener Person" bedeutet jedoch nicht notwendig „eigenhändig". Die Durchführung routinemäßiger, einfacher Tätigkeiten durch ärztliches und teilweise nichtärztliches Personal ist üblich und zulässig. Welche ärztlichen Leistungen an entsprechend qualifiziertes nichtärztliches Personal delegiert werden können, ist dabei nicht abschließend definiert. Bestehen hier Unsicherheiten, sollten diese unbedingt vor Leistungserbringung mit der jeweiligen KV ausgeräumt werden. In jedem Falle ist eine ärztliche und persönlich erbrachte Leistung nur gegeben, wenn diese unter Überwachung und Kontrolle des Arztes geschieht.

Eine ärztliche Leistung kann zudem grundsätzlich nur dann abgerechnet werden, wenn sie im EBM definiert ist. Ein weiterer Aspekt ist die Qualitätssicherung. Eine Reihe von ärztlichen Behandlungs- und Untersuchungsmethoden oder der Einsatz bestimmter Geräte (z. B. CT) bedarf einer besonderen fachlichen Qualifikation und/oder Genehmigung durch die KV.

Schließlich darf ein Vertragsarzt grundsätzlich nur solche Leistungen abrechnen, die seinem Fachgebiet zuzurechnen sind. Dies gilt auch dann, wenn er die erforderlichen Kenntnisse zur Erbringung der Leistungen nachgewiesen hat. Die Fachgebietsgrenzen sind berufsrechtlich definiert und ergeben sich aus den jeweiligen Weiterbildungsordnungen der Ärztekammer. Ausnahmen bestehen für Notfallbehandlungen. Hier kann ein Vertragsarzt fachfremde Leistungen abrechnen.

3.6 Die vertragsärztliche Vergütung

Grundsätzlich vereinbaren KV und Krankenkassen eine sog. Gesamtvergütung, also einen Betrag, mit dem die ärztliche Versorgung der gesetzlich Versicherten für jeweils ein Jahr abgegolten wird. Diese Gesamtvergütung ist durch die KVen an ihre Mitglieder zu verteilen. Die KV erlässt zu diesem Zwecke eine Satzung, den

Honorarverteilungsmaßstab, welcher konkrete Regelungen zur Vergütung der einzelnen Arztgruppen enthält und die Grundlage der Honorarbescheide darstellt.

Hinter jeder EBM-Leistung steht neben der Punktzahl auch ein fester Euro-Preis. Zur Ermittlung des Preises wird die Punktzahl mit dem regional verhandelten Punktwert multipliziert. Ausgangswert für die Festsetzung eines regionalen Punktwertes ist der Orientierungspunktwert. Über dessen Höhe verhandelt die KBV jedes Jahr neu mit den Krankenkassen.

Auf der Ebene der Verteilung der von den Krankenkassen an die KV geleisteten morbiditätsbedingten Gesamtvergütung zum Vertragsarzt sind zur Begrenzung des Leistungsumfangs der vertragsärztlichen Tätigkeit **Regelleistungsvolumina (RLV) und qualitätsgebundene Zusatzvolumina (QZV)** in den Beschlüssen des Erweiterten Bewertungsausschusses und in den Honorarverteilungsmaßstäben festgelegt. Nach der gesetzlichen Definition handelt es sich hierbei um arztgruppenspezifische Fallwerte (Obergrenzen für die Leistungsmenge), bis zu denen die von einer Arztpraxis erbrachten Leistungen pro Fall mit *festen Punktwerten* zu vergüten sind. Darüber hinaus sind weitere Kriterien wie die Morbidität oder der Kooperationsgrad einzupreisen. Wird die Obergrenze überschritten, so wird die überschießende Menge nur mit einem abgestaffelten Punktwert bzw. einer Restquote vergütet. Praxisrelevant ist die Möglichkeit, über die Darstellung von Praxisbesonderheiten eine Fallwerterhöhung (aktiv) zu beantragen.

Die Vergütung der an der vertragsärztlichen Versorgung teilnehmenden Ärztinnen und Ärzte erfolgt seit Beginn des Jahres 2012 wieder im Rahmen einer regionalen Honorarverteilung, die nach haus- und fachärztlichen Versorgungsbereichen getrennt wird. Die bundeseinheitlichen Vorgaben zu RLV und QZV sind nicht mehr verbindlich. Vielmehr ist für die Honorarverteilung ausschließlich die Kassenärztliche Vereinigung verantwortlich, die hierzu einen Honorarverteilungsmaßstab nur noch im Benehmen mit den Krankenkassen erlässt (§ 87 b Absatz 1 SGB V). Die erst 2010 im SGB V eingeführte Regelung zur schrittweisen Konvergenz der Vergütungen wurde ersatzlos gestrichen, § 87 Abs. 9 SGB V.

Die vertragsärztliche Honorarverteilung ist im Detail sehr komplex. Auf der anderen Seite bieten sich durch geschickte Gestaltung diverse Chancen, die vorhandenen Abrechnungsmöglichkeiten auszuschöpfen und zu optimieren.

3.7 Wirtschaftlichkeitsprüfung

Bei der Wirtschaftlichkeitsprüfung handelt es sich um ein das Vergütungssystem flankierendes Instrument zur Steuerung der Leistungsmenge und zur Gewährleistung der Wirtschaftlichkeit der Leistungserbringung. Sie ist zu unterscheiden von der Abrechnungsprüfung, also die sachlich- rechnerische Prüfung und die Plausibilitätsprüfung.

3.7.1 Rechtliche Grundlagen

Die Wirtschaftlichkeit und das Verfahren zur Überprüfung der Wirtschaftlichkeit werden in mehreren rechtlichen Vorschriften geregelt, wobei es sich um bundesrechtliche gesetzliche Regelungen einerseits und untergesetzliche Regelungen der Selbstverwaltungspartner andererseits handeln kann. Zentrale Normen im Bereich der Wirtschaftlichkeitsprüfung sind die **§§ 12, 106, 106a, 106b und 106c SGB V**. Im Zuge des Versorgungsstärkungsgesetzes wurde der § 106 SGB V mit Wirkung zum 01.01.2017 weitgehend abgeändert. Es findet eine Untergliederung statt, wobei § 106 SGB V allgemeine Grundlagen der Wirtschaftlichkeitsprüfung enthält, § 106a SGB V sich der Prüfung ärztlicher Leistungen widmet und § 106b SGB V die Prüfung ärztlich verordneter Leistungen thematisiert. § 106c SGB V gibt verbindliche Vorgaben zu den Prüfgremien der Wirtschaftlichkeitsprüfung, also Prüfungsstellen und Beschwerdeausschüsse.

Diese Vorschriften sind eingebunden in die Regelungen über die gesetzliche Krankenversicherung, die als Solidargemeinschaft die Aufgabe hat, die Gesundheit der Versicherten zu erhalten, wiederherzustellen oder ihren Gesundheitszustand zu verbessern. Die Prüfgremien tragen in diesem Zusammenhang mittelbar zur Stabilität der gesetzlichen Krankenversicherung bei (Urteil des Bundessozialgerichts vom 19.10.2011 – B 6 KA 38/10 R). Die Versicherten haben Anspruch auf ausreichende, zweckmäßige und wirtschaftliche Leistungen, welche das Maß des Notwendigen nicht überschreiten dürfen.

Dieses sogenannte Wirtschaftlichkeitsgebot ist als allgemeine Anspruchsvoraussetzung für sämtliche Leistungen der Krankenversicherung maßgeblich und verpflichtet auch die Leistungserbringer und die Krankenkassen, diese Voraussetzungen zu beachten. Das Wirtschaftlichkeitsgebot muss die Brücke schlagen zwischen der auf die Gesundheit des einzelnen Menschen ausgerichteten Individualmedizin und den finanziell-wirtschaftlichen Grenzen der gesetzlichen Krankenkassen. Es gewährleistet daher einerseits den notwendigen Leistungsstandard verhindert aber andererseits auch Leistungen im Übermaß.

Die Begriffe „zweckmäßig", „ausreichend" und „notwendig" sind sehr unbestimmt und daher konkretisierungsbedürftig.

Zweckmäßig ist eine Leistung, wenn ein vom Arzt näher zu bestimmender medizinischer Zusammenhang zwischen dem Leistungsinhalt und dem Leistungsziel besteht. Im Regelfall ist eine Prognose geboten, welche sich anhand der Kriterien des allgemeinen anerkannten Standes der medizinischen Erkenntnisse und der Regeln der ärztlichen Kunst orientieren muss. In Ergänzung dazu sieht § 92 SGB V vor, dass der Gemeinsame Bundesausschuss Richtlinien zur Sicherung der ärztlichen Versorgung beschließt. Nach diesen Richtlinien sollen nur solche Untersuchungs- oder Heilmethoden angewandt werden, deren diagnostischer und therapeutischer Wert ausreichend gesichert ist. Die Erprobung solcher Methoden auf Kosten der Versicherungsträger ist hingegen unzulässig. Soweit der Arzt diese Richtlinien beachtet, ist seine Leistung zweckmäßig im Sinne des SGB V.

Notwendig ist eine Leistung, wenn gerade sie nach Art und Ausmaß zur Zweckerzielung zwangsläufig unentbehrlich und unvermeidlich ist. Wann dies der Fall ist, muss der Arzt im Einzelfall aufgrund seiner qualifizierten Ausbildung beurteilen. Der Begriff der Notwendigkeit stellt somit sowohl auf die Qualität als auch auf die Menge der Leistung ab.

3.7 Wirtschaftlichkeitsprüfung

Ausreichend ist eine Leistung, wenn sie nach den Regeln der ärztlichen Kunst Erfolgschancen für die Erzielung des medizinischen Leistungszwecks bietet. Damit wird ein Mindeststandard garantiert.

Das in § 12 SGB V fixierte Wirtschaftlichkeitsgebot muss naturgemäß überwacht werden. Nur so können die Kosten der sozialen Krankenversicherung in Grenzen und das System der kassenärztlichen Versorgung funktionsfähig gehalten werden. Diese Überwachung erfolgt durch Wirtschaftlichkeitsprüfungen.

Die Vorschriften der §§ **106ff.** SGB V können als Kernvorschriften der Wirtschaftlichkeitsprüfung angesehen werden, da hier das rechtliche Gerüst des Prüfverfahrens vorgegeben wird. So erfolgt in diesen Vorschriften die Benennung der Regelprüfmethoden, die Festlegung der Arten der Prüfungsgremien (Prüfungsstelle und Beschwerdeausschuss), der Besetzung der Prüfungsgremien, des Stimmrechts der Ausschussmitglieder, der Ausgestaltung und der Aufgaben der Geschäftsstellen der Prüfungsgremien, der im Falle einer festgestellten Unwirtschaftlichkeit zu verhängenden Maßnahmen sowie verfahrensrechtlicher Möglichkeiten. Allerdings enthalten die Vorschrift der §§ 106ff. SGB V nicht alle rechtlichen Vorgaben für die Durchführung von Wirtschaftlichkeitsprüfungen. Aus diesem Grunde verpflichtet und ermächtigt § 106 Abs. 1 SGB V die KVen und die Krankenkassen, die gesetzlichen Bestimmungen in **Prüfvereinbarungen** zu konkretisieren und zu ergänzen. Nach der Rechtsprechung des Bundessozialgerichts können Wirtschaftlichkeitsprüfungen ohne Prüfvereinbarung grundsätzlich nicht durchgeführt werden. Die Prüfvereinbarungen werden auf regionaler Ebene zwischen den Vertragspartnern, also den Kassenärztlichen Vereinigungen einerseits und den Landesverbänden der Krankenkassen und der Verbände der Ersatzkassen andererseits geschlossen und gelten für alle Kassenarten. Das Gesetz sieht vor, dass die Prüfvereinbarungen gemeinsame und einheitliche Verfahrensregeln zur Prüfung der Wirtschaftlichkeit enthalten müssen. Die Prüfvereinbarungen haben insbesondere den Inhalt und die Durchführung von Beratungen, arztbezogenen Prüfungen ärztlicher und ärztlich verordneter Leistungen sowie von Einzelfallprüfungen zu enthalten. Schließlich enthalten die Prüfvereinbarungen regional unterschiedliche Regelungen zu den Prüfungseinrichtungen (Anzahl der Gremien und deren Zusammensetzung), zum Vorsitz und Beschlussfassung, zu den Rechten und Pflichten der Prüfungseinrichtungen, zu den Geschäftsstellen der Prüfungseinrichtungen, zu dem Verfahren vor den Prüfungseinrichtungen und zum Widerspruchsverfahren.

Der Umfang und die inhaltliche Ausgestaltung der Prüfvereinbarungen können von KV-Bereich zu KV-Bereich abweichen.

Die KV und die Verbände der Krankenkassen sind insofern nicht berechtigt, den Prüfungs- und Entscheidungsspielraum der Gremien durch generelle Regelungen einzuschränken. Die Rechtsprechung verlangt, dass das Verfahren so zu gestalten ist, dass die Prüfverfahren der gesetzlichen Intention entsprechend sachgerecht durchgeführt werden können. Das Verwaltungsverfahren – um ein solches handelt es sich bei einem Prüfverfahren – hat sich darüber hinaus an den durch das SGB X vorgegebenen Rahmen zu halten. Insofern ist durch die Regelungen in den Prüfvereinbarungen lediglich eine Konkretisierung oder Ergänzung der gesetzlichen Vorschriften möglich.

3.7.2 Prüfgegenstand, Prüfanlass, Prüfmethode

§ 106 Abs. 2 SGB V differenziert zunächst zwischen der arztbezogenen Prüfung ärztlicher Leistungen nach § 106a SGB V und der arztbezogenen Prüfung ärztlich verordneter Leistungen nach § 106b SGB V.

Hinsichtlich des Anlasses einer Wirtschaftlichkeitsprüfung kann zunächst zwischen Auffälligkeitsprüfungen und Zufälligkeitsprüfungen unterschieden werden. Während einer Auffälligkeitsprüfung eine Sachprüfung inhärent ist, kommt es bei der Zufälligkeitsprüfung nur zu einer solchen, wenn auf der ersten Prüfebene Anhaltspunkte für einen Verstoß gegen das Wirtschaftlichkeitsgebot vorliegen.

Die Sachprüfung selbst kann auf Grundlage verschiedener Methoden erfolgen. Grob können diese in statistische Prüfungen (v.a. Durchschnittsfallprüfungen und Richtgrößenprüfungen) und Einzelfallprüfungen in verschiedenen Ausformungen untergliedert werden.

Für die Prüfung ärztlich verordneter Leistungen sieht § 106b SGB V selbst keine Prüfmethode vor. Vielmehr soll die Kassenärztliche Bundesvereinigung zusammen mit dem Spitzenverband Bund der Krankenkassen u. a. hierzu eine Rahmenvereinbarung treffen, die auf Länder- bzw. KV-Ebene weiter konkretisiert wird. Die entsprechenden Rahmenvorgaben vom 30.11.2015 überlassen es den regionalen Prüfvereinbarungen, welcher Prüfmethoden sich bei der Prüfung ärztlich verordneter Leistungen bedient wird. Die Vorgaben auf Bundesebene deuten aber an, dass die Verordnungsprüfung vorrangig als statistische Prüfung in Form einer Auffälligkeitsprüfung ausgestaltet werden sollte. Daneben sind aber auch die Voraussetzungen der Einzelfallprüfung auf regionaler Ebene zu beschreiben.

Demgegenüber legt sich der Gesetzgeber in § 106a Abs. 1 SGB V fest, dass ärztliche Leistungen im Rahmen von Zufälligkeitsprüfungen überprüft werden müssen. Typischerweise bedienen sich die Prüfungsgremien bei der Überprüfung ärztlicher Leistungen methodisch einer Form der Einzelfallprüfung, zumeist einer solchen mit statistischer Hochrechnung. Dies ist jedoch nicht verbindlich vorgegeben. Den regionalen Vertragspartnern steht es gemäß § 106a Abs. 4 SGB V frei, Prüfungen ärztlicher Leistungen nach Durchschnittswerten oder anderen Prüfungsarten zu vereinbaren.

3.7.2.1 Zufälligkeitsprüfung und Auffälligkeitsprüfung

Der Begriff der Auffälligkeitsprüfung beschreibt die Einleitung eines Prüfverfahrens aufgrund der Erfüllung eines bestimmten, statistisch abrufbaren Kriteriums. Vor den Änderungen des Versorgungsstärkungsgesetzes 2015 war damit die Überschreitung des von den regionalen Vertragspartnern festgelegten Verordnungsvolumens (Richtgrößenvolumen) gemeint, woraus sich eine Richtgrößenprüfung ableiten konnte. Der Empfehlung der Kassenärztlichen Bundesvereinigung und dem GKV-Spitzenverband folgend sollen auch weiterhin Wirtschaftlichkeitsprüfungen ärztlich verordneter Leistungen auf Grundlage einer von den regionalen Vertragspartnern näher zu bestimmenden Auffälligkeit eingeleitet werden.

Anders als bei der Auffälligkeitsprüfung sollen bei der Stichprobenprüfung gerade auch die unauffälligen Ärzte stichprobenartig geprüft werden. Die Stichproben sollen nach dem Gesetzeswortlaut mindestens 2 % der Ärzte eines jeweiligen Quartals umfassen. Diese Ärzte werden sodann willkürlich ausgewählt und ihre Abrechnung einer Prüfung unterzogen. Dies betrifft sowohl die ärztlich erbrachten Leistungen als auch die ärztlich verordneten Leistungen. Das Gesetz sieht vor, dass in den Stichprobenprüfungen insbesondere die Ärzte geprüft werden sollen, deren ärztlich verordnete Leistungen in bestimmten Anwendungsgebieten deutlich von der Fachgruppe abweichen. Diese Regelung ist zwar insoweit zu begrüßen, als dass die Prüfungen auf solche Ärzte konzentriert werden sollen, welche Überschreitungen und damit zumindest ein erstes Indiz für mögliche Unwirtschaftlichkeiten aufweisen. Fraglich bleibt jedoch, wie ein solches Verfahren noch unter der Überschrift „Stichprobenprüfung", also einer Prüfung nach Zufälligkeitskriterien geführt werden kann.

3.7.2.2 Richtgrößenprüfung

Im Zentrum der Reformbemühungen des Versorgungsstärkungsgesetzes bei der Wirtschaftlichkeitsprüfung steht die Verordnungsprüfung. Es sollte der Entwicklung entgegengewirkt werden, dass Verordnungskostenregresse teils existenzbedrohende Ausmaße annehmen und damit auch zu einem Niederlassungshemmnis werden. Dem soll zum einen mit einer Regionalisierung und zum anderen mit einer Verlagerung der Regelungsebene begegnet werden. Gemeint ist damit, dass die Richtgrößenprüfung nicht mehr als Regelprüfmethode für die Wirtschaftlichkeitsprüfung ärztlich verordneter Leistungen vorgesehen ist. Auch wurde die gesetzgeberische Vorgabe an die Kassenärztlichen Vereinigungen und die Landesverbände der Krankenkassen in § 84 Abs. 6 SGB V (alte Fassung) aufgehoben, jährlich Richtgrößenvolumina festzulegen, an deren Überschreitung sich eine Wirtschaftlichkeitsprüfung knüpfen sollte. Anstelle dessen gibt das Gesetz in § 106b Abs. 1 SGB V lediglich vor, dass die Wirtschaftlichkeit der Versorgung mit ärztlich verordneten Leistungen auf Grundlage von Vereinbarungen zu erfolgen hat, die zwischen den Landesverbänden der Krankenkassen und der jeweiligen KV zu treffen sind. Für diese Prüfvereinbarungen hat die Kassenärztliche Bundesvereinigung in Zusammenarbeit mit dem Spitzenverband Bund der Krankenkassen verbindliche Rahmenvorgaben zu erlassen. Mit dieser Regionalisierung verbindet der Gesetzgeber die Hoffnung, dass die Ärzteschaft über ihre Kassenärztliche Vereinigung an der Schaffung einer Prüfvereinbarung adäquat partizipiert und auf regionale Besonderheiten besser eingegangen werden kann. Zukünftig ist daher mit 17 verschiedenen Ausprägungen der Wirtschaftlichkeitsprüfung verordneter Leistungen zu rechnen.

Aus alledem ergibt sich jedoch nicht, dass die Richtgrößenprüfung oder eine dieser ähnliche Prüfmethode für die Zukunft ausgeschlossen ist. Denn die Rahmenvorgaben auf Bundesebene lassen den regionalen Vertragspartner hinsichtlich der Prüfmethode freie Hand. Es wird hinsichtlich des Prüfanlasses lediglich eine Auffälligkeitsprüfung nahegelegt. Da es vorgegebene Richtgrößenvolumina nicht mehr gibt, sind Äquivalente zu den Verordnungsvolumina und an deren Überschreitung anknüpfende Wirtschaftlichkeitsprüfungen zu erwarten.

Der wesentliche Unterschied einer solchen Richtgrößenprüfung zu einer Prüfung nach Durchschnittswerten (s. unten) ist dabei, dass der einzelne Arzt nicht mit seinen Fachkollegen verglichen wird, sondern mit einem von KV und Krankenkassen ausgehandelten Sollwert. Sofern eine solche Wirtschaftlichkeitsprüfung wegen Überschreiten des Sollwertes durchgeführt wird, so hat sich diese dennoch zwingend an die Rahmenvorgaben der Vertragspartner auf Bundesebene zu halten.

Hierzu zählt insbesondere der Grundsatz Beratung vor Regress, der gemäß §§ 106 Abs. 3, 106b Abs. 2 SGB V auch weiterhin gelten soll.

Bereits im Jahr 2012 ist die Gefahr für Vertragsärzte, unvermittelt in Regress genommen zu werden, etwas entschärft worden: Bei erstmaliger Überschreitung um 25 % muss eine Beratung des Arztes stattfinden. Erst bei wiederholter Überschreitung des Richtgrößenvolumens konnte er in Regress genommen werden (§ 106 Absatz 5e SGB V (alte Fassung)). Nunmehr geben die Rahmenvorgaben gem. § 106b Abs. 2 SGB V verbindlich vor, dass bei allen statistischen Prüfverfahren bei erstmaliger Auffälligkeit eine individuelle Beratung einem Regress bzw. einer „Nachforderung" vorzugehen hat.

Wenn man sich allerdings vorstellt, dass eine solche Beratung in Form einer persönlichen und individuellen Aufklärung im Rahmen eines Gesprächs erfolgt, so wird dies regelmäßig an der Realität vorbeigehen. Der Arzt darf von diesen „Beratungen" nicht erwarten, praktische Tipps und Hinweise dazu zu erhalten, wie er zukünftig Überschreitungen des Verordnungsvolumens vermeiden kann. Vielmehr erfolgen die Beratungen zumeist dadurch, dass dem Arzt Informationen und Übersichten über die Höhe und den Grund der Überschreitung eines statistischen Wertes zur Verfügung gestellt werden.

Niederlassungshemmnisse sollen zusätzlich dadurch reduziert werden, dass belastende Maßnahmen gem. § 6 Abs. 5 der Rahmenvereinbarung der Bundesvertragspartner für die ersten zwei Jahre einer Niederlassung ausgeschlossen sind. Damit dürfte allerdings nur die erstmalige Statusbegründung zu verstehen sein.

Gemäß § 106 Abs. 5d SGB V (alte Fassung) wurde ein vom Vertragsarzt grundsätzlich zu erstattender Mehraufwand nicht festgesetzt, soweit die Prüfungsstelle mit dem Arzt eine individuelle Richtgröße vereinbart, die eine wirtschaftliche Verordnungsweise des Arztes unter Berücksichtigung von Praxisbesonderheiten gewährleistet. Eine solche praxisindividuelle Vereinbarung konnte zur Folge haben, dass aufgrund dargestellter und nachvollziehbarer Praxisbesonderheiten eine – erhöhte – individuelle Richtgröße zugunsten des Arztes festgesetzt wird. Es bleibt abzuwarten, ob auch zu diesem Instrumentarium ein Äquivalent auf regionaler Ebene geschaffen wird, falls eine der Richtgrößenprüfung ähnliche Prüfmethode gewählt wird. Das Gesetz und die Rahmenvorgaben auf Bundesebene enthalten hierzu keine Angaben.

3.7.2.3 Statistischer Fallkostenvergleich (Prüfung nach Durchschnittswerten)

Beispiele:

1. Eine orthopädische Berufsausübungsgemeinschaft hat sich auf die Durchführung ambulanter orthopädischer Operationen (Kreuzbandersatz-, Meniskus-, Hüftgelenksund Schulteroperationen) spezialisiert. Die Praxis operiert

3.7 Wirtschaftlichkeitsprüfung

nahezu zu 95 % überwiesene Patienten. Die Prüfungsstelle vergleicht die Praxis im Rahmen des statistischen Fallkostenvergleichs mit der orthopädischen Durchschnittspraxis und stellt im Rahmen der Verordnung von Sprechstundenbedarf fest, dass die Berufsausübungsgemeinschaft Überschreitungen von bis zu 4000 % im Vergleich zum Fachgruppendurchschnitt aufweist. Die Prüfungsstelle spricht einen Regress für mehrere Quartale in Höhe von ca. 150.000,00 € aus.

2. In einer internistischen Einzelpraxis werden bei einer sehr geringen Fallzahl schwerpunktmäßig HIV-, Aids- und Hepatitis-Patienten behandelt. Der Anteil dieser Patienten am Gesamtpatientengut beträgt ca. 80 %. Die Prüfungsstelle vergleicht diese internistische Praxis im Rahmen eines statistischen Fallkostenvergleichs mit der internistischen Durchschnittspraxis und stellt im Bereich der Arzneimittelverordnungen Überschreitungen im Verhältnis zum Fachgruppendurchschnitt von mehr als 4000 % fest. Die Prüfungsstelle spricht für mehrere Quartale einen Regress in Höhe von ca. 300.000,00 € aus.

3. Ein Allgemeinmediziner betreut in seiner Praxis eine große Anzahl von multimorbiden und immobilen Pflegeheimpatienten (ca. 20 % des gesamten Patientenguts). Der Arzt verordnet dabei im wesentlichen Krankengymnastik, z. T. nach Bobath. Die Prüfungsstelle vergleicht die Praxis des betroffenen Arztes mit der durchschnittlichen allgemeinmedizinischen Praxis und stellt im Rahmen der Verordnung von physikalisch medizinischen Leistungen erhebliche Überschreitungen im Vergleich zum Fachgruppendurchschnitt fest. Die Prüfungsstelle spricht für den Zeitraum von einem Jahr einen Regress in Höhe von ca. 55.000,00 € aus.

Die vorangegangenen Beispiele stellen – vereinfacht – Ergebnisse reeller Prüfverfahren dar. Bei einem statistischen Fallkostenvergleich bzw. einer Prüfung nach Durchschnittswerten wird die Abrechnung des Vertragsarztes mit den Durchschnittswerten seiner Vergleichsgruppe verglichen. Es handelt sich dabei um einen Unterfall der Auffälligkeitsprüfung. Es werden somit regelmäßig nur solche Ärzte in eine Wirtschaftlichkeitsprüfung einbezogen, deren Abrechnung im Vergleich zum Fachgruppendurchschnitt auffällig ist. Dabei wird vorausgesetzt, dass eine Unwirtschaftlichkeit dann zu vermuten ist, wenn der Arzt mit seinen durchschnittlichen Kosten pro Fall oder bei der Abrechnung einzelner Leistungsziffern die Durchschnittswerte seiner vergleichbaren Facharztgruppe in einer bestimmten Höhe überschritten hat.

Dem liegt die Fiktion zugrunde, dass die Gesamtheit der Ärzte einer Fachgruppe im Durchschnitt gesehen wirtschaftlich handelt und das Maß des Notwendigen und Zweckmäßigen nicht überschreitet. Dem nach den Methoden der statistischen Wissenschaft festgelegten Mittelwert kommt somit eine erhebliche Bedeutung zu, da die Prüfung aus einer Gegenüberstellung der durchschnittlichen Fallkosten des geprüften Arztes einerseits und der Gruppe vergleichbarer Ärzte andererseits basiert. Grundlage einer jeden statistischen Vergleichsprüfung ist somit die richtige Zusammensetzung der **Vergleichsgruppe**. Grundsätzlich muss diese homogen und ausreichend groß sein. Eine besondere fachliche Leistungsausrichtung (beispielsweise Durchführung ambulanter orthopädischer Operationen) kann dazu führen, dass eine betreffende Praxis nicht mehr mit der durchschnittlichen Fachgruppe vergleichbar ist, so dass die Vergleichsgruppe verfeinert werden muss mit der Folge, dass ein Vergleich nur noch mit solchen Praxen erfolgt, die wiederum ein vergleichbares Leistungsspektrum aufweisen. Die Mindestzahl der in die Vergleichsgruppe aufgenommenen Ärzte lässt sich nur schwer bestimmen. Grundsätzlich muss die Gruppe umso größer sein, je weniger homogen sie ist. Wenn bei einer Fachgruppe eine große Homogenität gegeben ist, kann schon eine Vergleichsgruppengröße von 10 Praxen akzeptiert werden.

Um für Transparenz im Rahmen der statistischen Vergleichsprüfung zu sorgen und die Anforderungen für den Nachweis der Unwirtschaftlichkeit und die Beweislast des Arztes eindeutig festzulegen, hat die Rechtsprechung in Bezug auf den Überschreitungsgrad des Fallwertes zum Fachgruppendurchschnitt 3 Stufen gebildet:
1. Allgemeine Streubreite
2. Übergangszone
3. Offensichtliches Missverhältnis

zu 1.: Das Bundessozialgericht ist der Auffassung, dass jede Durchschnittsbetrachtung eine angemessene Streuung und demgemäß eine angemessene Abweichung als noch zulässig gelten lassen muss. Im Bereich der normalen statistischen Abweichung lässt sich eine Unwirtschaftlichkeit von Mehrkosten nicht feststellen. Dies ergibt sich bereits aus der ärztlichen Therapiefreiheit, welche unterschiedliche Behandlungsweisen rechtfertigt.

Der Bereich der **normalen Streuung** um den Fachgruppen-Durchschnitt wird nach ständiger Rechtsprechung bei Überschreitungen von bis zu 20 % angenommen. In diesem Bereich der Überschreitung findet in der Regel keine Prüfung und auch keine Kürzung statt.

zu 2.: Bei einer Überschreitung zwischen 20 % und 40–50 % spricht man von der sogenannten **Übergangszone**. In diesem Bereich findet eine arztbezogene Prüfung nach Durchschnittswerten grundsätzlich nicht statt. Dies bedeutet allerdings nicht, dass ein Prüfverfahren gänzlich ausgeschlossen ist. Zulässig ist hier vielmehr unter bestimmten Voraussetzungen eine Einzelfallprüfung. Bei einer Überschreitung von bis zu 40–50 % wird grundsätzlich zu Gunsten des geprüften Arztes vermutet, dass die entsprechende Abrechnung dem Wirtschaftlichkeitsgebot entspricht. In diesem Bereich der statistischen Überschreitung ist es sodann Aufgabe der Prüfungsstelle, eine eventuelle Unwirtschaftlichkeit darzulegen und nachzuweisen.

zu 3.: Ein sogenanntes **offensichtliches Missverhältnis** liegt dann vor, wenn der Fallwert des geprüften Arztes so erheblich über dem Fachgruppendurchschnitt liegt, dass sich die Mehrkosten nicht mehr durch Unterschiede in der Praxisstruktur und den Behandlungsnotwendigkeiten erklären lassen und deshalb zuverlässig auf eine unwirtschaftliche Behandlungsweise als Ursache der erhöhten Aufwendungen geschlossen werden kann. Ein offensichtliches Missverhältnis wird in der Rechtsprechung und in der Praxis regelmäßig bei einer Überschreitung des Fachgruppendurchschnitts um 40 % und mehr angenommen.

▶ **Hinweis:** Liegt der Umfang der Überschreitung des Fachgruppendurchschnitts im Bereich des offensichtlichen Missverhältnisses, so findet eine **Beweislastumkehr** statt. Es obliegt nicht mehr den Prüfgremien, die Unwirtschaftlichkeit nachzuweisen. Vielmehr muss der Arzt die Wirtschaftlichkeit seiner Abrechnung beweisen und darlegen, dass die Überschreitung durch Praxisbesonderheiten und kompensatorische Einsparungen gerechtfertigt ist. Gelingt dem Arzt diese Darlegung nicht, hat die Feststellung der Überschreitung die Wirkung eines Anscheinsbeweises mit der Folge, dass regelmäßig von einer unwirtschaftlichen Behandlungsweise des Arztes auszugehen ist.

Nach der Rechtsprechung (Bundessozialgericht, Urteil vom 28.01.1998 – B 6 KA 96/96 R; SG Marburg, Urteil vom 02.11.2011 – S 12 KA 68/10) sind die genannten Grenzwerte allerdings nicht als starre Übergänge zu betrachten. Vielmehr sind Praxisbesonderheiten und deren Kostenanteil von dem Gesamtfallwert des Arztes abzuziehen und auf der Grundlage des verbleibenden Fallwertes die jeweilige Überschreitung zu ermitteln. Die Ergänzung der statistischen Betrachtungsweise durch eine intellektuelle Prüfung führt dazu, dass bei der Frage der Wirtschaftlichkeit die relevanten medizinischen Gesichtspunkte ebenfalls in die Beurteilung einzubeziehen sind. Aufgrund der sachkundigen Besetzung der Prüfgremien ist dies ohne weiteres möglich.

Während dem statistischen Fallkostenvergleich früher die Funktion einer Regelprüfmethode zukam, ist dieser Status bereits 2004 entzogen worden. Dennoch findet die Methode in der Praxis regelmäßige Anwendung.

Dass der Wegfall eines verpflichtenden statistischen Fallkostenvergleichs von dem Gesetzgeber damit begründet wurde, dass es sich dabei um ein qualitativ minderwertiges Prüfungsverfahren handele, da es ausschließlich auf statistischen Auffälligkeiten basiert und verdeckte Unwirtschaftlichkeiten nicht erkennbar werden, ist auf wenig Interesse gestoßen. Vielmehr werden statistische Prüfungen durch die seit 2017 geltenden gesetzlichen Regelungen erneut als geeignete Methode nahegelegt.

3.7.2.4 Einzelfallprüfung

In Abgrenzung zur Prüfung nach Durchschnittswerten ist sowohl bei ärztlichen wie auch ärztlich verordneten Leistungen eine Wirtschaftlichkeitsprüfung in Form der Einzelfallprüfung möglich. Im Rahmen einer Einzelfallprüfung erfolgt eine Prüfung einzelner Behandlungsfälle eines Arztes dahingehend, ob die dort erbrachten Leistungen oder die verordneten Leistungen dem Wirtschaftlichkeitsgebot entsprechen. Hier gibt es verschiedene Möglichkeiten, und zwar die strenge Einzelfallprüfung, die repräsentative Einzelfallprüfung und die Einzelfallprüfung mit Hochrechnung. Während bei der **strengen Einzelfallprüfung** und der **repräsentativen Einzelfallprüfung** tatsächlich nur bestimmte ausgewählte Einzelfälle überprüft und einer Wirtschaftlichkeitsbetrachtung mit der Folge eines Regresses unterzogen werden, erfolgt bei einer **Einzelfallprüfung mit Hochrechnung** eine Überprüfung eines prozentualen Anteils von mindestens 20 % aller abgerechneten Fälle, die zugleich aber mindestens 100 Fälle umfassen müssen, um eine statistische Evidenz gewährleisten zu können. Die bei dieser Art der Einzelfallprüfung festgestellten eventuellen Unwirtschaftlichkeiten werden auf die restlichen Fälle hochgerechnet. Die Ergebnisse können geeignete Grundlage einer wertenden Entscheidung der Prüfgremien sein, dass die Behandlung eines Arztes unwirtschaftlich ist.

In der Praxis spielte die Einzelfallprüfung – egal in welcher Ausgestaltung – bislang eine untergeordnete Rolle. Es ist davon auszugehen, dass diese fehlende Bedeutung auch zukünftig beibehalten werden wird.

3.7.3 Verfahrensablauf

Der Ablauf des Verfahrens vor der Prüfungsstelle und dem Beschwerdeausschuss wird zwar in jeweiligen Prüfvereinbarungen der einzelnen KV-Bereiche regional selbständig geregelt. Das Grundgerüst des Prüfverfahrens ergibt sich allerdings – wie oben dargestellt wurde – aus der gesetzlichen Vorschrift des § 106 c SGB V, so dass trotz eventueller regionaler Unterschiede von einer Vereinheitlichung des Prüfverfahrens ausgegangen werden kann. Aus diesem Grunde braucht an dieser Stelle nicht auf Unterschiede bei einzelnen KV-Bereichen eingegangen zu werden.

Die Prüfungsgremien der Wirtschaftlichkeitsprüfung sind die Prüfungsstelle in erster Instanz und der (weiterhin ehrenamtliche besetzte) **Beschwerdeausschuss** als Beschwerdeinstanz.

3.7.3.1 Verfahren vor der Prüfungsstelle

Im Zusammenhang mit der Einleitung des Prüfverfahrens ist von Bedeutung, dass eine **zeitliche Begrenzung** des Prüfverfahrens besteht. Insoweit wird davon ausgegangen, dass der die Wirtschaftlichkeitsprüfung abschließende Bescheid der Prüfungsstelle spätestens **4 Jahre** nach der vorläufigen Honorarabrechnung dem Arzt zugestellt sein muss, jedenfalls soweit es sich um eine Quartalsbezogene Wirtschaftlichkeitsprüfung handelt (Landessozialgericht Rheinland-Pfalz, Urteil vom 15.09.2011 – L 5 KA 7/11).

Der Arzt wird regelmäßig über die Einleitung eines Prüfverfahrens informiert, egal, ob das Verfahren aufgrund eines Antrags oder aber von Amts wegen eingeleitet wurde. Diese Information erfolgt durch die Prüfungsstelle. Gleichzeitig mit der Mitteilung über die Einleitung eines Prüfverfahrens wird dem betroffenen Arzt gem. § 24 SGB X die Möglichkeit eingeräumt, eine Stellungnahme abzugeben.

> ▶ **Hinweis:** Eine Stellungnahme in Wirtschaftlichkeitsprüfverfahren ist zwar rechtlich nicht verpflichtend, gleichwohl allerdings von großer praktischer Bedeutung. Die Prüfgremien kennen im Zweifel die Praxis des geprüften Arztes nicht. Sie nehmen zwar Einsicht in seine Honorarunterlagen und in einen Teil der Verordnungsblätter. Diese geben allerdings nur eingeschränkt Auskunft über die Praxis. Im Rahmen der Wirtschaftlichkeitsprüfung obliegt es also dem Vertragsarzt, im Verfahren vor den sachkundig besetzten Prüfgremien seine vertragsärztliche Tätigkeit

3.7 Wirtschaftlichkeitsprüfung

betreffende Umstände in einer Form darzulegen, die den Schluss auf Praxisbesonderheiten oder zumindest gezielte Nachfragen erlauben. Erstmaliges Vorbringen im gerichtlichen Verfahren ist unbeachtlich (Landessozialgericht Berlin-Brandenburg, Entscheidung vom 30.09.2011 -L 7 KA 16/08).

Überschreitet der Arzt bei einer statistischen Fallwertprüfung die Grenze zum offensichtlichen Missverhältnis, ist nach der Rechtsprechung eine unwirtschaftliche Behandlungsweise zu vermuten. Nunmehr obliegt es dem Arzt, diesen Anschein dadurch auszuräumen, dass er Umstände aufzeigt, die eine andere als die sich nach den Zahlenverhältnissen aufdrängende Verursachung ernsthaft als möglich erscheinen lassen und damit die aufgrund der statistischen Wahrscheinlichkeitsaussage gewonnene Überzeugung im konkreten Fall erschüttern.. Es müssen also Besonderheiten der Praxis vorgetragen werden, die einen entsprechenden Mehraufwand gegenüber der Vergleichsgruppe rechtfertigen. Solche Praxisbesonderheiten sind bereits von Amts wegen zu berücksichtigen, soweit sie den Prüfungsgremien aus Vorquartalen oder aufgrund der zur Verfügung stehenden Unterlagen bekannt oder offensichtlich und damit erkennbar sind.

Somit kommt den Praxisbesonderheiten in einem Prüfverfahren bei allen Prüfmethoden eine überragende Bedeutung zu. **Praxisbesonderheiten** sind solche Gegebenheiten, die als sinnvoll anerkannt werden, deren Ursächlichkeit für den erhöhten Kostenaufwand festgestellt ist und die nicht zur Bildung einer besonderen Vergleichsgruppe Anlass geben, sondern zu Zuerkennung eines höheren Fallwertes und einer höheren Toleranz bei einzelnen Leistungen und Verordnungen. Im Ergebnis muss nachgewiesen werden, dass wesentliche Leistungsbedingungen des geprüften Arztes von wesentlichen Leistungsbedingungen der Fachgruppe abweisen. Inwieweit atypische Umstände vorliegen, hängt auch von der gewählten Vergleichsgruppe und deren Homogenität ab. Sind untypische Umstände dargelegt und nachvollziehbar, wird der Beweiswert der Statistik eingeschränkt. Erforderlich ist, dass die Praxisbesonderheiten das Behandlungs- und Verordnungsverhalten des Arztes dauerhaft und nachhaltig prägen, dass sie patientenbezogen sind und dass die Auswirkungen, bezogen auf den Mehraufwand quantifiziert werden. Als **Praxisbesonderheiten** können beispielsweise nach der Rechtsprechung folgende Umstände in Betracht kommen:

- eine besondere Praxisausstattung, soweit sie sich auf die Zusammensetzung des Krankengutes und die Behandlung der Patienten auswirkt (Doppler-Sonograph, Bronchoskop, Laser)
- der erhöhte Behandlungsbedarf einer anlaufenden Praxis in den ersten Quartalen (neue Patienten, hoher diagnostischer Aufwand)
- hoher Anteil an Überweisungsfällen
- auffällige Altersstruktur; hoher Anteil betagter Patienten
- schwere und kostenintensive Fälle, viele multimorbide Patienten, z. B. hoher Anteil an Pflegeheimpatienten
- Ausrichtung auf besondere wissenschaftlich anerkannte Untersuchungs-/Behandlungsmethoden

- Spezialisierung (ambulante Operationen, verstärkte Betreuung von HIV- und Hepatitis-Patienten, Sportmedizin, Onkologie)
- ungewöhnlich hoher Anteil an typischen aber teuren Erkrankungen (Diabetes, KHK)
- ungewöhnliche Krankheiten.

So können Abweichungen im Bereich der **Sprechstundenbedarfsverordnung** ihre Ursache insbesondere in der Durchführung ambulanter Operationen (Kirschnerdraht, Interferenzschrauben, Verbandmaterial, Schienen, Nadeln, etc.) oder in der Behandlung von Tumor-Patienten (Biopsie-/Port-Nadeln) haben.

Im Bereich der **Arzneimittelverordnungen** kommt insbesondere eine kostenintensive Patientenstruktur als Praxisbesonderheit in Betracht, wenn beispielsweise HIV-Patienten, Hepatitis-Patienten, Rheuma-Patienten, Osteoporose-Patienten, Parkinson-Patienten, MS-Patienten, Epilepsie-Patienten, Kardiologie-Patienten, Alzheimer-Patienten, Parese-Patienten, Patienten mit Depressionen, Patienten mit Diabetes-Melitus und Patienten mit koronarer Herzkrankheit behandelt werden.

Im Bereich der **Heilmittelverordnungen** kommen insbesondere multimorbide Pflegeheimpatienten (Krankengymnastik durch Hausbesuch nach Bobath), Patienten mit spastischer Tetraplegie/Hemiparese/Diplegie, Patienten mit Zustand nach Apoplex sowie ferner eine postoperative Mobilitätsförderung und Muskelaufbau und eine spezialisierte Behandlung von Wirbelsäulenerkrankungen als Ursache für statistische Abweichungen in Betracht.

Für den Bereich der Heilmittelverordnungsprüfung enthalten die auf Bundesebene aufgestellten Rahmenvorgaben nach § 106b Abs. 2 SGB V verbindliche Vorgaben, welcher besondere Versorgungsbedarf im Rahmen der Wirtschaftlichkeitsprüfung zwingend anzuerkennen ist. Anhang 1 zur Anlage 2 der Rahmenvorgaben benennt die einschlägigen IDC-10-Diagnoseschlüssel und den sich hieraus jeweils ableitenden Heilmittelbedarf.

▶ **Praxistipp:** Der geprüfte Arzt sollte die nach seiner Meinung bestehenden Praxisbesonderheiten schriftlich darstellen und zwar konkret, praxisindividuell und kostenmäßig. Es hat sich als vorteilhaft erwiesen, wenn der Prüfungsstelle eine **namentliche Darstellung** der auf die Praxisbesonderheit entfallenen Patienten sowie eine kostenmäßige Berechnung des darauf entfallenen Verordnungsvolumens überreicht werden.

Für die Anerkennung einer Praxisbesonderheit ist es zudem nicht ausreichend, dass bestimmte Leistungen in der Praxis eines Arztes erbracht werden. Vielmehr muss substantiiert dargetan werden, inwiefern sich die Praxis gerade in Bezug auf diese Merkmale von den anderen Praxen der Fachgruppe unterscheidet (SG Marburg, Urteil vom 02.11.2011 – S 12 KA 68/10).

Die Prüfungsstelle muss sodann die vom Arzt genannten und als solche anzuerkennenden Praxisbesonderheiten auf der ersten Stufe des Verfahrens berücksichtigen, und zwar durch eine rechnerische Quantifizierung, durch einen Abzug der auf die Praxisbesonderheit entfallenen Kosten von den Gesamtkosten und einer anschließenden praxisindividuellen Neubestimmung der Grenze zum

3.7 Wirtschaftlichkeitsprüfung

offensichtlichen Missverhältnis, sofern ein statistischer Fallkostenvergleich durchgeführt wird. Im Rahmen der Richtgrößenprüfung wird die Prüfungsstelle sich auf Grund der Darstellung der Praxisbesonderheiten mit der Frage auseinandersetzen müssen, inwieweit die Überschreitung der Richtgrößenvolumen in der konkreten Praxis durch Praxisbesonderheiten gerechtfertigt ist.

Im Rahmen des statistischen Fallkostenvergleichs berücksichtigen die Prüfgremien Praxisbesonderheiten in der Regel durch die Gewährung von Toleranzen bei der Überschreitung der durchschnittlichen Abrechnungswerte. Dabei sind sie allerdings verpflichtet, detailliert darzulegen, wie sich jede Praxisbesonderheit auf die einzelnen Abrechnungswerte oder Verordnungen auswirkt. Die Argumentation innerhalb des Beschlusses muss nachvollziehbar sein. Dies ist mit dem nur eingeschränkt überprüfbaren Beurteilungs- und Ermessensspielraum der Prüfgremien zu erklären. In einem etwaigen Gerichtsverfahren wird nämlich nicht die fachliche und inhaltliche Arbeit des Gremiums überprüft, sondern nur die ordnungsgemäße Ausübung der Ermessensspielräume.

Eine weitere Möglichkeit des geprüften Arztes im Rahmen eines statistischen Fallkostenvergleichs, das offensichtliche Missverhältnis der Abrechnungswerte zu rechtfertigen, besteht darin, dass er einen Ausgleich des **Mehraufwandes** in einem Bereich durch einen kausal darauf zurückzuführenden **Minderaufwand** in einem anderen Bereich schlüssig darlegt. Auch auf diesem Wege kann die Vermutung der Unwirtschaftlichkeit entkräftet werden. So können beispielsweise durch die Verordnung bestimmter Medikamente physikalisch-medizinische Leistungen vermieden werden. Andersherum können auch durch die Verordnung bestimmter Heilmittel (z. B. Krankengymnastik) die Verordnungen von Arzneimitteln vermieden werden. Des weiteren können durch die Durchführung ambulanter Operationen lange Krankenhausaufenthalte und Arbeitsunfähigkeiten vermieden werden. In den vorgenannten Beispielen kann es somit durch einen Mehraufwand in bestimmten Bereichen zu einem Minderaufwand in anderen Bereichen kommen. Das Bundessozialgericht hat dabei immer wieder betont, dass zwischen Mehraufwand und Minderaufwand ein kausaler Zusammenhang bestehen muss. Der Arzt hat insofern substantiiert darzulegen, in welchen Bereichen er **kompensatorische Einsparungen** erzielt hat. Er muss auch den kausalen Ausgleich zwischen Mehr- und Minderaufwand darstellen und nachweisen.

Nachdem der Arzt eine schriftliche Stellungnahme abgegeben hat, befasst sich die Prüfungsstelle sodann mit den entsprechenden Abrechnungswerten und dem Vorbringen des Arztes.

Das Verfahren vor der Prüfungsstelle ist zumeist schriftlich, d. h., der betroffene Arzt wird nicht zu einer Sitzung geladen, um dort mündlich vorzutragen. Einige Prüfvereinbarungen sehen jedoch auch die Möglichkeit einer mündlichen Anhörung vor. Die Prüfungsstelle ist verpflichtet, eine Entscheidung in Form eines schriftlichen **Beschlusses** zu treffen, wobei das der Prüfungsstelle eingeräumte Ermessen zu beachten und auszuüben ist. Einige Zeit nach der Entscheidung wird dem Arzt der Prüfbescheid zugestellt.

Der schriftliche Beschluss ist inhaltlich im einzelnen zu begründen, wobei an die **Begründung** gemäß der ständigen Rechtsprechung strenge Anforderungen zu stellen sind. So muss die Begründung die Entscheidung nachvollziehbar machen und insbesondere alle in den etwaigen Stellungnahmen des Widerspruchsführers vorgebrachten Gesichtspunkte berücksichtigen. Die Prüfungsstelle muss für den Adressaten, somit den geprüften Arzt, nachvollziehbar ausführen, aus welchem Grunde eine Kürzung in der betreffenden Form ausgesprochen wurde, inwieweit eventuelle Praxisbesonderheiten berücksichtigt wurden oder aber nicht zu berücksichtigen waren und inwieweit das der Prüfungsstelle eingeräumte Ermessen – beispielsweise bei der Gewährung von Toleranzen – berücksichtigt wurde.

Zwingender Bestandteil des Beschlusses ist eine Rechtsbehelfsbelehrung, in welcher der betreffende Arzt auf seine rechtlichen Möglichkeiten, insbesondere auf die Möglichkeit der Erhebung eines Widerspruchs, hingewiesen wird.

▶ **Praxistipp:** Der **Widerspruch** bzw. die **Beschwerde** muss innerhalb eines Monats nach Zustellung oder Bekanntmachung des Bescheids eingelegt werden. Die Beschwerde bzw. der Widerspruch muss entweder schriftlich und mit einer Unterschrift versehen eingereicht oder zu Protokoll der Geschäftsstelle bzw. Prüfungsstelle abgegeben werden. Dabei ist eine Begründung der Beschwerde nicht zwingend erforderlich, allerdings zweckmäßig.

▶ **Praxistipp:** Die Erhebung der Beschwerde hat **aufschiebende Wirkung**. Dies bedeutet, dass ein durch die Prüfungsstelle eventuell ausgesprochener Regressbetrag nicht fällig wird, also eine finanzielle Belastung noch nicht erfolgt. Durch die Erhebung der Beschwerde und die anschließende Durchführung des Beschwerdeverfahrens kann somit die Fälligkeit des Regressbetrages hinausgezögert werden.

3.7.3.2 Verfahren vor dem Beschwerdeausschuss

Das Verfahren vor dem Beschwerdeausschuss weist einige Unterschiede zum Verfahren vor der Prüfungsstelle auf. Während in den Verfahren vor der Prüfungsstelle häufig kein beratender Arzt oder ein **Prüfreferent/Fachreferent** eingesetzt wird, kann ein solcher Referent in den Beschwerdeverfahren vor dem Beschwerdeausschuss in einigen KV-Bereichen hinzugezogen werden. Die Aufgabe des Prüfreferenten – es handelt sich hier regelmäßig um einen Fachkollegen des geprüften Arztes – besteht darin, den medizinischen Sachverhalt für den Beschwerdeausschuss aufzubereiten und dabei insbesondere eine Überprüfung und Auswertung des Leistungserbringungsverhaltens und des Verordnungsverhaltens des geprüften Arztes vorzunehmen. Der Prüfreferent wertet dabei die ihm überreichten Verordnungsblätter, sowie die Praxis des geprüften Arztes hinsichtlich der Zusammensetzung des Patientenguts, des Schwerpunkts der Behandlung, der personellen und apparativen Ausstattung aus. In vielen Prüfvereinbarungen ist vorgesehen, dass ein solcher Prüfreferent das Ergebnis seiner Überprüfungen im Rahmen eines mündlichen Prüfberichts oder Prüfreferats dem Ausschuss in der Sitzung vorträgt.

Ein weiterer wesentlicher Unterschied im Vergleich zu dem Verfahren vor dem der Prüfungsstelle besteht darin, dass in den meisten KV-Bereichen das Verfahren vor dem Beschwerdeausschuss nicht mehr ausschließlich schriftlich erfolgt. Insoweit sehen die Prüfvereinbarungen vor, dass der geprüfte Arzt die Möglichkeit hat, an der **Verhandlung** des Beschwerdeausschusses persönlich teilzunehmen und dort seine Interessen zu vertreten. Es ist ratsam, dass der geprüfte Arzt von dieser Möglichkeit Gebrauch macht, um eventuell auf Seiten des Beschwerdeausschusses oder des Fachreferenten bestehende Fragen beantworten zu können und um eventuell dargestellte Praxisbesonderheiten ergänzend darzulegen.

Um die erforderliche „Waffengleichheit" herzustellen und eine ordnungsgemäße Prüfung zu garantieren, kann es darüber hinaus sinnvoll sein, sich eines versierten Rechtsanwalts zu bedienen und mit diesem gemeinsam an der Sitzung des Ausschusses teilzunehmen.

Als Ergebnis des Beschwerdeverfahrens erlässt der Beschwerdeausschuss wiederum einen **Beschluss**, durch welchen entweder die erhobene Beschwerde zurückgewiesen oder aber der ursprünglich ausgesprochene Regress aufgrund der erhobenen Beschwerde reduziert oder ganz aufgehoben wird. An den formellen Aufbau, den Inhalt und die Begründung des Beschlusses sind die gleichen Anforderungen zu stellen wie an den Beschluss der Prüfungsstelle. Der Beschluss ist ebenfalls mit einer Rechtsbehelfsbelehrung zu versehen und anschließend dem Beschwerdeführer zuzustellen.

▶ **Praxistipp:** Der Arzt sollte nach einem erfolgreichen Beschwerdeverfahren einen Antrag auf Übernahme der dem Arzt entstandenen Kosten (auch Anwaltskosten) beim Beschwerdeausschuss stellen. Dieser hat dem Arzt gem. § 63 SGB X die notwendigen Kosten zu erstatten.

3.7.3.3 Gerichtsverfahren

Der betroffene Arzt hat die Möglichkeit, gegen den Beschluss binnen einer Frist von einem Monat ab Zustellung **Klage** vor dem zuständigen Sozialgericht zu erheben. Dabei sind allerdings zwei Dinge von Bedeutung. Zum einen hat die Erhebung der Klage keine aufschiebende Wirkung, d. h. der ausgesprochene Regressbetrag wird fällig und regelmäßig nach Ablauf einer bestimmten Zeit im Rahmen der Quartalsabrechnung verbucht.

▶ **Hinweis:** Zum anderen ist der betroffene Arzt in einem Klageverfahren mit einem **neuen Sachvortrag**, beispielsweise zu einzelnen Praxisbesonderheiten abgeschnitten, sofern er diesen Sachvortrag nicht bereits außergerichtlich vor der Prüfungsstelle oder dem Beschwerdeausschuss vorgebracht hat. Erstmaliges Vorbringen im gerichtlichen Verfahren ist unbeachtlich (Landessozialgericht Berlin-Brandenburg, Entscheidung vom 30.09.2011 – L 7 KA 16/08). Die Prüfinstanzen haben der Frage, ob eine Praxisbesonderheit vorliegt, nur nachzugehen, wenn ihnen vor ihrer Entscheidung Anhaltspunkte hierfür vorliegen; insoweit trägt der Vertragsarzt eine Darlegungslast (Landessozialgericht Rheinland-Pfalz, Urteil vom 15.09.2011 – L 5 KA 7/11).

Das Sozialgericht hat insofern nicht die Funktion einer weiteren Tatsacheninstanz und muss daher einen neuen Sachvortrag nicht berücksichtigen. Das Sozialgericht hat lediglich die Aufgabe, die Rechtmäßigkeit des von dem Beschwerdeausschuss erteilten Bescheids zu überprüfen und dabei auch zu beurteilen, ob der bisherige Vortrag des betreffenden Arztes hinreichend gewürdigt und im Rahmen der Ermessensausübung seitens des Beschwerdeausschusses sachgerecht berücksichtigt wurde. Die Kontrolle der Gerichte beschränkt sich daher darauf, ob das Verwaltungsverfahren ordnungsgemäß durchgeführt worden ist, ob von den Prüfgremien ein richtiger und vollständig ermittelter Sachverhalt zugrundegelegt worden ist, ob der Beschwerdeausschuss die durch die Auslegung des unbestimmten Rechtsbegriffs ermittelten Grenzen eingehalten hat und ob er seine Entscheidung hinreichend verdeutlicht und begründet hat.

Das **Urteil** des Sozialgerichts ist mit der Berufung zum Landessozialgericht anfechtbar. In besonders gelagerten Fällen kann zudem gegen das Urteil des Landessozialgerichts die Revision beim Bundessozialgericht anhängig gemacht werden. Das Landessozialgericht lässt allerdings die Revision nur dann zu, wenn sie entweder grundsätzliche Bedeutung hat, das Landessozialgericht von einer Entscheidung des Bundessozialgerichts abgewichen ist oder ein Verfahrensmangel geltend gemacht wird, auf dem das Urteil beruht. Geht es allein um die Klärung einer Rechtsfrage, besteht zudem die Möglichkeit, schon nach Durchführung des erstinstanzlichen Verfahrens vor dem Sozialgericht die sogenannte Sprungrevision zum Bundessozialgericht einzulegen.

3.7.3.4 Vergleichsabschluss

Unter Umständen kann es sachgerecht sein, den aufgezeigten Instanzenweg dadurch zu vermeiden, dass der geprüfte Arzt bereits im außergerichtlichen Verfahren vor dem Beschwerdeausschuss versucht, einen akzeptablen und ihm genehmen **Vergleich** zu schließen, um bereits auf dieser Stufe des Verfahrens die Wirtschaftlichkeitsprüfung zu beenden.

Viele Ärzte, die bereits an einer Wirtschaftlichkeitsprüfung teilgenommen haben, kennen das Szenario: Ein oder zwei Mitglieder des Beschwerdeausschusses suchen direkt nach Beginn der Sitzung oder nach Abschluss der mündlichen Verhandlung den außerhalb des Sitzungsraums wartenden Arzt auf, mit der Bitte um ein kurzes „kollegiales Gespräch". Ergebnis ist oftmals ein Vergleichsangebot. Der Arzt muss sich dann die Frage stellen, ob er auf dieses Angebot eingeht oder nicht. An einem **Beispielsfall** sei im folgenden erläutert, worauf der Arzt zu achten hat.

Ein Arzt wird aufgrund statistischer Auffälligkeiten zur Wirtschaftlichkeitsprüfung für mehrere Quartale zitiert. Die Prüfung wird auf vermeintlich hohe Überschreitungen gestützt. Ein entsprechender Beschluss mit einer Kürzungssumme in Höhe von ca. 60.000 € wird gefasst und dem Arzt zugestellt. Dieser legt hiergegen form- und fristgerecht Widerspruch ein und begründet diesen. Der Beschwerdeausschuss lädt zur Sitzung, an welcher der Arzt teilnimmt. Nach Beginn der Sitzung und Vorstellung der teilnehmenden Personen kommt es nach Darstellung des Sachverhaltes und einigen weiteren Ausführungen des Vorsitzenden des

3.7 Wirtschaftlichkeitsprüfung

Beschwerdeausschusses zu der Mitteilung, dass es zwingend bei der Honorarkürzung in Höhe von ca. 60.000 € verbleiben müsse. In der sich anschließenden Verhandlungspause bietet der berichterstattende Prüfarzt dem geprüften Kollegen einen Vergleich auf Basis eines Regresses in Höhe von 50.000 € an. Dieser Vergleich müsse umgehend angenommen werden, Widerspruch oder gar gerichtliche Überprüfung eines etwaigen Bescheids sei nicht aussichtsvoll. Anwaltliche Hilfe in Anspruch zu nehmen sei ebenfalls als sinnloses Unterfangen zu werten. Man solle unbedingt dieses großzügige Angebot annehmen. Nach Wiedereintritt in den Sitzungssaal unterschreibt der geprüfte Arzt den Vergleich. Eine Widerrufsfrist wird nicht vereinbart. Resultat: Der Vergleich ist grundsätzlich nicht angreifbar, so dass die Praxis die 50.000 € sofort zu zahlen hat. Nachdem dem geprüften Arzt im Laufe der folgenden Tage bewusst wird, dass er erheblich unter Druck gesetzt wurde und allein aufgrund der absolut unfreundlichen Prüfungssituation diesen Vergleich unterschrieben hat, kommt jede Hilfe zu spät, da ein rechtswirksamer Vergleich vorliegt, der – wenn überhaupt – nur unter strengen Voraussetzungen angegriffen werden kann.

Im Nachhinein stellen sich aus rechtlicher Sicht folgende **Fragen**:

Der Vergleich ist ein gegenseitiger Vertrag, durch den der Streit oder die Ungewissheit der Parteien im Wege eines gegenseitigen Nachgebens beseitigt wird. Voraussetzung sind also unterschiedliche Auffassungen der Beteiligten auf tatsächlichem oder rechtlichem Gebiet. Beide Seiten – nicht nur eine – müssen irgendwelche Zugeständnisse machen.

Allein diese beispielhaft aufgeführten Aspekte zeigen deutlich auf, dass Ärzte häufig den Fehler machen, auf Drängen des Ausschusses auf nicht transparente „Vergleichsvorschläge" einzugehen, welche teilweise nach genauerer Prüfung als unverhältnismäßig anzusehen sind.

Deshalb folgende **Empfehlung**: Bei dem Abschluss eines angebotenen Vergleichs ist Vorsicht geboten! Zuvor sollte der Ausschuss entsprechende Feststellungen zur Praxis im Hinblick auf Praxisbesonderheiten oder kompensatorische Einsparungen treffen. Hinweise auf die Sinnlosigkeit eines Widerspruchs oder einer rechtlichen Überprüfung sind grundsätzlich skeptisch zu behandeln. Dies insbesondere mit dem Wissen, dass der Ausschuss bzw. die Prüfungsstelle bei einem Vergleichsabschluss keine weitere Arbeit zu erledigen hat und das Verfahren damit ohne weiteren Aufwand endet.

Wegen des enormen Drucks, unter dem der geprüfte Arzt in einer mündlichen Verhandlung vor dem Ausschuss regelmäßig steht, ist es äußerst schwierig, die Vor- und Nachteile des angebotenen Vergleichs kritisch zu überdenken, zumal auch die erforderliche Zeit dafür fehlt. Aus diesem Grunde sollte sich der geprüfte Arzt gegebenenfalls eine ein- bis zweiwöchige **Widerrufsfrist** einräumen lassen, die es ihm ermöglicht, nach Rechtsprüfung vom Vergleich zurückzutreten. Sofern der Arzt dann zu dem Ergebnis kommen sollte, dass der Vergleich nicht akzeptabel erscheint, so kann er ihn innerhalb der Frist widerrufen, mit der Folge, dass der Ausschuss sodann eine Entscheidung treffen und einen Beschluss abfassen muss.

Sofern demgegenüber der Arzt den Vergleich als akzeptabel ansieht, ist eine weitere Erklärung nicht erforderlich, da der Vergleich gerade nicht widerrufen wird.

Sowohl das Gesetz als auch die Rechtsprechung geben dem Arzt vielerlei Möglichkeiten an die Hand, um bei Wirtschaftlichkeitsprüfungen ein zufriedenstellendes Ergebnis zu erzielen. Diese Möglichkeiten sollten bekannt sein.

3.7.4 Checkliste

Die nachfolgende Checkliste soll im Falle einer Wirtschaftlichkeitsprüfung die Chancen erhöhen, Honorarkürzungen zu vermeiden oder möglichst gering zu halten und darüber hinaus dazu führen, die Rechte im Verfahren der Wirtschaftlichkeitsprüfung besser wahrzunehmen. Die Checkliste gilt im Wesentlichen unabhängig davon, welche Prüfmethode durch die Prüfungsstelle gewählt wird.

Checkliste:

☐ *Optimierung der täglichen Praxisführung*

Bereits während der täglichen Praxisführung kann einer Honorarkürzung bzw. einem Regress vorgebeugt werden. Dies geschieht vor allem durch strikte Einhaltung der durch **Richtlinien** (Arznei- und Heilmittelrichtlinien) aufgestellten Abrechnungsvorgaben, durch Orientierung am Wirtschaftlichkeitsgebot und durch Controllingmaßnahmen.

Es ist kaum möglich, ein Behandlungs- oder Verordnungsverhalten ohne Vorliegen von Praxisbesonderheiten zu rechtfertigen, wenn dies von allgemein gültigen Richtlinien abweicht. Diese Richtlinien, also die entsprechenden Vorgaben im Hinblick auf eine Wirtschaftlichkeit, können bei der Kassenärztlichen Bundesvereinigung oder bei den jeweils zuständigen Kassenärztlichen Vereinigungen – in der Regel über das Internet – abgerufen werden. Im Rahmen eines Controlling sollte bedacht werden, dass der Einsatz eines Medikaments ausschließlich indikationsgerecht erfolgt (Stichwort „off-lable-use") und dass keine vom Patienten gewünschten, aber wirtschaftlich nicht begründbaren Verordnungen vorgenommen werden. Es ist ratsam, in regelmäßigen Abständen das derzeitige Abrechnungs- und Verordnungsverhalten mit dem jeweiligen Vorjahresquartal zu vergleichen. So kann frühzeitig erkannt und analysiert werden, ob eventuell gegengesteuert werden muss oder ob eventuell neu hinzugetretene Umstände eine Praxisbesonderheit begründen können. Es können auch die Richtgrößen der Schnellinformation der für den Arzt zuständigen KV oder andere Informationsangebote in Anspruch genommen werden. Der Arzt sollte prüfen, inwieweit es Verordnungsalternativen gibt. Es ist hilfreich, wenn der Arzt kostenintensive Fälle namentlich und kostenmäßig dokumentiert. Diese können unter Umständen zur Anerkennung einer

3.7 Wirtschaftlichkeitsprüfung

Praxisbesonderheit verhelfen und haben daher einen wesentlichen Einfluss auf die Argumentation des geprüften Arztes.

☐ *Akteneinsicht bei der zuständigen Geschäftsstelle beantragen*

Gemäß § 25 SGB X ist einem Betroffenen in einem Verwaltungsverfahren, somit auch dem geprüften Arzt in einem Verfahren zur Überprüfung der Wirtschaftlichkeit, auf Antrag Einsicht in die **Verwaltungsakte** zu gewähren. Es ist ratsam, bei der zuständigen KV von diesem Recht Gebrauch zu machen und einen entsprechenden **Antrag** zu stellen. Bestandteil der Prüfakte sind nicht nur die zugrundeliegenden Statistiken und Abrechnungswerte, sondern grundsätzlich auch die Rezepte und Verordnungsblätter. Bislang hatte der Arzt jederzeit die Möglichkeit, diese Originalrezepte oder Kopien der Belege in den Räumen der Geschäftsstelle des Prüfungsausschusses einzusehen. Gleiches gilt, da die Prüfung weitestgehend auf Basis elektronisch übermittelter Datenträger erfolgt, für CD´s oder sonstige Datenträger. Mit Einführung der elektronischen Daten erfolgte aber eine Art Beweislastumkehr. Während man bislang davon ausging, dass die zugrundezulegenden Daten regelmäßig Fehler aufwiesen, wurde jetzt vermutet, dass die elektronisch übermittelten Daten richtig sind. Auch bei Vorliegen von Zweifeln an der Richtigkeit der vorliegenden Daten muss die Prüfungsstelle anders als bisher nicht mehr über die Richtigkeit der Daten entscheiden, sondern lediglich die erforderlichen Daten aus einer Stichprobe ermitteln und nach einem statistisch zulässigen Verfahren auf die Gesamtheit der Arztpraxis hochrechnen. Der Arzt hat damit praktisch kaum eine Möglichkeit, unkorrekte Daten überprüfen und berichtigen zu lassen.

☐ *Patienten- und Verordnungsstrukturen statistisch aufbereiten*

Die Erfolgsaussichten in einem Prüfverfahren können erheblich dadurch gesteigert werden, dass der geprüfte Arzt sich intensiv mit der Patienten- und Verordnungsstruktur seiner Praxis auseinandersetzt und diese Umstände zahlenmäßig aufbereitet. Wenn der betreffende Arzt beispielsweise im Rahmen eines statistischen Fallkostenvergleichs geprüft wird, ist es hilfreich, per EDV **Listen** von bestimmten Patientengruppen (multimorbide Altenheimpatienten, ambulant operierte Patienten, HIV-Patienten, KHK-Patienten u. ä.) zu erstellen und die betreffenden Patienten namentlich zu erfassen. Dies ermöglicht einen Überblick über die Anzahl der betreffenden Patienten und den Anteil der daraus resultierenden Verordnungskosten am Gesamtverordnungsvolumen. Die Aufbereitung der Informationen und eine kostenmäßige Berechnung sowie die Erstellung von Namenslisten erleichtert die spätere Abgabe einer Stellungnahme. Gleiches gilt bei einer Richtgrößenprüfung.

☐ *Erstellen einer praxisindividuellen Stellungnahme*

Den Prüfungsgremien ist die Praxis des geprüften Arztes nicht bekannt. Ohne praxisindividuelle Informationen haben die Ausschüsse als Beurteilungsmöglichkeit lediglich die offiziellen statistischen Abrechnungswerte zur Überprüfung der Wirtschaftlichkeit zur Verfügung. Es ist daher von besonderer Bedeutung, dass der geprüfte Arzt eine individuelle Stellungnahme gegenüber den Prüfungsgremien abgibt. Diese Stellungnahme sollte **zwingend schriftlich** erfolgen. Im Rahmen dieser Stellungnahme sollte es der Arzt vermeiden, allgemeine (verbands-) politische Argumente vorzubringen. Vielmehr sollte er **einzelfallbezogen** und **praxisindividuell** dazu Stellung nehmen, aus welchem Grunde möglicherweise bestehende Überschreitungen der statistischen Abrechnungswerte gegenüber der Vergleichsgruppe (bei einer statistischen Vergleichsprüfung) vorliegen. Der geprüfte Arzt sollte dabei auf die von ihm vorbereiteten **Namenslisten** und **Berechnungen** zurückgreifen und diese zum Inhalt der Stellungnahme machen. Durch die praxisindividuelle Stellungnahme werden der Ablauf und das Ergebnis des Prüfverfahrens maßgeblich beeinflusst. Umso höher ist die Bedeutung der Stellungnahme anzusetzen. Wegen der Schwierigkeit des Abfassens einer sachgerechten und umfassenden Stellungnahme und auch wegen des damit verbundenen zeitlichen Aufwands ist es häufig ratsam, eine versierte Person (Berater, spezialisierter Rechtsanwalt) mit dieser Arbeit zu beauftragen. Die Stellungnahme sollte in jedem Falle so frühzeitig an die Prüfungsstelle übersandt werden, dass diese die Möglichkeit und ausreichend Zeit hat, um sich inhaltlich mit dem Vorbringen des Arztes auseinander zu setzen.

☐ *Praxisbesonderheiten geltend machen*

Grundsätzlich gilt im Verfahren der Wirtschaftlichkeitsprüfung der Untersuchungsgrundsatz. D.h., die Prüfungsgremien sind verpflichtet, offenkundige und behauptete Praxisbesonderheiten oder kompensatorische Einsparungen zu prüfen und insoweit die notwendigen Beweiserhebungen durchzuführen.

Im Rahmen der statistischen Vergleichsprüfung kann sich die Darlegungs- und Beweislast im Rahmen des „offensichtlichen Missverhältnisses" umkehren. Dieses offensichtliche Missverhältnis beginnt in der Regel dann, wenn die Abrechnungswerte des geprüften Arztes die durchschnittlichen Werte um 40 % überschreiten. Dies hat zur Folge, dass nunmehr der betreffende Arzt die Wirtschaftlichkeit seiner Behandlungsweise nachzuweisen hat. Die größte Chance, einem Regress wegen der Überschreitung von Abrechnungswerten zu entgehen besteht dann, wenn anzuerkennende Praxisbesonderheiten (z. B. ambulante Operationen, hoher Anteil von multimorbiden Pflegeheimpatienten u. ä.) **nachvollziehbar dargelegt**

3.7 Wirtschaftlichkeitsprüfung

werden. Die Prüfgremien sind durch konkrete und nachvollziehbare Tatsachenbehauptungen angehalten, sich mit den vorgetragenen Praxisbesonderheiten zu befassen.

☐ *Kontakt zum Prüfreferenten aufnehmen*

Sofern die betreffende Prüfvereinbarung für das Beschwerdeverfahren die Tätigkeit eines Prüfreferenten vorsieht, ist es durchaus ratsam, wenn der geprüfte Arzt **im Vorfeld** der Sitzung des Beschwerdeausschusses Kontakt mit dem Prüfreferenten aufnimmt. Es handelt sich bei dem Prüfreferenten regelmäßig um einen Fachkollegen des geprüften Arztes. Dieser hat die Aufgabe, den Sachverhalt durch Überprüfung des Abrechnungs- und Verordnungsverhaltens und der Patientenstruktur für den Beschwerdeausschuss aufzubereiten. Es ergeben sich allerdings nicht alle für den geprüften Arzt eventuell günstigen Umstände aus den dem Prüfreferenten vorliegenden Unterlagen. Im Rahmen eines Telefongesprächs mit dem Prüfreferenten hat der geprüfte Arzt sodann die Möglichkeit, eventuell auf Seiten des Prüfreferenten bestehende Fragen zu beantworten und möglicherweise auch sein Behandlungs- und Verordnungsverhalten darzustellen.

▶ **Hinweis:** Häufig äußern Prüfreferenten im Rahmen einer solchen fachlichen Kontaktaufnahme erste Ergebnisse ihrer Überprüfung, was wiederum für den geprüften Arzt im Hinblick auf seine Verteidigungsstrategie richtungsweisend sein kann.

☐ *Teilnahme an der mündlichen Verhandlung*

Es ist sinnvoll, an der mündlichen Verhandlung vor dem Beschwerdeausschuss – sofern dies in der Prüfvereinbarung vorgesehen ist – teilzunehmen und im Rahmen eines kollegialen Fachgesprächs zu versuchen, den Ausschuss von der Wirtschaftlichkeit der erbrachten Leistungen oder der Verordnungen zu überzeugen. Das Gewähren des rechtlichen Gehörs ist leider keine Selbstverständlichkeit. Dies beweist der Umstand, dass in einigen KV-Bereichen auch das Beschwerdeverfahren nur schriftlich durchgeführt wird.

Der verfahrensmäßige Ablauf eines Prüfverfahrens, also auch das Verfahren vor dem Beschwerdeausschuss, orientiert sich grundsätzlich an den gesetzlichen Bestimmungen des SGB X. Es besteht beispielsweise durchaus die Möglichkeit, ein voreingenommenes Ausschussmitglied wegen der Besorgnis der Befangenheit abzulehnen. Ferner hat der geprüfte Arzt das Recht, bestimmte von ihm oder von Ausschussmitgliedern getätigte Äußerungen in das **Protokoll** aufnehmen und somit für ein eventuelles späteres Klageverfahren vor dem Sozialgericht dokumentieren zu lassen.

▶ **Praxistipp:** Der Arzt wird oftmals mit schwierigen Einzelfragen konfrontiert und empfindet die mündliche Verhandlung auch in Anbetracht der Anzahl der Ausschussmitglieder (die Wirtschaftlichkeitsprüfungs-Verordnung sieht in § 1 mindestens jeweils 3 und maximal jeweils 6 Vertreter der Kassenärztlichen Vereinigung und der Krankenkassen vor) als **Stresssituation** und als Anklage, welche sein Therapiekonzept in Frage stellt. Es besteht insoweit durchaus die **Gefahr einer Eskalation** der Verhandlung aufgrund wechselseitiger – gelegentlich auch persönlicher und unsachlicher – Angriffe. Man sollte daher gegebenenfalls in **Begleitung** einer weiteren kompetenten Person zur Prüfung erscheinen. Dabei kann es sich um einen erfahrenen Fachkollegen oder aber um einen spezialisierten Rechtsanwalt handeln. Das Recht auf eine solche Begleitung kann nicht wirksam ausgeschlossen werden.

☐ *Grundsatz: Beratung vor Kürzung*

Die gesetzlichen Regelungen sehen vor, dass eine **gezielte Beratung** weiteren Maßnahmen in der Regel voranzugehen hat (§ 106 Abs. 3 Satz 3 SGB V). Zwar hat das Bundessozialgericht in einer Entscheidung (Urteil vom 18.07.1997 – 6 RKA 95/96) festgestellt, dass dieser Grundsatz bei Überschreitung der Grenze zum offensichtlichen Missverhältnis grundsätzlich nicht angewendet werden soll. In allen anderen Fällen sollte man sich allerdings auf den **Grundsatz „Beratung vor Kürzung"** berufen. Dies gilt insbesondere im Falle einer Praxisneugründung oder dann, wenn der Arzt erstmalig oder seit längerer Zeit wieder einmal geprüft wird. Auch hier sollte nicht erwartet werden, dass die Prüfungsstelle eine inhaltliche Beratung dahingehend vornimmt, wie zukünftig Überschreitungen und statistische Auffälligkeiten vermieden werden können. In der Praxis steht meist folgender Hinweis in den Sitzungsprotokollen oder in den Bescheiden: „Es ergeht eine Beratung". Dabei handelt es sich lediglich um die Aufforderung, zukünftig wirtschaftlich abzurechnen.

☐ *Überprüfung der Entscheidung der Prüfgremien*

Bei kritischer Überprüfung der Bescheide der Prüfungsstelle fällt immer wieder auf, dass sowohl das formelle als auch das materielle Prüfungsrecht missachtet wird. Nicht selten finden sich vorformulierte Textbausteine, die eine kritische Auseinandersetzung mit dem vorgetragenen Sachargument des Arztes vermissen lassen. Eine unbedingte Beachtung der **Fristen** ist angezeigt. Der schriftliche Beschluss muss innerhalb von 5 Monaten nach Verkündung des Beschlusses zugestellt werden. Gegen die Entscheidung der Prüfungsstelle kann sich der Arzt mit der **Beschwerde** an den Beschwerdeausschuss wenden. Die Beschwerde muss innerhalb eines

> Monats nach Zustellung des Beschlusses beim Beschwerdeausschuss eingereicht werden.
>
> ☐ *Kostenerstattung beantragen*
>
> Soweit der Widerspruch beim Beschwerdeausschuss erfolgreich ist, hat dieser die dem Widerspruchsführer entstandenen notwendigen Kosten zu erstatten (§ 63 SGB X). Hierunter fallen auch **Anwaltsgebühren**. Daher sollte beim Beschwerdeausschuss die Entscheidung über die Kostentragungspflicht beantragt werden. Einige Ausschüsse verneinen die geltend gemachte Kostenerstattung zum Teil mit dem Hinweis, dass dies unüblich bzw. nicht vorgesehen sei. Hier hat der Arzt allerdings das Gesetz auf seiner Seite.

3.8 Abrechnungsprüfung

Von der Wirtschaftlichkeitsprüfung ist die sogenannte Abrechnungsprüfung zu unterscheiden. Die Abrechnungsprüfung war bis zum 31.12.2016 in § 106a SGB V detailliert gesetzlich geregelt. Aufgrund der zuvor aufgezeigten Änderungen in der Wirtschaftlichkeitsprüfung finden sich die Regelungen zur Abrechungsprüfung nunmehr in § 106d SGB V. Während die Durchführung einer sachlich- rechnerischen Prüfung früher als Ausfluss des Gewährleistungsauftrages ausschließlich Aufgabe der Kassenärztlichen Vereinigungen war, ist die Abrechnungsprüfung, also die Prüfung der Rechtmäßigkeit und der Plausibilität der Abrechnungen, Aufgabe der Kassenärztlichen Vereinigungen und der Krankenkassen. Dazu hat der Gesetzgeber bestimmt, dass KV und Krankenkassen entsprechende Prüfungsrichtlinien bzw. eine Plausibilitätsvereinbarung vereinbaren müssen, die auch Maßnahmen für den Fall von Verstößen enthalten soll.

3.8.1 Sachlich-rechnerische Richtigstellung

Es ist weiterhin Aufgabe der Kassenärztlichen Vereinigungen, die sachliche und rechnerische Richtigkeit aller Abrechnungen der Vertragsärzte festzustellen. Festzustellen ist dabei insbesondere, ob die Abrechnungen mit den Abrechnungsvorgaben des Regelwerks, d. h. mit dem einheitlichen Bewertungsmaßstab, den Honorarverteilungsmaßstäben sowie weiteren Abrechnungsbestimmungen übereinstimmen oder ob zu Unrecht Honorar angefordert wurde. Die KV prüft daher, inwieweit beispielsweise die abgerechneten Leistungen mit den Leistungslegenden des EBM übereinstimmen, ob die erforderlichen Begründungen vorliegen, ob fachfremde Leistungen abgerechnet wurden oder inwieweit erforderlichen Genehmigungen für die Abrechnung einer Leistung vorhanden sind. Die unrechtmäßige Abrechnung kann neben einer Honorarkürzung zu weitergehenden Maßnahmen führen. Eine solche Honorarkürzung wird regelmäßig durch einen anfechtbaren Bescheid der KV festgestellt. Der betroffene Arzt hat somit die Möglichkeit, gegen den Bescheid Widerspruch zu erheben und einen sich daran möglicherweise anschließenden Widerspruchsbescheid mit einer Klage zum Sozialgericht anzufechten.

3.8.2 Plausibilitätsprüfung

Integraler Bestandteil der sachlich- rechnerischen Prüfungen sind die sogenannten **Plausibilitätsprüfungen**. Bei der arztbezogenen Plausibilitätsprüfung ist insbesondere der Umfang der je Tag abgerechneten Leistungen im Hinblick auf den damit verbundenen **Zeitaufwand** des Vertragsarztes zu prüfen. Für diese von der **KV** durchzuführende Prüfung ist ein von der KBV und den Spitzenverbänden der Krankenkassen vereinbarter Zeitrahmen anzuwenden, der vorgibt, welches Leistungsvolumen je Tag maximal abgerechnet werden kann.

Vereinfacht ausgedrückt überprüfen die KVen auf der Grundlage der abgerechneten ärztlichen Leistungen, inwieweit die daraus resultierende Arbeitszeit (Tagesarbeitszeit, Quartalsarbeitszeit) des Arztes plausibel ist. Zum Teil werden begründete Zweifel an der Rechtmäßigkeit der Abrechnung dann angenommen, wenn die quartalsweise durchschnittliche Arbeitszeit 12 Stunden pro Werktag übersteigt und/oder für einzelne Tage Tagesarbeitszeiten von mehr als 14 Stunden ermittelt werden. Die KVen prüfen also, ob die Grenze der täglichen oder der quartalsweisen Arbeitszeit überschritten wird, ab der von einer Falscherbringung wegen (teilweiser) Nichterbringung von Leistungen ausgegangen werden kann.

> **Beispiel:**
> Die KV kommt aufgrund einer Überprüfung und Auswertung der Tagesprofile für ein Quartal zu dem Ergebnis, dass an 25 Tagen mehr als 14 Stunden, davon 12 Tage mehr als 16 Stunden, davon wiederum an 3 Tagen mehr als 18 Stunden Leistungen erbracht und abgerechnet worden sind. An 2 Spitzentagen habe der Arzt über 19 Stunden Leistungen abgerechnet. Auffällig sei dabei der Ansatz der Leistung nach der Gebührenziffer 03120 EBM und zwar an fast jedem Tag im Quartal. Die KV führt als Spitzenwert einen bestimmten Tag an, an dem der Arzt die Leistung nach der Gebührenziffer 03120 94mal abgerechnet habe. Dies entspreche einem Zeitbedarf allein für die Gebührenziffer 03120 von mehr als 15 Stunden an einem Tag. Die KV errechnet daraufhin einen Gesamtschaden und erlässt einen entsprechenden Kürzungsbescheid.

Die Durchführung der Plausibilitätsprüfung ist **gemeinsame Aufgabe** der Krankenkassen und der Kassenärztlichen Vereinigungen, wenngleich auch mit unterschiedlichen Prüfungsinhalten.

3.8 Abrechnungsprüfung

▶ **Wichtig:** Die Krankenkassen prüfen daher im Rahmen der Plausibilitätsprüfung über die der Kassenärztlichen Vereinigung obliegenden arztbezogenen Plausibilitätsprüfung hinaus gem. § 106d Abs. 3 SGB V die Abrechnungen der Vertragsärzte insbesondere hinsichtlich des Bestehens und des Umfangs ihrer Leistungspflicht (z. B. ob Leistungen für bereits Verstorbene oder für Versicherte abgerechnet werden, für die kein Versicherungsverhältnis mehr besteht, ob zeitgleich für einen Versicherten stationäre und ambulante Leistungen abgerechnet worden sind), ferner die Plausibilität von Art und Umfang der für die Behandlung abgerechneten Leistungen in Bezug auf die angegebene Diagnose sowie die Plausibilität der Zahl der vom Versicherten in Anspruch genommenen Vertragsärzte (Vermeidung eines „Arzt-Hoppings", „Abrechnungszirkel").

Die Krankenkassen können gezielte arztbezogene Plausibilitätsprüfungen (Prüfung nach Zeitvorgaben) durch die Kassenärztliche Vereinigung beantragen. Umgekehrt kann die Kassenärztliche Vereinigung die von den Krankenkassen vorzunehmende Prüfung beantragen. Es besteht eine jeweilige Unterrichtungspflicht gegenüber der jeweils anderen Partei. Sofern bei den zwei dargestellten Prüfungen als Ergebnis eine Unplausibilität festgestellt werden sollte, kann eine Wirtschaftlichkeitsprüfung nach §§ 106ff. SGB V beantragt werden. Diese ist dann wiederum von den dafür zuständigen Prüfungsgremien durchzuführen.

Das Ergebnis einer Plausibilitätsprüfung, also die Feststellung einer implausiblen Abrechnung einhergehend mit einem Kürzungsbetrag, wird dem geprüften Arzt in Form eines anfechtbaren Bescheids mitgeteilt. In einem solchen Fall muss der Arzt bedenken, dass durch Beschluss des Vorstandes eine Mitteilung an den Disziplinarausschuss sowie die staatlichen Ermittlungsbehörden ergehen kann. Die Beschwer begrenzt sich dann nicht mehr nur auf einen konkreten Regress sondern dem geprüften Arzt können erhebliche andere Verfahren drohen, mit denen er gar nicht rechnet. Ferner muss der Arzt überprüfen, ob sich sein Behandlungs- und Abrechnungsverhalten in den Folgequartalen geändert hat. Sollte dies nicht der Fall sein, muss er überdies mit sich wiederholenden Verfahren und entsprechenden Kürzungen rechnen.

3.8.3 Ausblick

Im Ergebnis führen die gesetzlichen Regelungen in den §§ 106ff. und 106d SGB V zu einer verstärkten **Kontrolle** der ärztlichen Leistungserbringung und Leistungsabrechnung. Betroffen sind nicht mehr nur – wie häufig in der Vergangenheit – auffällige, sondern nahezu alle Abrechnungen. Dies kann im Einzelfall dazu führen, dass eine größere Differenz zwischen dem abgerechneten Leistungsvolumen und dem im Ergebnis ausgezahlten Honorar bestehen kann. Dies umso mehr, als dass sich alle Prüfungen auf das gesamte vom Vertragsarzt zur Abrechnung vorgelegte

Leistungsvolumen beziehen. Das Leistungsvolumen darf insofern nicht im Hinblick auf honorarwirksame Begrenzungsregelungen (z. B. Budgetierung u. ä.) vorab reduziert werden. Der Vertragsarzt wird somit zukünftig verstärkt Zeit, Mühe und Nerven darauf verwenden müssen, einen eventuellen finanziellen Nachteil aufgrund der eingeleiteten Prüfungen möglichst gering zu halten.

3.9 Wechselwirkung zwischen verschiedenen Kürzungsmechanismen

Es ist bereits dargestellt worden, dass es zu einer deutlichen Verschärfung des Prüfwesens und zu einer verstärkten Kontrolle der ärztlichen Leistungserbringung und Leistungsabrechnung kommen wird. In diesem Bereich stellt sich die Frage, inwieweit der Arzt eine **Doppelbelastung** dergestalt über sich ergehen lassen muss, dass die **verschiedenen Kürzungsmechanismen** grundsätzlich **nebeneinander** angewandt werden. Aus der Systematik des Gesetzes heraus muss zunächst eine Vergütung der ärztlichen Leistungen auf der Grundlage des jeweiligen Honorarverteilungsmaßstabs vorgenommen werden. Sofern in dem betreffenden HVM honorarwirksame Begrenzungsregelungen (z. B. Budgetierung u. ä.) geregelt sein sollten, erfährt die Abrechnung des Arztes hier bereits eine erste Kürzung. Im Anschluss daran besteht die Möglichkeit, eine Abrechnungsprüfung – sachlich-rechnerische Richtigstellung und/oder Plausibilitätsprüfung – nach § 106d SGB V durchzuführen. Durch diese Abrechnungskürzung kann das – unter Umständen bereits aufgrund von HVM-Regelungen gekürzte – Honorar des Arztes weitergehend reduziert werden. Die Besonderheit besteht allerdings darin, dass gem. § 106d Abs. 2 Satz 5 SGB V bei einer sachlich-rechnerischen Richtigstellung und einer Plausibilitätsprüfung von dem durch den Vertragsarzt angeforderten Punktzahlvolumen unabhängig von honorarwirksamen Begrenzungsregelungen auszugehen ist. Dadurch wird die Möglichkeit eröffnet, eine Überprüfung und sogar Kürzung eines Honorars auf der Basis der abgerechneten Leistungen vorzunehmen, ohne dass berücksichtigt wird, dass diese abgerechneten Leistungen aufgrund von HVM-Regelungen möglicherweise schon teilweise gekürzt wurden. Allein durch diesen Mechanismus kann es zu einer Doppelbelastung des Arztes kommen.

Eine Wirtschaftlichkeitsprüfung nach §§ 106ff. SGB V kann zum einen unabhängig von einer Abrechnungsprüfung erfolgen, sich allerdings gem. § 106d Abs. 4 SGB V auch einer solchen Plausibilitätsprüfung anschließen. Damit erfolgt an dieser Stelle möglicherweise die dritte Kürzung des ärztlichen Honorars. Auch hier ist gem. § 106 Abs. 2 – zumindest für die Zufälligkeitsprüfung – geregelt, dass honorarwirksame Begrenzungsregelungen keinen Einfluss auf die Prüfung haben. Bei der Richtgrößenprüfung und der Prüfung nach Durchschnittswerten (statistischer Fallkostenvergleich) ist eine entsprechende Regelung nicht gesetzlich verankert.

3.9 Wechselwirkung zwischen verschiedenen Kürzungsmechanismen

▶ **Wichtig:** Es kann somit im Ergebnis festgehalten werden, dass die diversen Honorarkürzungsmaßnahmen nebeneinander bzw. nacheinander durchgeführt werden, so dass es zu einer Doppel- oder Dreifachbelastung des Honorars kommen kann. Völlig offen ist dabei die Frage, inwieweit nach Ablauf aller Kürzungsmaßnahmen eine Neuberechnung der HVM-Vergütung erfolgen muss.

▶ **Praxistipp:** Der Arzt sollte in jedem Falle die ihm zugehenden Bescheide aus unterschiedlichen Honorarbegrenzungsverfahren durch einen Widerspruch offen halten. Darüber hinaus sollte der Arzt vorsorglich durch einen entsprechenden **Antrag** gegenüber der KV seinen Anspruch auf eine HVM-Neuberechnung geltend machen.

Der Bereich der Wechselwirkung zwischen verschiedenen Honorarprüfungen ist in der Rechtsprechung noch in Bewegung.

Nach der Rechtsprechung des Bundessozialgerichts dürfen Honorarkürzungen im Rahmen der Wirtschaftlichkeitsprüfung bei budgetierten Leistungen grundsätzlich nur mit dem Wert erfolgen, den diese im Budget tatsächlich haben. Kürzungsbeträge sind als Folge von Maßnahmen der Wirtschaftlichkeitsprüfung von dem Honorarvolumen abzuziehen, das dem Arzt nach Anwendung der Vorschriften über das Praxisbudget zusteht (vgl. BSG, Urteil vom 15.05.2002 – B 6 KA 30/00 R; BSG, Urteil vom 05.11.2003 – B 6 KA 55/02 R; BSG, Urteil vom 23.02.2005 – B 6 KA 79/03 R). Gleiches gilt im Übrigen für die Berechnung der Rückforderung aufgrund sachlich-rechnerischer Richtigstellung im Falle von Budgetierungen. Auch hier bleibt der praxisindividuelle Punktwert maßgebend, der sich auf der Grundlage des vom Arzt in Ansatz gebrachten Punktzahlvolumens ergeben hat. Es erfolgt keine Neuberechnung des Punktwerts auf der Grundlage des korrigierten Punktzahlvolumens (vgl. BSG, Urteil vom 11.03.2009 – B 6 KA 62/07 R) Dies gilt grundsätzlich für alle Budgetierungsmaßnahmen und nicht bloß den sog. Praxisbudgets. Soweit sich eine sachlich-rechnerische Berichtigung wegen Implausibilität und eine Honorarkürzung wegen Unwirtschaftlichkeit überlappen, ist im jeweils nachfolgenden Bescheid bei der Festsetzung des konkreten Kürzungsbetrages im Rahmen der Ermessensausübung die vorangehende Kürzung zu berücksichtigen (SG Marburg, Urteil vom 07.09.2011 – S 10 KA 913/09).

Der Arzt sollte somit bei allen Verfahren auf eine Doppelbelastung bzw. eine Mehrfachkürzung hinweisen.

4 Der Arzt und die besonderen Versorgungsformen

4.1 Einleitung

Seit geraumer Zeit werden Kooperations- und Versorgungsformen als Alternativen zur „Regelversorgung" vom Gesetzgeber forciert. Die jeweiligen Erwägungen des Gesetzgebers unterscheiden sich kaum von den heute maßgeblichen Gedanken: Das deutsche Gesundheitssystem sei zwar im internationalen Vergleich leistungsfähig, dennoch würden die Mittel zur Gesundheitsversorgung nicht überall effizient eingesetzt. Teilweise komme es zu Über-, Unter- oder Fehlversorgung. Die Qualität der Versorgung variiere erheblich und Ressourcen, nicht nur an den Schnittstellen der einzelnen Versorgungssektoren, würden nicht optimal eingesetzt.

Neue Versorgungsformen sollen bestehende Sektorengrenzen aufbrechen oder zumindest durchlässiger machen, mehr Flexibilität und vor allem mehr Wettbewerb ins „System" bringen. Mit den Änderungen der Jahre 2007, 2012 und 2016, will der Gesetzgeber diesen Weg fortsetzen, ja beschleunigen. Nachdem das geschaffene Selektivvertragssystem seinen festen Platz gefunden hat und im ambulanten Bereich eine gänzlich neue Versorgungsform in direkter Konkurrenz zum bisherigen KV-System implementiert wurde, stehen seit 2012 die Schnittstelle zwischen ambulanter und stationärer Versorgung (§ 116b SGGB V) und die Ärztenetze im Fokus. Der Erfolg der neuen Systeme muss sich indes in der Praxis erst erweisen.

4.2 Besondere Versorgung

Schon 2004 wurden die Möglichkeiten, außerhalb des Sicherstellungsauftrages der Kassenärztlichen Vereinigungen ambulante Leistungen auf Grundlage von Direktverträgen mit den Krankenkassen zu erbringen, nachhaltig verbessert. Weitreichende vertragliche Möglichkeiten bieten die Vorschriften zur **besonderen Versorgung**. Das Angebot richtet sich vor allem an Kooperationen von niedergelassenen Fachärzten, ggf. gemeinsam mit Krankenhäusern und anderen Leistungserbringern im Gesundheitswesen, die in der Lage sind, ein umfassendes Behandlungskonzept kostengünstig umzusetzen. Durch die integrierte Versorgung soll die starre Aufgabenteilung zwischen der ambulanten und stationären Versorgung gezielt durchbrochen werden, um die Voraussetzungen für eine stärker an den Versorgungsbedürfnissen der Patienten orientierte Behandlung zu verbessern.

Die Voraussetzungen der besonderen Versorgung wurden 2016 wesentlich vereinfacht.

Am häufigsten werden Integrationsverträge zu kardiologischen, neurochirurgischen und orthopädisch-unfallchirurgischen Leistungen abgeschlossen. Insgesamt entfallen über 50 % des Vergütungsvolumens der Verträge zur Besonderen Versorgung auf diese Behandlungen. Dies geht aus den Angaben des Sachverständigenrates zur Begutachtung der Entwicklung im Gesundheitswesen und einem von der Bundesgeschäftsstelle Qualitätssicherung (BQS) veröffentlichten Bericht über die Entwicklung der Besonderen Versorgung in Deutschland hervor.

4.2.1 Vertragsgegenstand

Gegenstand von Besonderer Versorgungsverträge ist gemäß § 140 a Abs. 1 SGB V eine verschiedene Leistungssektoren übergreifende Versorgung der Versicherten oder eine interdisziplinär-fachübergreifende Versorgung (integrierte Versorgung) außerhalb des vertragsärztlichen Sicherstellungsauftrages.

Die gesetzliche Beschreibung mag für das Verständnis zunächst wenig hilfreich sein. Klarer drückt sich aber die Gesetzesbegründung (BT-Drucksache 15/1525, S. 130) aus:

> Sinn einer integrierten Versorgung ist vor allem, die bisherige Abschottung der einzelnen Leistungsbereiche zu überwinden, Substitutionsmöglichkeiten über verschiedene Leistungssektoren hinweg zu nutzen und Schnittstellenprobleme besser in den Griff zu bekommen. Die medizinische Orientierung des Leistungsgeschehens hat Priorität. Anstrengungen zur Qualitätssicherung und zur optimierten, die leistungssektorenübergreifende(n) Arbeitsteilung unter Wirtschaftlichkeits- und Qualitätsgesichtspunkten sollen gefördert und nicht durch bestehende Zulassungsschranken behindert werden.

Der Absatz 1 des im Jahre 2015 neu gefassten § 140a fasst die bisher in §§ 73a, 73c und § 140a geregelten Möglichkeiten der gesetzlichen Krankenkassen, Strukturverträge, Verträge über eine integrierte und Verträge über eine besondere ambulante ärztliche Versorgung zu schließen, zusammen.

4.2.2 Versorgungsangebot/Voraussetzungen

Das Versorgungsangebot und die Voraussetzungen seiner Inanspruchnahme ergeben sich aus dem Vertrag zur besonderen Versorgung zwischen dem Leistungserbringer und der jeweiligen Krankenkasse und sind weitestgehend frei verhandelbar. Daraus folgt insbesondere, dass im Rahmen der Integrationsversorgung die Anbindung der beteiligten Leistungserbringer an ihren Zulassungs- und Ermächtigungsstatus vertraglich aufgehoben werden kann. Ein beteiligter Leistungserbringer kann demnach auch solche Leistungen erbringen, die von seinem Zulassungsstatus nicht gedeckt sind. Voraussetzung ist aber, dass zumindest ein beteiligter Leistungserbringer statusrechtlich zur Erbringung der betreffenden Leistung berechtigt ist. Die Erweiterung des Spektrums bedarf insoweit zumindest der Einbindung anderer Fachdisziplinen, beispielsweise bestimmter Fachärzte, Apotheker usw. Die Vertragspartner können also nicht einen ihnen allen „fremden" Zulassungsstatus in die Verträge einbringen.

Auch im Übrigen besteht für den Inhalt der Integrationsverträge besteht, auch in Bezug auf eine Abweichung vom Leistungsumfang der Regelversorgung (§ 140a Abs. 2) weitestgehend Gestaltungsfreiheit. Gegenstand der Verträge dürfen auch allein organisatorische Inhalte sein. Zudem muss die Wirtschaftlichkeit der Versorgung erst („spätestens") vier Jahre nach dem Wirksamwerden der Verträge nachweisbar sein. Die Kassenärztlichen Vereinigungen sind an diesen Verträgen nicht beteiligt. Im Ergebnis bedeutet dies eine Entkopplung von vertragsärztlicher und besonderer Versorgung. Der Sicherstellungsauftrag wird insofern von den Vertragsparteien zumindest teilweise übernommen. Endet ein solcher Integrationsvertrag, so gelten die allgemeinen Regelungen zur Sicherstellung. Der Sicherstellungsauftrag der Kassenärztlichen Vereinigung lebt dann wieder auf.

Weitere von den Vertragspartnern zu beachtende Vorgaben betreffen die Qualitätssicherung, das Gebot der Wirtschaftlichkeit sowie den allgemein anerkannten Stand der medizinischen Erkenntnisse und den medizinischen Fortschritt. Ferner macht der Gesetzgeber Vorgaben für eine gemeinsame und die Beteiligten zugängliche Dokumentation, vgl. § 140a Abs. 2 S. 5 SGB V.

4.2.3 Vertragspartner

Vertragspartner auf der **Kostenträgerseite** können einzelne, mehrere oder alle Krankenkassen sein. Die Verbände der Krankenkassen kommen jedoch nicht als Vertragspartner in Frage.

In § 140 a Abs. 3 SGB V sind die möglichen **Vertragspartner auf der Seite der Leistungserbringer** abschließend aufgeführt. Es handelt sich insbesondere um zugelassene Ärzte und deren Gemeinschaften, sonstige zugelassene Leistungserbringer, Träger von Krankenhäusern, Träger von stationären und ambulanten Vorsorge- und Rehabilitationseinrichtungen, Träger von medizinischen Versorgungszentren und Träger von sog. Integrationsanbietern. Die KV´en können von Mitgliedern, die an der besonderen Versorgung teilnehmen, zur Unterstützung eingebunden werden, wobei sich die Bindungswirkung der Verträge nur auf die teilnehmenden Ärzte bezieht. Sämtliche somit in Betracht kommenden Leistungserbringer können wiederum einzeln oder im Rahmen einer Kooperation als Vertragspartner auftreten. Auch können Trägergesellschaften, die nicht selbst die Versorgung durchführen, Vertragspartner von Integrationsverträgen sein.

Indem Trägergesellschaften in die Versorgungsverträge einbezogen werden, wird eine erhebliche gestalterische Flexibilität ermöglicht. So kann eine Trägergesellschaft in beliebiger Rechtsform, etwa als GmbH, mit den Krankenkassen einen Integrationsvertrag schließen. Die Gesellschaft erbringt die vereinbarten Leistungen mit Hilfe der zur Versorgung berechtigten Leistungserbringer (z. B. Vertragsärzte und zugelassene Krankenhäuser). In diesem Rahmen müssen verbindliche Vereinbarungen zwischen Managementgesellschaft und Leistungserbringer geschaffen werden, unverbindliche Abreden sind unzureichend (Hessisches Landessozialgericht 14.05.2014 – AL 4 KA 53/11). Hier besteht die Möglichkeit, insbesondere Managementaufgaben durch die Trägergesellschaft wahrnehmen zu lassen, während die Leistungserbringer selbst sich auf die medizinische Tätigkeit als solche konzentrieren. Ferner wird Pflegekassen und zugelassenen Pflegeeinrichtungen auf der Grundlage des 92b SGB XI die Möglichkeit eingeräumt, Integrationsverträge mit den Krankenkassen abzuschließen.

4.2.4 Vergütung

Die **Vergütung** für die zu erbringenden Leistungen ist vertraglich zu regeln. Der Preis für die zu erbringende Leistung ist zwischen den Leistungserbringern und der entsprechenden Krankenkasse grundsätzlich frei verhandelbar. Die beteiligten Leistungserbringer bzw. Trägergesellschaften tragen zwar insofern die volle Budgetverantwortung für die ausgehandelten Preise, können jedoch andererseits durch eine effiziente Steuerung der Behandlungsabläufe die Ertragssituation entscheidend beeinflussen.

Die **Finanzierung der besonderen Versorgung** wurde auf Seiten der Kostenträger mehrfach neu geregelt. Bis Ende 2008 war eine Anschubfinanzierung ohne Bereinigung der Gesamtvergütung vorgesehen. Es standen jeweils 1 % der Gesamtvergütung sowie 1 % der Rechnungsbeiträge der einzelnen Krankenhäuser für voll- und teilstationäre Leistungen der besonderen Versorgung zur Verfügung. Mit Ende des Jahres 2008 lief die Anschubfinanzierung aus.

Die vertragsärztliche Gesamtvergütung ist um die Aufwendungen für die integrierte Versorgung zu bereinigen, § 140a Abs. 6 SGB V. Die Vergütung im Rahmen der Integrationsversorgung erfolgt somit nicht durch zusätzliche finanzielle Mittel, sondern durch eine Neuverteilung der vorhandenen Vergütung. Gerade dieser Aspekt sowie die Möglichkeit, von den Vorgaben der Regelversorgung abzuweichen („add-on-Verträge"), dürfte auch auf Seiten der Krankenkassen zu einer erhöhten Attraktivität der besonderen Versorgungsformen führen.

4.2.5 Teilnahme der Versicherten

Die Versicherten können freiwillig an der besonderen Versorgung teilnehmen. Auch wenn sie sich hierfür entscheiden, haben sie weiterhin grundsätzlich ein Recht auf freie Arztwahl. Es ist aber üblich, zulässig und sinnvoll, die Gewährung von Boni gem. § 65a SGB V von der Einhaltung von Wahlbeschränkungen abhängig zu machen. Die Versicherten sind ferner berechtigt, von ihrer Krankenkasse und den beteiligten Leistungserbringern umfassende Informationen über die von ihnen abgeschlossenen Verträge der besonderen Versorgung und den daran beteiligten

Leistungserbringern, sowie mit diesen vereinbarte Leistungen und Qualitätsstandards zu verlangen. Nimmt der Versicherte an der besonderen Versorgung teil, können dessen personenbezogene Daten nach einer entsprechenden Einwilligungserklärung in einer gemeinsamen Dokumentation festgehalten werden. Das Nähere über den Inhalt der Versorgung wird in den Teilnahmeerklärungen geregelt.

4.3 Hausarztzentrierte Versorgung, § 73 b SGB V

Im Rahmen der hausarztzentrierten Versorgung soll der Hausarzt als „Lotse" zu einer besseren Steuerung des Patientenverhaltens und eine optimierten Koordination ärztlicher und sonstiger Leistungserbringung beitragen. Erst durch die rechtliche Verpflichtung im Jahre 2007, den Versicherten eine besondere hausärztliche Versorgung anzubieten, muss jede Krankenkasse entweder selbst oder gemeinsam mit anderen Krankenkassen entsprechende Verträge mit qualifizierten Leistungserbringern schließen. Gelingt dies der Kasse nicht, muss sie zumindest mit anderen Krankenkassen insoweit kooperieren, dass ihre Versicherten an den Verträgen der „Fremdkasse" teilnehmen können.

Die Hausarztmodelle der verschiedenen Krankenkassen unterscheiden sich in den wirtschaftlichen und rechtlichen Konditionen erheblich. Dies macht sowohl für den Vertragsarzt wie auch für den Patienten die Analyse der jeweiligen Vereinbarung erforderlich.

Soweit erkennbar finden die Verträge sowohl bei den Patienten wie auch den Ärzten mit Einschreibequoten von regelmäßig über 75 % große Akzeptanz.

4.3.1 Teilnahme der Versicherten

Für die Versicherten ist die Teilnahme an der hausarztzentrierten Versorgung freiwillig. Wie bereits bisher geht die Regelung also von einem Einschreibemodell aus. Die Krankenkassen müssen ihre Versicherten über Inhalt und Ziele der hausarztzentrierten Versorgung unterrichten. Möchte der Versicherte an der hausarztzentrierten Versorgung seiner Krankenkasse teilnehmen, verpflichtet er sich schriftlich, nur einen von ihm aus dem Kreis der teilnehmenden Hausärzte gewählten Hausarzt in Anspruch zu nehmen. Bis auf die Inanspruchnahme von Augen- und Frauenärzten erfolgt auch der Gang zum Facharzt nur auf Überweisung des gewählten Hausarztes. Der Versicherte ist an diese Verpflichtung, nach Ablauf des Widerrufsrechts von 2 Wochen nach Abgabe der Teilnahmeerklärung, und an die Wahl seines Hausarztes mindestens ein Jahr gebunden; er darf den gewählten Hausarzt nur bei Vorliegen eines wichtigen Grundes wechseln.

Die näheren Einzelheiten, insbesondere Details zur Bindung an den Hausarzt, Ausnahmen vom Überweisungsgebot und zur Folge von Pflichtverstößen des Patienten haben die Kassen in den Teilnahmeerklärungen zu regeln. Die Krankenkassen dürfen in diesem Rahmen den Zugang zur hausarztzentrierten Versorgung nicht beschränken (Bayerisches Landessozialgericht, 12.07.2016, L 5 KR 330/13 KL).

4.3.2 Qualität und Rahmenbedingungen

Das Gesetz stellt in § 73b Abs. 2 SGB V konkrete Anforderung an Qualität und Organisation der hausarztzentrierten Versorgung um die bezweckten Effekte auch erreichen zu können. Zu nennen sind Teilnahme der Hausärzte an strukturierten Qualitätszirkeln zur Arzneimitteltherapie und die Behandlung nach für die hausärztliche Versorgung entwickelten, evidenzbasierten, praxiserprobten Leitlinien. Weitere Anforderungen sind die Erfüllung der Fortbildungspflicht unter besonderer Berücksichtigung hausärztlicher Inhalte sowie die Einführung eines Qualitätsmanagements. Ob dies in der Praxis eingehalten wird, ist bisher nicht belegt, darf allerdings durchaus bezweifelt werden.

4.3.3 Vertragspartner

Als Vertragspartner der hausarztzentrierten Versorgung steht auf der einen Seite selbstredend die Krankenkasse. Die Krankenkassen sind verpflichtet, Verträge mit Gemeinschaften zu schließen, die mindestens die Hälfte der an der hausärztlichen Versorgung teilnehmenden Allgemeinärzte des Bezirks der Kassenärztlichen Vereinigung vertreten. Kommt ein solcher Vertrag nicht zustande oder soll ein Vertrag zur Versorgung von Kindern und Jugendlichen geschlossen werden, sollen die Verträge – nach öffentlicher Ausschreibung unter Bekanntgabe objektiver Auswahlkriterien – abgeschlossen werden mit
1. vertragsärztlichen Leistungserbringern, die an der hausärztlichen Versorgung teilnehmen,
2. Gemeinschaften dieser Leistungserbringer,
3. Trägern von Einrichtungen, die eine hausarztzentrierte Versorgung durch vertragsärztliche Leistungserbringer, die an der hausärztlichen Versorgung nach § 73 Abs. 1a teilnehmen, anbieten,
4. Kassenärztlichen Vereinigungen, soweit Gemeinschaften nach Nr. 2 sie hierzu ermächtigt haben.

Ein Anspruch der potentiellen Vertragspartner auf Vertragsschluss mit den Kassen besteht nur zu Gunsten der Hausarztverbände, im Übrigen nicht. Das Procedere der (z. T. notwendigen) Ausschreibung war bereits ebenso Gegenstand gerichtlicher Überprüfung (z. B. OLG Düsseldorf, Entscheidung vom 03.08.2011 – VII-Verg 6/11, Verg 6/11) wie das Verhältnis zwischen den Hausärzteverbänden und anderen Vertragspartnern (z. B. SG Marburg, Urteil vom 03.08.2011 – S 12 KA 237/10), die Ausgestaltung des Schiedsverfahrens (Landessozialgericht Niedersachsen-Bremen, Beschluss vom 03.11.2011 – L 3 KA 104/10 B ER) oder die Verbindlichkeit von Schiedssprüchen (Urt. des BSG v. 23.06.2016 – B 3 KR 25/15 R).

4.3.4 Vertragsinhalt

Der konkrete Inhalt der Hausarztverträge liegt weitestgehend in der Gestaltungsfreiheit der Vertragspartner. Das Gesetz regelt in § 73b Abs. 5 SGB V aber einige

Grundkoordinaten. Danach sind in den Verträgen insbesondere die vorstehend erläuterten Anforderungen der Qualitätssicherung, Fortbildung etc. zu regeln. Eine Beteiligung der KVen ist dabei möglich. Ferner ist selbstredend die Vergütung der Hausärzte Inhalt der Verträge. Der Leistungsumfang kann grundsätzlich über die Regelversorgung hinausgehen. Die Grundsätze der Abrechnungsprüfung gelten übrigens auch für die Hausarztverträge. Das Gesetz verweist insofern in aller Kürze auf die Regelung in § 106a Abs. 3 SGB V, der beispielsweise die Plausibilitätsprüfung enthält.

Eine Übersicht diverser Verträge findet sich im Internet auf der Seite des Deutschen Hausärzteverbandes.

4.3.5 Sicherstellungsauftrag und Gesamtvergütung

Der Abschluss von Hausarztverträgen ist nicht ohne Einfluss auf den Sicherstellungsauftrag der KV und die an die KV zu zahlende Gesamtvergütung. Für diejenigen Versicherten, die an der hausarztzentrierten Versorgung teilnehmen, geht der Sicherstellungsauftrag für die Dauer der Verträge auf die Krankenkasse über.

Auch durch den Abschluss von Verträgen der hausarztzentrierten Versorgung stehen zunächst keine zusätzlichen Geldmittel für die ambulante Versorgung der Versicherten zur Verfügung. Konsequenterweise sieht das Gesetz insofern auch eine, ggf. pauschalisierte, Bereinigung der an die KVen zu zahlende Gesamtvergütung in dem Ausmaße vor, wie Verträge der hausarztzentrierten Versorgung geschlossen werden. Ziel ist also, Doppelfinanzierungen zu vermeiden.

4.4 Besondere ambulante ärztliche Versorgung („Selektivverträge")

Strukturell sehr verwandt mit den Verträgen zur hausarztzentrierten Versorgung waren die in der nachfolgenden Vorschrift des § 73c SGB V geregelten sog. Selektivverträge. Diese Vorschrift ist aufgehoben und inhaltlich in den § 140a SGB V integriert worden.

4.5 Umsetzung von besonderen Versorgungsformen und Vertragsgestaltung

Der Aufwand für die Konzepterstellung und – dem folgend – die Vertragsentwicklung und -durchführung wird häufig unterschätzt. Nicht nur die Koordination der Beteiligten (Einbeziehung Niedergelassener, Abstimmung Operateur/Anästhesist, Patient, Krankenkasse, etc.), sondern auch die Führung des einzelnen Falles (Abwicklung, Qualitätssicherung, etc.) und das Controlling sind aufwändiger als gedacht. Dazu kommen steuerliche Fragen (Umsatzsteuer, Infizierung umsatzsteuerbefreiter Leistungen), Fragen des Datenschutzes und rechtlicher Regelungsbedarf.

Nicht zuletzt stellt sich die Frage, wie die Leistungen einer angemessenen Vergütung zugeführt werden können.

Häufiger Ausgangspunkt für juristische Streitigkeiten ist das Wettbewerbs- und Berufsrecht, ggf. auch das Kartellrecht. Mitbewerber fühlen sich nach Abschluss von Verträgen benachteiligt, fordern die Verträge zur Einsicht (dazu: LSG Berlin, 09.09.2009 – L 9 KR 470/08) und behaupten z. B., der Direktvertrag bilde gar keine leistungssektorenübergreifende oder interdisziplinär-fachübergreifende Versorgungsvereinbarung ab (grundlegend dazu: BSG, Urteil vom 06.02.2008 – B 6 KA – 27/07 R: funktionelle Bestimmung; Barmer – HA – Hausapothekenvertrag (Teilnahme von 18.600 Apotheken; LSG Sachsen-Anhalt, Urt. v. 17.03.2016 – L 6 KR 70/12) oder beinhalte ein verbotenes Kick-Back (z. B. OLG Düsseldorf, Entscheidung vom 01.09.2009 – 20 U 121/08) oder verstoße gegen das Berufs- und Wettbewerbsrecht (dazu: KG Berlin, Urt. 25.04.2016 – 2 W 2/15 Kart).

Der zweite Anlass für rechtliche Auseinandersetzungen ist der interne Streit zwischen den Vertragspartnern. Bei der Vertragsgestaltung sind vor diesem Hintergrund folgende Aspekte zu beachten:

▶ **Praxistipp:** Die gesetzlichen (Mindest-)Vorgaben müssen zwingend im Vertrag abgebildet werden. Selbstredend ist das allgemeine Vertragsarzt- und Berufsrecht zu beachten.

Die Teilnahmevoraussetzungen für Leistungsanbieter und Patienten und deren Überprüfung sowie Abrechnungsfragen (Abrechnungsdienstleister, -frequenz, Zahlungsfristen, Plausibilitätsprüfungen, etc.) müssen juristisch sauber im Vertrag abgebildet sein.

Gleiches gilt für Fragen der Dokumentation, der Arzneimittel (Rabattverträge), der Mindestvertragsdauer (Kündigungsmöglichkeiten und -gründe) und den Datenschutz sowie etwaige Qualitätsanforderungen wie Behandlungsleitlinien.

Von besonderer praktischer Bedeutung ist die möglichst konkrete Definition des Versorgungsumfanges und der Voraussetzungen der Inanspruchnahme der Leistungen in Abgrenzung zur „allgemeinen" vertragsärztlichen Versorgung. Hier sind ansonsten (Auslegungs-)Streitigkeiten vorprogrammiert. Dies gilt insbesondere im Zusammenhang mit der ausgehandelten Vergütung.

Letztlich bedürfen sämtliche strukturellen und technischen und nicht zuletzt betriebswirtschaftlichen Aspekte (erforderliche Investitionen/Qualifizierungen, geforderte QM/QS-Maßnahmen (incl. Patientenzufriedenheit), Gewährleistung und Haftung, Anzahl der Fälle, Kosten pro Fall, Mindestmengen, Nachhaftung, Installation eines Schiedsgremiums/Beirat/Lenkungsausschuss, etc.) einer Regelung.

Typische Fehler der (fehlenden oder unklaren) vertraglichen Ausgestaltung finden sich z. B. in den Bereichen Termingarantien, der zusätzlichen Leistungen (Voruntersuchungen, Nachsorge, Transport) sowie der Meistbegünstigungsklausel/Wettbewerbsklausel oder der zu großzügigen Übernahme des Morbiditätsrisikos (Komplikationen).

Der Vertragsgestaltung kommt eine gravierende Bedeutung zu, um den Direktverträgen auf Dauer zum Erfolg zu verhelfen und Streitigkeiten von vornherein zu vermeiden.

4.6 Disease Management Programme (DMP)

Als Disease-Management wird eine medizinische Versorgungsform bezeichnet, mit der u. a. die Prävention und Behandlung einer Krankheit verbessert und die durch diese Krankheit bedingten Beeinträchtigungen reduziert werden können.

Durch diese **strukturierten Behandlungsprogramme** soll vor allem die Versorgung chronisch Kranker verbessert werden. Daher ist häufig auch schlicht von „Chronikerprogrammen" die Rede. Ihre rechtliche Grundlage findet sich insbesondere in den §§ 137f und g SGB V und in der Erstfassung der Richtlinie des Gemeinsamen Bundesausschusses zur Regelung von Anforderungen an die Ausgestaltung von strukturierten Behandlungsprogrammen nach § 137f Abs. 2 SGB V (DMP-Richtlinie/DMP-RL) vom 14.10.2016.

Durch das Programm werden die Art der Behandlung sowie z. B. Dokumentationspflichten festgelegt. Gleichzeitig wird dessen Geltungsbereich bestimmt.

Es nehmen ca. 6,62 Mio. Patienten an diesen Programmen teil, der oftmals kritisierte Verwaltungsaufwand für die Ärzte soll durch konsequente Umstellung auf elektronische Verfahren begrenzt werden. Die DMP-Pauschale des Gesundheitsfonds pro Teilnehmer liegt bei 146 € (die Pauschale setzt sich zusammen aus arztbezogenen Kosten in Höhe von 120,84 Euro und aus kassenbezogenen Verwaltungskosten in Höhe von 22,56 Euro), so dass es sich für den Arzt bei entsprechend guter Praxisorganisation und Patientenanzahl lohnt, sich an diesen Programmen zu beteiligen.

Zur Initiierung eines DMP müssen die Krankenkassen zunächst ein entsprechendes Programm ausarbeiten. Mit dem Versorgungsstrukturgesetz geht die Regelungskompetenz für die Programminhalte vom Bundesgesundheitsministerium auf den Gemeinsamen Bundesausschuss über. Bereits in der Vergangenheit wurden die Anforderungen für strukturierte Behandlungsprogramme für folgende Erkrankungen festgelegt:
- Diabetes mellitus Typ 1 und Typ 2
- Koronare Herzkrankheit (einschließlich eines Moduls zu chronischer Herzinsuffizienz)
- Brustkrebs
- Asthma bronchiale und COPD

Geplant ist die Erweiterung in den Bereichen Rheumatoide Arthritis, Chronische Herzinsuffizienz, Osteoporose und Rückenschmerz.

Der Gemeinsame Bundesausschuss (GBA) spielt eine zentrale Rolle bei der Entwicklung und Überarbeitung der strukturierten Behandlungsprogramme für chronisch Kranke. Im Unterausschuss „Sektorenübergreifende Versorgung" des GBA findet die inhaltliche Ausgestaltung und Aktualisierung der DMPs statt. Hier erarbeiten Vertreter der Ärzte, Krankenhäuser und Krankenkassen unter Beteiligung von Patientenvertretern die Inhalte der Programme. Die Bewertung der medizinischen Evidenz und die fachliche Ausarbeitung leisten das Institut für Qualität und Wirtschaftlichkeit im Gesundheitswesen und Experten-Arbeitsgruppen.

Zur Durchführung der DMP's können die Krankenkassen mit den Leistungserbringern und Dritten Verträge abschließen. Hierfür stehen alle im SGB V vorgesehenen Vertragsformen wie z. B. Gesamtverträge, Integrationsverträge, Modellvorhaben etc. zur Verfügung.

Die Versicherten haben die Möglichkeit, sich bei Erfüllen der Teilnahmevoraussetzungen bei der jeweiligen Krankenkasse für das entsprechende Programm einzutragen und sind damit zu verpflichten, sich nach dessen Vorgaben zu richten. Dies kann z. B. bedeuten, dass ihre Daten den Krankenkassen gegenüber offengelegt werden und sie ihre Behandlung den festgelegten Bestimmungen gemäß durchführen lassen müssen. Die Krankenkassen können den Versicherten hierfür einen Bonus im Rahmen der Mitgliedsbeiträge gewähren.

4.7 Praxis- und Ärztenetze/Strukturverträge

Als weitere Gestaltungsvariante hatte der Gesetzgeber mit § 73a SGB V den Gesamtvertragspartnern die Möglichkeit des Abschlusse von Strukturverträgen eröffnet. Diese Vorschrift wurde aufgehoben. Die Krankenkassen können Strukturverträge sowie Verträge über eine besondere ambulante ärztliche Versorgung nunmehr über den neu gefassten § 140a schließen.

Besondere Förderung erhalten auch **Praxisnetze**.

Für Praxisnetze, die von den Kassenärztlichen Vereinigungen anerkannt sind, müssen gesonderte Vergütungsregelungen vorgesehen werden; für solche Praxisnetze können auch eigene Honorarvolumen als Teil der morbiditätsbedingten Gesamtvergütungen gebildet werden (§ 87b SGB V). Die Kriterien und Qualitätsanforderungen für die Anerkennung besonders förderungswürdiger Praxisnetze, insbesondere zu Versorgungszielen, hat die Kassenärztliche Bundesvereinigung im

Einvernehmen mit dem Spitzenverband Bund der Krankenkassen als Rahmenvorgabe (mit Wirkung zum 01.05.2013) bestimmt. Die Kassenärztlichen Vereinigungen haben zudem die Möglichkeit, Praxisnetze zusätzlich mit Mitteln des Strukturfonds zu fördern.

4.8 Ambulante spezialfachärztliche Versorgung (ASV)

Mit dem Versorgungsstrukturgesetz wurde § 116b SGB V ganz grundlegend überarbeitet. Er könnte die Verknüpfung und Angleichung der beiden Sektoren ambulant und stationär darstellen und den Wettbewerb fördern, wenn es der Selbstverwaltung, namentlich der Gemeinsame Bundesausschuss, gelingt, den rechtlichen Rahmen mit weiterem Inhalt zu füllen.

4.8.1 Inhalt

Die ASV umfasst die Diagnostik und Behandlung komplexer, schwer therapierbarer Krankheiten, die je nach Krankheit eine spezielle Qualifikation, eine interdisziplinäre Zusammenarbeit und besondere Ausstattungen erfordern.

Hierzu gehören Erkrankungen mit besonderen Krankheitsverläufen (teilweise nur schwere Verlaufsformen dabei) wie
- onkologische Erkrankungen,
- rheumatologischen Erkrankungen,
- HIV/AIDS,
- Herzinsuffizienz (NYHA Stadium 3–4),
- Multiple Sklerose,
- zerebrale Anfallsleiden (Epilepsie),
- komple XE Erkrankungen im Rahmen der pädiatrischen Kardiologie,
- die Folgeschäden von Frühgeborenen oder
- Querschnittslähmung bei Komplikationen, die eine interdisziplinäre Versorgung erforderlich machen

sowie seltene Erkrankungen und Erkrankungszustände mit entsprechend geringen Fallzahlen wie
- Tuberkulose,
- Mukoviszidose,
- Hämophilie,
- Fehlbildungen, angeborene Skelettsystemfehlbildungen und neuromuskuläre Erkrankungen,
- schwerwiegende immunologische Erkrankungen,
- biliäre Zirrhose,
- primär sklerosierende Cholangitis,
- Morbus Wilson,
- Transsexualismus,
- Versorgung von Kindern mit angeborenen Stoffwechselstörungen,
- Marfan-Syndrom,
- pulmonale Hypertonie,
- Kurzdarmsyndrom oder,
- Versorgung von Patienten vor oder nach Lebertransplantation

sowie hochspezialisierte Leistungen wie
- CT/MRT-gestützte interventionelle schmerztherapeutische Leistungen oder
- Brachytherapie.

Dieser Katalog wurde kontrovers diskutiert. Insbesondere **ambulant durchführbare Operationen** und stationsersetzende Eingriffe wurden letztlich nicht aufgenommen.

Der Gemeinsame Bundesausschuss hat in seiner ASV-Richtlinie im Jahr 2013 das nähere Verfahren geregelt. Nach und nach konkretisiert er die Erkrankungen und bestimmt den Behandlungsumfang und regelt zudem die sächlichen und personellen Anforderungen an die Leistungserbringung sowie sonstige Anforderungen an die Qualitätssicherung. Der Gesetzgeber nimmt also die Selbstverwaltung in die Pflicht, wesentliche Einzelheiten selbst zu regeln. Bislang umgesetzt wurden Regelungen zur folgenden Krankheitsbildern: gastrointestinale Tumoren, gynäkologische Tumoren, Tuberkulose, Marfan-Syndrom sowie pulmonale Hypertonie. In Bearbeitung sind derzeit (Stand: Nov. 2016): rheumatologische Erkrankungen sowie Mukoviszidose. Herzinsuffizienz und primär sklerosierende Cholangitis sollen in absehbarer Zeit folgen.

Auf Druck der Ärzteschaft wurde vorgegeben, dass bei Erkrankungen mit besonderen Krankheitsverläufen die **Überweisung durch einen Vertragsarzt** vorauszusetzen ist. Dies gilt jedoch nicht, wenn der Patient aus dem stationären Bereich heraus in die ASV-Behandlung zugewiesen werden soll.

Der Gemeinsame Bundesausschuss kann Empfehlungen als Entscheidungshilfe für den behandelnden Arzt abgeben, in welchen medizinischen Fallkonstellationen bei der jeweiligen Krankheit von einem besonderen Krankheitsverlauf auszugehen ist. Zudem kann er für die Versorgung bei schweren Verlaufsformen von Erkrankungen mit besonderen Krankheitsverläufen Regelungen zu Vereinbarungen treffen, die eine Kooperation zwischen den beteiligten Leistungserbringern Arzt und Krankenhaus in diesem Versorgungsbereich fördern. Für die Versorgung von Patienten mit **onkologischen Erkrankungen** muss – von einigen wenigen Ausnahmen abgesehen – **eine Kooperationsvereinbarung** vorliegen (vgl. Abschn. 8.6.5 zu den Kooperationsvereinbarungen im Rahmen der ASV).

In Bezug auf solche Krankenhäuser, die an der ambulanten spezialfachärztlichen Versorgung teilnehmen, hat der Gemeinsame Bundesausschuss für Leistungen, die sowohl ambulant spezialfachärztlich als auch teilstationär oder stationär erbracht werden können, allgemeine Tatbestände zu bestimmen, bei deren Vorliegen eine ambulante spezialfachärztliche Leistungserbringung ausnahmsweise nicht ausreichend ist und eine teilstationäre oder stationäre Durchführung erforderlich sein kann.

Vorteilhaft für die niedergelassenen Ärzte – und damit auch für die Patienten – dürfte die Regelung sein, dass innerhalb der ASV der sog. Verbotsvorbehalt gilt. Neue Untersuchungs- und Behandlungsmethoden dürfen daher solange angewendet werden, wie der Gemeinsame Bundesausschuss sie nicht ausgeschlossen hat.

4.8.2 Teilnehmer

Grundsätzlich dürfen Vertragsärzte sowie zugelassene Krankenhäuser an der ASV teilnehmen. Aber auch ermächtigte Ärzte, MVZs sowie ermächtigte Einrichtungen zählen zum Teilnehmerkreis.

Die Versorgung in diesem speziellen Leistungsbereich setzt grundsätzlich fachärztliche Qualifikationen voraus und ist deshalb **Fachärzten** vorbehalten. Im Einzelfall (beispielsweise im Bereich der HIV/AIDS – Versorgung) können auch Fachärzte des hausärztlichen Versorgungsbereichs an der spezialfachärztlichen Versorgung teilnehmen. Da die ASV nicht Teil der vertragsärztlichen Versorgung ist, gilt auch nicht der Bundesmantelvertrag Ärzte.

4.8 Ambulante spezialfachärztliche Versorgung (ASV)

Die teilnehmenden Ärzte bilden ein Team, das den Patienten sodann interdisziplinär behandelt. Um den Teamleiter bildet sich ein sog. Kernteam, das von den sog. hinzuziehenden Ärzten unterstützt wird.

Die Teilnahme ist dem jeweiligen erweiterten Landesausschuss der Ärzte und Krankenkassen unter Beifügung entsprechender Belege anzeigen. Die meisten erweiterten Landesausschüsse halten entsprechende Anzeigeformulare pro Indikation vor.

Es erfolgt die **automatische Zulassung** zur Teilnahme an der ambulanten spezialfachärztlichen Versorgung, wenn nicht der Landesausschuss innerhalb einer Frist von zwei Monaten mitteilt, dass der Arzt bzw. das anzeigende Team die Anforderungen und Voraussetzungen hierfür nicht erfüllt.

Der erweiterte Landesausschuss kann den Arzt bzw. das Team allerdings auch nach (stillschweigender) Zulassung aus gegebenem Anlass sowie unabhängig davon nach Ablauf von mindestens fünf Jahren seit seiner erstmaligen Teilnahmeanzeige oder der letzten späteren Überprüfung seiner Teilnahmeberechtigung auffordern, ihm gegenüber innerhalb einer Frist von zwei Monaten nachzuweisen, dass er die Voraussetzungen für seine Teilnahme an der ambulanten spezialfachärztlichen Versorgung weiterhin erfüllt.

Die Teilnahme an der ASV sollte gut geplant und vorbereitet werden. Eine Teilnahmeanzeige sollte möglichst vollständig eingereicht werden. Da die erweiterten Landesausschüsse mitunter sehr viele Nachweise anfordern, ist für die Vorbereitung der Anzeige ein Zeitraum von mehreren Monaten einzuplanen.

4.8.3 Vergütung

Die Leistungen der ambulanten spezialfachärztlichen Versorgung werden **unmittelbar von der Krankenkasse vergütet**. Dabei kann die KV gegen Aufwendungsersatz mit der Abrechnung von Leistungen beauftragt werden. Private Abrechnungsstellen sind nach einer Gesetzesänderung nicht mehr zugelassen, diese Abrechnungsdienstleistungen zu übernehmen.

Das wesentliche Ziel des Gesetzgebers besteht in der Entwicklung einer **einheitlichen Kalkulationssystematik incl. diagnosebezogenen Gebührenpositionen in Euro**. Die Kalkulation hat dabei auf betriebswirtschaftlicher Grundlage ausgehend vom einheitlichen Bewertungsmaßstab für ärztliche Leistungen unter ergänzender Berücksichtigung der nichtärztlichen Leistungen, der Sachkosten sowie der spezifischen Investitionsbedingungen zu erfolgen. Bis zum Ende dieses Prozesses gelten die (angepassten) Vorgaben des EBM. Die anfängliche Kürzung der Vergütung bei den öffentlich geförderten Krankenhäusern um einen Investitionskostenabschlag von 5 % ist mit dem Krankenhausstrukturgesetz zum 01.01.2016 entfallen.

Richtgrößen in der Arznei-, Heil- und Hilfsmittelversorgung gelten jedoch nicht, das entsprechende Budget des verordnenden Arztes wird also nicht belastet. Nichtsdestotrotz gilt das allgemeine Wirtschaftlichkeitsgebot der gesetzlichen Krankenversicherung nach § 12 SGB V: Die Leistungen müssen wirtschaftlich, ausreichend, notwendig und zweckmäßig sein. Die Prüfung der Abrechnung und der Wirtschaftlichkeit sowie der Qualität erfolgt durch die Krankenkassen, die hiermit eine Arbeitsgemeinschaft oder den Medizinischen Dienst der Krankenversicherung beauftragen können.

Die ASV-Leistungen der Vertragsärzte werden außerhalb ihres Budgets vergütet. Ähnlich wie bei den anderen besonderen Versorgungsformen ist die morbiditätsbedingte Gesamtvergütung jedoch um die Leistungen zu bereinigen, die Bestandteil der ambulanten spezialfachärztlichen Versorgung sind. Die Bereinigung darf nicht zulasten des hausärztlichen Vergütungsanteils und der fachärztlichen Grundversorgung gehen.

Ärztliches Standesrecht

5.1 Allgemeines

Das ärztliche Standesrecht wird von einer Vielzahl verschiedener Normen bestimmt, die sowohl den Zugang zum ärztlichen Beruf, als auch seine konkrete Ausübung regeln und bestimmen. Relevant sind hierbei sowohl bundesrechtliche als auch landesrechtliche Vorschriften. Die bundesrechtlichen Regelungen bestimmen dabei den Berufszugang, so z. B. die Bundesärzteordnung (BÄO), die Approbationsordnung (ÄAppO), das Sozialgesetzbuch Fünftes Buch (SGB V) und die Zulassungsverordnung (Ärzte ZV).

Durch das Landesrecht wird hingegen im Wesentlichen die Art und Weise der Berufsausübung bestimmt. Für die tägliche Praxis sind die Heilberufs- und Kammergesetze der Bundesländer und insbesondere die als Satzungen der Landesärztekammern ergangenen Landesberufs-, Weiterbildungs- sowie die Berufsgerichtsordnungen relevant.

5.1.1 Der Berufszugang nach der Bundesärzteordnung

Voraussetzung des Zugangs zum Arztberuf ist bekanntermaßen grundsätzlich die Approbation als Arzt. Die Voraussetzungen für die Erteilung der Approbation finden sich in § 3 BÄO. Der Antragsteller muss seine medizinische Qualifikation durch eine in Deutschland absolvierte Ausbildung und abgeschlossene Prüfung nachweisen. Allerdings kann auch eine außerhalb Deutschlands absolvierte Ausbildung zur Approbation berechtigen, wenn Regelungen über die Anerkennung vorliegen oder – bei Erfüllung bestimmter weiterer Voraussetzungen je nach Herkunftsland – die Ausbildung gleichwertig ist. Ferner kann neben den notwendigen medizinischen Qualifikationen und einer ordnungsgemäß durchgeführten medizinischen Ausbildung die Approbation gemäß § 3 Abs. 1 Nr. 2 BÄO nur erteilt werden, wenn sich der Antragssteller nicht eines Verhaltens schuldig gemacht hat, aus dem sich seine *Unwürdigkeit* oder *Unzuverlässigkeit* zur Ausübung des ärztlichen Berufs ergibt.

Darüber hinaus muss der Antragsteller physisch und mental den Anforderungen des Arztberufes gewachsen sein. Insbesondere dürfen keine Suchterkrankungen vorliegen.

5.1.2 Widerruf und Rücknahme der Approbation

Von erheblicher praktischer Relevanz sind der Widerruf und die Rücknahme der Approbation. Nach § 5 Abs. 2 S. 1 BÄO ist die Approbation zwingend zu widerrufen, wenn sich der Arzt nachträglich als unwürdig oder unzuverlässig i.S.d. § 3 Abs. 1 Nr. 2 BÄO erweist. *„Unwürdigkeit"* ist dann anzunehmen, wenn der Arzt durch sein Verhalten nicht mehr das zur Ausübung des ärztlichen Berufs erforderliche Ansehen und Vertrauen besitzt. Die Feststellung der *„Unwürdigkeit"* bezieht sich auf einen in der Vergangenheit liegenden Zeitraum. Hierunter kann z. B. eine Straftat, insbesondere gegen Leib und Leben fallen. Aber auch Straftaten gegen die sexuelle Selbstbestimmung oder Betrugstatbestände, insbesondere wenn sie in Zusammenhang mit der Berufsauübung erfolgten (z. B. die Ausstellung sog. „Luftrezepte": Verwaltungsgericht des Saarlandes, Urteil vom 13.12.2011 – 1 K 2268/10), können die Unwürdigkeit begründen. Als berufsunwürdige Handlungen sind z. B. gewerbsmäßig begangene Vermögens- und Urkundsdelikte im berufsbezogenen Bereich, Doping-Vergehen, unzulässige Sterbehilfe, Abrechnungsbetrug oder Straftaten gegen die sexuelle Selbstbestimmung anzusehen.

Bei der *„Unzuverlässigkeit"* wird nicht (allein) auf den Unrechtsgehalt eines Verhaltens des Arztes in der Vergangenheit abgestellt, sondern vielmehr auf einen ihn betreffenden charakterlichen Mangel, der in Form einer Prognose befürchten lässt, dass der betreffende Arzt seinen Beruf (auch) zukünftig nicht durchgehend ordnungsgemäß ausüben wird (z. B. Alkoholismus: Bayerischer Verwaltungsgerichtshof, Urteil vom 15.11.2011 – 21 CS 11.2252). Schwere Abrechnungsbetrugsdelikte, dauerhafte Fehlbehandlungen etc. können diese Alternative begründen. Berufsbezogene Pflichten ergeben sich jedoch nicht nur aus dem unmittelbaren Verhältnis zwischen Patient und Arzt im engeren Sinne. Unter Beachtung der einem Arzt anvertrauten Rechtsgüter, nämlich Leben und Gesundheit der Patienten, ist eine Prognose zu treffen, ob der Arzt in Zukunft die berufsspezifischen Vorschriften und Pflichten beachten werde.

Maßnahmen, die auf den Widerruf der Approbation gerichtet sind, müssen sich als schwere Eingriffe in das Grundrecht der Berufsausübungsfreiheit am Verhältnismäßigkeitsgebot messen lassen. Dies gilt umso mehr, wenn die Maßnahme als sofort vollziehbar erklärt wird.

Die Rücknahme der Approbation ist dann zwingend vorzunehmen, wenn bei ihrer Erteilung tatsächlich die ausbilderischen und qualitativen Voraussetzungen für die Gewähr nicht vorlagen. Einen Ermessensspielraum gibt es hier nicht.

5.1.3 Ruhen der Approbation

In einigen Fällen kann auch das Ruhen der Approbation gemäß § 6 BÄO unter Wahrung des Verhältnismäßigkeitsgebotes angeordnet werden. Das Ruhen der

Approbation kommt z. B. während laufender Strafverfahren oder voraussichtlich vorübergehender gesundheitlicher Untauglichkeit in Betracht, soweit diese jeweils von erheblicher Tragweite sind. Während des Zeitraumes des Ruhens der Approbation darf der Arztberuf nicht ausgeführt werden.

5.1.4 Berufserlaubnis

Einer Person der die Approbation durch Widerruf wegen Unwürdigkeit oder Unzuverlässigkeit bzw. aus gesundheitlichen Gründen entzogen wurde und die einen Antrag auf Wiedererteilung der Approbation gestellt hat, kann bis zu einer Dauer von zwei Jahren eine Berufserlaubnis erteilt werden (§ 8 Abs. 1 BÄO). Entsprechendes gilt, wenn die Person wirksam auf die Approbation verzichtet hat.

Eine vorübergehende Berufserlaubnis kann darüber hinaus widerruflich auf Antrag mit einer Dauer von bis zu zwei Jahren erteilt werden, wenn eine abgeschlossene medizinische Ausbildung nachgewiesen wird (§ 10 BÄO) und eben kein Fall des § 8 BÄO vorliegt. Die Erteilung der Berufserlaubnis kann darüber hinaus auch noch in speziellen Einzelfällen zeitmäßig verlängert werden.

Die Beantragung der Berufserlaubnis kann insbesondere angezeigt sein, wenn der Antragsteller seine Ausbildung nicht in Deutschland oder einem Mitgliedstaat der Europäischen Union oder dem Europäischen Wirtschaftsraum absolviert und abgeschlossen hat.

5.2 Der Arzt und die Kammer

Die jeweilige Kammer des zugehörigen Arztes ist seine Standesvertretung. So eng jeder Arzt mit dieser verbunden ist (Pflichtmitgliedschaft), so vielschichtig ist die praktische Relevanz im juristischen Bereich. Die Rechtsgrundlagen für die Tätigkeit der als berufsständische Selbstverwaltungsorganisation betriebenen Kammern sind in den Kammergesetzen bzw. den Heilberufsgesetzen der einzelnen Bundesländer zu finden. Die wichtigsten Organe der Kammern sind der Vorstand und die Kammerversammlung, auch Vertreter- oder Delegiertenversammlung genannt. Die Ärztekammern unterliegen der Rechtsaufsicht durch staatliche Behörden.

Das Rechtsverhältnis zwischen Arzt und Kammer ist hoheitlicher Natur, d. h., die Entscheidungen der Kammer sind Verwaltungsakte, gegen die der Rechtsweg zu den Verwaltungsgerichten gegeben ist. Die Kammer übt also mittelbare Staatsgewalt aus. Durch die Ärzte sind Beiträge und Gebühren zu entrichten.

Den Ärztekammern obliegen im Wesentlichen:
- die Regelung der Berufspflichten und Einrichtung einer Berufsgerichtsbarkeit
- die Wahrnehmung der beruflichen Belange der Mitglieder
- die Errichtung des Versorgungswerkes
- die Berufsausbildung und Fortbildung des Hilfspersonals
- die Fortbildung der Ärzte im Rahmen der Weiterbildungsordnung
- Bestellung von Sachverständigen und Gutachtern in Arzthaftungsangelegenheiten, Einrichtung von Schlichtungsstellen

- Prüfungs- und Anerkennungsverfahren (z. B. zur Frage der Gleichwertigkeit der Berufsausbildung von Ausländern)
- die Schlichtung zwischen Ärzten, aber auch zwischen Ärzten und Patienten

Darüber hinaus existiert als „Dachgesellschaft" die Bundesärztekammer als Berufsvertretung der gesundheits- und standespolitischen Interessen aller deutschen Ärzte auf Bundesebene. Mitglieder sind die Landesärztekammern der Bundesländer, die Delegierte in die Hauptversammlung (Deutscher Ärztetag), Entscheidungsgremium der Bundesärztekammer, entsenden. Die Organe der Bundesärztekammer sind die Hauptversammlung und der Vorstand.

5.3 Die Berufsordnung

Die Berufspflichten des Arztes ergeben sich aus einer Vielzahl verschiedener Vorschriften. Die spezifischsten Regelungskataloge hierzu stellen die BÄO und die Berufsordnungen dar. Letztere werden in Form von Satzungen durch die einzelnen Landesärztekammern erlassen. Einen allgemeinen Regelungsvorschlag hierfür stellt die Musterberufsordnung der Ärzte (MBO) dar. Diese wird in regelmäßigen Abständen vom Deutschen Ärztetag verabschiedet. Durch den 118. Deutschen Ärztetag in Frankfurt am Main 2015 wurde die derzeit maßgebliche Fassung der MBO beschlossen. Freilich ist die MBO selbst unverbindlich, jedoch orientieren sich die meisten Landesärztekammern an ihr und passen ihre Berufsordnungen entsprechend an. Die ärztlichen Berufsordnungen der einzelnen Landesärztekammern sind für die kammerangehörigen niedergelassenen Ärzte geltendes Berufsrecht und regeln die Berufsausübung. Sie sind letztendlich auch ein Ausdruck der von der Ärzteschaft sich selbst auferlegten Bindung im Hinblick auf die Art und Begrenzung der ärztlichen Berufsausübung. Während einige Regelungen sicherlich vom Einzelnen als Selbstverständlichkeiten empfunden werden, stellen andere Regelungen bei der ersten Konfrontation häufig eine Überraschung für manch einen Niedergelassenen dar.

Die Berufsordnungen verfolgen u. a. das Ziel, das Vertrauen des Patienten in eine ordnungsgemäße und patientengerechte Behandlung aufrechtzuerhalten und auch objektiv die Qualität der Berufsausübung zu sichern. Ferner soll aber auch die Kollegialität der Ärzte untereinander gewahrt und geschützt werden. So bestimmen die Berufsordnungen u. a. die beruflichen Grundpflichten des Arztes, wobei einzelne Pflichten sich – gegebenenfalls stärker sanktioniert – in anderen Rechtsgebieten wiederfinden. Ein Überblick über die Berufspflichten des Arztes lässt sich zweckmäßigerweise an der MBO darstellen.

5.3.1 Grundpflichten des Arztes

§ 1 MBO enthält als Grundlagennorm die wesentlichen Merkmale, die das Bild des Arztberufes prägen. Der Grundsatz, dass der Arztberuf ein freier Beruf ist, findet sich neben der Grundregelung in der BÄO auch in der MBO wieder. In § 1 Abs. 1

5.3 Die Berufsordnung

S. 2 und 3 MBO wird daher ausdrücklich klargestellt, dass der Arztberuf kein Gewerbe, sondern ein freier Beruf ist. Hiermit wird die historisch geprägte Zielsetzung, dass der Arztberuf nicht (primär) auf Gewinnerzielung gerichtet ist, auch in der heutigen Zeit weiter bestätigt. Vielmehr ist es zunächst Aufgabe des Arztes, dem Patienten und der Volksgesundheit mit der Anwendung der Heilkunst zu dienen. Kernbestand des Arztberufs als freier Beruf ist freilich die Weisungsunabhängigkeit von Nichtärzten. Der Arzt soll seine ärztliche Entscheidung nach eigenem Gewissen treffen und nicht durch finanzielle oder andere außenstehende Druck- bzw. Vergünstigungsfaktoren beeinflusst werden. Gemäß § 2 Abs. 4 MBO dürfen Ärzte hinsichtlich Ihrer ärztlichen Entscheidungen keine Weisungen von Nichtärzten entgegennehmen. Nichtärzte sind dabei alle Personen, die keine ärztliche Approbation haben.

Für den Arzt stellt die Bewahrung des Lebens und der Gesundheit, aber auch der Respekt vor dem Tod und die Achtung vor dem Sterbenden, gemäß § 1 Abs. 2 MBO das **Leitmotiv der ärztlichen Betätigung** dar. Das ärztliche Gewissen hat sich an den Geboten der ärztlichen Ethik und der Menschlichkeit zu orientieren. Dementsprechend soll das ärztliche Berufsrecht dafür Sorge tragen, dass der Arzt keine Grundsätze anerkennt oder Entscheidungen trifft, die mit seinen originären Aufgaben nicht vereinbar sind oder deren Befolgung er nicht verantworten kann (§ 2 Abs. 1 MBO).

Der Arzt hat seinen Beruf **gewissenhaft** auszuüben und dem ihm bei seiner Berufsausübung entgegengebrachten Vertrauen zu entsprechen. Diese Berufspflicht korrespondiert mit den Vorschriften über die Unwürdigkeit und Unzuverlässigkeit zur Ausübung des ärztlichen Berufs in § 3 und § 6 BÄO. Eine gewissenhafte Berufsausübung gemäß § 2 Abs. 3 MBO erfordert insbesondere die notwendige fachliche Qualifikation und die Beachtung des anerkannten Standes der medizinischen Erkenntnisse.

Jeder Arzt ist nach § 2 Abs. 5 MBO verpflichtet, die für die Berufsausübung geltenden Vorschriften zu beachten. Das Verhältnis des Standesangehörigen zur Ärztekammer wird bereits dadurch anschaulich, dass der Arzt verpflichtet ist, Anfragen der Ärztekammer, welche diese zur Erfüllung ihrer gesetzlichen Aufgaben bei der Berufsaufsicht an die Ärzte richtet, in angemessener Frist zu beantworten (§ 2 Abs. 6 MBO).

Gemäß § 4 MBO besteht die Verpflichtung zur regelmäßigen beruflichen **Fortbildung**. Jeder berufstätige Arzt muss ferner an den von der Ärztekammer eingeführten Maßnahmen zur Sicherung der Qualität teilnehmen und der Ärztekammer die hierzu erforderlichen Auskünfte erteilen (§ 5 MBO). Die Fortbildungs- und Qualitätssicherungsmaßnahmen haben als Steuermechanismen die Aufgabe die gewissenhafte Berufsausübung des einzelnen Arztes zu begünstigen und zu gewährleisten.

Gemäß § 7 Abs. 1 MBO hat bei jeder medizinischen Behandlung die **Wahrung der Menschenwürde** und **Achtung der Persönlichkeit**, des Willens und der Rechte der Patientinnen und Patienten, insbesondere des Selbstbestimmungsrechtes, im Vordergrund zu stehen. Ebenfalls ausdrücklich geregelt ist hier das Recht des Patienten, empfohlene Untersuchungs- und Behandlungsmaßnahmen abzulehnen. Diese Entscheidung hat der Arzt zu akzeptieren. Aus § 7 Abs. 1 MBO lässt sich auch unter berufsrechtlichen Gesichtspunkten die Notwendigkeit einer ordnungsgemäßen Aufklärung vor einer medizinischen Behandlung ableiten. Die weiteren zivil- und auch strafrechtlichen Konsequenzen einer unzureichenden Aufklärung unterstreichen diese berufsständische Pflicht, die eine weitere und ausdrückliche Konkretisierung in § 8 MBO erfährt. Insoweit wird bereits berufsrechtlich klargestellt, dass eine ordnungsgemäße Aufklärung den persönlichen Arzt-Patienten-Kontakt voraussetzt und mündlich zu erfolgen hat. § 8 MBO hat angesichts der hohen Bedeutung, die eine Aufklärung für die Einwilligung des Patienten hat, eine Ergänzung durch Einfügung eines dritten Satzes erfahren. Darin ist insbesondere geregelt, dass eine Aufklärung umso ausführlicher und eindringlicher zu erfolgen hat, je weniger eine Maßnahme medizinisch geboten ist oder je größer ihre Tragweite ist.

Im Zusammenhang mit der ärztlichen **Aufklärungspflicht** ist auch auf eine weitere Berufspflicht mit Ausstrahlung auf das zivilrechtliche Haftungsrecht hinzuweisen. Gemäß § 10 Abs. 1 MBO sind Ärztinnen und Ärzte verpflichtet, eine Behandlung ordnungsgemäß zu dokumentieren. Diese Regelung dient in erster Linie dem Schutz des Patienten und soll sicherstellen, dass für einen ordnungsgemäßen Behandlungsverlauf regelmäßig alle notwendigen Informationen und Daten vorliegen. Zu dokumentieren ist also, was medizinisch geboten ist. Auf sein Verlangen hin ist gemäß § 10 Abs. 2 MBO dem Patienten Einblick in die ihn betreffende gesamte Dokumentation einschließlich der aufgezeichneten subjektiven Eindrücke und Wahrnehmungen des Arztes zu gewähren. Das Recht zur Einsichtnahme besteht indes dann nicht, wenn erhebliche therapeutische Gründe oder erhebliche Rechte des Arztes oder Dritter entgegenstehen. Zu denken ist an die Situation, in der eine Selbstschädigung des Patienten bei Kenntnisnahme bestimmter Daten in der Patientendokumentation droht oder durch Offenlegung von bestimmten Aufzeichnungen das Selbstbestimmungsrecht des Arztes oder Dritter berührt wird. Auf Verlangen der Patientenseite sind dieser Kopien der Unterlagen gegen Erstattung der Kosten herauszugeben. Von einer Herausgabe von Originalunterlagen ist in jedem Falle abzuraten.

Die **freie Arztwahl** ist in § 7 Abs. 2 MBO geregelt. Danach hat der Patient das Recht seinen Arzt frei zu wählen und gegebenenfalls auch während einer laufenden Behandlung zu wechseln. Dieses Recht gilt jedoch nicht nur einseitig. Grundsätzlich steht auch dem Arzt die Möglichkeit zu, eine Behandlung abzulehnen. Eine solche Ablehnung darf freilich nicht in Notfallsituationen oder aus rein ökonomischen Gründen erfolgen.

Einen weiteren Vertrauensgesichtspunkt stellt die **ärztliche Schweigepflicht** dar. Dieser bereits im hippokratischen Eid niedergelegte Grundsatz wird ausdrücklich in § 9 MBO geregelt. Danach ist der Arzt verpflichtet, über das, was ihm in seiner Eigenschaft als Arzt anvertraut oder bekannt gegeben wird – auch über den Tod der Patientin oder des Patienten hinaus – zu Schweigen. Die Relevanz der ärztlichen Schweigepflicht wird durch ihre strafrechtliche Bedeutung unterstrichen. Entsprechend gewissenhaft hat auch der Umgang mit der Patientenkartei zu erfolgen. Es ist jedoch auch zu bedenken, dass die Schweigepflicht nicht absolut gilt. So gibt es verschiedene Formen von Offenbarungsrechten und -pflichten des Arztes, die das Geheimnisinteresse des Patienten beschneiden können.

5.3 Die Berufsordnung

Gemäß § 10 Abs. 4 sind bei einer Praxisaufgabe die ärztlichen Aufzeichnungen und Untersuchungsbefunde weiterhin aufzubewahren und es ist dafür Sorge zu tragen, dass sie in hinreichender Weise unter Verschluss stehen. In Praxisübernahmeverträgen ist hier eine klarstellende Regelung aufzunehmen, die insbesondere auch den Anforderungen der jeweiligen Vorschriften in den zuständigen Kammerbezirken genügt.

Untereinander haben Ärzte die Verpflichtung, sich **kollegial** zu verhalten. Die unsachliche Kritik der Behandlungsweise eines Kollegen ist unzulässig und berufsunwürdig (§ 29 MBO). Eine Gutachtenerstellung hat sachlich und objektiv zu erfolgen. Ebenfalls ist es berufsunwürdig, einen Kollegen durch unlautere Handlungen aus seiner Behandlungstätigkeit zu verdrängen.

5.3.2 Zulässige Formen der gemeinsamen ärztlichen Berufsausübung

Die grundlegenden Änderungsbeschlüsse des 107. Deutschen Ärztetages in Bremen 2004 haben insbesondere zu erheblichen Liberalisierungen im Bereich ärztlicher Beschäftigungsformen geführt. Der Gesetzgeber hat zum 01.01.2007 mit dem Vertragsarztrechtsänderungsgesetz (VÄndG) auf diese standesrechtlichen Errungenschaften reagiert. Ziel war es dabei zunächst, das Zulassungsrecht als Bundesrecht dem landesrechtlichen Berufsrecht anzupassen. In einigen Punkten geht jedoch nunmehr das Vertragsarztrecht über das Berufsrecht hinaus. Diese Inkompatibilitäten wurden jedoch vom Gesetzgeber bewusst in Kauf genommen. Eventuelle Vorhaben sind daher gewissenhaft im Einzelfall zulassungs- und auch berufsrechtlich zu prüfen. Im Folgenden werden in einem kurzen Abriss die nach der MBO berufsrechtlich zulässigen Formen der ärztlichen Zusammenarbeit aufgezeigt. Weitergehende Aufbereitungen erfolgen in den Kapiteln zum ärztlichen Kooperationsrecht und Vertragsarztrecht.

5.3.2.1 Das Anstellungsverhältnis

Berufsrechtlich zulässig ist nunmehr auch das Angestelltenverhältnis unter approbierten Ärzten, soweit die ärztliche Unabhängigkeit des Angestellten gewahrt bleibt. Dabei ist gemäß § 19 Abs. 2 MBO auch die Beschäftigung eines fachgebietsfremden angestellten Arztes zulässig, soweit ein Behandlungsauftrag regelmäßig nur von Ärzten verschiedener Fachgebiete gemeinschaftlich durchgeführt werden kann.

Gemäß § 19 Abs. 3 MBO darf die Beschäftigung von angestellten Ärzten nur zu angemessenen Bedingungen erfolgen. Dies betrifft insbesondere die Vergütung des angestellten Arztes und die Möglichkeit zur Fortbildung.

Für den Fall des Ausscheidens darf eine Konkurrenzschutzklausel vereinbart werden, wobei jedoch im Gegenzug eine angemessene Ausgleichszahlung zu erfolgen hat.

Schließlich sind die Patienten über die Tätigkeit des angestellten Arztes in der Praxis in geeigneter Weise zu informieren. Insbesondere gilt dies, soweit ein eigenständiges Liquidationsrecht auch dem angestellten Arzt eingeräumt wird. Der angestellte Arzt kann ferner auf dem Praxisschild aufgeführt werden, wobei es sich aus haftungsrechtlichen Gründen empfiehlt, das Anstellungsverhältnis ausdrücklich kenntlich zu machen.

5.3.2.2 Mehrere Praxisstandorte

Zwischen dem ausgelagerten Praxisraum und der Zweigpraxis wird in Folge der Beschlüsse des 107. Deutschen Ärztetages nicht mehr unterschieden. Eine sachgerechte Unterscheidung zwischen ausgelagerten Praxisstätten und Zweigpraxis war in der Vergangenheit kaum möglich. Hierauf wurde reagiert, mit der Folge, dass es nunmehr nach § 17 Abs. 2 MBO möglich ist, über den Praxissitz hinaus an zwei weiteren Orten tätig zu sein. Dabei muss selbstverständlich eine ordnungsgemäße Versorgung der Patienten an allen Praxisstandorten gewährleistet sein, wobei es möglich ist, der Sicherstellung durch einen Partner oder Angestellten vor Ort nachzukommen. Bei kurzen Distanzen kann die Sicherstellung jedoch auch durch den Arzt selbst erfolgen.

Zwar bedarf die Aufnahme der ärztlichen Tätigkeit an weiteren Orten keiner Genehmigung durch die Ärztekammern. Sie ist aber gemäß § 17 Abs. 5 MBO anzeigepflichtig. Die Anzeige hat sowohl bei der kammerzugehörigen Ärztekammer als auch bei der Ärztekammer, in deren Zuständigkeitsbereich die weitere Praxis fällt, zu erfolgen. Auf die ärztliche Tätigkeit ist durch ein Praxisschild an jedem Tätigkeitsstandort hinzuweisen, wobei insbesondere auch die Erreichbarkeit des Arztes bekanntzugeben ist.

5.3.2.3 Berufliche Kooperation

Von besonderer Bedeutung dürften die Liberalisierungen im ärztlichen Kooperationsrecht sein. So können niedergelassene Ärzte seit der Novelle der MBO durch die Beschlüsse des 107. Deutschen Ärztetages zwischen allen für den Arztberuf zulässigen Gesellschaftsformen wählen, wenn ihre eigenverantwortliche, medizinisch unabhängige sowie nicht gewerbliche Berufsausübung gewährleistet ist. Zulässig sind danach die GmbH und AG, soweit landesrechtliche Vorschriften in den Heilberufe- und Kammergesetzen nicht entgegenstehen. Gesellschaftsformen, die nur von Vollkaufleuten betrieben werden können, wie z. B. OHG und KG, stehen Ärztinnen und Ärzten nach wie vor nicht offen. Bei jeder beruflichen Zusammenarbeit, gleich in welcher Form, hat jeder Arzt zu gewährleisten, dass die ärztlichen Berufspflichten eingehalten werden. Eingehend setzt sich hiermit das Kap. 8 auseinander. Aufgrund der erheblichen berufsrechtlichen Bedeutung des ärztlichen Kooperationsrechtes, soll hier jedoch zumindest ein kurzer Überblick der standesrechtlich legitimierten Kooperationsformen aufgeführt werden.

Nach § 18 Abs. 1 MBO dürfen sich Ärzte zu Berufsausübungsgemeinschaften, Organisationsgemeinschaften, Kooperationsgemeinschaften und Praxisverbünden zusammenschließen bzw. gemäß § 23a MBO auch in der Form der juristischen Person des Privatrechtes tätig sein.

Berufsausübungsgemeinschaft

Jeder niedergelassene Arzt hat die Möglichkeit, sich mit Kollegen gleicher oder fremder Fachrichtungen im Rahmen einer Berufsausübungsgemeinschaft gemeinschaftlich niederzulassen. Mittlerweile existiert eine ausdrückliche Definition des Begriffes der Berufsausübungsgemeinschaft in § 18 Abs. 2a MBO. Eine Berufsausübungsgemeinschaft ist danach eine Zusammenschluss von Ärztinnen und Ärzten untereinander, mit Ärztegesellschaften oder mit ärztlich geleiteten Medizinischen Versorgungszentren, die den Vorgaben des § 23a Abs. 1 Buchst. a, b, d MBO entsprechen, oder dieser untereinander zur gemeinsamen Berufsausübung. Eine solche gemeinsame Berufsausübung setzt eine auf Dauer angelegte berufliche Zusammenarbeit selbständiger, freiberuflich tätiger Gesellschafter voraus. Erforderlich ist in diesem Zusammenhang, dass sich die Gesellschafter in einem schriftlichen Gesellschaftsvertrag gegenseitig verpflichten, die Erreichung eines gemeinsamen Zweckes in der vertraglich bestimmten Weise zu fördern und vereinbarte Beiträge zu leisten. Weiterhin ist regelmäßig erforderlich, dass alle Gesellschafter am unternehmerischen Risiko der Berufsausübungsgemeinschaft, an unternehmerischen Entscheidungen und dem gemeinschaftlich erwirtschafteten Gewinn beteiligt sind. Die MBO verlangt dagegen nicht, dass es sich bei der Berufsausübungsgemeinschaft um eine Gesellschaft bürgerlichen Rechts oder eine Partnerschaftsgesellschaft handeln muss. Notwendig ist es lediglich, dass eine gemeinsame Berufsausübung mit gemeinschaftlichen Einrichtungen, gemeinschaftlich beschäftigtem Personal und einer gemeinsamen Organisation und Abrechnung erfolgt. Der niedergelassene Arzt ist zudem nicht auf eine Zugehörigkeit zu lediglich einer einzigen Berufsausübungsgemeinschaft beschränkt. Es besteht sogar die Möglichkeit, sich zu überörtlichen Berufsausübungsgemeinschaften zusammenzuschließen. Die Berufsausübungsgemeinschaft ist in ihrer Rechtsform unter Benennung sämtlicher Ärzte anzukündigen.

Überörtliche Berufsausübungsgemeinschaft
Gemäß § 18 Abs. 3 MBO dürfen Ärzte auch überörtlich miteinander kooperieren, soweit sichergestellt ist, dass an jedem der Praxissitze mindestens ein Mitglied der Berufsausübungsgemeinschaft eine ausreichende Patientenversorgung sicherstellt. Die bisherige Regelung, wonach am jeweiligen Praxissitz mindestens ein Mitglied der Berufsausübungsgemeinschaft hauptberuflich tätig sein musste, wurde als zu restriktiv aufgegeben. Hintergrund der Änderung ist, dass inzwischen auch Vertragsarztpraxen mit lediglich hälftigem Versorgungsauftrag geführt werden können. Erforderlich ist in diesem Fall eine Mindestanwesenheit von 10 Stunden am Praxissitz.

Weiterhin abweichend von älteren berufsrechtlichen Regelungen ist nun nicht mehr allein die Zugehörigkeit zu einer Berufsausübungsgemeinschaft erlaubt, sondern vielmehr nach § 18 Abs. 3 MBO auch die Zugehörigkeit zu mehreren Berufsausübungsgemeinschaften („Sternsozietät") zulässig, wobei allerdings die etwaige Beschränkung auf zwei weitere Praxisstandorte zu beachten ist (§ 17 Abs. 2 MBO).

Teil-Berufsausübungsgemeinschaft
Gemäß § 18. Abs. 1 S. 2 MBO kann sich der Zusammenschluss auch auf die gemeinschaftliche Erbringung eines bestimmten Leistungsspektrums beschränken, soweit hierdurch nicht lediglich eine Umgehung des Verbotes der Zuweisung gegen

Entgelt (§ 31 MBO) bezweckt wird. Es ist daher möglich, „Teil-Gemeinschaftspraxen" oder „Teil-Partnerschaften" oder sonstige „Teil-Kooperationsgemeinschaften" zu bilden. Dies bedeutet, dass beispielsweise Ärztinnen bzw. Ärzte, die an ihrer (Einzel-) Praxis festhalten wollen, für die Erbringung bestimmter Leistungen geregelte und auch ankündbare (Teil-) Kooperationen eingehen können. Diese Teil-Kooperationen können in den Praxisräumen eines Kooperationspartners oder an einem anderen Ort im Sinne des § 17 Abs. 2 S. 1 MBO stattfinden. Die Sicherstellung der Versorgung muss freilich auch in diesem Fall gewährleistet sein, ebenso wie die freie Arztwahl. Die Teil-Berufsausübungsgemeinschaft ist am Ort der Leistungserbringung anzuzeigen.

Die Teilberufsausübungsgemeinschaft zwischen zuweisenden und auf Überweisung tätig werdenden Ärzten (z. B. Laborärzte und Radiologen) ist grundsätzlich zulässig. Eine solche Teil-BAG kann aber schnell in den Verdacht geraten, der eigentliche Gesellschaftszweck bestehe nur darin, unzulässige Provisionsgeschäfte bei der Zuweisung von Patienten durch Ausweisung als „Gesellschaftsgewinn" zu verschleiern. In diesem Fall wäre der Gesellschaftsvertrag wegen Verstoßes gegen das Verbot der Zuweisung gegen Entgelt nichtig. Daher ist streng darauf zu achten, dass ein berufsrechtlich zulässiger Gesellschaftszweck in dieser Konstellation tatsächlich besteht und auch nachgewiesen werden kann.

Ärztinnen und Ärzte dürfen, auch ohne sich zu einer Berufsausübungsgemeinschaft zusammenzuschließen, gemäß § 23d MBO eine Kooperation verabreden, welche auf die Erfüllung eines durch gemeinsame oder gleichgerichtete Maßnahmen bestimmten Versorgungsauftrages oder auf eine andere Form der Zusammenarbeit zur Patientenversorgung, z. B. auf dem Felde der Qualitätssicherung oder Versorgungsbereitschaft, gerichtet ist (Praxisverbund). Der Praxisverbund ist also ein (nur) lockerer Zusammenschluss niedergelassener Ärzte. Trotzdem besteht für den Verbundvertrag ein Schriftformerfordernis. Ferner ist dieser der zuständigen Ärztekammer vorzulegen.

Ärztegesellschaft
In der Vergangenheit wurde der standesrechtliche Ansatz verfolgt, ärztliche Kooperationen lediglich in Form einer Gesellschaft bürgerlichen Rechts als zulässig anzusehen. § 23a MBO eröffnet jedoch Ärzten nunmehr auch die Möglichkeit, in Form einer juristischen Person des Privatrechts ärztlich tätig zu sein. Die Realisierung derartiger Gesellschaften ist jedoch nach den wenigsten Heilberufs- und Kammergesetzen der Länder bisher möglich. Die MBO enthält mit § 23a Abs. 1 MBO eine Regelung, die dem Vertrauen in die ärztliche Tätigkeit Rechnung tragen und der Sorge vor einer reinen Kommerzialisierung des Arztberufes entgegenwirken soll.

Gemäß § 23b Abs. 1 S. 2 MBO können nicht nur Ärzte, sondern auch Angehörige anderer Heilberufe Gesellschafter einer Ärztegesellschaft sein, soweit gewährleistet ist, dass die Gesellschaft verantwortlich von einem Arzt geführt wird und es sich bei den Gesellschaftern in der Mehrheit um Ärzte handelt. Ausdrücklich dürfen Dritte nicht am Gewinn beteiligt werden. Dass für jeden in der Gesellschaft tätigen Arzt eine ausreichende Berufshaftpflichtversicherung bestehen muss, dürfte eine Selbstverständlichkeit darstellen. § 23b MBO führte früher katalogartig die

Heilberufe auf, mit denen Kooperationsgemeinschaften gegründet werden konnten. Der aktuelle § 23b MBO enthält keine enumerative Aufzählung der betroffenen Berufsgruppen mehr, sondern beschreibt die potentiellen Kooperationspartner lediglich abstrakt. Dabei handelt es sich um selbständig tätige und zur eigenverantwortlichen Berufsausübung befugte Berufsangehörige anderer akademischer Heilberufe oder staatlicher Ausbildungsberufe im Gesundheitswesen sowie andere Naturwissenschaftlicher und Mitarbeiter sozialpädagogischer Berufe. Hierzu gehören wie bisher beispielsweise Zahnärzte, Psychologische Psychotherapeuten, Kinder- und Jugendlichenpsychotherapeuten, Diplompsychologen, Klinische Chemiker und andere Naturwissenschaftler. Bewusst bleiben Heilpraktiker weiterhin ausgenommen.

Organisationsgemeinschaft
Unter Organisationsgemeinschaften sind im Gegensatz zu Berufsausübungsgemeinschaften lockere Formen der Zusammenarbeit zu verstehen, die keine gemeinsame Berufsausübung darstellen. Diese Organisationsgemeinschaften zeichnen sich dadurch aus, dass die zusammenarbeitenden Praxen nach außen hin rechtlich vollständig unabhängig bleiben. Die typischen Organisationsgemeinschaften, wie die Praxisgemeinschaft und die Apparategemeinschaft, sind reine Innengesellschaften. Regelmäßig wird dabei eine Teilung der Kosten vereinbart. Die Zulässigkeit im Innenverhältnis geregelter Gewinnverteilung wird kontrovers diskutiert. Auch Organisationsgemeinschaften dürfen gegenüber den Patienten angekündigt werden.

5.3.3 Anti-Korruptionsregelungen

Die Berufsordnungen sollen die ärztliche Unabhängigkeit auch in der Zusammenarbeit mit Dritten schützen und sind damit Ausdruck der Freiberuflichkeit des Arztes. Entgeltliche Vorteile, die das Versorgungs-, Überweisungs- und Verschreibungsverhalten eines Arztes zumindest theoretisch beeinflussen könnten, werden daher berufsrechtlich pönalisiert (§§ 31ff MBO). So ist gemäß § 31 MBO die Zuweisung gegen Entgelt verboten, wobei der Begriff Entgelt weit ausgelegt und jeder dem Arzt gewährte Vorteil berücksichtigt wird. Zu beachten ist ferner, dass es sich bei diesen Regelungen um Verbotsgesetze handelt. Verträge, die diesen Grundsätzen widersprechende Regelungen enthalten, sind danach gemäß § 134 BGB nichtig. Leistungen, die der Vertragsarzt in Ausnutzung einer unerlaubten Zuweisung von Patienten oder von Untersuchungsmaterial erbracht hat, können zudem im Wege der sachlich-rechnerischen Berichtigung regressiert werden (Landessozialgericht Niedersachsen-Bremen, Urteil vom 08.06.2016 – L 3 KA 6/13).

Von besonderer Bedeutung ist in diesem Zusammenhang, dass die Zuweisung gegen Entgelt aufgrund einer Unrechtsvereinbarung durch niedergelassene Ärzte seit Inkrafttreten des Gesetzes zur Bekämpfung von Korruption im Gesundheitswesen auch strafrechtlich sanktioniert wird (§ 299aff. StGB). Zu den Einzelheiten siehe Kap. 7.

5.3.4 Praxismarketing und Werbung

Die Zahl der Ärzte ist weiterhin im Steigen begriffen. Ende 2015 gab es 485.090 Ärzte. Die Anzahl der berufstätigen Ärzte in Deutschland belief sich auf 371.302 Personen. Das heißt, dass ca. 222 Einwohner je behandelnd tätigem Arzt zu verzeichnen waren. Im Vergleich zum Vorjahr ist damit die Zahl der berufstätigen Ärzte in Deutschland um 6.055 Personen gestiegen. Allein im ambulanten Bereich waren Ende 2010 150.106 Ärzte tätig.

Diese Zahlen machen deutlich, dass auch für den Arzt Marketinggesichtspunkte an Bedeutung gewinnen. Es reicht nicht mehr aus, eine gute Leistung anbieten zu können, sondern vielmehr werden auch Spezialisierungen und unternehmerisches Denken immer notwendiger. Mehr und mehr gilt es auch, einen ökonomisch interessanten Patientenstamm hinzuzugewinnen bzw. auszubauen. Hierfür kann eine überzeugende Praxispräsentation hilfreich sein, so dass das ärztliche Werberecht stark an Bedeutung gewinnt.

Noch bis vor kurzem enthielten die Berufsordnungen der Ärztekammern in der Regel noch das grundsätzliche **Verbot** jeglicher Werbung. Mittlerweile wird jedoch auch seitens der Ärztekammern dem Umstand Rechnung getragen, dass insbesondere das Bundesverfassungsgericht das strikte Werbeverbot immer stärker durchbrochen hat. Entsprechend lautet § 27 MBO auszugsweise:

> 1) Zweck der nachstehenden Vorschriften der Berufsordnung ist die Gewährleistung des Patientenschutzes durch sachgerechte und angemessene Information und die Vermeidung einer dem Selbstverständnis der Ärztin oder des Arztes zuwiderlaufenden Kommerzialisierung des Arztberufs.
>
> 2) Auf dieser Grundlage sind Ärztinnen und Ärzten sachliche berufsbezogene Informationen gestattet.
>
> 3) Berufswidrige Werbung ist Ärztinnen und Ärzten untersagt. Berufswidrig ist insbesondere eine anpreisende, irreführende oder vergleichende Werbung. Ärztinnen und Ärzte dürfen eine solche Werbung durch andere weder veranlassen noch dulden. Eine Werbung für eigene oder fremde gewerbliche Tätigkeiten oder Produkte im Zusammenhang mit der ärztlichen Tätigkeit ist unzulässig. Werbeverbote aufgrund anderer gesetzlicher Bestimmungen bleiben unberührt.

5.3.4.1 Die rechtliche Ausgangslage

Dem Arzt ist lediglich die berufswidrige Werbung untersagt. Die Frage, wann eine berufswidrige Werbung vorliegt, ist einzelfallabhängig zu bestimmen. Abzuwägen ist zwischen den Grundrechten des Arztes, den Bedürfnissen der Patienten und dem Allgemeinwohl. Ferner ist zu berücksichtigen, dass die Bewertung von Darstellungen unter berufsrechtlichen Gesichtspunkten nicht statisch ist, sondern zeitbedingten Veränderungen unterliegt. Das ärztliche Werberecht ist in den letzten Jahren insbesondere durch die Rechtsprechung erheblich liberalisiert worden.

Zu dem durch die Grundrechte der Berufsfreiheit (Art. 12 Abs. 1 Grundgesetz) und der Meinungsäußerungsfreiheit (Art. 5 Abs. 1 Grundgesetz) geschützten Bereich berufsbezogener ärztlicher Tätigkeiten gehört auch die berufliche Darstellung des Arztes einschließlich der Werbung für die Inanspruchnahme seiner Dienste.

5.3 Die Berufsordnung

Einschränkungen dieser Grundrechte sind möglich, soweit sie durch sachgerechte und vernünftige Gründe des Gemeinwohls gerechtfertigt sind und im Übrigen den Grundsatz der Verhältnismäßigkeit wahren. **Keine berufswidrige Werbung liegt in der wahrheitsgemäßen sachlichen Unterrichtung, die dazu dient, ein Informationsbedürfnis des Publikums zu befriedigen, wobei entscheidend ist, dass der Schwerpunkt der werblichen Darstellung diesem Sachlichkeitsgebot genügt.**

In die Überlegungen ist auch **Sinn und Zweck des ärztlichen Werbeverbotes** einzubeziehen. Das berufsrechtliche Werbeverbot will im Interesse des Schutzes der Volksgesundheit eine Verfälschung des ärztlichen Berufsbildes auf Grund einer Kommerzialisierung des Arztberufs durch Werbemethoden, wie sie in der gewerblichen Wirtschaft üblich sind, verhindern. Denn die Berufsausübung soll sich nicht an ökonomischen, sondern an medizinischen Notwendigkeiten orientieren.

Werbemaßnahmen, die diesen Zwecken zuwiderlaufen, sind als berufswidrig zu bezeichnen. Maßnahmen, die trotz Ausstrahlung gewisser werblicher Wirkungen diese Zwecke nicht beeinträchtigen oder sich sogar unter dem Gesichtspunkt des Informationsbedürfnisses der Bevölkerung als notwendig und geboten erweisen, sind hingegen berufsrechtlich unbedenklich. Weitere grundsätzliche Voraussetzung für berufsrechtlich einwandfreie Werbung im Sinne der Rechtsprechung ist, dass die sachliche Information im Vordergrund steht.

Berufswidrig sind nach § 27 Abs. 3 S. 2 MBO insbesondere anpreisende, irreführende oder vergleichende Werbemaßnahmen. Hierbei handelt es sich lediglich um eine beispielhafte, nicht abschließende Aufzählung berufswidriger Werbeformen.

Anpreisend in diesem Sinne ist eine gesteigerte Form der Werbung, insbesondere eine solche mit reißerischen und marktschreierischen Mitteln. In diese Kategorie fällt beispielsweise eine Verwendung von Superlativen, eine Blickfangwerbung oder eine Bezugnahme auf Empfehlungsschreiben und Danksagungen.

Eine irreführende Werbung beinhaltet Angaben, die geeignet sind, potenzielle Patienten über die Person des Arztes, die Praxis oder die Behandlung irrezuführen und für die Arztwahl ausschlaggebende Fehlvorstellungen hervorzurufen. Unzulässig sind danach insbesondere mehrdeutige, unvollständige oder unklare Werbeaussagen.

Ebenfalls unzulässig ist jede Form der vergleichenden Werbung, die sich beispielsweise auf persönliche Eigenschaften von Arztkollegen oder deren Behandlungen bezieht.

Das Bundesverfassungsgericht hat in einigen grundlegenden Entscheidungen ausgeführt, dass trotz des Werbeverbotes in den ärztlichen Berufsordnungen dem Arzt neben der auf seiner Leistung und seinem Ruf beruhenden Werbewirkung eine Reihe von Ankündigungen mit werbendem Charakter unbenommen sind.

Neben den berufsrechtlichen Werbeverboten sind nach § 27 Abs. 3 S. 5 MBO auch in anderen gesetzlichen Bestimmungen vorgesehene Werbeverbote zu beachten. Relevant sind insofern vor allem die Vorschriften des Heilmittelwerbegesetzes (HWG).

5.3.4.2 Das privatrechtliche Wettbewerbsrecht

Die Berufsordnungen haben zudem unmittelbare Auswirkungen auf die wettbewerbsrechtliche Beurteilung von Werbung. Das bewusste Hinwegsetzen über ein im

Standesrecht zum Schutz allgemeiner Interessen festgelegtes Werbeverbot verstößt grundsätzlich gegen §§ 3, 3a des Gesetzes gegen unlauteren Wettbewerb (UWG), ohne dass es darauf ankommt, ob sich der Verletzer dadurch einen ungerechtfertigten Wettbewerbsvorsprung zu verschaffen sucht.

Eine etwaige Verletzung des Werbeverbots im Sinne des Berufsrechts, das den Wettbewerb von Berufsangehörigen unmittelbar regelt, stellt folglich regelmäßig eine unlautere oder auch irreführende Handlung gemäß den §§ 3, 3a beziehungsweise 5 UWG dar. § 3 UWG schreibt als Generalklausel fest, dass unlautere geschäftliche Handlungen unzulässig sind. Wer hiergegen verstößt, kann auf Unterlassung und Schadensersatz in Anspruch genommen werden.

Nach der Rechtsprechung des Bundesgerichtshofs (BGH) sind Ärztekammern als berufsständische Organisationen befugt, wettbewerbsrechtliche Ansprüche ebenfalls im zivilrechtlichen Klagewege zu verfolgen.

Dem Arzt drohen daher bei Verletzung der berufsrechtlichen Vorschriften sowohl von Seiten der Kammer als auch von Mitbewerbern kostenintensive Verfahren, mit denen vor dem Landgericht gegebenenfalls einstweilige Verfügungen erzielt und dem werbenden Arzt damit die (angeblich) berufswidrigen Maßnahmen untersagt werden können. Diesem Antrag geht regelmäßig ein anwaltliches Schreiben an den werbenden Arzt voraus, das ihn auffordert, eine strafbewehrte Unterlassungserklärung abzugeben und die Kosten der anwaltlichen Vertretung zu zahlen. Diese Kosten können bei Begründetheit tatsächlich als Schadensersatz verlangt werden.

Im Rahmen des ärztlichen Werberechtes darf abschließend das HWG mit seiner immer weitreichenderen Bedeutung für die werblichen Darstellungen nicht übergangen werden. Das HWG als Bundesgesetz ist zwar nicht originär dem ärztlichen Berufsrecht zuzuordnen, jedoch sind Verstöße aufgrund der Rechtsprechung zur wettbewerbsrechtlichen Aktivlegitimation der Ärztekammern zivilgerichtlich nunmehr auch von diesen neben potentiell beeinträchtigten Kollegen und Wettbewerbsverbänden verfolgbar.

Nach dem HWG ist u. a. eine Werbung mit Darstellungen, die sich auf eine Empfehlung von im Gesundheitswesen tätigen Personen beziehen, die aufgrund ihrer Bekanntheit zum Arzneimittelverbrauch anregen können (z. B. Präsentation eines Arztes, der ein bestimmtes Medikament empfiehlt). Zudem ist die Wiedergabe von Krankengeschichten untersagt, wenn diese in missbräuchlicher, abstoßender oder irreführender Weise erfolgt. Das gleiche gilt für Patientendanksagungen. Ebenso wenig zulässig ist eine Werbung mit einer bildlichen Darstellung, die in missbräuchlicher, abstoßender oder irreführender Weise Veränderungen des menschlichen Körpers auf Grund von Krankheiten verwendet. Zu beachten ist auch das Verbot von Veröffentlichungen, bei denen der Werbezweck nicht deutlich erkennbar ist.

Die aufgeführten Beispiele stellen lediglich einen kleinen Ausschnitt der werberelevanten Vorschriften des HWG dar. Vor eventuellen Werbevorhaben sollte jedoch der gesamte Verbotskatalog des HWG, der hier aufgrund seines erheblichen Umfanges bedauerlicherweise nicht dargestellt werden kann, geprüft werden.

5.3.4.3 Sonderfall: Klinik

Besonderheiten im Bereich der Werbung bestehen in den Fällen, in denen der direkte Werbetreibende z. B. eine privatärztliche Klinik oder ein Sanatorium ist.

Obwohl der Arztberuf kein Gewerbe ist, dürfen Ärzte Kliniken i.S.d. Gewerbeordnung betreiben, bei denen es sich um gewerbliche, auf Gewinnerzielung ausgerichtete Unternehmen handelt. Diese werden meist in der Rechtsform der GmbH betrieben. Folge ist, dass diesen Kliniken nicht verwehrt werden darf, mit Einrichtungen gleicher Art in Wettbewerb zu treten.

Dies gilt insbesondere deswegen, weil neben der ärztlichen Behandlung noch weitere gewerbliche Leistungen sowie Unterbringung und Verpflegung angeboten werden, meist mit größerem personellen und sachlichen Aufwand gearbeitet wird und die Klinik zur Sicherung ihrer Existenz darauf angewiesen ist, auf ihr Leistungsangebot aufmerksam zu machen. Zwischen ambulanter und stationärer Behandlung bestehen erhebliche betriebswirtschaftliche Unterschiede, die es rechtfertigen, ärztliche Inhaber von Kliniken anders zu behandeln als niedergelassene Ärzte. Dementsprechend wird auf kommerzielle Interessen von Sanatorien, Kliniken etc. auch werberechtlich stärkere Rücksicht genommen.

Es ist deutlich darauf hinzuweisen, dass die Errichtung so genannter „**Zimmerkliniken**" als unzulässige Umgehung des Werbeverbotes angesehen wird. Die Gründung einer Klinik nur pro forma mit dem Ziel, Werbung für ambulante ärztliche Leistungen zu betreiben, kann von Seiten der Kammer beanstandet werden. Eine Privilegierung ist dann nicht mehr gegeben. Es ist daher genau zu prüfen, ob eine Klinik im Sinne der rechtlichen Vorgaben vorliegt. Die Bezeichnung als „Tagesklinik" wird in der Regel als irreführend und damit als berufs- und wettbewerbswidrig angesehen (LG Düsseldorf, Urteil vom 15.06.2005 – 12 O 366/04). Zwar ist der Begriff „Klinik" gesetzlich nicht definiert, er ist jedoch nach der Verkehrsauffassung mit der Vorstellung von stationärer Unterbringung für Heilung und Pflege verbunden (OLG München, GRUR 2000, 91, (91f.)). Soweit die Einschränkung „Tages-" klarstellen soll, dass Übernachtungen nicht möglich sind, dürfte dies nach der Verkehrsauffassung dem Charakter einer „Klinik" widersprechen. Ferner ist für die Bezeichnung als „Klinik" auch eine besondere apparative und personelle Ausstattung notwendig, welche die Möglichkeit stationärer Versorgung gewährleistet. Gegen das Vorliegen der Voraussetzungen einer Einrichtung als Klinik spricht in jedem Falle eine mangelnde Konzession nach § 30 Gewerbeordnung (GewO) (LG Düsseldorf, wie vor).

Geht es bei Werbemaßnahmen einer „richtigen" Klinik nicht um die Anpreisung eines bestimmten Arztes, sondern um die Werbung für eine bestimmte Behandlungsmethode von allgemeinem Interesse, ist dies grundsätzlich nicht zu beanstanden.

Kliniken sind nach ärztlichem Berufsrecht hinsichtlich zulässiger Werbung gegenüber „normalen" niedergelassenen Ärzten insoweit **privilegiert**, als ihre Werbung erst dann unzulässig ist, wenn die für sie tätigen Ärzte, deren Person oder Tätigkeiten anpreisend herausgestellt werden.

Auch für den Fall, dass die in privatrechtlicher Form, zum Beispiel als GmbH, betriebene Klinik von einem nichtärztlichen Betreiber geführt wird, unterliegt sie in dem Maße dem ärztlichen Werbeverbot, als sie durch eine von ihr veranlasste Werbemaßnahme ermöglicht, dass ein Klinikarzt gegen das berufsrechtliche Werbeverbot verstößt, indem er die ihm verbotene Werbung der Klinik duldet oder gar an ihr mitwirkt (Umgehungsverbot). In diesen Fällen haftet der nichtärztliche Betreiber neben dem Arzt als „wettbewerbsrechtlicher Störer" nach § 3 UWG. Ein berufswidriges Werbeverbot besteht aber wiederum nur bei anpreisender Herausstellung und unsachlicher Information.

5.3.4.4 Was ist möglich?

Oftmals kommt es zwischen dem Arzt und der Kammer zu Streitigkeiten um die Auslegung des Begriffes „berufswidrige Werbung". Die Ärztekammern versuchen in der Regel, den Verstoß des Arztes mit dem Argument zu begründen, es sei eine zu weit gehende Kommerzialisierung des ärztlichen Berufs zu erwarten. Zugleich sei der Schutz der Patienten vor Verunsicherung und Irreführung zu gewährleisten.

Es häufen sich jedoch Urteile, welche auf Grundlage des **Informationsbedürfnisses der Patienten** und der notwendigen Transparenz der Leistungsangebote Werbung des Arztes als nicht berufswidrig bezeichnen. Bei der Beantwortung der Frage, welche Werbeformen als sachlich oder übertrieben zu bewerten sind, ist zu beachten, dass diese Beurteilung zeitbedingten Veränderungen unterliegt (vgl. BVerfG, WRP 2005, 87). Aus dem Umstand, dass eine Berufsgruppe ihre Werbung anders als bisher üblich gestaltet, kann und darf nicht gefolgert werden, dass eine solche Werbung berufsrechtswidrig wäre (BVerfG, Beschluss vom 13.07.2005 – 1 BvR 191/05). Der von berufs- und wettbewerbsrechtlichen Maßnahmen bedrohte Arzt sollte in jedem Einzelfall überprüfen, inwieweit ein rechtliches Vorgehen angebracht ist.

Auf der anderen Seite sollte sich ein Arzt überlegen, ob er gegen einen aggressiv werbenden ärztlichen Kollegen einen **Unterlassungsanspruch** geltend macht. Denn nur so kann er zeitnah verhindern, dass der Mitbewerber ungerechtfertigte Akquise betreibt und daraus resultierende Vorteile abschöpft.

Es kann aufgrund der vielfältigen Gestaltungen nicht pauschal gesagt werden, welche Werbung als berufswidrig zu bezeichnen ist und welche nicht. Eine Entscheidung hat immer nach Würdigung von Art, Inhalt und Aufmachung im Einzelfall zu erfolgen. Einige der bisher ergangenen Urteile lassen jedoch eine **Orientierung** zu.

Ärzten ist es grundsätzlich erlaubt, **farbige Praxislogos** zu verwenden, wobei es für die Bewertung der Zulässigkeit freilich auf die Gestaltung ankommt. Als zulässig hat das Bundesverwaltungsgericht im Jahr 2009 (Urteil vom 24.09.2009 – 3 C 4/09) beispielsweise die Verwendung eines Logos angesehen, mit dem schlagwortartig auf die Einhaltung geprüfter Qualitätsstandards eines Franchise-Unternehmens hingewiesen und zugleich eine Internet-Adresse angegeben wurde, die nähere Informationen über die Standards und ihre Kontrolle enthielt.

Durch das Informationsinteresse der Patienten ist auch die sog. Blickfangwerbung legitimiert. Denn die Außendarstellung von Ärzten ist nicht (mehr) von allen Elementen der Anpreisung und Reklame freizuhalten. Sachliche Informationen über die berufliche Betätigung sind unabhängig von der Wahl der Werbemethode

5.3 Die Berufsordnung

zulässig. Passen sich Form und Größe der gewählten Werbung in die Üblichkeit der örtlichen Umgebung ein, drückt der Umstand, dass derartige Werbung in der gewerblichen Wirtschaft verwendet wird, für sich allein noch keine gesundheitspolitisch unerwünschte Kommerzialisierung des Arztberufes aus (zu einem 15 Meter langen Praxisschild: VG Berlin Berufsgericht für Heilberufe, Urteil vom 12.01.2011 – 90 K 5.10 T).

Medizinische Veröffentlichungen in der Boulevardpresse, deren Informationen dem Niveau der Leserschaft angepasst sind und durch entsprechende Darstellungen verdeutlicht werden, können ebenfalls zulässig sein (Gerichtshof für Heilberufe Niedersachsen, Entscheidung vom 18.01.1999 – 1 T 1/98).

Einem Arzt ist es nach der Berufsordnung grundsätzlich auch erlaubt, in Geschäftsanzeigen eine Anzeige aus Anlass einer urlaubsbedingten Praxisschließung zu schalten (Landesberufsgericht für Heilberufe Koblenz, Urteil vom 08.09.1999 – LBGH A 10639/99). Er verbreitet damit eine **sachliche Information** und handelt folglich nicht berufswidrig. Wenn aber das gesamte Praxisteam namentlich aufgeführt ist und der Name des Arztes mehrmals in aufdringlich wirkender Form genannt wird, kann auch diese Anzeige als berufswidrig bezeichnet werden (Landesberufsgericht für Heilberufe Koblenz, wie vor; Verwaltungsgericht Köln, Beschluss vom 02.06.1998 – 35 K 9984/97.T).

Gleiches gilt für die Verwendung des Zusatzes „Traditionelle chinesische Medizin" im Briefkopf (Oberlandesgericht Hamburg, Urteil vom 23.04.1998 – 3 U 258/97) oder die Praxisbezeichnung „Zahnarztpraxis im Stadttor" (Oberlandesgericht Düsseldorf, Urteil vom 16.08.2001 – 2 U 138/00). Auch die berufsrechtliche Zulässigkeit der Bezeichnung „(Zahn-)Ärztehaus" beschäftigte in neuerer Zeit die Rechtsprechung. Das Bundesverfassungsgericht (Beschluss vom 14.07.2011 – 1 BvR 407/11) kassierte eine Entscheidung des Landesberufsgerichts für Zahnärzte Stuttgart (Entscheidung vom 23.10.2010 – LNs 7/09), die eine Verwendung des Begriffes „Zahnärztehaus" als berufswidrige Werbung einstufte. Das Bundesverfassungsgericht vertrat insofern die Auffassung, die Verwendung dieser Bezeichnung könne erst dann berufswidrig sein, wenn sie als irreführende oder sachlich unangemessene Werbung einzustufen sei, und verwies die Sache zur erneuten Entscheidung an das Landesberufsgericht zurück. In ähnlicher Weise kritisierte das Bundesverfassungsgericht eine Entscheidung des Kammergerichts Berlin, wonach sich eine zahnärztliche Gemeinschaftspraxis nicht als „Zentrum für Zahnmedizin" bezeichnen dürfte (Beschluss vom 07.03.2012 – 1 BvR 1209/11). Nach Ansicht des Bundesverfassungsgerichts hatte sich das Kammergericht nicht hinreichend mit dem Begriff des „Zentrums" auseinandergesetzt und nicht geprüft, ob dieser Begriff im konkreten Fall gerechtfertigt und damit nicht irreführend gewesen sei. In diesem Zusammenhang betonte das Bundesverfassungsgericht, dass nicht berücksichtigt worden sei, dass nach geltender Rechtslage Medizinische Versorgungs*zentren* schon mit zwei Ärzten betrieben werden könnten. Einerseits wird hieraus gefolgert, dass die Bezeichnung „Zentrum" mindestens die nicht nur konsiliarische Mitarbeit von zwei Ärzten voraussetze (Ärztliches Berufsgericht Niedersachsen, Urteil vom 22.05.2015 – BG 9/14). Andererseits soll schon eine Einzelpraxis den Begriff verwenden dürfen (so für „Impfzentrum Altona", Hamburgisches Berufsgericht für die

Heilberufe, Urteil vom 03.09.2014 – 47 H 3/12), sofern der betreffende Praxisinhaber in einem bestimmten Bereich besonderes Detailwissen gesammelt habe und die Behandlungen in diesem Bereich einen besonderen Umfang einnähmen, wodurch sich die Praxis von anderen Praxen im Bezirk unterscheide.

In einer Entscheidung vom 05.04.2001 (3 C 25/00, NJW 2001, 3425) hat das Bundesverwaltungsgericht einem niedergelassenen Arzt erlaubt, die **Zusatzbezeichnung** „Akupunktur" auf seinem Praxisschild zu führen, obwohl es sich nicht um eine Gebiets- oder Zusatzbezeichnung nach dem einschlägigen Kammergesetz gehandelt hat. Das Gericht hat dabei keinen Gemeinwohlbelang finden können, der für das Verbot der Angabe „Akupunktur" herangezogen werden könnte. Der Hinweis entspreche – so das Bundesverwaltungsgericht – sowohl auf Seiten des Arztes als auch der Heilung suchenden Bevölkerung einem dringenden Informationsbedürfnis.

Mit Beschluss vom 18.02.2002 (1 BvR 1644/01) hat das Bundesverfassungsgericht die seinerzeit in vielen Berufsordnungen (noch) vorgesehene sogenannte anlassbezogene Information als verfassungswidrig beanstandet. Das Gericht sah die bisher in den Berufsordnungen zugelassenen Informationen, z. B. zu urlaubsbedingten Abwesenheitszeiten, als selbstverständliche Höflichkeit an, die helfe, unnötige Verzögerungen zu vermeiden.

Das **Bundesverfassungsgericht** hat ferner klargestellt, dass dem Arzt nur solche Werbung verboten ist, die keine interessengerechte und sachangemessene Information darstellt. Dem Arzt ist neben der auf seiner Leistung und seinem Ruf beruhenden Werbewirkung eine Reihe von Ankündigungen mit werbendem Charakter unbenommen: Er darf rechtmäßig erworbene Titel führen, seine Tätigkeit durch ein Praxisschild nach außen kund tun und auch durch Zeitungsanzeigen oder Anzeigen in Telefonbüchern werben, sofern diese nicht nach Form, Inhalt oder Häufigkeit übertrieben wirken (BVerfG, Beschluss vom 26.08.2003 – 1 BvR 1003/02; Landesberufsgericht für Heilberufe beim OVG NRW, Urteil vom 05.04.2006 – 6 t A 3527/04.T). Nach Auffassung des höchsten deutschen Gerichts ist darüber hinaus nicht erkennbar, warum andere Medien oder regionale Zeitungen nicht für Anzeigen in Anspruch genommen werden können. Gleiches gilt für persönliche Schreiben oder Mitteilungen im Rundfunk (die Zulässigkeit von Radiowerbung eines Zahnarztes nun bestätigend OLG München, Urteil vom 11.01.2013 – LBG-Z 1/12).

Die in den Berufsordnungen häufig noch vorgesehene Vorschrift in Bezug auf die zulässige Häufigkeit und Größe der Anzeigen, ist regelmäßig zu restriktiv.

In einer Entscheidung vom 15.05.2003 hatte sich der Bundesgerichtshof (I ZR 217/00) mit regelmäßig wiederkehrenden **Anzeigen** in einer Zeitung für ambulante ärztliche Leistungen auseinanderzusetzen. Der Anzeigentext lautete u. a. wie folgt:

> Schönheit ist das Ziel. Vertrauen Sie unserem Facharzt für plastische Chirurgie.

Nachfolgend wurden die verschiedenen angebotenen Leistungen aufgeführt. Das Gericht sah hierin keine unzulässige Werbung. Danach ist die beanstandete Werbung nicht schon deshalb als berufswidrig anzusehen, weil sie als Zeitungsanzeige erschienen ist. Der Inhalt der Anzeige werbe zwar in allgemeiner Form für die Inanspruchnahme der angebotenen Leistungen und verlasse den Rahmen der sachgemäßen Information. Als Werbesprüche würden die Sätze die eigenen Leistungen

5.3 Die Berufsordnung

jedoch nicht – insbesondere auch nicht gegenüber den Leistungen anderer – in einer Weise hervorheben, die als anpreisend beurteilt werden müsse.

Eine Anzeige auf jeder dritten bzw. vierten Seite eines Telefonbuches überschreitet dagegen die Grenzen einer interessensgerechten und sachangemessenen Information der Öffentlichkeit und es wird der Anschein erweckt, dass hier der „Verkauf" von Leistungen im Vordergrund stehe (Verwaltungsgericht Münster, Berufsgericht für Heilberufe, Urteil vom 31.05.2006 – 19 K 1581/05.T).

Das Bundesverfassungsgericht hat ferner mit dem sog. Orthopädenbeschluss (BVerfG, Kammerbeschluss vom 13.07.2005 – 1 BvR 191/05) klargestellt, dass auch sogenannte **Image- oder Sympathiewerbung** zulässig sein kann. Der Wortsinn einzelner Passagen einer Werbung sei stets grundrechtsfreundlich im Kontext des gesamten Inhalts auszulegen. Der Schluss von den Einzelpassagen auf den Gesamtcharakter der Werbung sei verfassungsrechtlich nur dann tragbar, wenn die herausgegriffenen Passagen charakterisierend für die Werbung insgesamt seien. Soweit beanstandete Texte in erster Linie Informationen über Inhalt, Bedeutung und Möglichkeiten einer praktizierten Behandlung lieferten, entsprächen sie damit nicht nur einem erheblichen und legitimen sachlichen Informationsbedürfnis der Patienten, sondern könnten sogar von Allgemeininteresse sein, wenn es sich z. B. um die Darstellung neuer Behandlungsmethoden handele.

Die Instanzgerichte hatten im vom Bundesverfassungsgericht zu entscheidenden Fall Anstoß an Formulierungen genommen, wonach z. B. frisch Operierte mit Klinikmitarbeitern „ein Tänzchen wagten". Das Gericht stellte hierzu heraus, dass eine solche Formulierung für sich genommen ohne sachlichen Gehalt sein mag, sie jedoch im Kontext der gesamten Darstellung gesehen werden müsste. Soweit sie nicht derart im Vordergrund stünde, dass durch sie vom Informationsgehalt der Werbung insgesamt abgelenkt werde, sei sie zulässig. Dies gelte umso mehr, als sich bei der gebotenen grundrechtsfreundlichen Betrachtung einer Aussage aufgrund des Zusammenhangs mit dem übrigen Text ein gewisser Informationsgehalt nicht absprechen ließe.

Soweit durch eine Werbemaßnahme ein Arzt noch besonders in seiner Persönlichkeit und seinen Fähigkeiten beleuchtet werde, sei auch aus einer solchen Image- und Sympathiewerbung nicht zwangsläufig auf eine Anpreisung zu schließen. Dem Arzt müsse vielmehr grundsätzlich die Möglichkeit eröffnet sein, sein Bild in der Öffentlichkeit positiv zu zeichnen. Darstellungen, die einen Arzt in seiner Persönlichkeit kennzeichnen, dürften eine emotionale Ebene ansprechen, da gerade auf diese Weise das Vertrauensverhältnis zwischen Arzt und Patient gestärkt werde.

Als zulässig muss es mittlerweile auch angesehen werden, **Spezialisierungen bzw. Tätigkeitsschwerpunkte** anzugeben.

So hatte das Bundesverfassungsgericht am 08.01.2002 (1 BvR 1147/01) über einen Fall aus dem Bereich der Orthopädie zu entscheiden. Diese Entscheidung betraf Fachärzte, die seit 13 bzw. 22 Jahren ihre operative Tätigkeit entweder nur auf die Wirbelsäule oder nur auf das Knie beschränkt und in diesem Bereich 7000 bzw. 13.000 Operationen ausgeführt hatten. Das Gericht erachtete es als zulässig, dass solche Ärzte als „Spezialisten" bezeichnet werden. Entsprechende Angaben dürften in Praxisbroschüren oder in Klinikanzeigen auftauchen, wenn sie wahrheitsgemäß sind und in sachlicher Form erfolgen.

Die höchstrichterliche Rechtsprechung (BVerfG, Beschluss vom 23.07.2011 – 1 BvR 873/00, 1 BvR, 874/00) hat ferner mittlerweile klargestellt, dass die Führung von Tätigkeitsschwerpunkten grundsätzlich auch dann erlaubt sein kann, wenn diese zwar in der Berufsordnung nicht vorgesehen jedoch objektivierbar und nicht irreführend sind und hierdurch keine Verwechslungen mit Qualifikationen nach der Weiterbildungsordnung auftreten können. Freilich kommt es auch hier wieder auf den Einzelfall an. Als unzulässig hat das Bundesverfassungsgericht (Beschluss vom 01.06.2011 – 1 BvR 233/10, 1 BvR 235/10) beispielsweise eine Werbung mit der Berufsbezeichnung „Zahnarzt für Implantologie" angesehen. Zur Begründung führte das Gericht aus, dass diese Bezeichnung auf Grund der Nähe und Vergleichbarkeit mit einer Facharztbezeichnung irreführend sei. Im Jahr 2009 beurteilte das Oberlandesgericht Karlsruhe (Urteil vom 09.07.2009 – 4 U 169/07) die Werbung eines Zahnarztes mit dem Text „Praxis für Kieferorthopädie" unter der Rubrik „(Fach-) Zahnärzte für Kieferorthopädie" in einem Telefonbuch ebenfalls als unzulässig, da der Zahnarzt nicht zum Führen einer entsprechenden Facharztbezeichnung berechtigt war. Dasselbe Gericht entschied wenig später (Urteil vom 10.12.2009 – 4 U 33/09) allgemein, dass die Werbung eines Zahnarztes mit der Zuordnung zu bestimmten Gebiets- oder Tätigkeitsbezeichnungen ohne entsprechende Qualifikation auch irreführend sein kann, wenn es sich nicht um Bezeichnungen handelt, die durch eine förmliche Weiterbildung erworben werden. Demgegenüber sah das Landesberufsgericht für Heilberufe Münster in einer Entscheidung vom 29.09.2010 (6t E 963/08.T) eine Werbung mit der Bezeichnung „der Nasenchirurg" sowie „Privatpraxis für funktionelle und ästhetische Nasenchirurgie" als berufsrechtlich zulässig an, da keine Gemeinwohlbelange beeinträchtigt würden und eine Verwechslungsgefahr mit einer Facharztbezeichnung nicht bestehe.

Das berechtigte Interesse der Kammern an der **Qualitätssicherung** im Sinne einer staatlichen Überwachung in Eigenverantwortung ist zwar ebenfalls zu beachten und muss zu einem angemessenen Interessenausgleich führen (BVerfG, Beschluss vom 23.07.2011 – 1 BvR 873/00, 1 BvR, 874/00). Hierzu sei das Verbot der Angabe jedweden Tätigkeitsschwerpunktes allerdings nicht erforderlich. Im Verhältnis zum Verbot jedweder Zusätze auf den Praxisschildern würde das Gebot, beabsichtigte Zusätze der Kammer zu melden, das mildere Mittel eines staatlichen Eingriffes darstellen.

Als berufsrechtlich zulässig sieht es der Bundesgerichtshof (Urteil vom 01.12.2010 – I ZR 55/08; bestätigt durch Urteil vom 24.03.2011 – III ZR 69/10) mittlerweile auch an, wenn ein Zahnarzt auf einer Internetplattform ein Gegenangebot zu dem Heil- und Kostenplan oder Kostenvoranschlag eines Kollegen abgibt, den der Patient dort eingestellt hat. Zur Begründung führte das Gericht insbesondere aus, die Erstellung eines Gegenangebots sei als eine zulässige Information über die eigene Berufstätigkeit zu beurteilen.

Im Bereich des **HWG** ist seit der HWG-Novelle 2012 das Verbot der **bildlichen Darstellung des Arztes in Berufskleidung und während der Behandlung** entfallen. Neuerdings zulässig ist auch die Werbung des Arztes mit Gutachten, Zeugnissen, wissenschaftlichen oder fachlichen Veröffentlichungen, wobei die Vorgaben des § 6 HWG (z. B. formale Angaben zum Aussteller des Zeugnisses) beachtet werden müssen. Auch die Werbung mit fremd- oder fachsprachlichen Bezeichnungen ist nicht mehr verboten. Allerdings darf die jeweilige Werbung nicht irreführen (§ 3 HWG).

Bei genauerer Betrachtung der Urteile zeigt sich, dass **jeder Einzelfall** einer eigenständigen Betrachtung bedarf. Das in allen Berufsordnungen enthaltene grundsätzliche Werbeverbot ist immer im Lichte der grundgesetzlich verankerten Berufsausübungsfreiheit auszulegen. Die restriktive Handhabung der Kammern ist vor diesem Hintergrund oftmals zweifelhaft, weil das, was als üblich, als angemessen oder als übertrieben gewertet wird, zeitbedingten Veränderungen unterliegt.

Ergreift die Kammer berufs- oder wettbewerbsrechtliche Maßnahmen, ist demnach jeweils zu überprüfen, ob hiergegen vorgegangen werden kann. Da immer mehr marktwirtschaftliche Elemente in den Praxisalltag einziehen, muss dem Arzt die Möglichkeit offen stehen, fortschrittliche Werbung im Sinne einer sachlichen Information zu betreiben.

5.3.5 Das Internet

Grundlage für die rechtliche Beurteilung einer ärztlichen Präsentation im Internet ist wiederum die Berufsordnung der jeweils zuständigen Kammer.

Die Beschlüsse des 119. Deutschen Ärztetages enthalten nach wie vor keine konkreten Gestaltungshinweise für den ärztlichen Internetauftritt. Allgemein bleibt es jedoch bei einer Liberalisierung im Werbebereich. Unzweifelhaft dürfen sich Ärzte im Internet mit einer eigenen Homepage präsentieren. Hierbei gelten grundsätzlich die gleichen Bestimmungen wie für andere Informationsträger, mit der Folge, dass eine berufswidrige Werbung unzulässig ist. Im Übrigen ergeben sich für die computergestützte Darstellung noch weitere zu berücksichtigende Regelungen aus dem Telemediengesetz (TMG). Gemäß § 5 TMG sind Ärzte verpflichtet bei der Internetpräsentation ein Informationsminimum zu liefern. Hierzu gehört die Darstellung mit dem vollständigen Namen, der Praxisanschrift sowie der Telefon-, Fax-Nummer und E-Mail-Adresse. Ferner sind die genaue ärztliche Berufsbezeichnung, die zuständige Landesärztekammer und deren Berufsordnung sowie ein Hinweis darauf, wie diese Berufsordnung zugänglich ist, anzugeben. Soweit ein Arzt über eine Umsatzsteueridentifikationsnummer verfügt, muss diese angegeben werden. Bei einer Partnerschaft ist die Nummer des Partnerschaftsregisters zu benennen.

Zu prüfen ist auch, ob durch den Internetauftritt die Abgabe einer Datenschutzerklärung erforderlich wird. Gemäß § 13 Abs. 1 Satz 1 TMG hat der Diensteanbieter (hier der Arzt als Betreiber der Internetseite) den Nutzer zu Beginn des Nutzungsvorgangs über Art, Umfang und Zwecke der Erhebung und Verwendung personenbezogener Daten in allgemein verständlicher Form zu unterrichten. Insoweit muss zunächst geprüft werden, durch welche Anwendungen der Internetseite personenbezogene Daten des Nutzers erhoben oder verwendet werden (z. B. bei Verwendung eines Kontaktformulars, über das der Patient einen Terminwunsch abgeben kann). Die Anwendungen sind anschließend allgemein verständlich in der Datenschutzerklärung zu beschreiben. Die Datenschutzerklärung muss jederzeit für den Nutzer abrufbar sein.

Die frühere Differenzierung zwischen Informationen gegenüber Dritten auf einer Homepage, weitergehenden Informationen, die nur über eine Schaltfläche auf der Homepage abgefragt werden können und Informationen gegenüber anderen Ärzten in einem Intranet ist gegenstandslos. Diese beruhte auf der mittlerweile aufgehobenen Regelung in Kap. D I. Nr. 6 MBO 1997/2000. Die aktuell einschlägigen §§ 27ff. MBO-Ä regeln die Abgrenzung zwischen zulässiger Information und berufswidriger Werbung in Form einer Generalklausel und verzichten bewusst auf die ursprünglichen detaillierten Regelungen. Da für sämtliche Werbeträger die gleichen rechtlichen Bestimmungen einschlägig sind, richtet sich auch die rechtliche Beurteilung ärztlicher Internetpräsentationen nach den einschlägigen Vorschriften der Berufsordnungen, des UWG sowie des HWG.

In ganz besonderer Weise sollte bei der Präsentation im Internet auf eine inhaltlich ordnungsgemäße Darstellung geachtet werden, um hier Abmahnungen zu vermeiden. Insoweit sind vor allem die Verbotsregelungen des HWG bedeutsam. Insbesondere sind Ausführungen zu Krankheitsbildern und Behandlungsmethoden an den Vorgaben des HWG zu messen.

Im Vorfeld einer werblichen Darstellung im Internet, empfiehlt es sich grundsätzlich, Rücksprache mit der Kammer zu nehmen und die konkrete Gestaltung einer Homepage abzuklären.

5.4 Weiterbildungsordnung

Aufgrund der Kammergesetze bzw. der Heilberufsgesetze der Länder sind die jeweiligen Landesärztekammern als Körperschaften des öffentlichen Rechts befugt, Weiterbildungsordnungen zu erlassen. Der Geltungsbereich beschränkt sich auf den Bezirk der jeweiligen Landesärztekammer. Aufgrund der ausschließlichen Kompetenz dieser Körperschaften auf Landesebene gibt es keine für das ganze Bundesgebiet verbindliche Weiterbildungsordnung. Um jedoch eine weitestgehende Einheitlichkeit der verschiedenen Weiterbildungsordnungen zu gewährleisten, erlässt der Deutsche Ärztetag als oberstes Beschlussgremien der verfassten deutschen Ärzteschaft eine (Muster-)Weiterbildungsordnung (MWBO). Die Änderungen der (Muster-)Weiterbildungsordnung erhalten für den betreffenden Arzt jedoch erst dann Verbindlichkeit, wenn sie auch von seiner jeweiligen Landesärztekammer in deren Weiterbildungsordnung umgesetzt worden sind.

Ziel der Weiterbildung ist der geregelte Erwerb festgelegter Kenntnisse, Erfahrungen und Fertigkeiten nach abgeschlossener ärztlicher Ausbildung und Erteilung der Erlaubnis zur Ausübung der ärztlichen Tätigkeit, um besondere ärztliche Kompetenzen zu erlangen (§ 1 MWBO). Der Bereich der ärztlichen Ausbildung bis hin zur Approbation gemäß § 2 Abs. 1 Bundesärzteordnung (BÄO) fällt also nicht in die Zuständigkeit der Ärztekammern. Die Weiterbildungsordnung enthält die Voraussetzungen für die Erlangung der
- Facharztbezeichnung,
- Schwerpunktbezeichnung,
- Zusatzbezeichnung.

Die Weiterbildung erfolgt im Rahmen angemessen vergüteter ärztlicher Berufstätigkeit unter Anleitung zur Weiterbildung befugter Ärzte oder durch Unterweisung in anerkannten Weiterbildungskursen (§ 4 Abs. 1 S. 3 MWBO). Die vorbeschriebenen Weiterbildungsinhalte und Weiterbildungszeiten sind Mindestanforderungen (§ 4 Abs. 4 S. 2 MWBO). Die Weiterbildungszeiten verlängern sich individuell, wenn Weiterbildungsinhalte in der Mindestzeit nicht erlernt werden können.

Die Ärztekammer entscheidet auf Antrag über die Anerkennung einer Facharzt-, Schwerpunkt- oder Zusatzbezeichnung. Die Beurteilung erfolgt anhand der von den Weiterbildungsbefugten erstellten Zeugnisse sowie einer zusätzlich zu absolvierenden Prüfung. Die Ärztekammer entscheidet über die Zulassung zur Prüfung. Eine solche wird erteilt, wenn die Erfüllung der zeitlichen und inhaltlichen Anforderungen durch Zeugnisse und Nachweise einschließlich der erforderlichen Dokumentationen belegt ist (§ 12 Abs. 1 MWBO). Für die Durchführung der Prüfung werden bei der Ärztekammer Prüfungsausschüsse gebildet. Jedem Prüfungsausschuss gehören mindestens drei Ärzte an, von denen zwei die zu prüfende Facharzt-, Schwerpunkt- und/oder Zusatzbezeichnung besitzen müssen (§ 13 Abs. 2 S. 2 MWBO). Die Dauer der Prüfung beträgt mindestens 30 min (§ 14 Abs. 2 S. 2 MWBO). Bei Nichtbestehen der Prüfung kann der Prüfungsausschuss folgende Anordnungen treffen:
- Die Weiterbildungszeit ist zu verlängern.
- Erforderliche Kenntnisse, Erfahrungen und Fertigkeiten sind zusätzlich bis zur Wiederholungsprüfung zu erwerben.
- Sonstige Auflagen sind gegenüber der Ärztekammer nachzuweisen.

Bei Bestehen der Prüfung stellt die Ärztekammer dem Arzt eine entsprechende Anerkennungsurkunde aus (§ 15 Abs. 2 MWBO).

5.5 Die ärztliche Berufsgerichtsbarkeit

Berufsrechtliche Verfehlungen können mit einem berufsgerichtlichen Verfahren geahndet werden. Die Verfahrensregeln finden sich in dem Kammer- und Heilberufsgesetz des jeweiligen Bundeslands. Die Einleitung eines solchen Verfahrens muss die zuständige Ärztekammer beantragen. Das Berufsgericht prüft dann, ob es das Verfahren eröffnen möchte. Dies geschieht in der Regel, wenn eine erste Prüfung des Sachverhaltes darauf schließen lässt, dass sich der Beschuldigte einer Berufspflichtverletzung schuldig gemacht hat.

Das berufsgerichtliche Verfahren wird vor „Gerichten für besondere Sachgebiete" i.s.d. Art. 101 Abs. 2 Grundgesetz durchgeführt. Diese Gerichte sind in der Regel den örtlich zuständigen Verwaltungsgerichten beigeordnet. Die Kammer für Heilberufe entscheidet je nach kammergesetzlicher Regelung, in der ersten Instanz jedoch zumeist in einer Besetzung von einem vorsitzenden und drei ehrenamtlichen Richtern, die der Berufsgruppe des Beschuldigten angehören müssen.

Die möglichen Rechtsfolgen einer berufsrechtlichen Verfehlung können empfindlich sein. Der Strafausspruch der Kammer kann sich dabei auf
- Warnung,
- Verweis,

- Geldbuße bis zu 50.000 €,
- Entziehung des aktiven und passiven Kammerwahlrechts,
- Feststellung, dass der Beschuldigte unwürdig ist, seinen Beruf auszuüben, belaufen. Die Feststellung der Berufsunwürdigkeit hat zur Folge, dass die Approbationsbehörde die Approbation zu widerrufen hat.

Neben einer berufsgerichtlichen Sanktionierung ist eine weitergehende strafrechtliche Verurteilung nicht auszuschließen. Nicht selten ist der umgekehrte Weg. So können berufsgerichtliche Verfahren auch erst in Folge eines abgeschlossenen Strafverfahrens durchgeführt werden. Die strafrechtlichen Ermittlungs- und Verfahrensakten werden hierzu beigezogen. Unter dem Gesichtspunkt, dass eine „Doppelbestrafung" des Beschuldigten zu vermeiden ist, müssen die berufsständischen Organe überprüfen, ob eine berufsgerichtliche Bestrafung darüber hinaus notwendig ist. Hierbei bedarf es einer genauen Bewertung der Tat unter dem Gesichtspunkt, ob ein besonderer berufsrechtlicher, durch das Strafurteil nicht gesühnter „Überhang" erkennbar ist.

Der positive Ausgang eines Strafverfahrens in Form einer Einstellung des Verfahrens mangels Tatverdachts oder aufgrund eines Freispruches, kann – muss aber nicht zwangsläufig – in berufsrechtlicher Hinsicht rehabilitieren. Kann das Strafrecht eine berufsrechtliche Verfehlung nicht durch eine Sanktion fassen, bleibt der Berufsrechtsweg weiter eröffnet.

Während der Dauer eines Strafverfahrens wegen derselben Handlung muss das berufsgerichtliche Verfahren bis zur vollständigen Beendigung des Strafverfahrens ausgesetzt werden.

Die Entscheidung der Berufsgerichte kann sowohl durch den Beschuldigten wie auch den nach jeweiligem Landesrecht für die Einleitung eines berufsgerichtlichen Verfahrens zuständigen Antragsberechtigten mit der Berufung zum jeweiligen Landesberufsgericht angegriffen werden. Die Entscheidungen der Landesberufungsgerichte sind letztinstanzlich. Es kommt lediglich noch eine Verfassungsbeschwerde zum Bundesverfassungsgericht in Betracht, soweit durch die Urteile eine Grundrechtsverletzung denkbar ist.

Verstöße gegen kassenärztliche Pflichten werden in einem gesonderten Disziplinarverfahren geahndet, das im folgenden Kapitel beschrieben wird.

Der Arzt und das Disziplinarrecht Zulassungsentziehung

6.1 Das Disziplinarrecht

Vertragsärzte unterliegen im Rahmen ihrer Einbindung als Leistungserbringer im System der gesetzlichen Krankenversicherung einer Vielzahl von Verpflichtungen. Das ordnungsgemäße Funktionieren dieses Systems kann nur dadurch gewährleistet werden, dass Verstöße gegen vertragsärztliche Pflichten sanktioniert werden. Ein solches Sanktionsinstrument ist das Disziplinarrecht.

Das Disziplinarrecht ist Bestandteil des Vertragsarztrechtes und umfasst die Gesamtheit der für die Ahndung ärztlicher Verfehlungen geltenden Rechtsvorschriften. Kern des materiellen Disziplinarrechts ist die Vorschrift des § 81 Abs. 5 SGB V. Diese Norm verpflichtet die KVen, in ihren Satzungen die Voraussetzungen und das Verfahren zur Verhängung von Disziplinarmaßnahmen zu regeln. Die auf dieser Grundlage erlassenen Satzungsbestimmungen bzw. Disziplinarordnungen sind daher die wichtigste Rechtsquelle für das Disziplinarverfahren.

Im Gegensatz zum Strafrecht dienen Disziplinarmaßnahmen nicht der Sühne oder der Vergeltung, sondern haben allein *präventiven* Charakter (BSG, Urteil vom 08.03.2000, Az. B 6 KA 62/98 R). **Ziel des Disziplinarrechts** ist, die vertragsärztliche Versorgung entsprechend den gesetzlichen Vorgaben in Gegenwart und Zukunft sicherzustellen und die Funktionsfähigkeit dieses Sondersystems zu schützen (BSGE 61, 1 = SozR 3 – 2200, § 368a Nr. 16; BSG, MedR 2001, 49 (50)). Mit Disziplinarmaßnahmen erfüllt die KV den Auftrag, die Ordnung der vertragsärztlichen Versorgung zu sichern und Störungen, die durch eine Verletzung vertragsärztlicher Pflichten eingetreten sind, zu begegnen. Der ausschließliche Zweck der Ausübung von Disziplinargewalt besteht in der Verteidigung des Gewährleistungsziels mittels einzel- und generalpräventiver Einwirkung auf die Ärzteschaft im Hinblick auf die *gegenwärtige* und *künftige* Pflichterfüllung. Das Disziplinarrecht hat demnach einerseits zum Ziel, den von einer Maßnahme *betroffenen* Vertragsarzt zur ordnungsgemäßen Erfüllung seiner Pflichten anzuhalten (Einzelprävention). Darüber hinaus hat das Disziplinarrecht den Zweck, *andere* Vertragsärzte von der Verletzung vertragsärztlicher Pflichten abzuhalten (Generalprävention). Nach diesen Zwecken bestimmt sich auch die Erforderlichkeit der einzelnen Disziplinarmaßnahme. Hieraus folgt zugleich, dass Adressat einer Disziplinarmaßnahme allein eine natürliche Person sein kann. Neben den zugelassenen Ärzten können disziplinarrechtliche Sanktionen auch grundsätzlich die in einem zugelassenen MVZ tätigen angestellten Ärzte sowie die zur vertragsärztlichen Versorgung ermächtigten Krankenhausärzte treffen. Hingegen ist die Gemeinschaftspraxis beziehungsweise das MVZ kein tauglicher Adressat.

6.1.1 Verletzung vertragsärztlicher Pflichten als Grund für die Einleitung des Disziplinarverfahrens

Ein Disziplinarverfahren wird eingeleitet, wenn der Verdacht eines Verstoßes gegen vertragsärztliche Pflichten besteht. Die insoweit maßgeblichen Pflichten eines Vertragsarztes können auf den unterschiedlichsten Grundlagen beruhen. Zu nennen sind hier vor allem die §§ 72ff. SGB V, das Satzungsrecht der KVen, die Bundesmantelverträge, die Gesamtverträge auf Landesebene sowie die Richtlinien der Bundesausschüsse für Ärzte und Krankenkassen.

Gesetze, Satzungen, Verträge oder verbindliche Beschlüsse der KV erlegen den Vertragsärzten Pflichten auf, deren Einhaltung sie beachten müssen.

Entsprechende vertragsärztliche Verpflichtungen und somit auch entsprechende Verstöße ergeben sich aus allen Regelungen, die in einem Zusammenhang mit der vertragsärztlichen Tätigkeit stehen.

Beispiele:
- vorsätzliche oder fahrlässige Abrechnungsfehler; hierzu gehört auch die Pflicht zur pünktlichen Abrechnung
- andauernde Verstöße gegen das Wirtschaftlichkeitsgebot (von einer „dauernden" Unwirtschaftlichkeit spricht man bereits bei Unwirtschaftlichkeit über mindestens vier Quartale)
- Erbringung fehlerhafter Behandlungsleistungen
- Verweigerung der Teilnahme am Notfalldienst
- das Ausstellen unrichtiger Arbeitsunfähigkeitsbescheinigungen
- Verstöße gegen das Gebot der persönlichen Leistungserbringung die Präsenzpflicht
- eine grundlose bzw. nicht sachgerechte Ablehnung von Patienten (eine drohende Überschreitung einer Budgetgrenze berechtigt nicht zur Ablehnung eines weiteren bzw. zur Ablehnung der weiteren Behandlung eines schon übernommenen Patienten; weigert sich ein Vertragsarzt GKV-Patienten zu behandeln beziehungsweise Sprechstunden für GKV-Patienten anzubieten, verstößt dies gegen das Sachleistungsprinzip beziehungsweise gegen die Präsenzpflicht des § 24 Abs. 2 Ärzte-ZV)
- Kick-Back-Zahlungen an Vertragsärzte durch Labore (neben einem etwaig strafrechtlich relevanten Verhalten, welches u. U. auch zu einem Zulassungs-

entziehungsverfahren führen kann, sind insbesondere im Rahmen nicht zu hoher Schadenssummen auch disziplinarische Maßnahmen zu befürchten)
- implausible Honorarabrechnungen
- das Drängen zu einer Behandlung gegen Kostenerstattung

Zu den vertragsärztlichen Pflichten gehören des Weiteren auch solche zur Auswahl, Anleitung oder Überwachung von Praxisangestellten im Rahmen delegierbarer Aufgaben. Verletzen Praxisangestellte in einem solchen Fall vertragsärztliche Vorschriften und kommt der Vertragsarzt zugleich seiner Pflicht (z. B. zur Überwachung) nicht nach, stellt dies eine eigene Pflichtverletzung des Vertragsarztes dar, welche disziplinarrechtlich geahndet werden kann.

Zu beachten ist dabei, dass ein Disziplinarverfahren grundsätzlich nur bei Verletzung spezifisch vertragsärztlicher Pflichten eingeleitet wird. Die Verletzung berufsrechtlicher Pflichten oder strafrechtlich relevante Handlungen außerhalb der vertragsärztlichen Tätigkeit ziehen daher kein Disziplinarverfahren nach sich (Beispiel: Trunkenheitsfahrt). Zu beachten ist jedoch, dass das Bundessozialgericht den Umfang der vertragsärztlichen Pflichten weit steckt. Nach der Auffassung des Gerichts gehört es zur Pflicht des Vertragsarztes, *bei der Ausübung seiner Tätigkeit* keinerlei Gesetzesverstöße zu begehen (BSG, Beschluss vom 25.09.1997 Az: 6 KA 54/96; Beispiel: Trunkenheitsfahrt während des Notdienstes). Auch wenn dieser Aspekt für die Praxis von sekundärer Bedeutung ist, bleibt festzuhalten, dass auch straf- oder berufsrechtlich relevantes Verhalten disziplinarrechtlich ahndungsfähig ist, wenn es im Zusammenhang mit der vertragsärztlichen Tätigkeit erfolgt.

Ein Verhalten bzw. ein Unterlassen des Vertragsarztes ist zudem nur dann disziplinarrechtlich zu überprüfen, wenn der Vertragsarzt **schuldhaft** gehandelt hat. Ein schuldhaftes Verhalten setzt voraus, dass der Vertragsarzt vorsätzlich oder zumindest durch ein fahrlässiges Handeln oder Unterlassen gegen seine Pflichten verstoßen hat. Der Grad der Schuld ist vor allem für die Auswahl und Höhe bzw. der Dauer einer eventuell auszusprechenden Disziplinarmaßnahme von Bedeutung.

6.1.2 Disziplinargewalt

Die Einhaltung der vertragsärztlichen Pflichten wird überwacht und gegebenenfalls geahndet durch die Kassenärztliche Vereinigung. Die KVen haben gemäß § 72 Abs. 1 SGB V einen Sicherstellungsauftrag zu erfüllen. Darüber hinaus besteht eine Gewährleistungspflicht der KVen gegenüber den Krankenkassen (§ 75 Abs. 1 SGB V). Zur Durchsetzung dieser gesetzlichen Vorgaben ist den KVen durch den Gesetzgeber die Disziplinarhoheit übertragen und aufgegeben worden, das Verfahren in ihren Satzungen näher zu regeln.

Zuständig ist die KV, in deren Bereich der Vertragsarzt niedergelassen ist. Eine überörtliche Berufsausübungsgemeinschaft, die KV-Grenzen überschreitet, muss gem. § 33 Abs. 3 S. 3 Ärzte-ZV einen Vertragsarztsitz wählen, der maßgeblich für die Genehmigungsentscheidung sowie für die auf die gesamte Leistungserbringung dieser überörtlichen Berufsausübungsgemeinschaft anzuwendenden ortsgebundenen Regelungen ist, und legt hiermit auch die für sie zuständige KV fest (vgl. Abschn. 8.5.1.1).

Für die Durchführung des Disziplinarverfahrens haben die KVen eigenständige **Disziplinarausschüsse** gebildet. Diese sind nicht weisungsabhängig, sondern nur dem Gesetz unterworfen. Ein Disziplinarausschuss besteht in der Regel aus einem zum Richteramt befähigten Vorsitzenden und mehreren – in der Regel zwei – Vertragsärzten als Beisitzern. Die Zusammensetzung des Ausschusses kann sich auf den Verfahrensablauf, die Art der Erledigung und die Gestalt eines Disziplinarbescheides in erheblichem Maße auswirken.

Nicht beteiligt am Disziplinarverfahren sind die Krankenkassen. Vertreter der Krankenkassen können keine Mitglieder des Disziplinarausschusses werden. Darin liegt bereits ein wesentlicher Unterschied zu anderen Ausschüssen, mit denen ein Vertragsarzt im Laufe seines Berufslebens zu tun haben kann (Prüfungsausschuss, Beschwerdeausschuss in Wirtschaftlichkeitsprüfungen, Schadensausschuss und Ähnliches). Mitglieder des Vorstandes der KV, Mitglieder der Prüfungs- und Prüfungsbeschwerdeausschüsse, Mitglieder der Berufsgerichte der Ärzte und Beamte und Angestellte der KV dürfen ebenfalls nicht zu Mitgliedern der Disziplinarausschüsse berufen werden.

6.1.3 Ablauf des Disziplinarverfahrens

Der Ablauf des Disziplinarverfahrens ist im Wesentlichen in den jeweiligen Disziplinarordnungen der KV geregelt, wobei die jeweiligen Normen inhaltlich zum Teil voneinander abweichen, da von KV zu KV regionale Unterschiede existieren. Die grundsätzliche Struktur des Disziplinarverfahrens ist jedoch einheitlich.

Ein Disziplinarverfahren kann nur dann eingeleitet werden, wenn der KV eine vorwerfbare Pflichtverletzung bekannt geworden ist. Die Wege, auf denen die KV Kenntnis von möglichen Pflichtverstößen erlangen kann, sind vielfältig. Als Beispiele sind zu nennen: Eine gekündigte Helferin „plaudert"; die Prüfstelle gibt nach § 81a SGB V (vgl. Kap. 3) Informationen weiter; eine offene oder anonyme Anzeige eines vertragsärztlichen Kollegen; ein (objektiv oder nach seinem Empfinden) schlecht behandelter Patient beschwert sich bei der KV; Krankenkassen oder auch die Prüfgremien – insbesondere bei zweifelhaften Abrechnungen – regen eine Untersuchung an; die Weiterleitung von Informationen von Seiten des Zulassungsausschusses im Rahmen eines Entziehungsverfahrens (dazu sogleich unter 6.2.).

Eingeleitet wird ein Disziplinarverfahren in der Regel durch einen **förmlichen Antrag**. Antragsbefugt sind nach den meisten Satzungen lediglich der Vorstand der jeweiligen KV oder der betreffende Vertragsarzt selbst, zum Teil aber auch der Zulassungsausschuss und der Berufungsausschuss. Die Befugnis, einen Antrag auf Durchführung eines Disziplinarverfahrens zu stellen, kann durch den Vorstand der KV nicht übertragen werden. Der Vorstand soll grundsätzlich nach pflichtgemäßem Ermessen entscheiden und dabei alle Umstände des Falles, das gesamte Verhalten und die Persönlichkeit des Arztes sowie seine Beweggründe für eine eventuelle

Pflichtverletzung berücksichtigen und darüber hinaus auch prüfen, ob das öffentliche Interesse eine disziplinarische Ahndung erfordert. Insbesondere für den Fall, dass nur eine sehr geringfügige Übertretung vorliegt und eine Wiederholungsgefahr nicht erkennbar ist, kommt ein Absehen von einer Verfahrenseinleitung in Betracht. Je schwerwiegender jedoch der Verdacht ist, desto geringer sind die Aussichten, ein Verfahren im Keim zu ersticken.

Das dem Vertragsarzt eingeräumte Recht, selbst beim Vorstand der KV die Einleitung eines Disziplinarverfahrens gegen sich zu beantragen, eröffnet die Möglichkeit, aktiv eine Aufklärung der Sache voranzutreiben. Ein solches Vorgehen bietet sich beispielsweise an, wenn sich der Arzt offen oder verdeckt erhobenen Vorwürfen, seine vertragsärztlichen Pflichten verletzt zu haben, ausgesetzt sieht und er zur Vermeidung einer Rufschädigung oder zur Rehabilitierung hiergegen vorgehen will.

In der Regel wird jedoch der Antrag auf Einleitung eines Disziplinarverfahrens von dem Vorsitzenden der zuständigen KV eingereicht. In dem Antrag wird kurz der Sachverhalt geschildert, aus dem der Vorwurf abgeleitet wird. Hierbei müssen die angeblich verletzten vertragsärztlichen Pflichten genannt und die einschlägigen Bestimmungen bezeichnet werden. Nicht abschließend geklärt ist die Frage, ob dem betroffenen Vertragsarzt auch ohne eine besondere Regelung in der einschlägigen Disziplinarordnung schon zu diesem Zeitpunkt, also vor der Einleitung eines Verfahrens, eine Möglichkeit zur Stellungnahme einzuräumen ist (dafür: LSG NW, Urteil vom 09.10.1996, Az: L 11 Ka 185/95).

Zur effektiven Wahrnehmung seiner Rechte kann der Vertragsarzt nach § 13 SGB X in jeder Lage des Verfahrens einen **Beistand** hinzuziehen. Dabei kann es sich um einen Rechtsanwalt oder aber auch um einen anderen Vertragsarzt handeln. In der Regel empfiehlt es sich – ggfs. unter Zuhilfenahme des Beistandes – eingehend zu den Vorwürfen schriftlich Stellung zu nehmen. Eine sachgerechte Stellungnahme ist selbstverständlich nur dann möglich, wenn der betroffene Vertragsarzt weiß, welche konkreten Vorwürfe ihm aufgrund welcher Tatsachen und welcher Beweismittel vorgehalten werden. Daher sollte der betroffene Vertragsarzt bzw. sein Beistand unbedingt von dem in § 25 SGB X normierten Recht auf **Einsicht der Verwaltungsakte** Gebrauch machen. Dieses Recht besteht in jedem Verfahrensstadium.

Häufig stellt sich schon bei dieser Gelegenheit heraus, dass die gegen den Arzt erhobenen Vorwürfe lediglich pauschaler Natur sind. Eine hinreichende Konkretisierung der Vorwürfe durch den Disziplinarausschuss ist jedoch eine unerlässliche Bedingung für den Erlass eines rechtmäßigen Disziplinarbescheides.

Der Fortgang des Disziplinarverfahrens nach der Antragstellung ist nicht einheitlich geregelt. Zum Teil knüpft der Beginn des förmlichen Disziplinarverfahrens lediglich an den Antrag an, andere Satzungen sehen vor, dass es zunächst eines förmlichen Eröffnungsbeschlusses bedarf, vor dessen Erlass vor allem formelle Gesichtspunkte geprüft werden.

Einige Satzungen sehen schließlich ein besonderes Vorermittlungsverfahren vor. Kommt es zu einem solchen Verfahren, so ist der Disziplinarausschuss gemäß § 20 SGB X verpflichtet, eigene Untersuchungen durchzuführen (**Amtsermittlungspflicht**). Danach ist er gehalten, alle Umstände des Einzelfalls, insbesondere auch solche, die den Vertragsarzt entlasten können, von sich aus zu ermitteln, und zwar ohne dass es besonderer Anträge bedarf. Es besteht mit anderen Worten eine gesetzliche Pflicht des Ausschusses, objektiv den Sachverhalt in sämtliche Richtungen aufzubereiten. Auch hier geschehen immer wieder Fehler, denn in der Praxis wird häufig einseitig gegen den Vertragsarzt oder nur bruchstückhaft ermittelt.

Der Disziplinarausschuss ist im Rahmen seiner Amtsermittlungspflicht jedoch nicht gehalten, alle Ermittlungen in eigener Regie durchzuführen. So ist es durchaus zulässig, bei der Überprüfung und Untersuchung des Sachverhaltes auf bestandskräftige Feststellungen der Prüfgremien – etwa wegen anhaltender Kürzungen im Rahmen der Wirtschaftlichkeitsprüfung – zurückzugreifen. Eine erneute inhaltliche Prüfung ist hier grundsätzlich nicht erforderlich (LSG NW, Urteil vom 26.02.1992, Az: L 11 KA 90/89). Gleiches gilt z. B. auch für die Verwertung von rechtskräftigen strafgerichtlichen Urteilen.

Sofern nicht auf anderweitige Erkenntnisse zurückgegriffen werden kann, hat der Vorsitzende des Disziplinarausschusses entsprechende Beweiserhebungen vorzunehmen. Der betroffene Vertragsarzt und sein Beistand sind grundsätzlich zu allen Beweiserhebungen zu laden und haben das Recht, daran teilzunehmen, um beispielsweise Fragen an Zeugen, Sachverständige und Auskunftspersonen zu richten. Der Vertragsarzt hat auch das Recht, während des Untersuchungsverfahrens **Beweisanträge** zu stellen. Diesen Anträgen ist stattzugeben, soweit sie für die Tat- und Schuldfrage oder die Bemessung einer Disziplinarmaßnahme von Bedeutung sein können.

Darüber hinaus ist der betroffene Vertragsarzt zu Beginn der Untersuchung zu einer **Anhörung** vor dem Ausschuss zu laden, um dort die Gelegenheit zu erhalten, den Sachverhalt aus seiner Sicht darzustellen. Aber auch hier steht es dem Vertragsarzt frei, sich mündlich oder schriftlich zu äußern.

Sofern der Vorsitzende des Disziplinarausschusses feststellen sollte, dass die Anträge auf Einleitung eines Disziplinarverfahrens unbegründet oder aber unzulässig sind, so wird der Antrag zurückgewiesen. Wenn demgegenüber der Sachverhalt genügend geklärt ist und sich daraus ein begründeter Verdacht gegen den Vertragsarzt ergibt, dann wird das Disziplinarverfahren gegen ihn per Beschluss formal eröffnet.

Aus dem **Eröffnungsbeschluss** muss hervorgehen, welche Pflichtverletzungen dem Vertragsarzt zur Last gelegt werden. Dabei muss deutlich werden, auf welche angeblichen Tatsachen sich der Vorwurf gründet und welche Bestimmungen durch das gerügte Verhalten verletzt worden sein sollen.

Der Eröffnungsbeschluss ist dem Vertragsarzt bekannt zu machen. Gleichzeitig mit dem Eröffnungsbeschluss wird in der Regel durch den Vorsitzenden des Disziplinarausschusses dem betreffenden Vertragsarzt bzw. dessen Beistand und dem Vorstand der KV eine Ladung zur Hauptverhandlung übersandt. Dabei ist üblicherweise eine Frist von mindestens zwei Wochen zwischen der Zustellung der Ladung und der Hauptverhandlung zu beachten. Der Vertragsarzt soll in der Ladung darauf hingewiesen werden, dass er die Möglichkeit hat, Zeugen und Sachverständige zur Hauptverhandlung mitzubringen. Schließlich lädt der Disziplinarausschuss zur Hauptverhandlung auch die weiteren Beteiligten, die mutmaßlich zur Aufklärung der Vorwürfe beitragen können.

6.1 Das Disziplinarrecht

Die **Hauptverhandlung** vor dem Disziplinarausschuss ähnelt in vielerlei Hinsicht einer Verhandlung vor dem Strafgericht. Die Verhandlung wird durch den Vorsitzenden geleitet. Dieser bzw. ein von ihm bestellter Berichterstatter trägt das Ergebnis des Verfahrens vor. Anschließend ist der betreffende Vertragsarzt zur Person und zur Sache zu hören. Danach werden die eventuell zum Termin geladenen Zeugen und Sachverständigen vernommen sowie sonstige Beweise (z. B. schriftliche Unterlagen wie Honorarabrechnung oder Notdienstplan) erhoben. Der Vertragsarzt und sein Beistand haben auch hier in jedem Stadium der Hauptverhandlung die Möglichkeit, **ergänzende Beweisanträge** zu stellen.

Nach Abschluss der Beweisaufnahme werden jeweils die Vertreter des Vorstandes der KV, der Arzt und sein Verteidiger gehört. Diese Anhörung ist einem Plädoyer in einer Strafverhandlung ähnlich. Ebenso wie in einer Strafverhandlung hat auch in der mündlichen Verhandlung vor dem Disziplinarausschuss der betroffene **Arzt das letzte Wort**.

Im Anschluss an die Hauptverhandlung **entscheidet der Disziplinarausschuss** mit der Mehrheit seiner Stimmen durch Beschluss und in geheimer Beratung aufgrund der im gesamten Verfahren gewonnenen Erkenntnisse, ob die dem Arzt zur Last gelegten Pflichtverletzungen erwiesen sind. Abhängig von der Schwere des festgestellten Verstoßes, kann die Entscheidung entweder auf eine Disziplinarmaßnahme, auf Freispruch oder auf eine Einstellung des Verfahrens lauten.

Ein Freispruch erfolgt, wenn in den Augen des Disziplinarausschusses eine Verletzung der vertragsärztlichen Pflichten nicht vorliegt bzw. nicht erwiesen ist. Eine Einstellung des Verfahrens kommt demgegenüber in Betracht, wenn der Disziplinarausschuss zwar davon überzeugt ist, dass eine Verletzung vertragsärztlicher Pflichten vorliegt, das Ausmaß der objektiven Pflichtverletzung oder das Verschulden des Vertragsarztes aber nur sehr geringfügig ist (z. B. weil der Pflichtverstoß nur schwer erkennbar war) und die Folgen unbedeutend sind oder eine Wiedergutmachung des Arztes erfolgt ist.

Scheidet eine Einstellung nach den oben skizzierten Grundsätzen aus, so wird der Disziplinarausschuss eine der in § 81 Abs. 5 SGB V *abschließend* aufgeführten **Disziplinarmaßnahmen** verhängen:
- Verwarnung
- Verweis
- Geldbuße
- Anordnung des Ruhens der Zulassung bzw. vertragsärztlichen Beteiligung bis zu zwei Jahren

Die Disziplinarmaßnahmen stehen in einem Stufenverhältnis, das sich an der **Schwere der Verfehlung** orientiert (LSG NRW, Urteil vom 15.12.2010, Az: L 11 KA 100/08). Dabei sind alle Umstände des Falles, das gesamte Verhalten und die Persönlichkeit des Arztes sowie seine Beweggründe für die Pflichtverletzung zu berücksichtigen. Zu beachten ist bei der Verhängung einer Maßnahme, dass es nach der Rechtsprechung des Bundessozialgerichts unzulässig ist, verschiedene Disziplinarmaßnahmen miteinander zu kombinieren. Dies gilt nicht für einzelne Verfehlungen, sondern auch für die Sanktionierung mehrerer Pflichtverletzungen, die in einem engeren Zusammenhang zueinander stehen (st. Rspr., vgl. bspw. BSG,

Urteil vom 08.03.2000, Az: B 6 KA 62/98 R; SG Berlin, Gerichtsbescheid vom 06.07.2009, Az: S 71 KA 211/07). Daher wäre es z. B. rechtswidrig, wenn gegen einen Vertragsarzt im selben Verfahren sowohl eine Verwarnung als auch eine Geldbuße verhängt würde.

Die Auswahl der richtigen **Disziplinarmaßnahme** richtet sich nach folgenden Grundsätzen:

Die **Verwarnung** ist die mildeste Maßnahme und wird nur bei sehr geringfügigen Pflichtverletzungen ausgesprochen. Die praktische Bedeutung des Verwarnung ist gering, da in den entsprechenden Konstellationen vielfach eine Einstellung des Verfahrens erfolgt.

Auf der nächsten Stufe der Skala steht der **Verweis**. Ein Verweis kommt im Wesentlichen bei erstmaligen und leichteren Pflichtverletzungen zum Tragen, wenn davon auszugehen ist, dass der Vertragsarzt den erkannten Pflichtverstoß zukünftig nicht wiederholen wird.

Die größte praktische Bedeutung kommt der **Geldbuße** zu. Sie darf seit Einführung des GKV-Versorgungsverstärkungsgesetzes vom 16.07.2015 mit Wirkung zum 23.07.2015 gemäß § 81 Abs. 5 S. 3 SGB V nunmehr höchstens 50.000,00 € statt zuvor 10.000,00 € betragen. Mit der Erhöhung der maximal auszusprechenden Geldbuße schaffte der Gesetzgeber eine Anpassung der Sanktion an die sich seit der Einführung 1983 entwickelten Einkommensverhältnisse. Zugleich erweitert dies die Möglichkeiten des Disziplinarausschusses auch in solchen Fällen angemessen zu sanktionieren, in denen eine Geldbuße in Höhe von 10.000,00 € zu gering, die Anordnung des Ruhens der Zulassung hingegen als unverhältnismäßig ausfällt. Typische Anwendungsfälle sind etwa der dauernde Verstoß gegen das Wirtschaftlichkeitsgebot oder eine unsorgfältige Überwachung des Personals, die keine gravierenden Konsequenzen nach sich gezogen hat. Geldbußen bis an den Rand der Höchstgrenze kommen häufig bei schwerwiegenden oder wiederholten Pflichtverletzungen in Betracht, wenn das vorübergehende Ruhen der Zulassung noch verhindert werden soll. Zu beachten ist schließlich, dass die Satzungen der KVen in der Regel die Möglichkeit vorsehen, eine Geldbuße mit Honoraransprüchen eines Arztes aufzurechnen.

Die schwerwiegendste Disziplinarmaßnahme ist die Anordnung des **Ruhens der Zulassung** (bzw. der sonstigen Beteiligung an der vertragsärztlichen Versorgung wie z. B. der Ermächtigung) für eine Dauer von bis zu zwei Jahren. Diese Maßnahme kommt nur dann in Betracht, wenn eine sehr schwerwiegende Pflichtverletzung vorliegt. Das ist insbesondere dann der Fall, wenn gewichtige Interessen des Patienten vom Vertragsarzt in vorwerfbarer Weise ignoriert werden (z. B. Behandlungsverweigerung). Auch eine grob fahrlässige Falschabrechnung fällt in der Regel hierunter (vgl. bspw. LSG Berlin-Brandenburg, Urteil vom 23.02.2011, Az: L 7 KA 62/10; LSG SH, Urteil vom 19.05.2009, Az: L 4 KA 2/08). Darüber hinaus kommt die Anordnung des Ruhens der Zulassung dann in Frage, wenn die Gefahr bzw. die Wahrscheinlichkeit besteht, dass der Vertragsarzt einen nicht unbedeutenden Pflichtverstoß wiederholen wird. Insbesondere bei dieser Maßnahme wird deutlich, dass das Disziplinarverfahren der Gewährleistung und Aufrechterhaltung einer ordnungsgemäßen vertragsärztlichen Versorgung dient. Während des Ruhens ist jede vertragsärztliche Tätigkeit untersagt. Der Vertragsarzt darf sich auch nicht vertreten lassen, er darf aber grundsätzlich andere Vertragsärzte vertreten; außerdem kann er weiterhin privatärztlich tätig sein.

Eine Disziplinarentscheidung ist nur dann rechtmäßig, wenn die formellen und vor allem die inhaltlichen Voraussetzungen für ihren Erlass gegeben sind. In formeller Hinsicht ist insbesondere zu beachten, dass ein **Disziplinarbescheid** gemäß § 35 SGB X einer Begründung bedarf. Aus der Begründung muss hervorgehen, welche tatsächlichen und rechtlichen Aspekte für die von ihm getroffene Entscheidung maßgeblich gewesen sind. Hierzu gehört, dass der Ausschuss sich mit den zentralen Argumenten des betroffenen Vertragsarztes auseinandersetzt. Da es sich bei der Disziplinarentscheidung um eine Ermessensentscheidung handelt, muss zudem deutlich werden, welche Gesichtspunkte für die Ausübung des Ermessens bestimmend gewesen sind.

Jedoch führt nicht jeder **formelle Mangel** wie z. B. eine fehlerhafte Begründung oder eine unterbliebene Anhörung dazu, dass eine Disziplinarmaßnahme endgültig rechtswidrig ist und mit Erfolg angegriffen werden kann. Grundsätzlich besteht bei einer Verletzung von Verfahrens- und Formvorschriften die Möglichkeit einer Heilung bis zum Beginn eines gerichtlichen Verfahrens.

Dies gilt nicht für **inhaltliche Mängel**. Sie sind nicht heilbar. Liegen sie vor, dann ist die Disziplinarentscheidung rechtswidrig. Hervorzuheben ist in inhaltlicher Hinsicht die Frage, ob das Ermessen bei der Verhängung der Disziplinarmaßnahme ordnungsgemäß ausgeübt worden ist. Zwar ist die Ausübung des Ermessens gerichtlich nur in beschränktem Umfang überprüfbar. Insofern sind hier theoretisch die Verteidigungsmöglichkeiten des Vertragsarztes geringer als in Bezug auf die gerichtlich voll überprüfbare Frage, ob überhaupt eine schuldhafte Pflichtverletzung vorliegt. Nichtsdestoweniger kommt es in der Praxis vor allem im Zusammenhang mit der Ermessensausübung zu einer Vielzahl von Fehlern, welche die Disziplinarentscheidung angreifbar machen. Drei Arten von Fehlern sind hier zu unterscheiden: Die Ermessensüberschreitung, die Ermessensunterschreitung und der Fehlgebrauch des Ermessens.

Ermessensüberschreitungen liegen vor, wenn der Disziplinarausschuss eine Maßnahme verhängt hat, die außerhalb des gesetzlich vorgesehenen Rahmens liegt. Im Mittelpunkt steht hierbei die Wahrung des rechtsstaatlich gebotenen Prinzips der **Verhältnismäßigkeit** einer Maßnahme. Dieses Prinzip wirkt in drei Richtungen:

Erstens dürfen nur solche Sanktionen verhängt werden, die dem Zweck des Disziplinarverfahrens dienen, eine ordnungsgemäße vertragsärztliche Versorgung *künftig sicherzustellen*. Ist die Disziplinarmaßnahme hierzu nicht geeignet, so ist sie rechtswidrig (Bsp.: Es wird eine Maßnahme verhängt, obwohl der Beschuldigte zwischenzeitlich aus der vertragsärztlichen Versorgung ausgeschieden ist.). Zum Zweiten darf der Disziplinarausschuss keine schwerere Sanktion verhängen, als sie zum Erreichen des genannten Zwecks notwendig ist. Drittens muss die Maßnahme bei einer **Gesamtwürdigung aller Umstände** (einschließlich früherer Verfehlungen, Verhalten nach der Tat, Einkommensverhältnisse) in einem angemessenen Verhältnis zum Ausmaß der Pflichtverletzung und der Schwere der Schuld stehen. Daher ist z. B. eine Anordnung des Ruhens der Zulassung nur dann verhältnismäßig, wenn ein besonders gravierender schuldhafter Pflichtverstoß des Vertragsarztes vorliegt.

Eine *Ermessensunterschreitung* ist gegeben, wenn der Disziplinarausschuss gar nicht die ihm offenstehende Palette der Entscheidungsmöglichkeiten reflektiert hat.

Ein solcher Fall liegt vor, wenn erkennbar ist, dass sich der Disziplinarausschuss im Hinblick auf eine bestimmte Entscheidung gebunden gefühlt und seinen Entscheidungsspielraum überhaupt nicht erkannt hat.

Von sehr großer praktischer Bedeutung ist schließlich die Fallgruppe des *Ermessensfehlgebrauchs*. Diese Fallgruppe erfasst vor allem die Fälle, in denen der Disziplinarausschuss seiner Entscheidung einen falschen oder unvollständigen Sachverhalt zu Grunde gelegt hat. Darüber hinaus stellt es einen Ermessensfehlgebrauch dar, wenn sachfremde Motive für die Entscheidung eine Rolle gespielt haben. *Beispiel*: Der Disziplinarausschuss verhängt eine Disziplinarmaßnahme wegen dauernder Verstöße gegen das Wirtschaftlichkeitsgebot. In der Begründung heißt es, erschwerend sei zu berücksichtigen, dass der betroffene Vertragsarzt sich generell kritisch über die KV äußere.

▶ **Praxistipp:** Vielfach leidet die Ermessensausübung an Mängeln. Nur allzu häufig unterlaufen den Ausschüssen hier Fehler, da die rechtsstaatlichen Anforderungen des Disziplinarverfahrens missachtet werden. Im Zweifel ist daher eine rechtliche Prüfung und ein Vorgehen gegen den Bescheid angezeigt.

6.1.4 Rechtsschutzmöglichkeiten

Das Mittel, um sich gegen einen mutmaßlich rechtswidrigen Bescheid zur Wehr zur setzen, ist eine **Klage** gegen den Disziplinarbescheid. Sie ist in der Regel auf eine ersatzlose Aufhebung des Bescheides gerichtet („Anfechtungsklage") und kann binnen Monatsfrist beim zuständigen Sozialgericht eingelegt werden. Ein grundsätzlich vor Erhebung einer Klage durchzuführendes Widerspruchsverfahren findet gemäß § 81 Abs. 5 S. 4 SGB V hingegen nicht statt.

Entschließt sich der Vertragsarzt zur Erhebung einer Klage, so ist diese nicht gegen den betreffenden Disziplinarausschuss, sondern gegen die KV zu richten. Eine Klageerhebung hat nach § 86a SGG grds. **aufschiebende Wirkung**. Sobald also die Klage beim Sozialgericht eingegangen ist, können vorläufig keine Konsequenzen aus dem Disziplinarbescheid gezogen werden.

Inhalt des Klageverfahrens ist schließlich die Überprüfung durch das Gericht, ob die getroffene Disziplinarentscheidung rechtswidrig oder rechtmäßig ist. Hierzu muss das Gericht klären, ob der klagende Vertragsarzt tatsächlich die ihm vorgeworfene Verfehlung in schuldhafter Weise begangen hat. Ferner wird geprüft, ob der Disziplinarausschuss sein Ermessen (s. o.) bei der Auswahl der Disziplinarmaßnahme rechtmäßig ausgeübt hat.

6.2 Die Entziehung der Zulassung

Ohne eine vertragsärztliche Zulassung ist es einem Arzt in aller Regel nicht möglich, wirtschaftlich erfolgreich zu agieren. Die Entziehung der Zulassung durch

6.2 Die Entziehung der Zulassung

den Zulassungsausschuss oder die Anordnung des Ruhens der Zulassung durch den Disziplinarausschuss bedeutet für einen Arzt daher regelmäßig das wirtschaftliche Aus oder zumindest den Verlust des größten Teils seiner Patienten. Etwa 90 % der Bevölkerung sind gesetzlich krankenversichert, so dass mit dem Verlust der Möglichkeit, an der vertragsärztlichen Versorgung teilzunehmen nur noch ein zu vernachlässigender Privatpatientenanteil versorgt werden kann. Allein die Zulassung zur vertragsärztlichen Versorgung bewirkt, dass der Vertragsarzt Mitglied der für seinen Vertragsarztsitz zuständigen Kassenärztlichen Vereinigung wird und zur Teilnahme an der vertragsärztlichen Versorgung berechtigt und verpflichtet ist.

Während das Disziplinarrecht gemäß § 81 Abs. 5 SGB V als schärfste Sanktion die Anordnung des Ruhens der Zulassung durch den Disziplinarausschuss bis zu einer Dauer von zwei Jahren vorsieht, zielt das Zulassungsentziehungsverfahren darauf ab, einen Arzt durch die Entziehung der Zulassung aus der vertragsärztlichen Versorgung auszuschließen. Die Entziehung der Zulassung ist somit ein einschneidenderes Mittel als die Anordnung des Ruhens der Zulassung, wenngleich beide Maßnahmen existenzielle Gefahren für die Praxis nach sich ziehen.

6.2.1 Voraussetzungen der Zulassungsentziehung

Gemäß § 95 Abs. 6 SGB V ist die Zulassung zu entziehen, wenn ihre Voraussetzungen nicht oder nicht mehr vorliegen, der Arzt die vertragsärztliche Tätigkeit nicht aufnimmt oder nicht mehr ausübt oder seine vertragsärztlichen Pflichten gröblich verletzt. Von besonderer Bedeutung in der Praxis ist insoweit der letztgenannte Fall der „gröblichen Pflichtverletzung".

Ein Sonderfall ist in § 95d Abs. 3 SGB V normiert. Erbringt ein Vertragsarzt den erforderlichen Fortbildungsnachweis nicht spätestens zwei Jahre nach Ablauf des Fünfjahreszeitraums, soll die Kassenärztliche Vereinigung unverzüglich gegenüber dem Zulassungsausschuss einen Antrag auf Entziehung der Zulassung stellen.

Für das medizinische Versorgungszentrum (MVZ, siehe hierzu insbesondere Kap. 8) gelten diese Voraussetzungen gemäß § 95 Abs. 6 S. 3ff. SGB V entsprechend sowie für den Fall, dass seine Leistungserbringer nicht mehr zur Teilnahme an der vertragsärztlichen Versorgung (sei es im Status der Zulassung, der Ermächtigung oder per Vertrag) berechtigt sind. Das ist namentlich dann der Fall, wenn in die Trägergesellschaft Gesellschafter aufgenommen werden, die keine berechtigten Leistungserbringer sind. Das GKV-VSG stellte durch den zum 23.07.2015 eingeführten § 95 Abs. 6 S. 4 SGB V nunmehr klar, dass auch angestellte Ärzte, die auf ihre Zulassung zugunsten einer Anstellung in dem MVZ verzichtet haben, solange sie im MVZ tätig sind und Gesellschafter des MVZ sind, ihre Gründereigenschaft behalten und die Zulassung des MVZ unter diesen Voraussetzungen nicht entzogen werden kann. Auch wenn § 96 Abs. 1a SGB V eine Beschränkung der Gründer eines MVZ auf zugelassene Ärzte, zugelassene Krankenhäuser, Erbringern nichtärztlicher Dialyseleistungen nach § 126 Abs. 3 SGB V sowie gemeinnützige Träger, die auf Grund von Zulassung oder Ermächtigung an der vertragsärztlichen Versorgung teilnehmen sowie Kommunen vorsieht, besteht für die „Alt-MVZ" Bestandsschutz.

Diesen ist die Zulassung zu entziehen, wenn die Gründungsvoraussetzungen des § 95 Abs. 1 S. 6 SGB V a.F. seit mehr als sechs Monaten nicht mehr vorliegen oder das MVZ nicht nachweist, dass sein ärztlicher Leiter als angestellter Arzt oder Vertragsarzt im MVZ tätig sowie in medizinischen Fragen weisungsfrei ist.

Abgesehen von den genannten Beendigungstatbeständen endet die Zulassung gemäß § 95 Abs. 7 SGB V mit dem Tod, mit dem Wirksamwerden eines Verzichts, dem Ablauf eines gem. § 19 Abs. 4 Ärzte-Zulassungsverordnung bei Erteilung der Zulassung ausgesprochenen Befristungszeitraums oder mit dem Wegzug des Berechtigten aus dem Bezirk des Vertragsarztsitzes. Dies gilt entsprechend für das medizinische Versorgungszentrum, wobei an die Stelle des Todes naturgemäß die Auflösung des Zentrums tritt.

Im Hinblick auf die Zuständigkeit und das Verfahren wird die gesetzliche Regelung in § 95 Abs. 6 SGB V durch § 27 der Ärzte-Zulassungsverordnung ergänzt. Danach hat der Zulassungsausschuss von Amts wegen über die vollständige oder hälftige Entziehung der Zulassung zu beschließen, wenn die Voraussetzungen nach § 95 Abs. 6 SGB V gegeben sind. Sowohl die Kassenärztlichen Vereinigungen als auch die Landesverbände der Krankenkassen sowie die Verbände der Ersatzkassen können die Entziehung der Zulassung beim Zulassungsausschuss unter Angabe der Gründe beantragen.

Sind die Voraussetzungen für die Entziehung einer Zulassung erfüllt, so *muss* der Zulassungsausschuss die Zulassung entziehen. Ein Ermessensspielraum besteht – anders als bei einer Disziplinarentscheidung – nicht. Entscheidend ist daher allein, ob Voraussetzungen für die Entziehung erfüllt sind. Die drei wichtigsten seien im Folgenden dargestellt:

6.2.1.1 Nichtaufnahme oder fehlende Ausübung der vertragsärztlichen Tätigkeit

Wird der Arzt zugelassen, so hat der Zulassungsausschuss gemäß § 19 Ärzte-Zulassungsverordnung in dem Zulassungsbeschluss den Zeitpunkt festzusetzen, bis zu dem die vertragsärztliche Tätigkeit aufzunehmen ist. Liegen wichtige Gründe vor, so kann der Zulassungsausschuss auf Antrag des Arztes nachträglich einen späteren Zeitpunkt festsetzen. Wenn die vertragsärztliche Tätigkeit in einem von Zulassungsbeschränkungen betroffenen Planungsbereich nicht innerhalb von drei Monaten nach Zustellung des Beschlusses über die Zulassung aufgenommen wird, endet die Zulassung ohne weiteres kraft Gesetzes. Einer besonderen Anordnung bedarf es hierfür nicht.

Hat der Vertragsarzt seine Tätigkeit aufgenommen, dann ist er verpflichtet, sie **persönlich** und **in freier Praxis permanent** auszuüben (§ 32 Ärzte-Zulassungsverordnung). Ist er hierzu nicht in der Lage (z. B. wegen Urlaub, Fortbildung oder Krankheit), so kann er sich vertreten lassen. Diese Möglichkeit besteht aber nicht unbeschränkt. Grundsätzlich kann sich ein Vertragsarzt innerhalb von zwölf Monaten bis zu einer Dauer von drei Monaten ohne eine Genehmigung der KV vertreten lassen, wobei diese Zeitspanne auf einen entsprechenden Antrag hin durch die Kassenärztliche Vereinigung aus Gründen der Sicherstellung der vertragsärztlichen Versorgung verlängert werden kann. Die Vertretung ist der KV zudem immer dann anzuzeigen, wenn sie länger als eine Woche dauert.

6.2 Die Entziehung der Zulassung

Da die frühere Regelung sich für **Vertragsärztinnen**, die ein Kind bekommen hatten, als zu restriktiv erwies, hat der Gesetzgeber die Rechtslage weiter gelockert. Danach können sich Vertragsärztinnen im unmittelbaren Zusammenhang mit einer Entbindung bis zu einer Dauer von zwölf Monaten vertreten lassen.

6.2.1.2 Nicht (mehr) Vorliegen der Voraussetzungen einer Zulassung

Wenn einem Arzt die **Approbation entzogen** wird, so hat dies unmittelbare Auswirkungen auf die vertragsarztrechtliche Zulassung. Grund hierfür ist, dass nach § 18 Ärzte-Zulassungsverordnung die Erteilung der Zulassung durch einen Nachweis der Approbation (Auszug aus dem Arztregister) bedingt ist. Approbation und Zulassung sind also unmittelbar miteinander verknüpft: Ein bestandskräftiger oder sofort vollziehbarer Entzug der Approbation führt unmittelbar zum Wegfall einer notwendigen Voraussetzung der Zulassung und damit zum Verlust der Zulassung selbst (BSG, Urteil vom 17.08.2011, Az: B 6 KA 18/11 B).

6.2.1.3 Gröbliche Pflichtverletzung

Die Zulassung ist auch zu entziehen, wenn ein Arzt seine vertragsärztlichen Pflichten gröblich verletzt. Trotz dieses klaren Wortlautes hat die Rechtsprechung klargestellt, dass eine gröbliche Pflichtverletzung allein nicht ausreichend für die Entziehung einer Zulassung sein kann. Der Grund hierfür ist, dass die Zulassungsentziehung allein zum Schutze einer ordnungsgemäßen vertragsärztlichen Versorgung erfolgen darf. Sie ist keine Sanktion für möglicherweise strafwürdiges Verhalten. Maßgeblich ist daher allein, ob die gröbliche Pflichtverletzung darauf schließen lässt, dass der betreffende Arzt nicht zur Ausübung der vertragsärztlichen Tätigkeit geeignet ist, was im Regelfall für die Zukunft allerdings durch die gröbliche Pflichtverletzung indiziert wird (vgl. BSG, Beschluss vom 05.11.2008, Az: B 6 KA 59/08 B). Auf ein **Verschulden** des Arztes kommt es – im Unterschied zum Disziplinarverfahren – prinzipiell **nicht** an. Das Verschulden ist jedoch insofern von mittelbarer Bedeutung, als aus dem Grad des Verschuldens Rückschlüsse auf die Eignung des Arztes zur weiteren Teilnahme an der vertragsärztlichen Versorgung gezogen werden können.

Eine mangelnde Eignung für die vertragsärztliche Tätigkeit ist nach der Rechtsprechung anzunehmen, wenn durch die Art und Schwere des begangenen Verstoßes das Vertrauensverhältnis zwischen dem Arzt, der KV und den Krankenkassen derart gestört ist, dass eine weitere Zusammenarbeit nicht mehr möglich erscheint. Die Konstellationen, in denen eine solche Störung des Vertrauensverhältnisses angenommen werden kann, sind breit gefächert.

Der wichtigste Fall einer gröblichen Pflichtverletzung ist die **Abrechnungsmanipulation** (s. hierzu auch Kap. 7). Sie führt zu Falschabrechnungen gegenüber der KV und kommt in den unterschiedlichsten Erscheinungsformen vor. Hierunter fallen die Abrechnung nicht erbrachter Leistungen, die Abrechnung von Gebührentatbeständen, deren Leistungsinhalt nicht vollständig erfüllt ist oder auch das so genannte „Honorarglätten" (Abrechnung nicht erbrachter Leistungen anstelle anderer erbrachter Leistungen, um Auffälligkeiten bei der Wirtschaftlichkeitsprüfung zu vermeiden).

Besonders praxisrelevant ist auch die Verbindung zwischen dem Strafrecht und dem Zulassungsentzug. Bei der Feststellung, ob ein Vertragsarzt seine Pflichten gröblich verletzt hat, können nämlich die Feststellungen im Strafbefehl zu Grunde gelegt werden, da der Strafbefehl einem Strafurteil gleichsteht (LSG Bayern, Beschluss vom 05.01.2011, Az: L 12 KA 116/10 B ER). Besteht das Ziel des Strafverteidigers z. B. darin, das Verfahren gegen Zahlung einer Geldbuße einzustellen, müssen die Konsequenzen für die medizinrechtlichen Verfahren unbedingt im Auge behalten werden.

Zur Illustration seien hier noch einige **weitere Beispiele** aus der Rechtsprechung genannt, in denen das Vorliegen einer „gröblichen Pflichtverletzung" bejaht wurde:
- Pflichtwidrige Verweigerung einer Behandlung im Sachleistungssystem
- Fortgesetzte Verstöße gegen administrative Pflichten (z. B. jahrelanges Nichtbeantworten von Schreiben der Krankenkassen und verspätete Honorarabrechnung trotz Disziplinarmaßnahmen)
- Ausstellung von Blankorezepten
- Verletzung von Vorschriften der Substitutions-RL bei der Substitutionsbehandlung Opiatabhängiger in grober Weise
- Massive fortgesetzte Verstöße gegen das Wirtschaftlichkeitsgebot
- Beschäftigung eines Assistenten ohne Genehmigung der KV und Abrechnung von Kassenleistungen als IGeL
- Abrechnung durch nichtärztliches Personal erbrachter nicht delegationsfähiger Leistungen
- Abrechnung von Leistungen unter bundesweit nicht vergebenen LANR und von Ärzten, die entweder gar nicht im MVZ angestellt waren oder deren Anstellungsgenehmigung erst zu einem späteren Zeitpunkt Wirkung entfaltete sowie die Nichtanzeige der Tätigkeit eines Vertreters
- Ausübung der vertragsärztlichen Tätigkeit außerhalb des Vertragsarztsitzes ohne bzw. vor Genehmigung der Sitzverlegung

Das Verfahren der Zulassungsentziehung ist eigenständig und nicht von Beurteilungen in anderen Verfahren unmittelbar abhängig. Denn im Unterschied zum Strafverfahren dient es ausschließlich der Sicherstellung einer ordnungsgemäßen vertragsärztlichen Versorgung. Ein strafbares Verhalten ist also nicht Voraussetzung für die Feststellung einer gröblichen Pflichtverletzung. Umgekehrt können die Zulassungsinstanzen freilich die Ergebnisse einer strafrechtlichen Ermittlung ihrer Entscheidung zu Grunde legen.

Auch Entscheidungen der für die Entziehung der Approbation zuständigen Behörde sind im Verfahren auf Entziehung der Zulassung für den Zulassungsausschuss nicht bindend. Selbst wenn die zuständige Behörde zu dem Ergebnis kommt, dass ein Entzug der Approbation nicht erforderlich sei, kann der Zulassungsausschuss die Zulassung entziehen.

Der von einem Zulassungsentziehungsverfahren betroffene Vertragsarzt ist nicht darauf beschränkt, sich gegen die (beabsichtigte) Zulassungsentziehung zur Wehr zu setzen. Vielmehr kann er aktiv durch sein **Wohlverhalten** Einfluss auf den Ausgang des Verfahrens nehmen. Solches Wohlverhalten während des gerichtlichen Zulassungsentziehungsverfahrens ist – insbesondere bei lang andauernden

Streitigkeiten – zu berücksichtigen. Der betroffene Arzt muss jedoch ernst zu nehmende Anstrengungen unternehmen, um seinen Teil zur Wiederherstellung einer ordnungsgemäßen Versorgung beizutragen. Als *Beispiele* sind insoweit die zügige Wiedergutmachung eines Schadens oder die uneigennützige Mithilfe bei der Aufklärung des Sachverhalts nach der Entdeckung von Verdachtsmomenten zu nennen. Außer Betracht zu bleiben hat nach der Rechtsprechung demgegenüber ein bloß taktisches Wohlverhalten des Arztes während des laufenden Entziehungsverfahrens. Ein bloßer Zeitablauf im Sinne einer „Bewährungszeit" genügt hingegen nicht (BSG, Urteil vom 09.02.2011, Az: B 6 KA 49/10 B).

6.2.2 Gang des Entziehungsverfahrens und Entscheidung

Der Zulassungsausschuss ist für die Entziehung der Zulassung zuständig. Dieses Gremium setzt sich aus sechs Mitgliedern zusammen, je drei Vertretern aus der Ärzteschaft und den Krankenkassen (§ 34 Ärzte-Zulassungsverordnung). Ein rechtmäßiger Beschluss setzt die vollständige Besetzung des Ausschusses voraus.

Anders als das Disziplinarverfahren kann das Verfahren auf Zulassungsentziehung nicht nur auf Antrag (der KV, eines Landesverbandes der Krankenkassen oder Ersatzkassenverbandes), sondern nach § 27 Ärzte-Zulassungsverordnung auch von Amts wegen durch den Zulassungsausschuss eingeleitet werden. Im Übrigen bestehen deutliche Parallelen zum Verfahrensablauf des Disziplinarverfahrens. Insbesondere gilt auch im Entziehungsverfahren der **Amtsermittlungsgrundsatz**. Die Beweiserhebung ist nicht an ein förmliches Verfahren gebunden. Dem betroffenen Arzt ist vor der Entscheidung Gelegenheit zur Stellungnahme zu geben. Er hat ein **Akteneinsichtsrecht**.

Grundlage der Entscheidung des Zulassungsausschusses sind sowohl das Ergebnis der im Vorfeld vorgenommen Sachverhaltsaufklärung als auch die Erkenntnisse der grundsätzlich durchzuführenden mündlichen Verhandlung vor dem Zulassungsausschuss, zu welcher der Arzt persönlich zu laden ist. Um eine effektive Wahrnehmung der Rechte sicherzustellen, empfiehlt es sich, an der Sitzung des Ausschusses teilzunehmen und sich darüber hinaus eines **sachkundigen Beistands** durch einen erfahrenen Rechtsanwalt zu bedienen.

Wie in allen anderen Verfahren des Vertragsarztrechts entscheidet auch der Zulassungsausschuss durch einen Verwaltungsakt. Der Beschluss des Ausschusses muss schriftlich begründet werden. Entscheidet sich der Zulassungsausschuss für eine Entziehung der Zulassung, so muss aus dem Beschluss deutlich hervorgehen, welche Gründe den Ausschuss im Einzelnen dazu bewogen haben, die Zulassung zu entziehen. Wichtig ist insoweit, dass pauschale Ausführungen nicht ausreichend sind, vielmehr bedarf es einer konkreten Darlegung der Gründe für die Entziehung.

Inhaltlich muss die Entscheidung vor allem dem verfassungsrechtlichen Prinzip der **Verhältnismäßigkeit** Rechnung zu tragen. Dabei ist insbesondere zu prüfen, ob und inwieweit möglicherweise ein Disziplinarverfahren ausreicht, um den Vertragsarzt zu einem künftigen ordnungsgemäßen Verhalten zu veranlassen und die zerrüttete Vertrauensbasis zwischen der KV, den Krankenkassen und dem Arzt wieder herzustellen. Es ist in diesem Zusammenhang bereits darauf hingewiesen worden, dass die Folgen des Entziehungsverfahrens, also der vollständige Verlust der Zulassung, regelmäßig gravierender sind als die des Disziplinarverfahrens.

6.2.3 Rechtsschutzmöglichkeiten

Gegen eine ihn belastende Entscheidung kann sich der betroffene Vertragsarzt mit einem Widerspruch zur Wehr setzen. Anders als im Disziplinarverfahren ist hier der etwaigen Erhebung einer Klage also ein vorgerichtliches Verfahren vorgeschaltet. Der Widerspruch ist binnen eines Monats ab Zustellung gemäß § 97 Abs. 3 SBG V, § 84 Abs. 1 SGG beim Zulassungsausschuss einzulegen. Diese Regelung ist vorrangig gegenüber der abweichenden Vorschrift des § 44 Ärzte-Zulassungsverordnung, die eine Einlegung beim Berufungsausschuss vorsieht.

▶ **Praxistipps:** Der Widerspruch war innerhalb der Rechtsbehelfsfrist zu begründen, anderenfalls wurde er als unzulässig abgewiesen (BSG, Urteil vom 09.06.1999, Az: B 6 KA 76/97 R). Seit Änderung des § 44 Ärzte Zulassungsverordnung durch das VÄndG besteht das Erfordernis, die Begründung binnen eines Monats einzureichen, nun nicht mehr. Durch ein Herauszögern der Begründung kann das Verfahren in die Länge gezogen werden, was sich bei aufschiebender Wirkung des Widerspruchs günstig auswirken kann (s. u.).

Zu beachten ist ferner, dass die Einlegung des Widerspruchs gebührenpflichtig ist. Wird die Verfahrensgebühr nicht rechtzeitig gezahlt, so gilt der Widerspruch als zurückgenommen.

Hat der Vertragsarzt selbst oder durch seinen Beistand wirksam gegen die Entscheidung des Zulassungsausschusses Widerspruch eingelegt, so hat dieser **aufschiebende Wirkung**. Das bedeutet, dass die Entscheidung bis zum Abschluss des Verfahrens suspendiert ist; aus ihr können dann keine Konsequenzen gezogen werden. Gleiches gilt für die Klage zum Sozialgericht. Die aufschiebende Wirkung kann jedoch unter engen Voraussetzungen ausgeschlossen werden. Da diese sofortige Vollziehung einen eigenständigen Eingriff in das Grundrecht der Berufsfreiheit aus Art, 12 GG darstellt, ist jeweils zu prüfen, ob eine weitere Berufstätigkeit vor Rechtskraft des Hauptsacheverfahrens konkrete Gefahren für wichtige Gemeinschaftsgüter wie die Verlässlichkeit des Abrechnungssystems befürchten lässt (BVerfG, Beschluss vom 08.11.2010, Az: 1 BvR 722/10) Befugt hierzu ist nach § 97 Abs. 4 SGB V allein der Berufungsausschuss im Rahmen seiner Entscheidung über den Widerspruch.

In der Praxis führen die dargestellten Verfahrensregelungen dazu, dass sich ein Entziehungsverfahren vielfach über Jahre hinzieht. Wegen der grundsätzlich gegebenen **aufschiebenden Wirkung** von Widerspruch und Klage kann der Arzt in der Regel weiterhin seiner beruflichen Tätigkeit nachgehen. Es ist empfiehlt sich daher in aller Regel schon aus taktischen Gründen und zur Sicherung der beruflichen

Existenz, die genannten Rechtsbehelfe auszuschöpfen. Ist ausnahmsweise die sofortige Vollziehung der Widerspruchsentscheidung angeordnet, dann darf sich der Arzt nicht darauf beschränken, Klage gegen diese Entscheidung zu erheben. Vielmehr muss er daneben beim Sozialgericht die Gewährung vorläufigen Rechtsschutzes beantragen, damit die aufschiebende Wirkung seiner Klage hergestellt wird und die Entscheidung über die Entziehung der Zulassung vorerst nicht vollzogen werden kann.

Der Umstand, dass sich das Entziehungsverfahren über viele Jahre hinzieht, kann sich aus einem weiteren Grund durchaus zum Vorteil des Vertragsarztes auswirken: So hat das Bundessozialgericht mit Urteil vom 19.07.2006 (B 6 KA 1/06 R; SozR 4–0000) entschieden, dass dem **Wohlverhalten** des Vertragsarztes in diesem Verfahrenszeitraum eine ganz **besondere Bedeutung** zukommt. Zwar war nach Auffassung des BSG die Zulassungsentziehung im Zeitpunkt der Entscheidung des Zulassungsausschusses wegen gröblicher Vertragsverletzungen (Verstoß gegen das Gebot der Wirtschaftlichkeit über 12 Jahre hinweg, Abrechnungsbetrug) gerechtfertigt gewesen. Da die Zulassungsentziehung jedoch aufgrund der aufschiebenden Wirkung von Widerspruch und Klage nicht sofort vollzogen wurde, hätte die vorangehende Gerichtsinstanz sorgfältig prüfen müssen, ob sich die Sachlage infolge eines Wohlverhaltens während des länger dauernden Rechtsstreits zu Gunsten des Vertragsarztes geändert habe. Infolge dessen könne die Entziehung der Zulassung jetzt nicht mehr angemessen sein. Dies sei der Fall, wenn für die Zukunft ein ordnungsgemäßes Verhalten prognostiziert werden könne. Die gröbliche Pflichtverletzung und ein eventuell beachtliches "Wohlverhalten" beziehen sich dabei notwendig aufeinander. Es muss festgestellt werden, ob das Verhalten des betroffenen Arztes nach der Entziehung der Zulassung zu dem Schluss zwingt, dass die von der Pflichtverletzung ausgehende Indizwirkung für einen Eignungsmangel mit an Sicherheit grenzender Wahrscheinlichkeit entkräftet ist. Soweit daran Zweifel bleiben, ist weiterhin vom Eignungsmangel auszugehen (vgl. BSG, Beschluss vom 05.11.2008, Az: B 6 KA 59/08 B).

Auch die Wiederzulassung eines Vertragsarztes nach vorangegangener Zulassungsentziehung wegen Verletzung vertragsärztlicher Pflichten setzt voraus, dass dieser die erforderliche Eignung wieder erlangt hat. Ein bloßer Zeitablauf im Sinne einer „Bewährungszeit" genügt also nicht (BSG, Beschluss vom 09.02.2011, Az: B 6 KA 49/10 B).

6.3 Das Verhältnis verschiedener Verfahren untereinander

Das Entziehungsverfahren weist einige, z. T. erhebliche Unterschiede zum Disziplinarverfahren auf. Prinzipiell sind die Verfahren aber gleich strukturiert. Das gilt nicht nur für den Verfahrensablauf selbst, sondern auch für die Zielsetzung, da beide Verfahren letztlich auf die Sicherstellung einer ordnungsgemäßen vertragsärztlichen Versorgung ausgerichtet sind. Dementsprechend knüpfen beide Verfahren an eine (unterschiedlich schwere) Pflichtverletzung an – mit unterschiedlich schweren Konsequenzen.

Disziplinar- und Entziehungsverfahren sind prinzipiell voneinander **unabhängig**. Eine Pflichtverletzung kann daher beide Verfahren nach sich ziehen. Eine Verknüpfung besteht allerdings durch das rechtsstaatliche Gebot der Verhältnismäßigkeit. Sie begrenzt die grundsätzliche Parallelität der Verfahren. Reicht nämlich schon eine (mildere) Disziplinarmaßnahme aus, um den Vertragsarzt künftig zu ordnungsgemäßem Verhalten anzuhalten und so die Funktionsfähigkeit des Systems zu schützen, so wäre es unzulässig, zusätzlich ein Entziehungsverfahren durchzuführen.

Nach der Rechtsprechung schließt ein Entziehungsverfahren die Verhängung einer Disziplinarmaßnahme jedoch nicht aus, wenn eine Zulassungsentziehung objektiv geboten erscheint. Auch ist zu beachten, dass eine Verletzung vertragsärztlicher Pflichten, beispielsweise eine betrügerische Abrechnung, **weitere Verfahren** in Gang setzen kann. Neben einem Disziplinar- und Entziehungsverfahren können daher auch ein strafrechtliches Ermittlungsverfahren, ein Approbationsentziehungsverfahren und ein berufsgerichtliches Verfahren eingeleitet werden.

Diese Verfahren sind voneinander unabhängig. Eine wechselweise Bindungswirkung besteht nicht. In der Praxis sind jedoch üblicherweise die von der Staatsanwaltschaft geführten strafrechtlichen Ermittlungsverfahren die „führenden" Verfahren. Die anderen Verfahren werden dann bis zum Abschluss des Strafverfahrens zurückgestellt.

Fazit:
Jeder Arzt, der sich dem Vorwurf einer Pflichtverletzung ausgesetzt sieht, läuft Gefahr, wegen dieses Vorwurfs mehrfach sanktioniert zu werden. Insbesondere gegen die Entziehung der Zulassung empfiehlt es sich, Rechtsschutzmöglichkeiten zu ergreifen und durch eigenes Wohlverhalten die Entscheidung des Zulassungsausschusses bzw. des Sozialgerichts positiv zu beeinflussen.

Der Arzt und das Strafrecht 7

7.1 Einleitung

Die Bedeutung des Strafrechts als Bestandteil des Arztrechts nimmt zu. Die wachsende wirtschaftliche Konkurrenz und eine deutlich gestiegene Sensibilität der Kostenträger und Ermittlungsbehörden haben in der jüngeren Vergangenheit die Anzahl der Ermittlungsverfahren – nicht nur wegen Abrechnungsbetruges - in die Höhe schnellen lassen. Mit der Hochkonjunktur der Arzthaftpflichtfälle ist auch die Zahl der Strafverfahren wegen fahrlässiger Körperverletzung oder fahrlässiger Tötung deutlich gestiegen. Hinzu kommen neue gesetzliche Rahmenbedingungen wie das Gesetz zur Bekämpfung von Korruption im Gesundheitswesen.

Die **Zielsetzung** des Strafrechts greift weiter als die des Berufsrechts (im Verhältnis zur Ärztekammer) oder des Disziplinarrechts bzw. des Rechts der Zulassungsentziehung (im Verhältnis zur Kassenärztlichen Vereinigung) und auch des Rechts der Approbationsentziehung (im Verhältnis zur Approbationsbehörde). Anders als die letztgenannten Rechtsgebiete, die allein vom Präventionsgedanken getragen werden (vgl. dazu im Einzelnen Kap. 6), dient das Strafrecht *auch* dazu, das begangene Unrecht zu sühnen (Aspekt der Schuldvergeltung). Diese unterschiedlichen Zielsetzungen sind letztlich der Grund dafür, dass das Strafverfahren vom Disziplinar-, Zulassungs- bzw. Approbationsentziehungsverfahren unabhängig ist. So kann es bei einem erheblichen Verstoß, der mit einem entsprechenden Schuldvorwurf einhergeht, neben einem berufsrechtlichen Verfahren und einem Zulassungsentziehungsverfahren zusätzlich zu einem Strafverfahren kommen. Da auch die betroffenen Behörden unterschiedlich sind und unterschiedliche Zielrichtungen verfolgen, hebt die Belastung des Arztes mit einem der Verfahren die anderen nicht auf. Mitunter warten die Ärztekammern, die KVen und die Approbationsbehörden zunächst den Ausgang des Strafverfahrens ab und entscheiden sodann im Nachgang dessen.

Die Einleitung eines Strafverfahrens sollte stets ernst genommen werden. Jeder betroffene Arzt sollte sich umgehend und ernsthaft mit dem Verfahren, dem erhobenen Vorwurf und seiner Verteidigung auseinandersetzen. Um den Blick dafür zu schärfen, unter welchen Voraussetzungen ärztliches Handeln strafrechtlich relevant ist, werden im Folgenden die wichtigsten Straftatbestände vorgestellt, die für einen Arzt im Rahmen seiner Berufsausübung von Bedeutung sind.

7.2 Einzelne Tatbestände des ärztlichen Strafrechts

7.2.1 Abrechnungsbetrug

Der Arzt ist dazu verpflichtet, in Umsetzung der Anforderungen des geltenden Gebühren- und Vertragsarztrechts ordnungsgemäße Abrechnungen zu erstellen. Dies gilt vor allem, aber nicht nur für zugelassene Vertragsärzte, aufgrund des dortigen Grundsatzes der peinlich genauen Abrechnung (Kap. 3).

Die Abrechnung von Leistungen, die überhaupt nicht erbracht wurden – sog. Luftleistungen- stellt unproblematisch einen Betrug gemäß § 263 Abs. 1 StGB dar. Darüber hinaus gibt es eine Vielzahl von weiteren Fallgestaltungen, die einen Abrechnungsbetrug darstellen können.

> **Beispiel:**
> Ein zugelassener Arzt erbringt eine Leistung nach einer bestimmten EBM-Position und rechnet diese entsprechend ab. Die KV rügt gegenüber dem Arzt, dass die erbrachte Leistung nicht unter der in Ansatz gebrachten EBM-Position abgerechnet werden könne. Vielmehr sei eine andere, niedriger bewertete Position in Ansatz zu bringen. Da der Arzt bei mehreren Patienten in gleicher Weise verfahren hat, summieren sich die daraus folgenden Mehraufwendungen zu Lasten der Krankenkassen auf einen erheblichen Betrag.

Die KV hat daraufhin bei der Staatsanwaltschaft eine Strafanzeige wegen Abrechnungsbetruges erstattet. Die Staatsanwaltschaft nimmt die Ermittlungen auf und beschlagnahmt aufgrund eines Durchsuchungs- und Beschlagnahmebeschlusses des Amtsgerichts die betreffende Patientenkartei des Arztes, indem einige Kriminalbeamte während der Sprechstundenzeit in die Praxis kommen und zur Herausgabe der betreffenden Patientenunterlagen auffordern. Mit dem Vorwurf des Abrechnungsbetruges konfrontiert, verteidigt sich der Arzt damit, dass er die von ihm praktizierte Abrechnungsweise auf einem Abrechnungsseminar gelernt habe.

Darüber hinaus sind als Beispiele die Problematik der Scheingesellschaft, die Abrechnung nicht persönlich erbrachter Leistungen, die bewusst falsche gebührenrechtliche Bewertung oder unrichtige Zuordnung von Leistungen, die Abrechnung von objektiv unwirtschaftlichen Leistungen, die auch als solche vom Arzt erkannt wurden, die Beschäftigung eines nicht genehmigten Assistenten, Vertreters oder „Strohmanns" ohne Zulassung (auch bei im Übrigen ordnungsgemäßer Abrechnung) zu nennen.

Das enorme Potenzial einer objektiv fehlerhaften Abrechnung gegenüber der KV ist im gegenwärtigen Abrechnungssystem selbst angelegt. Der Arzt erbringt seine

7.2 Einzelne Tatbestände des ärztlichen Strafrechts

Leistung und stellt diese zunächst ohne Fremdkontrolle in Rechnung. Dabei ordnet er seine Leistung den Ziffern des Einheitlichen Bewertungsmaßstabs eigenständig zu. Hier liegt ein Ansatzpunkt für Fehler, Irrtümer und Nachlässigkeiten. Gleichzeitig öffnet sich an dieser Stelle das Tor zur *bewusst* fehlerhaften Abrechnung. Eine weitere Fehlerquelle bildet die *Bewertung* von Leistungen, da hier auf vielen Feldern Uneinigkeit über die Zuordnung einzelner Leistungen oder über die Auslegung der Leistungslegenden einzelner EBM-Positionen herrscht.

Besonders in diesem sensiblen Bereich stellt sich die Frage, ab wann die Grenze zu einer strafbaren Handlung überschritten ist. Begeht ein Arzt einen Abrechnungsbetrug, wenn er statt einer niedrigen (richtigen) EBM-Position aufgrund eines fehlerhaften Verständnisses der Leistungslegende eine höher bewertete (falsche) EBM-Position in Ansatz bringt? Eine objektiv falsche Abrechnung nach § 263 StGB ist nur dann strafbar, wenn der Arzt **vorsätzlich** gehandelt hat. Hinzutreten muss ferner gerade die Absicht des Arztes, sich selbst zielgerichtet zu bereichern. Eine „nur" fahrlässig überhöhte Abrechnung ist hingegen kein strafbarer Abrechnungsbetrug. Fahrlässige Falschabrechnungen sind jedoch im Wege des Disziplinarrechts bzw. im Verfahren der Zulassungsentziehung sanktionierbar. Auch bei falschen Abrechnungen, die „nur" fahrlässig erfolgt sind, hebt die KV das dem Arzt zugeflossene Honorar auf und setzt es neu fest. Dabei kann der Arzt keine möglichst genaue Alternativberechnung beanspruchen, sondern muss sich auf eine grobe Schätzung verweisen lassen (vgl. Kap. 3). Die **Abgrenzung von vorsätzlichem und fahrlässigem Handeln** ist daher für den Bereich der Falschabrechnung von ganz entscheidender Bedeutung. Folgende Voraussetzungen müssen für die Annahme vorsätzlichen Handelns erfüllt sein: Zunächst muss der Arzt bewusst die KV täuschen und sich im Klaren darüber sein, dass er hierdurch einen Irrtum über das tatsächliche Geschehen erzeugt. Weiterhin ist erforderlich, dass gerade durch die Erregung dieses Irrtums eine Vermögensverfügung der KV, also eine Zahlung der Vergütung, hervorgerufen wird. Schließlich muss der Arzt das Bewusstsein haben, dass er auf die Vergütung der Leistung keinen Anspruch hat. Zu beachten ist hierbei, dass ein bewusstes und damit vorsätzliches Handeln in dem soeben beschriebenen Sinne nicht notwendig sichere Kenntnis bedeutet. Vielmehr ist auch dann ein Vorsatz zu bejahen ist, wenn der Arzt die jeweiligen Ereignisse (z. B. Täuschung oder Irrtumserregung) nur für gut möglich hält, gleichwohl deren Eintritt in Kauf nimmt. Anderes gilt für die sogenannte Bereicherungsabsicht: das Erzielen eines Vermögensvorteils muss unmittelbar gewollt sein. Davon ist bei Abgabe der Abrechnungs-Sammelerklärung auszugehen, durch die der Arzt versichert, nach bestem Wissen und Gewissen korrekt abgerechnet zu haben und mit der er die von ihm beanspruchte Vergütung darlegt.

Nur wenn die genannten subjektiven Elemente vollständig vorliegen, kann von einer vorsätzlichen Falschabrechnung gesprochen werden, und erst dann liegt ein strafbarer Abrechnungsbetrug vor. Geht der Arzt demgegenüber guten Gewissens davon aus, er habe eine Leistung tatsächlich (so) erbracht und diese sei wie erfolgt abzurechnen, so fehlt es an einem Vorsatz bzw. einer Bereicherungsabsicht.

Im obigen **Beispielsfall** mangelt es daher an einem vorsätzlichen Handeln: Eine Täuschung wurde nicht beabsichtigt, erst recht nicht die Erregung eines Irrtums oder die Herbeiführung eines Schadens zu Lasten der anderen, ordnungsgemäß abrechnenden Vertragsärzte. Denn der betroffene Arzt ging aufgrund des von ihm besuchten Abrechnungsseminars davon aus, dass seine Art der Abrechnung zutreffend sei. Auch wollte sich der Arzt gerade nicht unrechtmäßig bereichern. Eine Strafbarkeit wegen Abrechnungsbetruges scheidet daher aus.

Naturgemäß bereitet die **Feststellung des Vorsatzes** die größten Schwierigkeiten. Als Beweismittel stehen beispielsweise ein Geständnis des Arztes, Aussagen dritter Personen über Äußerungen des Arztes sowie Unterlagen zur Verfügung. Wenn der Arzt Helferinnen konkrete Anweisungen zu falscher Leistungserfassung erteilt hat, so kann der Vorsatz des Arztes von der Staatsanwaltschaft auch durch Zeugenaussagen der Mitarbeiterinnen bewiesen werden.

Oftmals reicht schon eine einzige (objektive) Falschabrechnung aus, um die Staatsanwaltschaft zu Ermittlungen zu veranlassen. Nach dem Grund einer derartigen Falschabrechnung wird oftmals in diesem Verfahrensstadium nicht gefragt, auch wenn die Falschabrechnung auf einem Versehen beruht oder aus Unkenntnis erfolgt ist.

Die obigen Voraussetzungen einer Strafbarkeit wegen Abrechnungsbetrugs gelten grundsätzlich auch – jenseits des KV-Systems – für die **Abrechnung privatärztlicher Leistungen nach der GOÄ**.

> **Beispiel:**
>
> Der chirurgische Chefarzt eines Krankenhauses ist zur Privatliquidation berechtigt. In der von den Patienten zu unterschreibenden Wahlleistungsvereinbarung sind alle sechs Oberärzte seines Fachbereichs zu seinen ständigen Vertretern für den Fall seiner unvorhersehbaren Abwesenheit ernannt. Der Chefarzt ist häufig spontan verhindert – sodass dann einer der Oberärzte operiert. Der Chefarzt stellt auf Grundlage der Wahlleistungsvereinbarung dem Patienten eine Rechnung für die operativen Leistungen nach der GOÄ.

Eine Abrechnung im Bereich privat versicherter Patienten – oder im Bereich der Selbstzahler – hat auf Grundlage der GOÄ zu erfolgen und muss die dortigen Bestimmungen einhalten. Der Arzt kann Gebühren nur für selbständige Leistungen berechnen, die er selbst erbracht hat oder die unter seiner Aufsicht nach fachlicher Weisung erbracht wurden (§ 4 Abs. 2 GOÄ). Im stationären Bereich gelten auch die Leistungen, die nicht vom Chefarzt selbst, sondern von dessen ständigem ärztlichen Vertreter erbracht wurden, als eigene Leistungen. Die Vertreterleistungen dürfen nach der Rechtsprechung zur GOÄ und zum Krankenhausrecht jedoch nicht ausufern. Benennt der Chefarzt schlicht alle Oberärzte mit gleicher Fachrichtung als seine ständigen ärztlichen Vertreter, ist für den Patienten – der ja gerade die besondere Expertise des Chefarztes wünscht – nicht transparent, wer ihn operieren wird. Die Wahlleistungsvereinbarung ist deshalb nichtig.

Rechnet der Chefarzt, der selber nicht operiert hat, auf Grundlage einer solchen Wahlleistungsvereinbarung dennoch ab, kann nach Ansicht des Landgerichts Aschaffenburg (Beschluss vom 29.10.2013 – KLs 104 Js 13948/07) ein privatärztlicher Abrechnungsbetrug vorliegen. Dies gilt jedenfalls dann, wenn dem Chefarzt bewusst war, dass seine Wahlleistungsvereinbarung zu ausufernd und er selber trotzdem häufig abwesend ist. Der Vergütungsanspruch des Chefarztes entfällt wegen der nichtigen Wahlleistungsvereinbarung – macht der Chefarzt ihn dennoch geltend, kann die Einleitung eines Ermittlungsverfahrens die Folge sein. Die Ansicht des Gerichts zeigt, dass vielfach unbedachte Faktoren zu strafrechtlichen Problemen führen können.

Unabhängig vom Ausgang eines solchen Verfahrens sollte sich jeder Arzt über das schadensträchtige Potenzial eines Ermittlungsverfahrens im Klaren sein. Mit einem Ermittlungsverfahren können **außenwirksame Maßnahmen** verbunden sein (z. B. Durchsuchung der Praxisräume während der Sprechstunde), deren Auswirkungen für den Ruf der Praxis mitunter sehr schädlich sind.

Nicht zuletzt aus diesem Grunde sollte jeder Arzt penibel auf die ordnungsgemäße (insbesondere: EBM-gerechte) Abrechnung seiner Leistungen achten. Zur Vermeidung empfindlicher Nachteile sollte der Arzt auch seine Helferinnen zur gebotenen Sorgfalt bei der Abrechnung anhalten.

Dies gilt auch und gerade deshalb, weil neben dem Abrechnungsbetrug auch das mit dem Betrug verwandte Delikt der **Untreue** gem. § 266 StGB in Betracht kommt: Nach einer neueren Entscheidung des Bundesgerichtshofes trifft den Vertragsarzt gegenüber einer gesetzlichen Krankenkasse eine sogenannte „Vermögensbetreuungspflicht", die ihm zumindest gebietet, Heilmittel nicht ohne jegliche medizinische Indikation in der Kenntnis zu verordnen, dass die verordneten Leistungen gar nicht erst erbracht, aber gegenüber den Krankenkassen abgerechnet werden sollen (BGH, Beschluss vom 16.11.2016 – 4 StR 163/16). Verletzt der betroffene Arzt diese Vermögensbetreuungspflicht, macht er sich somit unter Umständen auch wegen Untreue strafbar. Es ist davon auszugehen, dass die den Vertragsarzt treffende Vermögensbetreuungspflicht gegenüber den gesetzlichen Krankenkassen in der Rechtsprechung künftig noch weiter ausgestaltet und ausgeweitet werden wird.

Eine weitere Tendenz geht dahin, vonseiten der Staatsanwaltschaften auch vermehrt im Bereich der **Geldwäsche** gem. § 261 StGB zu ermitteln. Hier gilt, dass Gelder, die aus einem Abrechnungsbetrug oder einer Untreue stammen und die dem Geschäftskonto einer BAG zufließen, die Gelder auf diesem Konto gleichsam kontaminieren: Das Bankguthaben wird dann insgesamt zum Gegenstand der Geldwäsche (BGH, Beschluss vom 20.05.2015 – Az. 1 StR 33/15 und BGH, Urt. v. 12.07.2016 – Az. 1 StR 595/15). Begeht nur ein Arzt aus einer BAG den Betrug/die Untreue und wissen dies die anderen Ärzte, so kommt auch für sie eine Strafbarkeit wegen Geldwäsche in Betracht. Mitwisserschaften im Rahmen von ärztlichen Berufsausübungsgemeinschaften und sonstigen Kooperationen können somit einen Anfangsverdacht einer Geldwäsche begründen, der die Staatsanwaltschaft auf den Plan ruft.

7.2.2 Fahrlässige Körperverletzung und fahrlässige Tötung

Zu den primär wichtigen Delikten, mit denen sich Ärzte in ihrem Berufsleben beizeiten auseinander setzen müssen, gehören die fahrlässige Körperverletzung sowie –

weitaus seltener – die fahrlässige Tötung. Zunächst sollen die Körperverletzung sowie der Begriff der Fahrlässigkeit beleuchtet werden.

Die Rechtsprechung qualifiziert den ärztlichen Heileingriff an sich bereits stets als eine Körperverletzung im Sinne des Strafgesetzbuches. Dies gilt nicht nur für den misslungenen, sondern auch für den medizinisch indizierten und lege artis durchgeführten Heileingriff, sofern die nachfolgenden Voraussetzungen vorliegen.

Gerechtfertigt und damit straflos ist der lege artis erfolgte Heileingriff nur dann, wenn er durch die Einwilligung des Patienten gedeckt ist.

Die **fahrlässige Körperverletzung** ist in § 229 StGB geregelt. Der Rechtsbegriff der Körperverletzung ist, wie sich aus § 223 StGB ergibt, zweidimensional: er umfasst einerseits „körperliche Misshandlungen" und andererseits „Gesundheitsschädigungen". Eine **körperliche Misshandlung** wird regelmäßig als *„üble unangemessene Behandlung, durch die das körperliche Wohlbefinden mehr als unerheblich beeinträchtigt oder sonst auf die körperliche Unversehrtheit eingewirkt wird"*, verstanden. Sie liegt vor allem bei Eingriffen in die körperliche Substanz vor, so z. B. beim Verlust eines Zehs oder Fingers, bei einem Funktionsausfall von Organen (Niere, Leber, Verlust des Gehör-, Geruchs- oder Geschmackssinns), bei der Zufügung von Schwellungen, Blutergüssen, Schnitten, Narben und Schmerzen – somit auch bereits bei einer Blutentnahme, einer Injektion oder auch nur einer (schmerzhaften) Mobilisierung einer Muskelpartie.

Demgegenüber meint die **Gesundheitsschädigung** jede Herbeiführung oder Verschlimmerung eines pathologischen Zustands. Typische Beispiele für Gesundheitsschädigungen sind Knochenbrüche, Wunden oder Infektionen.

In beiden Fällen nicht erfasst sind nur unerhebliche Beeinträchtigungen. Hierzu zählen etwa leichte Kopfschmerzen, über wenige Stunden fortdauernde, leichte Schmerzen oder andere nicht ins Gewicht fallende Begleiterscheinungen einer ärztlichen Heilbehandlung wie geringfügige optische Einschränkungen.

Voraussetzung für die Strafbarkeit ist ferner stets ein **fahrlässiges Verhalten des Arztes**. Fahrlässig im Sinne von § 229 StGB handelt, wer die objektiv gebotene und ihm persönlich mögliche Sorgfalt bei der Behandlung außer Acht lässt. Dieser Vorwurf ist konkret dann zu bejahen, wenn dem Arzt ein **Behandlungsfehler** („Kunstfehler", vgl. Kap. 9) unterläuft. Hierunter versteht man einen Verstoß gegen den fachärztlichen Standard, d. h. jede ärztliche Maßnahme, die nach dem jeweiligen Stand der medizinischen Wissenschaft unsachgemäß ist. Auch (und gerade) medizinisch nicht indizierte Maßnahmen sind hiervon erfasst.

Beispiele:

- Erbringung von chirurgischen Leistungen ohne hinreichende Kenntnis und Erfahrungen
- Vornahme eines Eingriffs ohne vorherige eigene Diagnose
- Operation an der falschen (nicht pathologischen) Körperseite
- Amputation gesunder Organe
- Verschreibung abhängig machender Medikamente
- Verspätete Vornahme eines operativen Eingriffs, obwohl frühzeitiges Handeln möglich gewesen wäre

7.2 Einzelne Tatbestände des ärztlichen Strafrechts

Die Reichweite des jeweiligen Facharztstandards wird im konkreten Fall ausgestaltet durch Richtlinien, Leitlinien, Empfehlungen und Stellungnahmen, von denen die moderne Medizin inzwischen geprägt ist. Diese entfalten – aufgrund unterschiedlicher gesetzlicher Legitimation in unterschiedlicher Intensität – eine Indizwirkung für das Vorliegen oder Nichtvorliegen einer Standardunterschreitung im Einzelfall.

Anders als im zivilrechtlichen Haftungsrecht (Kap. 9) gilt bei der strafrechtlichen Beurteilung einer ärztlichen Handlung neben dem objektiven Facharztstandard auch eine individuelle Betrachtung der Fähigkeiten des Täters, was sich auf Ebene der Schuldbewertung und Strafzumessung auswirken kann.

Eingangs ist bereits ausgeführt worden, dass jeder ärztliche Eingriff einer besonderen *Rechtfertigung* bedarf. Regelmäßig wird die Körperverletzung durch die **Einwilligung des Patienten** gerechtfertigt. Ein Arzt, der nach Aufklärung und Absprache mit dem Patienten dessen entzündeten Blinddarm entfernt, verwirklicht zwar den Tatbestand einer Körperverletzung. Diese „Tat" ist allerdings durch eine Einwilligung des Patienten gedeckt und aus diesem Grunde nicht strafbar, sofern die Behandlung lege artis erfolgte.

Die Einwilligung des Patienten ist jedoch nur dann *wirksam*, wenn sie auf einer adäquaten, vorherigen **Aufklärung** beruht. Nur wenn der Patient verstanden hat, worin er einwilligt, kann er rechtlich wirksam auf das Rechtsgut der körperlichen Unversehrtheit verzichten. Eine wichtige **Ausnahme** von dem Erfordernis einer vorab erklärten Einwilligung des Patienten ist die **mutmaßliche Einwilligung**. Sie liegt dann vor, wenn der Patient etwa wegen Bewusstlosigkeit oder aufgrund eines Schocks keine wirksame Einwilligung erklären kann, sein mutmaßlicher Wille aber dahin gehen würde, in der konkreten Situation den geplanten Eingriff an sich vornehmen zu lassen.

Ist dem Arzt in vorwerfbarer Weise ein Kunstfehler unterlaufen, kann er sich nicht auf die Einwilligung des Patienten berufen, da sich diese nur auf eine kunstgerechte Behandlung bezieht. Daher ist es so wichtig, auch über mögliche Komplikationen aufzuklären, die von der Einwilligung sodann erfasst werden, sollten sie eintreten. Jeder Behandlungsfehler begründet somit eine Sorgfaltspflichtverletzung, die bei Eintritt eines schädlichen „Erfolgs" zur Strafbarkeit führt, sofern weitere strafrechtliche Voraussetzungen vorliegen. Dazu gehört die sogenannte objektive Zurechenbarkeit: Es gibt Fälle, in denen der Arzt einen Sorgfaltspflichtverstoß begeht, also an sich fahrlässig handelt, und dies zuvor auch objektiv für den Arzt vorhersehbar war – in denen jedoch der eingetretene Körperschaden gerade nicht auf der Fahrlässigkeit des Arztes beruht, sondern schicksalhaft ohnehin eingetreten wäre. Als Kontrollfrage bietet sich hier an: Wäre der eingetretene Schaden bei pflichtgemäßem Verhalten des Arztes vermieden worden? Wird dies verneint, entfällt die Strafbarkeit.

Die Frage, ob sogar eine **vorsätzliche Körperverletzung** oder ein **Totschlag** (§ 212 StGB) vorliegt, wird nur in den seltensten Fällen bejaht werden können. Ein (bedingter) Vorsatz ist bei Tötungsdelikten nur gegeben, wenn der Täter den von ihm als möglich erkannten Eintritt des Todes billigt oder sich um des erstrebten Zieles willen mit dem Todeseintritt abfindet. Diese Konstellation wurde beispielsweise in dem Fall eines Transplantationsmediziners angenommen, der aufgrund von Manipulationen der Zuteilungsreihenfolge eines Spenderorgans in Kauf nahm, dass Patienten in Ermangelung eines Spenderorgans starben, die bei Einhaltung der gesetzlich vorgesehenen Zuteilungsmechanismen ein Spenderorgan erhalten hätten (OLG Braunschweig, Beschl. v. 20.03.2013 – Ws 49/13). Später wurde der Betroffene jedoch vom Landgericht Göttingen aufgrund verfassungsrechtlicher Bedenken im weiteren Zusammenhang mit dem System der Organverteilung freigesprochen (LG Göttingen, Urt. v. 06.05.2015 – 6 Ks 4/13).

Von größerer Relevanz sind Fälle der **fahrlässigen Tötung gem. § 222 StGB**. Mit der grundlegenden Ausnahme, dass als Folge des Behandlungsfehlers der Tod des Patienten eintritt, gelten dabei die gleichen Grundsätze für die Tatbestandsvoraussetzungen, insbesondere für den Begriff der Fahrlässigkeit. Der zuvor thematisierte (bedingte) Vorsatz – auch „dolus eventualis" genannt – ist von der Fahrlässigkeit insbesondere bei Tötungsdelikten abzugrenzen. Die sogenannte „**bewusste Fahrlässigkeit**" liegt dabei vor, wenn der Täter mit der als möglich erkannten Tatbestandsverwirklichung nicht einverstanden ist und ernsthaft – nicht nur vage – darauf vertraut, der Tod werde nicht eintreten (BGH Urt. v. 07.07.2011 – 5 StR 561/10). Die Unachtsamkeit, die in diesem falschen Vertrauen darauf, es werde „schon alles gut gehen", liegt, ist letztlich der Strafgrund bei der Verurteilung wegen fahrlässiger Tötung.

Auch und gerade bei Fahrlässigkeitsdelikten kommt eine **Begehung durch Unterlassen** in Betracht. Ergänzend zu dem unten sogleich behandelten Straftatbestand der unterlassenen Hilfeleistung können die fahrlässige Körperverletzung und die fahrlässige Tötung jeweils auch dann verwirklicht sein, wenn die Außerachtlassung der Sorgfalt – also die Standardunterschreitung – gerade in einem vorwerfbaren Unterlassen liegt. Dies ist stets dann der Fall, wenn eine rechtlich gebotene Handlung durch den Arzt nicht vorgenommen wird, obwohl er dazu eine physisch-reale Handlungsmöglichkeit hatte. Im Rahmen eines Strafverfahrens wegen fahrlässiger Körperverletzung oder fahrlässiger Tötung kann die Argumentation des Strafverteidigers dahingehend, dass im Einzelfall eher ein Unterlassen als ein aktives Tun gegeben ist, hilfreich sein. Denn bei Unterlassungsdelikten kommt gem. § 13 Abs. 2 StGB eine Strafmilderung in Betracht.

7.2.3 Unterlassene Hilfeleistung

Nicht nur Ärzte, sondern **jedermann** macht sich nach § 323c StGB wegen unterlassener Hilfeleistung strafbar, wenn er oder sie bei Unglücksfällen oder Not nicht Hilfe leistet, obwohl dies erforderlich und den Umständen nach zuzumuten wäre.

Der Leitgedanke dieser Vorschrift ist die allgemeine **Solidaritätspflicht** zwischen Mitbürgern im Rahmen eines demokratischen Gemeinwesens. § 323c StGB begründet daher gerade, entgegen der landläufigen Annahme, keine Sonder- oder erweiterte Berufspflicht für Ärzte. Vielmehr entsteht die allgemeine Nothilfepflicht für den Arzt grundsätzlich unter den gleichen Voraussetzungen wie für jedermann. Oftmals kommt es jedoch gerade auf die persönliche Sachkunde eines Arztes an, sodass nur er effektiv helfen kann. Insoweit begründet die **ärztliche Qualifikation** im Einzelfall durchaus besondere Pflichten: Denn der Grad dessen, was an Nothilfehandlungen noch als zumutbar gilt, ist bei medizinisch geschulten Personen weitaus größer als in der Allgemeinbevölkerung.

Voraussetzung für das Entstehen der Pflicht zur Hilfeleistung ist ein **Unglücksfall**. Diesen Begriff definiert die Rechtsprechung als ein *„plötzlich eintretendes Ereignis, das erheblichen Schaden an Menschen oder Sachen verursacht und weiteren Schaden zu verursachen droht"*. Da diese Definition ein gewisses Überraschungsmoment voraussetzt, ist nicht jede Ablehnung der Behandlung eines Kranken eine strafbare unterlassene Hilfeleistung. Wenn jedoch die Krankheit des Patienten plötzlich, unerwartet und heftig auftritt bzw. sich verschlimmert, so ist grundsätzlich von einem Unglücksfall auszugehen. Dies ist typischerweise bei Notdienst- bzw. Schmerzpatienten der Fall.

Aus der **Rechtsprechung** folgende

> **Beispiele:**
>
> - Plötzliche Herzschmerzen, Klagen über allgemeines Unwohlsein
> - Plötzliche schwere, andauernde Atemnot
> - Akute Gastroenterokolitis, drohender Herzinfarkt
> - Diagnose einer „Eileiterschwangerschaft" mit der Gefahr der Ruptur des Eileiters und der Folge alsbaldigen Verblutens
> - Bevorstehender Suizid(versuch)

Die Weigerung des Arztes, einen Notfallpatienten zu behandeln, kann (neben berufs- und disziplinarrechtlichen Konsequenzen) selbst beim Ausbleiben von Folgen den strafrechtlichen Vorwurf einer unterlassenen Hilfeleistung nach sich ziehen. Denn der Straftatbestand der unterlassenen Hilfeleistung gem. § 323c StGB ist auch ein Gefährdungsdelikt, mit dem bereits die Herbeiführung der Gefahr, die durch das Unterlassen der Hilfe entsteht, bestraft wird – ohne, dass es zu einer (weitergehenden) Gesundheitsschädigung tatsächlich gekommen sein muss.

Neben dem Vorliegen eines Unglücksfalles setzt die Strafbarkeit nach § 323c StGB voraus, dass die (unterlassene) Hilfeleistung im konkreten Falle **objektiv erforderlich** und dem Arzt **zumutbar** war. Die Zumutbarkeit beurteilt sich hierbei nach einer Gesamtabwägung der Umstände des Einzelfalls (z. B. Grad der Gefährdung des Patienten, Rettungschancen, Ausmaß einer etwaigen Selbstgefährdung des Arztes). Eine Hilfeleistung des Arztes wäre diesem insbesondere dann nicht zumutbar, wenn verschiedene Pflichten miteinander kollidieren. So kann beispielsweise die vordringliche Behandlung eines Schmerzpatienten dazu führen, dass der Einsatz bei einem weiteren Notfallpatienten unzumutbar wird. Hier gilt es gerade im stationären Bereich, durch adäquates Risikomanagement und straffe Organisation Pflichtenkollisionen bei der Behandlung von Patienten zu vermeiden. Ferner kann einem niedergelassenen Arzt ein Hausbesuch dann unzumutbar sein, wenn der Arzt dadurch seinem Notdienst über einen längeren Zeitraum hinweg nicht ordnungsgemäß nachgehen könnte.

Zumutbar ist es demgegenüber, einen Schmerzpatienten trotz Ausschöpfung des Budgets zu behandeln. Wird eine Behandlung mit dieser Begründung verweigert, so liegt eine strafbare unterlassene Hilfeleistung vor.

Zu beachten ist schließlich, dass es sich bei der unterlassenen Hilfeleistung um ein **Vorsatzdelikt** handelt. Ein fahrlässiges Unterlassen der nötigen Hilfeleistung hat keine strafrechtlichen, wohl aber berufs- und/oder disziplinarrechtliche Folgen. Voraussetzung für die Strafbarkeit ist somit, dass der Arzt das Vorliegen eines Unglücksfalls sowie die Notwendigkeit und Zumutbarkeit seines Einschreitens erkannt hat und trotz dieser Erkenntnis nicht helfend eingeschritten ist.

7.2.4 Verletzung der ärztlichen Schweigepflicht

Beispielsfälle:

- Ein Arzt bespricht den Gesundheitszustand einer Patientin und die ins Auge gefassten Behandlungsmaßnahmen mit einem Fachkollegen im Rahmen eines Überweisungsgesprächs.
- Ein Arzt bespricht den Behandlungsablauf mit Verwandten eines volljährigen Patienten.

Die Verschwiegenheit ist eine essentielle ärztliche Berufspflicht. Sie dient dem Schutz der Menschenwürde und des allgemeinen Persönlichkeitsrechts des Patienten. Damit diese bedeutenden Schutzgüter nicht gefährdet werden, ist die Verletzung der Verschwiegenheitspflicht strafrechtlich sanktioniert. Nach § 203 StGB macht sich ein Arzt strafbar, wenn er unbefugt *„ein fremdes Geheimnis, namentlich ein zum persönlichen Lebensbereich gehörendes Geheimnis"*, welches ihm als Arzt anvertraut worden ist, offenbart.

In der Praxis haben Verfahren wegen Verletzung der ärztlichen Schweigepflicht nur eine geringe Bedeutung. Staatsanwaltschaftliche Ermittlungsverfahren oder gar Hauptverhandlungen vor Strafgerichten kommen nur selten vor. Dies mag daran liegen, dass die Verletzung der Verschwiegenheitspflicht nur auf Antrag des betroffenen Patienten verfolgt wird. Gleichwohl sollte sich jeder Arzt über die prinzipielle Strafbarkeit der Geheimnisverletzung im Klaren sein. Denn gerade in diesem Bereich ist die Schwelle zur strafrechtlichen Verantwortlichkeit vergleichsweise schnell überschritten.

Geschützt sind durch die Schweigepflicht alle Informationen, welche die Behandlung und persönlichen Umstände eines Patienten betreffen. Werden diese Informationen „unbefugt" offenbart, d. h. an dritte Personen weitergegeben, so verwirklicht dies den objektiven Tatbestand des § 203 StGB. Zu diesen „Dritten" zählen bei volljährigen Patienten auch die engsten Familienangehörigen. In dem eingangs genannten **Beispielfall** wäre daher die Strafbarkeit grundsätzlich zu bejahen, wenn nicht eine wirksame **Entbindung von der Schweigepflicht** erfolgt ist.

Schwieriger ist die Rechtslage bei minderjährigen Patienten. Hier ist Vorsicht geboten. Die Minderjährigkeit eines Patienten entbindet den Arzt nicht per se von seiner Schweigepflicht. Mit zunehmendem Alter kollidieren der aus dem Erziehungsrecht fließende Informationsanspruch der Eltern und das wachsende Selbstbestimmungsrecht des Kindes. Pauschale Aussagen lassen sich nicht treffen. Entscheidend sind die Umstände des Einzelfalles.

Keine strafbare Verletzung der Schweigepflicht stellt die Weitergabe von Informationen dar, wenn der betroffene Patient einwilligt oder die Weitergabe anderweitig **gerechtfertigt** ist. Eine Einwilligung kann jedoch nicht ohne weiteres unterstellt werden. Es liegt daher ein Verstoß gegen die ärztliche Schweigepflicht vor, wenn zum Zwecke der Honorarabrechnung ohne Einwilligung des Patienten privatärztliche Abrechnungsunterlagen an gewerbliche **Verrechnungsstellen** oder **Rechenzentren** weitergegeben werden (BGH, Urt. v. 10.07.1991 – VIII ZR 296/90). Verfolgt ein Arzt hingegen seine Interessen im Rahmen eines **Honorarprozesses** gegen einen Patienten und teilt dem Gericht patientenbezogene Informationen mit, so macht er sich nicht strafbar. Ein Patient, der sein Honorar nicht bezahlt, muss damit rechnen, dass dieses in einem öffentlichen gerichtlichen Verfahren eingeklagt wird. Das Interesse des Arztes auf Bezahlung der erbrachten Leistung steht hier somit über dem Interesse des Patienten an der ärztlichen Schweigepflicht. Gleiches gilt, wenn ein Arzt den Behandlungsfall eines Patienten im Rahmen eines konkreten Überweisungsgesprächs mit einem Fachkollegen bespricht (siehe **Beispielsfall** und vgl. aus berufsrechtlicher Sicht auch § 9 Abs. 4 der Muster-Berufsordnung der Bundesärztekammer (MBOÄ)). Dass eine Interessenabwägung auch zu Lasten des Patientendatenschutzes gehen und damit gegen eine Strafbarkeit gem. § 203 StGB sprechen kann, zeigt auch folgender Fall:

> **Beispielsfall (nach BGH, Urt. v. 09.07.2015 – III ZR 329/14):**
> Ein stationär aufgenommener Patient schlägt seinem Zimmergenossen aufgrund eines Streits mit der Faust ins Gesicht, wodurch das Opfer einen Jochbeinbruch erleidet. Daraufhin weigert sich der Täter gegenüber seinem Zimmergenossen, ihm seinen Namen und seine Adresse zu nennen. Das Opfer wendet sich an die Klinikleitung mit der Bitte, Namen und Anschrift des Täters aufzudecken. Der Chefarzt teilt dem Opfer schließlich die Daten mit.

Hier sind das Geheimhaltungsinteresse des Täters und das Interesse des Opfers an einer Durchsetzung zivilrechtlicher Schadensersatzansprüche gegeneinander abzuwägen. In dem maßgeblichen Landeskrankenhausgesetz Mecklenburg-Vorpommern, wo in dem Beispielsfall die betroffene Klinik lag, findet sich eine gesetzliche Erlaubnisnorm für die Übermittlung von Patientendaten an Dritte in bestimmten Fällen. Das Interesse des Opfers, seine Schadensersatzansprüche gegen den ehemaligen Zimmergenossen durchzusetzen, überwiegt hier nach Ansicht der Bundesrichter den Gesundheitsdatenschutz des Täters, sodass diese Erlaubnisnorm greift – zumal sich die erbetenen Informationen auf Namen und Anschrift beschränkten. Der Chefarzt handelte im Beispielsfall also gerechtfertigt, eine Strafbarkeit gem. § 203 StGB entfiel.

Von Bedeutung ist die Wahrung der Schweigepflicht schließlich in den Fällen einer Praxisveräußerung. Hier taucht häufig die Frage auf, ob die Patientenkartei ohne eine ausdrückliche Einwilligung des Patienten mitverkauft werden und vom Erwerber genutzt werden kann. Dies ist zu verneinen: Grundsätzlich gilt, dass sich ein Arzt strafbar macht, wenn er einem Dritten die Einsichtnahme in die Patientenkartei gewährt. Gleiches gilt beispielsweise auch, wenn Verkäufer und Käufer gemeinsam einen Brief an alle Patienten schicken, der über den Praxisverkauf informiert – dabei ist anzunehmen, dass der Käufer die Adressdaten der Patienten sah, was für den Verkäufer gem. § 203 StGB strafrechtlich relevant ist. Bei dem Management eines Praxisverkaufs können hier zur Absicherung des Verkäufers bewährte Regelungen gefunden werden (s.Kap. 12).

7.2.5 Bestechlichkeit und Bestechung

Mit einer wegweisenden Entscheidung aus dem Jahr 2012 (Beschluss vom 29.03.2012, Az. GSSt 2/11) stellte der Große Senat des BGH fest, dass zum damaligen Zeitpunkt keine spezifische Strafbarkeit für (Vertrags)ärzte und sonstige Heilberufsangehörige existierte, soweit es um Bestechung und Bestechlichkeit im Gesundheitswesen ging. Gleichzeitig hat der BGH den Gesetzgeber mit dieser Entscheidung nachdrücklich angeregt, diese **Strafbarkeitslücke** zu schließen.

Nach intensiver, streitig geführter rechtspolitischer Diskussion auf den verschiedensten Ebenen und unter Beteiligung von Verbänden, Krankenkassen, Kammern, Industrie und weiteren Akteuren im Gesundheitswesen ist 2016 das **„Gesetz zur Bekämpfung von Korruption im Gesundheitswesen"** in Kraft getreten. Damit hat der Gesetzgeber zwei neue Straftatbestände geschaffen: Zum einen die „Bestechlichkeit im Gesundheitswesen" gem. § 299a StGB, zum anderen – spiegelbildlich dazu – die „Bestechung im Gesundheitswesen" gem. § 299b StGB. Die Strafandrohung beträgt in beiden Fällen eine Freiheitsstrafe bis zu drei Jahren oder Geldstrafe. Während Täter einer Bestechlichkeit nur Ärzte und sonstige Heilberufsangehörige sein können, ist die Bestechung ein sogenanntes „Jedermann-Delikt" mit unbeschränktem Täterkreis. Zusätzlich wurde in § 300 StGB für „besonders schwere Fälle" der Bestechlichkeit und Bestechung eine Strafschärfung normiert (Freiheitsstrafe von mindestens drei Monaten bis hin zu fünf Jahren).

Rechtscharakterlich speist sich das Gesetz zur Bekämpfung von Korruption im Gesundheitswesen, für das sich in der Gesundheitswirtschaft gemeinhin die Bezeichnung „Antikorruptionsgesetz" eingebürgert hat, aus zwei Quellen: Auf der einen Seite erheben die §§ 299a, 299b StGB vormalig reines **Berufsrecht**, das der Vermeidung von Korruption dienen sollte, nun zu echten Straftatbeständen mit allen Konsequenzen (u. a. Ermittlungen der Staatsanwaltschaft, Möglichkeit einer Hauptverhandlung, Geld- oder Freiheitsstrafe). Dies betrifft beispielsweise die Zuweisung von Patienten gegen Entgelt, die berufsrechtlich bereits in § 31 Abs. 1 der MBOÄ untersagt wird. Auf der anderen Seite übernehmen die neuen Straftatbestände zum Teil die Begriffe und die Systematik aus dem bereits zuvor **vorhandenen Korruptionsstrafrecht**. So gelten für die korruptionsspezifischen

7.2 Einzelne Tatbestände des ärztlichen Strafrechts

Strafbarkeitsvoraussetzungen des „Vorteils" und der „Unrechtsvereinbarung" (auch) die Auslegungsgrundsätze der bisherigen Korruptionstatbestände zum allgemeinen geschäftlichen Verkehr.

Die **Bestechlichkeit im Gesundheitswesen** gem. § 299a StGB setzt eine Reihe an Tatbestandsmerkmalen voraus, die kumulativ verwirklicht sein müssen, damit die Strafbarkeit gegeben ist. So muss ein *Heilberufsangehöriger* im *Zusammenhang mit seiner Berufsausübung* einen *Vorteil* dafür *fordern, sich versprechen lassen* oder *annehmen*, dass er bei bestimmten Tätigkeiten seiner Berufsausübung – nämlich bei der *Verordnung* und dem *Bezug* von bestimmten medizinischen Gütern sowie bei der *Zuführung von Patienten oder Untersuchungsmaterial* – einen anderen *bevorzugt*. Diese Bevorzugung muss ferner im *Wettbewerb* geschehen und *unlauter* sein.

Was nach hohen Hürden klingt, kann im Einzelfall recht schnell erreicht sein. Es ist davon auszugehen, dass die Ermittlungsbehörden von den neuen Straftatbeständen in nicht unerheblichem Umfang Gebrauch machen werden. Daher gilt es als Arzt, für die wichtigsten hier bestehenden Problembereiche sensibilisiert zu sein.

> **Beispielsfall:**
>
> Ein Hausarzt und ein Orthopäde kooperieren, um die Versorgung von Schmerzpatienten zu verbessern. Dazu gründen sie eine Teilberufsausübungsgemeinschaft für den Bereich Schmerztherapie, die über eigene Räumlichkeiten verfügt. Der Hausarzt überweist seine Schmerzpatienten in die Teil-BAG, während der Orthopäde diese dort behandelt. Eigene ärztliche Leistungen erbringt der Hausarzt in der Teil-BAG nicht. Beide Ärzte sind zu 50 % am Gewinn der Teil-BAG beteiligt.

Haben sich die beiden Ärzte nach dem Antikorruptionsgesetz strafbar gemacht? Wenngleich beide Ärzte das Beste für ihre Patienten im Sinn haben mögen, ist diese Frage zu bejahen.

Betrachten wir zunächst exemplarisch den Hausarzt, der sich einer Bestechlichkeit im Gesundheitswesen gem. § 299a StGB strafbar gemacht hat. Der Hausarzt erfüllt zunächst die Voraussetzung, „**Angehöriger eines Heilberufs**" zu sein. Dies ist bei den Ärzten evident, gilt aber auch für alle weiteren Heilberufler, deren Berufsbezeichnung eine staatlich geregelte Ausbildung erfordert, also beispielsweise Apotheker, aber auch Physiotherapeuten. Das im Beispiel beschriebene Handeln des Hausarztes geschieht auch **im Zusammenhang mit dessen Berufsausübung**. Was der Hausarzt hier betreibt, ist schlichte **Zuführung von Patienten** an den mit ihm zusammenarbeitenden Orthopäden. Denn der Hausarzt behandelt seine Patienten nicht etwa selber – an anderem Ort – weiter und erhält dafür eine leistungsgerechte Vergütung nach dem EBM bzw. der GOÄ, sondern sein Beitrag an der Teil-BAG erschöpft sich in der Zuführung. Neben der Zuführung von Patienten (oder Untersuchungsmaterial) benennen die neuen Strafnormen noch zwei weitere „Gegenleistungen" des Bestochenen: Die Verordnung von Arznei-, Heil- oder Hilfsmitteln oder von Medizinprodukten sowie den Bezug von Arznei- oder Hilfsmitteln oder von Medizinprodukten, die jeweils zur unmittelbaren Anwendung durch den

Heilberufsangehörigen oder einen seiner Berufshelfer bestimmt sind. Letztlich sind die Kernmerkmale des korruptiven Handelns des Bestochenen somit stets **Verordnung, Bezug** oder **Zuführung**.

Dafür erhält der Hausarzt hier auch einen **Vorteil** – nämlich seine hälftige Gewinnbeteiligung an der Teil-BAG. Der Vorteilsbegriff der neuen Straftatbestände ist sehr weit und umfasst jede Zuwendung, auf die der Täter keinen Rechtsanspruch hat und die seine wirtschaftliche, rechtliche oder persönliche Lage objektiv verbessert. Der Hausarzt hat auf die Gewinne aus der Teil-BAG keinen Anspruch, da er keine eigenen ärztlichen Leistungen erbracht hat. Eine Geringwertigkeitsgrenze gibt es nicht, sodass auch kleinere, unregelmäßige Zuwendungen unter den korruptionsrechtlichen Vorteilsbegriff fallen. Damit läge diese Strafbarkeitsvoraussetzung auch dann vor, wenn der Orthopäde dem Hausarzt keine hälftige Gewinnbeteiligung eingeräumt hätte, sondern diesem jeden Monat beispielsweise Eintrittskarten für die Fußball-Bundesliga oder gelegentlich ein neues Handy zukommen ließe.

Auch die weiteren Strafbarkeitsvoraussetzungen der Bestechlichkeit im Gesundheitswesen gem. § 299a StGB liegen vor. Insbesondere führt der Hausarzt die Patienten gerade als Gegenleistung für die Gewinnbeteiligung zu, wobei er sogar steuern kann, wie viel Gewinn er erhält, da er eine höhere Ausschüttung bekommt, je mehr Patienten er zuführt. Da der Hausarzt die Schmerzpatienten ausschließlich an seine Teil-BAG überweist, liegt eine unlautere Bevorzugung (des Orthopäden) im Wettbewerb vor. Durch diese Steuerungsmöglichkeit des Hausarztes an seiner Rückvergütung sowie durch die Exklusivität der Zuführung wird das Vertrauen der Patienten in die Unabhängigkeit heilberuflicher Entscheidungen erschüttert, was der Gesetzgeber mit den neuen Straftatbeständen gerade sanktionieren will.

Spiegelbildlich dazu hat sich der Orthopäde im obigen Beispiel einer „Bestechung im Gesundheitswesen" gem. § 299b StGB strafbar gemacht. Die Grundsituation ist bei beiden Ärzten identisch, während allerdings der Orthopäde keine Patienten zuführt, sondern dem Hausarzt für dessen Zuführung des Patientengutes die Hälfte der vereinnahmten Gewinne der Teil-BAG überlässt, während alle ärztlichen Leistungen von dem Orthopäden allein erbracht werden.

Wird die beschriebene Zusammenarbeit in der Teil-BAG bekannt, müssen beide Ärzte mit der Einleitung eines Ermittlungsverfahrens durch die Staatsanwaltschaft rechnen. Dass es in komplexeren Situationen insbesondere noch auf die Begriffe der Unrechtsvereinbarung sowie der Unlauterkeit der Bevorzugung im Wettbewerb ankommt, zeigt der nächste Beispielsfall:

> **Beispielsfall:**
>
> Eine Berufsausübungsgemeinschaft von zwei HNO-Ärzten arbeitet bereits seit längerer Zeit mit einem einzigen, bestimmten Hörgeräteakustiker zusammen, obwohl mehrere Hörgeräteakustiker am Ort ansässig sind. Dabei können Patienten den verkürzten Versorgungsweg wählen, wobei sie ein Hörgerät direkt vom HNO-Arzt beziehen. Dieser Versorgungsweg hat für den Patienten den Vorteil, dass die audiometrischen Messungen direkt bei seinem HNO-Arzt durchgeführt werden können und dass er somit den Hörgeräteakustiker nicht selber aufsuchen

muss. Die beiden Ärzte der BAG arbeiten ausschließlich mit diesem Hörgeräteakustiker zusammen und lassen den Patienten bei der Wahl des verkürzten Versorgungsweges unterschreiben, dass er damit einverstanden ist, dass der HNO-Arzt bei der Versorgung mit diesem Hörgeräteakustiker kooperiert. Zur Durchführung der Zusammenarbeit überlässt der Hörgeräteakustiker der BAG ein leistungsstarkes audiometrisches Messgerät. Zur Bedienung dieses Geräts arbeitet zudem eine Angestellte des Hörgeräteakustikers an drei Vormittagen in der Woche in der BAG, um die Messungen durchzuführen und die Befunde zu dokumentieren.

In Fällen wie diesem stellt sich die Grundfrage der neuen Antikorruptionstatbestände: Handelt es sich (noch) um erlaubte Kooperation oder (schon) um strafbewehrte Korruption? Wenngleich der Gesetzgeber in der Gesetzesbegründung des Antikorruptionsgesetzes von der „erhöhten Korruptionsanfälligkeit des Gesundheitswesens" spricht, benennt er dort auch die berufliche Zusammenarbeit als gesundheitspolitisch grundsätzlich gewollt und auch im Interesse der Patienten. Dennoch haben sich im obigen Beispielsfall II die beteiligten Ärzte sowie der Hörgeräteakustiker strafbar gemacht.

Für die beiden HNO-Ärzte liegt eine Bestechlichkeit im Gesundheitswesen gem. § 299a StGB vor. Die oben beschriebenen grundlegenden Strafbarkeitsvoraussetzungen sind gegeben: Die beiden Heilberufsangehörigen erhalten in ihrer Praxis einen *Vorteil* dafür, dass sie bei der *Verordnung von Hilfsmitteln* einen anderen bevorzugen. Die den Patienten verordneten Hilfsmittel sind hier die Hörgeräte. Die Vorteile, die die beiden HNO-Ärzte erhalten, liegen in der Nutzbarkeit des überlassenen Audiometriegerätes sowie in der ihnen zu Gute kommenden Arbeitsleistung der Angestellten des Hörgeräteakustikers, die in der Praxis der Ärzte tätig wird und diese unterstützt. Dies führt dazu, dass die beiden Ärzte die Gebühren für jede Verordnung eines Hörgeräts – mit den entsprechenden HNO-ärztlichen Begleitleistungen – abrechnen können, ohne hierfür tatsächliche größere eigene Aufwendungen erbringen zu müssen.

Die empfangenen Vorteile und die Verordnung der Hörgeräte müssten auch, um die Rechtsfolge der Strafbarkeit auszulösen, im Wege einer Gegenleistungsbeziehung verknüpft sein. Dazu bedarf es einer **Unrechtsvereinbarung** als elementarem Merkmal jeder Korruptionshandlung. Notwendig dazu ist eine inhaltliche Verknüpfung von Vorteil und Gegenleistung – nicht ausreichend wäre es, nur faktisch und gelegentlich ohne Erwartung einer Gegenleistung das „Wohlwollen" eines anderen Akteurs im Gesundheitswesen stärken zu wollen. Vielmehr muss eine inhaltliche Wechselbeziehung die gegenseitigen Leistungen miteinander verbinden, sodass die Leistung des Bestochenen gerade von der Gegenleistung des Bestechenden abhängt. Das ist hier der Fall, da sich die HNO-Ärzte zum einen bei jeder Entscheidung für den „verkürzten Versorgungsweg" vom Patienten die „Zusammenarbeit" mit dem konkreten Hörgeräteakustiker durch Unterschrift absegnen lassen (was freilich auf die Strafbarkeit keinen Einfluss hat). Diese Schriftstücke stellen jeweils bereits eine gleichsam schriftlich fixierte Unrechtsvereinbarung dar. Zum anderen nimmt der Hörgeräteakustiker eigene Einbußen, wie die Bezahlung der an drei Vormittagen gar nicht bei ihm tätigen Angestellten, einzig und allein deshalb in Kauf, weil er so kontinuierlich mit der Fertigung und Anpassung von Hörgeräten beauftragt wird. Würden die HNO-Ärzte die Zusammenarbeit aufkündigen, müssten sie ein eigenes Audiometriegerät anschaffen und eventuell eine weitere medizinische Fachangestellte anstellen. Da Vorteile und Gegenleistungen hier dergestalt miteinander verschränkt sind, ist eine korruptionsspezifische Unrechtsvereinbarung gegeben.

Durch die exklusive Zusammenarbeit mit dem einen Hörgeräteakustiker liegt auch eine **Bevorzugung im Wettbewerb** vor, da ihr eine sachfremde Entscheidung zwischen mindestens zwei Mitbewerbern zugrunde liegt. Doch ist diese Bevorzugung auch unlauter? Nur, wenn zusätzlich die hier beschriebene Kooperation normativ als **Unlauterkeit** einzustufen wäre, handelte es sich um Korruption. Mit dem an sich wettbewerbsrechtlichen Begriff der Unlauterkeit zeigt sich das wettbewerbsschützende Element des Antikorruptionsgesetzes, das auch einen abstrakten Schutz des Gesundheitsmarktes an sich bezweckt. Eine Bevorzugung ist unlauter, wenn sie geeignet ist, Mitbewerber durch die Umgehung der Regelungen des Wettbewerbs und durch Ausschaltung der Konkurrenz zu schädigen. Was unlauter ist, ist somit stets eine **Frage des Einzelfalls**. Zur Auslegung des Begriffs der Unlauterkeit werden daher in den kommenden Jahren die bereits ergangenen wettbewerbsrechtlichen Urteile des BGH von Bedeutung sein. Unlauter ist jedenfalls das, was gegen anerkannte Wettbewerbsregeln oder Gesetze verstößt: So kann sich die Bewertung einer Situation als unlauter beispielsweise aus den Berufsordnungen, dem Heilmittelwerberecht oder dem Arzneimittel- oder Medizinprodukterecht ergeben. Unlauter ist auch, was zwar nicht eindeutig gegen Verbotsnormen verstößt, aber doch im Widerspruch zu gesundheitsrechtlichen Grundmaximen steht.

Die Situation aus dem Beispielsfall II stellt wechselseitig eine unlautere Bevorzugung dar. Denn für die beschriebene Zusammenarbeit zwischen den HNO-Ärzten und dem Hörgeräteakustiker findet sich in § 128 Abs. 2 S. 3 SGB V eine Verbotsnorm, die insbesondere auch die Überlassung von Sachmitteln und Personal bei der Zusammenarbeit von Leistungserbringern und Vertragsärzten verbietet. Naturgemäß gilt dieses Verbot an sich nur für den Bereich der gesetzlichen Krankenversicherung. Da bei der Prüfung der Unlauterkeit jedoch stets normativ vorzugehen ist, schlägt sich die Wertung als unlauter auch auf den Bereich der Versorgung von Privatpatienten durch. Dafür spricht insbesondere bereits auch, dass die HNO-Ärzte aufgrund des Zusammenwirkens mit dem Hörgeräteakustiker die Entscheidung, ob sie ein Hörgerät verordnen sollen oder nicht, nicht mehr rein von medizinischen Erwägungen abhängig machen.

Damit liegen alle Strafbarkeitsvoraussetzungen für die HNO-Ärzte vor. Spiegelbildlich zu diesen hat sich der Hörgeräteakustiker einer Bestechung im Gesundheitswesen gem. § 299b StGB strafbar gemacht.

Da hier mehr als zwei Beteiligte betroffen sind, kommt noch ein weiterer Aspekt des neuen Antikorruptionsgesetzes hinzu: Die **Strafschärfung für besonders schwere Fälle** gem. § 300 StGB. Handelt der Täter als Mitglied einer Bande, die sich zur fortgesetzten Begehung solcher Taten verbunden hat, kommt ein

„besonders schwerer Fall" in Betracht – mit der Folge der Straferhöhung auf eine Mindestfreiheitsstrafe von drei Monaten (bis zu fünf Jahren). Eine „Bande" liegt vor, wenn mindestens drei Personen zusammenwirken – so wie im Beispielsfall II. Auch haben sich die beiden HNO-Ärzte sowie der Hörgeräteakustiker hier „zur fortgesetzten Begehung solcher Taten" verbunden, was bereits daran deutlich wird, dass das Geschäftsmodell zumindest des Hörgeräteakustikers wohl primär auf der korruptiven Zusammenarbeit mit der HNO-ärztlichen Praxis basiert und dass diese stets alle Hörgeräte über den einen Hörgeräteakustiker (und keinen anderen) verordnet.

Im obigen Beispielsfall könnte ein Staatsanwalt nach Durchführung des Ermittlungsverfahrens somit gegen die drei Beteiligten Anklage wegen eines besonders schweren Falles der Bestechlichkeit und Bestechung im Gesundheitswesen erheben.

Wie kann ich mich als Arzt, der an zulässigen Kooperationen im Gesundheitswesen interessiert ist, davor schützen? Um die eigene ärztliche Arbeit rechtssicher auszugestalten, sind im Kontext des Antikorruptionsgesetzes abstrakt vier Vorgehensweisen grundlegend empfehlenswert:

▶ I. Dokumentation
II. Äquivalenz
III. Trennung
IV. Transparenz

Es ist ratsam, jedwede Kooperation der eigenen Praxis oder Institution mit anderen Akteuren im Gesundheitsmarkt zu dokumentieren und vertraglich abzusichern (**Dokumentation**). Dabei ist streng darauf zu achten, dass empfangene Zuwendungen oder Entgelte in einem angemessenen Verhältnis für tatsächlich erbrachte eigene ärztliche Leistungen stehen (**Äquivalenz**). Ferner sollte bei der Ausgestaltung einer Kooperation das Augenmerk darauf gelegt werden, dass die Beteiligten medizinische Entscheidungen rein auf medizinischer Grundlage und separat von sonstigen Interessen treffen (**Trennung**). Letzlich ist es empfehlenswert, Kooperationen der zuständigen Ärztekammer und der KV gegenüber offenzulegen, beispielsweise indem man den Kooperationsvertrag dort einreicht (**Transparenz**). Segnet die Ärztekammer bzw. die KV das Vorgehen sodann ab, entfällt in aller Regel der Vorsatz der Beteiligten, sodass eine Strafbarkeit nicht mehr in Betracht kommt.

Die Rechtsprechung hat die Aufgabe, zulässige Kooperation und verbotene Korruption möglichst trennscharf voneinander abzugrenzen. Vgl. zu Kooperationen zwischen Ärzten und Krankenhäusern in diesem Zusammenhang auch Abschn. 8.6.

7.2.6 Weitere medizinstrafrechtliche Tatbestände

Das Medizinstrafrecht kennt noch eine Vielzahl weiterer Tatbestände für strafrechtlich relevantes Verhalten im Umfeld ärztlicher Tätigkeit. Insgesamt ist auszumachen, dass die Neigung des Gesetzgebers zunimmt, gesellschaftliche Probleme oder unliebsame Veränderungen mit den Mitteln des Strafrechts anzugehen. Um eine basale Kenntnis und Sensibilisierung für offensichtliche und weniger sichtbare Problemlagen zu schaffen, mag folgende (keinesfalls abschließende) Liste hilfreich sein:

- § 217 StGB – Geschäftsmäßige Förderung der Selbsttötung
- § 218 StGB – Schwangerschaftsabbruch
- § 266 StGB – Untreue
- § 277 StGB – Fälschung von Gesundheitszeugnissen
- § 278 StGB – Ausstellen unrichtiger Gesundheitszeugnisse
- § 279 StGB – Gebrauch unrichtiger Gesundheitszeugnisse
- § 29 Betäubungsmittelgesetz (BtMG) – Strafbare Verschreibung von Betäubungsmitteln
- § 14 Heilmittelwerbegesetz (HWG) – Irreführende Heilmittelwerbung
- § 18 Transplantationsgesetz (TPG) – Organ- und Gewebehandel
- § 74 Infektionsschutzgesetz (IfSG) – Vorsätzliche Nichtmeldung einer Infektionskrankheit
- § 3 Embryonenschutzgesetz (ESchG) – Verbotene Geschlechtswahl
- § 95 Arzneimittelgesetz (AMG) – Inverkehrbringen bedenklicher Arzneimittel
- § 40 Medizinproduktegesetz (MPG) – Inverkehrbringen gefährdender Medizinprodukte

7.3   Rechtsfolgen ärztlicher Straftaten

Das Strafgesetzbuch sieht als Rechtsfolgen in den §§ 38ff. StGB – je nach Art der Tat und Schwere des Schuldvorwurfs – folgende Strafen vor:
- Geldstrafe, ausnahmsweise: Verwarnung mit Strafvorbehalt
- Freiheitsstrafe (bei gravierenden Straftaten)
- Berufsverbot.

Außerhalb des Strafrechts drohen
- Disziplinarmaßnahmen
- Zulassungsentziehung
- Widerruf der Approbation.

Bei der Verhängung einer **Geldstrafe** orientiert sich das Gericht lose an der potentiellen Dauer einer Freiheitsstrafe. Für diesen Zeitraum verhängt das Gericht sodann sogenannte Tagessätze: Bei einem Tagessatz handelt es sich um die (vom Gericht notfalls geschätzte) Netto-Geldsumme, die dem Täter im Durchschnitt täglich zufließt oder zufließen könnte (§ 40 Abs. 2 StGB).

Ist die Geldstrafe für die staatlichen Strafvollstreckungsorgane uneinbringlich, tritt an ihre Stelle die **Freiheitsstrafe** (dann in Form der Ersatzfreiheitsstrafe), wobei ein Tagessatz einem Tag im Gefängnis entspricht. In aller Regel werden Freiheitsstrafen bei kleineren oder mittelgroßen Schuldvorwürfen zur Bewährung ausgesetzt. Eine Aussetzung der Freiheitsstrafe zur Bewährung ist jedoch nur möglich bei Strafen, die unterhalb einer Dauer von zwei Jahren bleiben. Alle Freiheitsstrafen, die darüber liegen, werden nicht zur Bewährung ausgesetzt und nach Rechtskraft des Urteils entsprechend vollstreckt. Die Bewährungszeit beträgt in jedem Fall der Aussetzung zur Bewährung mindestens zwei Jahre, maximal jedoch fünf Jahre.

Weniger bekannt, aber umso relevanter ist die in § 70 StGB vorgesehene Möglichkeit der Anordnung eines **Berufsverbots**. Ein solches Berufsverbot kann neben den vorgenannten Strafen für die Dauer von einem bis fünf Jahren verhängt werden, wenn ein Arzt unter Missbrauch seines Berufs oder durch grobe Pflichtverletzung die Tat begangen hat und die Gefahr besteht, dass er bei weiterer Berufsausübung weitere Straftaten der festgestellten Art begehen wird. Nach allgemeiner Ansicht der Gerichte genügen für die Anordnung eines Berufsverbots bereits fahrlässige Pflichtverstöße, etwa wiederholte Behandlungsfehler. Die gravierenden Auswirkungen eines Berufsverbotes liegen auf der Hand.

Zu beachten ist ferner, dass die Anordnung eines Berufsverbots schon *vor* einem rechtskräftigen Urteil verhängt werden kann. Das Gericht kann also schon während des staatsanwaltschaftlichen Ermittlungsverfahrens ein **vorläufiges Berufsverbot** aussprechen, wenn ein dringender Tatverdacht hinsichtlich der in § 70 StGB beschriebenen Voraussetzungen vorliegt. Angesichts der einschneidenden Konsequenzen einer solchen Anordnung ist jedoch auf die strikte Einhaltung der Verhältnismäßigkeit der Maßnahme zu achten. Ein vorläufiges Berufsverbot kommt daher nur dann in Betracht, wenn es zum Schutz der Allgemeinheit unbedingt erforderlich ist.

Begeht ein Arzt eine Straftat im Rahmen seiner Berufsausübung, so verstößt er gleichzeitig gegen seine berufsrechtlichen Pflichten. Daher droht ein berufsgerichtliches Verfahren, in welchem als Sanktion auf eine Warnung, einen Verweis, die Verhängung einer Geldbuße oder sogar – je nach Landesrecht – die Feststellung der Unwürdigkeit zur Ausübung des ärztlichen Berufs erkannt werden kann.

Eine strafrechtliche Verfehlung kann ferner zum **Widerruf bzw. zum Ruhen der Approbation** führen, wenn sich aus der Begehung der Straftat eine „Unwürdigkeit oder Unzuverlässigkeit zur Ausübung des ärztlichen Berufes ergibt". Als unwürdig zur weiteren Ausübung seines Berufs ist ein Arzt insbesondere dann anzusehen, wenn ihm infolge seiner Tat die nötige Integrität und Glaubwürdigkeit abzusprechen ist. Unzuverlässig ist der Arzt, der nicht die Gewähr für die eine zukünftige gewissenhafte Pflichterfüllung bietet. Regelmäßig haben die Approbationsbehörden, die je nach Landesrecht unterschiedlich ausgestaltet sind, hier also eine Zukunftsprognose anzustellen: Die Kernfrage dabei ist, ob sich aus den begangenen Pflichtverstößen und Delikten heraus ablesen lässt, dass der Betroffene wohl auch in Zukunft weitere ähnlich gelagerte Taten begehen wird. Das Approbationsrecht schützt damit auch das Vertrauen der Allgemeinheit in den ärztlichen Berufsstand. Ist das Ruhen einer Approbation angeordnet oder diese sogar widerrufen worden – was als „ultima ratio" vergleichsweise selten vorkommt – so gelten für den Arzt bestimmte Zeiträume als Wohlverhaltensphase, nach deren Ablauf er einen Antrag auf Wiedererteilung der Approbation stellen kann.

Schließlich kann als Folge einer Straftat in rein vertragsärztlicher Hinsicht auch **die Entziehung bzw. das Ruhen der Zulassung** (s.Kap. 4) drohen. Einerseits kann gemäß § 95 Abs. 6 SGB V in Verbindung mit § 27 Ärzte-Zulassungsverordnung der Zulassungsausschuss die *Entziehung* der Zulassung aussprechen, wenn in der Begehung einer Straftat eine gröbliche Verletzung der vertragsärztlichen

Pflichten gesehen wird. Andererseits kann im Rahmen eines Disziplinarverfahrens gemäß § 81 Abs. 5 SGB V in Verbindung mit der Disziplinarordnungder jeweiligen Kassenärztlichen Vereinigung der Disziplinarausschuss wegen der selben Straftat das *Ruhen* der Zulassung für eine Dauer von bis zu zwei Jahren aussprechen.

7.4   Ablauf eines Strafverfahrens

Gelangen Informationen über ein möglicherweise strafbares Verhalten eines Arztes an die Staatsanwaltschaft (z. B. durch die Anzeige eines Patienten, einer Krankenkasse, die Unregelmäßigkeiten bei der Abrechnung festgestellt hat, oder eine Mitteilung der Prüfstelle), so führt dies in der Regel zu einem **Ermittlungsverfahren** gegen den Arzt.

Seit dem Inkrafttreten des GKV-Modernisierungsgesetzes sind die Kassenärztlichen Vereinigungen und die Kassenärztliche Bundesvereinigung per Gesetz (§ 81a SGB V) verpflichtet, „Stellen zur Bekämpfung von Fehlverhalten im Gesundheitswesen" (sogenannte **„Korruptionsbeauftragte"**) einzurichten und durch diese eventuelle Unregelmäßigkeiten zu beobachten und zu melden. Grundlage der Tätigkeit der Korruptionsbeauftragten ist häufig eine Meldung von Patienten wegen Unverständlichkeit der Rechnung (z. B. auffällig häufige Abrechnung privater Leistungen) oder Hinweise auf angeblich falsche Arzneimittelabrechnungen. In Fällen „mit nicht nur geringfügiger Bedeutung für die gesetzliche Krankenversicherung" (§ 81a Absatz 4 SGB V) haben die Korruptionsbeauftragten umgehend **die Staatsanwaltschaft zu unterrichten**. Durch das Antikorruptionsgesetz wurde ergänzend in § 81a Abs. 3 SGB V ein regelmäßiger Erfahrungsaustausch zwischen den Kassenärztlichen Vereinigungen, Krankenkassen, Kammern und Staatsanwaltschaften normiert, durch den sich die „Durchlässigkeit" von Informationen über korruptionsspezifische Verdachtsmomente nochmals stark erhöhen dürfte.

Sobald die Staatsanwaltschaft Anhaltspunkte für das Vorliegen einer Straftat erhält, ist sie verpflichtet, Ermittlungen aufzunehmen (**Ermittlungsverfahren** oder **Vorverfahren**). Im Rahmen dieses Verfahrens wird der Beschuldigte als solcher vernommen. Einer polizeilichen Ladung zur Vernehmung ist nicht zwingend Folge zu leisten; anders ist dies jedoch bei einer Ladung des Staatsanwalts. Es kommt, je nach Grad des Tatverdachts, auch eine Durchsuchung der Praxisräume sowie der privaten Räumlichkeiten des beschuldigten Arztes in Betracht. Allerspätestens jetzt sollte der Betroffene einen im Medizinrecht bewanderten Strafverteidiger aufsuchen. Grundsätzlich gilt, dass zunächst jede Äußerung des Arztes gegenüber den Ermittlungsbehörden zu vermeiden ist.

Sobald die Staatsanwaltschaft bei ihren Ermittlungen zu der Überzeugung gelangt, dass nicht genügend Anhaltspunkte für eine strafbare Tat vorliegen und daher ein Freispruch wahrscheinlicher als eine Verurteilung wäre, hat sie das Ermittlungsverfahren einzustellen („**Einstellung mangels hinreichenden Tatverdachts**" gemäß § 170 Absatz 2 StPO). Allerdings ist darauf hinzuweisen, dass kein sogenannter „Strafklageverbrauch" eintritt. Werden später neue Fakten bekannt, die

7.4 Ablauf eines Strafverfahrens

gegen den Arzt sprechen, können die Ermittlungen wieder aufgenommen werden. Doch auch wenn sich im Rahmen der Ermittlungen herausstellt, dass eine Straftat vorliegen könnte, ist die Staatsanwaltschaft bei Delikten geringeren Ausmaßes nicht gezwungen, Anklage zu erheben. Sie kann vielmehr wegen einer (potentiell) geringfügigen Tat von einer weiteren Verfolgung absehen (Einstellung ohne Auflagen gemäß § 153 StPO).

In der Praxis spielt schließlich die Möglichkeit einer **Einstellung gegen Auflagen** (§ 153a StPO) eine große Rolle. Diese Einstellungsvariante kommt häufig einem „Deal" mit der Staatsanwaltschaft oder dem Gericht gleich. Das Strafverfahren wird in diesem Falle mit Erfüllung einer Auflage zu Lasten des Arztes – meistens Zahlung eines Geldbetrages – endgültig eingestellt. Die Zahlung bedeutet nach höchstrichterlicher Rechtsprechung kein Schuldeingeständnis. Eine solche Einstellung ist auch kein Präjudiz für andere, z. B. zivilrechtliche, Verfahren.

Der große Vorteil der Einstellung gegen Auflagen besteht darin, dass dem betroffenen Arzt eine öffentliche Hauptverhandlung und eine **Eintragung in das Bundeszentralregister**(„Vorstrafenregister") erspart bleiben.

Ist ein hinreichender Tatverdacht gegeben und liegen keine Einstellungsgründe vor, erhebt die Staatsanwaltschaft **Anklage bei dem zuständigen Gericht**. Das Gericht prüft dann im sog. „Zwischenverfahren" in gleicher Weise nochmals den erhobenen Vorwurf und eröffnet – sofern eine Einstellung nicht in Betracht kommt – das **Hauptverfahren**. Im Rahmen der **Hauptverhandlung** ist zu klären, ob die dem Angeklagten zur Last gelegten Vorwürfe berechtigt sind. Auch in diesem Stadium kann das Gericht das Verfahren noch durch eine Einstellung beenden. Kommt eine solche nicht Betracht, so erlässt das Gericht ein **Urteil**, welches jedoch grundsätzlich durch eine höhere Instanz überprüfbar ist.

Vor allem in einfach gelagerten Fällen mit leichteren Straftaten kommt als Alternative zur Anklageerhebung der Erlass eines **Strafbefehls** in Betracht. Dieser enthält unmittelbar eine Strafe, zumeist eine überschaubare Geldstrafe. Er ergeht auf Antrag der Staatsanwaltschaft an das zuständige Gericht. Erhebt der Beschuldigte dagegen keinen Einspruch, so wird der Strafbefehl rechtskräftig. Demgegenüber kommt es zu einer öffentlichen Hauptverhandlung, wenn der Beschuldigte innerhalb von zwei Wochen nach Zustellung des Strafbefehls Einspruch einlegt. In diesem Fall kann der Angeklagte obsiegen und freigesprochen werden, es kommt jedoch auch eine sogenannte reformatio in peius in Betracht – das heißt, dass die gerichtlich ausgeurteilte Strafe höher sein kann als die ursprüngliche Sanktion durch den Strafbefehl. Hier gilt es, sich eingehend beraten zu lassen.

Unabhängig von Verlauf und Ausgang bedeutet ein Strafverfahren eine massive Belastung für den betroffenen Arzt. Dies gilt in privater und in beruflicher Hinsicht. Sie beruht vor allem auf der **Öffentlichkeitswirkung** dieser Verfahren, z. B. durch eine Durchsuchung während der Sprechzeiten oder durch eine Hauptverhandlung. Nicht selten berichtet auch die (lokale) Presse über solche Fälle, womit eine häufig nur schwer zu steuernde Wahrnehmungsverschiebung bis hin zum Verlust des erarbeiteten Rufs einhergehen kann. Ein Hauptziel der Verteidigung wird daher zumeist darin bestehen, es gar nicht erst zu einer Hauptverhandlung kommen zu lassen.

Checkliste

Die folgende Checkliste enthält die wichtigsten Verhaltensempfehlungen für den Fall des Strafvorwurfs:

- **Ruhe bewahren**
- Unverzügliches **Einschalten eines Rechtsanwalts**. Nur dieser hat ein Akteneinsichtsrecht.
- **Schweigen** ist zunächst die beste Verteidigung. Über persönliche Angaben (Name und Adresse) hinaus sollten gegenüber Polizei und Staatsanwaltschaft keine Aussagen getätigt werden. Das Schweigerecht ist in §§ 136, 163a StPO geregelt.
- Ladungen zu einer *polizeilichen* **Vernehmung** sollten – zumindest so lange noch kein Verteidiger beauftragt wurde – nicht Folge geleistet werden. Es besteht keine Verpflichtung, einer derartigen Ladung nachzukommen. Nur vor der Staatsanwaltschaft *muss* der Beschuldigte erscheinen. Er sollte den Termin mit seinem Verteidiger wahrnehmen bzw. sich auf sein Recht zur Aussageverweigerung berufen.
- Im Falle einer **polizeilichen Durchsuchung** der Praxis ist so wenig wie möglich mit den Ermittlern zu kommunizieren. Unterlagen sollten nicht freiwillig herausgegeben werden. Die Ermittlungspersonen sollten sich möglichst nicht im Wartezimmer oder Empfangsbereich aufhalten. Es sollte unverzüglich Kontakt zu einem Rechtsanwalt aufgenommen werden. Das Recht dazu darf nicht eingeschränkt werden. Grundsätzlich muss ein **schriftlicher Durchsuchungsbeschluss** vorliegen. Dieser muss von einem Richter unterzeichnet sein. Er muss den Vorwurf und die zu durchsuchenden Räume konkret bezeichnen und darf nicht älter als sechs Monate sein. Ansonsten ist der Beschluss unwirksam. Es sollte noch während der Durchsuchung (telefonisch) Kontakt zu einem Rechtsanwalt gesucht werden, der ggf. Hinweise geben kann.
- Die **Manipulation** von Unterlagen und Daten sollte dringend vermieden werden.
- Auch die Mitarbeiter sollten sich entsprechend verhalten. Anderenfalls droht eine Verschlimmerung der Situation – bis hin zur Annahme einer „**Verdunkelungsgefahr**", die einen Grund zur Anordnung der Untersuchungshaft darstellt.
- In § 107 StPO ist das Recht auf Aushändigung eines genauen **Verzeichnisses sämtlicher sichergestellter Unterlagen** (Patientenkarteikarten) und Gegenstände (Computer, Röntgenbilder, etc.) niedergelegt. Auf dieses Verzeichnis sollte bestanden werden.
- Gemeinsam mit dem Verteidiger ist eine Verteidigungsstrategie zu entwickeln.

Der Arzt und die berufliche Kooperation

8.1 Einführung

Seit Jahren lässt sich der Trend feststellen, die ambulante ärztliche Behandlung nicht mehr länger nur in Einzelpraxen, sondern in gemeinschaftlichem Zusammenwirken mehrerer Kollegen auszuüben.

Die Ausübung der ärztlichen Tätigkeit in einer Einzelpraxis basiert auf dem traditionellen Bild des Arztberufs, der nicht ausgewählt und ausgeübt wurde, um Gewinn zu erzielen, sondern vielmehr dahingehend ausgelegt war, kranken Menschen zu helfen. Auf dieser Prämisse beruht die rechtliche Auffassung, dass die ärztliche Tätigkeit keine **gewerbliche Tätigkeit**, sondern ein sogenannter **freier Beruf** sei, welcher Dienstleistungen „höherer Art" anbiete.

Auf der Grundlage dieses überkommenen Berufsethos soll der Arztberuf in möglichst vollständig freier, auch wirtschaftlicher Selbstbestimmung, unabhängig von Weisungen und Direktiven anderer ausgeübt werden. Darum war auch bis in die 60er Jahre eine gemeinsame ärztliche Tätigkeit in Gemeinschaftspraxen – außerhalb von Krankenhäusern – nicht gestattet.

Bedingt durch die gewandelten äußeren Umstände (Finanzierbarkeit der gesetzlichen Krankenversicherung, hohes Angebot an qualifizierten Ärzten verbunden mit Zulassungsbeschränkungen, fortschreitende Spezialisierung und Technisierung der Medizin etc.) ist es heute oftmals erforderlich, neue Formen der ärztlichen Kooperation zu suchen. Die **Gründe** für dieses Bedürfnis sind vielfältig:

- Die Last der immer teurer werdenden Praxiseinrichtungen wird verteilt, die Nutzung der teuren Geräte vermehrt, mit der Folge der schnelleren Amortisierung der Kosten und dadurch auch der Möglichkeit einer besseren technischen Ausstattung der Praxis.
- Die ärztliche Kooperation erleichtert die Möglichkeit kollegialer Beratung und stärkt die Selbstkontrolle.
- Die gemeinsame Praxisausübung erleichtert die gegenseitige Vertretung im Krankheitsfall, bei Urlaub, Besuch von Fortbildungsveranstaltungen und schafft dadurch persönliche Freiheiten.

- Es wird die Möglichkeit einer Spezialisierung, die der fortwährende wissenschaftliche Fortschritt auf allen Wissens- und Teilgebieten immer notwendiger macht, im Rahmen eines oder nahe verwandter Fachgebiete eröffnet.
- Der Zusammenschluss auch fachübergreifender Gebiete ermöglicht die Ausnutzung von Synergien und Optimierung von Behandlungsabläufen.
- Der Wettbewerb der Ärzte untereinander und mit anderen Leistungserbringern (z. B. Krankenhäusern) nimmt zu. Hier kann sich eine Kooperation mit gebündelten Kompetenzen einfacher behaupten, als eine Einzelpraxis.
- Abschließend ist auch der Aspekt eines Praxis(anteils)verkaufs im Alter zu berücksichtigen. Kooperationen bieten durch die bestehende Patientenbindung an die Ärztegemeinschaft eine höhere Garantie für die Übertragbarkeit des Patientenstammes, der in der Regel den eigentlichen Wert einer Praxis ausmacht. Ein potentieller Nachfolger wird sich also leichter finden lassen.

Dem medizinischen und wirtschaftlichen Bedürfnis, sinnvolle Kooperationen unter niedergelassenen Ärzten zu ermöglichen, ist durch eine Anpassung der berufsrechtlichen und vertragsarztrechtlichen Bestimmungen fotlaufend Rechnung getragen worden.

Bereits seit dem GKV-Modernisierungsgesetz (GMG) vom 14.11.2003 befinden sich das Berufsrecht sowie das Vertragsarztrecht im Umbruch. Durch das GMG wurden die medizinischen Versorgungszentren als neue Leistungserbringer etabliert. Als Vorbild dieser Versorgungsform dienten die Polikliniken in der Deutschen Demokratischen Republik. In ihnen soll eine effiziente Leistungserbringung „aus einer Hand" im ambulanten Bereich ermöglicht werden.

Gleichzeitig wurde durch das GMG die Möglichkeit eröffnet, Kooperationen zwischen Krankenhäusern und niedergelassenen Vertragsärzten zu bilden; der Sicherstellungsauftrag der Kassenärztlichen Vereinigung wurde teilweise durch die Möglichkeit von Direktverträgen zwischen Krankenkassen und Leistungserbringern oder deren Gemeinschaften (integrierte Versorgung) durchbrochen. Zudem ist es seit dem GMG erstmalig möglich, dass Kapitalgesellschaften an der vertragsärztlichen Versorgung teilnehmen. Der 107. Deutsche Ärztetag 2004 nahm diese gesetzgeberischen Entwicklungen zum Ausgangspunkt, eine völlige Novellierung der Musterberufsordnung der Ärzte vorzunehmen. Durch die grundlegenden Veränderungen sollte die Wettbewerbsfähigkeit der niedergelassenen Ärzte insbesondere gegenüber Kliniken, denen über das MVZ das Eindringen in den ambulanten Bereich ermöglicht wurde, gestärkt werden. Die in der Musterberufsordnung vorgenommenen Änderungen sind mittlerweile in allen Kammerbezirken in ähnlicher Form übernommen worden.

Durch die Änderung der Berufsordnung divergierte erstmalig das Berufsrecht mit dem Vertragsarztrecht. Es war beispielsweise berufsrechtlich zulässig, eine überörtliche Kooperation zu gründen, das Vertragsarztrecht ließ dies nicht zu. Um die verschiedenen berufsrechtlichen und vertragsarztrechtlichen Vorgaben wieder in Einklang zu bringen, trat zum 01.01.2007 das Vertragsarztrechtsänderungsgesetz (VÄndG) in Kraft getreten. Das Vertragsarztrechtsänderungsgesetz enthielt zahlreiche Erleichterungen, die die Gründung von Kooperationen fördern. Insbesondere ist die vertragsärztliche Tätigkeit an weiteren Orten, die überörtliche

8.1 Einführung

Berufsausübungsgemeinschaften zwischen allen zur vertragsärztlichen Versorgung zugelassenen Leistungserbringern und die gemeinsame Berufsausübung bezogen auf einzelne Leistungen erlaubt.

Diese Entwicklung ist sodann durch den 114. Deutschen Ärztetag 2011 und das zum 01.01.2012 in Kraft getretene GKV Versorgungsstrukturgesetz (GKV VStG) bekräftigt worden. In berufsrechtlicher Sicht hat sich der Ärztetag nunmehr darauf verständigt, die Grundlagen einer gemeinsamen Berufsausübung zu normieren, um dem Problem von Scheinpartnerschaften zu begegnen. Die entsprechenden Details werden im Verlauf der folgenden Darstellung aufgegriffen und im jeweiligen Zusammenhang dargestellt. Die Novellierung des Vertragsarztrechts durch das GKV VStG zielt im Bereich der Kooperationen im Wesentlichen auf unerwünschte Zusammenschlüsse zwischen Vertragsärzten und sonstigen Leistungserbringern, die der Umgehung von Kick-Back-Verboten dienen sollen, sowie der Stärkung der Vertragsärzte gegenüber Einflüssen kapitalstarker Dritter, in Form von Krankenhäusern in der ambulanten Versorgung oder nicht ärztlich beherrschter MVZ. Während im Bereich der hochspezialisierten fachärztlichen Versorgung mit der sog. ambulanten spezialfachärztlichen Versorgung ein vertragsärztliches Gegengewicht zur bisherigen Übermacht der Krankenhäuser in diesem Bereich geschaffen werden soll, sollen nichtärztliche Dritte und Kaptalgeber aus dem Einfallstor der MVZ aus dem Gesundheitssektor heraus getrieben werden. Auf die entsprechenden Einzelheiten wird im Rahmen der Darstellung des MVZ zurückzukommen sein. Im Ergebnis lässt sich beiden Reformen jedoch der Wunsch einer Stärkung klassischer ärztlicher und ärztlich beherrschter Kooperationsformen entnehmen.

Diesen Weg hat zuletzt auch das GKV Versorgungsstärkungsgesetz (GKV VSG) weiter beschritten. Es ist in seinen wesentlichen Teilen unter dem 23.07.2015 in Kraft getreten. Letzte Regelungen haben mit Wirkung zum 01.01.2016 Verbindlichkeit erlangt. Neben diversen und vieldiskutierten Änderungen zeichnet sich mit dem GKV VSG im Bereich ärztlicher Kooperationen jedenfalls ein vom Gesetzgeber gewünschter Trend zur Zentralsierung ärztlichen Handelns in größeren Versorgungseinheiten von Berufsausübungsgemeinschaften und MVZ ab.

Das Thema Kooperation ist also aktueller denn je, so dass sich ein genauer Blick lohnt.

Begonnen werden soll mit den klassischen Formen der ärztlichen Kooperation: der Praxisgemeinschaft und der Gemeinschaftspraxis. Diese sollen neben den neuen Kooperationsmöglichkeiten im Folgenden dargestellt werden. Zu beachten ist bei jedweder Art der Zusammenarbeit im ärztlichen Bereich, dass sowohl das ärztliche Berufsrecht in seiner geltenden Fassung, als auch das Vertragsarztrecht der rechtlichen Ausgestaltung der Zusammenarbeit Grenzen setzt, deren Überschreitung die Gefahr von Honorarregressen, Disziplinarmaßnahmen, Zulassungsentziehung bis hin zu strafrechtlichen Sanktionen nach sich ziehen kann.

Die Formen der beruflichen Zusammenarbeit unter Ärzten lassen sich grundsätzlich zunächst nach **Organisationsgemeinschaften** und **Berufsausübungsgemeinschaften** unterscheiden. Während erstere nur den äußerlichen, organisatorischen Rahmen der ärztlichen Tätigkeit betreffen, wird bei letzteren die ärztliche Tätigkeit als solche gemeinsam ausgeübt.

Sogenannte **Organisationsgemeinschaften** zeichnen sich dadurch aus, dass die Kooperation mit einem weiteren Berufsträger in der Regel auf einen sachlichen, personellen oder organisatorischen Teilbereich im Zusammenhang mit der freiberuflichen ärztlichen Tätigkeit beschränkt ist. Der Zweck der Organisationsgemeinschaften besteht damit im Wesentlichen in einer Kostenminimierung, die durch eine gemeinschaftliche Nutzung von Sach- und/oder Personalmitteln erreicht werden kann. Die Ausübung der ärztlichen Tätigkeit findet darüber hinaus getrennt und eigenverantwortlich durch die beteiligten Ärzte statt. Die wohl häufigste Form der Organisationsgemeinschaft stellt die **Praxisgemeinschaft** unter niedergelassenen Ärzten dar. Daneben sind die **Apparategemeinschaften** und **Laborgemeinschaften** den Organisationsgemeinschaften zuzuordnen.

Die Zusammenarbeit im Rahmen einer **Berufsausübungsgemeinschaft** geht demgegenüber weit über die gemeinsame Nutzung von Praxisstrukturen hinaus. Sie zeichnet sich dadurch aus, dass die Ausübung der ärztlichen Tätigkeit als solche vergesellschaftet wird und damit die Ausübung des ärztlichen Berufs gemeinsam im Rahmen einer Kooperation erfolgt. Es handelt sich daher um die engste Form der ärztlichen Kooperation, die klassischerweise in Form der **Gemeinschaftpraxis** gelebt wird.

Definiert wird die **Gemeinschaftspraxis** gemeinhin als die **gemeinsame Ausübung der ärztlichen Tätigkeit durch mehrere Ärzte des gleichen oder ähnlichen Fachgebiets in gemeinsamen Räumen mit gemeinsamer Praxiseinrichtung, gemeinsamer Karteiführung und Abrechnung sowie mit gemeinsamem Personal auf gemeinsame Rechnung** (BSGE 23, 170 (171); 55, 97 (104)). Diese Definition wird durch die Ergänzung der MBO-Ä durch den Ärztetag 2011 insoweit aufgegriffen bzw. ergänzt, als dass seitdem § 18 Abs. 2a Satz 1 MBO-Ä die **gemeinsame Berufsausübung** unter die Voraussetzung einer auf Dauer angelegten beruflichen Zusammenarbeit selbstständiger, freiberuflich tätiger Gesellschafter stellt.

Die Folge der gemeinsamen Berufsausübung besteht darin, dass es sich bei den zu behandelnden Patienten nicht um solche des einzelnen Behandlers, sondern um Patienten der Berufsausübungsgemeinschaft handelt. Der Behandlungsvertrag besteht zwischen dem Patienten und der Gemeinschaftspraxis als solcher, so dass sämtliche Partner zur Behandlung berechtigt sind. Die Liquidation der erbrachten Leistungen erfolgt auf Rechnung der Gemeinschaftspraxis, gegenüber der KV auf Grundlage einer einheitlichen Abrechnungsnummer.

Mit den **Medizinischen Versorgungszentren** wurde durch das GMG eine neue Einrichtung geschaffen, die als solche an der vertragsärztlichen Versorgung teilnimmt und im ambulanten Bereich Leistungen insbesondere durch angestellte Ärzte erbringt. Während das GKV VSG den Kreis der berechtigten Gründer erheblich eingeschränkt hat, um finanzielle Interessen Dritter weitestgehend aus dem Gesundheitswesen herauszuhalten, ist mit dem GKV VStG die Möglichkeit geschaffen worden, nunmehr auch fachgruppengleiche MVZ zu gründen. Dies hat gemeinsam mit weiteren gesetzgeberischen Erleichterungen im Rahmen der Einbindung ärztlicher Angestellter zu einer Stärkung und einem neuen Fokus auf diese Form der Zusammenarbeit geführt.

Als weitere Kooperationsform kommt die **medizinische Kooperationsgemeinschaft** in Betracht. Hierbei handelt es sich um einen Zusammenschluss von Ärzten mit Angehörigen bestimmter anderer Berufsgruppen (z. B. Zahnärzten, Psychotherapeuten, Psychologen, Logopäden und Ergotherapeuten sowie anderer staatlich anerkannter Pflegeberufe). Zuletzt soll an dieser Stelle der Zusammenschluss zu einem **Praxisverbund** genannt werden. Bei diesem handelt es sich weder um eine Berufsausübungs- noch um eine Organisationsgemeinschaft im o.g. Sinne. Im Vordergrund steht hier vielmehr die Umsetzung eines gemeinsamen Versorgungsziels im Rahmen – aber auch jenseits – der vertragsärztlichen Versorgung unter Nutzung einer Netzwerkstruktur rechtlich eigenständiger Praxen.

8.2 Rechtliche Rahmenbedingungen der Zusammenarbeit

Das Recht der ärztlichen Kooperationen wird maßgeblich durch die Vorgaben des geltenden ärztlichen Berufsrechts und Vertragsarztrechts bestimmt. Von zentraler Bedeutung ist der hier verankerte Grundsatz, dass der Arztberuf im ambulanten Bereich als **freier Beruf** grundsätzlich eigenverantwortlich und persönlich in niedergelassener Praxis auszuüben ist. Die auf diesem Grundsatz fußenden berufsrechtlichen und vertragsarztrechtlichen Bestimmungen dienen dazu, eine unabhängige, ausschließlich an medizinischen Erfordernissen ausgerichtete Heilbehandlung zu gewährleisten. Nach überkommener Auffassung sind wesentliche Merkmale des freien Berufes: das Fehlen eines Dienstverhältnisses, die Übernahme des eigenen wirtschaftlichen Risikos der Berufsausübung und die alleinige therapeutische Verantwortung für die Patienten (vgl. BVerfGE 11, 30 für den Kassenarzt). § 1 Abs. 1 Satz 2 MBO-Ä stellt insofern klar, dass der ärztliche Beruf **kein Gewerbe** ist. Typische Merkmale der gewerblichen Tätigkeit wie bspw. Gewinnerzielungsabsicht und hohe arbeitsteilige Organisation des Geschäftsbetriebs sollen der Ausübung der ärztlichen Tätigkeit wesensfremd sein.

Da gerade die kooperative Zusammenarbeit von Ärzten geeignet ist, die persönliche und wirtschaftliche Freiheit des einzelnen Beteiligten einzuschränken, liegt es auf der Hand, dass in diesem Bereich die Diskussion über bestehende berufs- und vertragsarztrechtliche Grenzen bei der Ausgestaltung von Kooperationen von besonderer Bedeutung ist. Dies gilt nicht zuletzt auch vor dem Hintergrund der bestehenden Budgetierungen vertragsärztlicher Leistungen. Nur soweit die rechtlichen Voraussetzungen für die vertragsärztliche Tätigkeit eingehalten werden, besteht ein Anspruch auf Beteiligung an der Gesamtvergütung. Vertragsgestaltungen, die bei anderen Freiberuflern wie z. B. Steuerberatern oder Rechtsanwälten unproblematisch möglich sind, können deshalb bei Ärzten erhebliche Probleme aufwerfen. Gerade die Diskussion um sog. „Scheinsozietäten" und um die Abgrenzung echter Gesellschaftsverhältnisse zu abhängigen Beschäftigungsverhältnissen wird in kaum einem Bereich so heftig geführt wie bei niedergelassenen Vertragsärzten. Unzulässige Vertragsgestaltungen können hier gravierende Konsequenzen – von massiven Honorarrückforderungen seitens der Kostenträger bis hin zu disziplinarrechtlichen und strafrechtlichen Maßnahmen – nach sich ziehen.

Die wesentlichen rechtlichen Grundlagen für die Kooperation unter Ärzten sollen daher im Folgenden im Überblick dargestellt werden.

8.2.1 Berufsrechtliche Vorgaben

Die ärztliche Berufsausübung unterliegt einer Vielzahl von Reglementierungen durch das ärztliche Berufsrecht der örtlichen Kammern. Prägend für das Verständnis der ärztlichen Berufsausübung ist insbesondere der **Grundsatz der Freiberuflichkeit**.

Für die Ausübung einer ärztlichen Kooperation verlangt das Berufsrecht, dass die vertragliche Ausgestaltung der Zusammenarbeit die eigenverantwortliche und selbstständige sowie nicht gewerbliche – also freiberufliche – Berufsausübung gewährleistet. Jeder beteiligte Arzt muss demnach eine **echte Gesellschafterstellung** einnehmen. Eine Abgrenzung ist mithin zum **abhängigen Beschäftigungsverhältnis** vorzunehmen. Hierzu ist stets eine Gesamtschau der tatsächlichen Verhältnisse vorzunehmen. Die Ergänzung des § 18 Abs. 2a Satz 3, 4 MBO-Ä gibt diesbezüglich vor, „dass sich die Gesellschafter in einem schriftlichen Gesellschaftsvertrag gegenseitig verpflichten, die Erreichung eines gemeinsamen Zweckes in der durch den Vertrag bestimmten Weise zu fördern und insbesondere die vereinbarten Beiträge zu leisten. Erforderlich ist weiterhin regelmäßig eine Teilnahme aller Gesellschafter der Berufsausübungsgemeinschaft an deren unternehmerischem Risiko, an unternehmerischen Entscheidungen und an dem gemeinschaftlich erwirtschafteten Gewinn."

Entscheidendes Kriterium der freiberuflichen ärztlichen Tätigkeit ist also die **wirtschaftliche Selbstständigkeit** des betreffenden Arztes im Rahmen seiner Berufsausübung. Das Bundesverfassungsgericht verlangt diesbezüglich die Übernahme eines wirtschaftlichen Risikos (BVerfGE 11, 30), welches letztlich darin zum Ausdruck kommt, dass die Existenz des freiberuflich tätigen Arztes unmittelbar von seiner eigenen Arbeitsleistung abhängig ist (Möller, Rechtliche Probleme von Nullbeteiligungsgesellschaften, Medizinrecht 1999, 493 ff.). Diesen Gedanken bestätigte zuletzt auch das BSG in seiner Entscheidung vom 23.06.2010 (B 6 KA 7/09). Danach fehlt es an einer Ausübung der (vertrags-)ärztlichen Tätigkeit in freier Praxis, wenn der Arzt weder das wirtschaftliche Risiko der Praxis (mit)trägt noch am Wert der Praxis beteiligt ist.

Das Merkmal der Freiberuflichkeit ist also jedenfalls dann nicht mehr gewahrt, wenn sich das bestehende Rechtsverhältnis als Angestelltenverhältnis darstellt. Die Abgrenzung hat stets auf Grundlage einer Gesamtschau der tatsächlichen Verhältnisse zu erfolgen. Nach der Rechtsprechung des Bundesarbeitsgerichts ist als Angestellter anzusehen, wer aufgrund eines privatrechtlichen Vertrages unselbständige Dienste für einen anderen erbringt. Besondere Bedeutung kommt der arbeitsrechtlichen Weisungsgebundenheit und der Eingliederung in den Betrieb des Arbeitgebers zu. Das Berufsrecht gibt darüber hinaus noch weitere eigene Vorgaben vor:

Der Grundsatz der persönlichen Leistungserbringung Die Freiberuflichkeit der ärztlichen Tätigkeit ist unter anderem dadurch gekennzeichnet, dass die Leistungen durch den Arzt persönlich erbracht werden (vgl. § 19 MBO-Ä, § 15 Abs. 1 SGB V; § 611 BGB i. V. m. § 4 Abs. 2 GOÄ). Der Grundsatz der persönlichen ärztlichen Leistungserbringung enthält zugleich das grundsätzliche Verbot der Delegation von ärztlichen Maßnahmen an Dritte.

8.2 Rechtliche Rahmenbedingungen der Zusammenarbeit

Eine Ausnahme besteht, soweit ärztliches Personal eingeschaltet wird. In Betracht kommt hier die Behandlung durch angestellte Ärzte und Assistenten. Nichtärztliches Hilfspersonal darf vom Arzt nur eingeschaltet werden, soweit es sich um vorbereitende, unterstützende, ergänzende oder mitwirkende Tätigkeiten zur eigentlichen ärztlichen Leistung handelt. Im Einzelfall ist die Delegation von Tätigkeiten (z. B. Injektionen, Infusionen und Blutentnahmen) an qualifiziertes, nicht-ärztliches Hilfspersonal zulässig, soweit ein persönliches Tätigwerden nach Art und Schwere der zu erbringenden Leistung nicht erforderlich ist. Sonderregelungen bestehen für gerätebezogene Leistungen einer Apparategemeinschaft sowie für bestimmte Laborleistungen. Schließlich ist der niedergelassene Arzt berechtigt, im Falle seiner Verhinderung vorübergehend einen ärztlichen Vertreter zu bestellen, der die Praxis zeitweise weiterführt.

Auch bei der Beschäftigung von Mitarbeitern muss der Arzt eigenverantwortlich und leitend bzw. überwachend an der Leistungserbringung mitwirken und ihr dadurch sein persönliches Gepräge geben. Leistungen, die unter Verstoß gegen den Grundsatz der persönlichen Leistungserbringung erbracht wurden, sind nicht abrechnungsfähig. Dies hat unmittelbare Konsequenzen auf die Beurteilung ärztlicher Kooperationen. Erweist sich das Rechtsverhältnis in Bezug auf einen beteiligten Arzt tatsächlich als abhängiges Beschäftigungsverhältnis, so liegen in seiner Person die Abrechnungsvoraussetzungen nicht vor. Dies hat Honorarregresse und Disziplinarverfahren zur Folge. Gleichzeitig scheitert die Abrechnung der erbrachten Leistungen als solche eines angestellten Arztes regelmäßig daran, dass zumindest im vertragsärztlichen Bereich die erforderliche Genehmigung (vgl. § 32b Abs. 1 Ärzte-ZV) nicht besteht bzw. bestand. Hinzu tritt die Gefahr einer Gewerbesteuerpflicht aufgrund fehlender höchstpersönlicher Leistungserbringung sowie die Nachzahlung von Sozialversicherungsbeiträgen. In diesem Bereich sollte also eine besondere Sorgfalt gewahrt sein.

Der Grundsatz der Niederlassung in eigener Praxis Die Ausübung der ambulanten ärztlichen Tätigkeit ist außerhalb von Krankenhäusern einschließlich konzessionierter Privatkrankenanstalten an die **Niederlassung des Arztes in eigener Praxis gebunden** (vgl. § 17 Abs. 1 MBO-Ä). Unter Niederlassung ist eine zur Ausübung des ärztlichen Berufs geeignete, mit den erforderlichen sachlichen und personellen Mitteln ausgestattete sowie nach außen angekündigte Praxisstätte zu verstehen.

Wird die ärztliche Tätigkeit in der Form einer Kooperation mit weiteren Ärzten ausgeübt, müssen die zur Berufsausübung erforderlichen Praxisstrukturen (z. B. Praxisräumlichkeiten, Gerätschaften, Personal usw.) jedem beteiligten Arzt uneingeschränkt zur Verfügung stehen. Das Bundessozialgericht hat bereits in einer Grundsatzentscheidung vom 16.03.1973 (BSGE 35, 247) festgestellt, dass das Merkmal „Niederlassung in eigener Praxis" jedoch nicht die Verfügungsgewalt eines Eigentümers über die Räume oder Gerätschaften voraussetzt. Wesentlich ist allein, dass der Arzt in der Praxis seine Berufstätigkeit in voller eigener Verantwortung ausführen kann, ohne diesbezüglich Beschränkungen von Dritter Seite zu unterliegen. Jeder Arzt muss insofern in der Lage sein, den Ablauf seines Praxisbetriebs uneingeschränkt selbst zu bestimmen. Diese Kriterien sind bei der Ausgestaltung der ärztlichen Kooperationen und etwaigen Nutzungsverträgen mit Dritten zwingend zu berücksichtigen.

Bindung der ärztlichen Tätigkeit an den Praxissitz Aus dem Grundsatz der Niederlassung in eigener Praxis folgt gleichzeitig, dass die Ausübung der ärztlichen Heilbehandlung grundsätzlich an den Ort der Niederlassung gebunden ist. Der Arzt ist verpflichtet, seine Sprechstunde in den Praxisräumen abzuhalten. Die Ausübung der ärztlichen Tätigkeit im „Umherziehen" ist dem Arzt untersagt (§ 17 Abs. 3 MBO-Ä). Eine Ausnahmestellung nehmen diesbezüglich Anästhesisten aufgrund der Besonderheiten ihrer Berufsausübung, die durch eine „aufsuchende medizinische Gesundheitsversorgung" geprägt ist, ein.

Neben ihrer Bindung an den eigenen Praxissitz ist es Ärzten nach § 17 Abs. 2 MBO-Ä jedoch gestattet, üblicherweise an zwei weiteren Orten ärztlich tätig zu sein. Dies umfasst sowohl die vertragsärztlich genehmigungsbedürftige **Zweigpraxis** als auch genehmigungsfreie **ausgelagerte Praxisräume**. Berufsrechtlich ist diese Entscheidung mittlerweile obsolet. Der Ärztekammer ist die weitere Tätigkeit schlicht gemäß § 17 Abs. 5 MBO-Ä anzuzeigen. Allerdings müssen die weiteren Tätigkeitsorte einen räumlichen Bezug zur Hauptniederlassung des Arztes haben, um die ordnungsgemäße Versorgung der Versicherten an jedem einzelnen Standort sicher zu stellen. Während sich das Berufsrecht zu bestimmten Entfernungen nicht konkret äußert, lassen sich zur Auslegung zumindest einige vertragsärztliche Entscheidungen des BSG vom 09.02.2011 zu diesem Thema heranziehen. So erachtete das BSG eine Distanz von mehr als 125 km bei einer Fahrzeit von über einer Stunde als unzulässig (B 6 KA 7/10 R). Entfernungen von 30 min wertete es unter dem 05.11.2003 für die Frage der Residenzpflicht hingegen als unproblematisch (B 6 KA 2/03 R), während das SG Marburg sogar 45 min als unbedenklich einstufte (S 12 KA 519/08. Urteil vom 5.12.2008).

Neben der Frage von Zweigpraxen dürfen Berufsausübungsgemeinschaften nach § 18 Abs. 3 MBO-Ä sogar über mehrere Praxissitze verfügen, wenn an jedem Praxissitz ein Mitglied der Berufsausübungsgemeinschaft eine ausreichende Patientenversorgung sicherstellt. Dem einzelnen Arzt gestattet es das Berufsrecht ergänzend sogar, an mehreren Berufsausübungsgemeinschaften beteiligt zu sein.

Keine Beteiligung (berufsfremder) Dritter an der Arztpraxis Aus dem Grundsatz der Niederlassung in eigener Praxis folgt weiter, dass die unmittelbare Beteiligung berufsfremder Dritter (z. B. Kapitalgeber) an der ärztlichen Praxis unzulässig ist. Die ärztliche Tätigkeit ist eigenverantwortlich, unbeeinflusst durch berufsfremde Dritte nach ethischen Grundsätzen und unter Zurückstellung des Gewinnstrebens auszuüben. Sofern die §§ 23a ff. MBO-Ä auch eine Kooperation von Ärzten mit anderen Leistungserbringern im Gesundheitswesen zulassen, ist auch diesen Normen zu eigen, dass sie stets die Gewährleistung der eigenverantwortlichen und selbständigen Berufsausübung des Arztes betonen und berufsfremde Dritte gerade von der Zusammenarbeit ausschließen.

Ob und inwieweit dieser Grundsatz so genannten „Betreibermodellen", bei denen dem Arzt von einer Trägergesellschaft die gesamte Praxisstruktur entgeltlich zur Nutzung zur Verfügung gestellt wird, entgegen steht, ist in der Literatur umstritten. Dies gilt insbesondere für die umsatzorientierte Entgeltvereinbarung mit dem Träger. Letztlich kommt es auch hier entscheidend darauf an, dass der Arzt nicht durch unangemessene wirtschaftliche Bedingungen in eine persönliche und wirtschaftliche Abhängigkeit von einem Nichtarzt gerät. Unzulässig sind umsatzabhängige Entgeltvereinbarungen dann, wenn in ihr die Konsequenz aus der Umprägung einer Arztpraxis in die Abteilung eines gewerblichen Unternehmens gezogen wird oder werden kann. Dies erfordert jedoch stets eine Entscheidung und Beurteilung aufgrund aller Umstände des Einzelfalls und entzieht sich pauschaler Wertungen.

Verbot der Zuweisung gegen Entgelt Wie bereits in Kap. 5 (Ärztliches Standesrecht) angedeutet ist es dem Arzt gem. § 31 MBO-Ä verboten, sich für die Zuweisung von Patienten oder Untersuchungsmaterial ein Entgelt oder andere Vorteile versprechen oder gewähren zu lassen oder selbst zu versprechen oder zu gewähren. Nach der Rechtsprechung handelt es sich bei dieser Vorschrift des Berufsrechts um ein Schutzgesetz im Sinne des § 134 BGB, so dass hiergegen verstoßende Vereinbarungen als nichtig anzusehen sind. Demnach sind sogenannte „Kopplungsgeschäfte", bei denen die Höhe der Vergünstigung von der Anzahl der in Auftrag gegebenen Untersuchungen bzw. überwiesenen Patienten abhängig gemacht wird, ebenso unzulässig wie eine Beteiligung des überweisenden Arztes am Liquidationserlös des die Leistung erbringenden Arztes selbst. Letzteres gilt auch bei der Vereinbarung von Rückvergütungen aufgrund angeblicher Beratungsleistungen, da hier letztlich die unzulässige Vorgehensweise lediglich verschleiert werden soll.

Gleichwohl sind in der Praxis vielfach vertragliche Gestaltungsmodelle anzutreffen, die allein dazu dienen, dem Arzt finanzielle Vorteile aus seiner Verordnungs- oder Zuweisungspraxis zu gewähren (sogenanntes „kick-back"). Ein Beispiel für eine solche unzulässige Vereinbarung ist die Absprache von „Ringüberweisungen" im Rahmen einer fachübergreifenden Gemeinschaftspraxis und der Zusammenführung der Praxisgewinne im Innenverhältnis. Der Verstoß gegen die Vorschrift des § 31 MBO-Ä stellt gleichzeitig einen Wettbewerbsverstoß nach dem UWG dar.

Auch im Rahmen der Beteiligung von Ärzten an Unternehmen anderer Leistungserbringer hat der BGH mit Urteil vom 13.01.2011 (I ZR 112/08) derartige Kooperation hinsichtlich der Gefahr einer unzulässigen Zuweisung gegen Entgelt für unzulässig erklärt, wenn bei objektiver Betrachtung ein **spürbarer Einfluss** der Patientenzuführungen des einzelnen Arztes auf seinen Ertrag aus der Beteiligung nicht ausgeschlossen erscheint. Ob dies der Fall ist, hängt grundsätzlich vom **Gesamtumsatz des Unternehmens**, dem **Anteil der Verweisungen** des Arztes an diesem und der **Höhe seiner Beteiligung** ab. Ärzte sind also gut beraten, derartige Kooperations- und Beteiligungsmodelle sorgfältig zu prüfen und nicht als Umgehung des § 31 MBO-Ä auszugestalten. Dies gilt umso mehr, als dass mit Wirkung zum 04.06.2016 das Gesetz zur Bekämpfung der Korruption im Gesundheitswesen in Kraft getreten ist und mit den §§ 299a ff. StGB derartige Verhaltensweisen nun auch strafrechtlich sanktioniert werden.

Numerus Clausus der Gesellschaftsformen bei gemeinsamer Berufsausübung
Die derzeit geltende Fassung der MBO-Ä aus dem Jahr 2015 sieht in § 18 vor, dass Ärzte ihren Beruf einzeln oder gemeinsam in allen für den Arztberuf zulässigen Gesellschaftsformen ausüben dürfen, „wenn ihre eigenverantwortliche,

medizinisch unabhängige sowie nicht gewerbliche Berufsausübung gewährleistet ist." Dies umfasst zunächst den Zusammenschluss als **Gesellschaft bürgerlichen Rechts** nach den §§ 705 ff. BGB sowie die **Partnerschaftsgesellschaft** nach dem PartG. Der Partnerschaftsgesellschaft mit beschränkter Berufshaftung (PartG mbB) kommt aktuell hingegen nur geringe Bedeutung zu, da eine Umsetzung für Ärzte in den entsprechenden Heilberufs- und Kammergesetzen bis auf das Heilberufekammergesetz Bayerns bis lang nicht geschehen und vorgesehen ist. Da zudem einzig die vertragliche, nicht aber die – bis auf wenige Ausnahmen – im Regelfall parallel bestehende deliktische Haftung beschränkt werden kann, dürfte es bei der geringen Bedeutung für Ärzte auch bei weiteren gesetzgeberischen Öffnungsklauseln verbleiben.

Bedeutender und im Alltag häufiger anzutreffen ist hingegen die **Heilkunde-GmbH**. Anders als die obigen Personengesellschaften handelt es sich hierbei um eine eigenständige juristische Person. Auf die daraus folgenden vertragsarztrechtlichen Besonderheiten wird auf die nachfolgenden Ausführungen unter Ziffer 8.2.2 verwiesen. Die Gründung einer GmbH setzt eine Aufnahme und Umsetzung in der jeweiligen ärztlichen Berufsordnung vor, was in vielen – aber nicht allen – Kammerbezirken aufgrund einer Orientierung an § 23a MBO-Ä der Fall ist. Diese Norm gibt insbesondere vor, dass trotz der Rechtsform der GmbH keine übliche gewerbliche Tätigkeit vorliegt, insbesondere eine rein kapitalmäßige Beteiligung nicht ausreicht, sondern eine ärztliche Mitarbeit in der Gesellschaft erfolgen muss und gesellschaftsfremde Dritte nicht an den Gewinnen aus der GmbH beteiligt werden dürfen.

Organisationsformen des Handelsrechts wie beispielsweise die Offene Handelsgesellschaft (OHG) oder die Kommanditgesellschaft (KG) kommen hingegen nicht in Betracht, da ihr Zweck auf den Betrieb eines Handelsgewerbes und damit im Gegensatz zur freiberuflichen ärztlichen Tätigkeit auf eine rein gewerbliche Tätigkeit ausgerichtet ist.

8.2.2 Vertragsarztrechtliche Vorgaben

Die Kooperation unter Vertragsärzten ist in § 33 Ärzte ZV geregelt. Dieser lautet:

1. Die gemeinsame Nutzung von Praxisräumen und Praxiseinrichtungen sowie die gemeinsame Beschäftigung von Hilfspersonal durch mehrere Ärzte ist zulässig. Die Kassenärztliche Vereinigung ist hiervon zu unterrichten. Nicht zulässig ist die gemeinsame Beschäftigung von Ärzten und Zahnärzten; dies gilt nicht für medizinische Versorgungszentren.
2. Die gemeinsame Ausübung vertragsärztlicher Tätigkeit ist zulässig unter allen zur vertragsärztlichen Versorgung zugelassenen Leistungserbringern an einem gemeinsamen Vertragsarztsitz (örtliche Berufsausübungsgemeinschaft). Sie ist auch zulässig bei unterschiedlichen Vertragsarztsitzen der Mitglieder der Berufsausübungsgemeinschaft (überörtliche Berufsausübungsgemeinschaft), wenn die Erfüllung der Versorgungspflicht des jeweiligen Mitglieds an seinem Vertragsarztsitz unter Berücksichtigung der Mitwirkung angestellter Ärzte und Psychotherapeuten dem erforderlichen Umfang gewährleistet ist sowie das Mitglied und die bei ihm angestellten Ärzten und Psychotherapeuten an den Vertragsarztsitzen der anderen Mitglieder nur in zeitlich begrenztem Umfang tätig werden. Die gemeinsame

8.2 Rechtliche Rahmenbedingungen der Zusammenarbeit

Berufsausübung, bezogen auf einzelne Leistungen, ist zulässig, sofern diese nicht einer Umgehung des Verbots der Zuweisung von Versicherten gegen Entgelt oder sonstige wirtschaftliche Vorteile nach § 73 Absatz 7 des Fünften Buches Sozialgesetzbuch dient. Eine Umgehung liegt insbesondere vor, wenn sich der Beitrag des Arztes auf das Erbringen medizinisch-technischer Leistungen auf Veranlassung der übrigen Mitglieder einer Berufsausübungsgemeinschaft beschränkt oder wenn der Gewinn ohne Grund in einer Weise verteilt wird, die nicht dem Anteil der persönlich erbrachten Leistungen entspricht. Die Anordnung einer Leistung, insbesondere aus den Bereichen der Labormedizin, der Pathologie und der bildgebenden Verfahren, stellt keine persönlich erbrachte anteilige Leistung in diesem Sinne dar.

3. Die Berufsausübungsgemeinschaft bedarf der vorherigen Genehmigung des Zulassungsausschusses. Für überörtliche Berufsausübungsgemeinschaften mit Vertragsarztsitzen in mehreren Zulassungsbezirken einer Kassenärztlichen Vereinigung wird der zuständige Zulassungsausschuss durch Vereinbarung zwischen der Kassenärztlichen Vereinigung sowie den Landesverbänden der Krankenkassen und den Verbänden der Ersatzkassen bestimmt. Hat eine überörtliche Berufsausübungsgemeinschaft Mitglieder in mehreren Kassenärztlichen Vereinigungen, so hat sie den Vertragsarztsitz zu wählen, der maßgeblich ist für die Genehmigungsentscheidung sowie für die auf die gesamte Leistungserbringung dieser überörtlichen Berufsausübungsgemeinschaft anzuwendenden ortsgebundenen Regelung, insbesondere zur Verfügung, zur Abrechnung sowie zu den Abrechnungs-, Wirtschaftlichkeits- und Qualitätsprüfungen. Die Wahl hat jeweils für einen Zeitraum von mindestens zwei Jahren unwiderruflich zu erfolgen. Die Genehmigung kann mit Auflagen erteilt werden, wenn dies zur Sicherung der Anforderungen nach Abs. 2 erforderlich ist; das Nähere hierzu ist einheitlich in den Bundesmantelverträgen zu regeln.

In Abs. 1 und Abs. 2 werden die Grundformen der Kooperationen unter Vertragsärzten und sonstigen Leistungserbringern, nämlich die Organisationsgemeinschaft/Praxisgemeinschaft einerseits und die Berufsausübungsgemeinschaft/Gemeinschaftspraxis andererseits, umschrieben. Es ist danach auch vertragsarztrechtlich zulässig, überörtlich tätig zu sein.

Daneben ist ein Arzt nur dann geeignet, an der vertragsärztlichen Versorgung teilzunehmen, wenn er nicht wegen eines Beschäftigungsverhältnisses oder wegen anderer nicht ehrenamtlicher Tätigkeit für die Versorgung der Versicherten persönlich nicht in dem erforderlichen Maße zur Verfügung steht.

Gerade diese Vorschrift wird vielfach von den Zulassungsausschüssen zum Anlass genommen, die vertraglichen Rahmenbedingungen unter denen der betreffende Arzt seine Tätigkeit ausübt, einer genauen Überprüfung zu unterziehen. Die Vorschrift stellt nach vielfacher Auffassung insbesondere klar, dass für die Zulassung zur vertragsärztlichen Voraussetzung unabdingbare Voraussetzung ist, dass der Vertragsarzt seine Tätigkeit nicht in einem abhängigen Beschäftigungsverhältnis sondern selbständig ausübt.

In seinem Grundsatzurteil vom 23.06.2010 (B 6 KA 7/09 R) knüpft das BSG sowohl an § 33 als auch an § 32 der Ärzte-ZV und die dort normierte Tätigkeit „in freier Praxis" an. Diese beinhaltet zum einen eine wirtschaftliche Komponente – die Tragung des wirtschaftlichen Risikos wie auch eine Beteiligung an den wirtschaftlichen Erfolgen der Praxis – und zum anderen eine ausreichende Handlungsfreiheit in beruflicher und persönlicher Hinsicht. Sind beide Komponenten erfüllt, kann nicht von einer Scheinpartnerschaft bzw. einer versteckten Anstellung ausgegangen werden. Hierzu ist es in wirtschaftlicher Hinsicht erforderlich, dass jeder Partner an den Erfolgen und Risiken der Praxis beteiligt wird, er also einen Anteil am Gesamtgewinn ebenso wie eine Verlustbeteiligung erhalten muss. Eine Beteiligung am materiellen Gesellschaftsvermögen ist hingegen nicht zwingend, wohl aber eine Beteiligung am von ihm erarbeiteten immateriellen Gesellschaftswert. Um zum zweiten eine ausreichende Handlungsfreiheit in beruflicher und persönlicher Hinsicht zu gewährleisten, sind alle Partner mit den entsprechenden eigenen ärztlichen Behandlungsfreiheiten sowie Verfügungsrechten über die Sach- und Personalmittel der Praxis auszustatten. Auch im Rahmen der Stimmverteilung ist darauf zu achten, dass jedem ärztlichen Gesellschafter ein ausreichendes Stimmgewicht im Verhältnis zu seinen Kollegen zukommt.

Daneben kommt der oben angeführten Rechtsform der GmbH vertragsarztrechtlich eine Sonderstellung zu. Während diese nach § 95 Abs. 1a Satz 1 SGB V bundesgesetzlich bei Gründung eines MVZ stets – auch unabhängig von kammerseitigen Vorgaben – zulässig ist, hat das BSG mit Urteil vom 15.08.2012 (Az.: B 6 KA 47/11 R) einer GmbH die Zulassung als Trägerin einer Vertragsarztpraxis versagt. Ein Arzt kann seine vertragsärztliche Tätigkeit damit – mit Ausnahme des MVZ – nicht in der Rechtsform einer GmbH erbringen.

8.2.3 Gesellschaftsrechtliche Rahmenbedingung

Damit kommen als mögliche gesellschaftsrechtliche Gestaltungsformen zur Gründung einer Berufsausübungsgemeinschaft klassisch insbesondere die Gesellschaft bürgerlichen Rechts (GbR) und die Partnerschaftsgesellschaft (PartG) nach dem Partnerschaftsgesellschaftsgesetz in Betracht. Diese sollen im Folgenden in ihren Grundzügen kurz dargestellt werden.

8.2.3.1 Grundzüge der Gesellschaft bürgerlichen Rechts

Die Gesellschaft bürgerlichen Rechts (GbR) ist in den §§ 705 bis 740 BGB gesetzlich geregelt. Die gesetzlichen Vorgaben sind im Wesentlichen dispositiv, d. h. die Ausgestaltung des Gesellschaftsverhältnisses obliegt bis auf wenige Ausnahmen der freien Gestaltung durch die Beteiligten und lässt Abweichungen zu. Die Regelungen der §§ 705 ff. BGB geben dabei folgenden Rahmen vor:

Gesellschaftsvertrag Gemäß § 705 BGB erfordert die Gründung einer GbR einen Gesellschaftsvertrag, in dem sich die Gesellschafter gegenseitig verpflichten, die Erreichung eines gemeinsamen Zwecks in der durch den Vertrag bestimmten Weise zu fördern, insbesondere die vereinbarten Beiträge zu leisten *(BGHZ 135, 387)*. Im Gegensatz zu sonstigen schuldrechtlichen Verträgen, die auf einen Austausch von Leistung und Gegenleistung gerichtet sind (z. B. Kaufvertrag), zeichnet sich die Gesellschaft dadurch aus, dass mehrere Beteiligte gemeinsam ein Ziel, nämlich die Förderung des Gesellschaftszwecks (z. B. gemeinsame Berufsausübung, gemeinsame Nutzung von Praxisstrukturen), verfolgen. Soweit nichts Abweichendes bestimmt ist, haben die Gesellschafter gleiche Beiträge zu leisten.

8.2 Rechtliche Rahmenbedingungen der Zusammenarbeit

Rechtsfähigkeit der GbR Lange war umstritten, ob die GbR in der Gesamtheit ihrer Gesellschafter über die Rechtsfähigkeit verfügt, d. h. ob die Gesellschaft selbst Trägerin und Zuordnungsobjekt von Rechten und Pflichten sein kann. Der BGH hat in einer Entscheidung vom 29.01.2001 (BGH, NJW 2001, 1056) der vormals herrschenden Auffassung, wonach die GbR lediglich als Institut der Zuordnung von Rechten und Pflichten unmittelbar zu einer Mehrzahl von Gesellschaftern diente, eine deutliche Absage erteilt und die Rechts- und Parteifähigkeit der GbR grundsätzlich anerkannt. Die GbR kann daher Rechte erwerben und Verbindlichkeiten eingehen sowie als solche klagen und verklagt werden.

Geschäftsführung und Vertretung Die Geschäftsführung im Innenverhältnis der Gesellschafter untereinander und die Vertretung der Gesellschaft nach außen erfolgt, soweit nichts Abweichendes geregelt ist, durch die Gesellschafter gemeinschaftlich. Für jedes Geschäft ist demnach die Zustimmung aller Gesellschafter erforderlich. Durch den Gesellschaftsvertrag kann die Geschäftsführung und Vertretung der Gesellschaft – vertragsarztrechtlich in den Grenzen einer Tätigkeit „in freier Praxis" – auf einen oder mehrere Gesellschafter übertragen werden. Das Recht zur wirksamen Vertretung der Gesellschaft im Außenverhältnis folgt dabei den erteilten Befugnissen zur Geschäftsführung im Innenverhältnis. Sind einzelne Gesellschafter kraft Gesellschaftsvertrag entsprechend berechtigt, können sie Rechtsgeschäfte auch alleine oder mit der erforderlichen Mehrheit namens der Gesellschaft und der übrigen Gesellschafter abschließen. Sind die zur Geschäftsführung befugten Gesellschafter im Übrigen nach dem Gesellschaftsvertrag gegenüber Dritten allein handlungsberechtigt, so kann jeder geschäftsführungsbefugte Mitgesellschafter dem Geschäft vor dessen Vornahme widersprechen. Im Fall des rechtzeitigen Widerspruchs muss das Geschäft unterbleiben, falls der Gesellschaftsvertrag nicht anderes vorsieht. Auf diese Art und Weise wird eine flexible Handlungsfähigkeit der Gesellschaft ermöglicht, die nicht vor jeder Entscheidung einen Gesellschafterbeschluss erfordert.

Beschlussfassung Die GbR entscheidet im Übrigen in allen ihren Angelegenheiten durch Beschluss der Gesellschafterversammlung. Jeder Gesellschafter ist berechtigt und verpflichtet, an den Gesellschafterversammlungen teilzunehmen. Die Beschlussfassung erfolgt, soweit vertraglich nichts anderes vereinbart ist, einstimmig. Hierdurch unterliegen die Gesellschafter einer GbR einem starken Einigungsdruck.

Gesellschaftsvertraglich können Mehrheitsentscheidungen zugelassen werden. Zu beachten ist jedoch, dass gleichwohl alle Beschlüsse, die den Kernbereich der Gesellschafterstellung berühren, der Einstimmigkeit bedürfen. Dies betrifft insbesondere solche Maßnahmen, die das Haftungsrisiko der Gesellschafter erhöhen.

Gesellschaftsvermögen Die Einlagen der Gesellschafter und die durch die Geschäftsführung für die Gesellschaft erworbenen Gegenstände werden gemeinschaftliches Vermögen der Gesellschafter (Gesellschaftsvermögen). Das Vermögen der Gesellschaft unterliegt der gesamthänderischen Bindung durch die

Gesellschafter mit der Folge, dass der einzelne Gesellschafter über seinen Anteil am Gesellschaftsvermögen und den einzelnen dazu gehörigen Gegenständen nicht verfügen kann. Er ist – im Gegensatz zu den Regelungen bei einer Miteigentümergemeinschaft – ebenfalls nicht berechtigt, die Teilung des Gesellschaftsvermögens zu verlangen oder die ihm aus dem Gesellschaftsverhältnis zustehenden Ansprüche zu übertragen (§§ 717 ff. BGB). Die Übertragung des Geschäftsanteils an einer GbR verbunden mit den daran geknüpften Mitgliedschaftsrechten an einen Nachfolger, der mit der Übernahme als neuer Gesellschafter in die GbR eintritt, kommt somit nur unter Zustimmung aller Gesellschafter in Betracht.

Haftung der Gesellschafter für Verbindlichkeiten der Gesellschaft Die Gesellschafter haften akzessorisch für die Verbindlichkeiten der Gesellschaft. Neben der Gesellschaft mit ihrem Gesellschaftsvermögen haften die Gesellschafter persönlich und unbeschränkt mit ihrem Privatvermögen. Jeder Gesellschafter kann daher von einem Gläubiger der Gesellschaft unmittelbar und in voller Höhe in Anspruch genommen werden. Der betreffende Gesellschafter ist auf den Gesamtschuldner-Innenausgleich verwiesen, d. h. er kann lediglich von seinen Mitgesellschaftern einen Ausgleich für die Inanspruchnahme verlangen. Damit trägt letztlich der in Anspruch genommene Gesellschafter das Insolvenzrisiko seiner Mitgesellschafter.

Der Bundesgerichtshof hat in einer Entscheidung vom 07.04.2003 unter Abweichung von der bisherigen Rechtsprechung erstmals entschieden und mit späterem Urteil vom 12.12.2005 bekräftigt, dass der in eine Gesellschaft bürgerlichen Rechts eintretende Neugesellschafter auch für die vor seinem Eintritt begründeten Verbindlichkeiten der Gesellschaft neben den bisherigen Gesellschaftern persönlich und gesamtschuldnerisch haftet. Der BGH stellt ausdrücklich klar, dass dieser Grundsatz auch für Zusammenschlüsse von Angehörigen der freien Berufe zur gemeinsamen Berufsausübung in Form einer Gesellschaft bürgerlichen Rechts gilt. Demgegenüber ist die Haftung für bestehende Verbindlichkeiten des zukünftigen Partners ausgeschlossen, falls erst durch den Zusammenschluss beider Ärzte eine Gesellschaft entsteht. In diesem Fall liegen aus der vorherigen Einzeltätigkeit keine eintrittsfähigen Gesellschaftsschulden vor, die der neu hinzutretende Gesellschafter übernehmen könnte (vgl. BGH, Urteil vom 22.01.2004, Az. IX ZR 65/01).

Vor diesem Hintergrund sollte der in eine Gesellschaft bürgerlichen Rechts eintretende Arzt die wirtschaftlichen Verhältnisse zuvor einer genauen Überprüfung unterziehen. Darüber hinaus bedarf es zwingend geeigneter Regelungen zur Rechnungsabgrenzung im Gesellschaftsvertrag, um zumindest im Innenverhältnis einen etwaigen Rückgriff auf die Altgesellschafter zu gewährleisten. Soweit möglich, sollte neben entsprechenden Regelungen des Gesellschaftsvertrages auch im Außenverhältnis durch entsprechende Freistellungsvereinbarungen mit den zumindest wesentlichen Altgläubigern der GbR eine Haftung des Neugesellschafters vermieden werden.

Wie zuvor bereits dargelegt, gilt dies lediglich für die Haftung für Altverbindlichkeiten beim Eintritt in eine bestehende GbR. Sie betrifft nicht den Fall, dass zwei Ärzte durch den Zusammenschluss ihrer Praxen eine GbR gründen oder ein Arzt einer bestehenden Praxis beitritt, die sodann als GbR fortgeführt wird. Da jedoch eine Haftungsausweitung auch hier nicht grundsätzlich ausgeschlossen werden kann, sollte vorsorglich zur Absicherung des beitretenden Gesellschafters entsprechend verfahren werden (vgl. OLG Naumburg, Urt. v. 17.01.2006, Az. 9 U 86/05).

Nimmt man die Perspektive des ausscheidenden Gesellschafters ein, so haftet dieser nach seinem Ausscheiden aus der Gesellschaft gemäß § 736 Abs. 2 BGB i. V. m. § 160 HGB für die vor seinem Ausscheiden begründeten Verbindlichkeiten bis zum Ablauf von fünf Jahren seit Kenntnis des jeweiligen Gläubigers von seinem Ausscheiden. Voraussetzung ist, dass die Verbindlichkeiten vor seinem Ausscheiden begründet wurden, vor Ablauf von fünf Jahren fällig werden und daraus Ansprüche gegen ihn gerichtlich geltend gemacht oder von ihm schriftlich anerkannt werden.

Eine Haftungsbeschränkung beispielsweise auf das Gesellschaftsvermögen kann gegenüber Dritten jedenfalls nicht rechtswirksam einzig zwischen den Gesellschaftern vereinbart werden. Hier kommt lediglich eine ausdrückliche Individualvereinbarung mit dem jeweiligen Dritten in Betracht.

Gewinn und Verlustverteilung Soweit keine abweichende Regelung getroffen wurde, sind die Gesellschafter unabhängig von der Art und Größe ihrer Beiträge zu gleichen Teilen am Gewinn und Verlust der Gesellschaft beteiligt (§ 722 BGB).

Beendigung der Gesellschaft Die Gesellschaft endet grundsätzlich durch Kündigung eines Gesellschafters, durch den Tod eines Gesellschafters, durch die Eröffnung des Insolvenzverfahrens über das Vermögen der Gesellschaft oder über das Vermögen eines Gesellschafters und durch das Erreichen oder Unmöglichwerden des vereinbarten Gesellschaftszwecks. Sofern die Gesellschaft nicht für eine bestimmte Dauer eingegangen wurde, kann sie grundsätzlich von jedem Gesellschafter jederzeit ohne Einhaltung einer Frist gekündigt werden. Die Kündigung darf, soweit es sich nicht um eine fristlose Kündigung aus wichtigem Grund handelt, lediglich nicht zur Unzeit erfolgen. Zur Kündigung und zur Dauer der Gesellschaft sind regelmäßig abweichende vertragliche Regelungen erforderlich. Eine Vereinbarung, durch die das Kündigungsrecht ausgeschlossen oder entgegen der gesetzlichen Bestimmung wesentlich beschränkt wird, ist jedoch nichtig.

Auseinandersetzung der GbR nach Beendigung Wird die GbR aufgelöst, so wandelt sich die Gesellschaft zunächst in eine sog. Liquidationsgesellschaft. Die bisherigen Geschäftsführungsbefugnisse erlöschen. Von dem Zeitpunkt der Auflösung an sind alle Gesellschafter zur gemeinschaftlichen Geschäftsführung berufen, um die erforderlichen Abwicklungsmaßnahmen umzusetzen. Gegenstände, die ein Gesellschafter der GbR zur Nutzung überlassen hat, sind diesem zurückzugeben. Aus dem Gesellschaftsvermögen sind zunächst die Schulden der Gesellschaft zu bedienen. Reicht das vorhandene Gesellschaftsvermögen hierzu nicht aus, so haben die Gesellschafter für den Fehlbetrag im Verhältnis ihrer Verlustbeteiligung aufzukommen. Aus dem Gesellschaftsvermögen sind darüber hinaus die Einlagen der Gesellschafter zurückzuerstatten. Verbleibt nach der Berichtigung der Gesellschaftsschulden und der Rückerstattung der Einlagen ein Überschuss, so ist dieser unter den Gesellschaftern im Verhältnis ihrer Gewinnbeteiligung aufzuteilen.

Fortsetzungsklausel Um die oben dargestellte Beendigungswirkung zu vermeiden, wird insbesondere bei einer mehrgliedrigen Gesellschaft in der Regel eine sog. Fortsetzungsklausel in den Gesellschaftsvertrag aufgenommen. In einer solchen wird bestimmt, dass der Eintritt eines bestimmten Ereignisses gerade nicht die gesetzliche Folge der Beendigung und Auflösung herbeiführt, sondern dass der betreffende Gesellschafter aus der Gesellschaft ausscheidet und die Gesellschaft zwischen den verbleibenden Gesellschaftern fortgeführt wird. Der Gesellschaftsanteil des ausscheidenden Partners wächst in diesem Falle den verbleibenden Partnern an und wandelt sich in einen Abfindungsanspruch des ausscheidenden Gesellschafters, bezogen auf seinen Anteil am Vermögen der Gesellschaft.

Im Falle des Ausscheidens eines Gesellschafters sowie bei der Auflösung der Gesellschaft sind die gegenseitigen Ansprüche der Gesellschafter im Rahmen einer Schlussbilanz festzustellen.

Wird die Gesellschaft aufgelöst können Einzelansprüche, z. B. auf Auszahlung rückständiger Gewinnansprüche, in diesem Stadium nicht geltend gemacht werden. Sie unterliegen einer sog. Durchsetzungssperre, so dass lediglich ein Anspruch auf Ausgleich des zu ermittelnden Saldos besteht und einzelne teilweise gegenläufige Zahlungen in unterschiedlicher Höhe für Einzelposten zugunsten eines Gesamtanspruchs vermieden werden. Erst mit einvernehmlicher Aufstellung der Schlussbilanz werden einzelne Zahlungs- bzw. Abfindungsansprüche fällig, so dass im Streitfall zunächst eine entsprechende Bilanz zu erstellen und die Mitgesellschafter auf Zustimmung zu verklagen sind, um sodann im Anschluss den eigenen Zahlungsanspruch durchsetzen zu können.

Wird die Gesellschaft hingegen fortgesetzt, benötigt der ausscheidende Gesellschafter eine solche Bilanz zumindest, um seine verbleibenden Ansprüche beziffern zu können. Eine Zustimmung der fortsetzenden Gesellschafter erleichtert in diesem Fall zwar die weitere Auseinandersetzung, es kann jedoch auch direkt auf Basis der (einseitigen) Bilanz über die Zahlung und die richtige Höhe verbleibender Ansprüche vor Gericht gestritten werden.

8.2.3.2 Die Partnerschaftsgesellschaft

Seit dem 01.07.1995 besteht mit der Partnerschaftsgesellschaft die Möglichkeit zur Wahl einer alternativen Gesellschaftsform für ärztliche Kooperationen, die ansonsten regelmäßig in der Rechtsform einer Gesellschaft bürgerlichen Rechts geführt werden. Mit dem Partnerschaftsgesellschaftsgesetz soll den Angehörigen der freien Berufe, insbesondere Ärzten, eine Möglichkeit des Zusammenschlusses geschaffen werden, die einerseits dem hergebrachten Berufsbild des freien Berufs entspricht und andererseits eine modernere und flexiblere Organisationsform bietet. Die wesentlichen Merkmale der Partnerschaftsgesellschaft stellen sich wie folgt dar:

Beteiligte Zu einer Partnerschaft können sich nur natürliche Personen, die Angehörige der freien Berufe sind, zur Ausübung ihrer Berufe zusammenschließen (§ 1 PartGG).

8.2 Rechtliche Rahmenbedingungen der Zusammenarbeit

Gründung/Anmeldung Für die Gründung einer Partnerschaftsgesellschaft ist der Abschluss eines schriftlichen Partnerschaftsvertrages erforderlich. Dieser muss den Namen und den Sitz der Partnerschaft, die Namen sowie den in der Partnerschaft von jedem Partner ausgeübten Beruf nebst Wohnort jedes Partners und den Gegenstand der Partnerschaft enthalten (§ 3 PartGG). Die Partnerschaftsgesellschaft ist zur Eintragung in das Partnerschaftsregister beim zuständigen Amtsgericht anzumelden. Die entsprechenden Anmeldungen sind elektronisch in öffentlich beglaubigter Form einzureichen. Die Eintragung bedarf also der notariellen Unterstützung. Vor ihrer Eintragung unterliegt die Gesellschaft im Verhältnis zu Dritten dem Recht der Personengesellschaften mit der Folge der unbeschränkten persönlichen Haftung der Gesellschafter für die Verbindlichkeiten der Gesellschaft.

Die Partnerschaft ist voll namensrechts-, partei-, grundbuch-, insolvenz- und deliktsfähig. Die Partnerschaft ist rechtsfähig und kann somit Zuordnungsobjekt von Rechten und Pflichten sein.

Name der Partnerschaft Der Name der Partnerschaft muss den Namen mindestens eines Partners, den Zusatz „und Partner" oder „Partnerschaft" sowie die Berufsbezeichnung aller in der Partnerschaft vertretenen Berufe enthalten (§ 2 Abs. 1 PartGG).

Haftungsbeschränkung Im Gegensatz zur herkömmlichen GbR besteht im Rahmen einer Partnerschaftsgesellschaft eine Haftungsbegrenzung für den Fall der fehlerhaften Berufsausübung durch einen Partner. Waren nur einzelne Partner mit der Behandlung befasst, so haften nach § 8 Abs. 2 PartGG nur sie für berufliche Fehler neben der Partnerschaft; ausgenommen sind Beiträge von untergeordneter Bedeutung. Dies bedeutet, dass die Haftung für Behandlungsfehler zwar nach wie vor die Gesellschaft als solche trifft, eine Haftung des an der Behandlung unbeteiligten oder einzig untergeordnet eingebundenen ärztlichen Gesellschafters hiermit jedoch nicht verbunden ist. Sein Privatvermögen ist in diesem Fall also nicht in Gefahr. Für alle übrigen rechtsgeschäftlichen Verbindlichkeiten der Partnerschaft haften neben dieser jedoch nach wie vor alle Partner persönlich. Die Haftung beispielsweise für Mieten, Löhne usw. ist demnach nicht abdingbar und auf eine Person zu konzentrieren.

Auflösung/Ausscheiden Die Partnerschaft wird aufgelöst durch den Ablauf der Zeit, für die sie eingegangen wurde, durch Beschluss der Partner, durch Eröffnung des Insolvenzverfahrens über das Vermögen der Partnerschaft und durch gerichtliche Entscheidung. Der Tod eines Partners, die Kündigung oder auch die Eröffnung des Insolvenzverfahrens über das Vermögen eines Partners führen (anders als bei der GbR) nicht zur Auflösung der Partnerschaft, sondern zum Ausscheiden des betreffenden Partners und der Fortsetzung der Partnerschaft durch die verbleibenden Partner (§ 9 PartGG i. V. m. § 131 HGB). Ein Partner scheidet darüber hinaus bei Verlust der erforderlichen Zulassung zur Ausübung des freien Berufes aus der Partnerschaft aus (z. B. bei Entzug der Approbation).

Die Partnerschaftsgesellschaft ist als anerkannte ärztliche Kooperationsform in die Berufsordnungen aufgenommen worden. In der Zulassungsverordnung wird die Partnerschaftsgesellschaft nicht explizit erwähnt. An der Zulassungsfähigkeit der Partnerschaft besteht gleichwohl kein Zweifel, zumal es sich um eine der GbR ähnliche und gerade für die Kooperation von Freiberuflern geschaffene Organisationsform handelt. Insbesondere steht die Möglichkeit der Haftungsbeschränkung wegen Behandlungsfehler auf den jeweiligen Behandler einer Zulassung der Partnerschaftsgesellschaft nicht entgegen. Denn es ist nicht ersichtlich, wieso der Patient, der sich in einer Kooperation von Ärzten behandeln lässt, haftungsrechtlich besser zu stellen ist, als jener, der in einer Einzelpraxis behandelt wird, in der ihm ebenfalls auch nur sein konkreter Behandler als Schuldner zur Verfügung steht.

8.2.3.3 Die Heilkunde-GmbH

Die zuvor dargestellten Rechtsformen bilden die klassischen Formen freiberuflicher Zusammenarbeit ab. Daneben tritt rein privatärztlich und im Rahmen einer MVZ-Gründung die Möglichkeit, eine Heilkunde-GmbH bzw. eine sog. Ärztegesellschaft zu gründen. Während das BSG hier vertragsarztrechtlich für die Berufsausübungsgemeinschaft die oben erläuterten Grenzen zieht, soll wegen der verbleibenden Anwendungsbereiche ergänzend auf die GmbH als Rechtsform im Überblick eingegangen werden. Grundvoraussetzung ist indes, dass die zuständige örtlich geltende Berufsordnung eine solche Tätigkeit gestattet.

Bei der GmbH handelt es sich um eine **Kapitalgesellschaft** mit eigener Rechtspersönlichkeit. Die GmbH ist damit als solche Träger von Rechten und Pflichten. Der Behandlungsvertrag wird somit im Rahmen einer Heilkunde-GmbH nicht mit dem behandelnden Arzt, sondern zwischen den Patienten und der GmbH, vertreten durch ihren Geschäftsführer, abgeschlossen. Eine Rechtsfolge hieraus ist, dass die GOÄ keine (unmittelbare) Anwendung findet. Denn diese gilt nur für niedergelassene Ärzte, nicht jedoch für juristische Personen. Faktisch ist dennoch jede Heilkunde-GmbH gut beraten, sich bei Privatliquidationen an der GOÄ zu orientieren, da diese nach wie vor als gesetzmäßige Ta XE die Wertigkeit ärztlicher Leistungen bestimmt.

Die GmbH haftet gegenüber dem Patienten für alle Ansprüche aus dem Arztvertrag. Die Haftung der GmbH ist auf das Gesellschaftsvermögen beschränkt. Für Behandlungsfehler haftet der behandelnde Arzt neben der Gesellschaft aus deliktischer Haftung nach § 823 BGB. Rein praktisch bedeutet dies, dass eine Haftung für Behandlungsfehler in der Regel nicht begrenzt wird. Denkbare Ausnahmen sind selten und erfassen nach der Rechtsprechung z. B. Unterhaltsschäden aufgrund einer gescheiterten Sterilisation. Derartige Schäden unterfallen nicht dem Deliktsrecht, zeigen jedoch bereits die Seltenheit solcher Konstellationen und die daraus erwachsende Haftungsprivilegierung einer Heilkunde-GmbH. Die Begrenzung vertraglicher Verbindlichkeiten auf das Gesellschaftsvermögen führt indes dazu, dass insbesondere eine persönliche Haftung der Gesellschafter für Miete, Personalkosten, aus Lieferantenverträgen oder von der Gesellschaft gehaltenen Darlehen ausscheidet. Nicht selten führt dies im Praxisalltag jedoch dazu, dass Großgläubiger

8.2 Rechtliche Rahmenbedingungen der Zusammenarbeit

wie Banken und Vermieter auf einer persönlichen Bürgschaft der Gesellschafter bestehen und das Haftungsprivileg somit aushebeln.

Die berufsrechtlichen Vorgaben der MBO-Ä, auf die sich viele (aber nicht alle) relevanten landeseigenen Berufsordnungen beziehen, geben dabei in § 18 Abs. 2 MBO-Ä vor, dass stets die eigenverantwortliche, medizinisch unabhängige sowie nicht gewerbliche Tätigkeit gewährleistet sein muss. § 23a MBO-Ä konkretisiert diese Anforderungen für die Ärztegesellschaft wie folgt:

(1) Ärztinnen und Ärzte können auch in der Form der juristischen Person des Privatrechts ärztlich tätig sein. Gesellschafter einer Ärztegesellschaft können nur Ärztinnen und Ärzte sowie Angehörige der in § 23b Absatz 1 Satz 1 genannten Berufe sein. Sie müssen in der Gesellschaft beruflich tätig sein. Gewährleistet sein muss zudem, dass
   a) die Gesellschaft verantwortlich von einer Ärztin oder einem Arzt geführt wird; Geschäftsführer müssen mehrheitlich Ärztinnen und Ärzte sein,
   b) die Mehrheit der Gesellschaftsanteile und der Stimmrechte Ärztinnen und Ärzten zustehen,
   c) Dritte nicht am Gewinn der Gesellschaft beteiligt sind,
   d) eine ausreichende Berufshaftpflichtversicherung für jede/jeden in der Gesellschaft tätige Ärztin/tätigen Arzt besteht.
(2) Der Name der Ärztegesellschaft des Privatrechts darf nur die Namen der in der Gesellschaft tätigen ärztlichen Gesellschafter enthalten. Unbeschadet des Namens der Gesellschaft können die Namen und Arztbezeichnungen aller ärztlichen Gesellschafter und der angestellten Ärztinnen und Ärzte angezeigt werden.

Unter diesen Voraussetzungen steht die Gründung einer Kapitalgesellschaft damit – zumindest berufsrechtlich – nicht mehr grundsätzlich der freiberuflichen Tätigkeit entgegen. Der Landesgesetzgeber kann jedoch bestimmen, dass die jeweilige Berufsordnung die Einzelheiten der Ärzte-GmbH festlegt (OLG Düsseldorf, Beschl. v. 06.10.2006 – 3 Wx 107/06). Dies bedeutet, dass einzelne Ärztekammern in ihren Berufsordnungen nach wie vor die Anerkennung einer GmbH verweigern können, so dass sich vor der Wahl der Rechtsform ein Blick in die für den geplanten Standort gültige Berufsordnung empfiehlt.

Vertragsarztrechtlich bestehen indes die oben dargestellten Besonderheiten, so dass der Wunsch nach der Rechtsform einer GmbH sich rechtssicher nur durch Gründung eines MVZ umsetzen lassen wird. Nach den Änderungen durch das GKV VSG im Jahr 2015 und dem Wegfall der Notwendigkeit eines Zusammenschlusses fachverschiedener Ärzte im MVZ dürfte sich dies allerdings ohne erhebliche Hürden umsetzen lassen. Aufgrund der beschränkten Haftung einer GmbH und den Vorgaben aus § 95 Abs. 2 Satz 6 SGB V fordern die Zulassungsausschüsse jedoch von jedem Gesellschafter selbstschuldnerische Bürgschaften, um etwaige Forderungen der Kassenärztlichen Vereinigungen und der Krankenkassen unmittelbar bei den Gesellschaftern geltend machen zu können.

Ob und inwieweit sich die GmbH am Gesundheitsmarkt durchsetzen wird, bleibt abzuwarten, zumal mit ihr ein erheblicher Gründungsaufwand verbunden ist, die Gewerbesteuerpflicht kraft Rechtsnorm besteht, private Krankenversicherer unter Berufung auf § 4 Abs. 2 Satz 1 MB/KK mitunter eine Erstattungspflicht verneinen und aufgrund diverser Bürgschaftspflichten tatsächliche Haftungsbeschränkungen der Gesellschafter häufig unterlaufen werden.

8.3 Die Berufsausübungsgemeinschaft („Gemeinschaftspraxis")

Im Rahmen der ärztlichen Kooperationen stellt die Gemeinschaftspraxis, vertragsarztrechtlich „Berufsausübungsgemeinschaft" genannt, die engste Form der Zusammenarbeit dar. Sie wird ausgeübt in der Rechtsform einer GbR oder in der Form einer Partnerschaftsgesellschaft nach dem PartGG. Im Rahmen der Berufsausübungsgemeinschaft wird die ärztliche Tätigkeit und Berufsausübung als solche vergesellschaftet. Dies bedeutet, dass der Behandlungsvertrag nicht mit dem einzelnen Arzt, sondern zwischen dem Patienten der Gesellschaft abgeschlossen wird. Folglich erfüllt der behandelnde Arzt nicht seine eigene Verpflichtung, sondern diejenige der Gesellschaft. Die Abrechnung gegenüber dem Kostenträger erfolgt mithin für die Rechnung der Gesellschaft. Im Verhältnis zur KV verfügt die Berufsausübungsgemeinschaft daher über eine einheitliche Abrechnungsnummer. Auch existiert bloß ein gemeinsamer Patientenstamm mit einer gemeinsamen Kartei, in der dem Grunde nach nicht zwischen den einzelnen Behandlern unterschieden wird.

Die Ausübung einer ärztlichen Gemeinschaftspraxis/Berufsausübungsgemeinschaft ist unter allen zur vertragsärztlichen Versorgung zugelassenen Leistungserbringern zulässig und bedarf der Genehmigung durch den Zulassungsausschuss.

8.3.1 Vorteile einer Berufsausübungsgemeinschaft

Die Vorteile der gemeinsamen ärztlichen Berufsausübung sind sowohl rechtlicher, wirtschaftlicher als auch tatsächlicher Natur.

Zunächst bietet der Zusammenschluss mehrerer Ärzte in der Form einer Berufsausübungsgemeinschaft sämtliche Vorteile, die auch im Rahmen einer reinen Organisationsgemeinschaft – beispielsweise einer Praxisgemeinschaft – zu erzielen sind. Die gemeinsame Nutzung von Sach- und Personalmitteln und die gemeinsame Investition in medizinische Gerätschaften und Praxisausstattung ermöglicht die Verteilung des finanziellen Risikos und eine wirtschaftliche Auslastung der vorhandenen Strukturen. Die gemeinsame Teilhabe an Liefer- und Leistungsbeziehungen gegenüber Dritter ermöglicht ebenfalls eine **Kostenminimierung**, da beispielsweise aufgrund des höheren Bedarfs der Einkauf von Praxisbedarf günstiger gestaltet werden kann.

Darüber hinaus erwachsen wesentliche Vorteile daraus, dass im Rahmen der Berufsausübungsgemeinschaft der Behandlungsvertrag jeweils zwischen dem Patienten und der Gesellschaft abgeschlossen wird. Der Patient ist damit nicht mehr strikt einem bestimmten Behandler ausschließlich zugeordnet, sondern ein Patient der Berufsausübungsgemeinschaft und seiner Gesellschafter. Unbeschadet des Rechts auf freie Arztwahl besteht damit die Möglichkeit der **Behandlung eines Patienten durch mehrere Behandler** in der Berufsausübungsgemeinschaft, ohne dass vertragsarztrechtliche Vertretungsregelungen entgegenstehen. Die damit einhergehende Flexibilisierung ermöglicht es den Mitgliedern der

Kooperation, eine **Spezialisierung** auf jeweils bestimmte Behandlungsschwerpunkte vorzunehmen und dem Patienten gleichwohl ein erweitertes Spektrum der Behandlung anzubieten. Das Konsilium in problematischen Behandlungsfällen wird darüber hinaus wesentlich erleichtert. Die Zulässigkeit der gegenseitigen Vertretung unter den Gesellschaftern erlaubt schließlich eine Optimierung der Behandlungszeiten und das Angebot gegenüber den Patienten auf erweiterte Sprechstundenzeiten. Selbst bei Urlaub und Krankheit bleibt die Praxis geöffnet. Nicht zuletzt können durch ein **flexibles System** auch private Freiräume geschaffen werden.

Weitere Vorteile der Berufsausübungsgemeinschaft – beispielsweise gegenüber der Praxisgemeinschaft (vgl. insoweit Ziffer 8.4.1) – bestehen darin, dass im Rahmen einer Berufsausübungsgemeinschaft die vertragliche Verankerung eines langfristigen **Bestandsschutzes der Kooperation** möglich ist. Zudem finden die Interessen einer Berufsausübungsgemeinschaft im Rahmen des Nachbesetzungsverfahrens besondere Berücksichtigung, wenn die Zulassung eines ausgeschiedenen Kooperationsmitglieds neu zu vergeben ist. Auch lässt es der Charakter der Berufsausübungsgemeinschaft zu, nachvertragliche Wettbewerbsverbote für den Fall, dass ein Partner aus der Kooperation ausscheidet, zu regeln.

Vor dem Hintergrund des Vorteils der kostengünstigeren Arbeitsweise innerhalb einer Berufsausübungsgemeinschaft besteht darüber hinaus grundsätzlich anhand der gesetzlichen Vorgaben die Möglichkeit, Berufsausübungsgemeinschaft im Rahmen der **Honorarverteilung** zu begünstigen.

8.3.2 Die Voraussetzungen an eine Berufsausübungsgemeinschaft anhand der vertraglichen Regelungen

Bei der Ausgestaltung von ärztlichen Berufsausübungsgemeinschaften sind die o.g. berufsrechtlichen und vertragsarztrechtlichen Vorgaben strikt zu beachten. Die Grundsätze zur freiberuflichen ärztlichen Tätigkeit sind im Rahmen der vertraglichen Ausgestaltung zu wahren, zumal gerade die vertragliche Einbindung des Arztes in eine Kooperation mit anderen Ärzten geeignet ist, die Beteiligten in ihrer selbständigen und eigenverantwortlichen Berufsausübung einzuschränken. Zwar bringt jede vertragliche Bindung im Rahmen einer Kooperation in zulässiger Weise gewisse Einschränkungen der persönlichen und ggf. wirtschaftlichen Freiheit der Beteiligten mit sich, jedoch darf die Grenze zwischen einem „echten Gesellschaftsverhältnis" einerseits und einem „abhängigen Beschäftigungsverhältnis" andererseits nicht überschritten werden. Zulassungsrechtlich muss zudem jeder Arzt in seiner Tätigkeit als Gesellschafter nach wie vor „in freier Praxis" tätig sein.

Gemäß § 33 Abs. 3 Ärzte-ZV bedarf die Ausübung einer Berufsausübungsgemeinschaft unter Vertragsärzten der **Genehmigung** durch den Zulassungsausschuss. Anhand des vorzulegenden Gesellschaftsvertrages prüft der Zulassungsausschuss, ob die Anforderungen an eine freiberufliche ärztliche Tätigkeit gewahrt werden. Die Kriterien der Zulassungsausschüsse sind diesbezüglich durchaus unterschiedlich, nicht zuletzt weil die Zulassungsverordnung keine detaillierten Bestimmungen hierzu enthält. Vor diesem Hintergrund verwarf das LSG Niedersachsen/Bremen (Beschl. v. 13.08.2002 – L 3 KA 161/02 ER) den seinerzeit von der beteiligten KV aufgestellten Kriterienkatalog, wonach der Tatbestand einer „Scheinsozietät" erfüllt war, sowie die darauf fußende Entscheidung, die korrespondierenden Honorarbescheide aufzuheben, als rechtswidrig. Nach Auffassung des LSG fehle es dem Zulassungsausschuss an einer ausreichenden Rechtsgrundlage, die Zulassung zur vertragsärztlichen Versorgung an Voraussetzungen zu knüpfen, die sich nicht unmittelbar und unzweideutig aus der Zulassungsverordnung selbst ergeben. Diese Entscheidung ist jedoch vereinzelt geblieben.

Mit Urteil vom 23.06.2010 (B 6 KA 7/09) hat vielmehr zuletzt das BSG die erforderlichen Kriterien einer gemeinsamen Zusammenarbeit „in freier Praxis" umrissen und so für die Vertragspraxis und die Zulassungsgremien einige Leitlinien vorgegeben, an denen sich die Verträge der Gesellschafter orientieren sollten. Es wird insofern auf die Darstellung unter Ziffer 8.2.2 verwiesen.

In der Zulassungspraxis wird vor dem Hintergrund dieser Vorgaben daher häufig der gewünschte Berufsausübungsgemeinschaftsvertrag den Anforderungen des BSG sowie den darauf fußenden Konkretisierungen des zuständigen Zulassungsausschusses anzupassen sein. Denn anders lässt sich in der Regel das wirtschaftliche Ziel, die Ausübung einer gleichberechtigten Berufsausübungsgemeinschaft mit je einem vollen Budget für jeden gleichberechtigten Partner, nicht möglichst kurzfristig verwirklichen. Da am Ende eines solchen Prozesses gelegentlich ein Gesellschaftsvertrag steht, der den tatsächlichen Willen und das wirtschaftliche Verhältnis zwischen den Parteien nicht wie gewünscht widerspiegelt, sind in der Praxis ergänzende Gesellschafterbeschlüsse zum genehmigten Berufsausübungsgemeinschaftsvertrag anzutreffen. Diese werden den Zulassungsgremien nicht vorgelegt und sollen die genehmigten Regelungen abbedingen (sog. „Schubladenvertrag"). Vor einer solchen Praxis muss indes gewarnt werden. Wird das Vorliegen einer Berufsausübungsgemeinschaft gegenüber dem Zulassungsausschuss durch einen „Scheinvertrag" lediglich vorgetäuscht, so begehen die Beteiligten ggf. einen Betrug zu Lasten der Kassenärztlichen Vereinigung, da in Bezug auf den „Scheingesellschafter" Abrechnungskontingente in Anspruch genommen werden, die ihm mangels Zulassungsfähigkeit nicht zustehen. Zudem hat das BSG in der oben zitierten Entscheidung vom 23.06.2010 festgestellt, dass in diesen Fällen ein Gesamthonorarregress bzgl. aller Leistungen von Scheingesellschaftern der Gesellschaft möglich ist. Ein Regress in dieser Größenordnung wird in aller Regel das wirtschaftliche Ende der Berufsausübungsgemeinschaft – und möglicherweise auch der beteiligten Gesellschafter – bedeuten.

Im Folgenden sollen daher die wichtigsten vertraglichen Regelungen erörtert werden, die es bei der Ausgestaltung eines Gesellschaftsvertrages zu beachten gilt. Für die Frage, ob ein echtes Gesellschaftsverhältnis vorliegt, kommt es indes nicht allein auf den Gesellschaftsvertrag an, sondern darauf, wie die Zusammenarbeit unabhängig von den schriftlichen Vereinbarungen tatsächlich gelebt wird. Es dürfte in diesem Zusammenhang auf der Hand liegen, dass Probleme in diesem Bereich weniger stark auftreten, wenn zwei Ärzte ihre bereits seit längerem bestehenden

Einzelpraxen zu einer Berufsausübungsgemeinschaft zusammenlegen, sondern vielmehr in solchen Konstellationen, in denen ein jüngerer Arzt die ärztliche Tätigkeit gemeinsam mit einem älteren Kollegen in dessen Praxis ausübt.

8.3.2.1 Vertragszweck

Der Zweck der Gesellschaft ist im Vertrag zu definieren. Bei einer Berufsausübungsgemeinschaft besteht dieser in der gemeinsamen ärztlichen Tätigkeit in gemeinsamen Räumen mit gemeinsamer Praxiseinrichtung, Karteiführung, Personal und Abrechnung. Die Beteiligten verpflichten sich, diesen Zweck durch die Leistung von Beiträgen, insbesondere ihrer Arbeitsleistung, zu fördern.

8.3.2.2 Einlagen/Beteiligungen

Im Gesellschaftsvertrag ist festzulegen, welche Einlagen die Gesellschafter zu erbringen haben und wie sie aufgrund dessen am Vermögen der Gesellschaft beteiligt sind. Der Wert einer Praxis setzt sich regelmäßig zusammen aus dem vorhandenen materiellen und immateriellen Vermögen. Während zu den materiellen Werten in erster Linie die Praxiseinrichtung, die medizinischen Gerätschaften und ggf. die Praxisräumlichkeiten zu zählen sind, besteht der ideelle Wert im Wesentlichen aus dem bestehenden Patientenstamm. Eine Vermögensbeteiligung der Partner kann erreicht werden, indem die sich zu einer Berufsausübungsgemeinschaft zusammenschließenden Partner Sach- oder Bareinlagen erbringen, die in das Vermögen der Gesellschaft eingebracht werden. Beispielsweise bringt bei der Zusammenführung zweier Einzelpraxen zu einer Berufsausübungsgemeinschaft jeder Partner Vermögen seiner bisherigen Praxis in die neue Gesellschaft ein. Auch können die Partner gemeinsam Investitionen nach einem festgelegten Schlüssel tätigen oder an den in eine bestehende Praxis eintretenden Partner einen Anteil am bestehenden Praxisvermögen veräußern. Zwingend ist eine Beteiligung aller Gesellschafter am materiellen Gesellschaftsvermögen jedoch nicht. Einzig und in jedem Fall erforderlich ist die Beteiligung eines jeden Gesellschafters an den von ihm miterarbeiteten ideellen Werten der Praxis. Wie dies im Einzelnen ausgestaltet wird, ist sodann eine Frage der Vertragsgestaltung im Einzelfall. Die folgenden Erläuterungen sollen daher zum besseren Verständnis das Verhältnis beider Vermögensmassen zueinander und im Verhältnis der Gesellschafter näher beleuchten:

Beteiligung am materiellen Vermögen Weder für die Annahme eines Gesellschaftsverhältnisses noch für die Erfüllung der Voraussetzungen an eine freiberufliche Tätigkeit ist es erforderlich, dass die Gesellschaft tatsächlich über materielles Vermögen verfügt. Der Bestand einer Gesellschaft erfordert die Förderung eines gemeinsamen Zwecks (hier: die gemeinsame Berufsausübung) durch Beitragsleistung der Gesellschafter. Die zu leistenden Beiträge müssen jedoch nicht zwingend in der Einlage von materiellem Vermögen bestehen, sondern können auch in der Weise erbracht werden, dass die Gesellschafter der Gesellschaft lediglich ihre Arbeitskraft zur Verfügung stellen und auf diese Weise den Gesellschaftszweck fördern. Diesbezüglich sollte bei der Gestaltung des Gesellschaftsvertrages darauf geachtet werden, dass die Gesellschafter der Berufsausübungsgemeinschaft auch an mehreren Berufsausübungsgemeinschaften beteiligt sein können. Es gilt daher, genaue Regelungen darüber zu treffen, in welchem Umfang die Arbeitskraft der Gesellschaft zur Verfügung gestellt werden muss.

Die zur gemeinsamen Berufsausübung erforderliche Praxisstruktur (Praxisräumlichkeiten, Gerätschaften) kann ebenfalls im Eigentum eines Dritten oder nur eines Gesellschafters stehen und der Gesellschaft lediglich zur Nutzung zur Verfügung gestellt werden. Auch der **Grundsatz der Niederlassung in eigener Praxis** steht dem nicht entgegen, es sei denn, der betreffende Arzt wird durch Regelungen zur Praxisstruktur in seiner Berufsausübung eingeschränkt, da sein Nutzungsrecht vertraglich nicht ausreichend abgesichert ist. Solange jeder Partner einer Berufsausübungsgemeinschaft unabhängig von den Eigentumsverhältnissen über die Praxisgerätschaften unbeschränkt im Rahmen seiner Berufsausübung verfügen kann, ist weder die Einbringung der Praxisstruktur in das materielle Gesellschaftsvermögen noch die Beteiligung jedes Gesellschafters hieran erforderlich.

Beteiligung am immateriellen Vermögen Zu den immateriellen Werten – dem sog. „Goodwill" – zählt vor allem der über längere Zeit aufgebaute Patientenstamm einer ärztlichen Praxis und die darin begründete Chance, Einkünfte aus der ärztlichen Tätigkeit zu erzielen. Daneben treten Werte wie der Ruf einer Praxis, ihr Standortvorteil, etwaige Kooperationsvereinbarungen und Vorteile aus Netzwerkpartnerschaften sowie ein eingespieltes und gut aus- und weitergebildetes Praxisteam. Tritt ein Arzt zu Beginn seiner Niederlassung in die bestehende Einzelpraxis eines anderen Kollegen unter Gründung einer Berufsausübungsgemeinschaft ohne Zahlung einer Kapitaleinlage bzw. entgeltliche Übernahme eines Geschäftsanteils ein, so ist er zunächst nicht am materiellen und immateriellen Vermögen der neu gegründeten Gesellschaft beteiligt. Kommt es auch in der Folgezeit der gemeinsamen ärztlichen Tätigkeit nicht zu einer Beteiligung des „Juniorpartners" am Vermögen der Gesellschaft, etwa durch Übertragung eines Geschäftsanteils von Seiten des „Seniorpartners", so stellt sich gleichwohl die Frage, ob auf Seiten des „Juniorpartners" ein sukzessiver Erwerb eines Anteils am Goodwill der Gesellschaft anzunehmen ist. Dies gilt insbesondere mit Blick auf den Umstand, dass auch der ohne Einlage von Sach- oder Barmittel in die Gesellschaft eingetretene Partner durch seine Arbeitsleistung zum Erfolg der Berufsausübungsgemeinschaft beiträgt und im Laufe der Zeit eine werthaltige Patientenbindung, insbesondere in Bezug auf „Neupatienten", eintritt.

Vor dem Hintergrund, dass der freiberuflich tätige Arzt am wirtschaftlichen Erfolg seiner Tätigkeit zu partizipieren hat und der ideelle Wert einer Praxis wesentlicher Ausdruck der persönlichen Arbeitsleistung ist, dürfte diese Frage zu bejahen sein. Auch die Rechtsprechung geht davon aus, dass der Erwerb eines Anteils am ideellen Vermögen einer Gesellschaft nicht grundsätzlich von einer Kapitalbeteiligung abhängt, sondern auch „erarbeitet" werden kann. Es empfiehlt sich daher bereits bei der Gestaltung des Gesellschaftsvertrages diesbezüglich geeignete Regelungen zu treffen, um bei einer Beendigung der gemeinsamen Tätigkeit Streitigkeiten über die Höhe des Anteils am immateriellen Wert und sich etwaig daraus ergebende Abfindungsansprüche zu vermeiden.

> **Fazit:**
> Eine Beteiligung jedes Gesellschafters am materiellen Vermögen einer Berufsausübungsgemeinschaft ist weder unter berufsrechtlichen noch unter vertragsarztrechtlichen Gesichtspunkten erforderlich. Beachtet werden sollte jedoch, dass auch der sog. „Nullbeteiligungsgesellschafter" durch seine Tätigkeit in der Berufsausübungsgemeinschaft sukzessive einen Anteil am Goodwill der Gesellschaft erwirbt, der ggf. im Falle seines Ausscheidens aus der Berufsausübungsgemeinschaft auszugleichen ist.

8.3.2.3 Entscheidungsprozesse in der Gesellschaft

Wesentlicher als die Frage der Kapitalbeteiligung für die Abgrenzung eines Gesellschafterverhältnisses von einem Angestelltenverhältnis ist die Einräumung von Mitwirkungs- und Gestaltungsrechten auch zugunsten des sog. „Nullbeteiligungsgesellschafters". Folgenden Punkten kommt insoweit besondere Bedeutung zu:

- Einsichtsrechte in sämtliche Unterlagen der Berufsausübungsgemeinschaft und eine tatsächliche Kontrollmöglichkeit
- rechtliche und tatsächliche Mitbestimmungsrechte
- Arbeitgeberstatus in Bezug auf die Mitarbeiter der Praxis, insbesondere Weisungsrechte
- Geschäftsführungs- und Vertretungsrechte

In diesem Rahmen ist zu gewährleisten, dass jeder Partner einer Berufsausübungsgemeinschaft – unabhängig von seiner Vermögensbeteiligung – die Möglichkeit hat, auf die Entscheidungsprozesse in der Gesellschaft Einfluss zu nehmen und daran mitzuwirken. Dies gilt insbesondere im Hinblick auf alle Fragestellungen, welche die Ausübung seiner Praxistätigkeit und die damit verbundenen Abläufe betreffen.

Problematisch ist daher, die Geschäftsführung und Vertretung der Gesellschaft generell auf einen Gesellschafter zu übertragen. Hier besteht die Gefahr, dass einige Gesellschafter dauerhaft von den Angelegenheiten der Praxisführung ausgeschlossen werden. Die Möglichkeit der nicht geschäftsführungs- und vertretungsbefugten Gesellschafter durch ihre gesellschaftsrechtlichen Kontroll- und Widerspruchsrechte gemäß §§ 711, 716 BGB Einfluss auszuüben, wird seitens der Zulassungsausschüsse nicht als ausreichend erachtet. Eine völlige Gleichberechtigung in der Geschäftsführung und Vertretung der Gesellschaft ist jedoch nicht erforderlich. Zulässig ist es beispielsweise, die Geschäftsführungs- und Vertretungsmacht des Einzelnen auf gewisse Höchstbeträge im Rahmen laufender Geschäfte zu beschränken oder bestimmte Aufgaben (z. B. Anschaffung von Materialien) einem Partner arbeitsteilig oder ganz zu übertragen. Zum Kernbereich der arztrechtlich begründeten Gesellschafterstellung gehört jedoch insbesondere, dass jeder Partner berechtigt ist, für die Gesellschaft und ggf. auch im eigenen Namen Behandlungsverträge abzuschließen, den organisatorischen Ablauf seiner Behandlungstätigkeit selbst zu bestimmen und verantwortlich die Dokumentation und Abrechnung seiner Tätigkeit durchzuführen.

Auch die Abweichung von dem gesetzlich vorgesehenen Einstimmigkeitsprinzip im Rahmen der Beschlussfassung in der Gesellschafterversammlung und die vertragliche Vereinbarung von Mehrheitsentscheidungen ist grundsätzlich nicht zu beanstanden, solange die Minderheitenrechte ausreichend gewahrt werden. Wesentliche Entscheidungen, die den Kernbereich der Gesellschaft oder der Gesellschafterstellung eines Partners betreffen – z. B. die Verlegung des Sitzes, die Aufnahme weiterer Partner, Veränderung der Gewinnverteilung etc. –, oder solche, die das Haftungsrisiko der Gesellschafter erheblich erhöhen – z. B. Aufnahme von Darlehen durch die Gesellschaft oder Investitionsentscheidungen zu Lasten der Gesellschaft, sind daher von allen Gesellschaftern einvernehmlich zu treffen.

8.3.2.4 Ergebnisverteilung

Im Hinblick darauf, dass der niedergelassene Arzt als Freiberufler das Risiko seiner selbständigen Tätigkeit selbst zu tragen hat, indem sein Einkommen unmittelbar mit seiner Arbeitsleistung verknüpft wird, ist jeder Partner einer Berufsausübungsgemeinschaft am *Gewinn und Verlust* der Gesellschaft – zumindest mit einem bestimmten Anteil – zu beteiligen. Die Vereinbarung fester Bezüge ist im ärztlichen Bereich ausgeschlossen. Mit dem BSG bedarf es eines **gemeinsamen Wirtschaftens**, da die wirtschaftliche Komponente der „Tätigkeit in freier Praxis" voraussetzt, dass dem Vertragsarzt „maßgeblich der Ertrag seiner vertragsärztlichen Tätigkeit zugute kommen, ebenso wie ein eventueller Verlust zu seinen Lasten gehen muss" (vgl. BSG, a. a. O.).

Diesbezüglich ist eine Vielzahl von Variationsmöglichkeiten denkbar. Die gesetzliche Grundregel des § 722 BGB geht, soweit nichts Abweichendes vereinbart ist, von einer Verteilung nach Köpfen aus. Daneben kann die Gewinn- und Verlustverteilung ebenfalls im Verhältnis der Gesellschaftsbeteiligung oder leistungsabhängig – beispielsweise im Verhältnis der erzielten Honorarumsätze – erfolgen. Wegen des Erfordernisses des gemeinsamen Wirtschaftens in der Gesellschaft muss aber jeder Gesellschafter, unabhängig von der Frage seiner Beteiligung am Vermögen der Gesellschaft, auch anteilig an den Gewinnen der Gesellschaft beteiligt sein. Eine Beteiligung einzig an seinen eigenen Umsätzen ist insoweit nicht ausreichend, da dies dem Gedanken der Vergesellschaftung entgegen steht. Es sind jedoch Kombinationsmodelle denkbar, die eine Beteiligung an den eigenen Umsätzen mit einer geringeren prozentualen Gesamtbeteiligung an den Gewinnen der Gesellschaft kombinieren. In welcher Höhe diese prozentuale Gesamtbeteiligung auszugestalten ist, hängt von den individuellen Verhältnissen der Gesellschaft ab und muss daher im Einzelfall entschieden bzw. ausgestaltet werden.

8.3.2.5 Regelungen über die Zusammenarbeit

Innerhalb einer Berufsausübungsgemeinschaft muss jeder Partner seinen Beruf selbständig und weisungsfrei ausüben können. Im Hinblick auf die Freiberuflichkeit der ärztlichen Tätigkeit entziehen sich sämtliche Aspekte der Berufsausübung als solche immer der Mitbestimmung der jeweils anderen Gesellschafter. Der Grundsatz der freien Arztwahl des Patienten ist auch im Rahmen einer Berufsausübungsgemeinschaft uneingeschränkt zu gewährleisten. Der Wunsch des Patienten, von einem bestimmten Partner behandelt zu werden, muss daher zwingend Berücksichtigung finden.

Der Berufsausübungsgemeinschaftvertrag sollte überdies Regelungen über die Verfahrensweise bei längerer Erkrankung eines Partners enthalten. Festzulegen ist, unter welchen Voraussetzungen und in welchem Umfang die anwesenden Partner die Vertretung des erkrankten Partners übernehmen und welchen Einfluss das Überschreiten einer gewissen Abwesenheitsdauer auf den Gewinnanspruch des Erkrankten hat. In der Regel empfehlen sich auch Regelungen zum Abschluss von Krankentagegeldversicherungen.

8.3.2.6 Beendigung der Berufsausübungsgemeinschaft

Für die Beendigung der Berufsausübungsgemeinschaft gelten die allgemeinen unter Ziffer 8.2.3 bereits dargestellten Grundsätze. Kündigungsfristen und sonstige Gründe für die Beendigung der Gesellschaft oder für das Ausscheiden eines Gesellschafters (z. B. Berufsunfähigkeit, Tod) sind ebenso zu regeln, wie die sich daran anknüpfenden Rechtsfolgen (z. B. Abfindungsansprüche, nachvertragliche Wettbewerbsverbote, Regelungen zum Vertragsarztsitz).

Kritisch zu betrachten – insbesondere vor dem Hintergrund der erforderlichen Unabhängigkeit der Partner – sind sog. **„Hinauskündigungsklauseln"**. Während nach den gesellschaftsrechtlichen Vorschriften grundsätzlich derjenige aus einer Gesellschaft ausscheidet, der eine ordentliche Kündigung ausspricht („Wer kündigt, geht!"), sehen solche Klauseln vor, dass in jedem Fall der Kündigung ein bestimmter Partner, zumeist der nicht am Vermögen der Gesellschaft Beteiligte, aus der Gesellschaft ausscheiden und den Praxisstandort verlassen muss. Die wirtschaftlichen Interessen, insbesondere die unterschiedlichen finanziellen Engagements der Partner, mögen solche Klauseln rechtfertigen. Die Rechtsprechung geht jedoch davon aus, dass die Möglichkeit eines Partners einer Gesellschaft, einen anderen Partner aus der Gesellschaft hinauszukündigen mit den Grundsätzen einer partnerschaftlichen Zusammenarbeit im Regelfall nicht zu vereinbaren sind. Das Schicksal eines Partners hinge in diesem Fall gänzlich vom Wohl und Wehe seiner Mitgesellschafter ab und er könnte in unzulässiger Weise mit der Kündigungsdrohung unter Druck gesetzt werden. Dennoch hat auch der BGH erkannt, dass in gewissen Konstellationen ein solches Hinauskündigungsrecht den Erfordernissen innerhalb einer Gesellschaft entsprechen kann (zuletzt BGH, Urt. v. 07.05.2007, Az.: II ZR 281/05). Ähnlich wie bei einem Ausschluss aus der Gesellschaft einzig aus wichtigem Grund, bedürfen solche „Hinauskündigungsklauseln" aber einer besonderen, vertraglich vorgesehenen sachlichen Rechtfertigung. Eine solche Regelung dürfte insbesondere dann zulässig sein, wenn vertraglich eine befristete Erprobungs- und Kennenlernphase vorgesehen ist und die Kündigung bis zum Ende der Frist ausgesprochen wird. Die hierfür höchstzulässige Frist liegt nach dem BGH bei drei Jahren (vgl. BGH, a. a. O.) Darüber hinaus werden auch im sog. „Job-Sharing"- Verfahren gewisse Abweichungen zulässig sein. In diesen Fällen mangelt es dem „Juniorpartner" gerade an einer zur Fortführung der Praxis erforderlichen Vollzulassung, so dass ein Ausscheiden des „Seniorpartners" und eine Übernahme des Praxisbetriebs durch den „Juniorpartner" an den vertragsarztrechtlichen Gegebenheiten scheitert.

Auch *kann* in Situationen am Ende einer beruflichen Tätigkeit mit dem OLG Hamm (Urt. v. 11.04.2011, Az.: 8 U 100/10) eine sachliche Rechtfertigung für eine (unbeschränkte) Hinauskündigungsklausel im eigenen Wunsch des Betroffenen, aus der Gesellschaft aus einkommensteuerrechtlichen Gründen erst nach Vollendung des 55. Lebensjahres auszuscheiden, liegen. Allgemeinverbindliche Aussagen sind aufgrund der Vielgestaltigkeit denkbarer Konstellationen hier aber nicht möglich, sondern bedürfen stets der sorgfältigen Abwägung aller Interessen im Einzelfall.

8.3.2.7 Abfindung

Im Rahmen von Berufsausübungsgemeinschaftsverträgen ist zu berücksichtigen, dass auch der ohne Kapitalbeteiligung beigetretene Gesellschafter durch seine Tätigkeit zumindest einen Anteil am ideellen Vermögen der Gesellschaft erwirtschaftet. Insofern sind für den Fall seines Ausscheidens Abfindungsregelungen zu vereinbaren, unter welchen Voraussetzungen sein Anteil am Goodwill zur Auszahlung gelangt. Es empfiehlt sich darüber hinaus, Regelungen für die Feststellung des Praxiswertes und für die Berechnung der Ausgleichsansprüche festzulegen, um Streitigkeiten hierüber im Nachhinein zu vermeiden.

Insgesamt ist darauf zu achten, dass die Ausscheidens- und Abfindungsregelungen angemessen ausgestaltet werden. Abfindungsbeschränkende Regelungen unterliegen der gerichtlichen Inhaltskontrolle. Wird ein Partner unangemessen benachteiligt, so sind die entsprechenden Regelungen als nichtig einzustufen. Dies kann insbesondere dann der Fall sein, wenn die Regelungen sich faktisch wie eine – unzulässige – Kündigungsbeschränkung auswirken, mit der Folge, dass der benachteiligte Partner nur unter Inkaufnahme erheblicher wirtschaftlicher Nachteile in der Lage ist, die Gesellschaft zu verlassen. Die einseitige Benachteiligung eines Partners kann darüber hinaus den Rückschluss auf das Fehlen eines echten Gesellschaftsverhältnisses zulassen. Dies kann zu den bereits dargestellten Folgen einer unterbleibenden Genehmigung der Gesellschaft bzw. bei nachträglicher Beschränkung zu einem Gesamt-Honorarregress und der Annahme eines verdeckten Anstellungsverhältnisses führen. Letzteres zieht die Nachzahlung von Sozialabgaben nach sich sowie eine mögliche Strafbarkeit nach § 266a StGB wegen des Vorenthaltens der Arbeitnehmerbeiträge zur Sozialversicherung. Insoweit wird auf den nachfolgenden Punkt 8.3.3 verwiesen. Die Ausgestaltung von Abfindungsbeschränkungen sollte daher ebenso wie die zuvor bereits thematisierte Gewinnverteilung in der Gesellschaft entsprechend kritisch bedacht werden.

Bei der Ausgestaltung der Ausscheidens- und Abfindungsregelungen sollte zudem beachtet werden, dass einige Honorarverteilungsmaßstäbe für den Fall der Trennung einer Berufsausübungsgemeinschaft Regelungen zur Aufteilung von Abrechnungskontingenten, Budgets, Fallzahlobergrenzen usw. enthalten. Regelmäßig ist darin eine gleichmäßige Aufteilung unter den Partnern vorgesehen, sofern diese ihre ärztliche Tätigkeit im Zulassungsbezirk getrennt fortsetzen und keine anderweitige Aufteilungsregelung treffen. Da eine solche Aufteilung häufig nicht den Beteiligungsverhältnissen am Gesellschaftsvermögen entspricht, z. B. bei einer Nullbeteiligung des sog. Juniorpartners, sollten bereits im Gesellschaftsvertrag auch diesbezüglich geeignete Regelungen getroffen werden.

8.3.3 Folgen fehlerhafter Berufsausübungsgemeinschaftsverträge

Die rechtliche Feststellung, ob von einem echten Gesellschaftsverhältnis ausgegangen werden kann, hat stets anhand aller Umstände des Einzelfalls mittels einer Gesamtbetrachtung zu erfolgen, wobei weniger die vertragliche Vereinbarung, als die tatsächliche Ausgestaltung des Rechtsverhältnisses von Bedeutung ist. Folgende Punkte können für das Vorliegen einer „Scheingesellschaft" sprechen, wobei die Grenzen sicherlich fließend sind:
- kein unternehmerisches Risiko
- Festgewinnanteil
- keine Geschäftsführungs- und Vertretungsrechte
- keine Weisungsrechte gegenüber dem Personal
- keine Abfindung für den eigenen Patientenstamm
- „Hinauskündigungsrecht" des Seniorpartners
- Einbindung in fremdbestimmte Betriebsabläufe (z. B. feste Arbeitszeiten)

Allein die eigenständige Bestimmung der Heilbehandlung als solche vermag dann ein Gesellschaftsverhältnis nicht zu begründen.

Wird eine von Seiten des Zulassungsausschusses genehmigte Berufsausübungsgemeinschaft entgegen der dem Zulassungsausschuss vorgelegten vertraglichen Vereinbarungen im Innenverhältnis abweichend geführt bzw. bestehen diesbezüglich abweichende vertragliche Vereinbarungen, die nicht zur Kenntnis des Zulassungsausschusses gelangt sind, so kann dieses für die beteiligten Vertragsärzte erhebliche Konsequenzen nach sich ziehen. So kann sich herausstellen, dass das Vorliegen der Voraussetzungen einer Berufsausübungsgemeinschaft und der freiberuflichen Tätigkeit der Beteiligten nach außen hin lediglich vorgetäuscht wurde, um in den Genuss großzügiger Budgetregelungen zu kommen, obwohl die Voraussetzungen hierfür tatsächlich nicht vorlagen oder vorliegen. Dies ist zum Beispiel der Fall, wenn es sich bei einem vermeintlich gleichberechtigten Partner tatsächlich um einen Angestellten im Rechtssinne handelt oder ein Partner lediglich aus Budgetgründen in die Sozietät aufgenommen wurde, dort aber tatsächlich nicht oder nicht in dem erforderlichen Umfang behandelte. Bei Bekanntwerden solcher Konstellationen haben die betroffenen Ärzte mit folgenden Konsequenzen zu rechnen:
- Für die Leistungen, die durch den tatsächlich angestellten Arzt erbracht wurden, besteht kein Vergütungsanspruch. Der angestellte Arzt, der auch als „Scheinselbständiger" bezeichnet werden kann, erbringt seine Leistungen nicht als Freiberufler, obwohl er als Vertragsarzt zugelassen ist. Vertragsarztrechtlich sind die von ihm erbrachten Leistungen nicht honorarfähig, so dass ein Rückforderungsanspruch seitens der Kostenträger besteht.
- Die Leistungen des angestellten Arztes können jedoch auch nicht als im Anstellungsverhältnis erbracht (§ 32b ZV-Ärzte) zur Abrechnung gelangen. Selbst dann nicht, wenn die Voraussetzungen für eine Genehmigung des Angestelltenverhältnisses grundsätzlich vorliegen und die damit verbundenen Leistungsgrenzen nicht überschritten wurden, da es an der wesentlichen Voraussetzung, nämlich der Genehmigung, fehlt.

- Werden die Leistungen des „Scheingesellschafters" gleichwohl abgerechnet, so ist ein Abrechnungsbetrug zum Nachteil der Kassenärztlichen Vereinigung, der gemäß § 263 StGB mit Freiheitsstraße bis zu fünf Jahren oder mit Geldstrafe bedroht ist denkbar.
- Die Leistungen des betroffenen Scheingesellschafters können nach der Entscheidung des BSG vom 23.06.2010 (B 6 KA 7/09) auch vom eigentlichen Gesellschafter/Seniorpartner regressiert werden.
- Darüber hinaus drohen den beteiligten Ärzten disziplinarrechtliche Verfahren, die die Entziehung der Zulassung sowie auch den Entzug der Approbation zur Folge haben können.
- Nicht unerwähnt bleiben soll, dass bezüglich des „scheinselbständigen" Arztes u. U. eine Nachzahlung der Beiträge zur Arbeitnehmersozialversicherung sowie eine mögliche Strafbarkeit nach § 266a StGB in Betracht kommt.
- Zu bedenken sind ferner denkbare steuerliche Konsequenzen (zur Mitunternehmerstellung aus steuerlicher Sicht: Bundesfinanzhof, Urt. v. 3.11.2015, VIII R 62/13 und 63/13).

Die Aufklärungsquote bei sog. „Scheinsozietäten" ist bei ansteigendem Ermittlungsdruck der Strafverfolgungsbehörden ausgesprochen hoch, was nicht zuletzt darauf zurückzuführen ist, dass von Seiten der Staatsanwaltschaften für die Fälle des Abrechnungsbetrugs im vertragsärztlichen Bereich inzwischen Schwerpunktabteilungen gebildet wurden. Darüber hinaus ist auch auf Seiten der Kassenärztlichen Vereinigungen in den letzten Jahren eine erhebliche Sensibilisierung eingetreten, die eine zunehmende Prüftätigkeit zur Folge hat. Die Gefahr, dass eine „Scheinsozietät" aufgedeckt wird, ist damit erheblich. Der Auslöser für die Ermittlungen ist dabei häufig in der Sphäre der Berufsausübungsgemeinschaft selbst zu suchen. Insbesondere unzufriedene – möglicherweise ausgeschiedene – Gesellschafter sind in diesen Fällen regelmäßig der Auslöser für weitergehende Ermittlungen. Es liegt daher im Interesse aller Gesellschafter, bereits bei Gründung und auch während der Zeit der gemeinsamen Zusammenarbeit, für alle Gesellschafter faire und angemessene Lösungen zu finden, damit alle Beteiligten von den Vorteilen der Berufsausübungsgemeinschaft profitieren.

8.3.4 Bestandsschutz der Berufsausübungsgemeinschaft

Ein wesentlicher Vorteil der Berufsausübungsgemeinschaft liegt, wie zuvor bereits angedeutet, darin, dass die Eigenschaft der Berufsausübungsgemeinschaft weitgehende Regelungen zum Schutz der Struktur der Gesellschaft zulässt. Nur im Rahmen einer Berufsausübungsgemeinschaft kann es dem ausscheidenden Partner durch gesellschaftsvertragliche Regelungen untersagt werden, nach seinem Ausscheiden in unmittelbare Konkurrenz zu seinen ehemaligen Partnern zu treten. Darüber hinaus sind gerade in zulassungsgesperrten Gebieten Regelungen möglich, durch welche die Zulassung des ausscheidenden Partners für die Gesellschaft gesichert und erhalten werden kann.

8.3.4.1 Konkurrenzschutzklausel

Im Rahmen sog. Konkurrenzschutzklauseln kann zwischen den Partnern einer Berufsausübungsgemeinschaft für den Fall des Ausscheidens eines Partners aus der Gesellschaft ein nachvertragliches Wettbewerbsverbot vereinbart werden. Darin wird es dem ausscheidenden Partner beispielsweise untersagt, sich nach seinem Ausscheiden aus der Praxis für einen gewissen Zeitraum in einem bestimmten Umkreis zum bisherigen gemeinsamen Praxissitz erneut niederzulassen.

Grenzen des vertraglichen Wettbewerbsverbots In der Praxis finden sich jedoch häufig Wettbewerbsklauseln, die einer rechtlichen Überprüfung nicht standhalten und als sittenwidrig und damit nichtig zu beurteilen sind. Ausgangspunkt der rechtlichen Beurteilung ist dabei eine umfassende Interessenabwägung. Auf der einen Seite sind die wirtschaftlichen Interessen der verbleibenden Partner vor einer Konkurrenz durch den ausgeschiedenen Partner zu schützen, während dem gegenüber die schutzwürdigen Interessen des ausgeschiedenen Partners an seiner durch Art. 12 Abs. 1 GG garantierten freien Berufsausübung zu berücksichtigen sind. Da ein nachvertragliches Wettbewerbsverbot vor diesem Hintergrund nicht zur Folge haben darf, dass der ausgeschiedene Partner nach dem Verlassen der Kooperation an einer weiteren Berufstätigkeit schlechthin gehindert wird, ist für die Wirksamkeit von Konkurrenzschutzklauseln erforderlich, dass sie durch ein **schutzwürdiges Interesse** des Berechtigten gerechtfertigt sind und das **räumlich, zeitlich und gegenständlich notwendige Maß** nicht überschritten wird.

Ihre Rechtfertigung finden wettbewerbsbeschränkende Abreden allein in dem anerkennenswerten Bestreben des begünstigten Teils, sich davor zu schützen, dass der andere Teil die Erfolge seiner Arbeit illoyal verwertet oder sich in sonstiger Weise die Freiheit der Berufsausübung missbräuchlich zunutze macht. Sind diese Interessen nicht betroffen, so wird die Freiheit der Berufsausübung unangemessen beschränkt. Derartige vertragliche Abreden sind sittenwidrig und damit nichtig (BGH, NJW 1997, 3089).

Im Rahmen einer Berufsausübungsgemeinschaft ist darauf abzustellen, dass es sich bei den Patienten um gemeinsame Patienten der Gesellschaft handelt. Der ausscheidende Gesellschafter erhält für seinen Anteil am ideellen Wert der Gesellschaft, der letztlich maßgeblich in der bestehenden Patientenbindung zur Praxis besteht, regelmäßig eine Abfindung. Insofern ist es nicht gerechtfertigt, dass der ausscheidende Gesellschafter sich die in seiner Person bestehende Patientenbindung, für die er schließlich eine Abfindung erhalten hat, doppelt zunutze macht, indem er unmittelbar versucht, auf diesen Patientenstamm Zugriff zu nehmen.

Ein schutzwürdiges Interesse des Begünstigten fehlt jedoch im Rahmen reiner Organisationsgemeinschaften, insbesondere bei der Ausübung einer Praxisgemeinschaft, da hier ein gemeinsamer Goodwill auf der Basis eines gemeinsamen Patientenstamms gerade nicht besteht.

Da diese Patientenbindung flüchtig ist, bedarf der Konkurrenzschutz jedoch einer **zeitlichen Beschränkung**. Im Rahmen einer Berufsausübungsgemeinschaft ist diesbezüglich besonders zu berücksichtigen, dass die Leistungen der Partner im Prinzip austauschbar sind, so dass eine Patientenbindung nur zu einem Behandler weniger stark ausgeprägt ist als beispielsweise bei einer Einzelpraxis. In der Rechtsprechung ist daher die Tendenz zu erkennen, die zeitliche Obergrenze des Konkurrenzschutzes niedrig anzusetzen. Auch wenn sich die zeitlichen Grenzen solcher Verbote nicht starr fassen lassen, hat der BGH die Obergrenze solcher Verbote mit Urteil vom 29.09.2003 (II ZR 59/02) auf zwei Jahre festgelegt. Ein zwei Jahre überschreitendes Wettbewerbsverbot wird daher nur ausnahmsweise bei Vorliegen besonderer Umstände des Einzelfalls vereinbart werden können.

Die **räumlichen Grenzen** des Konkurrenzschutzes sind an dem jeweiligen Einzugsgebiet der Praxis auszurichten. Die Bestimmung der zulässigen Erstreckung kann daher nur anhand der Umstände des Einzelfalls erfolgen, so dass sich diesbezüglich starre Grenzen nicht festlegen lassen. Die höchstgerichtliche Rechtsprechung hat als zulässigen Radius üblicherweise Grenzen von 3 bis 8 km festgelegt, wobei diese insbesondere in ländlichen und weniger dicht besiedelten Gebieten deutlich größer sein dürfen. Während es hinsichtlich der Vereinbarung eines Radius von 10 km bislang nur obergerichtliche Rechtsprechung aus dem Großraum Frankfurt gab, die einen solchen Radius wegen ihrer Auswirkungen auf ein gesamtes Stadtgebiet als unwirksam beurteilte (vgl. OLG Frankfurt am Main, Urt. v. 15.09.2004 – 19 U 34/04), liegt zwischenzeitlich eine obergerichtliche Entscheidung für eine Kleinstadt mit weniger als 25.000 Einwohnern vor. Auch in diesem Bereich stellte die Vereinbarung eines 10-km-Radius nach Ansicht des OLG München (Urt. v. 26.10.2010 – 28 U 4074/10; MedR 2011, 375 – 377) ein unwirksames Wettbewerbsverbot dar. Zu berücksichtigen ist daneben jedoch auch stets der Spezialisierungsgrad der Praxis. Während dem zuletzt zitierten Urteil des OLG München eine zahnärztliche Einzelpraxis zugrunde lag, wird der Einzugsbereich einer ausschließlich auf einen Behandlungsschwerpunkt konzentrierten Facharztpraxis regelmäßig größer sein. Dennoch ist bei der Festlegung eines Radius eher Zurückhaltung geboten. Denn wie im Folgenden noch genauer dargestellt, führt ein zu großer Radius zu einer Gesamtnichtigkeit der Wettbewerbsklausel, so dass mit allzu ausufernden Radien wenig gewonnen, sondern vielmehr alles verloren ist.

Besonderheiten bestehen daneben, wenn für den Planungsbereich der Praxis *Zulassungsbeschränkungen* angeordnet sind. In diesem Fall ist bei der Festlegung der räumlichen Grenzen des Konkurrenzschutzes Folgendes zu berücksichtigen:
- Der ausscheidende Arzt darf nicht **einerseits** dazu verpflichtet sein, den Planungsbereich zu verlassen, mit der Folge des Zulassungsverlustes gemäß § 95 Abs. 7 SGB V,
- wenn er **andererseits** wegen bestehender Zulassungsbeschränkungen in den angrenzenden Planungsbereichen nicht die Möglichkeit hat, sich dort ohne weiteres niederzulassen.

Eine solche Konkurrenzschutzklausel führt in der Regel zu einem umfassenden und auf Dauer angelegten Tätigkeitsverbot, welches als sittenwidrig und daher nichtig zu beurteilen ist. Dem ausscheidenden Partner muss daher grundsätzlich die Möglichkeit belassen werden, sich im bisherigen Planungsbereich erneut niederzulassen. Damit geht die Gefahr einer, dass der ausscheidende Partner in der Lage ist,

8.3 Die Berufsausübungsgemeinschaft („Gemeinschaftspraxis")

zumindest einen Teil des Goodwills der Praxis für sich zunutze zu machen, so dass hier differenzierte Abfindungsvereinbarungen zu empfehlen sind.

Die **sachlichen Grenzen** eines Konkurrenzschutzverbotes stecken schließlich inhaltlich bestimmte Schranken ab, die nicht überschritten werden dürfen. So müssen auch innerhalb des örtlich und zeitlich geschützten Bereichs kurzfristige Praxisvertretungen möglich sein, da von dieser Art der beruflichen Tätigkeit keine auf Dauer angelegte Doppelverwertung des ideellen Praxiswertes zu befürchten ist.

Konsequenzen fehlerhafter Wettbewerbsabreden Überschreitet das vereinbarte nachvertragliche Wettbewerbsverbot die räumlichen, zeitlichen oder gegenständlichen Grenzen, so stellt sich die Frage, inwieweit die getroffene Vereinbarung im Wege der Auslegung auf das zulässige Maß angepasst werden kann (sog. „geltungserhaltende Reduktion"). Ansatzpunkt hierfür bieten zum einen § 140 BGB („Umdeutung eines nichtigen Rechtsgeschäfts") und zum anderen die regelmäßig im Gesellschaftsvertrag enthaltene sog. **„salvatorische Klausel"**, wonach sich die Partner dazu verpflichten, eine unwirksame Regelung unter Beachtung des Grundsatzes von Treu und Glauben durch eine solche wirksame Klausel zu ersetzen, die sie bei Kenntnis der Unwirksamkeit vereinbart hätten. Soweit lediglich eine übermäßige zeitliche Ausdehnung in Frage steht, wird von der Rechtsprechung in der Regel eine Reduktion auf das zulässige Maß anerkannt (vgl. BGH, Urt. v. 29.09.2003 – II ZR 59/02).

Problematisch ist demgegenüber die Anpassung einer räumlich oder sachlich unangemessenen Erstreckung. So ist nach der Rechtsprechung des BGH bei einem zu weiten Radius einer Konkurrenzschutzklausel die gesamte Klausel unwirksam (vgl. BGH, Urt. v. 18.07.2005 – II ZR 159/03). Dasselbe gilt auch für eine Verletzung der sachlich-gegenständlichen Grenzen (vgl. BGH, Urt. v. 14.07.1997 – II ZR 238/96; OLG Stuttgart, Urt. v. 20.11.1998 – 2 U 204/96 und zuletzt OLG München, a. a. O.). Wegen der Nichtigkeit der entsprechenden Klausel entfällt sodann der Konkurrenzschutz insgesamt. Insofern ist bei der Ausgestaltung der Konkurrenzschutzklausel Vorsicht geboten. Häufig ist hier weniger mehr.

Sanktionen Die Einhaltung des vereinbarten (wirksamen) Wettbewerbsverbotes kann durch die Vereinbarung einer Vertragsstrafe abgesichert werden. Die Höhe der Vertragsstrafe darf nicht unangemessen hoch sein, wobei sich die Angemessenheit wiederum nach den Umständen des Einzelfalls richtet. Empfehlenswert dürfte sein, sich bei der Bestimmung der Vertragsstrafe an dem Anteil des ausscheidenden Partners am ideellen Wert der Berufsausübungsgemeinschaft zu orientieren und eine zeitliche Abstaffelung aufzunehmen. Kurzfristige Verstöße sollten nicht dieselbe Vertragsstrafe nach sich ziehen wie eine vollständige und bereits anfängliche Missachtung der Vereinbarung. Eine unangemessen hohe Vertragsstrafe kann auf Antrag des Verpflichteten durch das Gericht gemäß § 343 BGB herabgesetzt werden.

Wahlweise besteht für den Begünstigten die Möglichkeit, im Hinblick auf die Einhaltung des Konkurrenzschutzes einen Unterlassungsanspruch gegen den Verpflichteten geltend zu machen, welcher ggf. im Wege einer gerichtlichen einstweiligen Verfügung durchgesetzt werden kann.

8.3.4.2 Die Nachbesetzung des Vertragsarztsitzes

Scheidet ein Partner aus der Berufsausübungsgemeinschaft aus und sind für den Planungsbereich der Praxis Zulassungsbeschränkungen angeordnet, so besteht auf Seiten der verbleibenden Partner in der Regel ein erhebliches wirtschaftliches Interesse daran, dass der Vertragsarztsitz des ausscheidenden Partners in der Berufsausübungsgemeinschaft verbleibt und durch einen neuen Partner wieder besetzt werden kann. Ist die Praxis aufgrund ihrer Struktur auf mehrere zugelassene Behandler ausgerichtet, so kann der Verlust eines Vertragsarztsitzes zu einem erheblichen Schaden für die Gesellschaft führen. Die Partner einer Berufsausübungsgemeinschaft werden daher darauf bedacht sein, dass die Zulassung eines ausscheidenden Partners auf einen neuen Partner ihrer Wahl übertragen wird. Voraussetzung für eine solche Nachbesetzung ist jedoch, dass zunächst die Zulassung des ausscheidenden Partners endet, was zu Lebzeiten dessen Verzicht auf die Zulassung bedingt und der vakante Vertragsarztsitz sodann zugunsten der Berufsausübungsgemeinschaft zur Ausschreibung gelangt. Die Einzelheiten des durchzuführenden Nachbesetzungsverfahrens richten sich nach den Vorgaben von § 103 Abs. 3a und Abs. 4 SGB V. Hierbei ist insbesondere zu beachten, dass im Fall eines (Über)versorgungsgrades von mehr als 140 % der Zulassungsausschuss ein Nachbesetzungsverfahren grundsätzlich ablehnen soll, wenn „eine Nachbesetzung des Vertragsarztsitzes aus Versorgungsgründen nicht erforderlich ist". Die Nachbesetzung ist also bei erheblicher Überversorgung die Ausnahme, so dass schon bei Beantragung eines Ausschreibungsverfahrens Versorgungsgründe und Bestandsschutzerwägungen der Berufsausübungsgemeinschaft für einen Verbleib der Zulassung benannt werden sollten.

Unabhängig davon ist es jedoch gerade bei einem streitigen Ausscheiden zu Lebzeiten fraglich, ob der ausscheidende Partner aufgrund vertraglicher Vereinbarungen von seinen Mitgesellschaftern dazu verpflichtet werden kann, auf seine Zulassung zugunsten der Berufsausübungsgemeinschaft zu verzichten. Letztlich ist auch diesbezüglich die Wirksamkeit einer entsprechenden Klausel anhand einer **Interessenabwägung** zwischen den schutzwürdigen Interessen des verbleibenden Partner an der Sicherung der Zulassung und dem Interesse des ausscheidenden Partners an seiner freien Berufsausübung zu beurteilen. Die Verpflichtung zum Verzicht auf die Zulassung hat nämlich ebenfalls zur Folge, dass sich der ausscheidende Partner nicht erneut im Zulassungsbezirk niederlassen kann und ihm ggf. eine Neuzulassung auch in angrenzenden Planungsbereichen wegen auch dort bestehender Zulassungsbeschränkungen nicht möglich ist. Damit käme auch die Verpflichtung zum Verzicht auf die Zulassung einem – zumindest zeitlich ungewissen – Berufsverbot gleich. Eine solche Verpflichtung kann daher nur wirksam vereinbart werden, wenn der ausscheidende Partner hierfür eine **angemessene Gegenleistung erhält**. Der BGH hat von diesem Grundsatz jedoch in zwei Entscheidungen vom 22.07.2002 (II ZR 90/01; II ZR 265/00) eine wichtige Ausnahme zugelassen. Danach kommt eine rechtswirksame Verpflichtung des ausscheidenden Partners ohne weitergehende Abfindung jedenfalls dann in Betracht, wenn dieser den vakant gewordenen Vertragsarztsitz eines aus einer Berufsausübungsgemeinschaft ausgeschiedenen Partners übernommen hat und er sodann freiwillig (z. B. durch eigene Kündigung) aus

8.3 Die Berufsausübungsgemeinschaft („Gemeinschaftspraxis")

der Gesellschaft ausgeschieden ist. Dieses gilt nach Auffassung des BGH insbesondere dann, wenn der Ausscheidende nur für kurze Zeit in der Berufsausübungsgemeinschaft tätig war und diese daher noch nicht entscheidend mitgeprägt hat. Hintergrund dieser Rechtsprechung ist der vom BGH zugrundegelegte Maßstab der „praktischen Konkordanz". Dies bedeutet, dass ein Ausgleich zwischen dem Fortführungsrecht der verbleibenden Gesellschafter in Berufsausübungsgemeinschaft und dem Recht zur Berufsausübung des ausscheidenden Gesellschafters geschaffen werden muss. Dieser Konflikt ist so zu lösen, dass nicht eine der widerstreitenden Rechtspositionen bevorzugt und maximal behauptet wird, sondern alle einen möglichst schonenden Ausgleich erfahren (BVerfGE 93, 1, 21 m.w.N.). Dabei ist zu ermitteln, welche verfassungsrechtliche Position für die konkret zu entscheidende Frage das höhere Gewicht hat (BVerfGE 2, 1, 72 f.). Die schwächere Position darf nur so weit zurückgedrängt werden, wie das logisch und systematisch zwingend erscheint; ihr sachlicher Grundwertgehalt muss in jedem Fall respektiert werden. Die Dauer der Zusammenarbeit ist hierfür ebenso von Bedeutung, wie die Frage, ob der Ausscheidende die Zulassung in die Gesellschaft mitgebracht oder aus dieser übernommen hat und ob die betreffenden Regelungen grundsätzlich für alle Gesellschafter einheitlich Geltung beanspruchen. Auch ist mit dem OLG Düsseldorf (Urteil vom 29.04.2004, Az.: 6 U 123/03) zu berücksichtigen, welchen Praxisumfang die Gesellschafter mit einer solchen Ausschreibungsverpflichtung absichern wollten. Danach kann eine solche Klausel auch dadurch hinfällig werden, wenn eine Berufsausübungsgemeinschaft sich zwischenzeitlich durch den anderweitigen Erwerb eines Vertragsarztsitzes vervollständigt bzw. die vertraglich als notwendig angesehene Mindestzahl an Zulassung abgesichert hat. Es kommt also stets entscheidend auf die konkreten Umstände des Einzelfalles an.

Endet die Zulassung des ausscheidenden Partners aufgrund eines Verzichts oder aus sonstigen Gründen (z. B. Tod, Berufsunfähigkeit) so kommt der Vertragsarztsitz gemäß 103 Abs. 3a und Abs. 4 SGB V unter den oben bereits erwähnten Vorgaben und Einschränkungen zur Ausschreibung. Nach einem Urteil des Bundessozialgerichts vom 25.11.1998 (Az.: B 6 KA 70/97 R) steht das Recht, das Ausschreibungsverfahren zu betreiben, hierbei zumindest auch den ehemaligen Partnern der Berufsausübungsgemeinschaft zu. Gleichwohl empfiehlt es sich, im Berufsausübungsgemeinschaftsvertrag konkret festzulegen, welche Voraussetzungen diesbezüglich vorliegen müssen. Sofern nach der zitierten BSG-Rechtsprechung das Ausschreibungsrecht auch noch dem ausscheidenden Partner zusteht, sollte geregelt werden, dass dieser sein Recht nur im Interesse und nach Weisung der verbleibenden Partner ausübt.

Die eigentliche Nachbesetzung des Vertragsarztsitzes erfolgt durch den Zulassungsausschuss. Dieser überträgt die Zulassung nach pflichtgemäßem Ermessen auf einen Bewerber. Im Rahmen dieses Auswahlverfahrens sind die Interessen der in der Berufsausübungsgemeinschaft verbleibenden Vertragsärzte angemessen zu berücksichtigen (§ 103 Abs. 6 SGB V). Dem Zulassungsausschuss ist es damit verwehrt, beispielsweise einen Nachfolger zu bestimmen, der die Tätigkeit des ausscheidenden Vertragsarztes in der Berufsausübungsgemeinschaft nicht fortsetzen will. Auch dürfte es im Hinblick auf die grundrechtlich gesicherte negative Koalitionsfreiheit nicht möglich sein, einen Nachfolger zu bestimmen, der von den verbleibenden Partnern abgelehnt wird.

▶ **Praxistipp:** Dem Verhältnis zwischen Abfindung, Zulassung, Konkurrenzschutz und Budgetaufteilung kommt ganz entscheidende wirtschaftliche und rechtliche Bedeutung zu. Bei der Vertragsgestaltung ist hier trotz der schwierigen und nicht gern diskutierten Materie deutlich mehr Mühe zu investieren als z. B. bei der Gestaltung der Urlaubsregelungen.

8.3.5 Sonderformen der Berufsausübungsgemeinschaft

Neben den klassischen Formen der auf einen Standort beschränkten Berufsausübungsgemeinschaft gibt es noch weitere besondere Gestaltungsmöglichkeiten und Ausprägungen bei der Gründung einer Berufsausübungsgemeinschaft. Die Bestimmungen zur überörtlichen Berufsausübungsgemeinschaft wurden bereits genannt. Daneben sind Teilberufsausübungsgemeinschaften möglich, die sich auf Teilbereiche der ärztlichen Leistungserbringung beschränken. Hinzu kommt die Möglichkeit, alle genannten Kooperationsformen im Rahmen eines sogenannten „Job-Sharing" zu betreiben.

8.3.5.1 Die überörtliche Berufsausübungsgemeinschaft

Neben dem Zusammenschluss mehrere Ärzte an einem Standort, ist eine Vergesellschaftung der ärztlichen Tätigkeit auch über Ortsgrenzen hinweg möglich. Ärzte mit Praxen an verschiedenen Standorten können sich hierzu zu einer sog. überörtlichen Berufsausübungsgemeinschaft zusammenschließen. Dies ermöglicht nicht nur die Gründung einer gemeinsamen Praxis mit gemeinsamem Patientenstamm, Einnahmen, Ausgaben und entsprechendem Außenauftritt, sondern auch die Tätigkeit am jeweils angeschlossenen Standort in begrenztem Umfang. Während der Zusammenschluss berufsrechtlich einzig der jeweiligen Ärztekammer unter Vorlage des Vertrages anzuzeigen ist, muss vertragsarztrechtlich die Erfüllung der Versorgungspflicht des jeweiligen Mitglieds an seinem Vertragsarztsitz nach § 17 Abs. 1a Satz 1 BMV-Ä gewährleistet sein. Dies bedeutet, dass der Vertragsarzt an den weiteren Standorten nur in zeitlich begrenztem Umfang tätig wird und seine Tätigkeit am Hauptsitz damit gegenüber allen anderen Tätigkeit überwiegt (vgl. § 33 Abs. 1 Satz 2 Ärzte-ZV und § 17 Abs. 1a Satz 3 BMV-Ä). Mithin muss der Arzt nach wie vor zumindest den Schwerpunkt seiner ärztlichen Berufsausübung am „Stammsitz" haben und dort nach dem Bundesmantelvertrag persönlich mindestens 20 Stunden wöchentlich in Form von Sprechstunden zur Verfügung stehen. Die Präsenzpflicht am Vertragsarztsitz kann jedoch auch – unter Berücksichtigung der nach wie vor bestehenden Auswahl-, Organisations- und Überwachungspflichten – an angestellte Ärzte delegiert werden, um so dem eigenen Versorgungsauftrag nachzukommen.

Die überörtliche Berufsausübungsgemeinschaft setzt die vorherige Genehmigung durch den Zulassungsausschuss voraus. Bei einer überörtlichen Berufsausübungsgemeinschaft mit mehreren Vertragsarztsitzen an unterschiedlichen Zulassungsbezirken innerhalb eines KV-Bereichs wird der zuständige Zulassungsausschuss durch Vereinbarung zwischen der KV sowie den Landesverbänden der Krankenkassen und den Verbänden der Ersatzkassen bestimmt. Hat die überörtliche Berufsausübungsgemeinschaft Mitglieder in mehreren KVen, so muss sie einen Vertragsarztsitz auswählen. Dieser ist dann maßgeblich für die Genehmigungsentscheidung. Der Sitz ist auch maßgeblich dafür, welche lokalen Regelungen zur Vergütung, Abrechnung, Wirtschaftlichkeits- und Qualitätsprüfung für die Berufsausübungsgemeinschaft gelten. Die Wahl des Sitzes ist für einen Zeitraum von mindestens zwei Jahren unwiderruflich. Der Zulassungsausschuss kann die Genehmigung mit Auflagen erteilen, wenn dies zur Sicherung der ordnungsgemäßen Versorgung notwendig ist.

In jedem Falle sollte die Genehmigung der überörtlichen Berufsausübungsgemeinschaft vor Aufnahme der Tätigkeit eingeholt werden. Denn diese Genehmigung ist statusbegründend und kann deshalb nicht rückwirkend erwirkt werden. Selbst wenn also die Voraussetzungen der Genehmigung von Beginn an bestanden haben, wird sie nachträglich nicht erteilt. Ohne Genehmigung erbrachte Leistungen können jedoch nicht gegenüber der KV abgerechnet werden.

8.3.5.2 Die Teilberufsausübungsgemeinschaft

Gemäß § 18 Abs. 1 der Musterberufsordnung-Ärzte kann die berufliche Kooperation auch auf Teilbereiche der ärztlichen Leistungserbringung beschränkt werden. Diese Teilberufsausübungsgemeinschaft ist auch vertragsarztrechtlich als zulässige Kooperationsform anerkannt. Ärzte können also unter grundsätzlicher Beibehaltung ihrer Tätigkeit in Einzelpraxis bestimmte Behandlungsaufträge oder Teilbereiche des ärztlichen Leistungsspektrums gemeinsam erbringen. In der Gesetzesbegründung wird als Beispiel der Kinderarzt, der zusammen mit dem Neurologen – neben ihren weiterhin bestehenden Einzelpraxen – eine Berufsausübungsgemeinschaft zur Behandlung kinderneurologischer Behandlungen bildet, angeführt. In der Praxis existieren bereits eine Reihe weiterer Beispiele, in denen teilweise die beteiligten Fachgebiete stark gemischt oder aber Ärzte sich auch einzig auf eine Fachdisziplin beschränken und beispielsweise operative IGeL-Leistungen vergesellschaften. Entscheidend ist soweit stets ein gemeinsam zu erfüllender Behandlungsauftrag in einem bestimmten Teilgebiet und dessen jeweiligen Schnittmengen.

Der Zusammenschluss zu einer Teilberufsausübungsgemeinschaft hat dabei indes stets medizinischen Gründen und dem Ziel einer sinnvollen gemeinsamen Versorgung zu folgen. Denn die Grenzen zur Konstellationen, in denen ein sogenannter „Kick-Back" auftritt, sind fließend. Ein Zusammenschluss ist stets unzulässig, wenn dadurch das Verbot der Zuweisung gegen Entgelt umgangen werden soll. Vor diesem Hintergrund untersagte sowohl Berufs- als auch Vertragsrecht unabhängig von der vertraglichen Ausgestaltung einen Zusammenschluss von zuweisenden und auf Zuweisung hin tätig werdenden Ärzte, wie Orthopäden und Radiologen als Erbringer medizinisch-technischer Leistungen. Auch wenn der BGH mit Urteil vom 15.05.2014 dieses pauschale Verbot als unwirksam beurteilt hat und die rechtlichen Vorgaben in der Folge angepasst worden sind, ist besondere Sorgfalt bei einem entsprechenden Zusammenschluss geboten. Insbesondere die Gewinnverteilung muss leistungsgerecht sein und kein unzulässiges Zuweisungsentgelt enthalten.

Die MBO-Ä sieht deshalb in § 18 Abs. 1 Satz 3 und 4 ebenso wie die Ärzte-ZV in § 33 Abs. 2 Satz 4 und 5 vor, dass der Gewinn der Teil-BAG grundsätzlich entsprechend der Anteile der durch die Gesellschafter persönlich erbachten Leistungen zu verteilen ist. Die Zulassungsverordnung bestimmt insoweit eindeutig:

> Eine Umgehung liegt insbesondere vor, wenn sich der Beitrag des Arztes auf das Erbringen medizinisch-technischer Leistungen auf Veranlassung der übrigen Mitglieder einer Berufsausübungsgemeinschaft beschränkt oder wenn der Gewinn ohne Grund in einer Weise verteilt wird, die nicht dem Anteil der persönlich erbrachten Leistungen entspricht. Die Anordnung einer Leistung, insbesondere aus den Bereichen der Labormedizin, der Pathologie und der bildgebenden Verfahren, stellt keine persönlich erbrachte anteilige Leistung in diesem Sinne dar.

Wird die „Kooperation" hingegen von dem Zweck geprägt, dass einem Arzt allein für die Zuweisung von Patienten an einen Kollegen von diesem ein Entgelt gezahlt wird, ohne dass auch nur teilweise eine gemeinsame Berufsausübung praktiziert wird, ist dies unzulässig und die zugrunde liegenden Gesellschaftsverträge nichtig. Dies kann erhebliche vertragsarzt-, berufs- und auch steuerrechtliche Konsequenzen nach sich ziehen und eröffnet seit Schaffung der §§ 299a ff. StGB auch einen Anknüpfungspunkt für strafbares Verhalten.

8.3.5.3 Job-Sharing im gesperrten Zulassungsbezirk

Ist der Zulassungsbezirk gesperrt und kann kein weiterer Sitz zur Gründung einer Kooperation hinzugenommen werden, ermöglicht das sog. „Job-Sharing" nach § 101 Abs. 1 Nr. 4 SGB V die Gründung einer Berufsausübungsgemeinschaft auch nur auf Basis des bereits vorhandenen Vertragsarztsitzes. Danach kann ein (weiterer) Arzt auch in einem Zulassungsbezirk, für den Zulassungsbeschränkungen angeordnet wurden, zur vertragsärztlichen Versorgung zugelassen werden, wenn er die vertragsärztliche Tätigkeit gemeinsam mit einem dort bereits tätigen Vertragsarzt ausübt, eine Fachgebietsidentität nach der geltenden Weiterbildungsordnung besteht und sich die Partner der zu gründenden Berufsausübungsgemeinschaft gegenüber dem Zulassungsausschuss zu einer **Leistungsbegrenzung** verpflichten. Der bereits zugelassene Vertragsarzt und der neue Vertragsarzt teilen sich in diesem Fall gewissermaßen den bereits vorhandenen Vertragsarztsitz, ohne jedoch den Praxisumfang wesentlich erweitern zu können.

▶ **Praxistipp:** Der Gesetzgeber hat mit dem GKV VSG für unterdurchschnittlich abrechnende Praxen die Möglichkeit geschaffen, trotz Leistungsbegrenzung im Job-Sharing bis zum Fachgruppendurchschnitt zu wachsen. Dies kann z. B. für Alterspraxen ein gutes Modell sein, um einen Nachfolger einzubinden, die Fallzahlen zu steigern und so nach 3 Jahren gemeinsamer Tätigkeit eine stabile Praxis gesichert an den eingebundenen Job-Sharer als Nachfolger zu übertragen. Denn zum einen ist der Job-Sharing-Partner im Ausschreibungsverfahren ggbr. Mitbewerbern privilegiert und zum anderen ist die Praxis in dieser Konstellation auch im Fall einer erheblichen Überversorgung vor einem Aufkauf geschützt.

Unabhängig von den zulassungsrechtlichen und vertragsarztrechtlichen Besonderheiten handelt es sich bei der „Job-Sharing- Berufsausübungsgemeinschaft" um eine Gesellschaft, die denselben gesellschaftsrechtlichen und berufsrechtlichen Vorgaben untersteht, wie jede andere Berufsausübungsgemeinschaft. Auch der beschränkt zugelassene Juniorpartner ist als niedergelassener Arzt selbstständig und freiberuflich tätig, so dass sämtliche bezüglich der Anforderungen an eine ärztliche Berufsausübungsgemeinschaft dargestellten Voraussetzungen auch in Bezug auf die Stellung des Job-Sharing-Partners zu erfüllen sind. Insbesondere ist auch dieser trotz der beschränkten Zulassung zumindest anteilig an dem von ihm geschaffenen ideellen Werten der Praxis zu beteiligen. Es ist indes zu berücksichtigen, dass er im Fall einer Trennung über keine eigene Zulassung verfügt und daher Regelungen für den Fall seines Ausscheidens zu treffen sind, die diese Sondersituation interessengerecht ebenso abbilden, wie eine – falls von den Parteien gewünscht – mögliche Übernahme der Praxis bei Ausscheiden des Seniorpartners. Auch sollte der Fall geregelt werden, wie zu verfahren ist, wenn der Juniorpartner, beispielsweise bei Entsperrung des Zulassungsbezirks, eine eigene Zulassung erhält. Schließlich ist der Gesellschaftsvertrag dem Zulassungsausschuss zur Genehmigung vorzulegen. Ohne Genehmigung ist eine gemeinsame Tätigkeit unzulässig.

Um eine Genehmigung zu ermöglichen, muss der Juniorpartner alle Voraussetzungen für eine (Voll-) Zulassung uneingeschränkt erfüllen. Aufgrund der Besonderheiten des „Job-Sharings" dürften im Hinblick auf die Voraussetzung, dass der Vertragsarzt gemäß § 20 Ärzte-ZV in erforderlichem Maße für die Versorgung zur Verfügung stehen muss, Abstriche in zeitlicher Hinsicht zulässig sein, so dass auch Nebentätigkeiten – im angemessenen Umfang – der Eignung nicht entgegenstehen dürften. Hierbei gilt es jedoch zu beachten, dass im Rahmen des Job-Sharings grundsätzlich eine Zulassung für einen ganzen Versorgungsauftrag erfolgt. Zwar ist es einerseits allein der internen Absprache mit dem Praxispartner geschuldet, in welchem Umfang der Job-Sharer tatsächlich tätig wird, doch besteht andererseits die oben beschriebene Vollzulassung des Job-Sharers. Eine neben die Job-Sharing-Zulassung tretende weitere halbe Zulassung ist damit nicht genehmigungsfähig.

Im Rahmen der Job-Sharing- Berufsausübungsgemeinschaft haben sich beide Partner im Übrigen – vorbehaltlich eines möglichen Wachsens bis zum Fachgruppendurchschnitt – gegenüber dem Zulassungsausschuss verbindlich auf die festgesetzte **Leistungsbegrenzung** zu verpflichten. Gegenstand der verbindlichen Feststellung zur Beschränkung des Leistungsumfangs sind die vom bereits zugelassenen Vertragsarzt in den vorausgegangenen vier Quartalen erreichten Gesamtpunktzahlvolumina zzgl. eines Aufschlages in Höhe von 3 %, bezogen auf den Fachgruppendurchschnitt des Vorjahresquartals. Auf diese Art und Weise soll trotz des zusätzlichen Behandlers eine Leistungsmengenausweitung und die damit einhergehende Budgetbelastung der KV verhindert werden.

Liegen alle Voraussetzungen vor erhält der „Job-Sharing-Partner" gemäß § 101 Abs. 3 SGB V eine auf die Dauer der gemeinsamen vertragsärztlichen Tätigkeit beschränkte Zulassung, deren rechtlicher Bestand damit an die Zulassung des bereits tätigen Vertragsarztes gebunden ist.

Die Beschränkung und die Leistungsbegrenzung endet mit der Aufhebung der Zulassungsbeschränkungen in dem betreffenden Planungsbereich, spätestens jedoch nach Ablauf von zehnjähriger gemeinsamer vertragsärztlicher Tätigkeit. Der Juniorpartner der „Job-Sharing- Berufsausübungsgemeinschaft" erhält damit spätestens nach Ablauf von zehn Jahren automatisch eine eigene (Voll)-Zulassung. Bis zur Erlangung einer eigenen Zulassung wird der „Job-Sharing-Partner" bei der Ermittlung des Versorgungsgrades im Rahmen der Bedarfsplanung nicht mitgerechnet.

Endet die Zulassung des Seniorpartners, so ist der Juniorpartner im Rahmen der Nachbesetzung gemäß § 103 Abs. 4 SGB V erst nach mindestens fünfjähriger gemeinsamer Tätigkeit unter den Bewerbern auf die Nachfolge bevorzugt zu berücksichtigen. Damit sollte der Möglichkeit des Missbrauchs vorgebeugt werden, indem versucht wird, durch die Gründung einer „Schein-Job-Sharing- Berufsausübungsgemeinschaft" die Auswahlchancen eines Bewerbers auf die Nachfolge zu Lasten der anderen Bewerber zu erhöhen. Die Regelung wird in der juristischen Literatur allgemein als missglückt angesehen, zumal gemäß § 103 Abs. 4 SGB V die Interessen eines angestellten Arztes stets und unabhängig von der Beschäftigungsdauer ins Gewicht fallen. Der „Job-Sharing-Partner" dürfte daher vor Ablauf der fünf Jahre zumindest dem angestellten Arzt gleichzustellen sein. Eine Nachfolge in die beschränkte Zulassung des Juniorpartners kommt schließlich nicht in Betracht.

Angesichts der bestehenden Anwartschaften nach fünf bzw. zehn Jahren ist dem Job-Sharer daher ab bestimmter Fristen zu einem Ausschluss der ordentlichen Kündigung im Gesellschaftsvertrag zu raten, um diese Anwartschaften nicht zu gefährden. Da der Zulassungsausschuss auch eine zivilrechtliche unwirksame Kündigung zulassungsrechtlich zu beachten hat (vgl. BSG, Urt. v. 19.8.1992 – 6 RKa 36/90) sollte er sich zudem gegenüber seinem BAG-Partner mit einer entsprechenden Vertragsstrafeklausel gegen diese Gefahr absichern.

▶ **Praxistipp:** Die Teilung der Zulassung (2×0,5) kann unter bestimmten Umständen dem Modell des Job-Sharing vorzuziehen sein, da eine Leistungsbegrenzungserklärung dann nicht abzugeben ist. Zu beachten sind aber zwingend die ggf. einschränkenden Vorgaben der Honorarverteilung durch die KV.

Fazit:
Die Kooperation im Rahmen einer „Job-Sharing-Berufsausübungsgemeinschaft" stellt eine interessante Alternative zur Anstellung eines Arztes im gesperrten Bereich dar. Zwar besteht hier ebenfalls die Verpflichtung zur Leistungsbegrenzung im vertragsärztlichen Bereich, jedoch eröffnet sich trotz weiterhin geltender Zulassungsbeschränkungen im Rahmen des „Job-Sharings" die Chance, eine weitere Vollzulassung ohne Leistungsbeschränkung allein durch Zeitablauf zu erlangen oder bevorzugt bei der Nachfolge Berücksichtigung zu finden und sogar trotz Leistungsbegrenzung bis zum Fachgruppendurchschnitt zu wachsen.

8.4 Organisationsgemeinschaften

Eine Organisationsgemeinschaft liegt vor, wenn sich mehrere Ärzte (einzig) zur gemeinsamen Nutzung von Sach- und/ oder Personalmitteln zusammenschließen, ihren Beruf jedoch ansonsten getrennt und eigenverantwortlich ausüben. Eine Vergesellschaftung der eigentlichen beruflichen Tätigkeit findet, anders als bei den zuvor vorgestellten Berufsausübungsgemeinschaften, nicht statt. Typische Erscheinungsformen dieser Kooperationen sind die Praxisgemeinschaft, ebenso wie Apparate- und Laborgemeinschaften.

8.4.1 Die Praxisgemeinschaft

Die Praxisgemeinschaft stellt die wohl häufigste Form der Organisationsgemeinschaft zwischen Ärzten dar. Bei ihr handelt es sich um eine Kooperation zweier oder mehrerer Ärzte gleicher oder verschiedener Fachrichtung zum Zwecke der **gemeinsamen Nutzung von Personal- und Sachmitteln sowie der gemeinsamen Teilhabe an Liefer- und Leistungsbeziehungen gegenüber Dritten; bei ansonsten eigenständiger Praxisführung und getrennter Abrechnung** (Definition nach Ehmann, MedR 1994, 141 (144)).

In der Regel ist die Praxisgemeinschaft in der Weise ausgestaltet, dass zwei oder mehrere Ärzte in gemeinsamen Räumlichkeiten mit (teilweise) gemeinsamem Personal und unter Nutzung von gemeinsamen Gerätschaften tätig sind. Die Berufsausübung als solche findet jedoch im Gegensatz zur Gemeinschaftspraxis getrennt statt. Jeder Arzt führt in den gemeinsamen Räumen seine eigene Einzelpraxis mit seinem eigenem Patientenstamm und eigener Patientenkartei.

8.4.1.1 Beteiligte

Da es sich bei einer Praxisgemeinschaft gemäß der o.g. Definition um eine reine Organisationsgemeinschaft zum Zwecke der gemeinsamen Nutzung von Sach- und Personalmitteln handelt, ist die Ausübung einer Praxisgemeinschaft grundsätzlich auch zwischen einem Vertragsarzt und einem Nichtvertragsarzt möglich. Denkbar ist auch die Kooperation zwischen Ärzten und verwandten nichtärztlichen Heilberufen, zumal das berufsrechtliche Verbot der Zusammenarbeit aus § 29a MBO-Ä zwischen Ärzten und Personen, die nicht zu seinen beschäftigten nichtärztlichen Mitarbeitern gehören, auf den Kern der fachlichen Berufsausübung gerichtet ist und damit in erster Linie nur die eigentliche Behandlung direkt am Patienten betrifft (vgl. Ratzel/Lippert, Komm. z. MBO-Ä, 6. Aufl. 2015, § 29a, Rn. 1). Gerade bei derartigen Zusammenschlüssen sollten die Beteiligten jedoch sorgfältig darauf achten, keine Patientenströme zu schaffen oder Kostenbeteiligungsabreden zu treffen, die dem Verbot der Zuweisung gegen Entgelt entgegen laufen und stets die Trennung zwischen den einzelnen Leistungserbringern ggbr. den Patienten klar zu kommunizieren.

8.4.1.2 Rechtsbeziehungen/Haftung

Der Zusammenschluss zu einer Praxisgemeinschaft erfolgt in der Regel in der Rechtsform einer Gesellschaft bürgerlichen Rechts (GbR). Die Wahl einer Partnerschaftsgesellschaft kommt nicht in Betracht, da diese ausschließlich der *gemeinsamen* Berufsausübung unter Freiberuflern dient.

Im Gegensatz zur Gemeinschaftspraxis/Berufsausübungsgemeinschaft tritt die Gesellschaft nur im Rahmen ihres Gesellschaftszwecks nach außen in Erscheinung, indem sie Liefer- und Leistungsbeziehungen zu Dritten unterhält. Für die daraus entstehenden Verbindlichkeiten der Gesellschaft (z. B. Mietkosten, Personalkosten, usw.) haften die Partner als Gesamtschuldner unbeschränkt gegenüber Dritten. Die Kostenverteilung erfolgt nach einem vertraglich festzulegenden Schlüssel, beispielsweise nach Köpfen oder nach dem Verursachungsprinzip. Zum Zwecke der Kostendeckung leisten die Partner regelmäßig monatliche Vorschüsse auf ein gemeinsames Gesellschaftskonto.

Berufs- und vertragsarztrechtlich führt jeder Partner einer Praxisgemeinschaft eine Einzelpraxis. Die Behandlungsverträge schließt der Patient demnach unmittelbar mit seinem Behandler ab. Ihm gegenüber tritt die Praxisgemeinschaft nicht in Erscheinung. Die Abrechnung gegenüber der KV erfolgt ebenfalls für jeden Behandler getrennt unter seiner eigenen Vertragsarztnummer.

Die Haftung für ärztliche Pflichtverletzungen trifft demnach ausschließlich den jeweiligen Behandler. Anders als bei der Gemeinschaftspraxis besteht nicht die Gefahr, dass ein Partner wegen ärztlichen Fehlverhaltens eines anderen Partners in Anspruch genommen werden kann. Die gesamtschuldnerische Haftung der Partner beschränkt sich ausschließlich auf die Verbindlichkeiten der Gesellschaft.

Die Geschäftsführung und Vertretung der Gesellschaft (beispielsweise gegenüber den Angestellten) erfolgt nach den gesetzlichen Regelungen gemeinschaftlich durch die Partner. Da es sich hier um dispositives Recht handelt, können im Gesellschaftsvertrag bestimmte Aufgaben auf einen Partner übertragen werden.

Im Rahmen der vertraglichen Gestaltung ist zu gewährleisten, dass jeder Partner den von ihm aufgebauten und erarbeiteten **Goodwill** im Falle des Ausscheidens aus der Praxisgemeinschaft oder der Praxisaufgabe verwerten kann. Soll hierzu die Einzelpraxis auf einen Nachfolger übertragen werden können, setzt dies voraus, dass der Nachfolger ebenfalls berechtigt ist, in die bestehende Praxisgemeinschaft anstelle des ausscheidenden Partners einzutreten. Hierzu bedarf es stets der Zustimmung des verbleibenden Partners, was besondere vertragliche Regelungen für diesen Fall erforderlich macht.

Da es sich bei den Praxen rechtlich um Einzelpraxen mit jeweils eigenem Patientenstamm handelt, kann ein **nachvertraglicher Konkurrenzschutz** bei Ausscheiden eines Partners regelmäßig nicht rechtswirksam vereinbart werden. Es ist kein schutzwürdiges Interesse des verbleibenden Partners erkennbar, warum bei einer getrennten Berufsausübung der aus einer Praxisgemeinschaft ausscheidende Arzt sich nicht erneut in der Nähe seiner bisherigen Praxis niederlassen und so seinen erarbeiteten Goodwill verwerten können soll. Das Interesse des verbleibenden Partners an den Vorteilen, die ihm aus der (unerlaubten) Mitbehandlung von Patienten bestehen, ist nicht geschützt.

Im Rahmen der Nachfolgezulassung in Gebieten mit Zulassungsbeschränkungen gemäß § 103 Abs. 4 und 6 SGB V finden die Interessen des verbleibenden Partners einer Praxisgemeinschaft demgemäß konsequenterweise ebenfalls keine zwingende Berücksichtigung. Dennoch muss berücksichtigt werden, dass die Aufnahme in die Praxisgemeinschaft notwendige Voraussetzung einer Fortführung der ausgeschriebenen Vertragsarztzulassung und Einzelpraxis des Abgebers sind. Wird diese durch den Praxisgemeinschaftspartner verweigert, wäre entweder eine vorherige Verlegung in neue Praxisräume durch den Abgeber oder ein Antrag zur sofortigen Verlegung durch den Erwerber in Betracht zu ziehen. Letzteres wird durch die Zulassungsgremien jedoch nur in gut begründeten Ausnahmefällen genehmigt.

8.4.1.3 Berufsrecht/Vertragsarztrecht

Die Ausübung einer Praxisgemeinschaft ist gegenüber der Ärztekammer (§ 17 Abs. 5 MBO-Ä) und der KV (§ 33 Abs. 1 Ärzte-ZV) anzuzeigen. Einer förmlichen Genehmigung bedarf es nicht.

Die rechtliche Selbstständigkeit der Praxen im Hinblick auf die getrennte Berufsausübung erfordert eine strikte Beachtung folgender Punkte:

- Vor dem Hintergrund der ärztlichen **Schweigepflicht** ist eine getrennte Karteiführung und Dokumentation zu gewährleisten, zumal keine gemeinsamen Patienten der Praxisgemeinschaft als solcher bestehen und die Grundsätze zur Schweigepflicht auch unter Ärzten Anwendung finden.
- Für die gegenseitige **Vertretung** der Praxisinhaber gelten die allgemeinen Regeln, wonach eine Vertretung bis zu einer Dauer von maximal 3 Monaten innerhalb von 12 Monaten nur bei Krankheit, Urlaub, Teilnahme an einer ärztlichen Fortbildung oder an einer Wehrübung ohne Genehmigung durch die KV in Betracht kommt. Dauert die Vertretung länger als eine Woche, so ist sie der KV mitzuteilen (§ 32 Abs. 1 Ärzte-ZV). Die Behandlung der Patienten des jeweils anderen Arztes auf Vertreterschein, ohne dass die Voraussetzungen der Vertretung vorliegen, verstößt gegen das **Prinzip der persönlichen Leistungserbringung** des behandelnden Arztes.
- Vermieden werden sollten Vertragsgestaltungen, die im Innenverhältnis einer „verdeckten" Gemeinschaftspraxis gleichkommen, während nach außen hin lediglich formal eine Praxisgemeinschaft geführt wird. Häufig anzutreffen sind solche Konstruktionen beim Zusammenschluss von Ärzten verschiedener Fachdisziplinen. Die Gründung einer Gemeinschaftspraxis kommt in diesen Fällen zum Teil aus abrechnungstechnischen Gründen wirtschaftlich nicht in Betracht. Stattdessen erweist sich die Aufrechterhaltung der Möglichkeit, Patienten an den anderen Facharzt zu überweisen, als lukrativer. Im Innenverhältnis werden die Praxisgewinne trotz formal getrennter Berufsausübung jedoch dann zusammengeführt (sog. Gewinn-Pooling). Das LSG Niedersachsen-Bremen hat in einer Entscheidung vom 10.02.2003 eine solche Vertragsgestaltung ausdrücklich für unzulässig erachtet, zumal auf diese Weise der Genehmigungsvorbehalt in Bezug auf die gemeinsame Berufsausübung unterlaufen wird. Eine solche vorgetäuschte Praxisgemeinschaft kann neben Honorarkürzungen auch disziplinarrechtliche bis hin zu strafrechtlichen Konsequenzen nach sich ziehen.

8.4.2 Die Apparategemeinschaft

Bei der Apparategemeinschaft handelt es sich ebenfalls um eine Organisationsgemeinschaft als Unterform der Praxisgemeinschaft. Sie dient der gemeinsamen Nutzung von medizinisch-technischen Einrichtungen (z. B. Sonographen, Röntgengeräten, Langzeit-EKG-Computertomographen, Magnetresonanztomographen, usw.). Anzutreffen ist auch die gemeinsame Nutzung von Operationsräumen oder Laboratorien.

Solche Organisationsgemeinschaften haben als sog. Leistungserbringergemeinschaften in § 15 Abs. 3 BMV-Ä ihren Niederschlag gefunden. Danach können sich Vertragsärzte bei gerätebezogenen Untersuchungsleistungen zur gemeinschaftlichen Leistungserbringung mit der Maßgabe zusammenschließen, dass die ärztliche Untersuchungsleistung nach fachlicher Weisung durch einen der beteiligten Ärzte persönlich in seiner Praxis oder in einer gemeinsamen Einrichtung durch einen gemeinschaftlich beschäftigten angestellten Arzt nach § 32b Ärzte-ZV erbracht wird. Die ärztlichen Leistungen sind persönliche Leistungen des jeweils anweisenden Arztes, der an der Leistungsgemeinschaft beteiligt ist und einen Angestellten entsprechend (zumindest stichprobenartig) zu beaufsichtigen hat. Es handelt sich um Gemeinschaftseinrichtungen im Sinne des § 105 Abs. 2 SGB V, die von den Kassenärztlichen Vereinigungen zu fördern sind. Wirtschaftlicher Hintergrund der Gründung einer solchen Apparategemeinschaft ist in der Regel die möglichst umfassende Auslastung kostspieliger medizinisch-technischer Einrichtungen.

Da die Betriebsstätte der Apparategemeinschaft regelmäßig nicht mit dem Praxissitz der beteiligten Ärzte identisch ist, handelt es sich um einen weiteren Tätigkeitsort. Die Tätigkeiten an weiteren Orten ist allerdings, wie bereits erläutert, weder berufsrechtlich noch vertragsarztrechtlich problematisch.

Apparategemeinschaften werden regelmäßig in der Rechtsform einer Gesellschaft bürgerlichen Rechts betrieben. Grundsätzlich ist jedoch auch die Gründung einer Kapitalgesellschaft (z. B. GmbH) nicht ausgeschlossen, da vorliegend nicht die gemeinsame Berufsausübung als solche, sondern die gemeinsame Nutzung von Infrastrukturen in Frage steht. Die Rechtsform einer Partnerschaftsgesellschaft kommt demgegenüber nicht in Betracht, da diese eine Kooperation zur gemeinsamen Berufsausübung unter Freiberuflern voraussetzt.

8.4.3 Laborgemeinschaften

Die Laborgemeinschaft stellt ebenfalls eine Ausprägung der Apparategemeinschaft dar. Es handelt sich um einen nach § 105 Abs. 2 SGB V gesetzlich anerkannten Zusammenschluss von Ärzten gleicher oder verschiedener Fachrichtungen zur gemeinsamen Nutzung von Laboreinrichtungen und Personal innerhalb oder außerhalb der eigenen Praxisräume zwecks Erbringung der in der eigenen Praxis anfallenden Laboratoriumsuntersuchungen. Die in der Laborgemeinschaft erbrachten Leistungen werden von den dort zusammengeschlossenen Ärzten als eigene Leistungen abgerechnet. Im Unterschied zu reinen Apparategemeinschaften wird die Analytik jedoch häufig von einem Facharzt für Laboratoriumsmedizin als verantwortlichem Leiter der Laborgemeinschaft und medizinisch-technischen Assistenten durchgeführt. Von diesem beziehen die Mitglieder der Laborgemeinschaft sodann die relevanten Laborparameter, ohne selbst unmittelbar an deren Erstellung beteiligt zu sein. § 25 BMV-Ä sieht deshalb sehr ausdifferenzierte Regelungen vor, unter denen die von der Laborgemeinschaft erbrachten Leistungen vom beteiligten Vertragsarzt abgerechnet werden können. Insbesondere wird geregelt, welche Leistungen zulässig bezogen werden können und welche Leistungen hiervon ausgenommen sind und daher entweder nach den Regeln der persönlichen Leistungserbringung selbst erbracht oder an einen anderen zur Erbringung dieser Leistung qualifizierten und zur Abrechnung berechtigten Arzt überwiesen werden müssen.

8.5 Das Medizinische Versorgungszentrum

Neben zugelassenen Vertragsärzten und ermächtigten Ärzten oder Krankenhäusern können auch „Medizinische Versorgungszentren" an der ambulanten Versorgung der gesetzlich Krankenversicherten teilnehmen. Nach dem Willen des Gesetzgebers soll damit der „Wettbewerb zwischen verschiedenen Versorgungsformen ermöglicht werden mit dem Ziel, dass Patienten jeweils in der ihren Erfordernissen am besten entsprechenden Versorgungsform versorgt werden können". Medizinische Versorgungszentren sollen eine umfassende Versorgung der Patienten „aus einer Hand" gewährleisten. Das Erfordernis einer fachübergreifenden und interdisziplinären Zusammenarbeit hat der Gesetzgeber in 2015 mit dem GKV VSG indes aufgegeben, so dass nun auch fachgruppengleiche MVZs möglich sind

Die Vorschriften des SGB V und der Zulassungsverordnung für Vertragsärzte finden auf das MVZ entsprechend Anwendung, sofern es keine Sonderregelungen gibt (§ 72 Abs. 1 Satz 2 SGB V).

8.5.1 Gründungsvoraussetzungen

In § 95 Abs. 1a SGB V sind folgende Gründungsvoraussetzungen vorgesehen:

> Medizinische Versorgungszentren können von zugelassenen Ärzten, von zugelassenen Krankenhäusern, von Erbringern nichtärztlicher Dialyseleistungen nach § 126 Absatz 3, von gemeinnützigen Trägern, die auf Grund von Zulassung oder Ermächtigung an der vertragsärztlichen Versorgung teilnehmen oder von Kommunen gegründet werden; die Gründung ist nur in der Rechtsform einer Personengesellschaft, einer eingetragenen Genossenschaft oder einer Gesellschaft mit beschränkter Haftung oder in einer öffentlich rechtlichen Rechtsform möglich.

Die Gruppe der möglichen **Gründer** eines Medizinischen Versorgungszentrums ist im Jahre 2012 durch das GKV VStG im Verhältnis zur Rechtslage bis zum 31.12.2011 erheblich reduziert worden. Bis zum GKV VStG kamen hierfür neben den nun genannten Gründern noch weitere **Leistungserbringer** in Betracht, die aufgrund einer Zulassung, einer Ermächtigung oder eines Vertrags an der medizinischen Versorgung der Versicherten teilnahmen – also z. B. auch Heil- und Hilfsmittelerbringer, Apotheker, Physiotherapeuten, oder Pflegedienste. Nach Ansicht des Gesetzgebers hatten aber die „Erfahrungen der letzten Jahre gezeigt, dass MVZ besonders in kapitalintensiven Bereichen (…) immer häufiger von Investoren gegründet wurden, die keinen fachlichen Bezug zur medizinischen Versorgung hatten, sondern allein Kapitalinteressen verfolgten." Diese Entwicklung berge Gefahren für die Unabhängigkeit medizinischer Entscheidungen von Kapitalinteressen (vgl. BT-Drucksache 17/6906).

Einzig solche MVZ, die nach alter Rechtslage gegründet wurden und nicht die neuen strengeren Voraussetzungen erfüllen, genießen **Bestandsschutz**. Liegt die Mehrheit der Geschäftsanteile und Stimmrechte in einem MVZ jedoch nicht bei den **dort tätigen** Vertragsärzten, so sind diese gemäß § 103 Abs. 4c SGB V zukünftig nachrangig im Rahmen nachzubesetzender Vertragsarztsitze zu berücksichtigen, es sei denn, dieser Zustand bestand bereits vor dem 31.12.2011 infolge einer entsprechenden zulassungsrechtlichen Genehmigung.

Mit dem GKV VSG im Jahr 2015 hat der Gesetzgeber wiederum den Gründerkreis um Kommunen erweitert, um aktiv die Versorgung in der Region beeinflussen und verbessern zu können.

Die Trägerschaft durch die nunmehr zulässigen Leistungserbringer muss während des Betriebs des MVZ bestehen bleiben, da ansonsten eine Entziehung der Zulassung des MVZ erfolgt. Dies bedeutet im Umkehrschluss, dass auch wenn das Gesetz die Begriffe der „Betreibers" oder „Trägers" nicht verwendet und einzig von „Gründern" oder „Gründungsvoraussetzungen" spricht, diese Voraussetzungen nicht nur bei der Gründung des MVZ gelten sollen, sondern auch darüber hinaus Bestand haben. Denn anderenfalls droht nach § 95 Abs. 6 SGB V der Entzug der Zulassung, so dass der Begriff „Gründer" der Bedeutung „Betreiber" gleichgestellt werden kann. Damit ist auch die spätere Beteiligung nunmehr ausgeschlossener Gründer an einem MVZ nach erfolgreicher Gründung ausgeschlossen. Der zuständige Zulassungsausschuss hat jeweils bei Beitritt eines Gesellschafters zur MVZ-Trägergesellschaft zu prüfen, ob der Beitretende die Voraussetzungen des § 95 Abs. 1a SGB V erfüllt.

Durch eine Neuregelung des GKV VSG hat der Gesetzgeber Vertragsärzten indes auch die Möglichkeit eröffnet, zur Gründung eines MVZ auf ihre Zulassung zu verzichten und sich im MVZ bedarfsplanungstechnisch anstellen zu lassen. Der Gesetzgeber hat in § 95 Abs. 6 Satz 4 SGB V hierzu klargestellt, dass durch diesen Verzicht jedenfalls die Gründereigenschaft in dem MVZ, zu dessen Gunsten verzichtet wurde, bestehen bleibt, solange die Ärzte dort tätig sind. Sie können also trotz der bedarfsplanungstechnischen Anstellung Gesellschafter des MVZ sein. Die Anstellung ermöglicht eine flexiblere Besetzung des Sitzes auch im Umfang von Viertelstellen, was in der Niederlassung sonst nicht umsetzbar wäre und bindet die Sitze fest an das MVZ. Ein Ausscheiden unter Mitnahme der vormals eigenen Zulassung ist dem Vertragsarzt sodann nicht mehr möglich – was je nach Perspektive als Vor- oder Nachteil angesehen werden kann. Die MVZ-Konstruktion erhält dadurch jedenfalls ein deutlich größeres Maß an Stabilität und Bestandsicherung. Derzeit indes ungeklärt ist die Aufnahme neuer Partner auf derartigen „angestellten

8.5 Das Medizinische Versorgungszentrum

Partner-Sitzen". Denn neue Gesellschafter, die vormals nicht Vertragsärzte waren, können nach dem Wortlaut des Gesetzes nicht aus der Fiktion eines Fortbestehens ihres Vertragsarztstatus profitieren. Hier wird die Spruchpraxis und ggf. eine gesetzliche Ergänzung abzuwarten sein.

Das MVZ benötigt daneben einen ärztlichen Leiter, der selbst als Angestellter oder als Vertragsarzt im MVZ medizinisch weisungsfrei tätig sein muss. Ein externer Arzt kann diese Aufgabe also nicht übernehmen. Hingegen ist die kaufmännische Geschäftsführung durch Dritte indes nicht ausgeschlossen. Auch kann bei Vorhandensein von Angehörigen unterschiedlicher Berufsgruppen im MVZ (z. B. Ärzte und Zahnärzte sowie Ärzte unterschiedlicher Fachgruppen) eine kooperative Leitung erfolgen. Neben einem eigenständigen ärztlichen und weiteren zahnärztlichen Leiter, kann die Leitung also auch gemeinsam durch einen Arzt und einen Zahnarzt erfolgen, falls beide Berufsgruppen im MVZ tätig sind. Der Gesetzgeber hat allerdings nicht näher definiert, welche Funktion der ärztliche Leiter hat und wie seine Rechte und Pflichten ausgestaltet sind. In der Literatur wird der ärztliche Leiter mit der Funktion eines ärztlichen Direktors verglichen, der eine ärztliche Gesamtleitung institutionalisiert und sicherstellen soll, dass nicht kaufmännische sondern medizinische Vorgaben die Versorgung im MVZ prägen.

8.5.2 Zulassungsstatus, Verfahren

Die Zulassung als Medizinisches Versorgungszentrum im Sinne des § 95 Abs. 1 SGB V erfolgt durch den Zulassungsausschuss. Mit der Zulassung muss auch der Gesellschaftsvertrag des MVZ eingereicht werden. Dieser wird vom Zulassungsausschuss auf die maßgeblichen Kriterien überprüft. Weitere Voraussetzung für die Zulassung ist, dass die im MVZ tätigen Ärzte im Arztregister eingetragen sind. Letztlich müssen die angestellten Ärzte sämtliche Voraussetzungen erfüllen, die auch für eine Zulassung als Vertragsarzt erforderlich sind.

Die Anstellung eines Arztes in einem MVZ bedarf ebenfalls der Genehmigung des Zulassungsausschusses (§ 95 Abs. 2 SGB V). Dabei muss der Arbeitsvertrag vorgelegt werden. Die Zulassung des Medizinischen Versorgungszentrums bewirkt, dass die in dem Versorgungszentrum angestellten Ärzte Mitglieder der jeweils zuständigen Kassenärztlichen Vereinigung werden und das MVZ insoweit zur Teilnahme an der vertragsärztlichen Versorgung berechtigt und verpflichtet ist (§ 95 Abs. 3 SGB V). Der Betrieb eines MVZ mit angestellten Ärzten setzt demgemäß zwei bzw. mehrerer **Genehmigungstatbestände** voraus. Einerseits bedarf es der Genehmigung des Medizinischen Versorgungszentrums, andererseits der Genehmigung der angestellten Ärzte.

Als Mitglieder der Kassenärztlichen Vereinigung sind die angestellten Ärzte zur Fortbildung und zur Teilnahme am Notdienst verpflichtet.

Etwaige Beschränkungen bzgl. der Anzahl angestellter Ärzte gelten ausdrücklich nicht für Medizinische Versorgungszentren. Allerdings ist die Bedarfsplanung nach § 103 SGB V im Genehmigungsverfahren zu berücksichtigen. Die Anstellung eines Arztes ist nur möglich, wenn der Planungsbereich für die jeweilige

Arztgruppe nicht wegen Überversorgung gesperrt ist (§ 95 Abs. 2 SGB V). Bei der Feststellung des Versorgungsgrades sind die in Medizinischen Versorgungszentren angestellten Ärzte mit zu berücksichtigen (§ 101 Abs. 4 SGB V). Dabei zählen nach der Bedarfsplanungsrichtlinie vertragliche vereinbarte Arbeitszeiten von bis zu zehn Stunden als 0,25 Versorgungsgrad, wobei jede Steigerung um bis zu zehn Stunden, die Anrechnung auf den Versorgungsgrad um weitere 0,25 Stunden erhöht. 31 oder mehr wöchentliche Arbeitsstunden entsprechen daher einem vollen Versorgungsauftrag.

Da ein nicht unerheblicher Teil der Planungsbereiche für Neuniederlassungen gesperrt ist, kommt die Gründung eines Medizinischen Versorgungszentrums vielfach nur auf dem Wege des § 103 Abs. 4a SGB V in Betracht. Diese Vorschrift wurde neu in den § 103 SGB V eingefügt, der die Frage von **Zulassungsbeschränkungen** und die **Nachbesetzung im gesperrten Planungsbereich** regelt, um die Gründung von Medizinischen Versorgungszentren zu erleichtern. Danach ist es möglich, dass ein niedergelassener Vertragsarzt in einem Planungsbereich, für den Zulassungsbeschränkungen angeordnet sind, auf seine Zulassung zugunsten einer Anstellung bei einem MVZ verzichtet und diese so auf ein MVZ überträgt, wenn Gründe der vertragsärztlichen Versorgung dem nicht entgegen stehen. Letzteres ist insbesondere denkbar, wenn die mit der Anstellung einhergehende Sitzverlegung zu einem Versorgungsdefizit in der Region des anzustellenden Arztes führen würde. Denn wird die Anstellung genehmigt, bleibt eine für eine Fortführung der bisherigen vertragsärztlichen Praxis und eine Übertragung an einen Nachfolger i.S. des § 103 Abs. 4 SGB V kein Raum.

Als zugelassener Leistungserbringer kann das MVZ daneben im gesperrten Planungsbereich am Nachbesetzungsverfahren für in einen Vertragsarztsitz, der gemäß § 103 Abs. 4 SGB V zur Ausschreibung gelangt, teilnehmen. Das Verfahren wird eingeleitet, wenn die Zulassung des abgebenden Vertragsarztes wegen Verzicht, Tod oder Entziehung endet. Auf diese Weise wird es dem MVZ ermöglicht, selbst als „Käufer" von Praxen aufzutreten und sich selbst als Nachfolger auf den Vertragsarztsitz bewerben. Die Bestimmung des Nachfolgers erfolgt durch den Zulassungsausschuss aufgrund einer von ihm zu treffenden Ermessensentscheidung. Hierbei sind Medizinische Versorgungszentren insoweit begünstigt, als dass sie anders als Vertragsärzte oder Berufsausübungsgemeinschaften sich nicht bereits mit einem konkret zu benennenden Angestellten bewerben müssen. Sie dürfen in der Bewerbung vielmehr auch auf die zukünftige Ergänzung des Versorgungsangebotes verweisen und können im Fall einer Übertragung des Sitzes diesen im Nachgang mit einem Angestellten besetzen. Ein Nachrang gilt bei Nachbesetzungsverfahren einzig für MVZ, deren Mehrheit der Geschäftsanteile und Stimmrechte nicht von Vertragsärzten gehalten wird, die im MVZ tätig sind. Auf diese Weise soll einem zu starken Einfluss zulässiger externer Betreiber, z. B. Krankenhäusern, in der Versorgungslandschaft entgegen gewirkt werden.

Die **Zulassung des Zentrums** erfolgt durch den Zulassungsausschuss für den **Ort der Betriebsstätte des MVZ** und nicht für den Ort der Niederlassung des Trägers. Der gesellschaftsrechtliche Sitz des Trägers ist ebenfalls nicht entscheidend. Für das MVZ selbst gelten die Vorschriften für die Vertragsärzte entsprechend.

8.5 Das Medizinische Versorgungszentrum

Dies bedeutet, dass am Ort der Betriebsstätte die Gründungsvoraussetzungen durch Tätigkeit wenigstens zweier Vertragsärzte erfüllt sein müssen.

Daneben wurde mit Inkrafttreten des VÄndG auch die Möglichkeiten zur Gründung von Filialen eröffnet, soweit die zulassungsrechtlichen Voraussetzungen hierfür jeweils vorliegen. Als zugelassener Leistungserbringer kann ein MVZ des Weiteren auch Mitglied einer überörtlichen Berufsausübungsgemeinschaft sein.

Bei der **Rechtsformwahl** spielt insbesondere die GmbH im Rahmen der Gründung eines MVZ eine große Rolle. Dies gilt vor allem bei der Gründung eines MVZ durch ein Krankenhaus. Die Krankenhausträger sind häufig selbst in der Rechtsform der GmbH tätig. Auch stehen dem Betrieb eines MVZ in der Rechtsform einer GmbH mittlerweile weder Berufsordnungen, noch Heilberufs- und Kammergesetze der Länder entgegen. Denn während einerseits schon mit dem bundesrechtlichen Gesetzesvorrang des SGB V und der dort für zulässig erklärten Rechtsform der GmbH argumentiert werden kann, adressieren einzelne in Berufsordnungen und Heilberufskammergesetzen verbleibende Verbote einzig die Ärzte als Mitglieder der Kammern, zu denen das MVZ als Leistungserbringer aber gerade nicht zählt und folgerichtig auch nicht Mitglied der Kammern ist. Dies sind (einzig) die darin tätigen Ärzte.

Entscheiden sich die MVZ-Gesellschafter für die Gründung einer GmbH ist, anders als bei einer Gesellschaft bürgerlichen Rechts, die Haftung auf das Gesellschaftsvermögen beschränkt. Die Gesellschafter bringen eine Stammeinlage von mindestens 25.000,00 € ein und die Gesellschaft haftet für Verbindlichkeiten höchstens in Höhe der Stammeinlage. Allerdings hat der Gesetzgeber eine erhebliche Haftungserweiterung für die Gesellschafter einer MVZ-GmbH vorgenommen. Gemäß § 95 Abs. 2 Satz 6 SGB V ist für die Zulassung eines Medizinischen Versorgungszentrums in der Rechtsform einer juristischen Person des Privatrechts (GmbH) Voraussetzung, dass die Gesellschafter selbstschuldnerische Bürgschaftserklärungen für Forderungen von Kassenärztlichen Vereinigungen und Krankenkassen gegen das MVZ aus dessen vertragsärztlicher Tätigkeit abgeben. Damit soll gewährleistet werden, dass Honorarrückforderungen und Regressverbindlichkeiten tatsächlich beigetrieben werden können und die Mitglieder der MVZ-GmbH nicht frei von Wirtschaftlichkeitserwägungen behandelt werden, da sie ohnehin nur auf das Gesellschaftsvermögen beschränkt haften. Im Verhältnis zur KV wirkt sich die Haftungsbeschränkung also nicht aus. Im Übrigen darf insoweit auf die Ausführungen im Abschn. 8.2.3.3 verwiesen werden.

Die *Zulassung* eines *MVZ endet* mit dem Wirksamwerden eines Verzichts, der Auflösung oder mit dem Wegzug des zugelassenen MVZ aus dem Bezirk des Vertragsarztsitzes. Die Zulassung ist darüber hinaus sechs Monate, nachdem die Gründungsvoraussetzungen nicht mehr vorliegen, zu entziehen. Dies gilt insbesondere dann, wenn infolge des Wegfalls eines im MVZ tätigen Arztes nicht länger wenigstens zwei Ärzte am Standort zur Verfügung stehen oder die Gründer ihre *Eigenschaft als Leistungserbringer* verlieren. Letzterer Aspekt erfordert besondere Sorgfalt bei der Ausgestaltung der gesellschaftsrechtlichen Grundlagen innerhalb der Trägergesellschaft. Ansonsten besteht die Gefahr, dass mit dem Wegfall des insofern maßgeblichen Trägers das Schicksal des gesamten Zentrums nebst seiner Angestellten auf dem Spiel steht.

8.5.3 Organisation

Gemäß § 95 Abs. 1a SGB V können Medizinische Versorgungszentren von Ärzten nur in der Rechtsform einer Personengesellschaft, einer eingetragenen Genossenschaft oder einer Gesellschaft mit beschränkter Haftung gegründet werden. Dies bedeutet, dass neben der schon erwähnten GmbH eine GbR, eine Partnerschaftsgesellschaft sowie die Genossenschaft in Betracht kommen. Ein Betrieb durch eine natürliche Einzelperson wird angesichts des Wortlautes des Gesetzes durch die Zulassungsgremien aktuell ausgeschlossen, so dass ein einzelner Arzt als Träger des MVZ nicht in Frage kommt. Dieser müsste hierfür den Weg der Ein-Personen-GmbH wählen.

Während eine Aktiengesellschaft oder sonstige Kapitalgesellschaften ausdrücklich ausgeschlossen sind, ist im Übrigen auch die Organisation in der Form eines *eingetragenen Vereins* aufgrund der wirtschaftlichen Ausrichtung des MVZ nicht möglich.

8.5.4 Vergütung

Die Vergütung der Leistungen, die durch ein Medizinisches Versorgungszentrum erbracht werden, erfolgt nach den Regelungen des EBM und HVV. Allein mit der Gründung des MZV sind keine Vergütungsvorteile verbunden. Die Medizinischen Versorgungszentren werden in der Vergütung mit fachübergreifenden Gemeinschaftspraxen gleichgestellt, was im ärztlichen Bereich beispielsweise eine erhöhte Ordinationsgebühr zur Folge hat. Zudem erfolgt, wie auch bei fachübergreifenden Gemeinschaftspraxen, eine Erhöhung des RLV je nach Kooperationsgrad um bis zu 40 %.

Fazit:
Mit dem Medizinischen Versorgungszentrum existiert ein Leistungserbringer im vertragsarztrechtlichen System, der den Zusammenschluss mehrerer Ärzte als eigenständiger Leistungserbringer ermöglicht. Neben dem eigenen Zulassungsstatus zeichnen insbesondere die fehlende zahlenmäßige Beschränkung von Angestellten und die Möglichkeit, trotz Anstellung weiter Gesellschafter des MVZ zu sein, das MVZ gegenüber der Berufsausübungsgemeinschaft aus. Ob dies – ebenso wie die mögliche Rechtsform der GmbH – im Einzelfall eine sinnvolle Gestaltungsform ist, kann nur individuell beurteilt werden. Viele Gestaltungen und Ziele lassen sich gleichfalls in der „klassischen" BAG umsetzen. Die Gründung eines MVZ sollte daher stets unter fachanwaltlicher Beratung erfolgen, um vorhandene Gestaltungsmöglichkeiten bestmöglich zu nutzen.

8.6 Kooperation mit Krankenhäusern

Die denkbaren Kooperationsformen niedergelassener Ärzte mit Krankenhäusern nehmen stetig zu. Seit jeher gibt es das Belegarztwesen sowie den klassischen Konsiliararzt, der Leistungen für das Krankenhaus erbringt, die es mangels eigener

8.6 Kooperation mit Krankenhäusern

Fachkompetenz (z. B. zahnärztliche Leistungen in einer Akutklinik) nicht erbringen kann, aber muss.

Der Gesetzgeber forciert mit jeder neuen Gesundheitsreform die Verzahnung der Sektoren, was eine Kooperation zwischen Niedergelassenen und Krankenhäusern notwendig macht. Dies gipfelte mit dem GKV-VStG in der Schaffung des sog. Dritten Sektors, der ambulanten spezialfachärztlichen Versorgung (ASV). Die ab dem 01.01.2012 geltende Fassung des § 116b SGB V sieht bei der Erbringung ambulanter spezialfachärztlicher Leistungen teilweise zwingend die Kooperation zwischen Niedergelassenen und Krankenhäusern vor (z. B. im Bereich der Onkologie), s. dazu Kap. 4.

Weitere Formen der Kooperation sind die Nutzung vorhandener Infrastrukturen (z. B. Operationsmöglichkeiten) in den örtlichen Krankenhäusern. Die Krankenhäuser suchen ihrerseits die Nähe zu niedergelassenen Ärzten, insbesondere indem sie den Ärzten in vom Krankenhaus betriebenen und örtlich dem Krankenhaus angegliederten „Gesundheitszentren" Praxisräumlichkeiten zur Verfügung stellen.

Die Kooperation von Ärzten mit Krankenhäusern im Rahmen von sog. Honorararztverträgen, die sich in den letzten Jahren etabliert hatte und in welcher Ärzte als Freiberufler ärztliche Aufgaben im Krankenhaus übernehmen, ist aufgrund rigiderer Rechtsprechung vor allem der Sozialgerichte nur noch auf wenige Fallgestaltungen anwendbar.

8.6.1 Nutzung von Krankenhausstrukturen

Bei der Nutzung von im Krankenhaus vorhandener Infrastruktur stellt das Krankenhaus dem Arzt beispielsweise die vorhandenen Operationssäle sowie die erforderlichen medizinischen Gerätschaften zur Durchführung ambulanter Operationen zur Verfügung. Der Arzt nutzt diese Strukturen des Krankenhauses als „weitere Betriebsstätte" und entrichtet an das Krankenhaus ein Nutzungsentgelt. Zu beachten ist in diesem Zusammenhang, dass die Beteiligung der Krankenhausärzte an den vertragsärztlichen Behandlungen durch den niedergelassenen Arzt im Krankenhaus regelmäßig nicht in Betracht kommt. Erbringt der Arzt vertragsärztliche Leistungen, so können z. B. Anästhesieleistungen i. d. R. nicht durch das Krankenhaus vorgenommen und abgerechnet werden, es sei denn, der Krankenhausarzt ist vom Zulassungsausschuss hierzu ermächtigt worden. Vielmehr wäre in diesem Fall ein niedergelassener Anästhesist hinzuzuziehen. Die Trennung zwischen dem ambulanten und dem stationären Sektor ist bei diesen reinen Nutzungsverhältnissen zu gewährleisten.

Krankenhäuser befinden sich gegenüber ambulanten Operationszentren, die von niedergelassenen Ärzten betrieben werden und Operationssäle an andere Niedergelassene vermieten, in einem wirtschaftlichen Vorteil. Sie sind nicht verpflichtet, Umsatzsteuer für die Vermietung von Operationssälen zu erheben, während dies für die Vermietung von Operationssälen durch Niedergelassene nicht gilt (FG Rheinland-Pfalz, Urteil vom 12.06.2011 -6 K 1128/09). Allerdings wäre steuerlich zu prüfen, ob nicht eine einheitliche steuerfreie Heilbehandlungsleistung des Anästhesisten gegenüber dem Patienten oder ein steuerfreier mit dem Betrieb einer anderen Einrichtung eng verbundener Umsatz vorliegt (vgl. BFH, Urteil vom 18.03.2015 – XI R 15/11).

8.6.2 Der Belegarzt

Die Besonderheit der belegärztlichen Versorgung von Patienten besteht demgegenüber darin, dass der Patient in diesem Fall sowohl Leistungen vom niedergelassenen Belegarzt einerseits als auch vom Krankenhaus andererseits bezieht (sog. gespaltenes Vertragsverhältnis). Der Patient nimmt sowohl stationäre als auch belegärztliche Leistungen in Anspruch.

Die ärztlichen Leistungen werden vom Belegarzt auf Grund eines Behandlungsvertrages mit seinem Patienten erbracht. Belegärzte sind niedergelassene Ärzte, die aufgrund eines mit dem Krankenhaus abgeschlossenen Belegarztvertrages berechtigt sind, ihre Patienten im Krankenhaus unter Inanspruchnahme der vom Krankenhaus hierfür bereitgestellten Dienste, Einrichtungen und Mittel stationär oder teilstationär zu behandeln, ohne vom Krankenhaus hierfür eine Vergütung zu erhalten (vgl. § 121 SGB V, § 18 KHEntgG). Der Belegarzt ist gerade nicht Angestellter des Krankenhauses, sondern erbringt seine ärztlichen Leistungen als selbständiger niedergelassener Arzt unter Inanspruchnahme der Krankenhausstruktur. Der Belegarzt rechnet die von ihm erbrachten ärztlichen Leistungen selbständig gegenüber dem Patienten oder den Kostenträgern (insbesondere der KV) auf Grundlage der Gebührenordnungen ab.

Allgemeine Voraussetzung für die Abrechnung belegärztlicher Leistungen durch den Arzt ist die vertragsärztliche Zulassung. Daneben bedarf es einer Anerkennung als Belegarzt gemäß §§ 38 ff. BMV-Ä. Diese ist seitens der zuständigen KV im Einvernehmen mit den Landesverbänden der Krankenkassen und den Verbänden der Ersatzkassen auszusprechen. Voraussetzung ist insbesondere die Eignung als Belegarzt. Diese fehlt,
- wenn der Arzt aufgrund anderer Tätigkeiten oder aus in seiner Person liegenden Gründen die stationäre Versorgung der Versicherten nicht gewährleisten kann,
- wenn Wohnung und Praxis des Arztes nicht so nahe am Krankenhaus liegen, dass die unverzügliche und ordnungsgemäße Versorgung der von ihm zu betreuenden Versicherten gewährleistet ist.

Ferner erfordert die Anerkennung als Belegarzt, dass die stationäre Tätigkeit des Vertragsarztes nicht den Schwerpunkt seiner Gesamttätigkeit bildet. Er muss vielmehr im erforderlichen Umfang für die ambulante Versorgung zur Verfügung stehen. Der belegärztlichen Tätigkeit darf lediglich eine untergeordnete Bedeutung zukommen.

Die Leistungen des Krankenhauses beziehen sich auf Pflege, Unterbringung, Verpflegung, sonstige Versorgung und die Bereitstellung von Behandlungsräumen und Einrichtungen. Die Abrechnung für Leistungen an Belegpatienten erfolgt durch das Krankenhaus nach gesonderten Fallpauschalen, den sog. Beleg-DRGs (DRG = Diagnosis Related Groups), die um den Arztleistungsanteil bereinigt sind (vgl. § 18 Abs. 2 KHEntgG i. V. m. § 17b Abs. 1 KHG). Damit wird dem Umstand Rechnung getragen, dass die Krankenhausleistung anders als im Regelfall um die ärztliche Leistung reduziert ist, da diese vom Belegarzt selbst erbracht und abgerechnet wird.

Das Rechtsverhältnis zwischen dem Arzt und dem Krankenhaus wird im Belegarztvertrag geregelt. Hier bedarf es insbesondere einer Abgrenzung der

Verantwortungsbereiche, von Regelungen zur Inanspruchnahme von Personal des Krankenhauses sowie Regelungen zur Kostenerstattung nicht pflegesatzfähiger Aufwendungen des Krankenhauses. Beim Belegarztvertrag sollte besonderes Augenmerk darauf gerichtet werden, dass dem Belegarzt seitens des Krankenhauses nicht Verpflichtungen auferlegt werden, die eher dem Tätigkeitsbereich des Krankenhauses zuzuordnen und/oder dem Belegarztwesen fremd sind (vgl. LSG Berlin-Brandenburg, Beschluss vom 27.01.2010 – 7 KA 139/09 B ER). Die Anerkennung als Belegarzt setzt voraus, dass die geplante Tätigkeit sowohl mit dem vertragsärztlichen Versorgungsauftrag als auch mit dem Versorgungsauftrag des Krankenhauses übereinstimmt (LSG Niedersachsen-Bremen, Beschluss vom 25.11.2015 – L 3 KA 95/15 B ER – und Urteil vom 13.04.2016 – L 3 KA 55/13).

Alternativ zur Abrechnung der ärztlichen Leistungen durch den Arzt gegenüber der KV können Belegarzt und Krankenhaus seit 2009 auch eine Honorarvereinbarung über die Vergütung belegärztlicher Leistungen direkt durch das Krankenhaus schließen (vgl. § 121 Abs. 5 SGB V). Das Krankenhaus ist in diesem Fall berechtigt, die Hauptabteilungs-DRG abzurechnen. Allerdings wird diese um 20 % gemindert (§ 18 Abs. 3 KHEntgG). Dies wird auch der Grund sein, weshalb dieses Abrechnungssystem bislang wenig verbreitet ist. Es bieten sich für das Krankenhaus nur wenige Vorteile.

8.6.3 Der niedergelassene Arzt als Teilzeitangestellter im Krankenhaus

Aufgrund einer zu dem § 20 Zulassungsverordnung-Ärzte ergangenen BSG-Rechtsprechung war bis zum Anfang 2007 die Ausübung der ambulanten ärztlichen Tätigkeit nicht mit einer parallelen Beschäftigung in einer stationären Einrichtung vereinbar. Die Rechtsprechung des BSG war geprägt von der strikten Trennung zwischen ambulanter und stationärer Versorgung. Das Verbot der Doppeltätigkeit wurde damit begründet, dass der Arzt ansonsten in der Lage sei, den Patienten in der jeweils für ihn kostengünstigeren Versorgungsstruktur zu behandeln. Dadurch würden Verschiebungen provoziert. § 20 Zulassungsverordnung-Ärzte in der Fassung des Vertragsarztrechtsänderungsgesetzes von 2007 stellt vor dem Hintergrund der vom Gesetzgeber gewollten Verzahnung der ambulanten und stationären Versorgung nunmehr klar, dass die Tätigkeit in oder die Zusammenarbeit mit einem zugelassenen Krankenhaus bzw. einer Vorsorge- oder Rehabilitationseinrichtung künftig mit der Tätigkeit eines Vertragsarztes vereinbar ist. Die Möglichkeiten der Kooperation mit stationären Einrichtungen wurden damit erheblich erhöht, ohne dass damit die Eignung des Arztes als Vertragsarzt in Frage gestellt würde. Auch wurde dadurch klargestellt, dass ein Arzt als Angestellter gleichzeitig in einem Krankenhaus und in einem MVZ tätig sein kann. Auch eine gleichzeitige Anstellung in einer ambulanten Praxis und in einem Krankenhaus ist mittlerweile möglich.

Während bis Ende 2011 die von der Rechtsprechung entwickelte strenge 13-Wochenstunden-Grenze für eine Nebentätigkeit neben einem vollen Versorgungsauftrag als Vertragsarzt galt (26 Wochenstunden bei hälftigem Versorgungsauftrag), so kann der Vertragsarzt mit Änderung des § 20 Zulassungsverordnung-Ärzte den Umfang seiner Nebentätigkeit nunmehr flexibler gestalten. § 20 Abs. 1 Zulassungsverordnung-Ärzte wurde dahin gehend geändert, als dass jetzt ein Beschäftigungsverhältnis oder eine andere nicht ehrenamtliche Tätigkeit der Eignung für die Ausübung der vertragsärztlichen Tätigkeit nur dann entgegen steht, wenn der Arzt unter Berücksichtigung der Dauer und zeitlichen Lage der anderweitigen Tätigkeit den Versicherten nicht in dem seinem Versorgungsauftrag entsprechenden Umfang persönlich zur Verfügung steht und insbesondere nicht in der Lage ist, Sprechstunden zu den in der vertragsärztlichen Versorgung üblichen Zeiten anzubieten. Nebentätigkeiten sind dem Zulassungsausschuss nach Art und Umfang anzuzeigen.

Die Teilzeitanstellung am Krankenhaus ist die derzeit rechtssicherste Variante, bietet für den Arzt jedoch teilweise Liquiditätsnachteile wegen der Lohnsteuerabzüge. Zu beachten ist bei der Teilzeitanstellung jedoch auch das Berufsrecht, insbesondere das Verbot der Zuweisung gegen Entgelt. Das Gehalt, das dem Arzt für seine Tätigkeit gezahlt wird, sollte daher angemessen sein und sich im Bereich des Üblichen bewegen.

Möglich ist es auch für Ärzte in einer Gesellschaft angestellt zu werden, die über eine Erlaubnis zur Arbeitnehmerüberlassung nach dem AÜG verfügt. Die Ärzte können dann im Rahmen der Arbeitnehmerüberlassung an verschiedene Krankenhäuser ausgeliehen werden.

Diese Form der Kooperation wird zunehmend an Bedeutung gewinnen, da die Rechtsprechung die honorarärztliche Tätigkeit sehr eingeschränkt hat und Krankenhäuser aus Risikominimierungsgründen dazu übergehen, keine Honorararztverträge mehr zu schließen. Aber auch im Rahmen der Anstellung sind die allgemeinen Regeln des Korruptionsbekämpfungsrechts (vgl. Abschn. 7.2.5) zu beachten. Insbesondere muss die Vergütung des Arztes angemessen sein.

8.6.4 Honorarärztliche Tätigkeit im Krankenhaus

Die honorarärztliche, d. h. freiberufliche Tätigkeit eines niedergelassenen Arztes im Krankenhaus kann die verschiedensten Ausformungen haben. Der reine Konsiliararzt erbringt als Dienstleister die Leistungen des Krankenhauses, die es nicht selbst erbringen kann. Vielfach erbringen niedergelassene Spezialisten im Rahmen eines Honorarvertrages auch Hauptleistungspflichten des Krankenhauses, wie z. B. die Durchführung von Operationen oder Anästhesien. Hier treten jedoch mitunter arbeits- und sozialversicherungsrechtliche Schwierigkeiten auf. Im Rahmen des Vertragsarztrechts hat der Arzt die Bestimmungen des § 20 Zulassungsverordnung-Ärzte zu beachten, insbesondere den zeitlichen Umfang der Nebentätigkeit.

8.6.4.1 Der reine Konsiliararzt

Das Krankenhaus ist nach § 2 KHEntgG verpflichtet, sämtliche Leistungen zu erbringen, die im Rahmen der Behandlung des Patienten medizinisch notwendig sind (allgemeine Krankenhausleistungen). Hält das Krankenhaus keine entsprechende Fachrichtung vor, muss es den Patienten entweder verlegen, verbringen oder

8.6 Kooperation mit Krankenhäusern

sich die Leistung von einem Dritten einkaufen. Vielfach werden hierfür Niedergelassene herangezogen, z. B. Augen- oder Zahnärzte, aber auch Urologen oder gar Radiologen, wenn das Krankenhaus kein eigenes radiologisches Institut hat (z. B. nach einem entsprechenden Outsourcing) oder entsprechende Großgeräte (CT, MRT) fehlen. Die jeweiligen Pflichten der Parteien werden in einem sog. Konsiliararztvertrag festgehalten. Dabei sollten insbesondere die Hauptleistungspflichten (Erbringung der ärztlichen Leistung, Honorarleistung durch das Krankenhaus) und Haftungsfragen geregelt werden. Das Honorar kann zwischen den Parteien frei verhandelt werden, die GOÄ gilt in diesem Fall nur dann, wenn sie vereinbart ist, wobei Steigerungssätze unter 1,0 insbesondere im Bereich der technischen Leistungen zulässig sind und auch begründet sein können (vgl. BGH, Urteil vom 12.11.2009 – III ZR 110/09). Diese Form der Leistungserbringung stellt regelmäßig kein sozialversicherungsrechtliches Problem (Frage der Sozialversicherungspflicht aufgrund eines sozialversicherungspflichtigen Beschäftigungsverhältnisses) dar. Jedoch haben auch hier die Parteien strikt darauf zu achten, dass Leistung und Gegenleistung in einem angemessenen Verhältnis zueinander stehen.

Der reine Konsiliararzt erbringt seine Leistung grundsätzlich gegenüber dem Krankenhaus, d. h., es kommt kein eigenständiger Behandlungsvertrag mit dem Patienten zustande (der Konsiliararzt ist sog. Erfüllungsgehilfe des Krankenhauses, OLG Naumburg, Urteil vom 29.10.2015 – 1 U 32/15). Bei privat versicherten Patienten oder Selbstzahlern können Arzt und Krankenhaus aber auch vereinbaren, dass der niedergelassene Arzt dann im Rahmen der sog. Liquidationskette als externer Arzt seine Leistungen direkt gegenüber dem Patienten erbringt, sofern dieser eine Wahlleistungsvereinbarung über ärztliche Leistungen abgeschlossen hat (vgl. § 17 Abs. 3 KHEntgG). Dabei ist er allerdings dann zwingend an die Regelungen der GOÄ, insbesondere der Minderungspflicht nach § 6a GOÄ, gebunden.

8.6.4.2 Der Honorararzt im Rahmen ambulanter Operationen nach § 115b SGB V

Das BSG entschied mit Urteil vom 23.3.2011 – 6 KA 11/10 R, dass Krankenhäuser ambulante Operationen nicht abrechnen können, wenn der Operateur nicht Angestellter oder Beamter des Krankenhauses ist. Die Bestimmungen des AOP-Vertrages bedürfen eines sozialversicherungspflichtigen Beschäftigungsverhältnisses des Operateurs zum Krankenhaus oder einen Beamtenstatus des Operateurs. Es genüge nicht, dass der Operateur aufgrund eines Honorarvertrages für das Krankenhaus tätig werde. Diese Rechtsprechung ist jedoch aufgrund des Versorgungsstrukturgesetzes zum 1.1.2012 bereits wieder Rechtshistorie. Der Gesetzgeber führte in § 115b Abs. 1 SGB V einen neuen Satz 4 ein, der bestimmt, dass der AOP-Vertrag künftig Bestimmungen vorsehen muss, die es ermöglichen, dass AOP-Leistungen im Rahmen vertraglicher Vereinbarungen mit niedergelassenen Vertragsärzten auch im Krankenhaus erbracht und abgerechnet werden können.

Eine Vereinbarung über die Erbringung von AOP-Leistungen durch Niedergelassene für das Krankenhaus (z. B. in der Konstellation honorarärztlicher Operateur und Anästhesist des Krankenhauses; Abrechnung der gesamten Leistungen durch das Krankenhaus) wird deshalb die Hauptpflichten der Parteien (ärztliche Leistungen;

Honorarzahlung durch das Krankenhaus an den Arzt) sowie insbesondere Haftungsregelungen beinhalten. Das Honorar für die ärztlichen AOP-Leistungen kann pauschaliert werden (vgl. BGH, Urteil vom 12.11.2009 – III ZR 110/09). Insbesondere sind die Parteien nicht an die Regelungen der GOÄ oder anderer Gebührenbestimmungen gebunden, solange nichts anderes vereinbart ist. Die Höhe des Honorars muss jedoch angemessen sein, anderenfalls drohen eine berufsrechtswidrige Zuweisung gegen Entgelt (§ 31 MBO-Ärzte) und ggf. strafrechtliche Konsequenzen.

8.6.4.3 Der Honorararzt im stationären Bereich

Insbesondere der derzeitige Ärztemangel zwingt viele Krankenhäuser dazu, stationäre Leistungen durch freiberufliche Honorarärzte erbringen zu lassen. Dies gilt insbesondere für kleinere, ländliche Krankenhäuser mit einer Bettenzahl unter 600. Allerdings wirft der Einsatz von Honorarärzten im stationären Bereich viele Fragen und rechtliche Probleme auf. Zunächst stellt sich die arbeits- und sozialversicherungsrechtliche Frage, ob der Honorararzt nicht in Wirklichkeit sozialversicherungspflichtiger Arbeitnehmer des Krankenhauses ist. Ferner stellt sich die Frage, ob es krankenversicherungs- und krankenhausfinanzierungsrechtlich zulässig ist, dass Krankenhäuser ihre Kernleistungen (z. B. Operationen) durch externe Dritte erbringen lassen können. Die Gesetze schweigen zu diesem besonderen Problemkreis bzw. sind in verschiedene Richtungen auslegbar, die Rechtsprechung ist sich höchst uneins.

Im Bereich der stationären honorarärztlichen Tätigkeit im Krankenhaus fällt auf, dass die Verwaltungsgerichte bei der Frage der Abgrenzung zwischen Arbeitnehmerstatus und selbständigen Status sehr viel großzügiger zu Gunsten der Selbständigkeit urteilen als die Sozialgerichte.

Der Streit entzündet sich regelmäßig an der Frage der Bezahlung der Krankenhausleistungen durch die Krankenkassen (und im Durchgriff damit ggf. auch auf die Bezahlung des Honorararztes). Nach § 2 KHEntgG sind allgemeine Krankenhausleistungen die Krankenhausleistungen, die unter Berücksichtigung der Leistungsfähigkeit des Krankenhauses im Einzelfall nach Art und Schwere der Krankheit für die medizinisch zweckmäßige und ausreichende Versorgung des Patienten notwendig sind. Die ärztliche Behandlung kann nach § 2 Abs. 1 KHEntgG auch durch nicht festangestellte Ärzte erbracht werden, wie der Gesetzgeber 2013 klarstellend in das KHEntgG einfügte. Das Gesetz zur Einführung eines pauschalierenden Entgeltsystems für psychiatrische und psychosomatische Einrichtungen vom 21.07.2012 (PsychEntgG) hat § 2 KHEntgG ausdrücklich dahingehend geändert, dass allgemeine Krankenhausleistungen auch durch freiberufliche Honorarärzte erbrachten werden können, wenn diese die gleichen qualitativen Anforderungen wie die Krankenhausärzte erfüllen.

Nach der Argumentation der *Verwaltungsgerichte* kommt es für die Beurteilung der Leistungsfähigkeit eines Krankenhauses nicht auf die rechtliche Ausgestaltung der Anstellungsverträge zu den Ärzten an (so bereits OVG Berlin, Beschluss vom 26.06.1996, 7 S 144.96, Rz. 17), so dass ein Krankenhaus auch für die stationäre Operationsleistung einen Honorararzt heranziehen kann, solange es sich in den Grenzen seines Versorgungsauftrages bewege und diesen nicht durch Zuhilfenahme

8.6 Kooperation mit Krankenhäusern

Dritter erweitere (vgl. z. B. OVG Lüneburg, Urteil vom 12.06.2013 – 13 LC 173/10; VG Frankfurt a. M., Urteil vom 09.02.2010 – 5 K 1985/08).

Das BSG folgt dieser Argumentation für Behandlungsleistungen ab dem 01.01.2013 (Urteil vom 17.11.2015, B 1 KR 12/15 R). Für Leistungen, die Krankenhäuser vor 2013 mit nicht festangestellten Ärzten erbracht haben, stellt es darauf ab, welche Leistungen diese Ärzte erbracht hätten. Dabei dürfe es sich nur um ergänzende und unterstützende und nicht um die Hauptleistungspflicht handeln. Daraus folgern vor allem die Krankenkassen, dass Krankenhausleistungen ihnen gegenüber nicht abrechenbar seien, sofern die Hauptleistungen durch externe Honorarärzte erbracht würden. Für die Zeit ab dem 01.01.2013 dürfte zumindest dieses Argument keine Geltung mehr für sich beanspruchen können.

Zur Frage der Abrechenbarkeit der von Honorarärzten erbrachten wahlärztlichen Leistungen hat das PsychEntgG keine Aussage getroffen, weshalb deren Abrechnungsfähigkeit vor allem durch die privaten Krankenversicherer weiter sehr kritisch betrachtet wird. Dies gilt dann, wenn die Honorarärzte nicht als externe Dritte ihre Leistung erbringen, sondern wie ein Krankenhausarzt im Rahmen der stationären Versorgung und u. U. zudem sogar auf der Liste der liquidationsberechtigten Ärzte gleich einem Krankenhausarzt aufgeführt sind. Die Kritiker begründen ihre ablehnende Haltung gegenüber einer Zulässigkeit der Abrechenbarkeit wahlärztlicher Leistungen durch stationär tätige Honorarärzte mit dem Wortlaut des § 17 Abs. 3 KHEntgG, in dem es heißt, dass nur „angestellte und verbeamtete Ärzte des Krankenhauses" mit Liquidationsberechtigung ärztliche Wahlleistungen erbringen dürfen. Der Wortlaut sei einer darüber hinaus gehenden Auslegung nicht zugänglich. Der BGH hat in seiner Entscheidung vom 16.10.2014 – III ZR 85/14 – ausgeführt, dass Vereinbarungen, die gegen den ausdrücklichen Wortlaut von § 17 Abs. 3 KHEntgG sprechen, gegen ein daraus folgendes gesetzliches Verbot verstoßen und damit nach § 134 BGB nichtig seien. Einen Vergütungsanspruch erwirbt der Honorararzt oder das Krankenhaus daher nicht. Eine ärztliche Wahlleistung durch einen Honorararzt ist daher allenfalls noch über eine sog. Individualvertretungsvereinbarung möglich, die jedoch viele Fehlerquellen in sich birgt aufgrund ihrer hohen formalen Anforderungen. Die gegen das Urteil des BGH erhobene Verfassungsbeschwerde wurde nicht zur Entscheidung angenommen. Aus diesem Beschluss (vom 03.03.2015 – 1 BvR 3226/14) geht jedoch hervor, dass der BGH sich nicht mit der Frage auseinandergesetzt habe, ob ein Honorararzt als Wahlarzt in einer Wahlleistungsvereinbarung aufgeführt werden könne (was im vom BGH entschiedenen Sachverhalt nicht der Fall war). Es ist jedoch davon auszugehen, dass der BGH den Untergerichten folgen und darin einen Verstoß gegen das Recht der allgemeinen Geschäftsbedingungen erkennen wird.

Auch die Frage der Sozialversicherungspflicht von Honorarärzten ist längst nicht eindeutig geklärt. Das PsychEntgG verhält sich dazu nicht. Das LSG Baden-Württemberg (Urteil vom 17.10.2013 – L 5 R 3755/11) führt im Rahmen eines Statusfeststellungsverfahrens eines Honoraranästhesisten aus, dass ein Arzt sozialversicherungspflichtig beschäftigt ist, obwohl der Honorarvertrag eine selbständige Tätigkeit nahe legt, obwohl sich die Tätigkeit des Arztes von den Tätigkeiten der abhängig beschäftigten Anästhesisten unterscheidet (keine Neuaufnahme und

Entlassung von Patienten, keine interne Fortbildungsverpflichtung, keine Dienstplanerstellung, keine Beteiligung am Qualitätsmanagement), obwohl der Honorararzt Dienste ablehnen durfte und keine Entgeltfortzahlung vereinbart war und obwohl er keinem fachlichen Weisungsrecht unterlag.

Entscheidend sei auf Indizien, wie das Ausüben der Tätigkeiten in den Räumen der Klinik innerhalb eines festen zeitlichen Rahmens (der Arzt hatte keine eigenen Räume gemietet und keine fachärztlichen Leistungen auf eigene Rechnung neben der Honorararzttätigkeit erbracht), wie das Fehlen eines eigenen unternehmerischen Risikos (kein Einsatz eigenen Kapitals) oder die Außenwirkung (der Arzt erschien als Teil der Klinik, was sich beispielsweise in der klinikarztgleichen Bekleidung manifestierte), abzustellen. Damit sei der Arzt klar in den Betrieb des Krankenhauses eingegliedert gewesen, was zu einer sozialversicherungspflichtigen Beschäftigung führe. Diese Entscheidung ist auf einige Kritik gestoßen, insbesondere in Hinblick auf ihre Auslegung der neuen gesetzlichen Regelung zu § 2 KHEntgG durch das PsychEntgG zum 01.01.2013 (s.o.).

Zwei dieser Entscheidung diametral entgegenstehende Urteile fällte das SG Berlin (Urteil vom 10.02.2012 – S 208 KR 102/09 – und Urteil vom 26.02.2014 – S 208 KR 2118/12). Darin kommt das SG Berlin bei etwa vergleichbarem Sachverhalt (jeweils honorarärztlicher Anästhesist) zu dem Ergebnis, dass dieser freiberuflich und damit nicht sozial versicherungspflichtig bei dem Krankenhaus beschäftigt war. Ebenso entschied das SG Augsburg (Urteil vom 13.05.2016 – S 2 R 954/14 – nicht rechtskräftig, Berufung am Bayerischen LSG anhängig – L 14 R 5089/16).

Nach diesen Urteilen bleibt die Rechtsunsicherheit, insbesondere bei der Beschäftigung freiberuflicher Anästhesisten, weiter bestehen. Die genannten Voraussetzungen sind allerdings leichter erfüllbar bei klar abgrenzbaren Tätigkeitsbereichen (z. B. in Teilbereichen der Chirurgie, wie der Wirbelsäulenchirurgie), sowie bei Einsatz von Ärzten, die auch noch eine eigene vertragsärztliche und/oder private Praxis führen. Das BSG hat mit Beschluss vom 30.08.2016 – B 12 R 19/15 B – entschieden, dass Notärzte in Mecklenburg-Vorpommern sozialversicherungspflichtig beschäftigt seien. Ob diese (mit Redaktionsschluss noch unveröffentlichte) Entscheidung Tragweite auch für alle anderen Konstellationen in der honorarärztlichen Tätigkeit hat, bleibt abzuwarten.

Das Risiko einer Scheinselbständigkeit trägt jedoch fast allein das Krankenhaus, da dieses die Nachversicherungspflicht sowohl für den Arbeitgeber-, aber auch den Arbeitnehmeranteil trifft und es den Arzt nur begrenzt in Regress nehmen kann. Begrenzen lässt sich dieses Risiko durch einen sog. Statusfeststellungsantrag zu Beginn der Kooperation. Viele Krankenhäuser schließen jedoch keine Honorararztverträge mehr, sondern stellen die Ärzte im Rahmen eines Arbeitsverhältnisses an. Dies auch vor dem Hintergrund, dass staatsanwaltschaftliche Ermittlungsverfahren gegen Krankenhausgeschäftsführer bekannt wurden wegen der Beschäftigung von Honorarärzten. Ihnen wurde vorgeworfen, Sozialversicherungsentgelte nicht abgeführt zu haben (§ 266a StGB).

Gänzlich unzulässig und strafrechtlich relevant war bis vor wenigen Jahren die Erbringung vor- bzw. nach stationärer Leistungen nach § 115a SGB V durch Vertragsärzte in ihrer Praxis im Auftrag des Krankenhauses. Wenn eine Leistung in einer Praxis erbracht werden kann, wurde bislang argumentiert, sei sie stets ambulant und könne nur durch den Vertragsarzt gegenüber den Kostenträgern und nicht durch das Krankenhaus (insbesondere nicht als vor- oder nachstationäre Leistungen) abgerechnet werden. Mit Änderung des § 115a SGB V durch das GKV-Versorgungsstrukturgesetz kann ein Krankenhaus jedoch vor- und nachstationäre Leistungen durch einen ausdrücklich beauftragten Vertragsarzt auch in einer Arztpraxis erbringen lassen. Aber auch hier sind wiederum sozialversicherungs-, arbeits- und berufsrechtliche Rahmenvorgaben (Recht des Patienten auf freie Arzt-/Krankenhauswahl, Verbot der Zuweisung gegen Entgelt, Angemessenheit der Vergütung etc.) zu beachten. Der Abschluss einer schriftlichen Vereinbarung ist ratsam. Ähnliche Kooperationsmodelle sind im Bereich des Entlassmanagements (§ 39 Abs. 1a S. 2 SGB V) denkbar.

8.6.5 Kooperationen im Rahmen der ambulanten spezialfachärztlichen Versorgung (§ 116b SGB V)

Mit dem GKV-VStG hat der Gesetzgeber mit der Neufassung des § 116b SGB V zum 01.01.2012 einen neuen, sog. Dritten Sektor, die ambulante spezialfachärztliche Versorgung (ASV), eingeführt (vgl. Kap. 4). Dies stellt einen weiteren großen Schritt in Richtung engerer Verzahnung des ambulanten mit dem stationären Bereich dar.

Um Leistungen in diesem Bereich erbringen zu können, ist teilweise der Nachweis von Kooperationen mit Leistungserbringern aus dem jeweils anderen Sektor zu führen. D. h., der niedergelassene Arzt muss eine Kooperation mit einem Krankenhaus nachweisen können, das Krankenhaus als Leistungserbringer im Rahmen der ASV eine Kooperation mit Niedergelassenen (z. B. im Bereich der onkologischen ASV-Leistungen; vgl. § 116b Abs. 4 Satz 10 SGB V). Der Gemeinsame Bundesausschuss ist berufen, Regelungen für Vereinbarungen zu treffen, die die Behandlung der Patienten fördern.

Der Nachweis, dass entsprechende Vereinbarungen geschlossen wurden, wird regelmäßig durch die Vorlage schriftlicher Kooperationsvereinbarungen geführt. Ist ein geeigneter Kooperationspartner nicht vorhanden oder konnte eine Kooperationsvereinbarung trotz ernsthafter Bemühungen des jeweiligen Leistungserbringers nicht geschlossen werden, so ist die Teilnahme an der ASV ausnahmsweise auch ohne Nachweis einer Vereinbarung zulässig (§ 116b Abs. 4 Satz 11 SGB V).

Die Inhalte dieser Vereinbarungen werden sich an dem Inhalt der Vereinbarungen orientieren, die z. B. für die Zertifizierung von Zentren an Krankenhäusern (z. B. Brust- oder Darmzentren) geschlossen werden. Diese haben eher den Charakter von Qualitätssicherungsvereinbarungen als von Honorarverträgen. Bei der ASV geht es weniger darum, dass Niedergelassene für das Krankenhaus Leistungen erbringen, sondern eher darum, wie die Versorgung der speziellen Patienten in ihrer Qualität durch das Zusammenwirken von ambulanten und stationären Leistungserbringern verbessert werden kann. Honorarvereinbarungen werden sich daher in diesen Verträgen weniger finden, vielmehr Regelungen zur gemeinsamen Gestaltung einer qualitativ hochwertigen Behandlung, da derzeit jeder ASV-Teilnahmeberechtigte seine Leistung gegenüber den Krankenkassen noch selbst abrechnet. Werden später die geplanten ASV-DRGs eingeführt, ist im Vertrag eine Regelung über die angemessene Verteilung der Pauschale im Team zu treffen. Im Vordergrund muss dabei der jeweilige Leistungsanteil des Teammitglieds stehen. Erbringen im Rahmen der ASV niedergelassene Ärzte ihre eigenen Leistungen in Räumlichkeiten des Krankenhauses, so haben die niedergelassenen Ärzte ein Entgelt an das Krankenhaus für die Nutzung von Räumlichkeiten, Personal und Material zu zahlen, um hier der Leistung des Krankenhauses eine angemessene Gegenleistung gegenüber zu stellen. Anderenfalls könnten sich Krankenhaus und Ärzte dem Vorwurf der Korruption im Gesundheitswesen ausgesetzt sehen.

8.6.6 Praxismiete in sog. Gesundheitszentren an Krankenhäusern

Krankenhäuser bieten niedergelassenen Ärzten vielfach Praxisräume zur Miete auf dem Gelände des Krankenhauses an. Dies ist zulässig und rechtlich unproblematisch, sei es, dass sich die Räume in sog. Gesundheitszentren, das sind viele verschiedene eigenständige Arztpraxen unter einem Dach, oder dass sich die Praxisräumlichkeiten direkt im Krankenhaus befinden. Es sollte dabei aber auf eine strikte räumliche Trennung zwischen ambulantem und stationärem Bereich geachtet werden.

Die Anmietung von Praxisräumen am Krankenhaus kann sich für beide Parteien (niedergelassener Arzt und Krankenhaus) als wirtschaftlich vorteilhaft herausstellen (zum Praxismietvertrag s. Kap. 11). Während der Arzt für eigene ambulante Operationen Operationssäle des Krankenhauses nutzen kann, kann das Krankenhaus auf den Niedergelassenen gegebenenfalls als Konsiliararzt zurückgreifen. In diesen Konstellationen sollten jedoch verschiedene Verträge geschlossen werden und beispielsweise eine Konsiliarleistungspflicht des Arztes nicht mit dem Mietvertrag verknüpft werden. In keinem Fall darf eine Verpflichtung des Arztes vereinbart werden, darauf hinzuwirken, dass seine Patienten im Falle stationärer Behandlungsbedürftigkeit Leistungen des vermietenden Krankenhauses in Anspruch nehmen. Eine solche Fallkonstellation betrifft offenbar das erste staatsanwaltliche Ermittlungsverfahren im Rahmen der neuen §§ 299a und 299b StGB.

8.6.7 Die Angemessenheit von Leistung und ihrer Vergütung

Nicht angemessene Vergütungen in Kooperationen stellen ein Indiz für eine sog. Unrechtsvereinbarung (vgl. Abschn. 7.2.5) dar und sind daher strikt zu vermeiden. Keinesfalls darf in einem Austauschgeschäft im Gesundheitswesen – egal welcher Art – der Eindruck erweckt werden, dass neben der Vergütung für die vertragsgemäß erbrachte Leistung noch ein Vergütungsanteil enthalten ist, welcher eine Zuweisungsprämie enthält. Festgesetzte Maßstäbe, anhand derer sich die Angemessenheit ablesen ließe, existieren nicht. Auch hat der Gesetzgeber der Praxis keine

Leitlinie an die Hand gegeben, aus welcher erkennbar wäre, was als angemessen gilt. Die Rechtsprechung wird sich in den nächsten Jahren dazu erst entwickeln. Der BGH hat bereits mit Urteil vom 12.11.2009 – III ZR 110/09 – dargestellt, dass die GOÄ nicht im Verhältnis zwischen Arzt und Krankenhaus gelte. Sie ist jedoch ein Anhaltspunkt. Es gibt verschiedene Ansätze zur Bestimmung der Angemessenheit. So können z. B. die GOÄ, aber auch der EBM (als wohl unterste Grenze der Angemessenheit) oder auch die sog. InEK-DRG-Kalkulationen als Maßstäbe herangezogen werden. Auch eine Mischung daraus (i.S. eines Durchschnittswertes) oder Stundenhonorare, die sich an vergleichbaren Mitarbeitern orientieren (z. B. Oberarzt), zuzüglich von z. B. „Koriphäen-/Spezialistenaufschlägen" können angemessen sein. Zieht man die InEK-DRG-Kalkulation heran, wird ggf. darauf abzustellen sein, welcher Anteil daraus vergütet wird (z. B. nur der Anteil „Ärztlicher Dienst OP-Bereich"). Eine übliche Vergütung, dürfte zumeist auch angemessen sein. Wichtig ist, dass die Findung der Vergütungshöhe inklusive der Argumente transparent festgehalten wird, um sie für Dritte nachvollziehbar zu machen.

Fazit:
Kooperationen zwischen niedergelassenen Ärzten und Krankenhäusern werden weiter zunehmen. Ob das Honorararztverhältnis dafür das Mittel der Wahl ist, muss zum gegenwärtigen Zeitpunkt bezweifelt werden. Solange der Gesetzgeber zu den Kooperationsmöglichkeiten nur ausschnittweise und dann auch noch unzulängliche Regelungen erlässt (wie z. B. im Rahmen des § 115b SGB V oder des § 116b SGB V), bleiben weiterhin viele rechtliche Unsicherheiten bestehen. Allein höchstrichterliche Rechtsprechung vermag dann der Praxis Hinweise zum richtigen Handeln an die Hand geben. Bis die vielen oben aufgeworfenen Fragen jedoch durch die Instanzen gestritten wurden, werden noch einige Jahre vergehen und die erhebliche Rechtsunsicherheit bestehen bleiben. Diese Rechtsunsicherheit lässt sich allein durch eine arbeitsvertraglich geregelte Anstellung des Arztes beheben. In jeder Fallkonstellation ist strikt darauf zu achten, dass Leistung und Gegenleistung innerhalb der Kooperation in einem angemessenen Verhältnis zu einander stehen.

8.7 Praxisnetze/Praxisverbund

Im Rahmen sog. **Praxisnetze** kooperieren die beteiligten Ärzte in der Regel nur bezüglich eines Teilaspekts ihrer Berufsausübung, vergesellschaften diesen aber nicht derart eng wie bei einer Teil-Berufsausübungsgemeinschaft. Die beteiligten Praxen bleiben dabei grundsätzlich selbständig. Praxisnetze sind in vielfältigen Erscheinungsformen anzutreffen, so dass eine allgemeingültige Begriffsdefinition hierfür nicht existiert.

In den Regeln zur *gesetzlichen Krankenversicherung* (SGB V) fand sich der Begriff „vernetzte Praxen" beispielsweise in § 73a Abs. 1 SGB V (Strukturverträge), der bis Juli 2015 gültig war. Der Gesetzgeber hat mit dem GKV VSG die Strukturverträge durch das Instrument der „Besonderen Versorgung" nach § 140a SGB V ersetzt. Die Krankenkassen können derartige Verträge unter anderem mit „Leistungserbringern oder deren Gemeinschaften" schließen, wozu auch Zusammenschlüsse zu einem Praxisnetz oder -verbund zählen können.

Die beteiligten Ärzte bleiben rechtlich selbständig, schließen sich jedoch hinsichtlich der Patientenversorgung, der Praxisorganisation sowie evtl. der Honorierung ihrer Tätigkeit zusammen und unterwerfen sich insoweit verbindlichen Richtlinien. Ein Praxisnetz umfasst ein abgegrenztes Versorgungsgebiet – dies kann z. B. eine Stadt oder ein Landkreis sein – innerhalb dessen Versicherte und Ärzte freiwillig die Versorgung durch einen bestimmten Ärztekreis sicherstellen. Praxisnetze können in zwei verschiedenen Formen betrieben werden. So gibt es Praxisnetze, an denen ausschließlich Hausärzte oder Ärzte einer Fachgruppe beteiligt sind. Demgegenüber können sich auch Ärzte verschiedener Fachgruppen in Praxisnetzen zusammenschließen.

Die beteiligten Praxen übernehmen in den Grenzen der ausgehandelten Verträge die Verantwortung für die medizinische Versorgung von Versicherten – soweit dies möglich ist auch interdisziplinär – und aller dabei anfallenden Drittleistungen. Kommen sie ihren Verpflichtungen nicht ausreichend nach, muss der zugrundeliegende Vertrag die Möglichkeit vorsehen, durch die Kassenärztliche Vereinigung die Teilnahmeberechtigung zu widerrufen.

Die Praxisnetze sollen besonders gefördert werden; liegt ein nach den Kriterien der Kassenärztlichen Bundesvereinigung und dem Spitzenverband Bund der Krankenkassen anerkanntes Praxisnetz vor, *muss* die KV dies sogar fördern s. Kap. 4, 7.

In § 23 d MBO-Ä finden sich berufsrechtliche Vorschriften zum sog. **Praxisverbund**. Es handelt sich hierbei um eine Kooperation niedergelassener Ärzte, welche auf die Erfüllung eines durch gemeinsame oder gleichgerichtete Maßnahmen bestimmten Versorgungsauftrages oder auf eine andere Form der Zusammenarbeit zur Patientenversorgung, z. B. auf dem Gebiet der Qualitätssicherung oder Versorgungsbereitschaft, gerichtet ist. Der berufsrechtliche Begriff des Praxisverbundes ist damit weiter gefasst, als die vertragsarztrechtliche Definition der vernetzten Praxen, da der Zweck des Zusammenschlusses auch die Bildung von sog. Qualitätszirkeln oder die Organisation sonstiger Aufgaben, z. B. einer Notfallpraxis oder übergeordneten Marketingstruktur, beinhalten kann.

Die rechtliche Organisation der vernetzten Praxen erfolgt regelmäßig in der Rechtsform einer Gesellschaft bürgerlichen Rechts, wobei die o.g. Grundsätze zu beachten sind.

8.8 Anstellung eines Arztes in der Praxis eines Vertragsarztes

Neben der Gründung einer Kooperation besteht für den niedergelassenen Vertragsarzt weiterhin die Möglichkeit, Ärzte anzustellen (§ 95 Abs. 9 SGB V i. V. m. § 32 b Abs. 1 Ärzte-ZV).

8.8.1 Vertreter

Vom angestellten Arzt abzugrenzen ist in aller Regel der **Vertreter** im Sinne des § 32 Ärzte-ZV. Dies sind solche Ärzte, welche in Abwesenheit des Praxisinhabers an dessen Stelle und in dessen Praxis eine vertragsärztliche Tätigkeit ausüben. Nicht unter diesen Begriff fällt hingegen die kollegiale Vertretung im Rahmen der standesrechtlichen Berufspflicht (§ 20 Abs. 1 MBO-Ä) innerhalb einer Berufsausübungsgemeinschaft.

§ 32 Ärzte-ZV normiert in Abs. 1 die kurzzeitige genehmigungsfreie Vertretung von bis zu 3 Monaten innerhalb eines Zeitraums von 12 Monaten, während Abs. 2 die darüber hinaus gehende genehmigungspflichtige Vertretung regelt. Ein Vertragsarzt kann sich gemäß § 32 Abs. 1 Satz 2 und 3 Ärzte-ZV vertreten lassen, wenn er aufgrund von Krankheit, Urlaub, Teilnahme an einer ärztlichen Fortbildung oder einer Wehrübung an der Ausübung seiner Tätigkeit als Vertragsarzt gehindert ist. Bei einer Vertragsärztin tritt als weiterer Vertretungsgrund die Schwangerschaft bzw. die Entbindung hinzu. Daneben normiert § 32 Abs. 2 Satz 2 Ärzte-ZV die Sicherstellung der vertragsärztlichen Versorgung, die Aus- oder Weiterbildung, die Erziehung von Kindern sowie die Pflege eines nahen Angehörigen als Vertretungsgrund. Die in § 32 Abs. 2 Ärzte-ZV normierten Gründe lassen indes auch die Anstellung eines Assistenten zu, auf den unter Ziffer 8.8.2 eingegangen werden soll.

Erstreckt sich die Vertretung über einen längeren Zeitraum als eine Woche, ist sie der KV mitzuteilen. Darüber hinaus finden sich in zahlreichen Honorarverteilungsmaßstäben Verpflichtungen der Vertragsärzte, die Dauer sowie die Person des Vertreters im Rahmen der Honorarabrechnung anzugeben. Die kurzfristige Vertretung ist bloß anzeigepflichtig. Bleibt es bei einer kurzfristigen Vertretung, besteht für die KV einzig die Möglichkeit, die Beschäftigung eines bestimmten Vertreters im Fall mangelnder Eignung zu untersagen. Denn als Vertreter kommen nur Vertragsärzte oder Ärzte, welche die Voraussetzungen des § 3 Abs. 2 Ärzte-ZV (Approbation oder Berufserlaubnis als Arzt und erfolgreicher Abschluss der Weiterbildung) erfüllen, in Betracht. Da der Vertreter regelmäßig dieselben Qualifikationen wie der vertretene Vertragsarzt aufzuweisen hat, ist dieser gut beraten, sich entsprechende Nachweise aushändigen zu lassen. Dies ist neben den berufs- und zulassungsrechtlichen Aspekten auch im Hinblick auf die Haftung aus § 831 BGB von erheblicher Bedeutung.

Soll die Vertretung länger als drei Monate dauern, ist diese nach § 32 Abs. 2 Satz 2 2. Hs. Ärzte-ZV im Vorfeld durch die zuständige KV zu genehmigen. Hierbei ist auf das Interesse des Vertragsarztes an der gebotenen Fortführung seiner Praxis während seines vorübergehenden Ausfalls abzustellen. Wegen der gesetzlichen Normierung eines Zeitraumes von zwölf Monaten im Fall der Entbindung wird die Genehmigung in der Regel längstens für einen Zeitraum von zwölf Monaten erteilt und wäre im Fall einer Verlängerung erneut zu überprüfen.

Ausgeschlossen ist die Beschäftigung eines Vertreters allerdings dann, wenn der Grund für die Abwesenheit des Vertragsarztes nicht nur vorübergehender Natur (z. B. dauerhafte Berufsunfähigkeit) ist. In diesen Fällen ist die Zulassung zu entziehen.

Im Verhältnis zwischen vertretenem Praxisinhaber und seinem Vertreter liegt kein Arbeits-, sondern ein Dienstvertrag vor. In der Folge stellen die an den Vertreter gezahlten Vergütungen Einkünfte aus eigener freiberuflicher Tätigkeit dar, die nicht der Sozialversicherungspflicht unterliegen und vom Vertreter zu versteuern sind.

8.8.2 Assistenten

Neben den aufgezeigten Möglichkeiten steht es dem Vertragsarzt unter bestimmten Voraussetzungen offen, nach § 32 Abs. 2 ff. Ärzte-ZV mit Genehmigung der KV **Assistenten** zu beschäftigen. Ein Assistent ist ein Arzt, der unter Leitung und Aufsicht des Vertragsarztes gleichzeitig mit diesem oder neben diesem, z. B. auch während dessen Abwesenheit, tätig wird. Seine Tätigkeit ist stets befristet, zeichnet sich jedoch im Verhältnis zum unter Ziffer 8.8.1 dargestellten Vertreter durch eine parallele Tätigkeit zum Praxisinhaber bzw. der fehlenden Notwendigkeit einer vollständigen Abwesenheit des Praxisinhabers aus. Die Ärzte-ZV normiert drei verschiedene Arten von Assistenten: Weiterbildungs-, Ausbildungs- und Sicherstellungsassistenten.

Als **Weiterbildungsassistent** kann jeder Arzt eingestellt werden, der nach Erteilung der Approbation bzw. Berufserlaubnis die in der Weiterbildungsverordnung vorgesehene Zeit bei einem zugelassenen Vertragsarzt absolviert. Voraussetzung auf Seiten des Vertragsarztes ist das Vorliegen einer entsprechenden Weiterbildungsermächtigung durch die Ärztekammer.

Ebenfalls beschäftigt werden können **Ausbildungsassistenten**. Da der frühere *Arzt im Praktikum* nach § 3 Abs. 1 Satz 1 Nr. 5 BÄO mit Wirkung zum 01.10.2004 weggefallen ist, verbleibt für die Tätigkeit des Ausbildungsassistenten nur noch der Famulus nach § 1 Abs. 2 Nr. 5 i.Vm. § 7 ÄAppO, der vor Erteilung seiner Approbation bei einem Arzt tätig ist.

Ist der Vertragsarzt zuletzt aus vorübergehenden Gründen gehindert, seinen vertragsärztlichen Pflichten in vollem Umfang nachzukommen (z. B. aufgrund gesundheitlicher Einschränkungen, Kindererziehung oder der Pflege eines nahen Angehörigen), die jedoch noch nicht die Bestellung eines ihn *ersetzenden* Vertreters nach Ziffer 8.8.1 erfordern, kann er einen **Sicherstellungs- bzw. Entlastungsassistenten** einstellen. Da die Sicherstellungsgründe vorübergehend sein müssen, ist die Beschäftigung des Assistenten zeitlich zu befristen. Hierbei wird im Regelfall eine Genehmigung nicht über einen Zeitraum von einem Jahr hinaus erteilt. Im Zusammenhang mit der Erziehung von Kindern sind bis zu drei Jahre denkbar. Aufgrund der Befristung kann ein Sicherstellungsassistent nicht beschäftigt werden, um dauerhaft die ordnungsgemäße Versorgung am Vertragsarztsitz im Fall einer durch eine Zweigpraxis bedingten Abwesenheit des Praxisinhabers sicherzustellen. Darüber hinaus muss jedoch kein besonderes öffentliches Bedürfnis geltend gemacht werden. Entscheidend ist einzig die gebotene Fortführung der Praxis während der vorübergehenden Verhinderung des Vertragsarztes.

Anders als der Vertreter unterliegt der Assistent den Weisungen des anstellenden Vertragsarztes. Damit ist deren Rechtsverhältnis als Arbeitsverhältnis zu charakterisieren, mit der Folge von Überwachungs- und Sozialversicherungspflichten für den Arbeitgeber.

8.8.3 angestellte Ärzte (Dauerassistenten)

Die gelegentlich als **Dauerassistenten** bezeichneten Ärzte sind gemäß § 95 Abs. 9 SGB V i. V. m. § 32b Ärzte-ZV von einem Vertragsarzt auf Dauer angestellte Praxisärzte. Im Rahmen einer solchen Anstellung leitet der angestellte Arzt seine Berechtigung zur vertragsärztlichen Versorgung vom Arbeitgeber ab. Er selbst ist nicht Inhaber der Zulassung, so dass mit dem Ende des Arbeitsverhältnisses automatisch seine Berechtigung zur Leistungserbringung im System der gesetzlichen Krankenversicherung erlischt.

Hinsichtlich der dauerhaften Anstellung von Ärzten durch einen Vertragsarzt ist zwischen Planungsbereichen mit und ohne Zulassungsbeschränkungen zu unterscheiden. Im **ungesperrten Planungsbereich** ist nach § 32b Ärzte-ZV die Anstellung approbierter Ärzte möglich, soweit alle notwendigen Unterlagen beim Zulassungsausschuss eingereicht werden und der anzustellende Arzt nicht, z. B. wegen Trunksucht oder bestimmten Straftaten in der Vergangenheit, zur vertragsärztlichen Versorgung ungeeignet erscheint. In diesem Fall besteht ein Rechtsanspruch auf Genehmigung der Anstellung, mit der der Arbeitgeber auch den Umfang seiner Kassenpraxis erweitern kann. Allerdings wird die Möglichkeit einer Leistungsausweitung durch die zulässige **Anzahl angestellter Ärzte** begrenzt. Um die persönliche Leitung durch den Vertragsarzt sicherzustellen kann er nach § 14a Abs. 1 BMV-Ä nicht mehr als drei vollzeitbeschäftige Angestellte oder Teilzeitbeschäftigte im entsprechenden Umfang beschäftigen. Während sich die Anzahl bei Vertragsärzten mit überwiegend medizinisch-technischen Leistungen auf vier Angestellte erhöht, reduziert sie sich für Vertragsärzte mit halbem Versorgungsauftrag auf einen Vollzeit- bzw. zwei Teilzeitangestellte. Sind keine Zulassungsbeschränkungen für den Planungsbereich angeordnet, ist es vertragsarztrechtlich sogar zulässig, **Ärzte eines anderen Fachgebietes** zu beschäftigen. Wird ein fachgebietsfremder Arzt in zulässiger Weise beschäftigt, werden dessen fachgebietsfremden Leistungen dem Vertragsarzt als eigene Leistungen zugerechnet und können durch diesen ggbr. der KV abgerechnet werden. Selbstverständlich darf die entsprechende Leistung nur durch den angestellten Arzt, der eine entsprechende Qualifikation nachweisen kann, durchgeführt werden. Sobald der Angestellte die Praxis verlässt, entfällt die Genehmigung zur Abrechnung der fachgebietsfremden Leistungen.

Ob sich die Anstellung fachfremder Ärzte auch mit dem Berufsrecht vereinbaren lässt, ist anhand der jeweiligen Berufsordnung zu klären. Zieht man die MBO-Ä heran, zeigt sich das Vertragsarztrecht an diesem Punkt ausnahmsweise großzügiger. Denn gemäß § 19 Abs. 2 MBO-Ärzte dürfen fachgebietsfremde ärztliche Leistungen durch einen angestellten Facharzt nur erbracht werden, wenn der Behandlungsauftrag des Patienten regelmäßig nur von Ärzten dieser verschiedenen Fachgebiete gemeinschaftlich durchgeführt werden kann. Es muss mithin ein innerer Zusammenhang bei der Behandlung des Patienten bestehen. Hinzu tritt bei einer rein privatärztlichen Abrechnung das Problem der Pflicht zur höchstpersönlichen Leistungserbringung aus § 4 Abs. 2 Satz 1 GOÄ. Danach kann der Arzt Gebühren nur für selbständige ärztliche Leistungen berechnen, die er selbst erbracht hat oder die unter seiner Aufsicht nach fachlicher Weisung erbracht wurden. Bei einem fachfremden Angestellten ist eine derartige Aufsicht nur in Ausnahmefällen möglich, so dass sich hier eine weitere Sollbruchstelle zwischen der vertrags- und privatärztlichen Abrechnung offenbart, die zulasten des Arztes sogar als Abrechnungsbetrag ausgelegt werden kann.

Im **gesperrten Planungsbereich** ist – anders als im Planungsbereich ohne Zulassungsbeschränkungen – eine Leistungsausweitung untersagt. Aus diesem Grund kann eine Anstellung eines noch nicht zugelassenen Vertragsarztes dort nur erfolgen, falls sich der Vertragsarzt nach § 101 Abs. 1 Satz 1 Nr. 5 SGB V in Verbindung mit den Vorgaben der Bedarfsplanungsrichtlinie gegenüber dem Zulassungsausschuss zu einer Leistungsbegrenzung verpflichtet. Auf Basis der letzten vier Quartale des Vertragsarztes werden quartalsweise dessen Gesamtpunktzahlvolumina errechnet, die sodann um 3 % des Fachgruppendurchschnitts, jeweils bezogen auf das Vorjahresquartal, erhöht werden. Das Ergebnis bildet die Obergrenze der für den Vertragsarzt und seinen Angestellten zur Verfügung stehenden Quartalspunktzahlen. Sie stellen – mit Ausnahme eines Wachstums bis zum Fachgruppendurchschnitt – eine Kappungsgrenze dar, so dass jenseits dieser Obergrenzen keine weiteren Punktzahlen angefordert werden können. Aus diesem Grund unterliegt der Vertragsarzt im gesperrten Planungsbereich auch hinsichtlich der Anzahl angestellter Ärzte keinen weitergehenden Beschränkungen als im Gebiet ohne Zulassungsbeschränkungen. Die bestehende Kappungsgrenze sorgt vielmehr bereits in wirtschaftlicher Hinsicht für eine ausreichende Limitierung. Allerdings ist dem Vertragsarzt im gesperrten Planungsbereich die Anstellung fachfremder Ärzte nach § 101 Abs. 1 Satz 1 Nr. 5 SGB V i.V.m § 58 Abs. 1 Nr. 2 der Bedarfsplanungsrichtlinie verwehrt. **Fachidentität** liegt vor, falls sich Facharztkompetenz und gegebenenfalls Schwerpunktkompetenz beider Ärzte decken. Liegen die entsprechenden Voraussetzungen vor, besteht auch insoweit ein Anspruch auf Genehmigung der Anstellung durch den Zulassungsausschuss.

Eine Ausnahme von der oben dargestellten Leistungsbegrenzung bildet die Möglichkeit, einen bereits zugelassenen Vertragsarzt anzustellen. Dieser hat dazu gemäß § 103 Abs. 4b SGB V gegenüber dem Zulassungsausschuss seinen **Verzicht** auf seine Zulassung **zugunsten einer Anstellung** beim Arbeitgeber zu erklären. Da in diesem Fall bereits eine Zulassung existiert, droht durch die Beschäftigung als Angestellter keine zusätzliche Belastung des KV-Budgets, so dass die Notwendigkeit einer Leistungsbegrenzung entfällt. Stehen Gründe der vertragsärztlichen Versorgung dem geplanten Verzicht mit anschließender Anstellung nicht entgegen (insbesondere aufgrund einer mit dem Verzicht einhergehenden Sitzverlegung des anzustellenden Arztes), hat der Zulassungsausschuss die Anstellung zu genehmigen. Die nunmehr angestellte Zulassung teilt sodann das Schicksal der Zulassung des Arbeitgebers.

Derartige angestellte Zulassungen können vom anstellenden Vertragsarzt zudem mit einem neuen Angestellten besetzt werden. Voraussetzung ist – neben der fachlichen Eignung – indes nach der aktuellen Rechtsprechung des BSG (Urteil vom 04.05.2016, Az.: B 6 KA 21/15 R), dass der ursprünglich verzichtende Vertragsarzt den Willen hatte, wenigstens drei Jahre als Angestellter auf diesem Sitz tätig zu sein. Damit ist – vorbehaltlich von Ausnahmefällen wie Tod oder schwerer Krankheit – eine rechtssichere Nachbesetzung mit einem neuen Angestellten erst nach

8.8 Anstellung eines Arztes in der Praxis eines Vertragsarztes

drei Jahren möglich. Das BSG will insoweit einzig im Umfang einer Viertelstelle Änderungen in der Anstellungskonstellation im Jahresrhythmus zulassen.

Daneben ist es dem anstellenden Vertragsarzt als Inhaber der angestellten Zulassung nach § 95 Abs. 9b SGB V auch möglich, derartige **angestellte Zulassungen in Vollzulassungen** rückumzuwandeln. Mit dem entsprechenden Antrag kann der anstellende Vertragsarzt gleichzeitig entscheiden, ob er die Zulassung im Wege eines Nachbesetzungsverfahrens ausgeschrieben werden soll oder ob er hierauf verzichtet und so automatisch der Angestellte zum Inhaber der Zulassung wird. Voraussetzung für die Umwandlung ist darüber hinaus, dass der zeitliche Umfang der vertragsärztlichen Tätigkeit des angestellten Arztes der üblicherweise mit einer vollen Zulassung verbundenen Vertragsarzttätigkeit entspricht.

Die Regelung in § 95 Abs. 9b SGBV eröffnet Vertragsärzten somit die Möglichkeit, nach einer Bewährungsphase und bei entsprechendem Interesse zunächst angestellte Ärzte als Vertragsärzte gleichberechtigt in die Praxis zu integrieren.

Arzthaftpflichtrecht 9

9.1 Begriff und praktische Bedeutung

Das Arzthaftpflichtrecht oder Arzthaftungsrecht betrifft die zivilrechtliche Haftung des Arztes für Versäumnisse im Zusammenhang mit der Behandlung. Es geht um den wirtschaftlichen Ausgleich von Schäden, die der Patient durch eine Behandlung erlitten hat. Der Patient begehrt in der Regel u. a. Schadensersatz und Schmerzensgeld.

Die praktische Bedeutung des Arzthaftungsrechts nimmt stetig zu. Die Ursachen für diese Entwicklung sind vielfältig. Beispielsweise hat sich das Arzt-Patienten-Verhältnis stärker in die Richtung eines Anbieter-Kunden-Verhältnisses entwickelt. Die klassische Vertrauensbeziehung bröckelt, nicht zuletzt wegen des Vormarschs der Apparatemedizin und der Vermittlung (vermeintlichen) Wissens durch das Internet. Der vom Arzt zu fordernde Standard hat sich rasant entwickelt, so dass die Anforderungen an eine kunstgerechte Behandlung sehr hoch sind. Hinzu kommt, dass immer mehr Patienten rechtsschutzversichert sind, so dass sie die Prozessrisiken eingehen können. Nicht zuletzt hat das Patientenrechtegesetz aus dem Jahre 2013 die Patienten in Bezug auf ihre Rechte sensibilisiert.

Die Ärzteschaft ist bei dieser Entwicklung zu einer erhöhten Sensibilität aufgerufen, auch wenn die wirtschaftlichen Folgen von Behandlungsfehlern durch die Berufshaftpflichtversicherung abgefedert werden. Nicht selten stellt ein Arzthaftungsverfahren auch für den beklagten Arzt eine Belastung dar.

9.2 Haftungsgrundlagen

Trotz des Patientenrechtegesetzes bleibt es dabei, dass die Haftung des Arztes auf den Behandlungsvertrag oder die sogenannte unerlaubte Handlung (deliktische Haftung) gestützt wird. Schließt ein Arzt, eine Gemeinschaftspraxis, ein MVZ oder ein Krankenhausträger mit einem Patienten einen Behandlungsvertrag gemäß § 630a BGB, dann erwachsen hieraus besondere Pflichten, deren Verletzung nach

§ 280 Abs. 1 BGB zu einer Schadensersatzpflicht führen kann. Daneben steht die deliktische Haftung, die sich aus § 823ff. BGB ergibt. Auch ohne eine Vertragsbeziehung zum Patienten, wie sie insbesondere bei angestellten Ärzten fehlt, kommt eine Haftung in Betracht, wenn der Patient durch eine fehlerhafte Behandlung geschädigt wird.

> **Beispiel:**
> Die Berufsausübungsgemeinschaft (Gemeinschaftspraxis) der Dres. Altmann, Bayer und Cäsar, eine Gesellschaft bürgerlichen Rechts (GbR), ist auf die Durchführung von ambulanten Schulteroperationen spezialisiert. Die Gemeinschaftspraxis beschäftigt Herrn Dr. Dorn als angestellten Arzt. Herrn Dr. Dorn unterläuft bei einer Operation ein Behandlungsfehler, aufgrund dessen der Patient eine Nervschädigung erleidet. – Der Patient kann gegen mehrere Personen vorgehen: Der Behandlungsvertrag wurde mit der Berufsausübungsgemeinschaft geschlossen, so dass er die GbR, die Trägerin eigener Rechte und Pflichten ist, aus der Verletzung des Behandlungsvertrages in Anspruch nehmen kann. Da die Gesellschafter der GbR Dr. Altmann, Dr. Bayer und Dr. Cäsar für die Verbindlichkeiten persönlich haften, kann er auch jeden einzelnen dieser Gesellschafter in Anspruch nehmen. Mit Dr. Dorn besteht kein Behandlungsvertrag, aber Dr. Dorn hat die Operation durchgeführt. Er haftet unter dem Gesichtspunkt der unerlaubten Handlung. Hat der Patient letztlich Erfolg mit seinem Begehren, kann er es sich aussuchen, von wem er den gesamten Schadensersatz verlangt: von der GbR, Dr. Altmann, Dr. Bayer, Dr. Cäsar oder Dr. Dorn.

Die Voraussetzungen der Haftung sind bei der vertraglichen und der deliktischen Haftung gleich:
1. Es muss ein Fehler vorliegen (Behandlungs- und/oder Aufklärungsfehler)
2. Es muss ein Gesundheitsschaden bei dem Patienten entstanden sein.
3. Zwischen dem Fehler und dem Schaden muss ein Ursachenzusammenhang (Kausalität) bestehen.

9.2.1 Die Haftung aus einem Behandlungsfehler

Die Haftung wegen eines Behandlungsfehlers ist der „klassische" Fall der Arzthaftung.

9.2.1.1 Behandlungsfehler
Die erste Voraussetzung für die Haftung ist das Vorliegen eines Behandlungsfehlers.

Begriff des Behandlungsfehlers
Der Begriff des ärztlichen Behandlungsfehlers („Kunstfehler") ist nach wie vor im Gesetz nicht definiert. Der Arzt schuldet nach dem Wortlaut des § 630a Abs. 2 BGB „den zum Zeitpunkt der Behandlung bestehenden, allgemein anerkannten fachlichen Standard", „soweit nicht etwas anderes vereinbart ist". Der Arzt schuldet

9.2 Haftungsgrundlagen

also keinen Behandlungserfolg. Maßstab ist das Verhalten **eines durchschnittlich befähigten, gewissenhaften Facharztes** in der konkreten Behandlungssituation.

Dieser Sorgfaltsmaßstab orientiert sich an **objektiven** Kriterien. Entscheidend ist also nicht das Maß an Sorgfalt, das der einzelne Arzt individuell aufzubringen vermag; vielmehr wird der Arzt immer – ohne Rücksicht auf seine individuellen Fähigkeiten – an der Sorgfalt des erfahrenen und gewissenhaften Fachvertreters gemessen.

> **Beispiel:**
> Der Patient verliert in der hausärztlichen Praxis von Dr. Müller während einer Blutabnahme das Bewusstsein. Der Arzt reagiert zunächst besonnen und misst den Blutdruck, dessen Werte sich jedoch plötzlich dramatisch verschlechtern. Der überarbeitete und übermüdete Dr. Müller verliert in dieser hektischen Situation den Überblick und verabreicht ein falsches Medikament, auf das der Patient allergisch reagiert. Eine entsprechende Allergie hatte der Patient im Rahmen der Anamnese angegeben. Der Patient liegt deswegen wochenlang im Krankenhaus, während er bei der Gabe des richtigen Medikaments aller Wahrscheinlichkeit nach wieder zügig gesund geworden wäre. – In diesem Falle haftet Dr. Müller, auch wenn er in der konkreten Situation seine subjektiven Fertigkeiten ausgeschöpft hat, denn der Sorgfaltsmaßstab ist ein objektiver.

Maßstab für das korrekte Handeln des Arztes ist auch keineswegs das unter Ärzten „Übliche". Unterschreitet der Arzt den objektiv geforderten Sorgfaltsmaßstab, so kann er sich keineswegs damit rechtfertigen, dass „das alle machen". Auch ein kollektives Unterschreiten des Sorgfaltsmaßstabs kann einen Behandlungsfehler darstellen.

Demgegenüber muss ein Arzt Spezialkenntnisse zugunsten des Patienten selbstverständlich anwenden. Diese erhöhen also den Standard.

Vorsicht ist auch in den Fällen geboten, in denen aus medizinischer Sicht notwendige Maßnahmen mit Rücksicht auf das **Wirtschaftlichkeitsgebot** nicht Bestandteil des Leistungskatalogs der gesetzlichen Krankenversicherung sind. Auch insoweit gilt, dass allein der medizinische Maßstab entscheidet. Wirtschaftliche Gesichtspunkte bleiben grundsätzlich außer Betracht.

Wichtige Anhaltspunkte für das Vorliegen eines Behandlungsfehlers lassen sich regelmäßig den Leitlinien der wissenschaftlichen medizinischen Fachgesellschaften entnehmen. Leitlinien sind als Handlungsanweisungen zu verstehen. Der BGH hat klargestellt, dass diese nicht unbesehen mit dem medizinischen Standard gleichgesetzt werden dürfen (BGH, Urteil vom 15.04.2014 – VI ZR 382/12). Richtlinien der Bundesausschüsse für Ärzte bzw. Zahnärzte und Krankenkassen entfalten einen höheren Grad an Verbindlichkeit als Leitlinien. Ein Verstoß hiergegen indiziert grundsätzlich einen Behandlungsfehler.

> **Fazit:**
> Der Arzt schuldet keinen Behandlungserfolg, sondern den allgemein anerkannten fachlichen Standard. Der sog. Sorgfaltsmaßstab ist objektiv zu bestimmen.

Arten von Behandlungsfehlern
Behandlungsfehler sind nicht nur die **Fehler der Therapie**. Haftungsrelevante Pflichtverletzungen können sich auch aus anderen Bereichen ergeben. Hierzu hat die Rechtsprechung verschiedene Fallgruppen gebildet. Exemplarisch sollen die Folgenden genannt werden:
Eine besondere Bedeutung in der Praxis spielt die unterlassene Befunderhebung. Diese wurde durch das Patientenrechtegesetz in § 630h Abs. 5 S. 2 BGB geregelt. Die Medizin bietet eine Vielzahl von Befunderhebungsmöglichkeiten. Im Rahmen bildgebender Verfahren stehen beispielsweise Ultraschall, Röntgen, Computertomographie, Magnetresonanztomographie etc. zur Verfügung. Unterlässt der Arzt eine gebotene Befunderhebungsmaßnahme, kann dies den Anknüpfungspunkt für eine Haftung bilden.

> **Beispiel:**
> Wäre es im Rahmen einer Krebsvorsorge geboten gewesen, dem Patienten wegen eines Verdachts auf ein Prostatakarzinom eine erneute PSA-Untersuchung spätestens in sechs Monaten zu empfehlen, liegt der Schwerpunkt des Vorwurfs in der unterbliebenen Befunderhebung (OLG Oldenburg, Urteil vom 18.05.2016 – 5 U 1/14).

In einer arbeitsteiligen Welt kann auch die fehlerhafte Zusammenarbeit von Ärzten einen Koordinierungsfehler und somit eine Haftung auslösen. Dies gilt sogar dann, wenn jeder für sich – isoliert betracht – keinen Fehler begangen hat.

> **Beispiel:**
> Der Augenarzt Dr. Sauer und die Anästhesistin Dr. Stoff arbeiten bei einer Schieloperation am Auge zusammen. Dr. Sauer benutzt zum Stillen der Blutung einen Thermokauter, während Frau Dr. Stoff eine Ketanest-Narkose durchführt, bei der Sauerstoff in höherer Konzentration zugeführt wird. Hierbei kommt es zu einer heftigen Flammenentwicklung, bei der der Patient schwere und entstellende Verbrennungen erleidet. – Hier haften beide Ärzte, obwohl sie für sich genommen beanstandungsfrei gehandelt haben. Da das besondere und erkennbare Risiko (Verbrennung) erst durch das Zusammenwirken der Ärzte entstehen konnte, waren sie verpflichtet, sich gegenseitig zum Schutz des Patienten über ihr Vorgehen zu informieren.

> **Beispiele**
> Nachfolgend sollen zur Verdeutlichung einige Beispiele dargestellt werden, in denen Gerichte – grundsätzlich sachverständig beraten – über die Frage zu entscheiden hatten, ob ein Behandlungsfehler des Arztes vorlag. Zu beachten ist, dass der Zeitpunkt der Behandlung für die Beurteilung des Facharztstandards relevant ist

Augenheilkunde
- Erfolgt die Diagnose Glaukom (Grüner Star), hat der Augenarzt eine Operation als Behandlungsmöglichkeit zu erörtern. Unterbleibt die Indikationsstellung zur Operation, kann das einen groben Behandlungsfehler darstellen (OLG Hamm, Urteil vom 15.01.2016 – 26 U 48/14).

Chirurgie
- Die überlange Operationsdauer von elf Stunden ohne medizinische Gründe stellt einen Behandlungsfehler dar (OLG Frankfurt, Urteil vom 03.05.2016 – 8 U 224/12).
- Wird bei der Operation einer Oberschenkelfraktur nur eine ungenügende Reposition des Knochens erreicht, kann darin ein Behandlungsfehler liegen, wenn eine Rotationsinstabilität verbleibt. Die höchste Maxime bei der Operation einer Bruchverletzung ist es, die Stabilität wieder herzustellen (OLG Hamm, Urteil vom 20.11.2015 – I-26 U 27/15).
- Die Behandlung von Frakturen der Mittelhandknochen mit ausgedehnter Trümmerzone mittels Kirschner-Drähten zur temporären Stabilisierung als Vorbereitung auf eine spätere operative Versteifung entspricht den Regeln der Unfallchirurgie. Das Auftreten einer Infektion der Wunde indiziert oder belegt keine mangelhafte Einhaltung der Hygienevorschriften, wenn es auf Grund der starken Verschmutzung der Wunde wesentlich wahrscheinlicher erscheint, dass die Infektion durch die Verletzung an sich und nicht durch die Behandlung entstanden ist (OLG München, Urteil vom 12.01.2012 – 1 U 1387/11).
- Das Abbrechen einer bei einer Lebertransplantation zum Vernähen benutzten Rundnadel gehört – wie bei jeder Operation – zu den immer vorhandenen, nicht gänzlich vermeidbaren Risiken. Ein vorwerfbarer Behandlungsfehler kann darin nicht ohne Weiteres gesehen werden (OLG Köln, Urteil vom 12.01.2000 – 5 U 44/99, AHRS III 2365/300).
- Ein ärztlicher Behandlungsfehler liegt trotz Durchtrennung des Hauptgallenganges bei einer laparoskopischen Gallenblasenentfernung nicht vor, wenn aufgrund des Verschlusses durch einen Gallenstein ein Abfluss der Gallenflüssigkeit aus der Gallenblase nicht mehr möglich war, weshalb es zu einem Hydrops kam, der dazu führte, dass bei dem Patienten der Gallengang praktisch nicht mehr vorhanden war und die vergrößerte Gallenblase daher praktisch unmittelbar in den Hauptgallengang mündete (OLG Hamm, Urteil vom 14.09.2005 – 3 U 86/05, MedR 2006, 345).
- Im Rahmen der nach einer transurethralen Prostataresektion erforderlich werdenden Schlaganfallbehandlung ist die Vornahme einer rekanalisierenden Lysetherapie kontraindiziert, weshalb ihr Unterbleiben den behandelnden Ärzten nicht als Behandlungsfehler vorzuwerfen ist (OLG Düsseldorf, Urteil vom 12.01.2006 – I 8 U 25/05, OLGR 2006, 469).
- Die therapeutische Empfehlung, den an einem Hallux valgus operierten Fuß postoperativ mit einem bequemen Straßenschuh zu belasten, ist kein Behandlungsfehler (OLG Hamm, Urteil vom 05.11.2003 – 3 U 102/03, AHRS III 2368/304).

- Die Durchführung einer Operation von Nasen-Polypen stellt trotz gelegentlicher Einnahme von Aspirin sowie einer präoperativ festgestellten Blutungszeit des Patienten von 5 min bei ansonsten im Normbereich befindlichem Laborparameter zur Blutgerinnung keinen Behandlungsfehler dar (OLG Zweibrücken, Urteil vom 10.03.2009 – 5 U 19/07).

Gynäkologie
- Lautet das Ergebnis eines Zervixabstriches „Erreger: reichlich Gardnerella vaginalis, mäßig viel Lactobacillus, vereinzelt Enterokokken", besteht kein Anzeichen für eine Infektion und die Notwendigkeit einer antibiotischen Behandlung. Denn der Keim Laktobazillus species muss in der Scheidenflora vorhanden sein, der Keim Enterokokken kommt regelmäßig in der Scheidenflora vor und der Keim Gardnerella vaginalis wird in 60 % der Fälle bei gesunden Frauen festgestellt und führt daher ohne weitere Klinik zu keiner Behandlungsbedürftigkeit (OLG München, Urteil vom 24.11.2011 – 1 U 1594/11).
- Es stellt einen groben Behandlungsfehler dar, wenn bei zwingenden Hinweisen auf eine extrauterine Schwangerschaft lediglich eine Ausschabung der Gebärmutter vorgenommen wird und weder eine Bauchspiegelung noch eine regelmäßige Beta-HCG-Kontrolle erfolgt (OLG Köln, Urteil vom 20.07.2011 – I-5 U 206/07, 5 U 206/07).
- Ein niedergelassener Facharzt für Frauenheilkunde begeht keinen Behandlungsfehler, wenn er bei einer 57-jährigen Patientin ohne besondere Risikofaktoren keine regelmäßige Mammographie zur Früherkennung von Brustkrebs in einem zweijährigen Intervall veranlasst (OLG Hamm, Urteil vom 31.08.2005 – 3 U 277/04, MedR 2006, 111ff.).
- Erweckt ein Geburtshelfer anlässlich einer Informationsveranstaltung in seinen Praxisräumen (bei der auch ein Operationsraum gezeigt wird) gegenüber den Eltern fälschlicherweise den Eindruck, er könne bei einer Geburt in seiner Praxis auch eine Not-Sectio vornehmen, obwohl in Notfällen ein Narkosearzt erst binnen einer Stunde und in der Nacht überhaupt nicht in der Praxis eintreffen kann, so haftet er für die schweren Behinderungen des Kindes, die darauf zurückzuführen sein können, dass bei Eintreten einer Notfallsituation ein Kaiserschnitt trotz dringender medizinischer Indikation nicht möglich war, weil der Anästhesist nicht rechtzeitig zur Verfügung stand (OLG Hamm, Urteil vom 30.05.2005 – 3 U 297/04, GesR 2005, 462f.).
- Der Kristeller-Handgriff ist auch nach der Geburt des kindlichen Kopfes zur Unterstützung der weiteren Entwicklung der Schultern grundsätzlich zulässig und sachgerecht. Er ist von dem Zeitpunkt an absolut kontraindiziert, in dem eine Schulterdystokie entdeckt worden ist. Die Entstehung einer Schulterdystokie kann nicht durch prophylaktische Anlegung einer großen Episiotomie verhindert werden (OLG Düsseldorf, Urteil vom 31.01.2000 – 8 U 81/99, AHRS III 2500/304).
- Ist das CTG pathologisch und kann eine Mikroblutuntersuchung nicht durchgeführt werden, ist eine Sectio indiziert und eine vaginale Entbindung fehlerhaft (OLG Hamm, Urteil vom 24.02.2002 – 3 U 8/01, AHRS III 2500/330).

- Wird eine Schwangere wegen drohender Frühgeburt stationär aufgenommen und ist zu diesem Zeitpunkt eine Cerclage aufgrund einer genitalen Infektion kontraindiziert, so muss sie über die Alternative einer Cerclage gegenüber einer bloßen Ruhigstellung spätestens dann aufgeklärt werden, wenn die Entzündung abgeklungen ist und eine Cerclage als Behandlungsalternative ernsthaft in Betracht kommt (OLG Köln, Urteil vom 02.02.2011 – 5 U 15/09).

Hausarzt
- Gelangt bei der Sklerosierungsbehandlung von sog. Besenreisern das Injektionsmittel nicht in eine Vene, sondern in umliegendes Gewebe, verwirklicht sich ein Behandlungsrisiko, welches keinen Behandlungsfehler darstellt (OLG Hamm, Urteil vom 13.05.2016 – 26 U 187/15).

Innere Medizin
- Hat ein niedergelassener Allgemeinmediziner trotz entsprechender Beschwerdesymptomatik des Patienten und eindeutiger Hinweise in dem erstellten EKG die Gefahr eines unmittelbar bevorstehenden Herzinfarkts verkannt und infolgedessen dem Patienten nicht dringend zu einer sofortigen notfallmäßigen Einweisung in die nächste Klinik für eine Herzkatheteruntersuchung geraten, so ist ihm ein grober Behandlungsfehler vorzuwerfen (OLG Bamberg, Urteil vom 04.07.2005 – 4 U 126/03, VersR 2005, 1292ff.).
- Bei Durchblutungsstörungen, die auf eine Gefäßerkrankung hinweisen, ist eine sofortige Vorstellung bei einem Gefäßspezialisten zwecks gefäßspezifischer Diagnostik angezeigt. Versäumt es der Internist, diese Abklärung herbeizuführen, so ist dies behandlungsfehlerhaft (OLG Düsseldorf, Urteil vom 16.11.2000 – 8 U 98/99, AHRS III 2002/303).
- Weisen Veränderungen im EKG sowie die vom Patienten geschilderte Beschwerdesymptomatik auf die Gefahr eines unmittelbar bevorstehenden Herzinfarkts hin, so stellt es einen groben Behandlungsfehler dar, wenn es der Arzt unterlässt, den Patienten unverzüglich zu einer Herzkatheteruntersuchung in eine Klinik einzuweisen (OLG Bamberg, Urteil vom 04.07.2005 – 4 U 126/03, VersR 2005, 1292ff.).

Orthopädie
- Hat ein Arzt auf von ihm gefertigten Röntgenbildern eine Kahnbeinfraktur nicht erkannt, so kann ihm dies nicht zur Last gelegt werden, wenn auch der spätere Sachverständige auf den Röntgenbildern keine Fraktur erkennen kann. Die ärztliche Dokumentationspflicht dient der Sicherstellung wesentlicher medizinischer Daten und Fakten für den Behandlungsverlauf und ist deshalb nach ihrem Zweck nicht auf die Sicherung von Beweisen für einen späteren Haftungsprozess des Patienten gerichtet. Sofern eine Dokumentation medizinisch nicht erforderlich ist, ist sie auch aus Rechtsgründen nicht geboten (OLG München, Urteil vom 05.05.2011 – 1 U 4306/10).
- Als allgemein bekanntes Risiko einer größeren Operation (hier: Hüftgelenkoperation) muss auf die Möglichkeit, daran unter ungünstigen Umständen versterben zu können, nicht ohne Weiteres hingewiesen werden (OLG Frankfurt – Urteil vom 16.11.2010 – 8 U 88/10).

- Ist ein niedergelassener Facharzt für Orthopädie zugleich Heilbehandlungsarzt (H-Arzt) eines gesetzlichen Unfallversicherungsträgers, wird aber nicht in dieser Eigenschaft tätig, ist nur der für ihn allgemein geltende Facharztstandard maßgeblich und nicht ein u. U. höherer Standard eines H-Arztes (OLG Sachsen-Anhalt, Urteil vom 24.02.2011 – 1 U 58/10).
- Hat der Orthopäde bei der Auswertung des Röntgenbilds einen Bruch des Fersenbeins nicht erkannt, obwohl ihm dies bei der Anwendung der gebotenen Sorgfalt möglich gewesen wäre, begründet dies seine Haftung, obwohl es sich nicht um einen fundamentalen Diagnoseirrtum handelt (OLG Köln, Urteil vom 05.06.2002 – 5 U 226/01, VersR 2004, 794).
- Bei anhaltenden starken Beschwerden im Knie verbunden mit Bewegungseinschränkungen und der Unwirksamkeit von Behandlungversuchen mit Salbe und Injektionen ist eine Arthroskopie des Gelenks indiziert. Ebenso kann das Entfernen einer Schleimhautfalte indiziert sein. Nach der Arthroskopie weiterhin bestehende Beschwerden sind kein Indiz für einen Behandlungsfehler (OLG Hamm, Urteil vom 19.03.2001 – 3 U 169/00, AHRS III 2620/314).
- Fehldiagnosen eines Arztes führen nur dann zu einer Haftung, wenn Krankheitserscheinungen in völlig unvertretbarer, der Schulmedizin entgegenstehender Weise gedeutet, elementare Kontrollbefunde nicht erhoben werden oder eine Überprüfung der ersten Verdachtsdiagnose im weiteren Behandlungsverlauf unterbleibt (OLG Schleswig, Urteil vom 13.02.2004 – 4 U 54/02, GesR 2004, 178).
- Trägt der Orthopäde bei der Injektionsbehandlung lediglich keinen Mundschutz, so ist dies kein grober Behandlungsfehler (OLG Hamm, Urteil vom 20.08.2007 – 3 U 274/06, MedR 2008, 217).

9.2.1.2 Gesundheitsschaden

Die zweite Voraussetzung für die Haftung aus einem Behandlungsfehler ist das Vorliegen eines Gesundheitsschadens auf Seiten des Patienten. Die Feststellung, dass überhaupt eine gesundheitliche Beeinträchtigung vorliegt, bereitet in der Praxis regelmäßig nur geringfügige Probleme. Klärungsbedürftig ist allerdings häufig das Ausmaß eines Schadens. Dies gilt insbesondere dann, wenn das Vorliegen eines Dauerschadens streitig ist.

> **Beispiel:**
>
> Nach einer Rückenoperation ist der Patient nach eigenen Angaben nicht mehr in der Lage, selbständig zu gehen. Er behauptet, hierzu auch nie wieder in der Lage sein zu werden, was seitens des operierenden Arztes bestritten wird. Ob hier die Nervverletzung in dem behaupteten Umfang vorliegt, wird sich nur mit Hilfe eines Sachverständigen klären lassen, der das Ausmaß der Schädigung durch aussagekräftige Untersuchungen objektivieren kann.

9.2.1.3 Kausalität

Auch wenn sowohl ein Behandlungsfehler als auch ein Schaden auf Seiten des Patienten vorliegen, so reicht dies für die Haftung des Arztes noch nicht aus. Es muss vielmehr noch die dritte Voraussetzung erfüllt sein, nämlich der Ursachenzusammenhang (Kausalität). Man unterscheidet zwischen der sog. haftungsbegründenden und der haftungsausfüllenden Kausalität.

Die haftungsbegründende Kausalität bezeichnet den Kausalzusammenhang zwischen dem Behandlungsfehler und dem Primärschaden des Patienten. Die entscheidende Frage ist hier immer: Ist der negative Zustand des Patienten gerade auf den Fehler des Arztes zurückzuführen oder ist der Zustand des Patienten auf eine Grunderkrankung oder eine schicksalhafte Reaktion seines Körpers zurückzuführen? Mit anderen Worten: Würde der Patient auch ohne den Behandlungsfehler unter dem Gesundheitsschaden leiden?

Die haftungsausfüllende Kausalität ist der Ursachenzusammenhang zwischen dem Primärschäden und den Folgeschäden des Patienten. Zu diesen Folgeschäden gehören weitere Gesundheitsschäden sowie materielle Folgeschäden, wie Verdienstausfall, Kosten für Arznei-, Heil- oder Hilfsmittel, Fahrtkosten, etc.

Beispiel:
Der Arzt reagiert zu spät auf die Symptome einer Krebserkrankung eines Patienten. Die richtige Diagnose sowie die Einleitung der erforderlichen Therapie verzögern sich dadurch um drei Monate. – Es dürfte schwierig sein, eine sichere Aussage darüber zu treffen, ob die späteren Folgen wie Chemotherapie und Bestrahlung auf die Grunderkrankung oder auf das fehlerhafte Vorgehen des Arztes zurückzuführen sind.

Gerade der Gesichtspunkt der Kausalität ist ein wichtiger Ansatzpunkt bei der „Verteidigung" des Arztes in einer haftungsrechtlichen Auseinandersetzung. Hier gilt es stets, die Entwicklung des Gesundheitszustandes des Patienten genauestens zu analysieren und die Frage aufzuwerfen, wie er sich – den Behandlungsfehler weggedacht – entwickelt hätte. Nur die fehlerbedingte Verschlechterung des Gesundheitszustandes kann dem Arzt angelastet werden.

9.2.2 Die Haftung aus einem Aufklärungsfehler

Die zweite Säule der zivilrechtlichen Haftung des Arztes im Zusammenhang mit dem Behandlungsgeschehen ist die Haftung aus einem Aufklärungsfehler. Auch die Haftung für Aufklärungsfehler setzt neben dem Fehler, einen Gesundheitsschaden und eine dazwischen bestehende Kausalität voraus.

9.2.2.1 Aufklärungsfehler
Die Verpflichtung des Arztes zur Aufklärung (Selbstbestimmungsaufklärung) basiert auf folgendem Grundgedanken:

Vor Durchführung einer medizinischen Maßnahme ist der Arzt verpflichtet, die Einwilligung des Patienten einzuholen, § 630d Abs. 1 BGB. Andernfalls wäre der Heileingriff eine Körperverletzung. Die Einwilligung ist jedoch nur dann wirksam, wenn der Patient vor der Einwilligung ordnungsgemäß aufgeklärt wurde, § 630d

Abs. 2 BGB. Der Patient muss die Tragweite seiner Entscheidung verstehen können. Dies beruht auf dem allgemeinen Persönlichkeitsrecht des Patienten. Er soll nicht Objekt, sondern Subjekt des Behandlungsgeschehens sein.

Die Aufklärungspflicht ist seit dem Patientenrechtegesetz in § 630e BGB verankert. Gemäß Abs. 1 ist der Arzt verpflichtet, den Patienten über sämtliche für die Einwilligung wesentlichen Umstände aufzuklären. Dazu gehören insbesondere Art, Umfang, Durchführung, zu erwartende Folgen und Risiken der Maßnahme sowie ihre Notwendigkeit, Dringlichkeit, Eignung und Erfolgsaussichten im Hinblick auf die Diagnose oder die Therapie.

Die Rechtsprechung fordert, dass dem Patienten eine allgemeine Vorstellung davon zu vermitteln ist, welchen Schweregrad die beabsichtigte Behandlung aufweist und welche Risiken und Belastungen diese mit sich bringt. Der Patient ist über die „spezifischen Risiken im Großen und Ganzen" aufzuklären.

Streitig ist nicht selten die Frage, ob der Arzt über sehr seltene Risiken aufklären muss. Dies ist dann der Fall, wenn das Risiko dem Eingriff spezifisch anhaftet und die Folgen für den Patienten erstens sehr weitreichend und zweitens überraschend sind.

Beispiele:
- Halbseitenlähmung bei der Angiographie
- Lähmungen infolge von Nervverletzungen bei Hüftoperation
- Liquorverlustsyndrom mit anhaltenden postspinalen Kopfschmerzen bei Spinalanästhesie.

Von erheblicher Bedeutung ist schließlich auch die Verpflichtung, den Patienten über etwaige **Behandlungsalternativen** aufzuklären, § 630e Abs. 1 S. 2 BGB. Grundsätzlich ist die Auswahl einer bestimmten Behandlungsmethode aufgrund der Therapiefreiheit Sache des Arztes. Eine Aufklärungspflicht über Behandlungsalternativen besteht jedoch dann, wenn die andere, medizinisch ebenfalls indizierte Methode unterschiedliche Risiken in sich birgt (**echte** Alternative). In diesem Falle muss dem Patient durch eine entsprechende Aufklärung die Möglichkeit eröffnet werden, selbst zu entscheiden, welchen Weg er im Weiteren beschreiten möchte. Bestehen demgegenüber keine wesentlichen Unterschiede bei den in Betracht kommenden Behandlungsmethoden, so handelt es sich lediglich um **unechte** Alternativen, über die nicht zwingend aufzuklären ist.

Die Aufklärung erfolgt nicht schriftlich, sondern muss vielmehr mündlich in einem **Gespräch zwischen Arzt und Patient** stattfinden, § 630e Abs. 2 Nr. 1 BGB. Bei der Aufklärung kann (ergänzend!) auf Unterlagen Bezug genommen werden. Neu ist die Regelung, dass dem Patienten Abschriften von Unterlagen, die er im Zusammenhang mit der Aufklärung oder Einwilligung unterzeichnet hat, auszuhändigen sind; § 630e Abs. 2. S. 2 BGB.

Eine ordnungsgemäße Aufklärung erfordert außerdem, dass sie „rechtzeitig" erfolgt, so dass der Patient seine Entscheidung über die Einwilligung wohlüberlegt treffen kann, § 630b BGB. Der Patient darf nicht unter Druck gesetzt werden.

9.2 Haftungsgrundlagen

Bestimmte Fristen hat der Gesetzgeber nicht geregelt. Vielmehr soll – nach der Gesetzesbegründung – die bisherige Rechtsprechung fortgelten.

Bei stationären Eingriffen sollte die Aufklärung spätestens am Vortag des Eingriffs erfolgen. Bei ambulanten Eingriffen reicht – je nach Schwere des Eingriffs – eine Aufklärung noch am Tage des Eingriffs aus, wenngleich dann stets eine räumliche und örtliche Zäsur zwischen Aufklärung und Eingriff zu beachten ist. D.h. ein Gespräch auf dem OP-Tisch dürfte verspätet sein.

Schließlich muss die Aufklärung „für den Patienten verständlich sein", § 630e Abs. 2 Nr. 3 BGB. Grundsätzlich sind Fachbegriffe somit zu vermeiden. Die Nennung der Risiken „Thrombose" und „Embolie" sind jedoch auch bei einem medizinisch nicht vorgebildeten Patienten ausreichend, um ihm einen allgemeinen Eindruck von der Schwere des Eingriffs und der Art der Belastung zu vermitteln (OLG Köln, Urteil vom 24.02.2016 – 5 U 77/15). Ein häufiges Problem ist die Aufklärung sprachunkundiger Patienten. Nicht selten werden für die Übersetzung Familienmitglieder des Patienten oder sogar Reinigungskräfte des Krankenhauses zu Rate gezogen. Diese Vorgehensweise birgt jedoch erhebliche Risiken, weil nicht gewährleistet ist, dass die Übersetzung vollständig und richtig erfolgt. Das OLG Köln hat in seinem (nicht rechtskräftigen) Urteil vom 09.12.2015 (5 U 184/14) klargestellt, dass der aufklärende Arzt in geeigneter Weise prüfen muss, ob der Angehörige seine Erläuterungen verstanden hat und ob er in der Lage ist, das Gespräch in die andere Sprache zu übersetzen. Im Zweifel ist die Hinzuziehung eines Dolmetschers – auf Kosten des Patienten – anzuraten.

Aufklärungspflichtig ist grundsätzlich der behandelnde Arzt. Eine Delegation dieser Aufgabe auf einen anderen Arzt desselben Fachgebiets ist möglich. Auf nichtärztliches Personal kann die Wahrnehmung der Aufklärungspflichten nicht delegiert werden.

Aufklärungsadressat ist immer derjenige, der in den ärztlichen Eingriff einwilligt. Problematisch kann dies bei Minderjährigen sein. Bei Minderjährigen gibt es keine starren Altersgrenzen zur Bestimmung der Einwilligungsfähigkeit. Der Arzt selbst muss sich ein Bild von der Einwilligungsfähigkeit des Minderjährigen machen. Bei einwilligungsunfähigen, minderjährigen Patienten, willigen die gesetzlichen Vertreter ein. Das sind regelmäßige beide Elternteile. Bei Routineeingriffen reicht es aus, wenn der erschienene Elternteil aufgeklärt wird und dieser einwilligt. Bei schweren Eingriffen soll sich der Arzt vergewissern, dass der erschienene Elternteil die Ermächtigung des anderen Elternteils zur Einwilligung hat. Bei gravierenden Eingriffen ist die Einwilligung beider Elternteile erforderlich. Dann müssen auch beide Elternteile aufgeklärt werden. Ist der Minderjährige einwilligungsfähig, ist das Aufklärungsgespräch mit ihm zu führen.

Ausnahmsweise kann die Aufklärung entfallen, soweit diese aufgrund besonderer Umstände entbehrlich ist, insbesondere wenn die Maßnahme unaufschiebbar ist oder der Patient auf die Aufklärung ausdrücklich verzichtet hat, § 630e Abs. 3 BGB. Handelt es sich um einen Notfall oder ist der Patient bewusstlos, entfällt die Aufklärungspflicht. In diesen Fällen wird eine mutmaßliche Einwilligung des Patienten angenommen, § 630d Abs. 1 S. 4 BGB. Im Falle des Verzichts auf die Aufklärung ist jedoch Vorsicht geboten, da die Rechtsprechung hohe Anforderungen an den Verzicht stellt. Zur Sicherheit sollte der Verzicht auf die Aufklärung durch eine Unterschrift des Patienten bestätigt werden.

Schließlich gibt es Fälle, in denen der Patient nicht (mehr) aufklärungsbedürftig ist, weil er die notwendigen Kenntnisse zur Entscheidung schon hat. Dies kann bei einem Kollegen der gleichen Fachrichtung oder bei wiederholten Eingriffen der Fall sein.

9.2.2.2 Gesundheitsschaden
Nach überwiegender Auffassung setzt die Haftung aus einem Aufklärungsfehler ebenfalls einen Gesundheitsschaden des Patienten voraus. Gerichtsentscheidungen, die trotz des Fehlens eines Gesundheitsschadens allein aufgrund der Verletzung der Aufklärungspflicht ein (geringes) Schmerzensgeld zugesprochen haben (so z. B. OLG Jena, Urteil vom 03.12.1997 – 4 U 687/97 VersR 1998, 586), sind vereinzelt geblieben und als verfehlt bezeichnet worden.

9.2.2.3 Kausalität
Der Arzt haftet wegen eines Aufklärungsversäumnisses nur dann, wenn der Gesundheitsschaden des Patienten auf der Behandlung beruht, die mangels ordnungsgemäßer Aufklärung rechtwidrig ist. Dies gilt sowohl für die Verletzung der Aufklärungspflicht über Risiken als über für die Verletzung der Aufklärungspflicht über Alternativen.

Es muss also ein Kausalzusammenhang zwischen dem Aufklärungsfehler und dem Gesundheitsschaden bestehen.

Verwirklicht sich nur ein Eingriffsrisiko, über das der Patient aufgeklärt worden ist, entfällt eine Haftung für einen Aufklärungsfehler regelmäßig auch dann, wenn der Patient über andere Risiken nicht aufgeklärt worden ist, die sich nicht verwirklicht haben (OLG Hamm, Urteil vom 12.05.2010 – 3 U 134/09).

Eine Haftung für einen Aufklärungsfehler entfällt, wenn der Arzt darlegen und beweisen kann, dass der Patient auch bei ordnungsgemäßer Aufklärung in den konkreten Eingriff eingewilligt hätte, § 630 h Abs. 2 S. 2 BGB.

Diesem Einwand kann der Patient entgegenhalten, dass er im Falle der sachgerechten Aufklärung zumindest in einen **ernsthaften Entscheidungskonflikt** darüber geraten wäre, ob er bei ordnungsgemäßer Aufklärung in die durchgeführte Behandlung eingewilligt hätte. Hierfür reicht es aus, wenn der Patient dem Gericht **plausibel** darlegt, dass eine sachgerechte Aufklärung ihn ernsthaft vor die Frage gestellt hätte, ob er dem Eingriff zugestimmt hätte. Maßgeblich für die Beurteilung ist hierbei stets der Zeitpunkt des bevorstehenden Eingriffs.

9.2.3 Umfang von Schadensersatz und Schmerzensgeld

Liegen die o.g. Haftungsvoraussetzungen vor, ist der Patient so zu stellen, wie er stehen würde, wenn das schädigende Ereignis (also der Aufklärungs- oder Behandlungsfehler) nicht eingetreten wäre. Regelmäßig verlangt der Patient materiellen Schadensersatz und Schmerzensgeld.

9.2.3.1 Materieller Schadensersatz

Der Anspruch auf Ausgleich des materiellen Schadens besteht, um die unfreiwilligen Vermögenseinbußen des Patienten, die aus dem Schadensfall resultieren, auszugleichen.

An erster Stelle stehen die ärztlichen **Behandlungskosten**, die erforderlich geworden sind, um die Folgen der beanstandeten Behandlung zu beheben. In der Regel werden diese Kosten von der Patientenseite durch Vorlage von ärztlichen Rechnungen anderer Behandler geltend gemacht. Hier gilt es, diese Rechnungen einer genauen Überprüfung zu unterziehen. Nicht selten finden sich in diesen Abrechnungen Behandlungsmaßnahmen, die mit dem Behandlungsfehler in keinem Zusammenhang stehen und daher nicht erstattungsfähig sind. Handelt es sich um eine Privatbehandlung, ist auch zu prüfen, ob die Steigerungssätze des nachbehandelnden Arztes angemessen sind.

Für die Geltendmachung von Behandlungskosten ist es nicht ausreichend, dass der Patient lediglich einen Therapieplan vorlegt, die Behandlung aber noch nicht durchgeführt wurde. Zwar ist es beispielsweise im Rahmen eines Verkehrsunfalls möglich, Reparaturkosten des Fahrzeuges selbst dann ersetzt zu verlangen, wenn die Reparatur nicht durchgeführt wird. Dies gilt jedoch nicht für Personenschäden, so dass sogenannte fiktive Kosten im Rahmen des Arzthaftungsrechts nicht erstattungsfähig sind (OLG München, Beschluss vom 01.02.2006 – 1 U 4756/05, GesR 2006, 218).

Immer häufiger ist auch folgende Konstellation zu beobachten: Der gesetzlich versicherte Patient lässt im Rahmen der Behebung des Schadens eine **Privatbehandlung** durchführen mit einer Abrechnung nach der GOÄ. Dieses Vorgehen ist grundsätzlich unzulässig, da keine Besserstellung des Patienten erfolgen soll. Nur wenn nach den besonderen Umständen des Einzelfalles feststeht, dass der Leistungskatalog der gesetzlichen Krankenversicherung unzureichende Möglichkeiten der Schadensbeseitigung bietet, kommt ein Anspruch auf Ersatz der Kosten einer Privatbehandlung in Betracht (BGH, Urteil vom 06.07.2004 – VI ZR 266/03).

Erbringt ein Sozialleistungsträger, z. B. die Krankenkasse, die anfallenden Kosten der Folgebehandlungen, geht der Anspruch des Verletzten auf Schadensersatz gemäß § 116 SGB X auf den Sozialleistungsträger über. Dies hat zur Folge, dass dem Arzt ein weiterer Gegner gegenüber steht.

Darüber hinaus kommen zahlreiche weitere Schadenspositionen in Betracht:
Der Haushaltsführungsschaden entsteht, wenn der geschädigte Patient seinen bzw. den Haushalt seiner Familie nicht mehr führen kann. Dies gilt unabhängig davon, ob der Geschädigte tatsächlich eine Haushaltshilfe einstellt oder aber Angehörige oder sonstige Dritte „einspringen".

Weitere zu ersetzende Schadensposten können Fahrtkosten zu Behandlern, Arzneimittelkosten, Gutachterkosten, Verdienstausfall, Pflegekosten, Mehraufwendungen für veränderten Wohnbedarf (Bsp: behindertengerechtes Bad, barrierefreies Wohnen), Bestattungskosten etc. sein.

9.2.3.2 Schmerzensgeld

Fast immer macht der Patient auch Schmerzensgeld geltend. Der Schmerzensgeldanspruch hat zum einen den Zweck, dem Patienten erlittene immaterielle Schäden auszugleichen. Zum anderen erfüllt es auch eine Genugtuungsfunktion. Regelmäßig kommt der Ausgleichsfunktion ein größeres Gewicht zu. Die **Höhe des Schmerzensgeldes** richtet sich nach den Umständen des Einzelfalles. Bei der Bemessung besteht ein Ermessensspielraum. Das Gericht berücksichtigt z. B. Dauer und Intensität der Schmerzen, Alter des Patienten, Dauer der Behandlung, Dauer der Arbeitsunfähigkeit, Grad des Verschuldens des Arztes usw. Allgemeingültige Beträge für bestimmte Körperschäden lassen sich nicht angeben. Insbesondere handelt es sich um einen einheitlichen Anspruch. Der Schmerzensgeldanspruch darf nicht nach Zeitabschnitten und Körperteilen einzeln bemessen und dann addiert werden. Die konkrete Höhe des Schmerzensgeldes orientiert sich in der Praxis an bereits entschiedenen Vergleichsfällen.

Beispiele für die Höhe des Schmerzensgeldes:
- Narbenbildung aufgrund eines Pararektalschnitts bei einer Blinddarmoperation: 1.500,00 € (AG Geilenkirchen, Urteil vom 15.06.2000 – 2 C 136/98, VersR 2001, 768)
- Schmerzensgeld für Todesangst verursachenden Behandlungsfehler: 2.500,00 € (LG Dortmund, Urteil vom 17.03.2016 – 4 O 210/11).
- Psychische Folgen wegen des Abbruchs einer ungewollten Schwangerschaft, welche durch einen unterstellten Behandlungsfehler verursacht wurde: max. 4.500,00 € (OLG Köln, Beschluss vom 18.04.2011 – 5 U 21/11, GesR 2011, 605)
- Herausbildung eines Herzwandaneurysmas nach unzureichender diagnostischer Abklärung eines Vorderwandinfarkts: 5.000,00 € (OLG Oldenburg, Urteil vom 25.11.1997 – 5 U 64/97, VersR 1999, 317)
- Behandlungsfehlerhafte Positionierung eines Kreuzbandimplantates mit nachfolgendem Transplantatversagen. Erforderlichkeit einer Folgeoperation: 8.000,00 € (OLG Stuttgart, Urteil vom 04.06.2002 – 14 U 86/01, VersR 2003, 252)
- Grober Befunderhebungsfehler verzögert die Behandlung eines Synovialsarkoms (Maligner Weichgewebstumor) im Unterschenkel; Folge: dauerhafte Fuß- und Großzehenheberschwäche: 15.000,00 Euro (OLG Hamm, Urteil vom 18.02.2015 – 3 U 166/13).
- Aufklärungsfehler in Bezug auf Risiko eines neuen Krebsmedikamentes des dauerhaften fast vollständigen Haarverlustes bei einer 45-jährigen Frau nach Chemotherapie: 20.000,00 € (OLG Köln, Urteil vom 21.03.2016 – 5 U 76/14)
- Verkennung einer Hüftdysplasie bei einem Säugling, hieraus resultierende bleibende Hüftschäden, mehrjährige stationäre Betreuung und mehrfache Operationen: 25.000,00 € (OLG Brandenburg, Urteil vom 08.04.2003 – 1 U 26/00, VersR 2004, 1050)
- Amputation der linken Brust sowie Entfernung sämtlicher Lymphknoten der linken Achselhöhle als Folge eines ärztlichen Behandlungsfehlers: 30.000,00 € (OLG Düsseldorf, Urteil vom 06.03.2003 – 8 U 22/02 – unveröffentlicht)
- Totalerblindung nach ärztlichem Diagnosefehler: 90.000,00 € (OLG Karlsruhe, Urteil vom 14.11.2007, unveröffentlicht)
- Darmverschluss zu spät erkannt, dies führte zum teilweisen Absterben eines Darmteils und zu einer Perforation des Darms: 90.000,00 € (OLG Hamm, Urteil vom 21.11.2014 – 26 U 80/13).

- Hautkrebs nicht rechtzeitig erkannt, bis zum Tod führende Verschlechterung des Gesundheitszustandes: 100.000,00 Euro (OLG Hamm, Urteil vom 27.10.2015 – 26 U 63/15).
- Grob fehlerhafte Verletzung der Schädelbasis im Bereich des Siebbeines im Rahmen einer Nasenoperation, knöcherner Defekt, massive Einblutung im Gehirn; erhebliche Einschränkungen in nahezu allen Bereichen des privaten Lebens 200.000,00 € (OLG Köln, 13.04.2016 – 5 U 107/15)
- Querschnittslähmung nach fehlerhafter Bandscheibenoperation: 220.000,00 € (OLG Hamm, Urteil vom 12.04.2004 – 3 U 264/03, unveröffentlicht)
- Für die durch eine Sauerstoffunterversorgung während der Geburt verursachten schwersten Hirnschädigungen können 300.000,00 € angemessen sein (OLG München, Urteil vom 23.12.2011 – 1 U 3410/09)
- Schwerer Geburtsschaden, schwerste Hirnschädigung mit der Konsequenz lebenslanger Pflege: Schmerzensgeldkapitalbetrag 500.000,00 € zzgl. Schmerzensgeldrente 500,00 € monatlich (OLG Zweibrücken, Urteil vom 22.03.2008 – 5 U 6/7).

9.3 Der typische Gang einer Auseinandersetzung

In der Praxis verlaufen Auseinandersetzungen zwischen dem Arzt und dem Patienten in aller Regel so, dass der Patient zunächst außergerichtlich versucht, Ansprüche gegen den Arzt durchzusetzen. Erst danach, mitunter jedoch auch ohne einen außergerichtlichen „Vorlauf", mündet eine Auseinandersetzung in ein gerichtliches Verfahren.

9.3.1 Die außergerichtliche Auseinandersetzung zwischen einem Arzt und einem Patienten

9.3.1.1 Das erste Schreiben des Patienten oder seines Anwalts

Außergerichtliche Auseinandersetzungen beginnen regelmäßig mit einem Schreiben des Patienten oder seines Anwalts, in dem der Vorwurf eines Behandlungsfehlers formuliert, die Herausgabe von Behandlungsunterlagen, die Abgabe einer Stellungnahme und/oder die Zahlung eines bestimmten Betrages verlangt wird. Ein solches Schreiben könnte wie folgt aussehen:

> Sehr geehrter Herr Dr. Heilgut,
> ich zeige an, dass ich die rechtlichen Interessen von Frau Meyer, XY-Straße 21 Z-Stadt, vertrete. Eine auf mich lautende Vollmacht ist diesem Schreiben beigefügt, desgleichen eine Schweigepflichtentbindungserklärung.
> Frau Meyer befand sich im Zeitraum vom 20.12.2015 bis zum 01.08.2016 in Ihrer orthopädischen Behandlung. Seit der ambulant durchgeführten Knie-Operation vom 05.05.2016 leidet sie unter massiven Beschwerden, die nicht als übliche postoperative Beschwerden angesehen werden können. Ich gehe daher davon aus, dass Sie meine Mandantin fehlerhaft behandelt haben. Daher melde ich für meine Mandantin Schmerzensgeld- und Schadensersatzansprüche an.

Im Namen meiner Mandantin fordere ich Sie auf, uns Ihre Behandlungsunterlagen sowie die Röntgenaufnahmen umgehend im Original zu übersenden. Hierfür setze ich Ihnen eine Frist von vier Tagen.
Mit freundlichen Grüßen
Haudrauf, Rechtsanwalt

9.3.1.2 Verhaltensregeln für den Arzt

In einer solchen Situation stellen sich für den Arzt die folgenden Fragen:
- Wie soll ich auf dieses Schreiben reagieren? Soll ich selbst antworten?
- Muss ich jemanden von diesem Schreiben unterrichten?
- Soll ich die Behandlungsunterlagen übersenden?
- Wie groß ist mein persönliches Haftungsrisiko?

Die erste Regel lautet: **Alleingänge sind zu vermeiden**. Das bedeutet, dass der Arzt in keinem Fall ein umfangreiches Rechtfertigungsschreiben an den gegnerischen Rechtsanwalt oder den Patienten verfassen sollte. Diese Empfehlung gilt trotz der durch das Patientenrechtegesetz geregelten Verpflichtung des Arztes, den Patienten über erkennbare eigene Behandlungsfehler sowie Fehler des vorbehandelnden Arztes zu informieren, wenn der Patient nachfragt, § 630c Abs. 2 BGB.

Gibt es deutliche Anhaltspunkte für eine sich anbahnende Auseinandersetzung wie das Einsichts- oder Herausgabeverlangen bezüglich der Behandlungsunterlagen oder die Anmeldung von Ansprüchen, dann sollte die Angelegenheit **umgehend** in **professionelle Hände** gegeben werden.

Die wichtigsten Verhaltensregeln für den Arzt ergeben sich aus dem Vertrag mit der Berufshaftpflichtversicherung.

An erster Stelle steht die Pflicht, einen Schadensfall unverzüglich, spätestens innerhalb von einer Woche, **schriftlich beim Versicherer zu melden** (§ 104 VVG i.V.m. Ziffer 25.1 AHB). Dies gilt auch dann, wenn noch keine Schadensersatzansprüche erhoben worden sind. Der Sinn dieser Vorschrift besteht darin, dem Versicherer möglichst zügig die Gelegenheit zu geben, den Sachverhalt aufzuarbeiten und somit ein effektives Schadensmanagement zu ermöglichen. Der Arzt muss den Haftpflichtversicherer auch über die Einleitung eines staatsanwaltschaftlichen Ermittlungsverfahrens informieren.

Ferner muss der Arzt bei der Aufklärung des Sachverhaltes **mitwirken**, damit das Haftungsrisiko taxiert werden kann. Er hat dem Versicherer ausführliche und wahrheitsgemäße Schadenberichte zu erstatten und ihn bei der Schadenermittlung und -regulierung zu unterstützen. Alle Umstände, die nach Ansicht des Versicherers für die Bearbeitung des Schadens wichtig sind, müssen mitgeteilt sowie alle dafür angeforderten Schriftstücke übersandt werden, Ziff. 25.2 AHB. In diesem Zusammenhang verlangen die meisten Versicherer vorab vorsorglich eine Schweigepflichtentbindungserklärung des Patienten.

Die Rechtsfolge einer Obliegenheitsverletzung seitens des Arztes sind in Ziff. 26 AHB geregelt. Sie können bis zum vollständigen Verlust des Versicherungsschutzes reichen.

Früher war es dem Arzt untersagt, eigenmächtig die vom Patienten behaupteten Ansprüche anzuerkennen, Zahlungen zu leisten oder einen Vergleich zu schließen. Nunmehr ist in Ziff. 5 AHB geregelt, dass ein ohne Zustimmung des Versicherers abgegebenes Anerkenntnis oder ein Vergleich den Versicherer nur bindet, soweit der Anspruch ohne Anerkenntnis oder Vergleich auch bestanden hätte. Unabhängig hiervon ist eine enge Abstimmung und Zusammenarbeit mit dem Haftpflichtversicherer dringend empfehlenswert und letztendlich im eigenen Interesse des Arztes.

Häufig wird der Arzt von dem Patientenanwalt aufgefordert, die **Daten der Haftpflichtversicherung** mitzuteilen. Ein solchen Auskunftsanspruch bezüglich der Daten der Haftpflichtversicherung gibt es indes nicht, da es mangels eines Direktanspruches des Patienten gegenüber der Haftpflichtversicherung an einem berechtigten Informationsinteresse des Patienten fehlt (AG Dorsten, Urteil vom 02.10.2002 – 3 C 70/02, MedR 2005, 102).

Der Patient ist aber berechtigt, **Einsicht in seine vollständigen Behandlungsunterlagen** zu nehmen, „soweit der Einsichtnahme nicht erhebliche therapeutische Gründe entgegenstehen", § 630g BGB.

Behandlungsunterlagen sind sämtliche medizinisch relevanten Aufzeichnungen über die Behandlung des Patienten. Dies betrifft in erster Linie die handschriftliche und/oder EDV-gestützte Dokumentation, ferner sonstige Ergebnisse wie Röntgenaufnahmen, Laborbefunde, etc. Wird die Einsichtnahme in die Behandlungsunterlagen angefordert, dann ist gegen Kostenerstattung eine Kopie dieser Unterlagen zu übersenden. Bei einem entsprechenden Begehren des Patienten sollte diesem auch die Gelegenheit gegeben werden, sich die Originale in der Praxis anzusehen, wobei der Patient allerdings nicht unbeaufsichtigt sein sollte.

Unnötige Verzögerungen bei der Realisierung des Einsichtsrechts sind zu vermeiden. Dem Patienten ist „unverzüglich", also ohne schuldhaftes Verzögern, Einsicht zu gewähren. Erfolgt das Angebot der Einsichtnahme oder die Übersendung von Kopien verspätet, dann kann der Patient unter Umständen die Kosten eines anwaltlichen Beistandes dem Arzt in Rechnung stellen. Ferner kann eine unnötige Herausgabeklage drohen. Die hierdurch entstehenden Kosten werden von der Haftpflichtversicherung des Arztes nicht gedeckt.

Keinesfalls sollten demgegenüber die **Originale** der Behandlungsunterlagen an den Patienten oder dessen Bevollmächtigten **herausgegeben** werden. Diese Unterlagen sollte der Arzt sicher verwahren. Dies gilt auch für die oftmals nicht in Kopie vorliegenden Röntgenaufnahmen. Solche Unterlagen sind allerdings auf Anforderung einem nachbehandelnden ärztlichen Kollegen zur Verfügung zu stellen. Der Verbleib solcher Unterlagen sollte dokumentiert werden. Empfehlenswert ist außerdem eine Versendung per Einschreiben/Rückschein.

9.3.1.3 Weitere Schritte

Wenn die Haftpflichtversicherung des Arztes über die nötigen Informationen in dem Schadensfall verfügt, erfolgt eine Risikoeinschätzung, zum Teil unter Hinzuziehung eines Beratungsarztes. In Abhängigkeit von dem Ergebnis kann die Haftpflichtversicherung die weiteren Verhandlungen mit den Patientenvertretern führen. Insofern ist die sog. **Regulierungshoheit** der Versicherung stets zu berücksichtigen, Ziff. 5.2 AHB. Sie kann eigenverantwortlich entscheiden, in welchem Umfang sie den Forderungen der Patientenseite nachkommen oder diese zurückweisen will. Praktisch findet jedoch oftmals eine enge Abstimmung mit dem Arzt statt.

Finden sich keinerlei Anhaltspunkte für ein fehlerhaftes Verhalten des Arztes bzw. für ein Vorliegen eines kausalen Schadens, so werden die Ansprüche der Patientenseite grundsätzlich zurückgewiesen. Ergeben sich jedoch Indizien für das Vorliegen der Haftungsvoraussetzungen, dann unterbreitet der Versicherer dem Patienten in der Regel ein Angebot für eine außergerichtliche Einigung. Viele Schadensfälle können auf diesem Wege erledigt werden. Dabei erfolgt in aller Regel eine Einmalzahlung an den Patienten, um sämtliche Ansprüche endgültig, d. h. auch für ungewisse Entwicklungen in der Zukunft, abzugelten.

Lässt sich keine außergerichtliche Einigung erzielen, so steht der Patient vor der Wahl, die Auseinandersetzung fallen zu lassen oder ein Gerichtsverfahren anzustreben.

9.3.2 Das Gerichtsverfahren

9.3.2.1 Die Klageerhebung und erste Maßnahmen des Arztes

Das „normale" Gerichtsverfahren beginnt mit der Zustellung der Klageschrift. Die Zustellung der Klageschrift erfolgt durch das Gericht, bei dem die Klage eingereicht worden ist. Sachlich zuständig sind regelmäßig die Landgerichte, da mit Arzthaftungsklagen regelmäßig hohe Streitwerte verbunden sind.

Wird die Klageschrift zugestellt, ist zügiges Handeln geboten. Mit der Zustellung der Klagefrist beginnen Fristen zu laufen. Werden diese Fristen versäumt, kann allein aus diesem Grund ein Versäumnisurteil gegen den Arzt ergehen, sofern das sog. schriftliche Vorverfahren angeordnet wurde. Die Verteidigungsanzeige muss innerhalb von zwei Wochen ab der Klagezustellung erfolgen.

Spätestens ab diesem Zeitpunkt sollte ein Rechtsanwalt eingeschaltet werden. Für das Verfahren vor dem Landgericht ist dies zwingend, da prozessrelevante Erklärungen wegen des sogenannten Anwaltszwangs vor dem Landgericht nur wirksam durch einen Rechtsanwalt abgegeben werden können. Vor dem Amtsgericht könnte sich der Arzt theoretisch selbst vertreten, hiervon ist jedoch aufgrund der Komplexität der Sach- und Rechtslage in Arzthaftungssachen dringend abzuraten. Im Übrigen ist auch diesbezüglich der Haftpflichtversicherer zu beachten:

Aus der o. g. Regulierungsvollmacht des Versicherers folgt, dass der Arzt den vom Versicherer benannten Rechtsanwalt bevollmächtigen, ihm alle erforderlichen Auskünfte und angeforderten Unterlagen überlassen muss (25.5 AHB).

9.3.2.2 Die Klageerwiderung

Aus der Klageschrift ist zunächst ersichtlich, was genau der Patient begehrt. Dies steht in den Klageanträgen.

> **Beispiel:**
> Wir werden beantragen,
> 1. die Beklagte zu verurteilen an den Kläger ein angemessenes Schmerzensgeld, mindestens jedoch 500.000 Euro nebst Zinsen in Höhe von 5 Prozentpunkten über dem Basiszinssatz hieraus seit Rechtshängigkeit zu zahlen,

2. festzustellen, dass die Beklagte verpflichtet ist, dem Kläger sämtlichen materiellen Schaden und weitere immaterielle Schäden, welche im Zeitpunkt der mündlichen Verhandlung noch nicht vorhersehbar sind, zu ersetzen, soweit die Schäden nicht auf Sozialversicherungsträger oder sonstige Dritte übergegangen sind oder noch übergehen werden.

Aus der Begründung der Klageschrift wird regelmäßig deutlich, weshalb der Patient einen Behandlungsfehler/Aufklärungsfehler annimmt. Zwar ist der Patient nicht gehalten, medizinische Details detailliert zu schildern, jedoch muss der Patient ein Mindestmaß an substantiierten Vortrag liefern.

In der **Klageerwiderung** sollte im Einzelnen die Sicht des Arztes geschildert werden. Häufig bedarf schon die Darstellung des Behandlungsgeschehens der Korrektur. Es kann erläutert werden, warum das medizinische Vorgehen lege artis war und/oder die behaupteten Schäden nicht verursacht worden sind. Wird eine fehlerhafte Aufklärung gerügt, ist darzulegen, in welcher Form der Patient aufzuklären war und inwieweit dies geschehen ist.

9.3.2.3 Die Einholung eines Sachverständigengutachtens

Das Gericht stellt aufgrund der Klage und der Klageerwiderung fest, welche Punkte zwischen den Parteien streitig sind. Originäre Aufgabe des Gerichts ist es dann, eine Klärung dieser streitigen Fragen herbeizuführen.

Mangels medizinischer Kenntnisse muss sich das Gericht fachkundiger Hilfe bedienen, was durch die **Einholung eines Sachverständigengutachtens** erfolgt. Um ein solches Gutachten in Auftrag zu geben, erlässt das Gericht einen sogenannten **Beweisbeschluss**. Dieser enthält Fragen an den Sachverständigen, die aus Sicht des Gerichts klärungsdürftig sind.

Dem Sachverständigen kommt im Haftungsprozess eine entscheidende Rolle zu. Er bewertet die Behandlung daraufhin, ob sie dem Facharztstandard entsprach. Er klärt beispielsweise auch, welche Risiken und Alternativen einer Behandlung aufklärungspflichtig sind. Ferner stellt er fest, in welchem Umfang Gesundheitsschäden bei dem Patienten eingetreten sind; ihm obliegt die Prüfung, wie wahrscheinlich Gesundheitsschäden auf Behandlungsfehler zurückzuführen sind. Er gibt schließlich auch entscheidende Hinweise darauf, über welche Umstände einer Behandlung aufzuklären ist.

Auf die **Eignung des Sachverständigen** für die Beurteilung der ihm gestellten Fragen ist ein besonderes Augenmerk zu richten. Es dürfen keine Zweifel an seiner fachlichen Kompetenz bestehen. Auch darf er nicht dem Verdacht ausgesetzt sein, parteiisch zu urteilen. Es ist ferner dafür Sorge zu tragen, dass dem Sachverständigen alle für die Bewertung des Falles relevanten Unterlagen (auch die von Vor-, Neben- oder Nachbehandlern) zur Verfügung stehen. Zum Teil tragen die Gerichte dem von sich aus Rechnung, zum Teil muss hierauf jedoch aktiv hingewirkt werden.

Der Sachverständige wird in der Regel vom Gericht beauftragt, zunächst ein **schriftliches Gutachten** zu erstellen. Bis dieses Gutachten vorliegt, vergehen nach der Beauftragung des Sachverständigen üblicherweise mehrere Monate. Sobald das Gutachten vorliegt, wird es den Parteien zur Verfügung gestellt, damit diese hierzu

Stellung nehmen können. Fällt das Gutachten für den Arzt positiv aus und ist es gut sowie nachvollziehbar begründet, erübrigt sich eine Stellungnahme. Bleiben jedoch Unklarheiten oder gelangt der Sachverständige zu dem Ergebnis, dass eine fehlerhafte Behandlung vorliegt, dann ist die Mitarbeit des Arztes gefragt. Er sollte den Rechtsanwalt mit schriftlichen Anmerkungen zu dem Sachverständigengutachten unterstützen. Auf dieser Grundlage fertigt der Rechtsanwalt seinerseits eine Stellungnahme hierzu. Der Sachverständige kann dann zu Einwänden der Beteiligten ergänzend schriftlich Stellung nehmen. Die Parteien können jedoch auch beantragen, den Sachverständigen ergänzend zur Erläuterung seiner schriftlichen Ausführungen **mündlich anzuhören**.

Es folgt ein Termin zur mündlichen Verhandlung. Der Sachverständige wird zu einem solchen Termin geladen, wenn eine Partei es beantragt hat oder das Gericht bestimmte Fragen noch für klärungsbedürftig hält. Sowohl das Gericht als auch die Parteien haben dann die Gelegenheit, dem Sachverständigen ergänzende Fragen zu stellen.

In Arzthaftungsverfahren ordnet das Gericht regelmäßig das persönliche Erscheinen der Parteien, also auch des Arztes an. Dies geschieht in der Regel dann, wenn der Hergang des Behandlungsgeschehens oder Fragen der Aufklärung zwischen dem Arzt und dem Patienten streitig sind. Grundsätzlich ist der Arzt in diesem Fall verpflichtet, an dem Termin teilzunehmen.

9.3.2.4 Die gerichtliche Entscheidung

Das Gerichtsverfahren endet regelmäßig mit einer Gerichtsentscheidung.

Beweislast

Für die Gerichtsentscheidung spielt die **Verteilung der Beweislast** eine maßgebliche Rolle. Die Beweislast bezeichnet die Risikoverteilung, wenn ein bestimmter Umstand von einer Partei nicht zur Überzeugung des Gerichts bewiesen werden konnte. Bei der Verteilung der Beweislast ist zunächst zwischen der Haftung aus einem Behandlungsfehler einerseits und der Haftung aus einem Aufklärungsfehler andererseits zu differenzieren:

Bei der **Haftung aus einem Behandlungsfehler** trägt grundsätzlich der **Patient** die Beweislast für die Voraussetzungen der Haftung. Das bedeutet: Der Patient muss das Vorliegen des Behandlungsfehlers, des Schadens sowie des Ursachenzusammenhangs zur vollen Überzeugung des Gerichts beweisen.

Von diesem Grundsatz macht das Gesetz in § 630h BGB jedoch in bestimmten Fällen Ausnahmen.

Die wichtigste Rolle spielt hierbei der sogenannte **grobe Behandlungsfehler**. Ein solcher liegt vor, wenn der Arzt eindeutig gegen bewährte ärztliche Behandlungsregeln oder gesicherte medizinische Erkenntnisse verstoßen und einen Fehler begangen hat, der aus objektiver Sicht nicht mehr verständlich erscheint, weil er dem Arzt schlechterdings nicht unterlaufen darf. Zu berücksichtigen ist, dass nicht zwingend auf einen isolierten Fehler abzustellen ist. Auch eine Häufung von für sich genommenen nicht gravierenden Fehlern kann in ihrer Gesamtschau dazu führen, dass die Behandlung als grob fehlerhaft qualifiziert wird.

Liegt ein grober Behandlungsfehler vor und ist dieser grundsätzlich geeignet, eine Verletzung des Lebens, des Körpers oder Gesundheit der tatsächlich eingetretenen Art herbeizuführen, so führt dies zu einer Beweislastumkehr hinsichtlich des Kausalzusammenhangs zwischen dem behandlungsfehlerhaften Verhalten und dem Gesundheitsschaden. Dies ist seit dem Patientenrechtegesetz in § 630h Abs. 5 S. 1 BGB geregelt.

Es liegt dann an dem Arzt, den – naturgemäß sehr schwierigen – Nachweis zu führen, dass die Behandlung gerade nicht zu den festgestellten Schäden geführt haben kann. Wenn der Arzt in dieser Situation nicht nachweisen kann, dass der behauptete Ursachenzusammenhang gänzlich unwahrscheinlich ist, dann ist zu Gunsten des Patienten vom Vorliegen der Kausalität auszugehen.

Bei der **Haftung aus einem Aufklärungsfehler** liegt die Beweislast für eine ordnungsgemäße Aufklärung und auch für die Einwilligung beim **Arzt**, § 630 h BGB.

Den Gesundheitsschaden muss dagegen auch hier der Patient beweisen, während hinsichtlich der Kausalität der Nachweis des Patienten genügt, dass er bei ordnungsgemäßer Aufklärung in einen ernsthaften Entscheidungskonflikt darüber geraten wäre, ob er die Behandlung hätte durchführen lassen. Diesem Argument kann der Arzt nur dann erfolgreich begegnen, wenn ihm der Nachweis gelingt, dass sich der Patient auch bei ordnungsgemäßer Aufklärung für die Durchführung des Eingriffs entschieden hätte (hypothetische Einwilligung).

▶ **Hinweis:** Es zeigt sich erneut, dass die ausführliche Aufklärung und Dokumentation dieses Umstandes von sehr großer Bedeutung ist.

Vergleich und Urteil
Auch im Rahmen des Gerichtsverfahrens kann es jederzeit zu Vergleichsverhandlungen kommen. Nicht selten unterbreitet das Gericht nach einer ergänzenden Anhörung des Sachverständigen einen Vergleichsvorschlag.
Kommt eine vergleichsweise Erledigung einer Auseinandersetzung nicht zustande, so hat das Gericht ein Urteil zu sprechen. Das Ergebnis erfahren die Parteien in der Regel nicht schon in der mündlichen Verhandlung – wenngleich es danach oft absehbar ist – sondern erst später auf schriftlichem Wege.

9.3.2.5 Rechtsmittel

Das Urteil kann die beschwerte, also unterliegende, Partei innerhalb eines Monats ab Zustellung der Entscheidung mit dem Rechtsmittel der **Berufung** angreifen. Zuständig für die Berufung ist bei Urteilen des Amtsgerichts das Landgericht. Erstinstanzliche Urteile des Landgerichts werden durch das Oberlandesgericht überprüft.

Das Berufungsverfahren dient dazu, Fehler eines erstinstanzlichen Urteils zu beseitigen. Die Fehlerkontrolle bezieht sich dabei sowohl auf tatsächliche Umstände als auch auf Rechtsfragen. Ein neuer Vortrag ist in der Berufungsinstanz nur unter engen rechtlichen Voraussetzungen möglich. Daher muss der Arzt darauf achten, dass alle erheblichen Umstände bereits in erster Instanz vorgetragen werden.

Gegen Urteile der Berufungsinstanz steht die **Revision** zur Verfügung. Sie bedarf jedoch einer besonderen Zulassung durch das Gericht. Die Revision dient ausschließlich der Überprüfung des Urteils unter rechtlichen Gesichtspunkten. Eine Überprüfung der festgestellten Tatsachen erfolgt nicht.

9.3.2.6 Das selbständige Beweisverfahren

Neben einem „normalen" Klageverfahren hat der Patient die Möglichkeit, die Durchführung eines selbständigen Beweisverfahrens zu beantragen. Es dient dazu, den status quo zu sichern. Auf Antrag wird ein Sachverständigengutachten eingeholt. Anders als im Klagverfahren werden die Beweisfragen ausschließlich durch die Patientenseite formuliert. Dies führt oftmals dazu, dass nicht alle notwendigen Fragen für die Haftung des Arztes geklärt werden. Nicht selten führt ein vorheriges selbständiges Beweisverfahren sogar – ungewollt – zu einer Verlängerung des gesamten Verfahrens.

Der BGH hat jedoch in seiner Grundsatzentscheidung vom 21.01.2003 – VI ZB 51/02 klargestellt, dass das Beweisverfahren in Arzthaftungssachen grundsätzlich zulässig sei. Allerdings dürfe nur der Zustand der Person, die hierfür maßgeblichen Gründe und Wege zur Beseitigung des Schadens festgestellt werden. Zulässig sind z. B. Fragen wie: Hat der Patient auf dem linken Auge sein Sehvermögen verloren?

Wird dem Arzt eine Antragsschrift auf Durchführung des selbständigen Beweissicherungsverfahrens durch das Gericht zugestellt, gelten die gleichen Empfehlungen wie im Rahmen eines Klageverfahrens: Ruhe bewahren und den Haftpflichtversicherer informieren.

9.4 Die Prävention von Haftungsfällen

Jeder Arzt wird sich stets um eine bestmögliche Behandlung bemühen. Doch selbst bei einer ordnungsgemäßen Behandlung und Aufklärung drohen im Hinblick auf die rechtlichen Beweisregeln Fallstricke für die Haftung. Darüber hinaus sind Unzulänglichkeiten des Arztes im menschlichen Umgang mit dem Patienten eine Quelle des Streits. Der Arzt kann sein Haftungsrisiko erheblich verringern, wenn er die folgenden Grundregeln beherzigt.

9.4.1 Außerrechtliche Ansatzpunkte zur Verringerung des Haftungsrisikos

Auch wenn das Arzt-Patienten-Verhältnis sich stärker einer Dienstleister-Kunden-Beziehung angenähert hat, so bleibt es doch in den meisten Fällen ein sehr persönliches Vertrauensverhältnis. Wird ein angestrebter Behandlungserfolg nicht erzielt, so kann die Zuspitzung eines Konflikts zum Teil dadurch vermieden werden, dass der Arzt sich für die Perspektive des Patienten öffnet.

Untersuchungen über die Motivation von Patienten, eine streitige Auseinandersetzung mit dem Arzt anzustreben, haben gezeigt, dass ein empfundenes

9.4 Die Prävention von Haftungsfällen

Informationsdefizit eine starke Triebfeder bildet. Klagen über das Ausmaß, Verständlichkeit und Genauigkeit von Informationen sind nach dem Fehlschlagen einer Behandlung typisch. Häufig besteht auch Frustration darüber, keine überzeugende Erklärung für das Geschehen zu erhalten.

Gerichtliche Auseinandersetzungen werden daher auch mit dem Ziel betrieben, eine genaue Aufklärung des Geschehensablaufs zu erhalten. Der Wunsch nach dem Ausdruck eines Bedauerns spielt ebenfalls eine gewichtige Rolle. Finanzielle Aspekte sind natürlich nicht belanglos, jedoch im Verhältnis zu den vorgenannten Gesichtspunkten nicht selten von nachrangiger Bedeutung.

▶ **Tipp:** Die o.g. Regulierungshoheit des Versicherers führt nicht dazu, dass der Arzt gar nicht mit dem Patienten oder mit Angehörigen sprechen darf. Ein Gespräch über den Geschehensablauf kann die Situation oftmals entschärfen.

9.4.2 Rechtliche Ansatzpunkte

9.4.2.1 Dokumentation

Die Bedeutung der ordnungsgemäßen **Behandlungsdokumentation** kann gar nicht überschätzt werden. Die Dokumentationspflicht ist nunmehr in § 630f BGB geregelt. Gemäß § 630f Abs. 1 BGB ist der Arzt verpflichtet, zum Zwecke der Dokumentation in unmittelbarem zeitlichen Zusammenhang mit der Behandlung eine Patientenakte in Papierform oder elektronisch zu führen.

Inhalt und Umfang der Dokumentation

Der Sinn der Dokumentationspflicht besteht in erster Linie darin, eine ordnungsgemäße Behandlung bzw. deren Fortführung sicherzustellen. Daher müssen grundsätzlich nur solche Umstände dokumentiert werden, die aus medizinischer Sicht für die Sicherheit des Patienten nötig sind. Daher heißt es in § 630f Abs. 2 BGB, dass der Arzt verpflichtet ist, in der Patientenakte sämtliche aus fachlicher Sicht für die derzeitige und zukünftige Behandlung wesentlichen Maßnahmen und deren Ergebnisse aufzuzeichnen, insbesondere die Anamnese, Diagnosen, Untersuchungen, Untersuchungsergebnisse, Befunde, Therapien und Wirkungen, Eingriffe und ihre Wirkungen.

In Bezug auf Aufklärung und Einwilligung existierte vor Inkrafttreten des Patientenrechtegesetzes keine Dokumentationspflicht, da dies aus medizinischer Sicht nicht geboten ist. Neu ist, dass auch „Einwilligungen und Aufklärungen" zu dokumentieren sind. Diese Regelung ist juristisch umstritten, sollte jedoch gleichwohl nicht zuletzt aus Beweisgründen beachtet werden.

Darüber hinaus sollten stets „Abweichungen vom Normalverlauf" dokumentiert werden, beispielsweise die Weigerung des Patienten, notwendige Behandlungen durchführen zu lassen oder das Versäumen von Terminen.

Die Dokumentation muss so umfangreich sein, dass ein Fachkollege die wesentlichen Umstände aus der Patientenakte entnehmen und die Behandlung fortsetzen könnte. Hieraus folgt, dass eine bloße Aufzeichnung von Abrechnungsziffern nicht ausreichend sein kann.

Besonders sorgfältig muss die Aufklärung dokumentiert werden. Zumindest die wichtigsten Inhalte sollten explizit notiert sein. Skizzen, aus denen deutlich wird, dass dem Patienten Risiken auch bildlich vor Augen geführt wurden, sind hilfreich.

Werden standardisierte Aufklärungsbögen verwendet, so sollten diese individualisiert werden. Im Gespräch thematisierte Gesichtspunkte sollten hervorgehoben oder nochmals gesondert notiert werden. Auch hier sind Skizzen zur Veranschaulichung sinnvoll. Ferner empfiehlt es sich – nicht zuletzt zur Selbstkontrolle des Arztes – die Dauer des Aufklärungsgespräches festzuhalten.

Zeitpunkt der Dokumentation
Die Dokumentation muss „in unmittelbarem zeitlichen Zusammenhang" zur Behandlung erfolgen. Berichtigungen und Änderungen in der Patientenakte sind nur zulässig, wenn neben dem ursprünglichen Inhalt erkennbar bleibt, wann sie vorgenommen worden sind. Dies ist auch bei elektronisch geführten Patientenakten sicherzustellen, § 630f Abs. 2 BGB. Von der nachträglichen „Optimierung" der Patientenakte ist dringend abzuraten. Ein solches Vorgehen ist strafrechtlichen relevant, da der Tatbestand der Urkundenfälschung und des (versuchten) Prozessbetruges verwirklicht sein könnte.

Rechtsfolgen der Dokumentation
Entspricht die Behandlungsdokumentation in der Gesamtschau den o.g. Anforderungen, dann kommt ihr als Urkunde ein hoher Beweiswert zu. Die ordnungsgemäße Dokumentation trägt grundsätzlich „die Vermutung der Vollständigkeit und Richtigkeit" in sich.

So positiv aus Sicht des Arztes der Beweiswert einer ordnungsgemäßen Dokumentation ist, so schwierig wird die Situation für ihn, wenn dokumentationspflichtige Umstände nicht in der Karteikarte festgehalten sind. In diesem Fall greift die Vermutung, dass der Arzt die dokumentationspflichtige Maßnahme nicht vorgenommen hat, § 630h Abs. 3 BGB.

> **Beispiel:**
> Ein Patient hat Beschwerden am Knie. Dr. Baker stellt bei seiner klinischen Untersuchung einen pathologischen Befund fest und stellt die Indikation für eine Operation. Die Beschwerden des Patienten verschlimmern sich später und er wirft Dr. Baker vor, es habe keine Indikation für die Operation bestanden. Dr. Baker erinnert sich noch genau an den Befund, hat diesen jedoch nicht in seiner Karteikarte festgehalten. – In dieser Situation wird wegen des fehlenden Eintrags in der Karteikarte zugunsten des Patienten vermutet, dass ein operationsbedürftiger pathologischer Befund nicht vorlag.

Das Beispiel verdeutlicht, wie gravierend die Folgen mangelhafter Dokumentation im Prozess sein können. Zu beachten ist allerdings, dass die durch den fehlenden

Eintrag begründete Vermutung durch den Arzt widerlegt werden kann, z. B. durch die Zeugenvernehmung eines Assistenten, der den pathologischen Befund gesehen hat oder durch ein Röntgenbild, aus dem sich die Notwendigkeit einer Operation erkennen lässt.

Wegen der enormen Bedeutung der Dokumentation ist **größte Sorgfalt** hierbei geboten. Insbesondere empfiehlt es sich auch, Normalbefunde explizit festzuhalten.

9.4.2.2 Wunschbehandlungen

Besondere Beachtung verdient schließlich die Problematik der **Wunschbehandlungen**. Immer häufiger drängen Patienten ihren Arzt zu einer bestimmten Behandlung, die medizinisch nicht sinnvoll ist. Gibt der Arzt diesem Wunsch des Patienten nach, wird oft genau dieses Vorgehen bei einer späteren gutachterlichen Überprüfung beanstandet.

Beispiel:

- Trotz der Notwendigkeit einer stationären Einweisung lässt sich der Arzt überreden, den Patienten weiterhin ambulant zu behandeln.
- Auf Wunsch des Patienten wird die Materialentfernung nach Frakturversorgung etwas früher vorgenommen.

In einer solchen Situation muss der Arzt zunächst überlegen, ob die von dem Patienten gewünschte Behandlungsform medizinisch noch vertretbar ist. Sollte dies nicht der Fall sein, macht sich der Arzt selbst dann schadensersatzpflichtig, wenn er den Patienten intensiv und eindringlich darauf hinweist, dass diese Behandlung medizinisch kontraindiziert ist. In solchen Fällen muss der Arzt die gewünschte Behandlung **ablehnen**. Die Behandlung muss stets lege artis sein.

9.4.3 Kontrolle des Versicherungsschutzes

Neben den aufgezeigten Ansatzpunkten zur Vermeidung von Haftungsfällen verdient ein weiterer Gesichtspunkt gerade für freiberuflich tätige Ärzte eine besondere Beachtung, um im Falle einer Inanspruchnahme wirtschaftliche Risiken einer Haftung abzuwenden. Insoweit bedarf der bestehende Versicherungsschutz zwingend der regelmäßigen Kontrolle (Höhe der Deckungssumme, versicherte Tätigkeiten, versicherter Personenkreis).

Der Versicherungsschutz muss sich bei freiberuflich tätigen Ärzten nicht nur auf die eigene Tätigkeit, sondern grundsätzlich auch auf Tätigkeiten von Praxisvertretern, angestellten Ärzten, Assistenten oder Arzthelferinnen beziehen.

Die **Gefahr einer Versicherungslücke** besteht für den Fall, dass der Arzt seine Berufstätigkeit aufgibt. Nach Ziff. 17 AHB erlischt der Versicherungsschutz, wenn versicherte Risiken vollständig oder dauernd wegfallen. Das bedeutet: Bei Beendigung der ärztlichen Tätigkeit, z. B. durch eine Aufgabe oder Übertragung der Praxis, erlischt das versicherte Risiko und damit die Versicherung. Werden Schäden erst später geltend gemacht, dann droht eine Versagung des Deckungsschutzes. Hier hilft eine sogenannte **„Nachhaftungsversicherung"**. Damit ist ein ausreichender Versicherungsschutz auch für den Fall gewährleistet, dass der Arzt sich erst Jahre nach Beendigung der beruflichen Tätigkeit Ansprüchen ehemaliger Patienten ausgesetzt sieht.

Für Ärzte, die auch im Ruhestand noch gelegentlich ärztlich tätig sind, und z. B. Gefälligkeits-, Notfallbehandlungen oder Praxisvertretungen durchführen, bietet sich zur Absicherung der dabei vorgenommenen Behandlungen zusätzlich eine sogenannte **„Ruhestandsversicherung"** an, die mit der Nachhaftungsversicherung kombiniert werden kann.

Der Arzt und das Arbeitsrecht   10

10.1 Rechtliche Grundlagen

Arbeitsrechtliche Fragestellungen treten im Praxis- und Klinikalltag nahezu alltäglich auf. Dies gilt sowohl für den Arzt als Praxisinhaber und somit Arbeitgeber als auch für den Arzt als Arbeitnehmer. Daher sollte jeder Arzt unabhängig von seiner Position die wichtigsten arbeitsrechtlichen Strukturen kennen.

Die wichtigste Grundlage des Arbeitsverhältnisses ist regelmäßig der Arbeitsvertrag. Daneben gibt es eine Vielzahl weiterer Rechtsquellen, die zu beachten sind: Tarifverträge, das Bürgerliche Gesetzbuch, das Kündigungsschutzgesetz, das Bundesurlaubsgesetz, das Teilzeit- und Befristungsgesetz, das Mutterschutzgesetz, das Arbeitszeitgesetz, das Grundgesetz u.v.m.

Der **Arbeitsvertrag** ist ein Unterfall des Dienstvertrages, auf den die §§ 611 ff. BGB anzuwenden sind. Darin verpflichtet sich der Arbeitnehmer zur persönlichen Erbringung der vereinbarten Leistung, während der Arbeitgeber insbesondere verpflichtet ist, die Vergütung zu zahlen.

10.2 Begründung eines Arbeitsverhältnisses

Im Arbeitsrecht gilt der Grundsatz der Vertragsfreiheit. Danach können die Parteien frei entscheiden, ob und mit wem sie ein Arbeitsverhältnis begründen wollen (Abschlussfreiheit). Die Vertragsgestaltung (Inhaltsfreiheit) wird jedoch durch zahlreiche zwingende gesetzliche Bestimmungen und Kollektivverträge eingeschränkt.

10.2.1 Vertragsanbahnung

Rechtliche Stolperfallen drohen aus Sicht des Arbeitgebers bereits im Rahmen der Vertragsanbahnung, also der Veröffentlichung von Stellenanzeigen und in Bewerbungsgesprächen. Rechtsverstöße können mitunter kostspielig werden.

10.2.1.1 Allgemeines Gleichbehandlungsgesetz

Die Vorschriften des **Allgemeinen Gleichbehandlungsgesetzes (AGG)** finden schon in diesem frühen Stadium Anwendung. Das Gesetz bezweckt Benachteiligungen aus Gründen der Rasse oder wegen der ethnischen Herkunft, des Geschlechts, der Religion oder Weltanschauung, einer Behinderung, des Alters oder der sexuellen Identität zu verhindern oder zu beseitigen. Arbeitnehmer, die zu ihrer Berufsbildung Beschäftigten, arbeitnehmerähnliche Personen, Bewerber und ausgeschiedene Arbeitnehmer dürfen nicht wegen einer der vorgenannten Gründe benachteiligt werden. Große praktische Bedeutung hat dies für Stellenanzeigen. Ein Arbeitsplatz darf nicht unter Verstoß gegen eines der genannten Merkmale ausgeschrieben werden. Hierbei werden dem Arbeitgeber Pflichtverletzungen eines Dritten – z. B. der Bundesagentur für Arbeit – zugerechnet (BAG, Urteil vom 05.02.2004 – 8 AZR 112/03). Ein dennoch erfolgter Verstoß kann erhebliche Konsequenzen mit sich bringen: Das Gesetz sieht Unterlassungs-, Schadensersatz- und Entschädigungsansprüche vor. Voraussetzung des Entschädigungsanspruchs ist eine subjektiv ernsthafte Bewerbung. Wer nicht die Begründung eines Arbeitsverhältnisses beabsichtigt, sondern lediglich die Zahlung einer Entschädigung anstrebt (sog. „AGG-Hopper"), handelt rechtsmissbräuchlich und ist nicht anspruchsberechtigt.

Um diese möglichen Rechtsfolgen zu vermeiden, ist es zwingend erforderlich, Stellenanzeigen neutral in Bezug auf die Benachteiligungsverbote des AGG zu formulieren. Bewerbungsgespräche, in denen ebenfalls keine Benachteiligung stattfinden darf, sollten in Anwesenheit eines Zeugen geführt werden und dokumentiert werden. Die zeitnahe und genaue Dokumentation ist vor allem wegen der Besonderheiten im Rahmen der Darlegungs- und Beweislast von Bedeutung. Der Benachteiligte muss Indizien beweisen, die eine Benachteiligung wegen der gesetzlich geregelten Gründe vermuten lassen. Gelingt dies, muss der Arbeitgeber beweisen, dass keine Benachteiligung vorlag oder dass diese Benachteiligung sozial gerechtfertigt ist. Für diesen Beweis kann die Dokumentation sehr hilfreich sein.

▶ **Praxistipp:**
1. Stellenanzeigen sind so neutral wie möglich zu formulieren; es darf keine Benachteiligung des Bewerbers aus Gründen der Rasse oder wegen der ethnischen Herkunft, des Geschlechts, der Religion oder Weltanschauung, einer Behinderung, des Alters oder der sexuellen Identität zu erkennen sein.
   Unzulässig:
   Junge, deutsche Arzthelferin (20 bis 30 Jahre) gesucht.
2. Lassen Sie auch im übrigen Bewerbungsverfahren keine Benachteiligungen aus den o.g. Gründen erkennen, insbesondere nicht bei der Absage.
3. Führen Sie Bewerbungsgespräche möglichst nicht alleine, sondern in der Gegenwart eines Zeugen.
4. Dokumentieren Sie das Bewerbungsgespräch.

10.2.1.2 Fragerecht des Arbeitgebers

In Bewerbungsgesprächen kollidieren das Interesse des Arbeitgebers, sich über den zukünftigen Arbeitnehmer zu informieren und das Interesse des Bewerbers nicht private Details aus seinem Leben offenbaren zu müssen. Dabei ist zu beachten, dass der potentielle Arbeitnehmer nicht nur durch die oben beschriebenen Regelungen des AGG besonderen Schutz genießt, sondern auch durch das allgemeine Persönlichkeitsrecht vor unsachlichen bzw. unangemessenen Fragen geschützt wird. Bei der Beurteilung der Zulässigkeit von Fragen im Verlaufe des Bewerbungsgesprächs ist eine Abwägung der widerstreitenden Interessen vorzunehmen.

Der Bewerber muss Fragen nach der schulischen Ausbildung, dem beruflichen Werdegang, der beruflichen Erfahrung, der letzten Arbeitsstelle und der bisherigen Lohnhöhe wahrheitsgemäß beantworten.

Hingegen ist die Frage nach einer anstehenden Heirat bzw. nach dem Familienstand grundsätzlich unzulässig, wenn damit eine Benachteiligung wegen der sexuellen Identität verbunden ist. Strenge Maßstäbe sind bei Fragen nach Krankheiten anzulegen, da sie einen nicht unerheblichen Eingriff in die Intimsphäre des Bewerbers darstellen. Die Frage ist dann zulässig, wenn die Krankheit die Eignung des Bewerbers für die angestrebte Tätigkeit auf Dauer oder in periodisch wiederkehrenden Abständen erheblich beeinträchtigt oder aufhebt (z. B. Allergie gegen Desinfektionsmittel oder Latex). Unzulässig ist dagegen die allgemein gehaltene Frage nach dem Gesundheitszustand. Besteht wegen einer Krankheit die Gefahr einer Ansteckung für andere Mitarbeiter oder Patienten, ist dem Arbeitgeber ein Fragerecht einzuräumen. Bei einer Bewerbung für eine Tätigkeit in einem Heilberuf (nichtärztliches Personal/angestellter Arzt) wird daher auch die Frage nach einer HIV-Infektion regelmäßig für zulässig erachtet.

Die Frage nach einer bestehenden oder geplanten Schwangerschaft ist eine unzulässige Diskriminierung der Bewerberin. Dies gilt auch dann, wenn die Beschäftigte nur befristet eingestellt wurde und sie die Tätigkeit zunächst aufgrund eines Beschäftigungsverbotes nicht aufnehmen darf (BAG, Urteil vom 06.02.2003 – 2 AZR 621/01).

Unzulässige Fragen dürfen wahrheitswidrig beantwortet werden. Der Arbeitnehmer hat in diesen Fällen ausnahmsweise ein „Recht zur Lüge". Dem Grunde nach gilt: Fragen, die in einem direkten sachlichen Zusammenhang mit der beruflichen Tätigkeit (fachliche und persönliche Eignung) stehen, sind zulässig und müssen in der Regel wahrheitsgemäß beantwortet werden. Die unrichtige Beantwortung einer zulässigen Frage führt wegen einer arglistigen Täuschung des Arbeitgebers bei dem Abschluss des Arbeitsvertrages dazu, dass dieser berechtigt ist, das Arbeitsverhältnis anzufechten. Diese Anfechtung hat zur Folge, dass der Vertrag nichtig und somit gegenstandslos ist. Das Arbeitsverhältnis ist mit Zugang der Anfechtung beim Arbeitnehmer beendet. Die Beweislast für die zur Anfechtung berechtigenden Umstände trägt der Arbeitgeber.

10.2.2 Abschluss eines Arbeitsvertrages

Nicht selten wird im Praxisalltag kein schriftlicher Arbeitsvertrag geschlossen. Der Arbeitsvertrag unterliegt grundsätzlich keinem Formzwang. Er kann also auch mündlich oder stillschweigend geschlossen werden. Das Nachweisgesetz (NachwG) regelt jedoch die Verpflichtung des Arbeitgebers, zumindest die wesentlichen Bedingungen des Arbeitsverhältnisses schriftlich niederzulegen. Dies soll in erster Linie der Gefahr eines auf Arbeitnehmerseite bestehenden Informationsdefizits hinsichtlich der geltenden Vertragsbedingungen entgegenwirken und dient damit der Rechtssicherheit und -klarheit. Der Arbeitnehmer hat auch einen Erfüllungsanspruch auf Niederlegung, Unterzeichnung und Aushändigung der Niederschrift des Arbeitsvertrages. Unabhängig von den Vorgaben des Nachweisgesetzes bietet ein individueller, präziser Arbeitsvertrag vielfältige Möglichkeiten für den Praxisinhaber, Gestaltungsspielräume zu nutzen und unnötige Personalkosten zu sparen. Von der Verwendung von Musterverträgen, die nicht selten unzulässige Klauseln enthalten oder das Gewollte nicht abbilden, ist daher abzuraten. Vor allem sollte eine Bindung an Tarifverträge nie unüberlegt vereinbart werden, da diese regelmäßig arbeitnehmerfreundliche Regelungen enthalten.

10.2.3 Vertragsinhalte

Im Folgenden werden die wichtigsten Vertragsinhalte dargestellt.

10.2.3.1 Die Vergütung

Zentraler Bestandteil des Arbeitsvertrages ist die Vergütungsregelung. Im Rahmen der Vergütungshöhe ist zu beachten, dass seit dem 01.01.2017 der allgemeine gesetzliche Mindestlohn 8,84 Euro pro Stunde beträgt. Der gesetzliche Mindestlohn gilt für alle Arbeitnehmer über 18 Jahren, also auch für geringfügig Beschäftigte (sog. „Minijobber"). Für Minijobs sind erweiterte Dokumentations- und Aufbewahrungspflichten zu beachten. Auszubildende fallen nicht unter das Mindestlohngesetz. Bei Praktikanten ist zu differenzieren: Schul-, Ausbildungs- oder Hochschulpraktika bleiben dabei grundsätzlich vom Mindestlohn ausgenommen, ebenso Orientierungs- oder studienbegleitende Praktika von bis zu drei Monaten Dauer. Danach findet der Mindestlohn keine Anwendung auf Famulaturen von Medizinstudenten. Für andere, insbesondere längere Praktika kann der Mindestlohn greifen. Zu beachten ist auch, dass der Arbeitnehmer nicht auf seinen Mindestlohn verzichten kann.

10.2.3.2 Überstunden

Eine klare Vereinbarung sollte im Hinblick auf die Vergütung von Überstunden getroffen werden. Grundsätzlich gilt, dass der Arbeitnehmer Anspruch auf Vergütung von Überstunden hat. Zunächst bedarf der Arbeitgeber bereits für die Anordnung von Überstunden einer Rechtsgrundlage. Diese ergibt sich nicht aus dem Gesetz. Folglich sollte das Recht des Arbeitgebers, bei betrieblichem Bedarf

10.2 Begründung eines Arbeitsverhältnisses

Überstunden anordnen zu dürfen, Vertragsbestandteil werden. Als Vergütung der Überstunden gilt ohne abweichende Vereinbarung die zwischen den Vertragspartnern für die „normale Arbeitszeit" vereinbarte Stundenvergütung gem. § 612 BGB als stillschweigend vereinbart. Es wird vermutet, dass der Arbeitnehmer Überstunden nur gegen Vergütung leisten will.

Um die Pflicht zur Überstundenvergütung auszuschließen, findet sich in Arbeitsverträgen häufig eine Klausel, nach der durch das gezahlte Gehalt etwaig geleistete Überstunden und Mehrarbeit abgegolten sein sollen. Eine derart weitgehende Pauschalabgeltung ist jedoch unzulässig. Zum Teil wird darauf abgestellt, dass eine Abgeltung von Überstunden durch das Gehalt nur zulässig ist, solange die gesetzlich festgelegte maximale wöchentliche Arbeitszeit von 48 Stunden nicht überschritten wird, darüber hinaus gehende Arbeitszeit sei zu vergüten. Die Rechtsfrage hat das Bundesarbeitsgericht (BAG, Urteil vom 28.09.2005 – 5 AZR 52/05) offen gelassen, sah in einer derartigen Rechtsanwendung jedoch keinen Rechtsfehler. Dennoch hat der Arbeitgeber nicht das Recht, im Rahmen des Arbeitszeitgesetzes unbeschränkt Überstunden anzuordnen, und bis zur Höchstgrenze eine Pauschalabgeltung mit dem Gehalt vorzunehmen und vertraglich zu vereinbaren. Bei der Abfassung des Vertrages hat der Arbeitgeber die Interessen des Vertragspartners angemessen zu berücksichtigen. Das Äquivalenzverhältnis zwischen Leistung und Gegenleistung darf nicht in erheblichem Maße beeinträchtigt sein. Dies wird in erheblicher Weise dann beeinträchtigt, wenn eine vorformulierte Kombination der Verpflichtung zur Leistung von Überstunden mit einer Pauschalisierungsabrede besteht, weil diese Vertragsgestaltung dem Arbeitgeber das Recht zum einseitigen, erheblichen Einbruch in das Gegenleistungsgefüge gibt. So könnte bei einer 38-Stunden-Woche der Arbeitgeber wöchentlich eine Leistung von 48 Stunden verlangen, ohne ein Mehrgehalt zu zahlen. Das Gegenleistungsverhältnis würde sich um mehr als 25 % verschieben. Dies benachteiligt den Arbeitnehmer unangemessen (vgl. LAG Köln, Beschluss vom 20.12.2001 – 6 Sa 965/01).

Um die Unwirksamkeit einer Abgeltungsklausel zu verhindern, sollte diese ausgewogen formuliert werden, so dass keine unangemessene Benachteiligung des Arbeitnehmers zu befürchten ist. Der o.g. gesetzliche Mindestlohn muss auch unter Berücksichtigung von pauschal abgegoltenen Überstunden eingehalten werden.

> **Hinweis:** Eine Abgeltung von Überstunden kann auch durch bezahlten Freizeitausgleich vereinbart werden.

Beispiel:

- Unzulässig: Etwaige Überstunden und Mehrarbeit sind mit dem gezahlten Gehalt abgegolten.
- Denkbar: Mit der vereinbarten Vergütung sind vom Arbeitgeber angeordnete Mehrarbeit und Überstunden abgegolten, soweit sie ... Stunden monatlich nicht überschreiten. Die darüber hinaus geleisteten Überstunden und Mehrarbeit sollen durch Freizeit abgegolten werden. Ist dies nicht möglich, werden jene Überstunden mit einem Betrag von € xxx pro Stunde vergütet.

> **Fazit:** Es muss stets präzise vereinbart werden, ob und wie Überstunden abgegolten werden sollen. Ohne abweichende Vereinbarung sind diese stets zu vergüten, wobei der Arbeitnehmer, der die Vergütung von Überstunden fordert, im Einzelnen darlegen muss, an welchen Tagen und zu welchen Tageszeiten er über die übliche Arbeitszeit hinaus gearbeitet hat (BAG, Urteil vom 03.11.2004 – 4 AZR 543/03).

10.2.3.3 Sonderzuwendungen/Gratifikationen

In der Praxis ist es üblich, Sonderzuwendungen an die Arbeitnehmer auszuschütten. Die Hauptform ist die sogenannte Gratifikation (Weihnachtsgeld, Urlaubsgeld, etc.). Diese wird neben der Arbeitsvergütung gewährt. Sie ist eine Anerkennung für geleistete Dienste und ein Anreiz für die weitere Dienstleistung. Hierbei ist darauf zu achten, dass die Gratifikation freiwillig und ohne Anerkennung einer Rechtspflicht, also ohne Übernahme einer Verpflichtung für die Folgejahre, gezahlt wird. Ansonsten kann nach zwei bis drei Jahren regelmäßiger Zahlungen auch ohne explizite Vereinbarung der Gratifikationszahlung ein Rechtsanspruch des Arbeitnehmers auf zukünftige Zahlungen entstehen. Die Rechtsprechung hat hierfür die Grundsätze der „betrieblichen Übung" entwickelt. Hierunter ist die regelmäßige Wiederholung bestimmter Verhaltensweisen des Arbeitgebers zu verstehen, aus denen die Arbeitnehmer schließen können, ihnen solle eine Leistung auf Dauer eingeräumt werden. Eine betriebliche Übung kann auch dann entstehen, wenn der Arbeitgeber dreimal Beträge in unterschiedlicher Höhe zahlt (BAG, Urteil vom 13.05.2015 – 10 AZR 266/14). Durch die betriebliche Übung entsteht ein Anspruch des Arbeitnehmers.

Um diese zukünftige Bindung zu verhindern, muss der Arbeitgeber klar und unmissverständlich seinen Vorbehalt zum Ausdruck bringen, dass es sich um eine einmalige Zahlung handelt, die nicht zu einer weitergehenden Verpflichtung führen soll. Dies kann auch vertraglich geschehen. Der Arbeitgeber sollte bei der Gestaltung des Arbeitsvertrages auch darauf achten, dass dieser eine „doppelte Schriftformklausel" enthält. Das Bundesarbeitsgericht hat entschieden, dass durch eine doppelte Schriftformklausel eine Vertragsänderung durch betriebliche Übung ausgeschlossen werden könne (BAG, Urteil vom 24.06.2003 – 9 AZR 302/02). Zu berücksichtigen ist jedoch auch, dass eine doppelte Schriftformklausel unwirksam sein kann, wenn sie den generellen Vorrang der Individualabrede nicht berücksichtigt (BAG, Urteil vom 20.05.2008 – 9 AZR 382/07).

10.2.3.4 Rückzahlungsklauseln

Im Zusammenhang mit derartigen Gratifikationen, aber auch im Rahmen der Zahlung von Fortbildungskosten, sollte an die Vereinbarung von Rückzahlungsklauseln gedacht werden. Durch eine Rückzahlungsklausel verpflichtet sich der Arbeitnehmer zur Rückzahlung für den Fall, dass das Arbeitsverhältnis beendet wird. Derartige Klauseln unterliegen jedoch ebenfalls einer Inhaltskontrolle. Der Arbeitnehmer darf nicht unangemessen benachteiligt werden.

10.2 Begründung eines Arbeitsverhältnisses

Beispielsweise benachteiligt eine Rückzahlungsklausel in einem formularmäßigen Arbeitsvertrag, nach der eine Weihnachtsgratifikation zurückgefordert werden kann, soweit das Arbeitsverhältnis bis zum 31.03. des Folgejahres beendet wird, den Arbeitnehmer unangemessen, wenn sie auch in Fällen eingreift, in denen der die Rückforderung auslösende Grund nicht im Verantwortungsbereich des Arbeitnehmers liegt (LAG Düsseldorf, Urteil vom 19.07.2011 – 16 Sa 607/11).

Im Rahmen von Rückzahlungsklauseln von Fortbildungskosten gilt, dass diese möglich sind, wenn auf Seiten des Arbeitnehmers ein geldwerter Vorteil vorliegt und dieser in einem angemessen Verhältnis zur Bindungsdauer steht. Dauert die Fortbildungsmaßnahme bis zu einem Monat, beträgt die maximale Bindungsfrist sechs Monate.

10.2.3.5 Entgeltfortzahlung im Krankheitsfall

Im Arbeitsvertrag bedarf es nicht zwingend einer Vereinbarung hinsichtlich der Entgeltfortzahlung im Krankheitsfall. Diese ist im Entgeltfortzahlungsgesetz (EFZG) geregelt. Danach hat der Arbeitnehmer im Krankheitsfall einen Anspruch auf Fortzahlung der Vergütung. Dieser Anspruch entsteht nach vierwöchiger ununterbrochener Dauer des Arbeitsverhältnisses. Er besteht grundsätzlich für die Dauer von sechs Wochen. Die Dauer der Entgeltfortzahlung kann allerdings durch einzelvertragliche Sonderregelungen verlängert werden. Eine Verkürzung ist hingegen unzulässig.

Kommt es zum wiederholten Male zu Erkrankungen (der Ursprung der Erkrankung ist verschieden), hat der Arbeitnehmer für jede Erkrankung Anspruch auf Entgeltfortzahlung von bis zu sechs Wochen. Liegt dagegen eine sogenannte Fortsetzungserkrankung vor (dieselbe Krankheit) gelten Besonderheiten. Im Zweifelsfall muss der Arbeitnehmer darlegen und beweisen, dass keine Fortsetzungserkrankung vorliegt.

▶ **Hinweis:** Der Arbeitnehmer ist gesetzlich verpflichtet (§ 5 Abs. 1 EFZG), dem Arbeitgeber die Arbeitsunfähigkeit und deren voraussichtliche Dauer unverzüglich mitzuteilen. Die Anzeige muss regelmäßig am ersten Tag der Krankheit während der ersten Betriebsstunden erfolgen. Dauert die Arbeitsunfähigkeit länger als drei Kalendertage, muss der Arbeitnehmer eine ärztliche Bescheinigung über das Bestehen der Arbeitsunfähigkeit sowie deren voraussichtliche Dauer spätestens an dem darauf folgenden Arbeitstag vorlegen. Vertraglich kann auch eine kürzere Vorlagefrist vereinbart werden.

10.2.3.6 Probezeit

Regelmäßig wird mit dem Arbeitnehmer im Arbeitsvertrag eine **Probezeit** vereinbart. Sie gibt sowohl dem Arbeitgeber als auch dem Arbeitnehmer die Möglichkeit zur Prüfung, ob eine dauerhafte Zusammenarbeit sinnvoll ist.

Es gibt zwei Gestaltungsmöglichkeiten:
Die Parteien können erstens ein unbefristetes Arbeitsverhältnis mit Probezeit mit einer maximalen Dauer von sechs Monaten vereinbaren. In dieser Probezeit beträgt

die Kündigungsfrist einer ordentlichen Kündigung nach der gesetzlichen Regelung in § 622 Abs. 3 BGB zwei Wochen. Längere Kündigungsfristen können vereinbart werden. Ohne abweichende Vereinbarung gelten Arbeitsverträge als auf unbestimmte Zeit (unbefristet) geschlossen.

Zweitens ist die Vereinbarung eines Probearbeitsverhältnisses als befristetes Arbeitsverhältnis möglich, das nach Ablauf der Probezeit endet. Die **Befristung zum Zweck der Erprobung** muss zwingend zum Vertragsinhalt gemacht werden. Ausnahmsweise kann ein befristetes Probearbeitsverhältnis von neun bis zu zwölf Monaten gerechtfertigt sein, wenn die Aufgaben besonders anspruchsvoll sind. Es bliebe jedoch die Möglichkeit der Befristung ohne sachlichen Grund (vgl. Abschnitt „Befristete Verträge").

10.2.3.7 Befristete Verträge

Ein befristeter Arbeitsvertrag liegt vor, wenn seine Dauer kalendermäßig bestimmt ist (kalendermäßige Befristung) oder sich aus Art, Zweck oder Beschaffenheit der Arbeitsleistung ergibt (Zweckbefristung, § 3 Abs. 1 S. 2 TzBfG). Diese befristeten Verträge bieten den Vorteil, dass sie automatisch mit Zeitablauf oder durch Zweckerreichung und somit ohne Erfordernis einer Kündigung enden. Man unterscheidet die Befristung ohne sachlichen Grund und die Befristung mit sachlichem Grund.

Nach § 14 Abs. 2 S. 1 Hs. 1 TzBfG ist eine sachgrundlose kalendermäßige Befristung des Arbeitsverhältnisses bis zur Dauer von zwei Jahren zulässig. Das Gesetz sieht ferner die Möglichkeit vor, einen kalendermäßig befristeten Arbeitsvertrag bis zur Gesamtdauer von zwei Jahren dreimalig zu verlängern. Dies gilt dann nicht, wenn zuvor mit demselben Arbeitgeber ein befristetes oder unbefristetes Arbeitsverhältnis bestanden hat (sog. Verbot der „Zuvor-Beschäftigung"). Das Verbot der „Zuvor-Beschäftigung" steht der Möglichkeit, ein Arbeitsverhältnis ohne Sachgrund bis zu zwei Jahren zu befristen, aber dann nicht mehr entgegen, wenn das Ende des vorangegangenen Arbeitsverhältnisses mehr als drei Jahre zurückliegt (BAG, Urteil vom 06.04.2011 – 7 AZR 716/09).

§ 14 Abs. 1 TzBfG regelt die Befristung des Arbeitsverhältnisses aus sachlichem Grund. Neben der o.g. Befristung zur Erprobung spielt in der Arztpraxis oder Klinik oftmals der Sachgrund „zur Vertretung eines anderen Arbeitnehmers" eine Rolle, beispielsweise bei einer Schwangerschaftsvertretung.

▶ **Praxistipp:** Im Falle eines befristeten Arbeitsverhältnisses sollte in jedem Fall die Möglichkeit zur ordentlichen Kündigung vertraglich festgehalten werden, weil eine solche sonst ausgeschlossen ist. Im Übrigen ist zu beachten, dass ein befristeter Arbeitsvertrag zur Wirksamkeit der Befristung der Schriftform bedarf.

10.2.3.8 Arbeitszeit

Regelungen über die Arbeitszeit finden sich in zahlreichen gesetzlichen Bestimmungen (z. B. Arbeitszeitgesetz) sowie in Tarifverträgen. Der Arbeitsvertrag muss Ausführungen zur Dauer der Arbeitszeit enthalten. Aus Arbeitgebersicht sollte der

Arbeitsvertrag keine besonderen Vorgaben zur Lage der Arbeitszeit enthalten, um die notwendige Flexibilität zu sichern. Der Arbeitgeber kann die Arbeitszeitlage einschließlich Beginn und Ende der Pausen sowie die Verteilung der Arbeitszeit auf die einzelnen Arbeitstage kraft des Direktionsrechts nach billigem Ermessen festlegen. Zu beachten ist, dass bei einer täglichen Arbeitszeit von mehr als sechs Stunden gemäß dem Arbeitszeitgesetz eine Pause von mindestens einer halben Stunde von vornherein festgelegt sein muss.

10.2.3.9 Arbeitsort/Arbeitsleistung

Der Ort und die Art der Arbeitsleistung müssen im Arbeitsvertrag geregelt werden. Diese Angaben sind nach dem Nachweisgesetz zwingend erforderlich. Ort der Arbeitsleistung ist regelmäßig der Ort der Arztpraxis. Für den Fall, dass die Praxis mehrere Betriebsstätten hat oder für eine Tätigkeit in Altenheimen etc., ist es im Sinne der Flexibilität sinnvoll, den Einsatz des Arbeitnehmers nicht von vornherein auf einen – konkret benannten – Standort zu beschränken.

Fehlt hinsichtlich der Art, der von dem Arbeitnehmer zu leistenden Arbeit eine Regelung im Vertrag, bestimmt sich diese nach der Verkehrssitte. D. h. es sind solche Arbeiten zu verrichten, welche Arbeitnehmer in vergleichbarer Stellung üblicherweise leisten. Hier besteht ein erheblicher Auslegungsspielraum für die Gerichte. Im Rahmen des Vertrages kann der Arbeitgeber dem Arbeitnehmer aufgrund seines **Direktionsrechts** die Arbeiten zuweisen. In der Regel wird die Arbeit des Arbeitnehmers bei der Einstellung nur fachlich umschrieben (zum Beispiel: „als Fachärztin für Orthopädie"), so dass der Arbeitgeber dem Arbeitnehmer sämtliche Arbeiten zuweisen kann, die sich aus dem vereinbarten Berufsbild ergeben. Ausführliche Beschreibungen der zu erbringenden Arbeitsleistung haben für den Arbeitgeber den Nachteil, dass damit eine Bindung gegenüber dem Arbeitnehmer erzeugt wird.

10.2.3.10 Nebentätigkeiten

In dem Arbeitsvertrag kann eine Abrede hinsichtlich eventueller **Nebentätigkeiten** aufgenommen werden. Der Arbeitnehmer hat dem Arbeitgeber nicht seine ganze Arbeitskraft zur Verfügung zu stellen, sondern nur im Rahmen der vereinbarten Arbeitszeit. Grundsätzlich ist es daher möglich, dass der Arbeitnehmer eine Nebenbeschäftigung ausübt. Diese kann allerdings vertraglich von der Zustimmung des Arbeitgebers abhängig gemacht werden, besonders dann, wenn möglicherweise die vertragliche Dienstpflicht beeinträchtigt wird. Ein absolutes Nebentätigkeitsverbot ist unzulässig. Gleiches gilt für eine Konkurrenztätigkeit während des bestehenden Arbeitsverhältnisses.

10.2.3.11 Erholungsurlaub

Jeder Arbeitnehmer hat Anspruch auf bezahlten **Erholungsurlaub**. Der gesetzliche Mindesturlaub ergibt sich aus dem Bundesurlaubsgesetz (BUrlG). Der volle Urlaubsanspruch entsteht nach Ablauf einer Wartezeit von sechs Monaten. Die Parteien des Arbeitsvertrages können einvernehmlich auf die Einhaltung der Wartezeit verzichten. Aus dem Bundesurlaubsgesetz ergibt sich ein Mindesturlaub von 24 Werktagen. Diese Regelung bezieht sich jedoch auf eine früher übliche Sechs-Tage-Woche.

Heute ist eine Fünf-Tage-Woche der Regelfall, so dass der Anspruch von 24 auf 20 Tage zu reduzieren. Ist der Arbeitnehmer in Teilzeit beschäftigt, so erfolgt eine entsprechende Reduktion des Anspruchs auf Erholungsurlaub:

Vier-Tage-Woche: 16 Urlaubstage
Drei-Tage-Woche: 12 Urlaubstage
Zwei-Tage-Woche: 8 Urlaubstage
Ein Tag pro Woche: 4 Urlaubstage.

Diese gesetzlichen Regelungen sind zwingendes Recht und können nicht wirksam durch Vertrag zum Nachteil des Arbeitnehmers geändert werden. Regelmäßig zeigen sich Arbeitgeber – im Kampf um gutes Personal – jedoch weitaus großzügiger. Aus Arbeitgebersicht ist jedoch stets zu berücksichtigen, dass hierdurch die Personalkosten steigen. Wichtig ist jedenfalls eine individuelle vertragliche Regelung, die bestenfalls zwischen gesetzlichen Mindesturlaubsansprüchen und darüber hinausgehenden vertraglichen Ansprüchen differenziert.

Der Arbeitgeber hat bei der Urlaubserteilung die Urlaubswünsche des Arbeitnehmers zu berücksichtigen. Er darf sich allerdings über diese Wünsche hinwegsetzen, wenn dringende betriebliche Belange oder Urlaubswünsche anderer Arbeitnehmer entgegenstehen. Zu den dringenden betrieblichen Belangen gehören auch vom Arbeitgeber angeordnete Betriebsferien..

Erkrankt der Arbeitnehmer während des Urlaubs, bleiben die Ansprüche bestehen. Wird ein Arbeitsverhältnis beendet und kann der Urlaub daher nicht mehr gewährt werden, so wandelt sich der Urlaubsanspruch in einen Urlaubsabgeltungsanspruch um. Dies gilt auch dann, wenn der Arbeitnehmer das Arbeitsverhältnis beendet hat.

10.2.3.12 Kündigungsregelungen

Schließlich sollten auch **Kündigungsregelungen** (vgl. Abschnitt „Kündigung") in den Arbeitsvertrag aufgenommen werden. Sofern dies nicht oder unzureichend geschieht, kommen die entsprechenden gesetzlichen Regelungen des Bürgerlichen Gesetzbuches (BGB) zur Anwendung.

10.3 Mutterschutz und Elternzeit

Ist eine Arbeitnehmerin schwanger, ergeben sich hieraus eine Vielzahl von Pflichten des Arbeitgebers. Die zahlreichen Vorschriften zum Schutz werdender bzw. stillender Mütter sind zwingend zu beachten. Diese sind nicht vertraglich abdingbar. Sie finden sich vor allem im Mutterschutzgesetz (MuSchG), der Mutterschutzverordnung (MuSchV), dem Bundeselterngeld- und Elternzeitgesetz (BEEG), der Gefahrstoffverordnung (GefStoffV), der Röntgenverordnung (RöV), der Strahlenschutzverordnung (StrlSchhV) sowie der Arbeitsstättenverordnung (ArbStättV).

Im Rahmen der Schwangerschaft einer Arbeitnehmerin besteht zunächst eine unverzügliche Meldepflicht des Arbeitgebers nach Kenntniserlangung von der Schwangerschaft an das Gewerbeaufsichtsamt bzw. das Staatliche Amt für Arbeitsschutz.

10.3 Mutterschutz und Elternzeit

Die wichtigsten gesundheitsrechtlichen Vorschriften in diesem Bereich sind insbesondere
- Sonn- und Feiertagsarbeitsverbot
- Nachtarbeitsverbot zwischen 20 und 6 Uhr
- Mehrarbeitsverbot (also eine Tagesarbeitszeit von mehr als 8,5 Stunden bzw. eine Doppelwochenarbeitszeit von mehr als 90 Stunden)
- Umgangsverbot mit krebserzeugenden, fruchtschädigenden oder erbgutverändernden Gefahrenstoffen
- Umgangsverbot mit giftigen Stoffen, sofern die Auslöseschwelle für chronische Schädigungen überschritten wird
- Kontaktverbot zu potentiell infektiösem Material (z. B. Blut oder Speichel)
- Assistenzverbot bei Infektionsgefahr (s. o.)
- Kontaktverbot zu infektionsverdächtigen oder infizierten Personen
- Verbot der Entsorgung und Reinigung gebrauchter, stechender oder schneidender Werkzeuge
- Umgangsverbot mit offenen radioaktiven Substanzen, welches nur durch eine ausdrückliche Erlaubnis des Strahlenschutzbeauftragten umgangen werden kann

Nach Ablauf des fünften Monats gilt, dass werdende Mütter keine Arbeiten mehr ausüben dürfen, bei denen sie ständig stehen müssen, soweit diese Tätigkeit täglich mindestens vier Stunden dauert, sowie Arbeiten, die mit einem erheblichen Strecken, Beugen oder Bücken verbunden sind.

Werdende Mütter unterliegen dem besonderen Schutz des Mutterschutzgesetzes (MuSchG). In der Zeit vor der Entbindung bestehen nach § 3 MuSchG zwei Arten der Beschäftigungsverbote:

Erstens besteht sechs Wochen vor dem mutmaßlichen Tag der Entbindung ein generelles Beschäftigungsverbot, auf dessen Einhaltung die Schwangere verzichten kann. In der gesamten Zeit vom Beginn bis zum Ende der Schwangerschaft herrscht ein individuelles Beschäftigungsverbot, soweit und solange nach ärztlichem Attest Leben oder Gesundheit von Mutter oder Kind bei weiterer Beschäftigung gefährdet ist.

Zweitens gilt in den ersten acht Wochen nach der Entbindung ein generelles Beschäftigungsverbot, das als absolutes Beschäftigungsverbot ausgestaltet ist.

Während dieser Schutzfristen hat die Arbeitnehmerin einen Anspruch auf Zahlung von Mutterschaftsgeld gegen die gesetzliche Krankenkasse. Die Differenz zu dem zuletzt gezahlten Arbeitsentgelt muss der Arbeitgeber durch einen Zuschuss zum Mutterschaftsgeld ausgleichen. Im Falle des individuellen Beschäftigungsverbotes behält die Schwangere den vollen Entgeltanspruch gegen den Arbeitgeber.

Darüber hinaus hat der Arbeitgeber während der Schwangerschaft die werdende Mutter für die Zeiten freizustellen, in denen die üblichen Vorsorgeuntersuchungen stattfinden. Daneben müssen auch die bislang gewährten Sonderzahlungen (Weihnachts-, Urlaubsgeld, etc.) weiter in voller Höhe gewährt werden, selbst wenn bereits ein Beschäftigungsverbot gilt.

Nach der Geburt eines Kindes können Eltern die Elternzeit in Anspruch nehmen, also die unbezahlte Freistellung von der Arbeit. Gemäß § 15 Abs. 2 BEEG besteht der Anspruch bis zur Vollendung des dritten Lebensjahr des Kindes. Ein Anteil hiervon kann zwischen dem dritten und dem vollendeten achten Lebensjahr des Kindes in Anspruch genommen werden. Arbeitnehmer, die Elternzeit in Anspruch nehmen wollen, benötigen hierfür keine Genehmigung des Arbeitgebers. Sie müssen dies für den Zeitraum bis zum vollendeten dritten Lebensjahr des Kindes spätestens sieben Wochen und für den Zeitraum zwischen dem dritten Geburtstag und dem vollendeten achten Lebensjahr des Kindes spätestens 13 Wochen vor Beginn der Elternzeit verlangen. Gleichzeitig muss der Arbeitnehmer erklären, für welchen Zeitraum innerhalb von zwei Jahren Elternzeit genommen werden soll.

Während der Elternzeit erwirbt der Arbeitnehmer Urlaubsansprüche. Allerdings hat der Arbeitgeber gemäß § 17 Abs. 1 BEEG die Möglichkeit, den Erholungsanspruch für jeden vollen Kalendermonat der Elternzeit um ein Zwölftel zu kürzen. Allerdings hat der Arbeitgeber diese Möglichkeit nicht mehr nach Beendigung des Arbeitsverhältnisses, da sich der Urlaubsanspruch des Arbeitnehmers dann automatisch in einen Urlaubsabgeltungsanspruch umgewandelt hat. Daher sollte der Arbeitgeber möglichst frühzeitig von dem Kürzungsrecht Gebrauch machen.

Wichtige Besonderheiten während Mutterschutz- und Elternzeit bestehen auch im Bereich des Kündigungsrechts, vgl. Abschnitt „Besonderer Kündigungsschutz".

10.4 Der „Minijob"

Zu den Minijobs zählen sowohl geringfügige Beschäftigungen (bis 450 Euro) als auch Arbeitsverhältnisse, die sich in der Gleitzone von 450,01 Euro bis 850 Euro bewegen. Minijobber müssen keine bzw. verringerte Sozialversicherungsbeträge tragen.

Oftmals wird im Arbeitsalltag nicht berücksichtigt, dass ein Minijob ein „normales" Arbeitsverhältnis ist. Hieraus folgt, dass der „Minijobber" selbstverständlich Anspruch auf bezahlten Erholungsurlaub, Entgeltfortzahlung im Krankheitsfall und an Feiertagen, betriebsüblichen Einmalzahlungen etc. hat.

10.5 Der Ehegatten-Arbeitsvertrag

Viele Ärzte beschäftigen neben dem sonstigen Personal auch Angehörige. Diese unterliegen grundsätzlich, wie jeder andere Arbeitnehmer, den gesetzlichen Regelungen. Das von den Ärzten angestrebte Ziel, „das Geld zu Hause zu lassen", kann nur dann erreicht werden, wenn die von den Finanz- und Arbeitsgerichten aufgestellten Maßstäbe eingehalten werden. Die einfache Grundregel lautet, dass alle vertraglichen Vereinbarungen strikt wie bei dritten Arbeitnehmern ausformuliert und wirtschaftlich nachvollziehbar ausgestaltet sein müssen.

Relativ einfach ist die Abgrenzung zu der sog. **familienrechtlichen Verpflichtung** vorzunehmen. Zu einer familienrechtlichen Mitarbeit sind die Ehegatten sowie (auch volljährige) Kinder verpflichtet, die dem ehelichen Hausstand angehören. Auf die Fälle der familienrechtlichen Beschäftigung findet grundsätzlich das Arbeits- und Sozialversicherungsrecht keine Anwendung.

Eine weitere Form der Mitarbeit sind die sog. **Gefälligkeitsverhältnisse**. Diese Dienste werden im Rahmen von unentgeltlichen Schuldverhältnissen geleistet. Gefälligkeitsschuldverhältnisse liegen häufig bei Verlobten oder in außerehelichen Lebensgemeinschaften vor.

Als Regelfall ist ein Dienst- und Arbeitsvertrag zwischen dem Arzt und seinem Verwandten – meistens dem Ehegatten – beabsichtigt, wobei hier stets eine Bewertung nach den Umständen des Einzelfalles zu erfolgen hat. Ob neben den familienrechtlichen Beziehungen ein Vertrag gewollt ist, richtet sich zunächst nach der schriftlichen Vereinbarung. Im Übrigen ist relevant, ob eine erhebliche, den familienrechtlichen Umfang überschreitende Arbeitsleistung vorliegt sowie eine Vergütung nach Maßgabe des ortsüblichen oder tariflichen Lohnes gezahlt wird. Des Weiteren kann die Frage gestellt werden, ob durch den Einsatz des Ehegatten eine fremde Arbeitskraft ersetzt wird. Zudem sollte der Ehegatte weisungsgebunden sein sowie Lohnsteuer- und Sozialversicherungsbeiträge abführen.

Gegen die Annahme eines Arbeitsverhältnisses sprechen die Umstände des Einzelfalles. So ist bspw. die bei Ärzten von den Ehegatten üblicherweise „nebenbei" geleistete Arbeit in der Regel nicht als Arbeitsverhältnis zu charakterisieren.

Von Seiten des Finanzamtes wird grundsätzlich davon ausgegangen, dass bei Rechtsverhältnissen unter nahen Verwandten der ansonsten übliche Interessensgegensatz zwischen Arbeitgeber und Arbeitnehmer fehlt. Daher wird geprüft und verglichen, ob mit den anderen Angestellten ähnliche Entgeltregelungen vereinbart worden sind und ob das Arbeitsverhältnis auch tatsächlich durchgeführt wird.

In diesem Zusammenhang ist darauf hinzuweisen, dass die rückwirkende Vereinbarung von Arbeitsverträgen ausgeschlossen ist. Es sollte somit von vornherein eine vertragliche Regelung getroffen und diese dann auch praktiziert werden.

Der angestellte Ehegatte muss des Weiteren einen Anspruch auf den üblichen Urlaub haben. Gleiches gilt für die typischen Nebenleistungen eines Arbeitsverhältnisses (13. Monatsgehalt, vermögenswirksame Leistungen, etc.). Verträge mit Ehegatten sollten zudem die üblichen Kündigungsfristen enthalten.

Überweist der Arzt das Gehalt des Ehegatten auf ein Konto, über das nur er selbst, jedoch nicht der Ehegatte verfügen kann, erkennt das Finanzamt das Ehegatten-Arbeitsverhältnis nicht an.

10.6 Arbeitnehmerhaftung

Wenn der angestellte Arzt oder ein nichtärztlicher Mitarbeiter bei einer sog. betrieblichen Tätigkeit einen Schaden verursacht, sind Schadensersatzansprüche des Arbeitgebers gegen den Arbeitnehmer denkbar. Beispiel: Die Arzthelferin verliert den Praxisschlüssel. Der Austausch der Schließanlage verursacht Kosten in Höhe von 2000 Euro. Versicherungsschutz hierfür besteht nicht.

Der Arbeitnehmer muss einen Schaden ersetzen, wenn eine Pflichtverletzung, ein Schaden, ein entsprechender Ursachenzusammenhang vorliegen und ihm ein Verschulden vorzuwerfen ist. Dennoch führt nicht jeder kleinste Fehler zur Haftung

des Arbeitnehmers. Die Rechtsprechung hat die sog. Grundsätze des innerbetrieblichen Schadensausgleiches entwickelt. Maßgeblich ist das Verschulden des Arbeitnehmers:
- bei leichter Fahrlässigkeit: keine Haftung des Arbeitnehmers
- bei mittlerer Fahrlässigkeit: anteilige Haftung des Arbeitnehmers
- bei grober Fahrlässigkeit/Vorsatz: volle Haftung des Arbeitnehmers.

Für die Bestimmung des Haftungsumfangs spielt vor allem die Versicherbarkeit des Risikos eine große Rolle. Der Arbeitgeber muss vorrangig bestehende Versicherungen, z. B. eine Berufshaftpflichtversicherung, in Anspruch nehmen. Um eine Existenzgefährdung des Arbeitnehmers zu vermeiden, begrenzt die Rechtsprechung die Haftung bei grober Fahrlässigkeit auf eine Summe von drei Monatsgehältern.

Wird ein Arbeitnehmer im Außenverhältnis von einem Dritten in Anspruch genommen (Beispiel: ein Patient verlangt von einem angestellten Arzt Schadensersatz und Schmerzensgeld) und würde der Arbeitnehmer nach den o.g. Grundsätzen des innerbetrieblichen Schadensausgleiches nicht haften, so hat er gegenüber dem Arbeitgeber einen Freistellungsanspruch.

▶ **Praxistipp:** Regelmäßig kann der Arbeitgeber seinen Schadensersatzanspruch dadurch geltend machen, dass er diesen gegen den Vergütungsanspruch des Arbeitnehmers aufrechnet. Dabei ist grundsätzlich der Pfändungsschutz zu beachten.

10.7 Beendigung des Arbeitsverhältnisses

Das Arbeitsverhältnis endet u. a. durch Aufhebungsvertrag, Kündigung, bei Befristung durch Zeitablauf bzw. Zweckerreichung oder Tod des Arbeitnehmers. Das Arbeitsverhältnis findet hingegen kein Ende durch die Krankheit des Arbeitnehmers, den Tod des Arbeitgebers, im Falle des Betriebsübergangs (§ 613a Abs. 1 S. 1 BGB) oder der Insolvenz einer der beiden Parteien.

10.7.1 Aufhebungsvertrag

Der Aufhebungsvertrag setzt eine Einigung zwischen Arbeitgeber und Arbeitnehmer voraus. Der Vorteil einer derartigen Vereinbarung liegt aus Sicht des Arbeitgebers darin, die Risiken einer Kündigung und des sich häufig anschließenden Rechtsstreits zu vermeiden. Zudem besteht der weitere Vorteil, dass keine Kündigungsfristen eingehalten werden müssen und – soweit vorhanden – der Betriebsrat nicht beteiligt werden muss. Für den Arbeitnehmer kann bei einer schweren arbeitsvertraglichen Verfehlung, welche ggf. eine außerordentliche Kündigung rechtfertigen würde, ein Interesse an einer Aufhebung statt einer Kündigung bestehen. Nicht zuletzt kann er Kündigungsfristen abkürzen, wenn er sofort ein anderes Arbeitsverhältnis antreten möchte. Hat der Arbeitnehmer jedoch noch keinen neuen Arbeitsplatz, können ihm durch den Abschluss eines Aufhebungsvertrags erhebliche sozialrechtliche

Einbußen drohen. Insbesondere kann das Ruhen des Bezuges von Arbeitslosengeld für grundsätzlich zwölf Wochen angeordnet werden (Sperrzeit), wenn der Arbeitnehmer das Arbeitsverhältnis selbst beendet hat.

Der Aufhebungsvertrag bedarf grundsätzlich der Schriftform. Wird diese nicht gewahrt, ist der Vertrag nichtig, mit der Folge, dass das Arbeitsverhältnis unverändert fortbesteht.

Der Aufhebungsvertrag sollte die folgenden Regelungspunkte enthalten:
- Art der Beendigung,
- Zeitpunkt des rechtlichen Endes des Arbeitsverhältnisses,
- Freistellung,
- Abfindung,
- Zeugnis,
- Betriebliche Altersversorgung,
- Nachvertragliches Wettbewerbsverbot,
- Sonstige Ansprüche,
- Allgemeine Erledigungsklausel,
- Unverzichtbare Rechte und Ansprüche,
- Zurückbehaltungsrecht und Aufrechnungsverbot,
- Kostenregelung,
- Widerrufsvorbehalt bei einem Prozessvergleich.

10.7.2 Kündigung

Die häufigste Form der Beendigung eines Arbeitsverhältnisses ist der Ausspruch einer Kündigung. Die Kündigung bedarf nicht des Abschlusses eines Vertrages, sondern kann einseitig von einer Person erklärt werden. Es handelt sich um eine sogenannte **einseitige, empfangsbedürftige rechtsgestaltende Willenserklärung, die das Arbeitsverhältnis für die Zukunft beendet**. Das Gesetz unterscheidet zudem zwischen außerordentlichen und ordentlichen Kündigungen. Für die Wirksamkeit jeder Kündigung sind folgende Voraussetzungen zu beachten:

10.7.2.1 Form der Erklärung

Zur Wirksamkeit einer Kündigung hat diese **schriftlich** zu erfolgen. Dies gilt für die arbeitgeber- und die arbeitnehmerseitige, die ordentliche und die außerordentliche Kündigung. Das gesetzliche Schriftformerfordernis kann weder durch den Arbeitsvertrag noch durch einen Tarifvertrag oder eine Betriebsvereinbarung abbedungen werden. Schriftform bedeutet, dass der Kündigungsberechtigte diese eigenhändig unterschrieben haben muss. Dies hat insbesondere für die BGB-Gesellschaft (z. B. eine Berufsausübungsgemeinschaft) eine besondere Bedeutung. Möchten deren Gesellschafter ein bestehendes Arbeitsverhältnis kündigen, bedarf es zur Wahrung der Schriftform grundsätzlich der Unterschrift **aller** Gesellschafter (BAG, Urteil vom 21.04.2005 – Az. 2 AZR 162/04). Die Schriftform ist nicht gewahrt, wenn die **Kündigung per Telefax, E-Mail** oder SMS versandt wird **oder eine Kopie** der Kündigungserklärung ausgehändigt wird.

Wird die zwingende Schriftform nicht eingehalten, so ist die Kündigung nichtig. D. h., dass das Arbeitsverhältnis unverändert fortbesteht. Der Kündigende muss dann eine erneute, die Schriftform beachtende Kündigung erklären, um das Arbeitsverhältnis zu beenden.

10.7.2.2 Inhalt der Erklärung

Für die Erklärung der Kündigung ist kein bestimmter Inhalt vorgesehen. Der Kündigungswille muss aus der Erklärung eindeutig hervorgehen. Es muss also für den Empfänger der Kündigungserklärung unmissverständlich klar sein, dass das Arbeitsverhältnis enden soll.

Die Bezeichnung „Kündigung" muss dabei nicht ausdrücklich fallen. Es genügt, wenn durch das Schreiben des Arbeitgebers oder des Arbeitnehmers zum Ausdruck gebracht wird, dass dieser das Arbeitsverhältnis einseitig **endgültig** beenden will. Die bloße Erklärung des Arbeitgebers, er gehe von einer Beendigung des Arbeitsverhältnisses aus, reicht hingegen nicht.

Eine Begründung der Kündigung ist regelmäßig nicht erforderlich. Eine Ausnahme gilt u. a. für eine Kündigung eines Berufsausbildungsverhältnisses nach der Probezeit aus wichtigem Grund. In diesem Fall ist der Kündigungsgrund anzugeben. Ausnahmen können sich auch aus dem Arbeitsvertrag, aus dem Tarifvertrag oder Betriebsvereinbarungen ergeben.

Der Arbeitgeber soll den Arbeitnehmer im Rahmen der Kündigung darauf hinweisen, dass dieser sich unverzüglich nach Kenntniserlangung von der Beendigung, spätestens drei Monate vor der Beendigung des Arbeitsverhältnisses bei dem für ihn zuständigen Arbeitsamt arbeitssuchend melden muss. Unterbleibt dieser Hinweis in der Kündigung, hat dies allerdings keine rechtliche Konsequenz zu Lasten des Arbeitgebers. Der gekündigte Arbeitnehmer kann keine Schadensersatzansprüche gegen den Arbeitgeber geltend machen, wenn dem gekündigten Arbeitnehmer aufgrund einer verspäteten Meldung beim Arbeitsamt das Arbeitslosengeld gekürzt wird (BAG, Urteil vom 29.09.2005 – Az. 8 AZR 198/04).

10.7.2.3 Zugang

Bei der Kündigung handelt es sich um eine zugangsbedürftige Willenserklärung. Der Zugang der Kündigungserklärung beim Kündigungsempfänger muss sichergestellt werden. Erst mit dem Zugang der Kündigung wird diese wirksam. Ein Zugang der Kündigung ist dann gegeben, wenn diese „in den Machtbereich des Empfängers gelangt ist, dass bei Annahme gewöhnlicher Umstände damit zu rechnen war, dass der Empfänger von ihr Kenntnis nehmen konnte".

In der Folge ist es unerheblich, ob der Arbeitnehmer die Kündigungserklärung tatsächlich erst später zur Kenntnis genommen hat.

Als ein „Machtbereich" des Empfängers wird sowohl der Briefkasten als auch das Postschließfach des Empfängers angesehen. Auch ein unter dem Türschlitz durchgeschobener Brief gelangt in den Machtbereich des Wohnungsinhabers. Für den Zugang einer Kündigung wird es auch als ausreichend angesehen, wenn das Schreiben an eine als empfangsberechtigt anzusehende Person, beispielsweise einen Familienangehörigen, ausgehändigt wird. Nach der Rechtsprechung des

Bundesarbeitsgerichts geht ein an die Heimatadresse eines Arbeitnehmers gerichtetes Kündigungsschreiben grundsätzlich auch dann zu, wenn dem Arbeitgeber bekannt ist, dass der Arbeitnehmer während seines Urlaubs verreist ist. Der eingeschriebene Brief geht erst dann zu, wenn er bei der Post abgeholt wird. Ein nach der üblichen Postzustellzeit ohne Wissen des Empfängers in den Hausbriefkasten eingeworfener Brief geht in der Regel erst am nächsten Tag zu. Hat ein Arbeitnehmer einen Nachsendeantrag gestellt, geht die Kündigung erst dann zu, wenn sie an eine neue Anschrift in den Machtbereich des Empfängers gelangt.

▶ **Hinweis:** Der (rechtzeitige) Zugang der Kündigung ist von demjenigen in einem Kündigungsschutzverfahren zu beweisen, der die Kündigung erklärt hat. Kann der (rechtzeitige) Zugang nicht bewiesen werden, kann dies finanzielle Nachteile mit sich bringen, u. U. ein oder mehrere Monatsgehälter kosten. Bestehen daher Zweifel am Zugang der Kündigung, sollte in jedem Falle eine vorsorgliche weitere Kündigung ausgesprochen und zugestellt werden.

▶ **Praxistipp:** Übergeben Sie dem Kündigungsempfänger persönlich die unterschriebene Kündigung und lassen Sie sich den Empfang mit entsprechender Datumsangabe von dem Empfänger durch dessen Unterschrift bestätigen. Für den Fall, dass die Empfangsbestätigung verweigert wird, sollte die Übergabe der Kündigung in Anwesenheit von Zeugen (es darf sich nicht um einen Vertragspartner handeln) erfolgen. Sollte dies nicht möglich sein, ist der sicherste Weg die Zustellung der Kündigung durch einen Boten. Der Bote übergibt die Kündigung persönlich oder wirft diese in den Briefkasten ein. Er steht dann als Zeuge zur Verfügung. Wichtig ist auch, dass der Zeuge bestätigen kann, dass tatsächlich eine Kündigungserklärung in den eingeworfenen Briefumschlag gelegt wurde („Eintütungsprotokoll").

10.7.2.4 Keine Bedingung

Die Kündigung ist als einseitige Willenserklärung bedingungsfeindlich. Sie darf nicht von Bedingungen abhängig gemacht werden, sondern muss **unbedingt** erklärt werden. Eine Ausnahme gilt nur für sog. Potestativbedingungen, deren Eintritt vom Willen des Erklärungsempfängers abhängt; den wichtigsten Anwendungsfall dieser Ausnahme beschreibt die Änderungskündigung. Eine Änderungskündigung ist eine Kündigung verbunden mit dem Angebot auf Abschluss eines neuen Arbeitsvertrages zu geänderten Konditionen.

10.7.2.5 Außerordentliche Kündigung

Eine außerordentliche (fristlose) Kündigung ist gemäß § 626 BGB aus wichtigem Grund zulässig, wenn Tatsachen vorliegen, aufgrund derer dem Kündigenden (also Praxisinhaber oder Angestellten) die **Fortsetzung** des Arbeitsverhältnisses bis zum Ablauf der Kündigungsfrist oder bis zu der vereinbarten Beendigung des

Arbeitsverhältnisses **nicht mehr zugemutet** werden kann. Anders als das Recht zur ordentlichen Kündigung kann das Recht zur außerordentlichen Kündigung nicht ausgeschlossen werden.

Als wichtiger Grund, der zur außerordentlichen Kündigung berechtigt, gelten erhebliche Pflichtverletzungen, so etwa Verweigerung oder Schlechterfüllung der Arbeit, eigenmächtiger Urlaubsantritt, mehrfaches ungerechtfertigtes und unentschuldigtes Fernbleiben von der Arbeit (beispielsweise wegen vorgetäuschter Krankheit, Arbeitsunfähigkeit durch Trunkenheit, wiederholte Unpünktlichkeit, wenn der Arbeitsablauf dadurch gestört wird), Weigerung, Arbeitsanweisungen zu folgen, Begehung strafbarer Handlungen.

Die außerordentliche Kündigung muss das unausweichlich letzte Mittel sein, um die eingetretene Störung des Arbeitsverhältnisses auszuräumen. Erst wenn die zulässigen, geeigneten und angemessenen Mittel ausgeschöpft wurden, die in ihren Wirkungen milder sind als die außerordentliche Kündigung, fällt die Abwägung der Interessen zugunsten des Kündigenden aus. Das Bundesarbeitsgericht nennt als Beispiele für mildere Mittel die Abmahnung, die Versetzung, die einvernehmliche Vertragsänderung, die außerordentliche Änderungskündigung und die ordentliche Kündigung.

Die außerordentliche Kündigung kann gemäß § 626 BGB nur innerhalb einer **Frist von zwei Wochen** erfolgen. Als Beginn der Frist gilt der Zeitpunkt, in dem der Kündigungsberechtigte von dem zur Kündigung führenden wichtigen Grund Kenntnis erlangt hat. Bis zum Ende der Frist muss dem Arbeitnehmer die Kündigung zugegangen sein.

Ferner muss aus der Kündigung unzweifelhaft hervorgehen, dass fristlos, d. h. ohne Beachtung der Frist des § 622 BGB, gekündigt wird. Fehlt es an dieser Erklärung, ist die Kündigung als ordentliche, fristgemäße Kündigung auszulegen.

Die Kündigungserklärung muss zunächst den Kündigungsgrund nicht angeben, um wirksam zu sein. Allerdings muss der Kündigende dem anderen Teil auf Verlangen unverzüglich den Kündigungsgrund schriftlich mitteilen.

Im Streitfall muss der Kündigende die Voraussetzungen der fristlosen Kündigung darlegen und beweisen. Die ordentliche Kündigung ist die Kündigung unter Einhaltung der Kündigungsfrist.

Kündigungsfristen

Die Kündigungsfristen ergeben sich aus § 622 BGB, soweit der Arbeits- oder Tarifvertrag nicht günstigere Regelungen für den Arbeitnehmer beinhaltet. Nach der genannten Vorschrift kann ein Arbeitsverhältnis mit einer Frist von vier Wochen zum Fünfzehnten oder zum Ende eines Kalendermonats gekündigt werden. Sofern ein Arbeitgeber eine Kündigung aussprechen will, kann die Kündigungsfrist unter Umständen länger sein, wenn das Arbeitsverhältnis zwei, fünf, acht, zehn, zwölf, 15 oder 20 Jahre bestanden hat. Bestand das Arbeitsverhältnis zwei Jahre, beträgt die Kündigungsfrist einen Monat zum Ende eines Kalendermonats. Bei Erreichen der vorgenannten weiteren zeitlichen Grenzen verlängert sich die Kündigungsfrist um jeweils einen weiteren Monat.

§ 622 Abs. 2 Satz 2 BGB bestimmt, dass bei der Berechnung der Beschäftigungsdauer nur die Zeiten nach der Vollendung des 25. Lebensjahres des Arbeitnehmers

10.7 Beendigung des Arbeitsverhältnisses

berücksichtigt werden. Diese gesetzliche Regelung verstößt gegen das Verbot der Diskriminierung wegen des Alters in seiner Konkretisierung durch die Richtlinie 2000/78/EG (EuGH, Urteil vom 19.01.2010 – C-555/07). Die Entscheidung des EuGH führt in der Praxis zur Unanwendbarkeit des § 622 Abs. 2 Satz 2 BGB und vergleichbarer tariflicher Regelungen auf alle Arbeitsverhältnisse.

> **Beispiel:**
> Kündigt der Arzt seiner Helferin (34 Jahre alt), die seit zweieinhalb Jahren bei ihm angestellt ist, beträgt die Kündigungsfrist einen Monat zum Ende des Kalendermonats. War die Helferin sechs Jahre in der Praxis tätig, beträgt die Frist zwei Monate zum Ende des Kalendermonats.

Es ist möglich, längere Kündigungsfristen zu vereinbaren. Kürzere Kündigungsfristen hingegen können nur unter den sehr engen Voraussetzungen des § 622 Abs. 5 BGB vereinbart werden.

In der Praxis bereitet die Berechnung der Kündigungsfristen regelmäßig keine Schwierigkeiten. Für die Berechnung der Kündigungsfristen gelten die §§ 186 ff. BGB. Gemäß § 187 Abs. 1 BGB ist der Tag, an dem gekündigt wird, nicht in die Frist einzurechnen. Der Fristablauf beginnt erst am folgenden Tag.

> **Beispiel:**
> Die Praxisinhaberin beschäftigt die Arzthelferin seit 25 Monaten. Der Arbeitsvertrag verweist bezüglich der Kündigungsfristen auf die gesetzlichen Regelungen. Gemäß § 622 Abs. 2 Nr. 1 BGB beträgt die Kündigungsfrist einen Monat zum Ende eines Kalendermonats, da das Arbeitsverhältnis seit zwei Jahren bestanden hat. Die Praxisinhaberin möchte das Arbeitsverhältnis zum 31.08.2016 kündigen. Da der 31.07.2016 auf einen Sonntag fällt und am Sonntag grundsätzlich kein Zugang einer Kündigung durch Briefkasteneinwurf erfolgt (LAG Schleswig-Holstein, Urteil vom 13.10.2015 – 2 Sa 149/15), muss die Praxisinhaberin die Kündigung spätestens am Freitag, den 29.07.2016, gegen Vormittag, in den Briefkasten werfen, um das Arbeitsverhältnis zum 31.08.2016 zu beenden.

▶ **Hinweis:** Der Zugang der Kündigung ist entscheidend. Stellen Sie den rechtzeitigen Zugang sicher! Erfolgt der Zugang der Kündigung nur einen Tag zu spät, kann dies zur Folge haben, dass die Kündigung erst einen Monat später wirksam wird. Die Vergütungsansprüche des Arbeitnehmers bleiben dann einen weiteren Monat bestehen.

Im Rahmen der Insolvenz des Arbeitgebers kann gemäß § 113 Satz 2 InsO von jeder Seite mit einer Frist von drei Monaten zum Monatsende gekündigt werden, wenn nicht ohnehin eine kürzere Frist gilt.

Darüber hinaus besteht grundsätzlich die Möglichkeit einer Kündigung bereits vor der Arbeitsaufnahme.

Kündigungsschutz
Zu differenzieren ist zwischen dem besonderen und dem allgemeinen Kündigungsschutz.

Besonderer Kündigungsschutz
Der besondere Kündigungsschutz gilt für Personengruppen, die besonders schutzbedürftig sind. Hierzu gehören Frauen während der **Schwangerschaft** und nach der **Geburt** (Mutterschutz), **Arbeitnehmer in der Elternzeit, Schwerbehinderte, Auszubildende, Wehr- und Zivildienstleistende sowie Arbeitnehmervertreter**.

Der besondere Kündigungsschutz bedeutet nicht, dass eine Kündigung eines schutzbedürftigen Arbeitnehmers per se unmöglich ist. Vielmehr müssen bestimmte Voraussetzungen vorliegen, damit eine Kündigung wirksam ist. Die (unter Umständen leichtere) Möglichkeit der Beendigung des Arbeitsverhältnisses durch einen Aufhebungsvertrag bleibt daneben unberührt. Die Kündigung gegenüber einer Frau während der Schwangerschaft oder bis zum Ablauf von vier Monaten nach der Entbindung ist gemäß § 9 Abs. 1 S. 1 MuSchG unzulässig, wenn dem Arbeitgeber die Schwangerschaft oder die Entbindung bekannt war oder diesem innerhalb einer Frist von zwei Wochen nach Ausspruch der Kündigung mitgeteilt wird.

▶ **Hinweis:** Ein Überschreiten dieser Frist ist unschädlich, wenn es auf einem von der Frau nicht zu vertretenden Grund beruht und die Mitteilung unverzüglich nachgeholt wird (§ 9 Abs. 1 S. 1 MuSchG).

Die für den Arbeitsschutz zuständige oberste Landesbehörde oder die von ihr bestimmte Stelle kann in besonderen Fällen, die nicht mit dem Zustand einer Frau während der Schwangerschaft oder ihrer Lage bis zum Ablauf von vier Monaten nach der Entbindung in Zusammenhang stehen, ausnahmsweise die Kündigung für zulässig erklären. Die Kündigung bedarf der schriftlichen Form und sie muss den zulässigen Kündigungsgrund angeben (§ 9 Abs. 3 MuSchG).

Zudem ist der besondere Kündigungsschutz aus § 18 BEEG zu beachten. Danach darf der Arbeitgeber das Arbeitsverhältnis ab dem Zeitpunkt, von dem an Elternzeit verlangt worden ist, höchstens jedoch acht Wochen vor Beginn der Elternzeit, und während der Elternzeit nicht kündigen. Lediglich in besonderen Fällen kann eine Kündigung ausnahmsweise für zulässig erklärt werden (§ 18 Abs. 1 S. 2 BEEG).

Ferner darf ein Arbeitgeber nach § 85 SGB IX die Kündigung gegenüber einem Schwerbehinderten nicht ohne vorherige Zustimmung des Integrationsamtes aussprechen. Vom persönlichen Geltungsbereich ausgenommen sind Schwerbehinderte, deren Arbeitsverhältnis noch nicht länger als sechs Monate besteht (§ 90 Abs. 1 Nr. 1 SGB IX). Soweit der Arbeitgeber keine Kenntnis davon hat, dass der Arbeitnehmer als Schwerbehinderter anerkannt ist oder einen Antrag auf Anerkennung gestellt hat, ist die Kündigung trotzdem unwirksam, wenn der Arbeitnehmer den Arbeitgeber innerhalb von drei Wochen nach Zugang der Kündigung über die Schwerbehinderteneigenschaft oder die Stellung des Antrages unterrichtet.

Wichtig ist, dass die jeweilige Zustimmung der zuständigen Behörde vor Erklärung der Kündigung eingeholt wird. Auch im Rahmen von Berufsausbildungsverhältnissen gelten besondere Kündigungsschutzvorschriften.

Vor Beginn und während der Probezeit, die mindestens einen Monat betragen muss und höchstens vier Monate betragen darf, kann das Berufsausbildungsverhältnis von beiden Seiten ohne Einhaltung einer Kündigungsfrist und ohne Angaben von Gründen gekündigt werden, § 22 Abs. 1 BBIG. Nach Ablauf der Probezeit, darf der Ausbildende nur dann kündigen, wenn ein wichtiger Grund vorliegt. Dieser muss die Fortsetzung des Ausbildungsverhältnisses bis zum Ablauf der Ausbildungszeit unter Berücksichtigung aller Umstände unzumutbar machen. Ein ordentliches Kündigungsrecht des Ausbildenden besteht nach Ablauf der Probezeit nicht.

Allgemeiner Kündigungsschutz
Der allgemeine Kündigungsschutz ist im Kündigungsschutzgesetz geregelt. Bei diesem Gesetz handelt es sich um zwingendes Recht. Der allgemeine Kündigungsschutz wird für den Arbeitnehmer relevant, soweit ihm gegenüber eine Kündigung ausgesprochen worden ist und er unter den betrieblichen und persönlichen Geltungsbereich des Kündigungsschutzgesetzes fällt.

Für den Arbeitgeber bedarf der Ausspruch einer Kündigung im Geltungsbereich des KSchG einer „sozialen Rechtfertigung". Anderenfalls ist sie unwirksam. Der betroffene Arbeitnehmer kann in diesem Fall erfolgreich vor dem Arbeitsgericht klagen und muss in der Folge weiterbeschäftigt werden.

Das Kündigungsschutzgesetz greift allerdings nicht bei allen Arbeitsverhältnissen ein, sondern vielmehr nur dann, wenn bestimmte Voraussetzungen vorliegen.

Betrieblicher Geltungsbereich/Praxisgröße
Das KSchG galt bis zum 31.12.2003 nur in Betrieben/Praxen, in denen regelmäßig mehr als **fünf Arbeitnehmer** beschäftigt waren. Nach dem nunmehr geltenden Gesetz wurde diese Grenze auf **zehn Arbeitnehmer** erhöht; dies gilt jedoch nur für die Arbeitnehmer, die nach dem 31.12.2003 angestellt worden sind. Sollten Arbeitnehmer sich darauf berufen, dass sie bereits vor dem 31.12.2003 beschäftigt waren, und deswegen für sie noch die Grenze von fünf Arbeitnehmern entscheidend ist, trifft dies zwar zu. Das Bundesarbeitsgericht hat aber entschieden, dass bei der Bestimmung, ob fünf Personen regelmäßig im Betrieb beschäftigt waren, alleine sog. „Alt-Arbeitnehmer" zu berücksichtigen sind. Dies sind solche, die ihrerseits ebenfalls vor dem 31.12.2003 eingestellt worden sind. Ist diese Zahl geringer als fünf, findet das Kündigungsschutzgesetz auch für „Alt-Arbeitnehmer" nur Anwendung, wenn gemeinsam mit „Neu-Arbeitnehmern" (also solche, die ab dem 01.01.2004 eingestellt worden sind) die Mitarbeiterzahl im Betrieb mehr als zehn beträgt (vgl. BAG, Urteil vom 21.09.2006 – 2 AZR 840/05).

> **Beispiel:**
>
> Hatte beispielsweise ein Arzt zum 31.12.2003 regelmäßig sechs Arbeitnehmer vollzeitbeschäftigt, genießen diese sechs Personen auch über den 01.01.2004 hinaus allgemeinen Kündigungsschutz. Stellt der Arzt im Jahre 2004 einen weiteren Arbeitnehmer ein, fällt dieser jedoch nicht in den betrieblichen Geltungsbereich des KSchG. Erst wenn der Arbeitgeber insgesamt mehr als zehn Beschäftigte hat, genießen auch die nach dem 31.12.2003 neu eingestellten Arbeitnehmer Kündigungsschutz.

Bei der Feststellung der Zahl der beschäftigten Arbeitnehmer sind gemäß § 23 Abs. 1 S. 4 KSchG teilzeitbeschäftigte Arbeitnehmer mit einer regelmäßigen wöchentlichen Arbeitszeit von nicht mehr als 20 Stunden mit 0,5 und nicht mehr als 30 Stunden mit 0,75 zu berücksichtigen, so dass bei Teilzeitbeschäftigten entsprechend mehr Arbeitnehmer beschäftigt sein müssen.

Beispiel:

Die Beschäftigung von 11 Arzthelferinnen, die jeweils zwischen 15 und 20 Stunden pro Woche in der Praxis arbeiten, führt somit noch nicht zur Anwendbarkeit des Kündigungsschutzgesetzes, da rein rechnerisch lediglich 5,5 Beschäftigte regelmäßig in der Praxis arbeiten.

Auszubildende sind gemäß § 23 Abs. 1 S. 2 KSchG bei der Ermittlung der Anzahl der Beschäftigten nicht zu berücksichtigen.

Die Darlegungs- und Beweislast für den betrieblichen Geltungsbereich nach § 23 Abs. 1 KSchG und damit für die Anwendung des KSchG liegt grundsätzlich beim Arbeitnehmer. Dies gilt jedoch nur, soweit der Arbeitnehmer die erforderlichen Tatsachen kennt. Regelmäßig kann er sich auf die Behauptung beschränken, dass der Schwellenwert überschritten sei. Sodann muss der Arbeitgeber sich zur Anzahl der Beschäftigten erklären.

Personenbezogener Geltungsbereich/Wartezeit
Für die Anwendbarkeit des Kündigungsschutzgesetzes muss das Beschäftigungsverhältnis im Zeitpunkt des Zugangs der Kündigung länger als sechs Monate in demselben Betrieb bestanden haben. Zu beachten ist dabei, dass nur der kalendermäßige Bestand, nicht aber die tatsächliche Beschäftigungsdauer maßgeblich ist. Während der ersten sechs Monate ist also grundsätzlich eine ordentliche Kündigung durch den Praxisinhaber als Arbeitgeber auch ohne Grund möglich. Die Parteien des Arbeitsvertrages können die Wartezeit verkürzen oder vollständig abbedingen.

Soziale Rechtfertigung der ordentlichen Kündigung
Soweit das Kündigungsschutzgesetz anwendbar ist, muss der Praxisinhaber darlegen und ggf. beweisen, dass die Kündigung „sozial gerechtfertigt" ist. Eine Kündigung ist dann „sozial gerechtfertigt", wenn sie durch Gründe in der Person des Arbeitnehmers, im Verhalten des Arbeitnehmers oder durch dringende betriebliche Erfordernisse, die einer Weiterbeschäftigung des Arbeitnehmers in diesem Betrieb entgegenstehen, gerechtfertigt ist.

Die Kündigung ist grundsätzlich das letzte Mittel bzw. „ultima ratio". Dies bedingt, dass auch die Änderungskündigung Vorrang vor der Beendigungskündigung hat. Eine Änderungskündigung kann nur dann unterbleiben, wenn eine zumutbare Beschäftigung an einem anderen Arbeitsplatz oder zu geänderten Bedingungen objektiv nicht möglich ist.

Personenbedingte Kündigung
Eine ordentliche Kündigung ist dann sozial gerechtfertigt, wenn personenbedingte Gründe vorliegen. Soweit ein Arbeitnehmer die vertraglich geschuldete Leistung nicht erbringen kann – auch ohne sein Verschulden – spricht man von Kündigungsgründen, die in der Person des Arbeitnehmers liegen (BAG, Urteil vom 18.01.2007 – 2 AZR 731/05). Anders formuliert muss es sich um Gründe handeln, die Arbeitgeberinteressen beeinträchtigen und auf persönlichen Eigenschaften und Fähigkeiten des Arbeitnehmers beruhen.

Unter bestimmten engen Voraussetzungen kann dann auch wegen Krankheit gekündigt werden.

Eine solche Kündigung ist allerdings nur dann möglich, wenn
a. Ein Zustand der Krankheit in der Person des Arbeitnehmers vorliegt,
b. eine negative Prognose über die gesundheitliche Entwicklung besteht,
c. die betrieblichen Interessen erheblich beeinträchtigt werden und
d. eine Interessenabwägung zu Gunsten des Arbeitgebers verläuft.

Eine Kündigung wegen Krankheit kann also nur dann zulässig sein, wenn ein Arbeitnehmer unter einer lang anhaltenden Erkrankung leidet, bei der die genaue Dauer nicht absehbar ist, oder bei häufigen Kurzerkrankungen, die die ernste Besorgnis weiterer Erkrankungen rechtfertigen.

Wenn also auch zukünftig mit einer gewissen Regelmäßigkeit und Häufigkeit Erkrankungen angenommen werden müssen, kann der Arbeitgeber ein berechtigtes Interesse daran haben, das Beschäftigungsverhältnis ordentlich zu beenden.

Weitere Voraussetzung für eine ordentliche Kündigung wegen Krankheit ist allerdings, dass die betrieblichen Interessen des Praxisinhabers erheblich beeinträchtigt werden. Wenn sich der Ausfall des Arbeitnehmers nicht oder nur unwesentlich auf den Betrieb auswirkt, kann eine Kündigung nicht ausgesprochen werden. Je länger ein Arbeitsverhältnis störungsfrei bestand, desto größer muss das Ausmaß der betrieblichen Belastungen sein, damit die Arbeitgeberkündigung gerechtfertigt ist (BAG, Urteil vom 15.02.1984 – 2 AZR 537/82).

Bei den zu berücksichtigenden wirtschaftlichen Beeinträchtigungen sind neben den Kosten für den Einsatz von Aushilfskräften auch zu erwartende Entgeltfortzahlungskosten von Relevanz.

Eine altersbedingte Einschränkung der Leistungsfähigkeit kann dann einen personenbedingten Kündigungsgrund darstellen, wenn der Arbeitnehmer die von ihm geschuldete Leistung nicht mehr erbringen kann. Der Praxisinhaber hat allerdings einen altersbedingten Abfall der Leistung hinzunehmen.

Mangelhafte Kenntnisse und Fähigkeiten des Arbeitnehmers können ebenfalls eine personenbedingte Kündigung rechtfertigen. Dies gilt allerdings nur dann, wenn die Mängel bei der Einstellung nicht bekannt waren. Sind die Mängel der fachlichen Qualifikationen behebbar, kann ggf. vor Erklärung der Kündigung die Verpflichtung des Arbeitgebers bestehen, den Arbeitnehmer aufzufordern, an Fortbildungsmaßnahmen teilzunehmen. In dieser Rechtsauslegung kommt der o.g. Rechtsgedanke der Kündigung als „ultima ratio" zum Ausdruck.

Verhaltensbedingte Kündigung
Anders als bei der personenbedingten Kündigung erfolgt eine verhaltensbedingte Kündigung normalerweise aufgrund eines **verschuldeten Fehlverhaltens bzw. wegen einer schuldhaften Pflichtverletzung** des Arbeitnehmers. Verhaltensbedingte Gründe sind vor allem Vertragsverletzungen des Arbeitnehmers, die im Leistungsbereich, im Vertrauensbereich oder in Verstößen gegen die betriebliche Ordnung liegen können. Gegenstand der Pflichtverletzung müssen damit Pflichten aus dem Arbeitsvertrag sein, wobei diese nicht ausdrücklich im Arbeitsvertrag formuliert sein müssen. Es kommen auch Verletzungen von Pflichten, die sich aus dem Wesen des Arbeitsvertrags als weisungsgebundenes, abhängiges Beschäftigungsverhältnis ergeben, oder auch vertragliche Nebenpflichten in Betracht. Beispiele für Pflichtverletzungen, die zur verhaltensbedingten Kündigung berechtigen können sind u. a.:
1. Arbeitsverweigerung
2. Mehrfache Unpünktlichkeit
3. Pausenüberschreitungen
4. Mangelhafte Arbeitsleistungen
5. Strafbare Handlungen (Bspw.: sexuelle Belästigung am Arbeitsplatz, die Beleidigung des Arbeitgebers oder Eigentums- oder Vermögensdelikte zum Nachteil des Arbeitgebers)
6. Unerlaubtes Führen privater Telefonate vom Arbeitsplatz aus
7. Konkurrierende Tätigkeit
8. Genesungswidrige Aktivitäten des krankgeschriebenen Arbeitnehmers.

Hingegen kann ein außerdienstliches Verhalten eine Kündigung nur dann rechtfertigen, wenn es konkrete Auswirkungen auf das Arbeitsverhältnis hat.

▶ **Praxistipp:** Der Arbeitgeber hat in einem möglichen gerichtlichen Kündigungsschutzverfahren zu beweisen, dass die Pflichtverstöße tatsächlich begangen wurden. Es sollten daher alle wesentlichen Pflichtverstöße genauestens dokumentiert werden. Das konkrete Fehlverhalten sollte unter Nennung des Datums und der Uhrzeit exakt festgehalten werden. Von großer Bedeutung ist es auch, die Aussagen möglicher Zeugen – z. B. andere Mitarbeiter – zu protokollieren. Diese Protokolle sollten von den Zeugen unterzeichnet werden.

Nach der Rechtsprechung ist nicht jede Pflichtverletzung geeignet, ein Recht zur verhaltensbedingten Kündigung zu begründen. Es wird von den Gerichten eine Interessensabwägung dahingehend vorgenommen, ob das Interesse des Arbeitgebers an der Beendigung des Arbeitsverhältnisses aufgrund der Pflichtverletzung gegenüber dem Interesse des Arbeitnehmers am Erhalt des Arbeitsplatzes überwiegt. Es muss mit weiteren Vertragsverletzungen zu rechnen oder die eingetretene Vertragsstörung so schwerwiegend sein, dass eine vertrauensvolle Fortsetzung des Arbeitsverhältnisses nicht möglich erscheint.

Grundsätzlich ist vor einer verhaltensbedingten Kündigung eine **Abmahnung** erforderlich. Eine ohne vorherige vergebliche Abmahnung ausgesprochene verhaltensbedingte Kündigung ist in der Regel unwirksam. Mit einer Abmahnung beanstandet der Arbeitgeber das Fehlverhalten des Arbeitnehmers, fordert ihn zu einem künftigen vertragsmäßigen Verhalten auf und macht deutlich, dass im Wiederholungsfall weitere arbeitsrechtliche Folgen drohen. Erst wenn der Arbeitnehmer nach erfolgter wirksamer Abmahnung wiederholt gegen die gleiche oder eine gleichartige Pflicht verstößt, ist die verhaltensbedingte Kündigung regelmäßig zulässig. Deshalb sollte in der Abmahnung für den Wiederholungsfall stets mit der Kündigung gedroht werden. Die Abmahnung kann entbehrlich sein, wenn der Arbeitnehmer erkennbar nicht fähig oder nicht willens ist, sich vertragsgerecht zu verhalten. Führt das pflichtwidrige Verhalten des Arbeitnehmers zu Störungen im Vertrauensbereich zwischen Arbeitgeber und Arbeitnehmer, ist auch hier keine Abmahnung erforderlich, wenn eine Wiederherstellung des Vertrauens nicht erwartet werden kann.

▶ **Exkurs:** Eine Abmahnung ist die Aufforderung zur Änderung eines unerwünschten Verhaltens und besitzt sowohl Hinweis-, Dokumentations-, Ermahnungs- und Warnfunktion.

Die Abmahnung kann grundsätzlich mündlich ausgesprochen werden. Es empfiehlt sich jedoch – nicht zuletzt aus Beweisgründen –, in Schriftform abzumahnen. Folgende Inhalte sollten stets Gegenstand der Abmahnung sein:

Checkliste: Inhalt einer Abmahnung

☐ Datum, Ort und Uhrzeit
☐ konkretes Fehlverhalten des Mitarbeiters, das abgemahnt wird
☐ ggf. Nennung von Zeugen
☐ Androhung der Kündigung bei wiederholter Pflichtverletzung

▶ **Praxistipp:**
Abmahnung (Muster)

Sehr geehrte(r) Frau/Herr ...,

wie ich feststellen musste, sind Sie Ihren Pflichten aus dem Arbeitsvertrag vom ... ... nicht nachgekommen. Wir erteilen Ihnen hierfür eine

Abmahnung.

Sie sind am ... sowie am ... jeweils zu spät am Arbeitsplatz erschienen. Am ... erschienen Sie erst um 12.00 Uhr. Am ... erschienen Sie um 11.00 Uhr. Dies wurde uns von Herrn/ Frau ... bestätigt. Wir haben vertraglich vereinbart, dass Sie Ihre Tätigkeit um 9.00 Uhr aufzunehmen haben. Gründe für Ihre Verspätung haben Sie mir trotz Nachfrage nicht mitgeteilt.

> Mit diesem Verhalten haben Sie gegen Ihre Pflichten aus dem zwischen uns geschlossenen Arbeitsvertrag vom ... verstoßen. Ich bin nicht bereit, dieses Verhalten zu akzeptieren oder weitere Verstöße gegen Ihre arbeitsvertraglichen Pflichten hinzunehmen. Ich habe Sie aufzufordern, sich zukünftig vertragsgemäß zu verhalten.
>
> Ferner weise ich darauf hin, dass ich mir vorbehalte, das Arbeitsverhältnis – gegebenenfalls auch fristlos – zu kündigen, wenn Sie weiterhin gegen Ihre Verpflichtungen aus dem Arbeitsverhältnis verstoßen.
>
> Eine Durchschrift dieser Abmahnung wird zur Personalakte genommen.
>
> Mit freundlichen Grüßen
>
> _____ _____
> Ort, Datum   Unterschrift Arbeitgeber
>
> Zur Kenntnis genommen:
> _____
> Unterschrift Angestellte/r

Vorsicht ist geboten bei wiederholten Abmahnungen. Die Abmahnung hat eine Warnfunktion. Die Ernsthaftigkeit dieser Warnung kann entwertet werden, wenn die gleiche Pflichtverletzung nur zu einer weiteren Abmahnung, nicht jedoch zu einer Kündigung führt. Dies kann dann zur Folge haben, dass eine verhaltensbedingte Kündigung, die nach einer Vielzahl von ausgesprochenen Abmahnungen erklärt wird, unwirksam ist. Der Arbeitgeber muss deswegen die letzte Abmahnung vor dem Ausspruch einer Kündigung besonders eindringlich gestalten, um dem Arbeitnehmer klar zu machen, dass weitere derartige Pflichtverletzungen nunmehr tatsächlich zum Ausspruch einer Kündigung führen werden (BAG, Urteil vom 15.11.2001 – 2 AZR 609/00).

Die betriebsbedingte Kündigung

Eine Kündigung ist sozial gerechtfertigt, wenn sie durch dringende betriebliche Erfordernisse bedingt ist, die einer Weiterbeschäftigung des Arbeitnehmers in diesem Bereich entgegenstehen. Während es sich bei der personen- und der verhaltensbedingten Kündigung um Gründe aus der Sphäre des Arbeitnehmers handelt, liegt der Grund der betriebsbedingten Kündigung in dem Machtbereich des Arbeitgebers.

Gründe für eine betriebsbedingte Kündigung können bspw. in Umstrukturierungen der Praxis (Rationalisierung), in Veränderungen des räumlichen Umfeldes, in Veränderungen des Patientenklientels und des Behandlungsaufkommens oder in Einschränkungen der Praxis aus Altersgründen oder wegen Krankheit bestehen.

Der Praxisinhaber muss im Falle eines **Kündigungsschutzprozesses** vortragen und beweisen, dass infolge der oben genannten Gründe gerade der konkrete Arbeitsplatz des gekündigten Arbeitnehmers weggefallen ist. Fallen von mehreren vergleichbaren Arbeitsplätzen nicht alle weg, muss der Praxisinhaber die zu kündigenden Arbeitnehmer nach sozialen Gesichtspunkten auswählen. Vorrangig ist dann denjenigen Arbeitnehmern zu kündigen, die noch keinen Kündigungsschutz nach dem Kündigungsschutzgesetz haben. Danach darf der Praxisinhaber, ohne dass es auf die sozialen Auswahlkriterien ankommt, solche Arbeitnehmer von der Kündigung ausnehmen, die ordentlich nicht kündbar sind (vgl. bereits oben: Besonderer Kündigungsschutz). Weiter darf der Praxisinhaber ohne Berücksichtigung der sozialen Auswahlkriterien diejenigen von der Kündigung ausnehmen, die zur Aufrechterhaltung eines ordnungsgemäßen Praxisablaufs oder zur Erhaltung der Leistungsfähigkeit der Praxis notwendig sind.

Bei den übrigen Arbeitnehmern hat der Praxisinhaber eine **Sozialauswahl** vorzunehmen.

Hierbei sind insbesondere zu berücksichtigen:
a. die Dauer der Praxiszugehörigkeit,
b. das Lebensalter,
c. Unterhaltspflichten der Arbeitnehmer sowie
d. eine bestehende Schwerbehinderung des Arbeitnehmers.

Inanspruchnahme des allgemeinen Kündigungsschutzes
Will ein Arbeitnehmer geltend machen, dass die ihm gegenüber ausgesprochene Kündigung sozial ungerechtfertigt ist, muss er gemäß § 4 Satz 1 KSchG innerhalb von **drei Wochen nach Zugang** der Kündigung Klage beim Arbeitsgericht erheben. Wird die Kündigung durch das Gericht als sozialwidrig beurteilt, wird dem Beschäftigten ein Recht auf Weiterbeschäftigung zugebilligt.

Entgegen einer weit verbreiteten Auffassung hat der Arbeitnehmer bei Beendigung des Arbeitsverhältnisses nicht automatisch einen Anspruch auf Zahlung einer Abfindung. Ein solcher Anspruch kann sich jedoch im Einzelfall aus dem Arbeitsvertrag, dem Tarifvertrag etc. ergeben. Unabhängig hiervon wird in der Praxis jedoch ein großer Anteil von Kündigungsschutzverfahren durch einen Vergleich beendet, der regelmäßig auch die Verpflichtung des Arbeitgebers zur Zahlung einer Abfindung erhält. Ein solcher Vergleich kann auch vorprozessual geschlossen werden.

Das Kündigungsschutzgesetz sieht nur in der besonderen Konstellation des § 1a einen Abfindungsanspruch des Arbeitnehmers vor. Der Anspruch setzt den Hinweis des Arbeitgebers in der Kündigung voraus, dass die Kündigung auf dringende betriebliche Erfordernisse gestützt ist und der Arbeitnehmer bei Verstreichenlassen der Klagefrist die Abfindung beanspruchen kann. Die Höhe der Abfindung beträgt gemäß § 1a Abs. 2 KSchG 0,5 Monatsverdienste für jedes Jahr des Bestehens des Arbeitsverhältnisses. Von dieser Möglichkeit machen Praxisinhaber jedoch nur selten Gebrauch. Zu berücksichtigen ist, dass viele Arbeitnehmer auch ohne ein Abfindungsangebot keine Kündigungsschutzklage erheben.

Der Arbeitnehmer sollte im Falle eines Abfindungsvergleichs oder im Falle eines Aufhebungsvertrages berücksichtigen, dass ihm in einer sich anschließenden Arbeitslosigkeit eine Sperrzeit für den Bezug von Arbeitslosengeld gemäß § 144 Abs. 1 Nr. 1 SGB III von bis zu zwölf Wochen auferlegt werden kann.

10.7.3 Zeugniserteilung

Nach § 109 Abs. 1 S. 1 GewO hat der Arbeitgeber dem Arbeitnehmer bei der Beendigung des Arbeitsverhältnisses auf dessen Verlangen ein schriftliches Zeugnis auszustellen. Weil das Zeugnis dem beruflichen Fortkommen des Arbeitnehmers dient, gilt der Grundsatz der wohlwollenden Beurteilung (BAG, Urteil vom 21.06.2005 – 9 AZR 352/04). Der Anspruch auf die Erteilung eines Zeugnisses entsteht nicht erst am letzten Tag des Arbeitsverhältnisses, sondern bereits mit dem Zugang der Kündigung, weil der Arbeitnehmer das Zeugnis für die Stellensuche benötigt. Der Arbeitnehmer hat die Wahl zwischen einem einfachen und einem qualifizierten Zeugnis. Das einfache Zeugnis umfasst lediglich die Art und die Dauer der Beschäftigung. Hingegen erstreckt sich das qualifizierte Zeugnis auf die Leistung und das Verhalten des Arbeitnehmers.

Diese Art des Zeugnisses soll im Folgenden genauer dargestellt werden.

Ein Zeugnis muss stets der **Wahrheit** entsprechen. Es ist nach Form und Stil **objektiv** abzufassen. Das qualifizierte Zeugnis soll Leistung und Führung über die gesamte Dauer des Beschäftigungsverhältnisses hinweg darstellen und damit alle wesentlichen Tatsachen und Bewertungen des Arbeitnehmers enthalten, die Bedeutung für den Arbeitnehmer haben können oder für Dritte (potentielle neue Arbeitgeber) erheblich sein können. Negative Formulierungen sind stets unzulässig.

Die Leistungsbeurteilung muss sich an den dem Arbeitnehmer gestellten Aufgaben ausrichten. Bewertet werden insbesondere folgende Kriterien:
1. Arbeitsbereitschaft
   Stichworte: Engagement, Motivation, Pflichtbewusstsein, Fleiß, Interesse, Einsatzbereitschaft
2. Arbeitsbefähigung
   Stichworte: Ausdauer, Belastbarkeit, Flexibilität, Auffassungsgabe, Konzentration, Urteilsvermögen
3. Arbeitsweise
   Stichworte: Selbstständigkeit, Eigenverantwortung, Sorgfalt
4. Arbeitsergebnisse
   Entscheidend ist in einem Zeugnis jedoch stets die Leistungsbeurteilung. Diese stellt die eigentliche Benotung dar. Folgende Formulierungen sind derzeit üblich:

Frau/Herr erledigte die ihm/ihr übertragenen Aufgaben
- stets zu unserer vollsten Zufriedenheit = sehr gut
- stets zu unserer vollen Zufriedenheit = gut
- zu unserer vollen Zufriedenheit = gute durchschnittliche Leistung
- zu unserer Zufriedenheit = unterdurchschnittliche, aber noch ausreichende Leistung
- im Großen und Ganzen/insgesamt zu unserer Zufriedenheit = mangelhafte Leistung
- hat sich bemüht, die ihm/ihr übertragenen Arbeiten zu unserer Zufriedenheit zu erledigen = völlig unzureichende Leistung.

Die nach den vorgenannten Kriterien bescheinigte Leistung muss mit dem sonstigen Inhalt des Zeugnisses übereinstimmen. Ergibt sich aus dem sonstigen Text des Zeugnisses eine sehr gute Leistung, darf die Leistungsklausel nicht dahinter zurückbleiben.

Bestandteil des qualifizierten Zeugnisses ist auch die Führung des Arbeitnehmers. Es soll das Verhalten des Angestellten zu allen Personengruppen, zu denen

10.7 Beendigung des Arbeitsverhältnisses

er Kontakt hatte, bewertet werden, insbesondere zu Vorgesetzten, Kollegen und Patienten. Im Zweifel sollte bei unterschiedlichen Bewertungen im Verhalten zu verschiedenen Personengruppen im Zeugnis differenziert werden.

Beispiele:

- „Ihr Verhalten zu Vorgesetzten, Kollegen und Patienten war stets vorbildlich" = sehr gut
- „Ihr Verhalten zu Vorgesetzten, Kollegen und Patienten war vorbildlich" = gut
- „Ihr Verhalten gegenüber Vorgesetzten, Kollegen und Patienten war einwandfrei" = befriedigend
- „Ihr Verhalten Vorgesetzten, Kollegen und Patienten gegenüber gab zu Beanstandungen keinen Anlass" = ausreichend
- „Ihr Verhalten Vorgesetzten, Kollegen und Patienten gegenüber war im Wesentlichen einwandfrei" = mangelhaft.

Zwar enden Zeugnisse regelmäßig mit einer Schlussformel, mit der Wünsche für die Zukunft und der Dank für die geleisteten Dienste ausgedrückt werden soll. Nach herrschender Rechtsprechung besteht allerdings keine Verpflichtung des Arbeitgebers, eine Schlussformel in das Zeugnis aufzunehmen (BAG, Urteil vom 11.12.2012 – 9 AZR 227/12). Werden sie jedoch verwendet, müssen sie mit dem übrigen Inhalt des Zeugnisses übereinstimmen.

Kein Gegenstand des Zeugnisses ist u. a.:
- Vergütung
- Behinderung
- Urlaub, Krankheit
- Abmahnung
- Änderungen des Zeugnisses.

Die Formulierungsbeispiele zeigen, dass einzelne Wörter bzw. deren Fehlen die Aussage des Zeugnisses erheblich beeinflussen. Die Abfassung des Zeugnisses sollte daher mit großer Sorgfalt und Umsicht vorgenommen werden.

Folgendes ist in diesem Zusammenhang zu berücksichtigen: Der Arbeitgeber muss sich bei Erstellung des Zeugnisses vergegenwärtigen, dass mit diesem auch dem Folgearbeitgeber ermöglicht werden soll, sich ein klares Bild vom Arbeitnehmer zu machen. Der Folgearbeitgeber kann grundsätzlich gegenüber dem Arbeitgeber, der vorsätzlich oder fahrlässig ein unwahres oder falsches Zeugnis ausstellt, Schadensersatzansprüche geltend machen.

Bei Nichterteilung des Zeugnisses kann der Arbeitnehmer vor dem Arbeitsgericht auf Erteilung des Zeugnisses klagen. Sind Tatsachen oder Beurteilungen im Zeugnis fehlerhaft, kann er seinen Anspruch auf Zeugnisberichtigung gerichtlich durchsetzen. Es ist aber zu berücksichtigen, dass der Arbeitnehmer zumindest für ein Zeugnis, das die Beurteilung „sehr gut" beinhaltet, die hierfür maßgeblichen Umstände darlegen und beweisen muss. Ist das Zeugnis dagegen unterdurchschnittlich und begehrt der Arbeitnehmer ein durchschnittliches Zeugnis, ist der Arbeitgeber dafür beweispflichtig, dass die Leistungen als unterdurchschnittlich zu bewerten sind..

10.8 Besonderheit: Praxiserwerb

Der käufliche Praxiserwerb ist auch arbeitsrechtlich relevant. Ein solcher Erwerb einer Arztpraxis stellt einen Betriebsübergang im Sinne des **§ 613a BGB** dar.

10.8.1 Rechtsfolgen des § 613a BGB

Wichtigste Rechtsfolge des Betriebsübergangs ist, dass der Praxiserwerber in die Rechte und Pflichten aus den im Zeitpunkt des Übergangs bestehenden Arbeitsverhältnissen eintritt. Alle Arbeitsverhältnisse werden unverändert fortgesetzt. Dies gilt für die vereinbarte Vergütung, Urlaubsansprüche etc. und insbesondere auch für eine „Übernahme" von langen Kündigungsfristen aufgrund langer Beschäftigungsdauer. Die gesetzliche Regelung kann nicht vertraglich ausgeschlossen werden, weil sie ausschließlich dem Schutz der Arbeitnehmer dient (BGH, Urteil vom 23.03.2006 – III ZR 102/05).

In § 613a BGB heißt es weiter, dass der bisherige Praxisinhaber neben dem neuen Praxisinhaber, also dem Erwerber, für Verpflichtungen aus dem Arbeitsverhältnis, soweit sie vor dem Zeitpunkt des Übergangs entstanden sind, als Gesamtschuldner **haftet**. Das bedeutet, dass sowohl der abgebende, als auch der übernehmende Arzt für derartige „Altverbindlichkeiten" in Anspruch genommen werden können.

Schließlich normiert § 613a Abs. 4 BGB, dass eine **Kündigung** des Arbeitsverhältnisses eines Arbeitnehmers durch den bisherigen Praxisinhaber oder durch den neuen Praxisinhaber **wegen des Übergangs** der Praxis **unwirksam** ist. Das Recht zur Kündigung aus anderen Gründen bleibt unberührt.

▶ **Beachte:**
Folgen der Praxisübertragung:
1. Übergang der bestehenden Arbeitsverhältnisse
2. Haftung des Praxiskäufers für sämtliche Verbindlichkeiten aus bestehenden Arbeitsverhältnissen
3. Kündigung wegen des Praxiskaufs ist unwirksam.

10.8.2 Widerspruchsrecht der Arbeitnehmer

Der Arbeitnehmer ist im Falle des Praxisverkaufs berechtigt, dem Übergang des Arbeitsverhältnisses auf den Praxisübernehmer zu widersprechen. Der Widerspruch hat zur Folge, dass das Arbeitsverhältnis mit dem bisherigen Arbeitgeber fortbesteht und das Arbeitsverhältnis nicht auf den Praxiskäufer übergeht. Der Praxisabgeber kann dann allerdings aus betriebsbedingten Gründen das Arbeitsverhältnis fristgemäß kündigen.

Das Widerspruchsrecht des Arbeitnehmers besteht allerdings nicht unbegrenzt. Gemäß § 613a Abs. 6 BGB muss der Widerspruch innerhalb einer Frist von **einem Monat** „nach Zugang der Unterrichtung nach Absatz 5" schriftlich erklärt werden. Entscheidend für die Fristberechnung ist, dass dem Arbeitnehmer eine Unterrichtung über den Betriebsübergang im Sinne des § 613a Abs. 5 BGB zugegangen ist.

Das bedeutet: **Je später der Arbeitnehmer über den Betriebsübergang unterrichtet wird, desto länger hat er die Möglichkeit, dem Übergang seines Arbeitsverhältnisses zu widersprechen.**

> **Praxistipp:** Die Arbeitnehmer des Praxisveräußerers sollten so frühzeitig wie möglich vollständig über den Betriebsübergang in der gesetzlichen Form unterrichtet werden, um Rechtsunsicherheiten zu verhindern.

10.8.3 Unterrichtungspflicht

Entscheidend für den Beginn der Widerspruchsfrist ist somit der Zeitpunkt, zu dem der Arbeitnehmer über den Betriebsübergang unterrichtet wurde. Der Inhalt sowie die Form der Unterrichtung ergeben sich aus § 613a Abs. 5 BGB. Hiernach haben **der bisherige Arbeitgeber oder der neue Praxisinhaber** die Arbeitnehmer in **Textform** vor dem Übergang zu informieren, und zwar über:
1. den Zeitpunkt oder den geplanten Zeitpunkt des Übergangs
2. den Grund für den Übergang
3. die rechtlichen, wirtschaftlichen und sozialen Folgen des Übergangs für die Arbeitnehmer und
4. die hinsichtlich der Arbeitnehmer in Aussicht genommenen Maßnahmen.

Die Unterrichtung hat also **vor** dem Termin der Praxisübergabe stattzufinden.

> **Praxistipp:** Die Unterrichtung kann somit in Schriftform erfolgen, aber **auch per E-Mail, per Telefax oder per Übergabe einer Kopie.** Voraussetzung ist stets, dass die Person des Erklärenden erkennbar ist und der Abschluss der Erklärung durch Nennung des Namens des Erklärenden gekennzeichnet ist.

10.9 Anstellung von Ärzten

Bei der Anstellung von Ärzten gelten die o.g. Ausführungen entsprechend. Darüber hinaus sind jedoch Besonderheiten zu beachten, die im Folgenden dargestellt werden:

10.9.1 Einhaltung der vertragsärztlichen und berufsrechtlichen Pflichten

Von Bedeutung ist zunächst § 32b Abs. 3 ZV-Ärzte. Hiernach hat der Vertragsarzt den angestellten Arzt zur Erfüllung der vertragsärztlichen Pflichten anzuhalten. Aufgrund dieser Regelung sollte der Arbeitsvertrag eine Klausel enthalten, die den angestellten Arzt verpflichtet, die vertragsärztlichen Pflichten zu beachten. Hierzu gehören beispielsweise die Einhaltung des Wirtschaftlichkeitsgebotes, die Dokumentationspflicht, die Fortbildungspflicht etc.

Der Arbeitsvertrag sollte ferner die berufsrechtlichen Pflichten des angestellten Arztes berücksichtigen. So muss das Recht des Patienten auf freie Arztwahl, die Ausübung des ärztlichen Berufs nach freiem Gewissen, die eigenverantwortliche und selbständige Berufsausübung stets gewahrt sein.

Die Regelung sollte auch den Hinweis darauf enthalten, dass der Praxisinhaber den angestellten Arzt über diese Pflichten belehrt hat.

10.9.2 Variable Vergütung

Mit angestellten Ärzten wird oftmals – neben einem Fixum – eine variable, also eine erfolgsabhängige Vergütung, vereinbart. Ziel ist es, den angestellten Arzt durch das Inaussichtstellen einer höheren Vergütung zu einer höheren Leistungsbereitschaft zu motivieren.

Zu regeln sind die konkrete Bemessungsgrundlage, die Fälligkeit der variablen Vergütung im Hinblick auf die Quartalsabrechnung der Kassenärztlichen Vereinigung, hieraus resultierende Vorschüsse und Rückzahlungspflichten des Arbeitnehmers bei etwaigen Regressen.

Was viele Arbeitgeber und auch Arbeitnehmer nicht wissen: im Rahmen der Entgeltfortzahlung und im Rahmen des Anspruchs auf bezahlten Erholungsurlaub, ist auch die variable Vergütung bei der Bemessung der Höhe des Entgeltfortzahlungsanspruchs und des Urlaubsentgeltes zu berücksichtigen. Der Arbeitgeber kann also nicht dahingehend argumentieren, dass in der Urlaubs- und Krankheitszeit keine Umsätze durch den angestellten Arzt erwirtschaftet worden sind, so dass lediglich die Grundvergütung zu zahlen sei. Vielmehr gilt § 11 Abs. 1 BUrlG. Danach bemisst sich das Urlaubsentgelt (nicht zu verwechseln mit dem Urlaubsgeld) nach dem durchschnittlichen Arbeitsverdienst, das der Arbeitnehmer in den letzten dreizehn Wochen vor dem Beginn des Urlaubs erhalten hat, mit Ausnahme des zusätzlich für Überstunden gezahlten Arbeitsverdienstes. Für die Entgeltfortzahlung im Krankheitsfall und an Feiertagen folgt die Zugrundelegung des Durchschnittverdienstes für die regelmäßige Arbeitszeit aus § 11 Abs. 1a S. 2 EFZG.

10.9.3 Berufshaftpflichtversicherung

Im eigenen Interesse sollte der Arbeitgeber eine Berufshaftpflichtversicherung für den angestellten Arzt abschließen. Eine entsprechende Verpflichtung sollte auch in den Arbeitsvertrag aufgenommen werden.

10.9.4 Nachvertragliches Wettbewerbsverbot

Während des Bestehens eines Arbeitsverhältnisses ist einem Arbeitnehmer grundsätzlich jede Konkurrenztätigkeit zum Nachteil seines Arbeitgebers untersagt. Dies folgt aus der Treuepflicht und gilt auch ohne eine explizite Regelung im Vertrag.

Nach Beendigung des Arbeitsverhältnisses entfällt die Verpflichtung zur Wettbewerbsenthaltung. Der angestellte Arzt, der sich seit Jahren einen Patientenstamm aufgebaut hat, kann sich beispielsweise in unmittelbarer Nähe in einer eigenen Praxis niederlassen und die Patienten „mitnehmen". Um dies und auch eine angestellte Tätigkeit im Einzugsbereich der Praxis zu vermeiden, sollte der Praxisinhaber bereits bei Abschluss des Arbeitsvertrages sorgfältig überlegen, ob die Vereinbarung eines nachvertraglichen Wettbewerbsverbotes sinnvoll ist.

Da ein solches nachvertragliches Wettbewerbsverbot einen erheblichen Eingriff in die Berufsfreiheit des angestellten Arztes darstellt, stellt die Rechtsprechung sehr strenge Anforderungen an die Wirksamkeitsvoraussetzungen.

In formeller Hinsicht ist zu beachten, dass das nachvertragliche Wettbewerbsverbot zu seiner Wirksamkeit der Schriftform und der Aushändigung der unterzeichneten Urkunde an den Arbeitnehmer bedarf. Dies bereitet in der Praxis regelmäßig keine Schwierigkeiten.

Daneben sind die inhaltlichen Anforderungen zu beachten:

Zunächst muss der örtliche Rahmen, der sachliche Rahmen und der zeitliche Rahmen angemessen begrenzt werden. Das Wettbewerbsverbot ist gem. § 74a Abs. 1 HGB insoweit unverbindlich, als es nicht zum Schutz der berechtigten geschäftlichen Interessen des Arbeitgebers dient. Vor diesem Hintergrund sind die Schranken zu ziehen.

▶ **Beachte:**
- Räumliche Schranken:
  Der örtliche Rahmen des Wettbewerbsverbots darf i.d.R den Einzugsbereich der Praxis nicht überschreiten. Hier gilt der Grundsatz: „Weniger ist mehr."
- Sachliche Schranken:
  Nur eine konkurrierende Tätigkeit darf untersagt werden. Ein generelles Verbot zur Berufsausübung führt zur Unwirksamkeit der Abrede.
- Zeitliche Schranken:
  Das Verbot kann nicht auf einen Zeitraum von mehr als zwei Jahren von der Beendigung des Dienstverhältnisses an erstreckt werden.

Was viele Arbeitgeber nicht bedenken: Das nachvertragliche Wettbewerbsverbot ist zudem nur dann wirksam, wenn eine sog. **Karenzentschädigung** in Höhe der Hälfte der zuletzt bezogenen Vergütung vom Arbeitgeber gezahlt wird. Der Konkurrenzschutz kann also teuer werden und muss daher wohlüberlegt sein.

Fehlt eine derartige Vereinbarung, ist das Wettbewerbsverbot unverbindlich. Die Karenzentschädigung braucht im Übrigen im Vertrag nicht ausdrücklich beziffert zu werden. Dies macht oftmals auch keinen Sinn, wenn in der Zwischenzeit Gehaltserhöhungen vereinbart werden. Fehlt eine explizite Vereinbarung des Betrags, wird aber im Vertrag auf die Vorschriften der §§ 74 ff. HGB verwiesen, hat die fehlende Vereinbarung nicht die Unwirksamkeit des Wettbewerbsverbots zur Folge. Vielmehr ergibt sich hieraus die Verpflichtung zur Zahlung der gesetzlichen Mindesthöhe als Karenzentschädigung (BAG, Urteil vom 28.06.2006 – 10 AZR 407/05).

▶ **Praxistipp:** Sinnvoll ist es, den Inhalt des § 74 Abs. 2 HGB (ohne das Wort „mindestens") wörtlich in der Vereinbarung niederzulegen. Etwa: „Der Praxisinhaber verpflichtet sich, für die Dauer des Verbots eine Entschädigung zu zahlen, die für jedes Jahr des Verbotes die Hälfte der von dem angestellten Arzt zuletzt bezogenen vertraglichen Vergütung erreicht."

Der Arbeitnehmer hat sich jedoch anderweitigen Erwerb anrechnen zu lassen.

▶ **Hinweis:** Unter folgenden Voraussetzungen wird das Wettbewerbsverbot nachträglich unwirksam:
  1. Der angestellte Arzt kündigt berechtigt das Arbeitsverhältnis wegen **vertragswidrigen Verhaltens des Arbeitgebers** und erklärt dem Arbeitgeber **innerhalb eines Monats nach der Kündigung** in **Schriftform**, dass er sich an die Vereinbarung nicht gebunden fühlt, § 75 Abs. 1 HGB.
  2. Das inhaltsgleiche Lösungsrecht hat der Arbeitgeber, wenn er berechtigt fristlos wegen vertragswidrigen Verhaltens des Arbeitnehmers kündigt, § 75 Abs. 1 HGB.
  3. Weitgehend unübersichtlich ist das Lösungsrecht des **Arbeitnehmers** nach § 75 Abs. 2 HGB, wenn der Arbeitgeber das Arbeitsverhältnis ordentlich kündigt, ohne dass Gründe in der Person des Arbeitnehmers vorliegen. Hauptanwendungsfall ist hier die betriebsbedingte Kündigung. In derartig gelagerten Fällen ergibt sich aus der durch § 75 Abs. 2 HGB vorgesehenen entsprechenden Geltung des § 75 Abs. 1 HGB, dass sich der Arbeitnehmer binnen eines Monats nach Kündigungserklärung von dem Verbot lösen kann.

Das soeben dargestellte Lösungsrecht des § 75 HGB ist vom Verzichtsrecht des § 75a HGB zu differenzieren. Zwar kann der Arbeitgeber bis zur rechtlichen Beendigung des Arbeitsverhältnisses durch schriftliche Erklärung auf das Wettbewerbsverbot verzichten, mit der Folge, dass das Wettbewerbsverbot mit sofortiger Wirkung entfällt. Zu beachten ist jedoch, dass der Arbeitgeber erst mit dem Ablauf von zwölf Monaten seit dieser Erklärung von der Verpflichtung zur Zahlung der Karrenzentschädigung befreit ist. Erklärt der Arbeitgeber den Verzicht mehr als eine Jahr vor Beendigung des Arbeitsverhältnisses, muss der Arbeitgeber keine Karrenzentschädigung zahlen.

▶ **Hinweis:** Das Verzichtrecht aus § 75a HGB bietet dem Arbeitgeber die Möglichkeit, sich von einem unverbindlich oder nicht mehr interessanten Wettbewerbsverbot loszusagen.

Im Zusammenhang mit dem nachvertraglichen Wettbewerbsverbot soll schließlich darauf hingewiesen werden, dass der angestellte Arzt keine Abschriften bzw. digital gespeicherte Patientendaten aus der Praxis des Arbeitgebers mitnehmen darf. Dies kann einen Verrat von Geschäfts- und Betriebsgeheimnissen gemäß § 17 UWG darstellen. Hierbei handelt es sich um eine Straftat.

Aufschiebende Bedingung

Regelmäßig soll der angestellte Arzt nicht nur Privatpatienten, sondern auch gesetzlich Versicherte behandeln. Für den vertragsärztlichen Bereich ist die vorherige Genehmigung der Anstellung eines Arztes durch den Zulassungsausschuss erforderlich. Um zu vermeiden, dass ein Arbeitsverhältnis besteht, ohne dass eine Genehmigung des Zulassungsausschusses vorliegt, sollte der Arbeitsvertrag unter der Bedingung abgeschlossen werden, dass der Zulassungsausschuss eine bestandskräftige Genehmigung der Anstellung erteilt. Bei Versagung der Genehmigung bliebe ansonsten nur die Möglichkeit einer ordentlichen Kündigung.

Der Arzt und das Mietrecht

11

11.1 Bedeutung des Mietvertrages

In den meisten Fällen ist der Arzt nicht Eigentümer, sondern Mieter seiner Praxisräumlichkeiten. Neben der Auswahl des geeigneten Standortes sowie der Eignung der Räumlichkeiten auch für die zukünftige Entwicklung der Praxis ist die Ausgestaltung des Mietvertrages von zentraler Bedeutung. Insbesondere unter dem Aspekt der langfristigen Bindung der Patienten an die Praxis hat der Arzt ein besonderes Interesse daran, durch frühzeitige und umfassende Regelungen ein möglichst reibungsloses Mietverhältnis zu begründen. Bereits beim Abschluss des Mietvertrages ist daher darauf zu achten, dass die Ausübung der ärztlichen Tätigkeit am Standort durch entsprechende mietvertragliche Regelungen langfristig gesichert und den Besonderheiten des Betriebs einer ärztlichen Praxis Rechnung getragen wird. In Betracht kommen hier vor allem der zukünftige Zusammenschluss mit weiteren Partnern und die Übertragung der Praxis auf einen Nachfolger. Die im Schreibwarenhandel erhältlichen Mietvertragsformulare sind auf diese speziellen Konstellationen nicht zugeschnitten. Es empfiehlt sich daher, den Mietvertrag unter Berücksichtigung der nachstehenden Punkte mit dem Vermieter im Einzelnen auszuhandeln. Sorgfalt ist insbesondere deswegen geboten, weil das finanzielle Volumen eines Mietvertrages (z. B. bei einem 10 Jahres-Vertrag mit einer Miete von 5000 €) in aller Regel ganz erheblich ist.

11.2 Kein gesetzlicher Mieterschutz

Bei einem Praxismietvertrag handelt es sich um einen Mietvertrag über Geschäftsräume, so dass die mietrechtlichen Schutzvorschriften zugunsten des Mieters von Wohnraum keine Anwendung finden. Dies hat insbesondere zur Konsequenz, dass für den Praxismieter kein gesetzlicher Kündigungsschutz besteht. Wird keine andere vertragliche Regelung getroffen, kann der Mietvertrag grundsätzlich am dritten Werktag eines Kalendervierteljahres zum Ablauf des nächsten Kalendervierteljahres gekündigt werden (§ 580a Abs. 2 BGB). Auch die gesetzlichen Begrenzungen für Mieterhöhungen bei Wohnraummietverhältnissen gelten nicht. Folglich sind besondere vertragliche Regelungen unverzichtbar, um sich vor nicht gerechtfertigten Begehrlichkeiten des Vermieters zu schützen.

11.3 Schriftform des Mietvertrages

Ein Praxismietvertrag, der mit einer festen Laufzeit von mehr als einem Jahr abgeschlossen wird, muss schriftlich abgefasst werden (§ 550 i. V. m. § 578 Abs. 2 BGB). Das Erfordernis der Schriftlichkeit erfasst dabei sämtliche Vereinbarungen, die den notwendigen Vertragsinhalt (Mietvertragsparteien, Bezeichnung der Räumlichkeiten, Vertragslaufzeit, Mietzins und Nebenkosten) oder die für die Parteien wesentlichen Vertragsabreden (beispielsweise Recht zur Untervermietung, Konkurrenzschutzklausel) widerspiegeln. Es sollte darauf geachtet werden, dass die angemieteten Räumlichkeiten eindeutig mittels Anschrift oder grundbuchmäßiger Beschreibung benannt werden. Unklare oder widersprüchliche Regelungen zur Dauer des Mietvertrages müssen vermieden werden. Diese Gefahr besteht insbesondere bei der Verwendung von unvollständig ausgefüllten Formularverträgen. Anlagen, die wesentliche Vertragsbestimmungen enthalten (beispielsweise Grundrisspläne mit Bezeichnung der angemieteten Flächen, Inventarbeschreibungen), sind fest an den Vertrag zu heften.

Um dem Schriftformerfordernis zu genügen, müssen alle Vertragspartner auf einer Vertragsurkunde eigenhändig und handschriftlich unterzeichnen. Wird eine Vertragspartei von mehreren Personen repräsentiert, müssen alle Personen unterschreiben, bei einer Gemeinschaftspraxis in Form der Gesellschaft bürgerlichen Rechts mithin alle Gesellschafter. Die einzelnen Blätter der Vertragsurkunde müssen fest miteinander verbunden oder fortlaufend nummeriert werden. Bei Missachtung des Schriftformerfordernisses ist der Mietvertrag als auf unbestimmte Zeit geschlossen anzusehen und kann damit ordentlich gekündigt werden. Ein vermeintlich auf 10 Jahre fest geschlossener Vertrag mit ggf. noch eingeräumter Verlängerungsoption kann folglich ungeplant frühzeitig enden.

▶ **Praxistipp:** Dringend daran zu denken ist, auch bei Nachträgen zum Mietvertrag, mit dem der ursprüngliche Vertrag geändert oder ergänzt wird, die Schriftform einzuhalten. Auch vermeintlich unscheinbare Veränderungen wie eine geringfügige Mieterhöhung oder die Nutzung eines zusätzlichen Kellerraums sollten keinesfalls nur mündlich vereinbart werden. Anderenfalls gilt der gesamte ursprünglich formwirksam abgeschlossene Mietvertrag als auf unbestimmte Zeit geschlossen und kann ordentlich gekündigt werden. So jüngst wieder konsequent von der Rechtsprechung entschieden: Bundesgerichtshof, Urteil vom 25.11.2015 – XII ZR 114/14, sowie Oberlandesgericht Frankfurt am Main, Urteil vom 27.04.2016–2 U 9/16.

11.4 Notwendige Inhalte des Praxismietvertrages

11.4.1 Vertragszweck

Für den Arzt ist bei Abschluss des Mietvertrages von entscheidender Bedeutung, dass die angemieteten Räumlichkeiten zum Betreiben einer Praxis geeignet sind und dies auch zukünftig bleiben werden. Der Vermieter ist gemäß § 535 Abs. 1 BGB verpflichtet, dem Mieter die Räumlichkeiten in einem zum vertragsgemäßen Gebrauch geeigneten Zustand zu überlassen und sie während der Mietzeit in diesem Zustand zu erhalten. Daher sollte der Mietvertrag eine explizite Beschreibung der vertragsgemäßen Beschaffenheit der Mietsache sowie den Hinweis enthalten, dass die Vermietung zum Zweck des Betriebs einer Arztpraxis erfolgt. Stellt sich dann heraus, dass die Räumlichkeiten nicht oder nicht mehr zum vertraglich vereinbarten Zweck geeignet sind, kann der Arzt ggf. den Mietzins mindern oder bei einem Verschulden des Vermieters Schadensersatz fordern (§§ 536f. BGB).

Dem Betrieb einer Arztpraxis können insbesondere bauplanungs- und bauordnungsrechtliche Vorschriften entgegenstehen. Soll die Praxis in ehemaligen Wohnräumen betrieben werden, sind ggf. vorhandene Vorschriften über die Zweckentfremdung von Wohnraum sowie die Erforderlichkeit eines Antrages auf Nutzungsänderung zu beachten. Liegen die Praxisräumlichkeiten in einem reinen Wohngebiet, ist ebenfalls die bauplanungsrechtliche Zulässigkeit der Nutzungsänderung zu gewährleisten. Bauordnungsrechtlich sind beispielsweise, insbesondere in städtischen Ballungsgebieten, die kommunalen Stellplatzverordnungen zu berücksichtigen, wonach der Nachweis von Parkplätzen zu erbringen ist. Ist ein solcher Stellplatznachweis nicht möglich, sind Ablösebeträge zu zahlen. Zudem sind ggf. die Vorgaben der Röntgenverordnung zu beachten. Behördliche Auflagen, die mit dem Betrieb einer Arztpraxis verbunden sind, müssen im Übrigen vom Praxisinhaber und nicht vom Vermieter erfüllt werden.

▶ **Praxistipp:** Um spätere Schwierigkeiten zu vermeiden, sollte eine entsprechende Zusicherung des Vermieters in den Mietvertrag aufgenommen werden, dass sich die Räumlichkeiten zum Betrieb einer Arztpraxis eignen und in bauplanungsrechtlicher wie bauordnungsrechtlicher Hinsicht den behördlichen Vorgaben entsprechen.

11.4.2 Dauer des Mietvertrages

Da gewerbliche Mietverträge keinem gesetzlichen Kündigungsschutz unterliegen, sollte ein Mietvertrag mit einer festen Laufzeit vereinbart werden. Im Hinblick auf die bei der Praxiseinrichtung zu tätigenden Investitionen ist eine Laufzeit von fünf bis zehn Jahren oftmals interessengerecht. Manche Banken bestehen bei der Finanzierung einer Existenzgründung bereits auf der Vorlage eines für mindestens zehn Jahre fest abgeschlossenen Mietvertrages.

Darüber hinaus empfiehlt es sich, Verlängerungsoptionen zugunsten des Mieters in den Vertrag aufzunehmen, damit auch nach Ablauf der ersten festen Mietperiode die dann eingeführte Praxis am Standort fortbestehen kann. Günstigstenfalls kann der Mieter die ihm eingeräumten Optionen einseitig ausüben, ohne dass es einer weiteren Zustimmung zur Verlängerung der Mietzeit durch den Vermieter bedarf. Üblicherweise werden Optionszeiträume von je weiteren fünf Jahren vereinbart, wobei mindestens zwei Verlängerungsoptionen vorgesehen sein sollten.

▶ **Praxistipp:** Es besteht die Gefahr, dass nach Ablauf der ersten Festlaufzeit vergessen wird, die erforderliche Erklärung zur Ausübung der Verlängerungsoption gegenüber dem Vermieter abzugeben. Erstrebenswert ist daher eine Regelung, wonach die Verlängerung automatisch eintritt, wenn nicht der Mieter innerhalb einer vereinbarten Frist widerspricht. Will der Mieter demgegenüber den Vertrag beenden, so wird er die erforderliche Kündigung kaum vergessen.

Werden die Praxisräume zum Zeitpunkt des Abschlusses des Mietvertrages noch renoviert oder umgebaut, ist der Arzt bei nicht rechtzeitiger Übergabe der Räumlichkeiten auf Schadensersatz wie Kosten der Anmietung von Interimsräumen etc. verwiesen. Es empfiehlt sich, im Mietvertrag auf einer ausdrücklichen Garantie des Vermieters für die Einhaltung des Übergabetermins zu bestehen. Am effektivsten kann sich der Mieter in diesem Fall vor Verzögerung durch den Vermieter schützen, indem zusätzlich zu etwaigen Schadensersatzansprüchen eine Vertragsstrafe für die verspätete Übergabe des Mietobjektes vereinbart wird.

11.4.3 Mietzins und Nebenkosten

Neben den Personalkosten stellen die Raumkosten in der Regel die größte monatliche Ausgabenposition des Praxisinhabers dar. Es versteht sich daher von selbst, dass der Praxismieter sich vor Abschluss des Mietvertrags nach den ortsüblichen Vergleichsmieten erkundigt und möglichst Vergleichsangebote einholt.

11.4.3.1 Mietzins

Es sollte darauf geachtet werden, dass der Mietzins pro m² der Mietfläche angegeben wird. Stellt sich später heraus, dass die Praxisräumlichkeiten nicht die im Mietvertrag angegebene Grundfläche aufweisen, ist eine Anpassung des Mietzinses an die tatsächliche Größe möglich, sofern die Flächenabweichung erheblich ist.

Da die Mietdauer auf einen langen Zeitraum angelegt ist, sollte für beide Parteien von vornherein eine objektive Bemessungsgrundlage für die Entwicklung des Mietzinses festgelegt werden. In der Praxis wird hierzu regelmäßig eine sogenannte Wertsicherungsklausel vereinbart. Zumeist erfolgt eine Indexierung des Mietzinses, wobei der Mietzins an einen Lebenshaltungskosten-Index gekoppelt wird. Die Preisindizes werden vom Statistischen Bundesamt amtlich ermittelt und sind auf der Internetseite des Statistischen Bundesamts (www.destatis.de) abrufbar.

Geachtet werden sollte darauf, dass der seit dem Jahr 2003 ausschließlich noch fortgeführte Verbraucherpreisindex für Deutschland verwandt wird, um Problemen bei der Umindexierung vorzubeugen.

▷ **Praxistipp:** Voraussetzung für die Erhöhung oder auch Herabsetzung des Mietzinses ist, dass sich der Verbraucherpreisindex um eine gewisse Prozentzahl gegenüber dem Stand bei Mietbeginn verändert. Von Mieterseite sollte darauf geachtet werden, dass die Mieterhöhung durch Wertsicherung nicht automatisch eingreift, sondern zusätzlich von einem Erhöhungsverlangen des Vermieters abhängig gemacht wird. Zudem sollte eine rückwirkende Berechnung ausgeschlossen sein. Auf diese Weise kann der Gefahr begegnet werden, dass die aufgrund der Wertsicherung eingreifende Mieterhöhung zunächst unbemerkt bleibt und später nachträglich für einen vergangenen Zeitraum geltend gemacht wird.

Wertsicherungsklauseln unterliegen mit Blick auf den hiermit einhergehenden Beitrag zur allgemeinen Preisentwicklung und Inflation den einschränkenden Regelungen des Preisklauselgesetzes (PrKlG). Wertsicherungsklauseln sind jedoch gesetzlich zulässig, wenn entweder eine mindestens 10-jährige Festlaufzeit des Mietvertrages vereinbart wurde oder diese Laufzeit durch ein dem Mieter zustehendes Optionsrecht herbeigeführt werden kann (§ 3 Abs. 1 Ziffer 1 e) PrKlG). Außerdem muss die Preisklausel hinreichend bestimmt sein, etwa die Bezugsgröße genau angeben, und darf keine Partei unangemessen benachteiligen (§ 2 Abs. 1 PrKlG). Das Preisklauselgesetz gilt für alle nach dem 14.09.2007 getroffenen Vereinbarungen. Für vor diesem Datum abgeschlossene Verträge galt nach der Preisklauselverordnung im Wesentlichen das Gleiche.

▷ **Hinweis:** Möglich ist auch, eine Staffelung des Mietzinses zu vereinbaren. Dieser erhöht sich dann in regelmäßigen Abständen um einen gewissen Prozentsatz. Solche Regelungen haben jedoch den Nachteil, dass sie im Gegensatz zum Verbraucherpreisindex nicht an die allgemeine wirtschaftliche Entwicklung angeknüpft sind.

▷ **Hinweis:** Gelegentlich finden sich auch Klauseln, wonach der Mietzins in gewissen zeitlichen Abständen neu zu verhandeln ist und, sofern keine Einigkeit zwischen den Parteien erzielt wird, sodann durch ein Schiedsgutachten festgelegt wird. Auch solche Klauseln bieten weder dem Vermieter noch insbesondere dem Mieter eine verlässliche Kalkulationsgrundlage. Ferner entstehen nicht unerhebliche Kosten für das Schiedsgutachten.

11.4.3.2 Nebenkosten

Besonderes Augenmerk sollte auf die vertraglichen Vereinbarungen zu den Betriebs- und Nebenkosten der Praxisräumlichkeiten gelegt werden. Das Gesetz sieht vor, dass der Vermieter diese Kosten zu tragen hat. Mittels vertraglicher Vereinbarung können die Betriebs- und Nebenkosten auf den Mieter umgelegt werden, was gängige Vertragspraxis ist. Welche Kosten vom Mieter übernommen werden, ist Verhandlungssache und bedarf einer ausdrücklichen und eindeutigen Regelung im Mietvertrag. Es sollte darauf geachtet werden, dass lediglich solche Kosten auf den Mieter abgewälzt werden, die ihm auch zugerechnet werden können. Zudem ist ratsam, in den Vertrag eine Vereinbarung aufzunehmen, bis zu welchem Zeitpunkt der Vermieter über die Nebenkosten abzurechnen hat. Üblich ist die Abrechnung innerhalb eines Jahres nach Ende der Abrechnungsperiode. Der Mieter hat ein Einsichtsrecht in alle der Abrechnung zugrundeliegenden Belege.

11.4.4 Mietsicherheiten

Der Vermieter wird den Abschluss des Mietvertrages regelmäßig davon abhängig machen, dass der Mieter ihm Sicherheit für die Verbindlichkeiten aus dem Mietvertrag leistet. Die entsprechende Sicherheit kann in der Form einer Bankbürgschaft geleistet werden und stellt für den Mieter regelmäßig die günstigste Variante dar, weil in diesem Fall keine Liquidität gebunden wird. Die Kosten einer solchen Bankbürgschaft belaufen sich – abhängig von der Höhe der Bürgschaft – regelmäßig auf eine Avalprovision von etwa 1 % der Bürgschaftssumme vierteljährlich.

> ▶ **Hinweis:** Angesichts der geringen Verzinsung erweist sich die immer noch häufig anzutreffende Übergabe eines Sparbuches mit entsprechendem Guthaben als wirtschaftlich wenig sinnvoll. Alternativ kann die Sicherheit auch als Barkaution geleistet werden, wobei die Anlage auf einem Treuhandkonto vereinbart werden sollte.

11.4.5 Ausweitung der Praxistätigkeit

Bereits beim Abschluss des Mietvertrages und somit zu Beginn der Niederlassung sollte daran gedacht werden, dass möglicherweise zu einem späteren Zeitpunkt das Bedürfnis bestehen könnte, eine Kooperation einzugehen. Es empfiehlt sich daher, bereits im Mietvertrag eine Regelung aufzunehmen, wonach der Mieter berechtigt ist, im Zuge einer Ausweitung seiner Praxistätigkeit einen oder mehrere Partner in die Praxisräume aufzunehmen. Wünschenswert ist bereits im Mietvertrag die Zustimmung des Vermieters dazu, dass die potentiellen Partner auf Seiten des Mieters dem Mietvertrag beitreten. Ferner sollte der Mieter sich das Recht der Untervermietung ausbedingen, um in der Ausgestaltung der Rechtsverhältnisse mit seinen möglichen Kooperationspartnern die größtmögliche Flexibilität zu behalten.

Soweit die Gründung einer Gemeinschaftspraxis nach den Regelungen des Mietvertrages unproblematisch ist, sollte daran gedacht werden, zusätzlich zu regeln, dass gegebenenfalls aus der Gemeinschaftspraxis ausscheidende Partner aus dem Mietvertrag entlassen werden und der Mietvertrag sodann mit den verbleibenden

Partnern fortgesetzt wird. Um die Haftung der ausscheidenden bzw. eintretenden Mieter nicht ausufern zu lassen, sollte klargestellt werden, dass die ausscheidenden Mieter nur für Verbindlichkeiten aus dem Mietverhältnis bis zum Zeitpunkt ihres Ausscheidens und eintretende Mieter nur für Verbindlichkeiten ab dem Zeitpunkt ihres Eintritts haften.

11.4.6 Beendigung der Praxistätigkeit

Von zentraler Bedeutung für den Mieter einer Arztpraxis ist eine Regelung, wonach er bzw. seine Erben berechtigt sind, im Falle der Praxisaufgabe wegen Berufsunfähigkeit, Todes oder aus sonstigen Gründen den Praxisnachfolger in den bestehenden Mietvertrag eintreten zu lassen, ohne dass es einer weiteren Zustimmungserklärung des Vermieters bedarf. Will der Arzt seine Praxis veräußern, so wird ihm die Verwertung des von ihm geschaffenen ideellen Wertes nur dann möglich sein, wenn der Nachfolger seinerseits für einen gewissen Zeitraum in den vorhandenen Praxisräumen tätig sein kann. Fehlt es im Praxismietvertrag an einer solchen antizipierten Zustimmungserklärung des Vermieters zur Übertragung des Mietvertrages, so kann die Situation eintreten, dass letztlich bei Veräußerung der Praxis der Vermieter auf dem Wege des neu abzuschließenden Mietvertrages die Entscheidung darüber trifft, wer die Nachfolge des Praxisabgebers antritt.

▶ **Hinweis:** Wird eine Regelung, wonach der Mieter berechtigt ist, einen Dritten in den Mietvertrag eintreten zu lassen, von dem Vermieter nicht akzeptiert, sollten zumindest die Einspruchsmöglichkeiten des Vermieters in Bezug auf die Person des Nachfolgers möglichst eng begrenzt werden. Keinesfalls darf die Übertragung des Mietverhältnisses und damit letztlich der Praxis von der Entscheidung des Vermieters abhängen.

Für den Fall, dass der Mieter seinen Beruf nicht mehr ausüben kann und eine Veräußerung der Praxis misslingt, sollte im Mietvertrag ein Sonderkündigungsrecht zugunsten des Mieters vereinbart sein.

11.4.7 Ein- und Umbauten

Grundsätzlich ist der Mieter nicht berechtigt, ohne Zustimmung des Vermieters Veränderungen an den Mieträumlichkeiten vorzunehmen. Es empfiehlt sich daher, eine Klausel in den Mietvertrag aufzunehmen, die es dem Mieter gestattet, Veränderungen vorzunehmen, die nach seinen Vorstellungen der Ausübung der ärztlichen Praxis dienlich sind. Bauliche Veränderungen sind selbstverständlich stets mit dem Vermieter abzustimmen.

Es sollte ferner vorgesehen werden, dass Ein- und Umbauten, die vom Mieter vorgenommen wurden, bei Beendigung des Mietverhältnisses von diesem entschädigungslos in den Räumen belassen werden können. Damit wird verhindert, dass der Mieter bei Auszug zum Rückbau verpflichtet ist, zumal nach den gesetzlichen Regelungen die Mieträumlichkeiten in dem Zustand zurückzugeben sind, in dem sie an den Mieter übergeben wurden. Häufig macht ein solcher Rückbau, der regelmäßig mit nicht unerheblichen Kosten verbunden ist, bereits deswegen keinen Sinn, weil der Neumieter ohnehin weitere Veränderungen vornimmt. Demgegenüber ist der Mieter jedoch berechtigt, die Einrichtungen, mit denen er die Mietsache versehen hat, zu entfernen (§ 539 Abs. 2 BGB).

> **Praxistipp:** Teilweise hat der Vermieter ein Interesse daran, dass die eingebrachten Einrichtungen in den Räumlichkeiten verbleiben. Wird dem Vermieter ein Übernahmerecht eingeräumt, sollte dieses davon abhängig gemacht werden, dass er eine angemessene Entschädigung für die ihm überlassene Einrichtung zahlt.

11.4.8 Instandhaltung, Schönheitsreparaturen, Praxisschild

Die Instandhaltung und Instandsetzung der Mieträumlichkeiten obliegt grundsätzlich dem Vermieter, zumal dieser den Mietzins dafür erhält, dass er dem Mieter das Mietobjekt in vertragsgemäßem Zustand überlässt und während der Mietzeit diesen Zustand aufrecht erhält (§ 535 Abs. 1 BGB). Es ist üblich, dass kleinere Instandhaltungen (Maßnahmen zum Erhalt des ordnungsgemäßen Zustandes und zur Beseitigung von Gebrauchsbeeinträchtigungen, beispielsweise Einbau von Türschnappschlössern) und Instandsetzungen (Maßnahmen zur Schadensbeseitigung, beispielsweise Austausch eines defekten Wasserhahns) auf den Mieter übertragen werden. Um die Kostenübernahmepflicht zu begrenzen, sollte im Mietvertrag ein Höchstbetrag für jeden Einzelfall und eine Höchstbetragsgrenze für einen gewissen Zeitraum vereinbart werden.

Ebenso obliegt es dem Vermieter, etwaige Schönheitsreparaturen vorzunehmen. Es entspricht aber der gängigen Praxis, die Durchführung der Schönheitsreparaturen (beispielsweise Tapezieren/Anstreichen der Wände und Decken, Streichen der Heizkörper, Lackieren der Türen und Innenseiten der Fenster) auf den Mieter zu übertragen. Dazu kann im Mietvertrag ein Fristenplan zur Erledigung der Renovierungsintervalle festgelegt werden. Unwirksam ist jedoch die Vereinbarung, sogenannter starrer Fristen für die Schönheitsreparaturen. Der Mieter wird dadurch mit Renovierungspflichten belastet, die über den tatsächlichen Renovierungsbedarf hinausgehen. Zulässig sind daher nur Fristen, die die Renovierungspflicht vom tatsächlichen Erhaltungszustand abhängig machen. Bereits seit früher galt dies laut höchstrichterlicher Rechtsprechung (BGH, Urteil vom 23.06.2004, Az. VIII ZR 361/03) für Mietverhältnisse über Wohnraum. Inzwischen hat der BGH seine Rechtsprechung auch auf Mietverhältnisse über Gewerberäumen ausgedehnt (vgl. BGH, Urteil vom 08.10.2008, Az. XII ZR 84/06). Außerdem ist der Mieter von Gewerberäumen nach der Entscheidung des Bundesgerichtshofes (BGH, Urteil vom 06.04.2005, Az. XII ZR 308/02) auch wegen des Summierungseffektes unangemessen benachteiligt, wenn er neben der Verpflichtung zur Durchführung der laufenden

Schönheitsreparaturen zugleich die Pflicht zur Durchführung der Schlussrenovierung zum Ende der Mietzeit übernehmen soll. Die Überwälzung der Verpflichtung zur Vornahme laufender Schönheitsreparaturen einer dem Mieter unrenoviert oder renovierungsbedürftig überlassenen Wohnung ist darüber hinaus immer dann unzulässig, wenn der Vermieter dem Mieter keinen angemessenen Ausgleich gewährt (BGH, Urteil vom 18.03.2015, Az. VIII ZR 185/14). Diese Rechtsprechung wird bereits teilweise auf die Geschäftsraummiete übertragen (OLG Celle, Beschluss vom 13.07.2016, Az. 2 U 45/16).

▶ **Praxistipp:** Entsprechend der Verpflichtung des Mieters, Schönheitsreparaturen vornehmen zu lassen, sollte ausdrücklich geregelt werden, dass der Vermieter dazu verpflichtet ist, die Außenfassade des Mietobjekts in einem optisch ansprechenden Zustand zu erhalten. Gerade für eine ärztliche Praxis ist die Außenwirkung des Gebäudes auf potentielle Patienten nicht zu unterschätzen.

Eine Regelung ist schließlich darüber zu treffen, dass der Mieter berechtigt ist, das nach § 17 Abs. 4 der Muster-Berufsordnung (MBO-Ä) vorgeschriebene Praxisschild am Hauseingang anzubringen. Ergänzend kann das Anbringen weiterer Hinweisschilder vertraglich vereinbart werden. So ist für den Fall der Verlegung der Praxis zu empfehlen, dass dem Mieter das Recht eingeräumt wird, das Praxisschild verbunden mit einem entsprechenden Hinweis auf die neue Praxisadresse für einen gewissen Zeitraum nach dem Auszug am Gebäude zu belassen.

11.4.9 Konkurrenzschutzklausel

Besonders bei größeren, gewerblich genutzten Objekten ist der Mieter davor zu schützen, dass der Vermieter in demselben Objekt oder in einem ihm ebenfalls gehörenden Objekt in unmittelbarer Nähe weitere Räumlichkeiten an einen Arzt desselben oder eines verwandten Fachbereichs vermietet. Es empfiehlt sich daher, eine entsprechende ausdrückliche Konkurrenzschutzklausel in den Vertrag aufzunehmen. Missachtet der Vermieter diese Klausel, hat der Mieter einen Anspruch auf Schadensersatz und ggf. das Recht zur Kündigung. Aufgrund der Wichtigkeit der Einhaltung des vereinbarten Konkurrenzschutzes für den Mieter ist des Weiteren empfehlenswert, für den Fall der Zuwiderhandlung durch den Vermieter eine Sanktion wie beispielsweise eine Vertragsstrafe vorzusehen. In der Praxis hat sich dies aus rechtlichen Gründen als nützlich und notwendig erwiesen: Hat der Vermieter trotz einer Konkurrenzschutzklausel mit einem anderen Arzt ein Mietverhältnis abgeschlossen, ist er an seine Verpflichtungen aus dem neuen Mietvertrag gebunden. Nur eine zuvor in ausreichender Höhe vereinbarte Vertragsstrafe kann den schwer messbaren Schaden des „Erstmieters" ausreichend kompensieren.

Darüber hinaus ist ein nachvertraglicher Konkurrenzschutz von Vorteil. Insoweit sollte sich der Vermieter verpflichten, nach Beendigung der Praxistätigkeit des Mieters die Mieträume für einen gewissen Zeitraum nicht erneut an einen Arzt zu vermieten; es sei denn, es handelt sich um den gewünschten Praxisnachfolger des Mieters. Auf diese Weise kann der Gefahr vorgebeugt werden, dass bei Beendigung des Mietvertrages ein Praxisübernahmevertrag nicht zustande kommt, weil der potentielle Erwerber den Abschluss eines Praxiskaufvertrages verweigert, aber zugleich über den Weg des Mietvertrages die Räumlichkeiten in Besitz nimmt. Das Profitieren vom Goodwill der bisherigen Praxis, ohne hierfür einen Kaufpreis gezahlt zu haben, kann so verhindert werden.

11.4.10 Veräußerung des Mietobjekts

Der Verkauf des Mietobjekts durch den Vermieter hat keinen Einfluss auf den Mietvertrag. Per Gesetz tritt der Käufer in alle bestehenden Verpflichtungen aus dem Mietvertrag als neuer Vermieter ein. Ist der Mieter selbst gegebenenfalls an einem späteren Erwerb der Praxisräume interessiert, sollte er sich im Mietvertrag ein Vorkaufsrecht ausbedingen. Die Vereinbarung des Vorkaufsrechts bedarf der notariellen Beurkundung, um wirksam zu sein.

11.5 Fazit

Das Nutzungsrecht an den Praxisräumlichkeiten stellt ein wesentliches Element der wirtschaftlichen Betätigung des niedergelassenen Arztes dar. Insofern besteht im Normalfall ein erhebliches Interesse daran, bei Abschluss des Mietvertrages bereits die langfristige Planung der Praxistätigkeit bis hin zur möglichen Übertragung der Praxis auf einen Nachfolger zu berücksichtigen. Hierfür steht eine Vielzahl an möglichen Sonderregelungen zur Verfügung, deren Vereinbarung sorgsam auf den Einzelfall abzustimmen ist, um den konkreten Umständen und Besonderheiten der jeweiligen Praxis gerecht zu werden. Aufgrund der zwingenden Sonderregelungen im Hinblick auf die Ausübung von Kooperationen oder der Übertragung der Praxis sollte von der Verwendung von Formularmietverträgen Abstand genommen werden.

Checkliste zum Mietvertrag
1. Bereits in der Präambel eines Mietvertrages sollte vereinbart werden, dass das **Mietobjekt zum Betreiben einer Arztpraxis geeignet** ist. Diese Formulierung mag selbstverständlich klingen. Dennoch kann selbst der umfangreichste Mietvertrag niemals alle etwaigen Streitfälle umschreiben. Daher kann die Präambel in einem Gerichtsverfahren durchaus entscheidende Bedeutung haben. Nach dem Bürgerlichen Gesetzbuch ist bei einem Rechtsstreit der „wahre Wille" der Parteien zu ermitteln. Findet sich keine explizite Regelung zu einem Problem, hat das Gericht daher den Vertrag

auszulegen. Diese Auslegung erfolgt anhand des Wortlautes des Mietvertrages unter Beachtung der Bestimmungen in der Präambel.
2. Der Arzt sollte sich mit dem Vermieter darauf verständigen, dass dieser ihm **ärztlichen Konkurrenzschutz** in demselben Haus oder in dem Vermieter gehörenden Häusern in derselben Straße bzw. in einem gewissen Umkreis gewährt. Zudem sollte der Vermieter dafür Sorge tragen, dass andere Mieter nicht an ärztliche Konkurrenten des Mieters untervermieten.
3. Es ist vorteilhaft, wenn sich der Vermieter darüber hinausgehend verpflichtet, für eine gewisse Dauer nach Beendigung des Mietverhältnisses die **Mieträume nicht an einen anderen Arzt zu vermieten**, sofern es sich nicht um einen Praxisnachfolger des Mieters handelt. Auf diese Weise kann sichergestellt werden, dass die Patienten der eigenen Praxis (in den neuen Räumen) treu bleiben.
4. In Bezug auf die **Mietzeit** ist grundsätzlich eine Dauer **von fünf bis zehn Jahren** als erste Vereinbarung angemessen. Darüber hinaus sollten unbedingt Optionsrechte vereinbart werden. Dem Mieter können Optionen von bis zu vier mal fünf Jahren eingeräumt werden. Zu achten ist auf eine Vereinbarung, wonach sich unbeschadet des Optionsrechts des Mieters das **Mietverhältnis automatisch um ein Jahr verlängert**, wenn nicht der Mieter z. B. sechs Monate vor Ablauf der Verlängerung widerspricht. Diese Formulierung ist vorteilhaft, wenn der Arzt im täglichen Stress vergisst, sein Optionsrecht wahrzunehmen. Soweit nach den vereinbarten zehn Jahren nicht an die Ausübung des Optionsrechts gedacht wird, läuft der Mietvertrag nach Ablauf dieser Zeit ohne weiteres aus.
5. Mit Blick auf den regelmäßig anstehenden Notdienst kann vereinbart werden, dass der Vermieter dafür Sorge zu tragen hat, dass die **Raumtemperatur auch außerhalb der üblichen Sprechstundenzeiten konstant** gehalten werden kann.
6. Die in nahezu allen Mietverträgen enthaltene Klausel, dass der Mieter **Reparaturarbeiten** etc. zu dulden hat, ist im Grundsatz nicht zu beanstanden, weil die Erhaltungsmaßnahmen des Vermieters zu dulden sind. Dennoch dürfen diese Reparaturen den Betrieb der Arztpraxis nicht unzumutbar beeinträchtigen und sollten daher grundsätzlich **außerhalb der Sprechstundenzeiten** erfolgen. Eine entsprechende Regelung kann in den Mietvertrag aufgenommen werden.
7. Der Vermieter kann dem Mieter im Falle des Zahlungsverzuges die **Gelegenheit** geben, die **rückständigen Mietzinsbeträge zu zahlen**, indem er schriftlich über die Höhe der ausstehenden Zahlungen informiert und gleichzeitig auf die durch Nichtzahlung entstehenden Konsequenzen (fristlose Kündigung) hinweist. In den Genuss dieses Warnschusses vor Ausspruch der fristlosen Kündigung kommt nur der Mieter, der diese Regelung ausdrücklich im Mietvertrag trifft.

8. Ein weiterer wichtiger Aspekt ist die Frage der **Praxisabgabe**. Im Zuge einer **Ausweitung der Praxistätigkeit** oder auch aus anderen Gründen muss der Mieter berechtigt sein, einen oder mehrere Ärzte als Mitarbeiter oder Partner in die Praxis aufzunehmen. Der **Partner muss das Recht haben, in den Mietvertrag einzutreten**. Dies ist insbesondere mit Blick auf die dem neuen Partner obliegenden Vertragsverhandlungen (Zulassung, Finanzierung, etc.) von Bedeutung. Darüber hinaus sollte geregelt werden, dass etwaige Partner berechtigt sind, im Einverständnis mit dem Praxisinhaber die **Nachfolge zu den bestehenden Mietvertragsbedingungen** anzutreten. Regelmäßig wird der Vermieter darauf bestehen, dass eine entsprechende Zustimmung von seiner Seite erforderlich ist, um lediglich solvente Mieter auszuwählen. Wird im Mietvertrag formuliert, dass diese Zustimmung nur aus wichtigem Grund verweigert werden darf, werden die Interessen beider Seiten berücksichtigt.
9. Für den **Fall der Berufsunfähigkeit** hilft ein **Sonderkündigungsrecht**, Schwierigkeiten zu vermeiden. Ähnliches gilt **im Falle des Todes des Arztes**. Er selbst oder seine Erben müssen das Recht haben, den Mietvertrag zu kündigen oder die Praxis an einen anderen Arzt zu übertragen und diesen an der Stelle des Arztes in den Mietvertrag eintreten zu lassen. Ein Widerspruchsrecht darf dem Vermieter wiederum nur bei Vorliegen eines wichtigen Grundes zustehen.
10. Letztlich kann der Arzt bei Abschluss des Mietvertrages darauf drängen, dass ihm ein **Vormietrecht auf weitere Flächen** eingeräumt wird. Nimmt er ein Angebot auf Anmietung weiterer Flächen nicht innerhalb einer vereinbarten Frist an, ist der Vermieter frei, andere Interessenten einzubinden.
11. Eine **Untervermietung des Mietobjektes** (z. B. nicht benötigte Räume an ein selbständiges Labor) ist von der **Erlaubnis** des Vermieters abhängig. Ein Anspruch auf Erteilung der Erlaubnis besteht nicht. Das Gesetz sieht lediglich ein **Sonderkündigungsrecht** für den Fall vor, dass der Vermieter die Zustimmung verweigert (§ 540 Abs. 1 S. 2 BGB). Dies kann in der Regel aber nicht das Ziel des Arztes sein, der schließlich erhebliche Investitionen vorgenommen und einen wertvollen Patientenstamm aufgebaut hat. Außerdem ist aufzupassen, ob dieses Sonderkündigungsrecht im Mietvertrag ausgeschlossen ist.
12. Um Veränderungen der Praxisstruktur und dem hiermit einhergehenden Bedürfnis nach baulichen Maßnahmen gerecht zu werden, ist es hilfreich, bereits beim Abschluss des Mietvertrages eine Vereinbarung zu treffen, nach der der Vermieter die **Erlaubnis für spätere Baumaßnahmen** erteilt. Es ist darauf zu achten, dass der Arzt nicht zum **Rückbau** der von ihm durchgeführten Baumaßnahmen verpflichtet wird.

Formulierungsvorschläge:
- Beispiel: Vermieter übernimmt keine Gewähr für Eignung der Räumlichkeiten zum Betrieb einer Arztpraxis (Formularmietvertrag)
  Mietzweck
  – Der Mieter beabsichtigt, in der Gewerbeeinheit eine Arztpraxis zu betreiben. Der Vermieter weist den Mieter ausdrücklich darauf hin, dass der Vermieter nicht die hierzu erforderlichen behördlichen und sonstigen Genehmigungen, Zulassungen oder ähnliches einholt, sondern dies allein Sache des Mieters ist. Der Vermieter übernimmt keine Haftung dafür, dass die etwa notwendigen Genehmigungen und Zulassungen für den vorgesehenen Betrieb erteilt werden bzw. erteilte Genehmigungen fortbestehen. Schadensersatzansprüche des Mieters sind in jedem Fall ausgeschlossen. Der Mieter hat im Übrigen auf seine Kosten die gesetzlichen Voraussetzungen für den Betrieb des Gewerbes zu schaffen.
  – Der Vermieter gewährt dem Mieter keinen Konkurrenz- und Sortimentsschutz.
- Beispiel: Vermieter übernimmt Gewähr für Eignung der Räumlichkeiten zum Betrieb einer Arztpraxis und sichert Konkurrenzschutz zu (Individualmietvertrag)
  Mietzweck
  – Der Mieter beabsichtigt, in der Gewerbeeinheit eine Arztpraxis zu betreiben. Die Räumlichkeiten sind zum Betrieb einer Arztpraxis geeignet. Der Vermieter übernimmt die Gewähr dafür, dass die Mietsache bei Mietbeginn bautechnisch und ordnungsrechtlich den Erfordernissen genügt, die die gewerbliche Nutzung der Räume zum Betrieb einer Arztpraxis mit sich bringt.
  – Der Vermieter gewährt dem Mieter ärztlichen Konkurrenzschutz in demselben Haus oder in ihm gehörenden Häusern in derselben Straße bzw. in einem Kilometer Umkreis. Der Vermieter hat dafür Sorge zu tragen, dass andere Mieter ihren Mietgegenstand nicht an ärztliche Konkurrenten (ggf. konkretes Fachgebiet festlegen!) des Mieters untervermieten. Der Vermieter verpflichtet sich, für die Dauer eines Jahres nach Beendigung des Mietverhältnisses die Mieträume nicht an Ärzte zu vermieten, soweit es sich nicht um den Praxisnachfolger des Mieters handelt.
- Beispiel: Keine automatische Verlängerung des Mietvertrages bei Nichtausübung des Optionsrechts (Formularmietvertrag)
  Mietzeit
  Das Mietverhältnis beginnt am 01.10.2018.
  – Das Mietverhältnis läuft auf bestimmte Zeit und endet am 30.09.2023, ohne dass es einer Kündigung bedarf.
  – Der Mieter kann das Mietverhältnis bis zum 30.09.2028 verlängern, indem er dem Vermieter diese Absicht zwölf Monate vor Ablauf der Vertragsdauer schriftlich mitteilt. Für die Rechtzeitigkeit der Optionsausübung kommt es auf den Zugang des Schreibens an.
  – Setzt der Mieter den Gebrauch der Mietsache nach Ablauf der Mietzeit fort, so gilt das Mietverhältnis nicht als verlängert. § 545 BGB findet keine Anwendung. Die Fortsetzung oder Erneuerung des Mietverhältnisses nach seinem Ablauf müssen schriftlich vereinbart werden.

- Beispiel: Automatische Verlängerung des Mietvertrages bei Nichtausübung des Optionsrechts (Individualmietvertrag) Mietzeit
  – Das Mietverhältnis beginnt am 01.10.2018, läuft auf bestimmte Zeit und endet am 30.09.2023, ohne dass es einer Kündigung bedarf. Unbeschadet des nachstehend vereinbarten Optionsrechts des Mieters verlängert es sich jeweils um ein Jahr, wenn nicht eine Seite der Verlängerung sechs Monate vor Ablauf widerspricht.
  – Dem Mieter wird eine Option von vier mal fünf Jahren eingeräumt. Die Ausübung bedarf keiner ausdrücklichen Willenserklärung, vielmehr verlängert sich das Mietverhältnis automatisch um jeweils 5 Jahre, sofern nicht der Mieter sechs Monate vor Ablauf der jeweiligen Mietperiode schriftlich kündigt. Für die Rechtzeitigkeit der Kündigung kommt es auf den Zugang des Schreibens an.

Praxiskauf und Praxisabgabe   12

12.1 Einleitung

Die ärztliche Praxis ist die Grundlage der freiberuflichen Tätigkeit. Was wie eine Binsenweisheit klingt, beschreibt bei näherer Betrachtung jedoch die Problematik, vor die sich derjenige gestellt sieht, der sich als Arzt in eigener, freier Praxis niederlassen möchte. Angesichts der in vielen Fachgebieten bestehenden Zulassungsbeschränkungen aufgrund der Feststellung einer Überversorgung gemäß § 103 SGB V wird die Niederlassung häufig nur möglich sein, indem eine bestehende Arztpraxis übernommen wird. Daher rückt die Zulassungsübertragung bei der Praxisabgabe immer mehr in den Vordergrund. Dieser Aspekt hat durch das am am 23.07.2015 in Kraft getretene Versorgungstärkungsgesetz noch einmal an Bedeutung gewonnen – seitdem sollen die Zulassungsausschüsse die Durchführung eines Nachbesetzungsverfahrens ablehnen, wenn der allgemeine bedarfsgerechte Versorgungsgrad um 40 % überschritten ist. Auf die Besonderheiten des Nachbesetzungsverfahrens wird in diesem Kapitel daher vertieft eingegangen.

Aufgrund der nahezu überall vorhandenen hohen Arztdichte stellt die Neugründung einer Praxis in einem noch nicht gesperrten Gebiet ein wirtschaftliches Wagnis dar. Dem einerseits ohnehin bereits hohen und aufgrund des technischen Fortschritts stetig weiter steigenden Investitionsbedarf steht andererseits ein deutlicher Rückgang der ärztlichen Honorare gegenüber. Der Neugründer wird zudem einige Anstrengungen zu unternehmen haben, um sich gegenüber den bereits etablierten Praxen durchzusetzen und einen eigenen Patientenstamm aufzubauen. Der Kauf einer eingeführten Praxis oder der Einstieg in eine solche stellt daher auch in nicht gesperrten Gebieten eine attraktive, meist sogar vorzugswürdige Alternative dar.

Der Praxisübernehmer übernimmt eine bestehende Struktur. Dies hat insbesondere den Vorteil, dass er bereits auf den vorhandenen Patientenstamm sowie auf bestehende Organisationsstrukturen zurückgreifen kann und auf diese Weise die ansonsten üblichen Anlaufschwierigkeiten vermieden werden können. Für den Praxisabgeber ist die Veräußerung der eigenen Praxis regelmäßig Teil der eigenen

Altersvorsorge. Der Wert der Praxis, der über Jahre hinweg aufgebaut wurde, kann so zum Ende der beruflichen Tätigkeit verwertet werden.

Im Folgenden werden die wesentlichen Gesichtspunkte, die bei einer Praxis- oder Anteilsübertragung zu beachten sind, skizziert.

12.2 Die Arztpraxis als Veräußerungsobjekt

12.2.1 Begriff der Arztpraxis

Wer beabsichtigt, eine ärztliche Praxis zu kaufen oder zu verkaufen, muss sich zunächst darüber klar werden, welches „Gut" überhaupt Gegenstand der Transaktion sein wird. Dabei wird schnell klar, dass es sich bei einer Arztpraxis keineswegs um ein einheitliches Gut handelt. Die Arztpraxis in ihrer Gesamtheit besteht vielmehr einerseits aus einer Vielzahl von Anlagegegenständen (z. B. Praxiseinrichtung, medizinische Geräte, Vorräte etc.) und andererseits aus Rechten des Praxisinhabers (z. B. Nutzungsrechte aus dem Mietvertrag, Leasingverträgen, Versicherungsverträgen, Arbeitsverträge usw.). Häufig noch sehr viel entscheidender als die vorhandenen materiellen Werte ist der immaterielle Wert, auch ideeller Wert oder „Goodwill" genannt. Dieser besteht im Wesentlichen aus dem Patientenstamm. Gleichzeitig lässt sich aber gerade der Patientenstamm nicht wie ein Wirtschaftsgut veräußern, weshalb es an dieser Stelle ganz besonders auf eine umsichtige Vertragsgestaltung ankommt.

Allgemein definiert wird die Arztpraxis als „Gesamtheit dessen, was die gegenständliche und personelle Grundlage des in freier Praxis tätigen Arztes bei der Erfüllung der ihm obliegenden Aufgaben bildet." (Rieger, Lexikon des Arztrechts, Ordnungsnummer 4330, Rn. 2.)

Die Übertragung einer Arztpraxis ist daher stets als ein Unternehmenskauf zu qualifizieren, wobei sowohl die Vorschriften über den Sachkauf als auch jene über den Rechtskauf Anwendung finden. Auf die Einzelheiten der Ausgestaltung eines solchen Unternehmenskaufs wird im Folgenden eingegangen.

12.2.2 Der Vertragsarztsitz

Neben der Übertragung der Arztpraxis als solcher ist, soweit nicht eine reine Privatpraxis übernommen wird, in gesperrten Planungsbereichen ebenfalls die Übertragung des Vertragsarztsitzes auf den Nachfolger erforderlich, damit dieser die von ihm erworbene Praxis überhaupt wirtschaftlich sinnvoll verwerten kann.

Gleichwohl ist der Begriff des „Vertragsarztsitzes" streng vom Begriff der „Arztpraxis" abzugrenzen. Handelt es sich bei letzterer ausschließlich um die vorhandenen und erforderlichen Strukturen, um den ärztlichen Beruf auszuüben, beinhaltet der Begriff des Vertragsarztsitzes die aufgrund öffentlich-rechtlicher Vorschriften erteilte Erlaubnis, an der vertragsärztlichen Versorgung von Kassenpatienten teilzunehmen.

12.2 Die Arztpraxis als Veräußerungsobjekt

Das Vorhandensein einer Arztpraxis setzt somit nicht zwingend eine Zulassung voraus, was schon durch das Vorhandensein reiner Privatpraxen belegt wird. Andererseits weist der Begriff des „Vertragsarztsitzes" gleichwohl einen örtlichen Bezug auf, der mit dem Ort der Niederlassung im Sinne einer konkreten Praxisanschrift identisch ist. Der Vertragsarztsitz ist demnach an das Vorhandensein einer Praxis und den konkreten Ort der Praxis, der durch die Praxisanschrift gekennzeichnet ist, gebunden.

Im gesperrten Planungsbereich wird gemäß § 103 SGB V die konkrete Zulassung des Praxisabgebers auf einen Nachfolger übertragen. Der Zulassungsausschuss bestimmt unter mehreren Bewerbern den Nachfolger nach pflichtgemäßem Ermessen, wobei die Grundvoraussetzung darin besteht, dass die konkrete Praxis eines Vertragsarztes von einem Nachfolger fortgeführt werden soll, also eine zivilrechtliche Übertragung der Praxis auf einen konkreten Nachfolger erfolgreich durchgeführt wird. Scheitert die zivilrechtliche Übertragung der Praxis auf den vom Zulassungsausschuss ausgewählten Bewerber oder besteht eine Praxis im o. g. Sinne überhaupt nicht mehr, so erlischt der Vertragsarztsitz.

Der isolierte Vertragsarztsitz als „Hülse" stellt als höchstpersönliches Recht demnach (offiziell) **kein Handelsgut** dar und unterliegt nicht der rechtlichen Disposition seines Inhabers. Mit anderen Worten: Der „Verkauf" einer Zulassung ohne die dazugehörige Praxis ist nicht möglich.

12.2.3 Übertragung eines Praxisanteils

Wird die ärztliche Praxis gemeinsam mit weiteren Ärzten ausgeübt, so wird nicht die ärztliche Praxis insgesamt, sondern nur der Anteil des Abgebers an der die Berufsausübungsgemeinschaft tragenden Gesellschaft an einen Nachfolger übertragen. In der Regel werden solche Berufsausübungsgemeinschaften in der Rechtsform einer Gesellschaft bürgerlichen Rechts ausgeübt. Daher ist der Gegenstand der Übertragung der Gesellschaftsanteil des Abgebers. Der Kauf eines Gesellschaftsanteils ist ein reiner Rechtskauf. Der Gesellschaftsanteil wird an den Erwerber im Rahmen eines Abtretungsvertrages abgetreten (§ 398 BGB).

Der Übernehmer tritt zu den geltenden Bedingungen in das bestehende Gesellschaftsverhältnis ein. Dies hat zur Folge, dass er wie der ausscheidende Gesellschafter auch für etwaige Altverbindlichkeiten der Gesellschaft haftet. Somit bedarf es im Rahmen der Vertragsgestaltung einer genauen Analyse der bestehenden wirtschaftlichen und gesellschaftsrechtlichen Verhältnisse.

> ▶ **Praxistipp:** Mit Blick auf den Grundsatz der Haftung für Altschulden im Außenverhältnis zu Dritten ist bei Einstieg in eine Gesellschaft insbesondere auf die Solvenz der Gesellschaft(er) und die Freistellung von der Haftung (jedenfalls im Innenverhältnis) zu achten.

Bei der Übertragung eines Gesellschaftsanteils ist zu beachten, dass die übrigen Gesellschafter der Übertragung zustimmen müssen. Schließlich soll die gemeinsame

Berufsausübung mit dem Übernehmer fortgeführt werden. Häufig muss auch der bestehende Gesellschaftsvertrag durch eine entsprechende Beitrittsvereinbarung modifiziert oder gar vollständig neu gefasst werden. Dies ist insbesondere dann notwendig, wenn sich durch den Eintritt des neuen Gesellschafters tatsächliche Umstände ändern, früher getroffene Regelungen nicht mehr sachgerecht oder durch eine geänderte Rechtslage nicht mehr rechtssicher sind.

Etwas anders stellt sich die Situation dar, wenn der Praxisübergeber Mitglied einer Praxisgemeinschaft ist. In einer Praxisgemeinschaft erfolgt im Gegensatz zur Berufsausübungsgemeinschaft die Berufsausübung durch die Gesellschafter getrennt voneinander. Es liegt in diesem Fall eine reine Organisationsgemeinschaft vor, in der die Praxisinfrastruktur (z. B. Räumlichkeiten, Geräte, Personal) zwar gemeinsam genutzt wird, die Behandlung und Abrechnung jedoch getrennt erfolgt. Die Praxisgemeinschaft verfügt damit nicht über einen gemeinsamen ideellen Wert (Patientenstamm). Gleichwohl bedarf es bei der Übertragung einer in einer Praxisgemeinschaft eingebundenen Einzelpraxis auch der Übertragung des Geschäftsanteils an der Praxisgemeinschaft, was wiederum die Zustimmung der Mitgesellschafter erfordert. Folglich sollte schon bei der Abfassung des Praxisgemeinschaftsvertrages darauf geachtet werden, dass der jeweilige Gesellschafter zur Übertragung seines Geschäftsanteils berechtigt ist. Ansonsten läuft er Gefahr, seine Einzelpraxis nicht übertragen zu können, wenn die übrigen Gesellschafter sich weigern, einen neuen Gesellschafter in die Organisationsgemeinschaft aufzunehmen.

12.3 Die Vorbereitung der Praxisübertragung

12.3.1 Planung und Anbahnung der Praxisübertragung

Die Vorbereitungen für die Übertragung einer ärztlichen Praxis sollten möglichst frühzeitig in die Wege geleitet werden. Auf Seiten des bisherigen Praxisinhabers gilt der Grundsatz, dass die beste Übertragungsplanung jene ist, die bereits bei der Praxisgründung beginnt. Vor dem Hintergrund, dass der spätere Übernehmer auf dem vom Praxisabgeber geschaffenen ideellen Wert, d. h. dem vorhandenen Patientenstamm, aufbauen möchte, ist eine möglichst langfristige Standortsicherung der Praxis erforderlich. Der Praxismietvertrag sollte daher die Möglichkeit vorsehen, bei einer Übertragung der Praxis den Nachfolger in den Mietvertrag eintreten zu lassen. Ansonsten bedürfte jede Übertragung der Praxis der Zustimmung durch den Vermieter, welche nicht selten teuer erkauft werden muss. Sofern die Tätigkeit gemeinsam mit anderen Ärzten ausgeübt wird, bedarf es gesellschaftsvertraglicher Regelungen, unter welchen Umständen eine Verwertung des Anteils an der Gesellschaft durch den ausscheidenden Gesellschafter erfolgen kann.

Die Vorbereitung der Praxisübertragung muss darauf gerichtet sein, einerseits den Kaufgegenstand für den potentiellen Übernehmer transparent zu machen und andererseits die wirtschaftlichen sowie rechtlichen Voraussetzungen für die Übertragung der Praxis zu schaffen. Soweit die Praxis sich in einem zulassungsgesperrten Bezirk befindet, ist darüber hinaus die Nachfolgezulassung zu sichern. Bei einer

12.3 Die Vorbereitung der Praxisübertragung

sorgfältigen Planung können die Chancen des möglicherweise bereits feststehenden Übernehmers, im Nachbesetzungsverfahren berücksichtigt zu werden, durchaus gesteigert werden, indem beispielsweise mit ihm eine Übergangssozietät eingegangen wird oder der Übernehmer bereits im Vorfeld als Angestellter in die Praxis aufgenommen wird.

Die Planungsphase für die Praxisübertragung sollte auf Seiten des Praxisabgebers dazu genutzt werden, **sämtliche betriebswirtschaftlichen Daten** der Praxis aufzuarbeiten. Der potentielle Übernehmer wird insbesondere an den steuerlichen Abschlüssen bzw. betriebswirtschaftlichen Auswertungen zumindest der letzten 3 Jahre, einer aktuellen Inventarliste sowie einer Zusammenstellung sämtlicher bestehender Verträge – inklusive der Arbeitsverhältnisse – interessiert sein. Darüber hinaus empfiehlt es sich, Statistiken beispielsweise hinsichtlich der KV-Abrechnungen sowie der privatärztlichen Tätigkeit zu erstellen. Die bestehenden Dauerschuldverhältnisse (z. B. Leasing- und Wartungsverträge) sollten in der Planungsphase daraufhin überprüft werden, inwieweit eine Übertragung auf einen eventuellen Nachfolger in Betracht kommt. Sofern sich im Rahmen der Bestandsaufnahme Mängel herausstellen, besteht bei einem möglichst frühzeitigen Einstieg in die Planungsphase die Möglichkeit, diese noch zu beheben, um keine Abschläge vom Kaufpreis hinnehmen zu müssen. Eventuell festgestellte organisatorische Mängel der Praxis können abgestellt werden, auslaufende Genehmigungen bezüglich genehmigungspflichtiger Medizintechnik können verlängert und für die Praxisübertragung erforderliche Zustimmungserklärungen Dritter, beispielsweise des Vermieters, können bereits eingeholt werden.

Die Planungsphase des potentiellen Übernahmeinteressenten dürfte sich zumeist als wesentlich kürzer darstellen als jene des Praxisabgebers. Der Übernahmeinteressent wird sich zwar nach für ihn geeigneten Praxen umhören. Sobald ihm jedoch ein Angebot vorliegt, ist er zumeist gehalten, innerhalb einer relativ kurzen Frist hierauf zu reagieren. Es empfiehlt sich also, die konkrete Suche nach einer passenden Praxis bereits mit klaren Vorstellungen zu beginnen. Sofern der übernahmewillige Arzt einen bestimmten Planungsbereich vorzieht, sollte er sich frühzeitig auf die Wartelisten bei der zuständigen KV setzen lassen. Bei dieser Gelegenheit wird er zugleich danach gefragt, ob er mit der Mitteilung seiner Eintragung an potentielle Praxisabgeber einverstanden ist. Auf diesem Wege eröffnet sich ihm die Möglichkeit, dass ihm zur Abgabe stehende Praxen angeboten werden. Darüber hinaus stellt die Dauer der Eintragung in der Warteliste ein Kriterium im Nachbesetzungsverfahren gemäß § 103 Abs. 4 SGB V dar, welches positiv im Rahmen des Auswahlverfahrens berücksichtigt werden kann. Ein weiteres Auswahlkriterium ist auch eine vorherige, mindestens fünf Jahre dauernde vertragsärztliche Tätigkeit in einem unterversorgten Gebiet. Sollte ein Übernehmer daher in einem besonderen attraktiven, aber gesperrten Planungsbereich eine Niederlassung planen, kann er seine Chancen, im Rahmen eines Nachbesetzungsverfahrens berücksichtigt zu werden, bei entsprechender vorheriger vertragsärztlicher Tätigkeit erheblich steigern. An dieser Stelle zeigt sich, dass auch für einen Praxisübernehmer eine langfristige Planung von Vorteil sein kann.

In der eigentlichen Vorbereitungsphase sind die Einzelheiten der konkreten Praxisübertragung zu regeln. Der Übernahmeinteressent ist gehalten, die Angaben des

Praxisabgebers zu überprüfen und festzustellen, ob die angebotene Praxis seinen Erwartungen entspricht. Der Praxisabgeber seinerseits wird zu überprüfen haben, ob der Kandidat nicht nur seine wirtschaftlichen Vorstellungen erfüllt, sondern auch von den persönlichen und fachlichen Voraussetzungen den Anforderungen der Praxis genügt. Im Falle der Übertragung eines Anteils an einer Berufsausübungsgemeinschaft werden die in der Praxis verbleibenden bisherigen Gesellschafter in diese Entscheidung mit einzubeziehen sein.

12.3.2 Die Bestimmung des Kaufpreises

Wesentlich in der Vorbereitungsphase der Praxisübertragung ist stets die Ermittlung und Festlegung des Kaufpreises. Der Praxisabgeber hat in der Regel zumindest eine ungefähre Vorstellung bezüglich des zu realisierenden Wertes seiner Praxis. Einerseits sind ihm sämtliche Daten seiner Praxis bekannt und er weiß, was er über die Jahre etwa in die Medizintechnik investiert hat. Andererseits verfügt er häufig über Informationen darüber, welche Kaufpreise von Kollegen erzielt wurden. Nur selten wird er jedoch einschätzen können, inwieweit seine Kaufpreisvorstellungen zutreffen bzw. ob sich diese am Markt realisieren lassen.

In der aktuellen Entwicklung ist – sehr zum Leidwesen vieler Praxisabgeber – ein sogenannter „Käufermarkt" festzustellen. Es werden viele Praxen am Markt angeboten, für die sich auch nicht immer ein Interessent finden lässt. Hier spielen gleich mehrere Faktoren eine Rolle, denn derzeit treten viele Niedergelassene aus den geburtenstarken Jahrgängen in die Ruhestandsplanung ein, was bereits für ein verhältnismäßig hohes Angebot an Praxen sorgt. Gleichzeitig haben sich aber auch Vorstellungen und Zielsetzungen des ärztlichen Nachwuchses massiv verschoben. Die berufliche und finanzielle Selbständigkeit nimmt häufig nicht mehr den hohen Stellenwert ein, wie er noch im Bewusstsein älterer Generationen verankert ist. Stattdessen sind Faktoren wie eine ausgeglichene Work-Life-Balance und Familienfreundlichkeit, aber auch eine klare Tendenz zu urbanen Standorten in als besonders lebenswert betrachteten Regionen in den Fokus gerückt. So sind es häufig gerade die sogenannten Landarztpraxen, die bei der Nachfolgersuche ganz besonders gefordert sind. Wurde der Wert der eigenen Arztpraxis früher wie selbstverständlich als wesentlicher Bestandteil der eigenen Altersvorsorge verstanden und eingeplant, ist auf die uneingeschränkte Verwertbarkeit kein Verlass mehr.

Der Übernahmeinteressent wird allerdings nicht bereit sein, ungeprüft die Kaufpreisvorstellung des Praxisabgebers zu akzeptieren. Der in Aussicht gestellte Kaufpreis ist ihm gegenüber daher anhand konkreter Bewertungskriterien plausibel zu machen.

Aufgrund dieser Umstände ist eine Bewertung der abzugebenden Arztpraxis in aller Regel notwendig. Dabei muss zwischen der Bewertung des materiellen und des immateriellen Praxiswertes unterschieden werden.

12.3.2.1 Bestimmung des materiellen Praxiswertes

Materieller Wert Arztpraxis ist das gesamte Sachanlagevermögen, also Einrichtung, Geräte, Instrumente sowie das sogenannte Umlaufvermögen (Arzneimittel und sonstiges Verbrauchsmaterial). Um den Wert des Anlagevermögens zu ermitteln, muss der sogenannte „Verkehrswert" bestimmt werden. Der Verkehrswert des Anlagevermögens ist der Betrag, welcher für die Beschaffung der in der Praxis vorhandenen Gegenstände in ihrem konkreten Zustand am Markt aufgebracht werden müsste. Mithin muss der Verkehrswert für jedes einzelne Wirtschaftsgut festgestellt werden. Sofern ein Gebrauchtgerätemarkt für medizinisch-technische Geräte existiert, kann dieser über den tatsächlichen Wert Aufschluss geben. Die steuerlichen Buchwerte, die sich in den Abschreibungsverzeichnissen der steuerlichen Jahresabschlüsse finden, sind hierbei wenig aussagekräftig. Beispielsweise befinden sich häufig Gerätschaften in der Praxis, die zwar steuerlich abgeschrieben sind und somit lediglich noch einen Restbuchwert von 1,00 € aufweisen, die andererseits jedoch durchaus noch funktionsfähig sind und für die am Markt ein relevanter Kaufpreis zu zahlen wäre.

Die Ermittlung des Verkehrswertes ist folglich mit einigen Unsicherheiten behaftet. Dies gilt insbesondere für Geräte, die nicht dem neuesten technischen Stand entsprechen. Hier lässt sich ein objektiver Wert kaum feststellen, insbesondere wenn ein Gebrauchtgerätemarkt nicht existiert. In solchen Fällen hilft nur ein erfahrener Praxisgutachter, der über genügend Sachkenntnis verfügt, um eine möglichst genaue Schätzung vorzunehmen.

Dieses Problem stellt sich bei Verbrauchsmaterialien nicht. Bei diesen kann regelmäßig der Einkaufspreis ohne Abzüge angesetzt werden, soweit diese noch verwendungsfähig sind.

12.3.2.2 Bestimmung des immateriellen Praxiswertes

Noch schwieriger gestaltet sich die Ermittlung des **immateriellen Praxiswertes**. Unter dem immateriellen Wert (auch „ideeller Wert" oder „Goodwill") einer Arztpraxis ist letztlich der durch den bisherigen Praxisinhaber aufgebaute Patientenstamm und seine Bindung an die Praxis zu fassen. Für den Erwerber ist der Praxiskauf mit der Hoffnung verbunden, die bisherigen Patienten als eigene Patienten zu gewinnen. Der ideelle Wert der Arztpraxis besteht für den Praxisübernehmer daher im Wesentlichen in der Chance, den bestehenden Patientenstamm als Ausgangspunkt für seine ärztliche Betätigung nutzen zu können. Dabei sollte berücksichtigt werden, dass das persönliche Vertrauensverhältnis zum bisherigen Praxisinhaber entscheidende Voraussetzung für die Patientenbindung ist. Mit dem Ausscheiden des Praxisinhabers endet dieses persönliche Vertrauensverhältnis, so dass sich der bestehende ideelle Wert auch schnell verflüchtigen kann. Eine möglichst schonende Übertragung des Goodwills wird daher in der Regel besser zu bewerkstelligen sein, wenn der Praxisübernehmer und der bisherigen Praxisinhaber zumindest für eine Übergangszeit gemeinsam tätig sind und den Patienten auf diese Weise der Praxisübernehmer bereits als Nachfolger vorgestellt wird.

Eine allgemein verbindliche Methode zur Feststellung des ideellen Wertes einer Arztpraxis gibt es nicht. In der Praxis gibt es zahlreiche Verfahren, die nicht selten auch ergebnisorientiert eingesetzt werden, so dass an dieser Stelle lediglich zwei sehr gebräuchliche Verfahren kurz dargestellt werden sollen.

Praktikermethode (frühere Ärztekammermethode): Bei der Bewertung des Goodwills geht die Praktikermethode von einer Umsatzbetrachtung aus.

Um eine Bewertung des Goodwills vorzunehmen, wird bei der Praktikermethode zunächst der durchschnittliche gewichtete Jahresumsatz der Praxis der letzten 3 Jahre ermittelt. Dabei wird das am weitesten zurückliegende Jahr einfach, das vorletzte Jahr zweifach und das letzte Jahr dreifach gewichtet. Dieser Wert ergibt – geteilt durch sechs – den durchschnittlichen gewichteten Jahresumsatz. Von diesem Durchschnittswert ist der kalkulatorische Arztlohn des Praxisinhabers abzusetzen, da die vom Arzt eingesetzte Arbeitskraft nicht Gegenstand des ideellen Praxiswertes ist. Für den kalkulatorischen Arztlohn wird regelmäßig das Jahresgehalt eines Oberarztes nach TV-Ärzte/VKA für den Praxisinhaber in Ansatz gebracht.

Durch den Abzug des kalkulatorischen Arztlohns ergibt sich sodann der Wert, der über den Wert hinausgeht, der durch den fiktiven Einsatz der Arbeitskraft des Praxiserwerbers als angestellter Krankenhausarzt entsteht. Der ideelle Wert der Arztpraxis entspricht sodann nach der Faustformel 1/3 des so ermittelten Wertes.

Hierbei handelt es sich jedoch lediglich um einen Ausgangswert, von dem je nach den Gegebenheiten des Einzelfalls Zuschläge oder Abschläge vorgenommen werden können. Dabei können sowohl **objektive Bewertungsmerkmale** als auch **subjektive Bewertungsmerkmale** eine Rolle spielen. Als Beispiele seien genannt die örtliche Lage der Praxis, die vorhandene Arztdichte, die Zusammensetzung des Patientenkreises nach Privatpatienten und Kassenpatienten, die Standortsicherheit oder der Organisations- und Rationalisierungsgrad der Praxis. Als subjektive Merkmale kommen beispielsweise in Betracht die Dauer der Berufsausübung des Abgebers, besondere Fachkenntnis, Stillstandzeiten der Praxis und Ähnliches.

Das Ertragswertverfahren (Ärztekammermethode neu): Die Praktikermethode ist zwar in der Literatur als Möglichkeit zur Ermittlung des Praxiswertes anerkannt. Auch der Bundesgerichtshof hat in einer Entscheidung zur Ermittlung des ideellen Praxiswertes im Rahmen eines Zugewinnausgleichs die Praktikermethode als sachgerecht gebilligt (BGH, NJW 1991, 1547). Gleichwohl entspricht sie nicht dem aktuellen, betriebswirtschaftlichen Stand der Bewertungslehre. So hat auch die Bundesärztekammer in Zusammenarbeit mit der Kassenärztlichen Bundesvereinigung im Jahre 2008 erkannt, dass die bislang praktizierte Ärztekammermethode, die im Wesentlichen der dargestellten Praktikermethode entsprach, nicht mehr zeitgemäß ist. So wurden neue Hinweise zur Bewertung von Arztpraxen erarbeitet. Mit diesen Hinweisen nähert sich auch die Bundesärztekammer bzw. die Kassenärztliche Bundesvereinigung einem Ertragsverfahren an, ohne dabei die nachfolgend dargestellten Rechenschritte vollständig zu übernehmen.

Der Grund hierfür liegt vornehmlich darin, dass die Praktikermethode ebenso wie andere Spielarten der Substanzwertverfahren ausschließlich von einer Vergangenheitsbetrachtung ausgeht. Dieses ist insbesondere vor dem Hintergrund des ständigen Wandels der ärztlichen Vergütung und der sich daraus ergebenden Unsicherheiten für die Zukunft nicht sachgerecht. Gerade für den Erwerber einer Praxis sind solche Vergangenheitsbetrachtungen nicht ausschlaggebend. Entscheidend ist für ihn vielmehr, ob und in welcher Weise sich seine Investition in die Praxis rentiert.

Im Gegensatz zur Praktikermethode stellt das Ertragswertverfahren daher auf eine **zukunftsgerichtete Betrachtungsweise** ab. Die Bewertung anhand des

12.3 Die Vorbereitung der Praxisübertragung

Ertragswertverfahrens ist bei der Bewertung gewerblicher Unternehmen in der Betriebswirtschaftlehre üblich und anerkannt. Im Rahmen einer Prognose soll ermittelt werden, inwieweit sich die Erfolge der Vergangenheit in der Zukunft für den Praxisübernehmer realisieren lassen.

Der Ertragswert wird wie folgt ermittelt:
1. Ausgangspunkt der Berechnung sind die in der Vergangenheit (drei bis fünf Jahre) erzielten Praxisgewinne, die in den Jahresabschlüssen ausgewiesen sind. Um den jeweiligen Rohgewinn der einzelnen Jahre zu ermitteln, muss der Praxisgewinn zunächst um einige Faktoren bereinigt werden. Folgende Punkte sind dabei zu beachten:
   - In den Praxisausgaben etwaig enthaltene privat bedingte Aufwendungen (z. B. Ehegattengehälter, privat genutzte PKW) sind aus den Kosten herauszurechnen. Außergewöhnliche Erträge (z. B. Zinseinnahmen, Einnahmen aus Anlageverkäufen, Auflösung von Ansparabschreibungen etc.) sind aus den Einnahmen zu eliminieren.
   - Die steuer- und handelsrechtlich zulässige Abschreibung auf Anlagegegenständen beruht auf den ursprünglichen Anschaffungs- und Herstellungskosten und damit auf vergangenheitsbezogenen Werten. Diese historischen Kosten ermöglichen letztlich keinen Schluss auf den zur Substanzerhaltung tatsächlich erforderlichen Aufwand. Die steuerliche Abschreibung wird daher durch einen kalkulatorisch niedrigen Aufwand ersetzt. Dieser beruht auf den zu ermittelnden tatsächlichen Wiederbeschaffungskosten, die entsprechend der tatsächlichen Nutzungsdauer, bezogen auf die jeweiligen Vermögensgegenstände, umgelegt werden. Hieraus ergibt sich eine kalkulatorische Abschreibung bezogen auf das im Anlagevermögen gebundene Kapital.
   - Gewinnmindernd zu berücksichtigen ist darüber hinaus eine angemessene kalkulatorische Verzinsung des im Anlagevermögen durchschnittlich gebundenen Kapitals, welches für Investitionen zur Substanzerhaltung erforderlich ist. Man geht hier davon aus, dass durchschnittlich die Hälfte des einzusetzenden Kapitals der Verzinsung unterworfen wird. Maßgeblich ist ein marktüblicher Zinssatz.
   - Da der Grundsatz der Substanzwerterhaltung durch die beiden vorgenannten Punkte berücksichtigt wurde, sind in den Gewinnermittlungen etwaig enthaltene Finanzierungskosten wieder hinzuzusetzen.
   - Ebenfalls gewinnmindernd zu berücksichtigen ist das fiktive Entgelt für die Tätigkeit des Praxisinhabers. Dieses Entgelt hat mit dem Wert des Unternehmens, insbesondere mit dem zu erzielenden Überschuss, nichts zu tun, da der Praxisinhaber den Gegenwert für seine Tätigkeit auch erhalten hätte, wenn er in einem Anstellungsverhältnis tätig gewesen wäre.
2. Unter Berücksichtigung der eben genannten Faktoren kann so der Rohgewinn der in die Betrachtung einbezogenen Geschäftsjahre ermittelt werden. Der Jahresdurchschnitt dieser Rohgewinne bildet den Barwert des Unternehmens, sprich den tatsächlich aus dem Unternehmen zu erzielenden Überschuss.
3. Dieser Überschuss ist nunmehr für die angenommene „Nutzungsdauer" hochzurechnen, wobei zur Ermittlung des Praxiswertes der Überschuss mit dem

Basiszinssatz und einem Risikozuschlag bezogen auf den Bewertungszeitraum abgezinst wird. Ein Risikozuschlag wird angesetzt, um bestehende Unsicherheitsfaktoren bezogen auf die zukünftige Entwicklung der konkreten Praxis und des Marktsegments der Praxis insgesamt auszugleichen. Die Summe der abgezinsten Jahresroherträge bezogen auf die angenommene Nutzungsdauer stellt sodann den Wert der Praxis dar. Letztlich ist für den Praxiswert entscheidend, welche „Nutzungsdauer" man ansetzt. Es kommt darauf an, wie lange der aufgebaute Goodwill, d. h. der bestehende Patientenstamm, noch dem Praxisabgeber zuzuordnen ist, sodass er ein Entgelt dafür verlangen kann. Der Goodwill gewerblicher Unternehmen spiegelt sich stark in vorhandenen Kunden-, Liefer-, Lizenzverträgen etc. wieder und ist somit als langfristiger Wertbestandteil anzusehen. Folglich ist die Kapitalisierung des Überschusses als „ewige Rente" oder für die Dauer von mehr als zehn Jahren anerkannt, da der vom Abgeber geschaffene Goodwill nachhaltig fortwirkt und für den Erwerber nutzbar ist. Anders liegt der Sachverhalt jedoch bei Ärzten. Eine langfristige vertragliche Bindung von Patienten ist nicht möglich. Vielmehr basiert der Goodwill einer ärztlichen Praxis stets auf dem Vertrauensverhältnis zwischen den beteiligten Vertragspartnern. Dieses Vertrauensverhältnis ist naturgemäß flüchtiger Natur und bedarf der intensiven Pflege durch den potenziellen Übernehmer der Praxis. Die **Nutzungsdauer der vom Praxisabgeber geschaffenen Patientenbindung** ist somit erheblich kürzer, als bei gewerblichen Unternehmen. Aus diesem Grund wird in der Regel eine Kapitalisierung für einen Zukunftszeitraum von maximal bis zu fünf Jahren vorgenommen. Die Rechtsprechung geht bei der Beurteilung der Zulässigkeit eines nachvertraglichen Wettbewerbs davon aus, dass sich die Patientenbindung bereits nach zwei Jahren verflüchtigt hat. Diese Rechtsprechung bietet somit einen ersten Anhaltspunkt. Dennoch muss die genaue Festlegung der Nutzungsdauer stets den Besonderheiten des Einzelfalls Rechnung tragen. Bei einer Praxis, die erst kurz vor der Übergabe vollständig modernisiert wurde, müsste sicherlich eine längere Nutzungsdauer angesetzt werden, als dies bei einer veralteten Praxis der Fall wäre. Die Bundesärztekammer sowie die Kassenärztliche Bundesvereinigung gehen davon aus, dass bei der Übertragung einer Einzelpraxis eine Nutzungsdauer von maximal **zwei Jahren** angemessen ist. Bei einem Eintritt in eine Berufsausübungsgemeinschaft soll der Faktor in der Regel **2,5 Jahre** betragen. Sicherlich sind aber auch das nur Orientierungswerte, da es stets gilt, den Einzelfall zu betrachten. Die prognostizierte Nutzungsdauer bildet dann stellt dann den sogenannten „Prognosemultiplikator" dar, mit welchem der jahresdurchschnittliche Rohgewinn zu multiplizieren ist. Die so ermittelte Summe ergibt nach der vorstehend dargestellten Neuen Ärztekammermethode den Wert der Arztpraxis.

▶ **Praxistipp:** Bei der Auswahl der Bewertungsmethode gibt es kein „Richtig" und „Falsch". Sie verkörpern unterschiedliche Herangehensweisen, die selbstverständlich auch zu verschiedenen Methoden führen. Als Praxisabgeber ergeben sich hier durchaus Chancen, wenn es um die Begründung des vorgestellten Kaufpreises geht. Der Erwerber ist andersherum gut beraten, eine vom Praxisabgeber bzw. dessen Beratern vorgelegte Wertermittlung nicht einfach ungeprüft als zutreffend zu unterstellen.

12.4 Grundzüge des öffentlich-rechtlichen Nachbesetzungsverfahrens

12.4.1 Zulassungsbeschränkungen und Praxiskauf

Der Erwerb einer ärztlichen Praxis wird überlagert von den öffentlich-rechtlichen Regelungen zur Bedarfsplanung. Zwar muss der Erwerber einer ärztlichen Praxis nicht zwingend über eine Zulassung zur vertragsärztlichen Versorgung verfügen, sofern er sich lediglich als Privatarzt betätigen will. Jedoch wird in den meisten Fällen die Erlangung der Zulassung erforderlich sein, um die Praxis – insbesondere den erworbenen Goodwill – wirtschaftlich sinnvoll nutzen zu können. Wurden für das Gebiet, in dem die zu übertragende Praxis liegt, Zulassungsbeschränkungen angeordnet, so ist neben der Übertragung der Praxis mit allen materiellen und ideellen Werten auch die Übertragung der Zulassung auf den Erwerber erforderlich, da neue Zulassungen in diesem Fall nicht mehr vergeben werden.

Die gemäß § 103 Abs. 1 SGB V angeordneten Zulassungsbeschränkungen gehen zurück auf den sog. **Bedarfsplan**, der von den Kassenärztlichen Vereinigungen im Einvernehmen mit den Krankenkassen zur längerfristigen allgemeinen Versorgungsplanung aufgestellt wird (§ 99 SGB V, §§ 12ff. Ärzte-Zulassungsverordnung). Als Grundlage dient die sog. Bedarfsplanungsrichtlinie in ihrer jeweils geltenden Fassung. Im Rahmen der Bedarfsplanung werden zunächst als örtliche Bezugsgröße die einzelnen Planungsbereiche festgelegt, die regelmäßig – aber nicht zwingend – mit den Grenzen der Landkreise und der kreisfreien Gemeinden übereinstimmen. Der allgemein bedarfsgerechte Versorgungsgrad (Soll-Zustand) wird dem im festgelegten Planungsbereich tatsächlich bestehenden örtlichen Versorgungsgrad (Ist-Zustand) gegenübergestellt. Die Kassenärztlichen Vereinigungen können gem. § 105 Abs. 3 SGB V den Verzicht eines Arztes auf die Durchführung eines Nachbesetzungsverfahrens bei gleichzeitigem Verzicht auf seine Zulassung finanziell fördern, wenn er seine Praxis in einem überversorgtem Gebiet betrieben hat.

Darüber hinaus besteht gem. § 103 Abs. 3a oder Abs. 4 Satz 9 SGB V die Möglichkeit, dass die Zulassungsausschüsse entscheiden, **ein Nachbesetzungsverfahren überhaupt nicht durchzuführen**. Der Zulassungsausschuss soll nach dem Willen des Gesetzgebers Anträge auf Nachbesetzung mit einfacher Stimmenmehrheit (die Krankenkassen haben die gleiche Stimmenanzahl wie die KV-Vertreter) bei einer Überschreitung des bedarfsgerechten Versorgungsgrades um 40 % nämlich ablehnen, wenn aus seiner Sicht eine Nachbesetzung des Vertragsarztsitzes „aus Versorgungsgründen" nicht erforderlich ist. Während diese Entscheidung ursprünglich im freien Ermessen des Zulassungsausschusses stand, ist die Vorschrift mit Inkrafttreten des GKV-Versorgungsstärkungsgesetzes zum 23.07.2015 dahingehend angepasst worden, dass der Zulassungsausschuss die Nachbesetzung bei einem entsprechend hohen Versorgungsgrad nun ablehnen „soll". Die Ablehnung ist für stark überversorgte Gebiete damit zum gesetzlichen Regelfall geworden, sodass besondere Gründe vorliegen müssen, um hiervon zugunsten des ausschreibenden Arztes abzuweichen. Gegen den Beschluss ist nur die Klage möglich, die Anrufung des Berufungsausschusses ist nicht vorgesehen. Die Klage hat zudem keine aufschiebende Wirkung.

Bislang ist noch nicht völlig geklärt, welche Voraussetzungen und Auswirkungen eine solche Ausschussentscheidung hat. Wird die Nachbesetzung abgelehnt, bleibt dem Vertragsarzt nur sein **Entschädigungsanspruch** gegenüber der jeweiligen KV (nicht: dem Zulassungsausschuss). Dieser ist gemäß § 103 Abs. 3a Satz 14 SGB V auf die Höhe des Verkehrswertes der Praxis beschränkt.

In diesem Zusammenhang tauchen dann weitere Fragen auf, da nicht klar ist, wie der Verkehrswert der Arztpraxis zu ermitteln ist. So könnte nach den vorstehend dargestellten Bewertungsmethoden eventuell ein geringerer Praxiswert ermittelt werden, als dies ein potenzieller Praxisübernehmer zu zahlen bereit wäre. Muss die jeweilige KV in einem solchen Fall nur den nach den Bewertungsmethoden ermittelten Verkehrswert zahlen oder etwa in den mit der Praxisübernahme geschlossenen Kaufvertrag eintreten? Was passiert mit dem Mietvertrag und den Arbeitnehmern? Auch hier ist die Klarstellung den Gerichten überlassen worden, größtenteils aber noch nicht erfolgt.

▶   **Praxistipp:** Der mögliche Fall einer Ablehnung des Nachbesetzungsverfahrens sollte auch im Praxismietvertrag Berücksichtigung finden, z. B. durch Vereinbarung eines Sonderkündigungsrechts.

Das Verfahren birgt erhebliche Gefahren für die Praxisübertragung in stark überversorgten Gebieten. Lediglich bestimmte Personengruppen sind **privilegiert** mit der Folge, dass der Zulassungsausschuss den Antrag nicht nach § 103 Abs. 3 a Satz 3 Halbsatz 1 SGB V ablehnen kann. Zu diesen Personengruppen zählen die Ehegatten, Lebenspartner, Kinder, angestellte Ärzte des bisherigen Vertragsarztes und auch der Vertragsarzt, mit dem die Praxis „bisher" gemeinschaftlich geführt wurde.

Dies kann gerade in Berufsausübungsgemeinschaften zu großen Problemen führen, deren Abfindungsregelungen für ausscheidende Gesellschafter häufig den Fall gar nicht berücksichtigen, dass der Vertragsarztsitz nicht für die Gesellschaft erhalten bleiben kann. Die verbleibenden Gesellschafter haben keinen privilegierten Anspruch darauf, dass die Praxis in der bestehenden Struktur fortgeführt werden kann.

▶   **Praxistipp:** Die Übertragung einer Arztpraxis oder eine Praxisanteils in einem Planungsbereich, in dem ein Versorgungsgrad von 140 % oder mehr festgestellt ist, bedarf einer besonders sorgfältigen und langfristigen Planung. Mit ausreichendem Zeithorizont können häufig tatsächliche Gestaltungen umgesetzt werden, mit denen durch Schaffung eines Privilegierungstatbestands die Übertragung rechtssicher erreicht werden kann.

Die Alternative zur Nachbesetzung im Rahmen einer Ausschreibung besteht darin, auf die Zulassung zu Gunsten einer Anstellung zu verzichten. Bei den Planungen sind die Vorgaben und Beweislastverteilungen des Bundessozialgerichts aus dem Urteil vom 04.05.2016 (B6 KA 21/15 R) zwingend zu beachten, nach denen die Genehmigung zur Anstellung dem Arzt/der Praxis oder dem MVZ nicht erteilt wird, um ihm die Möglichkeit zu geben, die Stelle ohne Bindung an die Auswahlentscheidung eines Zulassungsgremiums zu besetzen, nachzubesetzen oder in eine Zulassung umzuwandeln, sondern weil der Vertragsarzt dort tatsächlich als Angestellter tätig werden möchte. (Erst) Nach Ablauf von drei Jahren der Tätigkeit dieses Arztes im MVZ könne davon ausgegangen werden, dass die gesetzlich vorgegebene Gestaltung auch tatsächlich gewollt und gelebt worden ist.

Das bedeutet: Endet die Tätigkeit des Arztes vor Ablauf von drei Jahren, hängt das Nachbesetzungsrecht davon ab, ob nach den Umständen davon ausgegangen werden kann, dass der ursprünglich zugelassene Arzt zunächst tatsächlich zumindest drei Jahre tätig werden wollte, diese Absicht aber aufgrund von Umständen, die ihm zum Zeitpunkt des Verzichts auf die Zulassung noch nicht bekannt waren, nicht mehr realisieren konnte. Das kann etwa der Fall sein, wenn er erkrankt oder aus zwingenden Gründen seine Berufs- oder Lebensplanung ändern musste. Gegen den Willen zur Fortsetzung der vertragsärztlichen Tätigkeit für zumindest drei Jahre spricht dagegen z. B., wenn der Arzt im Zuge des Verzichts auf die Zulassung und der Beantragung der Anstellungsgenehmigung konkrete Pläne für das alsbaldige Beenden seiner Tätigkeit entwickelt hat, oder wenn das MVZ/die Praxis zu diesem Zeitpunkt schon Verhandlungen mit einem an der Nachbesetzung der betroffenen Arztstelle interessierten anderen Arzt geführt hat, die sich auf die unmittelbare Zukunft und nicht auf einen erst in drei Jahren beginnenden Zeitraum beziehen.

Fazit: Je kürzer die Angestelltentätigkeit des Arztes gewesen ist, desto höhere Anforderungen sind an den Nachweis der Umstände zu stellen, die die Absicht zur Ausübung der Angestelltentätigkeit für eine Dauer von zumindest drei Jahren dokumentieren. Wenn Änderungen der Verhältnisse, die eine Änderung der ursprünglich bestehenden Absichten nachvollziehbar erscheinen lassen, nicht festzustellen sind, geht dies zu Lasten der an der Nachbesetzung der Arztstelle interessierten Praxis. Vor diesem Hintergrund sind auch die (kauf)vertraglichen Vereinbarungen zwingend um diese Thematik zu ergänzen.

12.4.2 Gang des Nachbesetzungsverfahrens

Das Verfahren zur Übertragung des Vertragsarztsitzes ist in § 103 Abs. 4 und 5 SGB V geregelt. Danach können der Praxisinhaber bzw. dessen Erben den Nachfolger nicht uneingeschränkt frei bestimmen. Vielmehr unterliegen sie hinsichtlich der maßgeblichen Entscheidung, auf wen der Vertragsarztsitz des Abgebers übertragen wird, der Auswahlentscheidung des Zulassungsausschusses.

Voraussetzung für die Nachbesetzung ist zunächst, dass die Zulassung eines Vertragsarztes in einem Zulassungsbezirk, für den Zulassungsbeschränkungen angeordnet sind, durch Tod, Verzicht oder Entziehung **endet** und die Praxis von einem

Nachfolger fortgeführt werden soll. Zwingende Voraussetzung für die Übertragung der Zulassung ist somit die Fortführung der Praxis durch einen Nachfolger, was notwendigerweise den Bestand einer solchen voraussetzt.

12.4.2.1 Der Ausschreibungsantrag

Zunächst muss seitens des Vertragsarztes oder seiner zur Verfügung über die Praxis berechtigten Erben ein Antrag auf Ausschreibung des Vertragsarztsitzes gestellt werden. Wird dies nicht gem. § 103 Abs. 3 a SGB V abgelehnt, wird der Vertragsarztsitz ausgeschrieben und die Ausschreibung in den **amtlichen Bekanntmachungen** veröffentlicht. Der ausschreibende Vertragsarzt kann auf dem Ausschreibungsantrag anordnen, ob die Ausschreibung lediglich einmalig oder über mehrere Monate erfolgen soll.

▶ **Praxistipp:** Sind sich Praxisabgeber und Wunschnachfolger bereits einig, empfiehlt es sich, lediglich die einmalige Ausschreibung des Vertragsarztsitzes zu beantragen, um das Nachbesetzungsverfahren zu beschleunigen.

Die eingehenden Bewerbungen werden seitens der Kassenärztlichen Vereinigung in einer Bewerberliste erfasst, die dem Vertragsarzt bzw. dessen Erben zur Verfügung gestellt wird, damit mit den Bewerbern in Verhandlungen hinsichtlich der Praxisübernahme getreten werden kann. Ist ein Wunschkandidat schon vorhanden, ist die Liste dennoch hilfreich, denn mit den so zur Verfügung gestellten Kontaktdaten können die übrigen Bewerber kontaktiert und gebeten werden, ihre Bewerbung zurückzuziehen.

▶ **Praxistipp:** Die durch den Praxisabgeber an die Mitbewerber des Wunschkandidaten herangetragene Bitte, ihre Bewerbung zurückzuziehen, ist häufig erfolgreich. Hierdurch können die Chancen des Wunschkandidaten, den Vertragsarztsitz zu erhalten, ganz erheblich verbessert werden.

Das Ausschreibungsrecht steht i. d. R. dem Vertragsarzt bzw. seinen Erben zu. Dass das Ausschreibungsrecht auch auf einen Dritten übertragen werden kann (z. B. den Partnern einer Berufsausübungsgemeinschaft im Rahmen einer gesellschaftsvertraglichen Vereinbarung), ist mittlerweile gefestigte Rechtsprechung (vgl. BSG, Urteil vom 11.12.2013 – B 6 KA 49/12 R). Wann das Ausschreibungsrecht nach Beendigung der Zulassung erlischt, ist im Gesetz nicht explizit geregelt. Vor dem Hintergrund, dass nach dem Wesen der Bedarfsplanung die Versorgung der Versicherten sicherzustellen ist und die Schließung einer Praxis auch in gesperrten Gebieten, zumindest kurzfristig, zu einer Versorgungslücke führen kann, wird die Nachbesetzung möglichst kurzfristig durchzuführen sein. Die Landesausschüsse haben daher in zeitlichen Abständen von jeweils **sechs Monaten** zu prüfen, ob die Voraussetzungen für die Anordnung von Zulassungsbeschränkungen in einem

Planungsbereich noch vorliegen. Notwendige Maßnahmen könnten nicht ergriffen werden, wenn der ehemalige Inhaber einer Zulassung die Nachfolge dadurch vereitelt, dass er sein Recht auf Ausschreibung nicht wahrnimmt. Das Bundessozialgericht hat in Bezug auf die Nachbesetzung einer Stelle in einem MVZ eine Frist von **sechs Monaten** angenommen (BSG, Urteil vom 19.10.2011 – B 6 KA 23/11 R).

Vielfach wird auch eine Frist von **drei Monaten** entsprechend der Regelung des § 19 Ärzte ZV befürwortet. Nach dieser Regelung des Zulassungsrechts sind Vertragsärzte nach Erhalt einer Zulassung verpflichtet, innerhalb dieser Frist die vertragsärztliche Versorgung aufzunehmen.

Über einen Zeitraum von sechs Monaten hinaus dürfte das Ausschreibungsrecht jedenfalls nicht bestehen. Wird das Ausschreibungsrecht danach nicht rechtzeitig wahrgenommen, verfällt der Vertragsarztsitz.

Unabdingbare Voraussetzung für die Ausschreibungsfähigkeit des Vertragsarztsitzes ist, dass eine übertragungsfähige Arztpraxis noch vorhanden ist (BSG, Urteil vom 11.12.2013 – B 6 KA 49/12 R).

Nach der Ausschreibung leitet die KV die bis zum Ende der gesetzten Bewerbungsfrist eingegangenen Bewerbungsunterlagen an den Zulassungsausschuss weiter. Bei den angegebenen Fristen handelt es sich nicht um gesetzliche Ausschlussfristen, so dass grundsätzlich alle bis zur Auswahlentscheidung dem Zulassungsausschuss vorliegenden Bewerber Berücksichtigung finden können. Die KV nimmt in dem Nachbesetzungsverfahren lediglich eine verfahrensleitende Funktion ein. Eine eigene Prüfungskompetenz hat sie nicht, so dass Bewerbungen von ihr nicht zurückgewiesen werden können.

12.4.2.2 Verzicht des Abgebers

Die Beendigung der Zulassung wird im Großteil der Fälle durch Verzicht des Praxisabgebers herbeigeführt. Die Verzichtserklärung stellt eine einseitige Willenserklärung des bisherigen Zulassungsinhabers dar, die mit Zugang beim Zulassungsausschuss wirksam wird und dann grundsätzlich nicht mehr widerrufen werden kann, auch wenn die Wirkungen erst später eintreten (vgl. Landessozialgericht NRW, Urt. vom 08.11.1989 – L 11 Ka 4/89). Darüber hinaus werden solche einseitigen Willenserklärungen zumindest nach dem Zivilrecht regelmäßig als bedingungsfeindlich angesehen, da dem Empfänger einer rechtsgestaltenden Willenserklärung die Ungewissheit über den Eintritt der Rechtsfolgen nicht zumutbar ist. Mit der Erklärung eines bedingungslosen Verzichts würde der bisherige Praxisinhaber jedoch **Gefahr laufen**, seine Zulassung zu verlieren, ohne dass er über einen Praxisnachfolger verfügt. Ist bis zum Zeitpunkt des Verzichts ein Nachfolger nicht gefunden, da beispielsweise Rechtsmittel gegen die Zulassung des gewünschten Nachfolgers seitens eines Konkurrenten eingelegt werden oder ist der Übernahmeinteressent vor der Erlangung der Zulassung verstorben, so hätte dies zur Folge, dass der Abgeber bis zur Klärung der Übernahme seine eigene Praxis mangels Zulassung selbst nicht fortführen könnte.

Um einen Weg aus diesem Dilemma zu finden, hat sich in der Praxis die Vorgehensweise herausgebildet, dass der bisherige Praxisinhaber zunächst gegenüber dem Zulassungsausschuss **lediglich die Absicht anzeigt, auf seine Zulassung verzichten zu wollen**. Erst wenn ein Nachfolger für die Praxis gefunden ist, erklärt der Praxisabgeber in einem zweiten Schritt definitiv den unbedingten Verzicht auf seine Zulassung. Mit der abgegebenen Absichtserklärung, im Falle der Zulassung eines Nachfolgers auf seine Zulassung zu verzichten, verbleibt dem Abgeber die Möglichkeit, noch in der Sitzung des Zulassungsausschusses (aber auch spätestens dort: dazu SG Berlin vom 14.10.2008 – S 83 KA 543/08; SG Marburg, Beschl. v. 04.08.2010 – S 12 KA 646/10 ER) den lediglich angekündigten Verzicht zu widerrufen.

Dieser Verfahrensweise wird entgegengehalten, dass sie einerseits mit dem Gesetzeswortlaut nicht in Einklang stehe, welcher der Gefahr von Doppelzulassungen durch die aufgezeigte Reihenfolge gerade begegnen wolle und es andererseits nicht Aufgabe der Kassenärztlichen Vereinigungen sein könne, für den abgebenden Arzt im Wege der Ausschreibung die Nachfragesituation zu testen (so etwa Hesral in: Ehlers, Fortführung von Arztpraxen, 2. Aufl., 2000, Rdn. 225). Nach anderer Ansicht soll der Verzicht unter einer aufschiebenden Bedingung, insbesondere dem Eintritt der Bestandskraft der Zulassung des ausgewählten Bewerbers, trotz der grundsätzlichen Bedingungsfeindlichkeit einseitiger Willenserklärungen grundsätzlich möglich sein. Als zulässig erachtet wird hierbei insbesondere die aufschiebende Bedingung des Zustandekommens der Auswahlentscheidung, da der Eintritt der Bedingung den Zulassungsausschuss nicht im Ungewissen lässt – schließlich liegt die Auswahlentscheidung in seiner Hand. Die Bedingungsfeindlichkeit soll daher nur in den Grenzen anzunehmen sein, wie dies für die Rechtssicherheit des öffentlich-rechtlichen Zulassungsverfahrens und die unabhängige Ermessensentscheidung des Zulassungsausschusses bei der Auswahl erforderlich ist. Die **aufschiebende Bedingung der bestandskräftigen Zulassung eines Nachfolgers** steht dem sicherlich nicht entgegen. Zweifelhaft dürfte demgegenüber sein, ob der Zulassungsverzicht unter der Bedingung der Auswahl eines bestimmten Bewerbers gestellt werden kann, da somit versucht würde, unmittelbar in die Auswahlentscheidung des Zulassungsausschusses einzugreifen. Auch solche Bedingungen, deren Eintritt in der Hand des bisherigen Praxisinhabers liegen (z. B. der Abschluss eines Praxiskaufvertrages und dessen tatsächliche Durchführung) werden in der Literatur unterschiedlich beurteilt.

> **Fazit:**
> Angesichts der bestehenden Rechtsunsicherheiten und der unterschiedlichen Verwaltungspraktiken der KVen sollte bei der zuständigen KV unbedingt eine Auskunft über deren Verfahrensweise eingeholt werden. Keinesfalls sollte der Praxisabgeber den unbedingten Verzicht auf seine Zulassung erklären, solange nicht sicher ist, wer sein Nachfolger sein wird. Dies gilt insbesondere für den Fall, dass sich mehrere Bewerber auf die Zulassung bewerben, ohne einen Praxiskaufvertrag unterzeichnet zu haben.

12.4.2.3 Die Auswahlentscheidung des Zulassungsausschusses

Haben sich auf die Ausschreibung der KV im gesperrten Planungsbereich mehrere zulassungsfähige Ärzte beworben, so hat der Zulassungsausschuss nach pflichtgemäßem Ermessen eine Auswahlentscheidung zu treffen. Die wesentlichen Auswahlkriterien sind in § 103 Abs. 4 und 5 SGB V aufgeführt:
- die berufliche Eignung,
- Approbationsalter,
- Dauer der ärztlichen Tätigkeit,
- eine mindestens fünf Jahre dauernde ärztliche Tätigkeit in einem Gebiet, in dem der Landesausschuss nach § 100 Abs. 1 das Bestehen von Unterversorgung festgestellt hat,
- Kind oder Ehegatte des Abgebers,
- angestellter Arzt,
- Gesellschafter der Berufsausübungsgemeinschaft,
- Bereitschaft des Bewerbers, besondere Versorgungsbedürfnisse, die in der Ausschreibung der Kassenärztlichen Vereinigung definiert worden sind, zu erfüllen,
- Belange von Menschen mit Behinderungen beim Zugang zur Versorgung,
- Dauer der Eintragung in die Warteliste.

Neben diesen Kriterien kann der Zulassungsausschuss auch **weitere Umstände des Einzelfalls**, wie beispielsweise den Willen des bisherigen Praxisinhabers, die Praxis auf einen bestimmten Nachfolger zu übertragen oder die vorherige Vertretertätigkeit eines Bewerbers in seine Ermessensentscheidung mit einbeziehen. Die gesetzliche Aufzählung ist insofern nicht als abschließend zu werten.

Nach dem Merkmal der **beruflichen Eignung** sind all diejenigen Bewerber als gleich geeignet und befähigt anzusehen, die über eine abgeschlossene Weiterbildung in dem Fachgebiet verfügen, wobei Benotungen und Zeugnisse im Einzelnen keine Rolle spielen (BSG, SozR 3–2500 § 116 Nr. 1). Eine Würdigung der Gesamtperson der Bewerber unter Berücksichtigung seiner fachlichen Leistungen und Prüfungsergebnisse im Verhältnis zu den anderen Bewerbern findet daher nicht statt. Zusatzqualifikationen können an Bedeutung gewinnen, wenn an dem konkret zu besetzenden Vertragsarztsitz ein entsprechender Bedarf besteht.

Inwieweit das **Approbationsalter** tatsächlich auf den Grad der Leistungsfähigkeit des Bewerbers schließen lässt, wird in der Literatur kritisch beurteilt. Tatsächlich stellt das Merkmal der **Dauer der ärztlichen Tätigkeit** insoweit das geeignetere Abgrenzungskriterium dar. Die Kriterien Approbationsalter und Dauer der ärztlichen Tätigkeit zielen darauf ab, einen gewissen Erfahrungsstand und den dadurch erworbenen Standard zu berücksichtigen; dieser dürfte nach der Rechtsprechung des Bundessozialgerichts (Urt. v. 08.12.22010 – B 6 KA 36/09 R und Urt. v. 20.03.2013 – B 6 KA 19/12 R) in den meisten ärztlichen Bereichen nach ca. fünf Jahren nach Abschluss der Weiterbildung in vollem Ausmaß erreicht sein, sodass das darüber hinausgehende höhere Alter eines Bewerbers und eine noch längere ärztliche Tätigkeit keinen zusätzlichen Vorzug mehr begründen.

Das Auswahlkriterium der **mindestens fünf Jahre dauernden vertragsärztlichen Tätigkeit in einem unterversorgten Gebiet** ist im Rahmen des zum

01.01.2012 in Kraft getretenen GKV-Versorgungsstrukturgesetzes als weiteres Kriterium hinzugekommen. Mit der insoweit erfolgten Neuordnung der Bedarfsplanung wird seitens des Gesetzgebers vor allem das Ziel verfolgt, der Unterversorgung zu begegnen. Sofern eine Niederlassung im unterversorgten Gebiet überhaupt in Betracht kommt, wird diese Entscheidung zumeist aus anderen Gründen getroffen. Durch das zum 23.07.2015 in Kraft getretene GKV-Versorgungsstärkungsgesetz sind hierfür durch die Einrichtung von Strukturfonds und die damit geschaffene Möglichkeit direkter finanzieller Förderung jedenfalls weitere Anreize geschaffen worden.

Auch die zulassungsfähigen **Kinder oder der Ehegatte** des Praxisabgebers haben sich wie die anderen Bewerber auch um die Nachfolge in den Vertragsarztsitz zu bemühen, selbst wenn sie möglicherweise bereits zivilrechtlich Erben des gesamten Praxisvermögens sind. Durch die Aufnahme dieses Merkmals in den Kriterienkatalog des § 103 Abs. 4 SGB V soll das Eigentums- und Erbrecht des Praxisabgebers geschützt werden, nicht jedoch unmittelbar die Stellung des sich bewerbenden Angehörigen.

Das Merkmal des **angestellten Arztes** ist darauf zurückzuführen, dass die Nachfolgezulassung die bestmögliche qualitative Sicherstellung der Versorgung zu gewährleisten hat. Insofern kann derjenige, der bereits in der Praxis tätig ist, damit punkten, dass ihm der Patientenstamm aufgrund der Dauer seiner Mitarbeit bereits bekannt ist und er daher die Fortführung der Versorgung u. U. am besten gewährleisten kann.

Dem Merkmal „**Gesellschafter der Berufsausübungsgemeinschaft**" kommt erhebliche praktische Relevanz zu, denn der Zulassungsausschuss hat die Interessen des oder der in der Praxis verbleibenden Gesellschafters/Gesellschafter bei der Bewerberauswahl angemessen zu berücksichtigen. Dies bedeutet, dass der ausscheidende Vertragsarzt seinen Gesellschaftern keine nicht genehmen Nachfolger aufzwingen kann (BSG, Urteil vom 05.11.2003 – B 6 KA 11/03 R). Aus diesem Grund sollten in einem Gesellschaftsvertrag für Berufsausübungsgemeinschaften stets auch Regelungen im Hinblick auf den Vertragsarztsitz eines ausscheidenden Partners getroffen werden.

Ebenfalls von Bedeutung ist das Merkmal „Gesellschafter der Berufsausübungsgemeinschaft" im Rahmen des sogenannten Job-Sharings. Nach diesem Modell besteht in zulassungsgesperrten Planungsbereichen die Möglichkeit der Gründung einer Berufsausübungsgemeinschaft lediglich auf dem Vertragsarztsitz eines Arztes, der gemeinsam mit dem Job-Sharing-Partner auf seinem Vertragsarztsitz tätig wird und abrechnet. Nachteil dieses Modells ist eine budgetmäßige Begrenzung auf 103 % des bisherigen Volumens für die gesamte Zeit des Job-Sharings. Lediglich eine Steigerung bis zum Fachgruppendurchschnitt ist nach Beschlussfassung des Gemeinsamen Bundesausschusses vom 16.06.2016 und 07.07.2016 nunmehr möglich. Die Zulassung des Job-Sharing-Gesellschafters stellt gewissermaßen einen Annex zur Zulassung des Praxisinhabers dar. § 101 Abs. 3 SGB V sieht vor, dass der Job-Sharing-Partner nach Ablauf von **zehn Jahren** der gemeinsamen Berufsausübung eine eigene Zulassung erhält. Nach dem Gesetz sollen seine Interessen jedoch erst nach Ablauf von fünf Jahren im Rahmen der Nachfolgezulassung berücksichtigungsfähig sein. Letztere Bestimmung ist im Lichte der Nachbesetzungsregelung des § 103 SGB V nicht nachzuvollziehen, zumal deren konsequente Anwendung im Ergebnis dazu führen würde, dass beispielsweise dem in der Berufsausübungsgemeinschaft angestellten Arzt bei der Abwägungsentscheidung der Vorzug vor dem Job-Sharing-Partner zu geben wäre, sofern dessen gemeinsame Berufsausübung mit dem Praxisabgeber noch keine fünf Jahre andauert. Diese Folge der gesetzlichen Regelungen wird allgemein als nicht hinnehmbar erachtet; es wird daher im Allgemeinen von der dreijährigen Frist ausgegangen, die auch für die Berücksichtigung von Anstellungsverhältnissen gilt.

Nach einem weiteren Kriterium soll derjenige Bewerber bevorzugt berücksichtigt werden, der bereit ist, **besondere Versorgungsbedürfnisse**, die in der Ausschreibung der Kassenärztlichen Vereinigung definiert worden sind, zu erfüllen. Hierbei kann es sich vor allem um die Bereitschaft handeln, neben der Tätigkeit am Vertragsarztsitz in gewissem Umfang auch in nahegelegenen schlechter versorgten Gebieten tätig zu sein, oder um die Verpflichtung, bestimmte Teile des Leistungsspektrums der betreffenden Facharztgruppe in einem bestimmten Umfang anzubieten.

Mit dem Merkmal der **Eintragung in die Warteliste**, die bei den Kassenärztlichen Vereinigungen geführt wird, soll schließlich auch die Dauer der manifestierten Zulassungsabsicht eine Berücksichtigung im Auswahlverfahren finden.

Fazit:
Auf viele Kriterien der Auswahlentscheidung kann der einzelne Bewerber keinen Einfluss nehmen. Für die Erfüllung weiterer Kriterien müssten u. U. tiefgreifende Änderungen der persönlichen Lebensplanung in Kauf genommen werden, ohne dass hierdurch die Nachfolgezulassung bereits unbedingt sicher in Aussicht wäre. Umso wichtiger ist es für niederlassungswillige Nachfolger, aktiv auf Praxisabgeber zuzugehen und die Praxisübernahme mit ausreichend Vorlaufzeit zu planen. Durch eine Benennung als Wunschnachfolger im Ausschreibungsantrag sowie durch ein stufenweises Übernahmekonzept, z. B. durch eine übergangsweise Anstellung oder Berufsausübungsgemeinschaft, lassen sich die Chancen der Berücksichtigung im Auswahlverfahren deutlich erhöhen.

12.4.2.4 Der Verkehrswert der Praxis/Berücksichtigung der Interessen des Praxisabgebers

Die wirtschaftlichen Interessen des bisherigen Praxisinhabers oder seiner Erben sind im Rahmen der Auswahlentscheidung gemäß § 103 Abs. 4 SGB V nur insoweit zu berücksichtigen, als der mit einem Bewerber vereinbarte Kaufpreis die Höhe des **Verkehrswertes der Praxis** nicht übersteigt. Mit dieser Regelung soll einerseits verhindert werden, dass sich mit der erhöhten Nachfrage nach vertragsärztlichen Praxen zugleich der Kaufpreis ohne sachlichen Grund erhöht. Der Praxisabgeber soll gerade nicht Kapital daraus schlagen können, dass einem Berufseinsteiger die Niederlassung in gesperrten Planungsbereichen nur durch den Erwerb einer bestehenden Arztpraxis möglich ist. Die oben genannten Auswahlkriterien würden unterlaufen, wenn die wirtschaftlichen Interessen des Abgebers uneingeschränkt zu berücksichtigen wären und damit stets der solventeste Bewerber den Zuschlag erhalten müsste. Vor dem Hintergrund der Eigentumsgarantie in Art. 14 Abs. 1 GG ist es andererseits jedoch erforderlich, dass Bewerber, die nicht bereit sind, den Verkehrswert der Praxis als Kaufpreis zu akzeptieren, keine Berücksichtigung finden können. Insofern will das Gesetz gewährleisten, dass der Abgeber zumindest den Verkehrswert der Praxis als Kaufpreis erhält (Verkehrswertgarantie). Es werden demnach alle Bewerber gleichwertig berücksichtigt, die einen Kaufpreis in Höhe des Verkehrswertes oder darüber akzeptieren.

Kommt eine Einigung über den Kaufpreis zwischen dem Bewerber und dem Abgeber nicht zustande oder ist bei mehreren Bewerber einer nicht bereit, den vom Abgeber verlangten Kaufpreis zu zahlen, so hat der Zulassungsausschuss den bei seiner Entscheidung zugrunde zu legenden Verkehrswert mit Hilfe eines **Sachverständigen** zu ermitteln. Ein eigener Beurteilungsspielraum kommt dem Zulassungsausschuss insofern nicht zu. Kommt ein Kaufvertrag zwischen dem Bewerber und dem Abgeber nicht zustande, da keine Einigung über den Verkehrswert erzielt werden kann, so ist das Nachbesetzungsverfahren gescheitert. Der Abgeber kann seinen Vertragsarztsitz erneut zur Ausschreibung bringen, sofern diese nicht wegen der Erklärung des unbedingten Verzichts erloschen ist.

Das Bundessozialgericht hat mit Urteil vom 14.12.2011 – B 6 KA 39/10 R festgestellt, dass bei einer vorhandenen Einigung das Zulassungsgremium den Verkehrswert einer Vertragsarztpraxis nicht gegen den Willen des abgebenden Vertragsarztes und der Bewerber festsetzen kann.

12.4.3 Rechtsmittel und Konkurrentenstreit

Gegen die Entscheidung des Zulassungsausschusses, einen bestimmten Nachfolger zuzulassen, kann seitens der Beteiligten (des Abgebers, aller Bewerber, der Kassenärztlichen Vereinigung und der Landesverbände der Krankenkassen) **Widerspruch** eingelegt werden. Der Widerspruch und die Klage – beispielsweise eines abgelehnten Bewerbers – haben grundsätzlich aufschiebende Wirkung (§ 96 Abs. 4 SGB V, § 97 Abs. 1 Nr. 4 SGB V mit der Folge, dass der im Rahmen des Zulassungsverfahrens begünstigte Bewerber seine vertragsärztliche Tätigkeit bei erfolgtem Widerspruch nicht unmittelbar aufnehmen kann.

Bestätigt der Berufungsausschuss die Auswahlentscheidung des Zulassungsausschusses, so kann er die **sofortige Vollziehung** seiner Entscheidung anordnen. Der ausgewählte Bewerber kann dann vorläufig, trotz einer ggf. erhobenen Klage, seine Tätigkeit an dem Vertragsarztsitz aufnehmen, ohne dass für ihn feststeht, ob er endgültig in der Praxis verbleiben kann. Das für die Anordnung des Sofortvollzuges erforderliche öffentliche Interesse wird damit begründet, dass trotz der Überversorgung die Versorgung der Patienten der zu übertragenden Praxis sichergestellt werden muss (so grundlegend z. B. Landessozialgericht Baden-Württemberg, Medizinrecht

1997, 143). Neben dem öffentlichen Interesse muss in solchen Konstellationen regelmäßig eine Abwägung zwischen dem Aufschubinteresse des Dritten und dem privaten Interesse des durch den Verwaltungsakt Begünstigten stattfinden (Bundesverfassungsgericht, Entscheidung vom 12.12.2001 – 1 BfR 1571/00).

Gegen den Bescheid des Berufungsausschusses kann **Klage** vor dem Sozialgericht erhoben werden. Da es sich bei dem angefochtenen Bescheid um eine Ermessensentscheidung handelt, unterliegt sie nur der **eingeschränkten richterlichen Überprüfung auf Ermessensfehler**. Diese ist darauf gerichtet, ob beispielsweise zu Lasten des abgelehnten Bewerbers wesentliche Gesichtspunkte nicht in die Ermessensentscheidung einbezogen wurden oder eine Ermessensabwägung überhaupt stattgefunden hat. Eigenes Ermessen wird durch das Gericht nicht ausgeübt, d. h. das Gericht wählt nicht selbst einen Nachfolger aus, sondern verweist an den Berufungsausschuss zurück, der dann in seiner erneuten Entscheidung die Rechtsauffassung des Gerichts zu beachten hat.

Der Rechtsstreit über die Rechtmäßigkeit der Zulassungsentscheidung kann sich bis zu deren Bestandskraft unter Umständen über Jahre hinziehen. Kann der ausgewählte Nachfolger seine Tätigkeit nicht im Rahmen des Sofortvollzuges aufnehmen oder lehnt er dieses aus anderen Gründen (wie etwa der bestehenden Planungsunsicherheit ab) und ist es auch dem bisherigen Praxisinhaber nicht möglich, die Praxis fortzuführen, so droht der wirtschaftliche Verfall der abzugebenden Praxis. Nicht zuletzt aus diesem Grunde sind an die vertragliche Gestaltung des Praxiskaufvertrages besondere Anforderungen zu stellen, indem dem Praxisabgeber beispielsweise Rücktrittsrechte eingeräumt werden, um einen über Jahre drohenden Schwebezustand zu verhindern.

Sind tatsächlich mehrere Bewerber vorhanden, so kann der Praxisabgeber langwierigen Prozessen dadurch vorbeugen, dass er mit allen Interessenten gleichlautende Praxisübernahmeverträge unter dem Vorbehalt der rechtskräftigen Zulassung abschließt. Günstigstenfalls verpflichten sich die Bewerber in dem Vertrag, auf ihr Widerspruchs- und Klagerecht zu verzichten, sofern ein anderer Bewerber die Zulassung erhält. Andererseits wird das Risiko des Widerspruchs eines Mitbewerbers auch dadurch ausgeschlossen, wenn es gelingt, die Mitbewerber im Vorfeld der Zulassungsentscheidung ihre Bewerbungen zurückziehen zu lassen.

12.5 Notwendige vertragliche Regelungen des Praxiskaufvertrages

Im Folgenden sollen einige wesentliche Gestaltungselemente des Praxiskaufvertrages dargestellt werden.

12.5.1 Vorverträge

Häufig sind sich die Parteien eines Praxisübernahmevertrages bereits zu einem relativ frühen Stadium ihrer Verhandlungen zumindest insoweit einig, dass die Praxis von einem bestimmten Bewerber übernommen werden soll. Möglicherweise steht sogar bereits der avisierte Zeitpunkt der Praxisübertragung fest, während andere Punkte, wie beispielsweise der konkrete Kaufpreis, noch weiterer Verhandlungen bedürfen. In dieser Situation kommt nicht selten der Wunsch auf, zumindest den erreichten Verhandlungsstand in einem Vorvertrag festzuschreiben. Der Abgeber möchte eine verbindliche Zusage des Erwerbers, dass dieser die Praxis definitiv übernimmt, um auf diese Weise Planungssicherheit zu erlangen; der Erwerber möchte seinerseits sicher gehen, dass ihm andere Konkurrenten nicht mehr in die Quere kommen. In dieser Situation werden häufig Absichtserklärungen – auch „Letter of Intent" genannt – abgefasst, denen jedoch **in rechtlicher Hinsicht häufig keinerlei Relevanz** zukommt.

Bei einem Vorvertrag im Rechtssinne hingegen handelt es sich um einen echten schuldrechtlichen Vertrag, der die Verpflichtung zum späteren Abschluss eines Hauptvertrages begründet. Daraus ergeben sich Konsequenzen für den wesentlichen Inhalt eines Vorvertrages, sofern aufgrund des Vorvertrages ein Anspruch auf Abschluss des Hauptvertrages ggf. gerichtlich durchgesetzt werden soll, beispielsweise bei einem grundlosen Abbruch der Verhandlungen durch eine Seite. Der Vorvertrag muss, sofern er den von den Parteien beabsichtigten Sicherungszweck erfüllen soll, ein solches Maß an Bestimmtheit aufweisen, dass im Streitfall der Inhalt des Hauptvertrages, notfalls im Wege der ergänzenden Vertragsauslegung, richterlich festgestellt werden kann (BGH, Urteil vom 21.10.1992 – XII ZR 173/90). Der Inhalt eines Vorvertrages muss daher über reine Absichtserklärungen hinausgehen und eine Einigung über die wesentlichen Inhalte des abzuschließenden Hauptvertrages enthalten. Lässt sich der Inhalt des noch abzuschließenden Hauptvertrages nicht mit hinreichender Bestimmtheit feststellen, so ist der Vorvertrag unwirksam.

Da somit ohnehin die wesentlichen Punkte der Einigung Gegenstand des hinreichend konkretisierten Vorvertrages sein müssen, lässt sich die Notwendigkeit zum Abschluss eines Vorvertrages kaum noch erkennen. Vielmehr sollte vor diesem Hintergrund sofort der Abschluss des Hauptvertrages angestrebt werden. Hinsichtlich einzelner noch klärungsbedürftiger Punkte wird man sich ggf. durch die Aufnahme von Vertragsbedingungen helfen können.

12.5.2 Konkretisierung des Kaufgegenstandes/Gegenstand des Praxisübernahmevertrages

Der Praxisübernahmevertrag dient dazu, das Unternehmen Arztpraxis als Gesamtheit auf einen Nachfolger zu übertragen. Der Vertrag muss daher alles, was Grundlage der ärztlichen Tätigkeit ist, so genau wie möglich erfassen. Eine Formulierung, wonach die Praxis mit allem, was als Bestandteil und Zubehör gilt, verkauft wird, ist allein daher keineswegs ausreichend. Einerseits verlangt der sachenrechtliche Bestimmtheitsgrundsatz, dass die zu übertragenden Gegenstände hinreichend bestimmt sein müssen. Andererseits ist der Fall zu bedenken, dass die Ansprüche aus dem Vertrag ggf. gerichtlich durchgesetzt werden müssen. Eine Klage wäre jedoch mangels vollstreckungsfähigen Antrags nicht schlüssig, wenn das Begehren, nämlich die Übertragung bestimmter Gegenstände und Rechte, nicht hinreichend bestimmt werden kann.

Es empfiehlt sich daher, ein genaues **Inventarverzeichnis** zu erstellen und als Anlage zum Vertrag zu nehmen. Es sollte dabei nicht ungeprüft auf das zu steuerlichen Zwecken erstellte Anlagenverzeichnis zurückgegriffen werden, zumal sich darin häufig Gegenstände befinden, die gerade nicht übertragen werden sollen (z. B. der PKW, der im Praxisvermögen geführt wird).

Darüber hinaus sollte aufgenommen werden, dass sich der Kaufvertrag ebenfalls auf die vorhandenen **Vorräte** erstreckt. Der Praxisabgeber sollte sich verpflichten, zum Übergabestichtag zumindest einen mittleren Bestand an Vorräten vorzuhalten. Der Vollständigkeit halber sollte klargestellt werden, dass neben den materiellen Werten auch sämtliche ideellen Werte – nämlich der **Patientenstamm** – Gegenstände der Praxisübertragung sind. Abschließend ist zu definieren, welche **Dauerschuldverhältnisse** auf den Erwerber übergehen.

12.5.3 Kaufpreis

Neben der konkreten Bestimmung des Kaufgegenstandes ist wesentliches Element des Kaufvertrages die Einigung über den zu entrichtenden Kaufpreis. Die unterschiedlichen Methoden der Wertbestimmung wurden bereits dargestellt. Unabhängig von der angewandten Methode basiert der letztlich ausgehandelte Kaufpreis jedoch im Wesentlichen auf den Angaben und den Unterlagen des Abgebers. Im Hinblick auf mögliche Gewährleistungsansprüche oder Ansprüche des Erwerbers wegen des Fehlens zugesicherter Eigenschaften, insbesondere auch für den Fall, dass sich die Angaben des Abgebers als falsch herausstellen sollten, z. B. weil die angegebenen Umsätze nicht zutreffen oder bestimmte Praxiskosten nicht angegeben wurden, ist die Basis der Kaufpreisermittlung im Vertrag zu konkretisieren. Im Vertrag sollte dokumentiert werden, von welchen Werten die Parteien bei der Kaufpreisermittlung ausgegangen sind (Umsätze, Kosten, etc.). Der Erwerber sollte sich vom Abgeber **garantieren lassen**, dass die angegebenen Zahlen korrekt sind – insbesondere dass die angegebenen Umsätze tatsächlich erzielt wurden und auf einer ordnungsgemäßen Abrechnung beruhen. Auch sollte er sich die Vollständigkeit der angegebenen laufenden Kosten zusichern lassen und einen Freistellungsanspruch für solche Kosten vereinbaren, die ihm bei Vertragsschluss nicht offenbart worden sind.

In jedem Fall ist es sinnvoll, **den Kaufpreis** im Praxiskaufvertrag **in einen Anteil für den materiellen Wert und in einen Anteil für den ideellen Wert der Praxis aufzuteilen**. Zwar bedarf es einer solchen Aufsplittung aus zivilrechtlichen Gründen nicht, sie ist jedoch sinnvoll wegen der unterschiedlichen steuerlichen Abschreibungsfristen bezüglich des übernommenen Anlagevermögens einerseits und des Goodwills andererseits. Der Steuerberater des Erwerbers wird es gegenüber dem Finanzamt regelmäßig leichter haben, die vorgenommene Aufteilung durchzusetzen, wenn diese bereits im Kaufvertrag festgelegt ist. Darüber hinaus erleichtert es ggf. die Durchsetzung von Gewährleistungsansprüchen, wenn deutlich wird, wie die Parteien die unterschiedlichen Wirtschaftsgüter bewertet haben und wie diese Werte in den Gesamtkaufpreis eingeflossen sind.

Schließlich lassen sich auf diesem Wege evtl. Auseinandersetzungen mit dem Finanzamt vermeiden.Das Finanzgericht Niedersachsen hat nämlich in einem Fall entschieden, bei dem es erkennbar (nur) um die Übertragung der Vertragsarztzulassung ging, dass der mit der Vertragsarztzulassung verbundene wirtschaftliche Vorteil ein nicht abnutzbares immaterielles Wirtschaftsgut darstellt. Es hat daher die Abschreibung des Kaufpreises hierfür versagt (Az. 13 K 412/01). Sofern ein Teil des Kaufpreises auch für die materiellen Werte der Praxis gezahlt wird, ist dokumentiert, dass nicht nur die Vertragsarztzulassung übertragen werden soll. Zwar hat der Bundesfinanzhof (BFH) mit Urteil vom 9.8.2011 – Az. VIII R 13/08 entschieden, dass „der mit dem Kaufpreis einer Kassenarztpraxis abgegoltene Praxiswert den Vorteil aus der Zulassung als Vertragsarzt grundsätzlich unmittelbar umfasst und dieser wirtschaftliche Vorteile der öffentlich-rechtlichen Zulassung damit nicht von der Möglichkeit der Abschreibung ausgenommen werden kann". Dies gilt allerdings nur für diejenigen Fälle, in denen tatsächlich nur der Verkehrswert der Praxis bezahlt wurde. Sollte beispielsweise ein Kaufpreis gezahlt werden, der deutlich über dem Verkehrswert liegt oder aber eine zeitige Verlegung der Praxis an einen weit entfernten Standort erfolgen, könnte das Finanzamt die Zulassung selbst als Wirtschaftsgut einstufen, welches nicht abschreibungsfähig sein könnte.

12.5.4 Fälligkeit und Sicherung des Kaufpreises

Der Praxiskaufvertrag muss eine Regelung darüber enthalten, wann der Kaufpreis zur Zahlung fällig ist. Ohne vertragliche Regelung ist der Kaufpreis gemäß § 271 BGB sofort, d. h. mit Abschluss des Kaufvertrages fällig und in einer Summe zu zahlen (§ 266 BGB). Dies wäre jedoch nicht sachgerecht. Der Abgeber hat grundsätzlich ein berechtigtes Interesse an der Zahlung des Kaufpreises zu dem Zeitpunkt, in dem er die Praxis an den Erwerber übergibt. Wegen der Besonderheiten des Nachbesetzungsverfahrens besteht jedoch die Gefahr, dass die Zulassung des Erwerbers nicht in Bestandskraft erwächst und der Praxiskaufvertrag trotz bereits erfolgter Übergabe scheitert. Der Erwerber sollte daher auf eine Regelung drängen, wonach der volle Kaufpreis erst mit dem Eintritt der **Bestandskraft seiner Zulassung** fällig wird.

Die Übertragung des Eigentums an dem materiellen Praxisvermögen erfolgt regelmäßig unter dem Vorbehalt der vollständigen Zahlung des Kaufpreises (Eigentumsvorbehalt). Der Abgeber sollte sich zudem im Praxisübergabevertrag ein Rücktrittsrecht für den Fall vorbehalten, dass der Erwerber mit der Zahlung des Kaufpreises in Verzug gerät oder die vereinbarte Kaufpreissicherheit nicht rechtzeitig beibringt.

Sofern hinsichtlich des Kaufpreises eine Zahlung in mehreren Raten vereinbart wird, sollte der Abgeber eine Verrechnungsabrede dahingehend treffen, dass die Raten zunächst auf den ideellen Praxiswert und sodann auf die materiellen Praxiswerte angerechnet werden, da sich der vereinbarte Eigentumsvorbehalt lediglich auf das materielle Vermögen erstreckt. Für den Fall, dass der Abgeber mit einer Rate in Zahlungsrückstand gerät, sollte eine sog. Verfallklausel in den Vertrag

12.5 Notwendige vertragliche Regelungen des Praxiskaufvertrages

aufgenommen werden, wonach der dann verbleibende Restbetrag sofort in einer Summe zur Zahlung fällig wird. Das Todesfallrisiko des Erwerbers kann durch eine Todesfallrisikoversicherung abgedeckt werden, welche die Gesamtverbindlichkeiten des Erwerbers aus dem Praxisübernahmevertrag abdeckt. Der Auszahlungsanspruch aus der Versicherung ist an den Abgeber zur Sicherheit abzutreten.

Zur weiteren Absicherung der Kaufpreiszahlung wird regelmäßig die Vorlage einer **selbstschuldnerischen Bankbürgschaft** innerhalb einer bestimmten Frist nach Vertragsunterzeichnung erforderlich sein. Die Bürgschaft sollte auf erstes Anfordern unter Verzicht auf die Einrede der Vorausklage zahlbar sein. Um Streitigkeiten über den Inhalt der Bürgschaftsurkunde zu vermeiden, empfiehlt es sich, ein mit der finanzierenden Bank abgestimmtes Muster der Bürgschaftserklärung zum Praxisübernahmevertrag zu nehmen. Für den Fall, dass die vereinbarte Sicherheit nicht fristgemäß vorgelegt wird, sollte der Abgeber sich ein Rücktrittsrecht vom Praxiskaufvertrag ausbedingen. Auch wenn die Bankbürgschaft für den Erwerber mit weiteren Kosten in Höhe von ein bis drei Prozent der Bürgschaftssumme verbunden ist, sollte auf sie nicht verzichtet werden. Ggf. können diese Kosten bei der Bestimmung des Kaufpreises berücksichtigt werden. Die bloße Finanzierungsbestätigung der finanzierenden Bank bietet jedenfalls keinen Ersatz, da hiermit lediglich bescheinigt wird, dass die Kaufpreissumme auf Abruf bereit gestellt ist. Einen eigenen Anspruch kann der Abgeber hieraus jedoch nicht herleiten.

▶ **Praxistipp:** Bei der Vertragsgestaltung muss unbedingt darauf geachtet werden, dass die Verpflichtung des Erwerbers zur Beibringung einer Bankbürgschaft vor dem Zeitpunkt liegt, in welchem der Zulassungsausschuss über die Nachbesetzung entscheidet, da die Nachbesetzungsentscheidung nicht ohne weiteres rückgängig zu machen ist.

12.5.5 Übergabe der Patientenkartei

An der Patientenkartei des Abgebers besteht von Seiten des Erwerbers regelmäßig ein großes Interesse. Nur auf Basis einer gut geführten Kartei können die vom Abgeber begonnenen Behandlungen sinnvoll weitergeführt werden.

12.5.5.1 Zustimmung der Patienten

Sämtliche in den Patientenunterlagen enthaltenen Daten unterliegen der ärztlichen Schweigepflicht, die grundsätzlich auch unter Kollegen gilt. Die Übergabe der Patientenkartei an den Erwerber gestaltet sich daher als nicht unproblematisch; insbesondere nachdem der Bundesgerichtshof in einer Entscheidung vom 11.12.1991 – VIII ZR 4/91 die bis dahin geltende Rechtsprechung, nach der die Übertragung der Patientenkartei im Rahmen einer Praxisveräußerung von einer mutmaßlichen Einwilligung der Patienten gedeckt sein sollte, aufgegeben hat. Nach der zwischenzeitlich gefestigten Rechtsprechung wird verlangt, dass die Patienten der Weitergabe der Patientenunterlagen zuvor in „eindeutiger und unmissverständlicher Weise" zustimmen. Eine Übertragung der Patientenkartei ohne die Zustimmung der

Patienten verstößt gegen das durch Art. 2 Abs. 2 GG geschützte informationelle Selbstbestimmungsrecht des Patienten, was die Nichtigkeit des Gesamtvertrages zur Folge hat (§ 134 BGB).

Dass die Nichtigkeit des Praxisübernahmevertrages weitreichende Folgen haben kann, zeigt ein Urteil des Landesarbeitsgerichts Hamm (LAG Hamm, Urteil vom 22.04.2016–10 Sa 796/15), in welchem bestätigt wurde, dass bei einem nichtigen Praxiskaufvertrag für die übertragene Vertragsarztzulassung anstelle des Kaufpreises kein Wertersatz verlangt werden kann. In dem zugrunde liegenden Fall ging der übertragende Arzt am Ende leer aus, obwohl in dem nichtigen Kaufvertrag ein Kaufpreis in Höhe von 242.000 € vereinbart war und der Erwerber den Sitz erhalten hatte. Gerade die notwendigen Regelungen zur Patientenkartei erweisen sich daher als essentiell für die rechtssichere Übertragung einer Arztpraxis. Es kommen dabei mehrere Modelle in Betracht, die nachfolgend vorgestellt werden.

12.5.5.2 Einholung der Patientenzustimmung vor Übergabe

Die Einholung einer Einverständniserklärung der Patienten vor der Übergabe der Unterlagen kommt regelmäßig allein aus praktischen Erwägungen nicht in Betracht. Das hierzu erforderliche Anschreiben der Patienten ist nicht nur finanziell aufwendig. Der Erfolg eines solchen Patientenanschreibens erweist sich darüber hinaus in der Praxis als ausgesprochen gering. Während viele Patienten verzogen oder gar verstorben sind, antwortet ein anderer Großteil überhaupt nicht auf das Aufforderungsschreiben. Viele Patienten dürften durch ein solches Anschreiben auch abgeschreckt werden bzw. erst auf den Gedanken kommen, bei dieser Gelegenheit doch einmal die Praxis zu wechseln. Keine Alternative dürfte darin bestehen, sich bereits beim Erstkontakt mit dem Patienten eine generelle Einverständniserklärung unterzeichnen zu lassen, dass die Unterlagen ggf. im Falle der Praxisabgabe an den Nachfolger übergeben werden. Eine solche, auf einen noch nicht individualisierbaren Nachfolger bezogene, vorformulierte Erklärung dürfte im Lichte der gesetzlichen Regelungen zu allgemeinen Geschäftsbedingungen nämlich unwirksam sein.

Nach der Durchführung eines Patientenrundschreibens mit der Aufforderung, der Übertragung der jeweiligen Patientendaten zuzustimmen, müsste die Patientenkartei geteilt werden. Nur die Patientenunterlagen, zu denen die Zustimmung der Patienten vorliegt, könnten beim Erwerber verbleiben. Der Rest müsste weiterhin durch den Abgeber verwahrt werden. Weiterhin müsste jedoch gewährleistet werden, dass die Unterlagen der Patienten, die später ausdrücklich oder durch ihr Erscheinen in der Praxis zum Ausdruck bringen, vom Erwerber behandelt werden zu wollen, an diesen herausgegeben werden. Der damit verbundene zeitliche und organisatorische Aufwand dürfte einer solchen Vorgehensweise wohl von vornherein entgegenstehen.

12.5.5.3 Verwahrung der Patientenkartei durch Mitarbeiter

Eine weitere Möglichkeit kann darin bestehen, die Patientenkartei auf eine angestellte Person des Praxispersonals zu übertragen, die in der Praxis verbleibt, da diese die Patienten und deren Unterlagen ohnehin kennt. Die Patientenunterlagen würden von dieser dann in Verwahrung genommen werden und nur unter Zustimmung des in der Praxis erscheinenden Patienten an den Erwerber übergeben werden. Die mit einer solchen Lösung einhergehende Abhängigkeit von nachgeordnetem Personal dürfte jedoch in aller Regel ebenfalls nicht akzeptabel sein.

12.5.5.4 Vorherige Anstellung des Erwerbers
Schließlich besteht die Möglichkeit, den Erwerber vor der Praxisübernahme noch für eine Übergangszeit als angestellten Arzt zu beschäftigen. Hierdurch kommt er bereits bestimmungsgemäß mit den Patienten und ihren Unterlagen in Berührung, sodass gegen eine Übernahme der bestehenden Patientenkartei keine Bedenken mehr bestehen. Auch wenn die zumindest vorübergehende Zusammenarbeit zwischen dem Praxisabgeber und dem Erwerber unter dem Gesichtspunkt der möglichst schonenden Übertragung des Goodwills sicherlich als vorteilhaft zu bewerten ist, wird diese Alternative jedenfalls nicht in allen Fällen in Betracht kommen. Entweder ist dieses von den Parteien nicht gewünscht oder aufgrund der Umstände (Tod oder Berufsunfähigkeit des Abgebers, Größe der Praxisräumlichkeiten) nicht möglich.

12.5.5.5 Sog. „Münchener Empfehlungen"
Aufgrund der durch die BGH-Entscheidung entstandenen Verunsicherung wurde von Seiten ärztlicher Institutionen und Juristen ein Modell zu entwickelt, welches unter Berücksichtigung der maßgeblichen Rechtsprechung eine praktikable Möglichkeit bezüglich der Übertragung der Patientenkartei bieten sollte. Die sog. „Münchener Empfehlungen zur Wahrung der ärztlichen Schweigepflicht bei Veräußerung einer Arztpraxis" (vgl. Medizinrecht 1992, 207f.) gehen im Grundsatz von einem sog. „Zwei-Schrank-Modell" aus. Der Erwerber verpflichtet sich im Praxisübernahmevertrag, die Patientenkartei des Abgebers unentgeltlich in einem verschlossenen Karteischrank zu verwahren. Die Unterlagen verbleiben demgemäß zunächst im Eigentum des Abgebers. Auf diesen Verwahrungsvertrag finden die Vorschriften des §§ 688ff. BGB mit Ausnahme der §§ 690, 693, 695–697 BGB (Haftungserleichterung des Verwahrers, Aufwendungsersatzanspruch für die Verwahrung, Rückforderungsrecht, Rücknahmeanspruch) Anwendung. Dem Erwerber ist die Einsichtnahme der Unterlagen nur dann gestattet, wenn ein Patient ausdrücklich zustimmt oder konkludent durch sein Erscheinen in der Praxis zum Ausdruck bringt, dass er mit einer Einsichtnahme durch den Erwerber einverstanden ist. Erst anschließend ist der Erwerber berechtigt, die Unterlagen aus der Alt-Kartei zu entnehmen und seiner eigenen, neuen Karteiführung zuzuordnen. In diesem Zeitpunkt geht auch das Eigentum der betreffenden Unterlagen auf den Erwerber über.

Dem Abgeber ist der Zugriff auf seine Patientenunterlagen zu ermöglichen, zumal er diese ggf. zur Abwehr von Regressen oder Schadensersatzforderungen benötigt. Die Aufbewahrungspflicht des Erwerbers bestimmt sich nach den berufsrechtlichen Vorschriften, sofern durch andere Normen keine längere Frist verlangt wird.

Sofern die Karteikartenführung digitalisiert ist, kann durch Sperrung des Alt-Datenbestands entsprechend verfahren werden. Die Alt-Daten sind durch ein Passwort vor unberechtigtem Zugriff zu schützen und dürfen nur bei Vorliegen der o. g. Voraussetzungen in die eigene Datei des Erwerbers übertragen werden. Sowohl bezüglich der Patientenunterlagen als auch bezüglich der Patientendaten ist eine aussagekräftige Dokumentation vorzunehmen, die erkennen lässt, wann, welche Unterlagen/Daten entnommen und der Kartei/Datei des Erwerbers zugeordnet wurden.

In der Praxis wird zwischenzeitlich – mit einigen Abwandlungen im Detail – im Wesentlichen gemäß den Vorgaben der „Münchener Empfehlungen" verfahren. Einer rechtlich abschließenden, gerichtlichen Überprüfung wurde diese sog. „Verwahrlösung" jedoch noch nicht unterzogen, so dass von abschließender Rechtssicherheit in diesem Bereich sicherlich nicht ausgegangen werden kann. Ein weiteres Problem im Zusammenhang mit elektronischen Daten besteht beispielsweise vor dem Hintergrund des § 4 a Bundesdatenschutzgesetz, der stets eine schriftliche Zustimmung des Betroffenen zur Speicherung und Übermittlung von Daten verlangt.

12.5.6 Der Übergang von Arbeitsverhältnissen

Gemäß § 613 a BGB tritt derjenige, der durch Rechtsgeschäft den Betrieb eines anderen erwirbt, per Gesetz in alle Rechte und Pflichten aus den im Zeitpunkt des Übergangs bestehenden Arbeitsverhältnissen ein. Da es sich bei dieser Vorschrift um eine Arbeitnehmerschutzvorschrift handelt, kann der Übergang der Arbeitsverhältnisse weder im Praxisübernahmevertrag, noch im Arbeitsvertrag ausgeschlossen werden.

Der Übergang der Arbeitsverhältnisse auf den Erwerber erfolgt darüber hinaus unabhängig davon, ob schriftliche Arbeitsverträge bestehen. Erfasst sind daher ebenfalls Aushilfsarbeitsverhältnisse, faktische Arbeitsverhältnisse, Ausbildungsverhältnisse, Ehegattenarbeitsverhältnisse, ruhende Arbeitsverhältnisse (z.B. wegen Mutterschaft) und gekündigte Arbeitsverhältnisse, solange die Kündigungsfrist läuft. Unter die sogenannten faktischen Arbeitsverhältnisse fallen ebenfalls „Schwarzarbeitsverhältnisse", so dass auch diese Arbeitnehmer ab dem Zeitpunkt der Betriebsübergabe beim Erwerber beschäftigt sind.

Eine aus Anlass des Betriebsübergangs ausgesprochene **Kündigung** ist unwirksam. Selbst Aufhebungsverträge wurden vom Bundesarbeitsgericht wegen eines Verstoßes gegen § 613 a Abs. 4 BGB als nichtig angesehen.

Die Aufhebung des Arbeitsverhältnisses aus Anlass des Betriebsübergangs erfolgt in diesem Sinne, wenn der Inhaberwechsel das wesentliche Motiv der Kündigung darstellt. Ob daneben noch weitere Gründe für die Beendigung des Arbeitsverhältnisses vorliegen, spielt in diesem Fall keine Rolle.

Die Kündigung aus anderen Gründen als dem Betriebsübergang bleibt demgegenüber unberührt und entgegen einem verbreiteten Rechtsirrtum grundsätzlich möglich, auch wenn sie in engem zeitlichen Zusammenhang mit dem Betriebsübergang ausgesprochen wird. Die Kündigung aus personenbedingten Gründen oder aus anderen Gründen als dem Betriebsübergang ist danach weiterhin möglich. Sofern in der Praxis regelmäßig mehr als zehn Arbeitnehmer beschäftigt werden, wobei Ausbildungsverhältnisse nicht mitgezählt werden und Teilzeitarbeitsverhältnisse anteilig zu berechnen sind, sind die Vorschriften des Kündigungsschutzgesetzes zu beachten, wonach bei der Auswahl des zu kündigenden Mitarbeiters soziale Gesichtspunkte ausreichend zu berücksichtigen sind. Findet das Kündigungsschutzgesetz keine Anwendung, so ist eine Kündigung stets unter Einhaltung der gesetzlichen oder vertraglichen Kündigungsfristen möglich, sofern sie nicht aus Anlass des Betriebsübergangs erfolgt.

Auch dem Abschluss von **Aufhebungsverträgen** steht § 613 a BGB grundsätzlich nicht entgegen, sofern der Aufhebungsvertrag nicht durch den Betriebsübergang motiviert ist.

Da der gesetzliche Übergang des Arbeitsverhältnisses für den Arbeitnehmer die Folge hat, dass er nunmehr mit einem anderen Arbeitgeber konfrontiert ist, ist der Arbeitnehmer berechtigt, dem Übergang des Arbeitsverhältnisses zu widersprechen. Der Widerspruch des Arbeitnehmers hindert den Übergang des Arbeitsverhältnisses, so dass dieses weiterhin mit dem bisherigen Arbeitgeber, dem Praxisabgeber, fortbesteht. Der Widerspruch kann innerhalb eines Monats ab ordnungsgemäßer Belehrung des Arbeitnehmers über den Betriebsübergang erklärt werden. Dem Abgeber verbleibt dann das Recht, eine ordentliche betriebsbedingte Kündigung vor dem Hintergrund der Praxisaufgabe auszusprechen, muss jedoch den gekündigten Arbeitnehmer noch bis zum Ablauf der Kündigungsfrist weiter bezahlen.

▶ **Praxistipp:** Die Widerspruchsfrist eines Arbeitnehmers beginnt erst zu laufen, wenn er nach den Kriterien des § 613 a Abs. 5 BGB ordnungsgemäß belehrt worden ist. Da vor allem dienstältere Arbeitnehmer häufig lange Kündigungsfristen haben, empfiehlt es sich, die Belehrung möglichst frühzeitig vorzunehmen. Dies ist auch für den Erwerber von Interesse, da dieser möglichst bald Klarheit darüber haben möchte, mit welchen Angestellten er nach Übernahme der Praxis rechnen kann.

Der Praxiserwerber wird durch den Betriebsübergang Schuldner aller bisher entstandenen Pflichten aus dem Arbeitsverhältnis. Dieses gilt insbesondere für rückständige Lohnansprüche einschließlich aller Nebenleistungen, die zuvor der Praxisabgeber gewährt hat. Im Gegenzug geht der Anspruch auf Arbeitsleistung auf den Erwerber über.

Der Abgeber und bisherige Arbeitgeber haftet für Verbindlichkeiten aus dem Arbeitsverhältnis, die vor dem Zeitpunkt des Übergangs entstanden sind, wenn diese vor Ablauf eines Jahres nach diesem Zeitpunkt fällig werden, als Gesamtschuldner neben dem neuen Inhaber. Er kann sich insofern der Haftung für rückständige Ansprüche aus dem Arbeitsverhältnis nicht entziehen. Werden diese erst nach dem Übergabezeitpunkt fällig, so haftet der bisherige Praxisinhaber gegenüber den Arbeitnehmern nur „pro rata temporis" (§ 613 a Abs. 2 Satz 2 BGB). Da es sich bei § 613 a BGB um eine Arbeitnehmerschutzvorschrift handelt, gilt auch vorstehende Regelung nur für das Außenverhältnis zwischen dem Arbeitgeber und dem Arbeitnehmer. Sofern der Erwerber und der Abgeber keine gesonderte Regelung hierüber treffen, haften sie im Innenverhältnis zu gleichen Teilen (§ 426 Abs. 1 BGB).

▶ **Wichtig:** Aufgrund der oben beschriebenen Konsequenzen ist dem Übergang der Arbeitsverhältnisse im Rahmen der Vertragsgestaltung besondere Bedeutung beizumessen. Zunächst sind alle Arbeitnehmer der Praxis zu erfassen. Es empfiehlt sich, die **schriftlichen Arbeitsverträge als Anlage** zum Praxisübernahmevertrag zu nehmen. Sollten solche schriftlichen Verträge nicht existieren, sollte der Inhalt des mündlichen Arbeitsvertrages im Praxisübernahmevertrag oder in einer Anlage schriftlich fixiert werden. Mindestinhalt einer solchen Auflistung sollte sein: Der Name des Mitarbeiters, das monatliche Bruttogehalt, die Anzahl der jährlich zu zahlenden monatlichen Gehälter, die genaue Funktion in der Praxis, die Anzahl der Urlaubstage sowie die Dauer der Betriebszugehörigkeit.

Im Praxisübernahmevertrag sollte eine Regelung darüber getroffen werden, wie die zum Zeitpunkt der Praxisübergabe noch nicht fälligen Ansprüche aus den Arbeitsverhältnissen (z. B. Weihnachtsgratifikation, 13. Monatsgehalt, Abgeltung des Urlaubsanspruchs, Urlaubsgeld) im Innenverhältnis zwischen dem Praxisabgeber und dem Erwerber aufgeteilt werden, was vor allem bei unterjährigem Übergabestichtag relevant wird. Es empfiehlt sich zudem die Verpflichtung des Praxisabgebers aufzunehmen, dass er zwischen Vertragsschluss und Übergabe keine Veränderungen in den Arbeitsverhältnissen – etwa die Einstellung neuer Mitarbeiter – vornimmt.

Häufig bestehen Arbeitsverhältnisse mit dem Ehegatten des Praxisabgebers. Der Erwerber wird in der Regel kein Interesse daran haben, die Arbeitsverhältnisse mit nahen Angehörigen des Praxisabgebers zu übernehmen. Eine Kündigung kommt jedoch auch insofern aus den oben genannten Gründen nicht in Betracht. Es sollte daher geregelt werden, dass sich der Abgeber bezüglich dieser Arbeitsverträge dazu verpflichtet, einen Aufhebungsvertrag mit den entsprechenden Angehörigen zu schließen. Da aufgrund der restriktiven Rechtsprechung die Wirksamkeit eines solchen Aufhebungsvertrages nicht gewährleistet werden kann, sollte eine Regelung dahingehend aufgenommen werden, dass der Praxisabgeber den Erwerber im Innenverhältnis von allen Ansprüchen der betreffenden Angestellten freistellt, sofern diese Ansprüche aus § 613 a BGB gegen den Erwerber geltend gemacht werden sollten. Dieser Freistellungsanspruch sollte sich auch auf solche Arbeitnehmeransprüche erstrecken, die dem Praxisübernehmer bei der Praxisübernahme nicht bekannt waren.

Schließlich sollte eine Zusicherung des Abgebers dahingehend aufgenommen werden, dass er aus Anlass des Betriebsübergangs keine Mitarbeiter gekündigt hat.

12.5.7 Der Praxismietvertrag

Der Übernehmer einer ärztlichen Praxis wird häufig ein großes Interesse daran haben, die ärztliche Tätigkeit zumindest noch für einige Zeit in den bisherigen Praxisräumlichkeiten auszuüben. Nur bei Aufrechterhaltung der bisherigen Praxis an

12.5 Notwendige vertragliche Regelungen des Praxiskaufvertrages

der gewohnten Anlaufstelle für die Patienten wird es ihm möglich sein, den von ihm erworbenen Goodwill wirtschaftlich voll auszuschöpfen. Darüber hinaus ist eine Sitzverlegung in zulassungsgesperrten Gebieten jeweils auch von der Genehmigung des Zulassungsausschusses abhängig und wird nicht immer erteilt. Scheitert die Inbesitznahme der Räumlichkeiten durch den Erwerber, da sich beispielsweise der Vermieter weigert, mit dem Übernehmer einen Mietvertrag abzuschließen, so kann dies also durchaus ein Scheitern der Nachbesetzung zur Folge haben.

Sofern die Praxisräumlichkeiten auch vom Praxisabgeber angemietet wurden und nicht in seinem Eigentum stehen, wird auch dieser ein Interesse daran haben, aus dem Mietvertrag entlassen zu werden und die Verpflichtungen daraus auf den Erwerber zu übertragen. Günstigstenfalls ist im Mietvertrag bereits eine Regelung enthalten, die es dem Praxisabgeber gestattet, den Erwerber ohne Zustimmung des Vermieters als neuen Mieter in den Vertrag eintreten zu lassen. Der Mietvertrag ist daher **vor Abschluss** des Praxisübernahmevertrages daraufhin zu überprüfen, ob und ggf. wie das Nutzungsrecht an den Praxisräumlichkeiten auf den Erwerber übertragen werden kann.

Ist in dem Mietvertrag ein Eintrittsrecht des Erwerbers unter Entlassung des Praxisabgebers aus der Haftung, wie im überwiegenden Teil der Fälle, nicht vorgesehen, so ist die Zustimmungserklärung des Vermieters erforderlich. Gegebenenfalls ist auch ein neuer Mietvertrag abzuschließen. Die Zustimmungserklärung des Vermieters sollte in jedem Fall schriftlich eingeholt werden. Liegt sie im Zeitpunkt des Vertragsschlusses noch nicht vor, sollte der Praxisübernahmevertrag unter die **aufschiebende Bedingung** der Zustimmung oder des Abschlusses eines neuen Mietvertrages gestellt werden. Keinesfalls sollte sich der Erwerber mit der Erklärung des Praxisabgebers zufrieden geben, der Vermieter habe sein Einverständnis bereits erklärt oder er werde die Einverständniserklärung einholen und nachreichen.

Ist der Praxisabgeber selbst Eigentümer der Praxisimmobilie, sollten der Mietvertrag und der Praxisübernahmevertrag zeitgleich vorbereitet und unterzeichnet werden.

Stets sollte der Mietvertrag seinerseits unter den **Vorbehalt** der Durchführung des Praxisübernahmevertrages gestellt werden. Auf diese Weise wird der Gefahr vorgebeugt, dass ein rechtsgültiger Mietvertrag abgeschlossen wird, obwohl die Praxisübernahme – z. B. wegen Scheiterns der Nachfolgebesetzung – letztlich nicht zustande kommt.

12.5.8 Versicherungsverträge

Im Zusammenhang mit dem Praxisbetrieb bestehen regelmäßig mehrere Versicherungsverträge. Diese werden nach personenbezogenen und sachbezogenen Verträgen unterschieden.

Personenbezogen ist insbesondere die Berufshaftpflichtversicherung. Solche Verträge gehen, da sie an eine bestimmte Person gebunden sind, nicht auf den Erwerber über. Dieser versichert sich selbst bei einer Versicherungsgesellschaft seiner Wahl.

Auf **sachbezogene** Versicherungsverträge, wie beispielsweise die Feuerversicherung, die Geräteversicherung oder die Diebstahlversicherung, sind hingegen die §§ 95, 96 VVG (Versicherungsvertragsgesetz) anwendbar, wonach diese Verträge von Gesetzes wegen auf den neuen Inhaber der jeweils versicherten Sache übergehen. Sowohl die Versicherungsgesellschaft, als auch der Erwerber sind berechtigt, die Verträge innerhalb eines Monats ab Kenntniserlangung von dem Verkauf bzw. von dem Bestand der Versicherung sonderrechtlich zu kündigen. Es empfiehlt sich daher, die bestehenden Versicherungsverträge explizit in dem Praxisübernahmevertrag aufzuführen.

12.5.9 Sonstige Dauerschuldverhältnisse

Neben den bereits aufgeführten Verträgen besteht häufig eine Vielzahl weiterer Dauerschuldverhältnisse, wie beispielsweise Miet-, Leasing- oder Wartungsverträge hinsichtlich der vorhandenen Medizintechnik. Auch die Übernahme des Telefon-/Internetvertrages ist regelmäßig für den Erwerber wegen der den Patienten bekannten Telefonnummer von erheblichem Interesse. Welche Verträge vom Erwerber im konkreten Fall übernommen werden, ist Verhandlungssache. Häufig wird der Praxisabgeber jedoch ein Interesse an der Übernahme der Verträge durch den Erwerber haben, deren Kündigung ihm nicht möglich ist, damit er aus den daraus resultierenden Verpflichtungen entlassen wird. Der Eintritt des Erwerbers in diese Verträge bedarf allerdings stets der Zustimmung der anderen Vertragspartei.

Es empfiehlt sich, die Verträge, welche vom Erwerber fortgeführt werden sollen, konkret im Praxisübernahmevertrag aufzuführen und als Anlage zum Vertrag zu nehmen. Für den Fall, dass die andere Vertragspartei dem Eintritt des Erwerbers unter Entlassung des Praxisabgebers nicht zustimmt, der Vertrag aber gleichwohl fortgeführt werden soll, ist der Praxisabgeber im Außenverhältnis seinem Vertragspartner weiter verpflichtet. Im Innenverhältnis sollte eine Regelung dahingehend getroffen werden, dass der Erwerber die Verbindlichkeiten aus diesen Verträgen übernimmt und den Praxisabgeber von einer Inanspruchnahme freistellt, und der Praxisabgeber ihm im Gegenzug die Leistungen aus diesen Verträgen überlässt.

12.5.10 Übergabe, Gefahrübergang, Gewährleistung, Rechnungsabgrenzung

Mit der Übergabe einer Kaufsache an den Erwerber geht die Gefahr der Verschlechterung oder des Untergangs auf diesen über (sog. Gefahrübergang) – dies gilt auch beim Praxiskauf. In diesem Zusammenhang sind auch Regelungen zu Gewährleistungsansprüchen erforderlich, denn nach dem Gesetz müsste der Abgeber u. U. auch nach Gefahrübergang für dann auftretende Defekte einstehen. Sachgerechter wird es aber in der Regel sein, wenn der Abgeber nur bis zum Gefahrübergang für die Funktionsfähigkeit der vorhandenen Geräte einstehen muss. Hierzu muss – da dies vom gesetzlichen Regelfall abweicht – jedoch eine ausdrückliche Regelung getroffen werden (näher dazu unter 12.6.1). Wird wie beschrieben vorgegangen, bleibt der Erwerber auch dann zur vollen Kaufpreiszahlung verpflichtet, wenn einzelne Kaufgegenstände nach Gefahrübergang beschädigt werden; auch eine nachträgliche Minderung ist dann ausgeschlossen.

Um im Nachhinein Streitigkeiten über die Vollständigkeit und den Zustand des übernommenen Inventars und der Vorräte zu vermeiden, sollte die Übergabe durch beide Vertragsparteien in einem Übergabeprotokoll dokumentiert werden.

Die bis zum Übergabestichtag entstandenen Honoraransprüche stehen dem Abgeber zu. Spiegelbildlich dazu sind sämtliche Verbindlichkeiten, die aus der Zeit bis zum Übergabestichtag resultieren, ebenfalls dem Abgeber zuzuordnen und von diesem zu tragen. Für nicht abgeschlossene Behandlungsfälle, die vom Erwerber fortgeführt werden, sollte eine Rechnungsabgrenzung auf Basis des erreichten Behandlungsstandes vorgenommen werden. Eine deutliche Regelung sollte unbedingt aufgenommen werden, denn schließlich gibt es auch nach dem Übergabestichtag noch einige Einkünfte und Abgaben, die noch der Tätigkeit des Praxisabgebers zuzuordnen sind (z. B. Schlusszahlungen der KV).

12.5.11 Zustimmungspflicht des Ehegatten/Lebenspartners

Lebt der Praxisabgeber mit seinem Ehepartner oder gleichgeschlechtlichen Lebenspartner im gesetzlichen Güterstand der Zugewinngemeinschaft, so ist die Regelung des § 1365 BGB zu beachten. Danach kann ein Ehegatte/Lebenspartner sich nur mit Einwilligung des anderen Ehegatten/Lebenspartners verpflichten, über sein Vermögen im Ganzen zu verfügen. Das Vermögen im Ganzen ist betroffen, wenn der Wert der zu veräußernden Arztpraxis 85 % (bei größeren Vermögen 90 %) des Gesamtvermögens des Praxisabgebers ausmacht. Ein Vertrag, der ohne die erforderliche Einwilligung abgeschlossen wurde, ist bis zu dessen Genehmigung schwebend unwirksam. Wird die Genehmigung seitens des anderen Ehegatten/Lebenspartners verweigert oder ohne Einholung einer erforderlichen Zustimmung veräußert, ist der Vertrag durch den Ehegatten/Lebenspartner angreifbar.

Da es sich bei einer zu übertragenden Arztpraxis um einen erheblichen Vermögenswert handelt, sollte stets genau überprüft werden, ob die Regelung des § 1365 BGB eingreift. Im Zweifel sollte der Praxiskaufvertrag vom Ehegatten/Lebenspartner des bisherigen Praxisinhabers mit unterzeichnet werden bzw. seitens des Praxisabgebers versichert werden, dass es sich bei der Arztpraxis nicht um den wesentlichen Teil seines Vermögens handelt.

12.5.12 Konkurrenzschutz

Der Praxiserwerber zahlt den vereinbarten Kaufpreis zu einem großen Teil für die Übernahme des Goodwills der vom Praxisabgeber eingeführten Praxis. Die Chance, den vorhandenen Patientenstamm des Praxisabgebers zum Aufbau der eigenen Erwerbsmöglichkeiten zu nutzen, kann vom Praxiserwerber jedoch nur dann ungestört wahrgenommen werden, wenn der bisherige Praxisinhaber nicht unmittelbar nach der Übergabe wieder mit ihm in den Wettbewerb um die Gunst der Patienten tritt. Aus diesem Grunde ist es für den Erwerber unverzichtbar, dass der Praxisabgeber sich einer Konkurrenzschutzklausel in der Form eines sog. **Rückkehrverbotes** unterwirft. Dies gilt auch für den Fall, dass die Praxisabgabe aus Altersgründen erfolgt, zumal nicht ausgeschlossen werden kann, dass der Abgeber in der Folge der Praxisübergabe eine neue Privatpraxis eröffnet oder in der Umgebung übermäßig Praxisvertretungen wahrnimmt.

Die Rechtswirksamkeit einer Wettbewerbsklausel wird von der Rechtsprechung stets im Wege einer Interessenabwägung beurteilt. Das schutzwürdige Interesse des Berechtigten an der ungestörten Nutzung des erworbenen Goodwills ist dem durch Art. 12 Abs. 1 GG garantierten Grundrecht der Berufsfreiheit des Verpflichteten gegenüberzustellen. Das Interesse des Berechtigten an dem Schutz vor Wettbewerb überwiegt nur dann, wenn es in örtlichem, zeitlichem und räumlichem Umfang als angemessen zu beurteilen ist. Der vereinbarte Konkurrenzschutz darf sich mithin nicht als ein dauerhaftes Berufsverbot zu Lasten des Verpflichteten auswirken.

Die Grenzen des **zeitlich, räumlich und sachlich** Angemessenen können nicht abstrakt bestimmt werden, sondern sind stets anhand der Umstände des Einzelfalls zu beurteilen (siehe auch Kapitel VIII). Zu beachten ist, dass eine geltungserhaltende Reduktion der vereinbarten Grenzen, d. h. eine richterliche Anpassung der Konkurrenzschutzklausel auf das zulässige Maß nur im Hinblick auf die zeitliche Komponente vorgenommen wird. Wird dagegen die räumliche Komponente zu weit erstreckt, so führt dies gar zur **Nichtigkeit** der Wettbewerbsklausel.

Regelmäßig werden Konkurrenzschutzklauseln mit einer Sanktion in Form einer Vertragsstrafe verbunden. Die Angemessenheit der Vertragsstrafe unterliegt ebenfalls der richterlichen Überprüfung. Erweist sie sich als unverhältnismäßig hoch, so wird sie vom Gericht auf Antrag des Betroffenen herabgesetzt. Die Angemessenheit der Vertragsstrafe beurteilt sich wiederum im Einzelfall am Interesse des Begünstigten, der Art des Verstoßes sowie dem Verschuldensgrad auf Seiten des Verletzers. Angemessen dürfte es sein, die Höhe der Vertragsstrafe am Kaufpreis für den ideellen Wert der Praxis zu orientieren.

Alternativ zur Vertragsstrafe steht dem Begünstigten ein Anspruch auf Unterlassen gegen den Verletzer zu, der ggf. im Wege einer einstweiligen Verfügung durchgesetzt werden kann. Entscheidet sich der Begünstigte für die Geltendmachung der Vertragsstrafe, so ist der Anspruch auf Unterlassen ausgeschlossen. Da die Vertragsstrafe einen pauschalierten Schadensersatz darstellt, ist die Geltendmachung eines die Vertragsstrafe übersteigenden Schadens von einem entsprechenden, im Einzelfall schwer zu erbringenden Nachweis abhängig.

> **Wichtig:** Im Bereich der Konkurrenzschutzklauseln entsprechen die in den Verträgen enthaltenen Regelungen häufig nicht den strengen Anforderungen der Rechtsprechung, was in den meisten Fällen die Unwirksamkeit der Klausel zur Folge hat. Aufgrund der wirtschaftlichen Bedeutung der Konkurrenzschutzregelungen sollte hierauf jedoch ein besonderes Augenmerk gelegt werden.

12.5.13 Formerfordernisse

Der Praxiskaufvertrag ist als solcher nicht formbedürftig. Von rein mündlichen Vertragsabschlüssen ist jedoch im Hinblick auf die Vielzahl der zu regelnden Sachverhalte dringend abzuraten.

Soll neben der Praxis auch die Praxisimmobilie erworben werden, so wird allerdings doch eine Formbedürftigkeit begründet, da in diesem Fall § 311 b BGB einschlägig ist. Danach bedarf ein Vertrag, durch den sich der eine Teil verpflichtet, das Eigentum an einem Grundstück zu übertragen oder zu erwerben, der notariellen Beurkundung. Diese Beurkundungspflicht erstreckt sich jedoch nicht nur auf das Hauptgeschäft, sondern auf alle wesentlichen Nebenabreden. Da die Praxisimmobilie ohne die darin befindliche Praxis nicht erworben worden wäre, ist damit auch der Praxisübernahmevertrag beurkundungspflichtig. Da es sich insgesamt um ein einheitliches Geschäft handelt, sind alle Nebenabreden von der Beurkundungspflicht erfasst.

Werden Nebenabreden nicht beurkundet, obwohl sie in der Abhängigkeit zum Hauptgeschäft stehen, führt dieses zur Nichtigkeit des gesamten Geschäfts, auch wenn der Grundstückskaufvertrag notariell beurkundet wurde. Der Formmangel wird erst geheilt durch Auflassung und Eintragung im Grundbuch. Bis zu diesem Zeitpunkt kann sich jedoch jede Vertragspartei auf den Formmangel berufen und den Vertrag damit zum Scheitern bringen. In der Praxis empfiehlt es sich daher, sämtliche Nebenabreden, die getroffen wurden, in den Vertragstext aufzunehmen und im Falle von Beurkundungspflicht auch beurkunden zu lassen.

12.5.14 Absicherung von Risiken zwischen Vertragsunterzeichnung und Übergabe der Praxis

Im Rahmen der Verhandlungen sollten auch unwahrscheinlichere, aber mögliche mögliche Komplikationen in die Überlegungen mit einbezogen werden. Insbesondere sollten Regelungen darüber getroffen werden, was im Fall des **Todes oder der Berufsunfähigkeit** des Erwerbers oder des Abgebers vor dem Zeitpunkt der Praxisübertragung geschehen soll.

Für den Fall, dass der Praxisabgeber vor dem Übertragungszeitpunkt seinen Beruf nicht mehr ausüben kann, sollte günstigstenfalls vorgesehen werden, dass der Erwerber die Praxis dann bereits zu einem früheren Zeitpunkt übernimmt. Kann der eigentliche Übertragungszeitpunkt nicht vorgezogen werden, da beispielsweise der Erwerber noch nicht alle vertragsarztrechtlichen Voraussetzungen erfüllt, so wäre ein Eintritt des Erwerbers als Vertreter in die Praxis denkbar. Die Übernahme der Vertretung des Praxisabgebers würde gleichzeitig die Chancen des Erwerbers im Rahmen des Nachbesetzungsverfahrens erhöhen.

Kommt eine Vertretung durch den Erwerber ebenfalls nicht in Betracht, da dieser beispielsweise noch in einem Arbeitsverhältnis steht, so sollte die Vertretung und Aufrechterhaltung der Praxis zumindest im Einvernehmen zwischen den Vertragsparteien erfolgen. Sollte trotz alledem ein Stillstand der Praxis bis zum Übergabestichtag eintreten, so kann dieses einen Anspruch des Erwerbers auf Minderung des Kaufpreises auslösen. Um langwierige Rechtsstreitigkeiten zu vermeiden, empfiehlt sich ein klarstellende Regelung.

Erhebliche Probleme treten auf, wenn der Erwerber berufsunfähig wird oder verstirbt. Er bzw. seine Erben haben dann regelmäßig kein Interesse mehr an der Übernahme der Praxis. Andererseits erscheint es ebenfalls nicht sachgerecht, dieses Risiko ausschließlich dem Praxisabgeber aufzubürden, zumal die Gefahr besteht, dass er beim Abschluss eines weiteren Kaufvertrages nicht den jetzt vereinbarten Kaufpreis erhält. Auf Seiten des Erwerbers besteht zumindest für den Todesfall die Möglichkeit, das Todesfallrisiko durch eine Risikolebensversicherung abzusichern. Die Berufsunfähigkeit lässt sich in der Regel jedoch nicht gleichermaßen gut absichern.

Eine sachgerechte Lösung kann darin liegen, dass den Erben bzw. dem berufsunfähigen Erwerber zwar ein Rücktrittsrecht vom Vertrag eingeräumt wird, er jedoch für die möglichen Schäden, die dem Praxisabgeber hieraus erwachsen, haftet.

12.5.15 Vorbehalte und Bedingungen

Sind für den Planungsbereich der Praxis Zulassungsbeschränkungen angeordnet, sollte keinesfalls darauf verzichtet werden, den Vertrag unter der **Bedingung der bestandskräftigen Zulassung** des Erwerbers oder, soweit der Erwerber selbst schon niedergelassen ist, eines von diesem benannten Dritten zur vertragsärztlichen Versorgung abzuschließen. Der Erwerber läuft andernfalls Gefahr, an den Praxiskaufvertrag gebunden zu sein, ohne dass er die für ihn wichtige Zulassung erhält. Dies gilt umso mehr, als die Zulassungsausschüsse mittlerweile die Möglichkeit haben, gem. § 103 Abs. 3 a SGB V die Durchführung eines Nachbesetzungsverfahrens abzulehnen und damit den Vertragsarztsitz somit einzuziehen. Sofern mit mehreren Bewerbern ein Kaufvertrag abgeschlossen wird, sollten diese dazu verpflichtet werden, auf ihr Widerspruchs- und Klagerecht im Fall der Zulassung eines anderen Bewerbers zu verzichten. Auf diese Weise kann frühzeitig für Rechtssicherheit gesorgt werden.

▶ **Wichtig:** Bei der Formulierung der Bedingungen für die Durchführung des Kaufvertrages sind häufig ungenaue Formulierungen zu finden, was erhebliche Folgen haben kann. Wird die bestandskräftige Zulassung z. B. lediglich als „aufschiebende Bedingung" benannt, kann dies dazu führen, dass bei einem Widerspruch eines Dritten gegen die Zulassung des Erwerbers die Bestandskraft sehr lange – oder niemals – eintritt. Bis zu diesem Zeitpunkt bleiben Abgeber und Erwerber im Ungewissen; auch der Kaufpreis wird in der Regel bis zur Bestandskraft nicht gezahlt (siehe 12.5.4). Es müssen daher Mechanismen vorgesehen werden, wie sich die Vertragsparteien aus einer solchen Situation auch wieder lösen können (z. B. durch Vereinbarung von Rücktrittsrechten oder der Formulierung als „auflösende Bedingung").

In das Bedingungswerk aufzunehmen ist stets auch das Zustandekommen des Praxismietvertrages (siehe 12.5.7). Diesbezüglich ist aber nicht nur an die Interessen des Erwerbers, sondern auch an die Interessen des Abgebers zu denken. Vertraglich muss gewährleistet sein, dass die Durchführung unter normalen Umständen nicht mehr scheitern darf, sobald der Erwerber durch den Zulassungsausschuss als Nachfolger bestimmt ist, da diese Zulassungsentscheidung nicht mehr ohne Weiteres rückgängig gemacht werden kann.

12.5.16 Absicherung durch eine „Salvatorische Klausel"?

Die sogenannte „Salvatorische Klausel" gehört sozusagen zur Grundausstattung eines jeden Praxiskaufvertrags. Sie bestimmt, dass die Unwirksamkeit einzelner Vertragsbestimmungen die Wirksamkeit der übrigen Bestimmungen nicht berührt. Darüber hinaus verpflichten sich die Vertragspartner, eine unwirksame Bestimmung durch eine solche zu ersetzen, die unter Beachtung des Grundsatzes der Vertragstreue von den Vertragspartnern vereinbart worden wäre, wenn sie von der Unwirksamkeit der betreffenden Regelung zum Zeitpunkt des Vertragsschlusses Kenntnis gehabt hätten.

Eine solche Regelung schützt die Vertragspartner jedoch nicht in jedem Fall vor einer Unwirksamkeit des Gesamtvertrages. Ist ein Teil eines Rechtsgeschäfts nichtig, so bestimmt § 139 BGB, dass von einer Gesamtnichtigkeit eines Rechtsgeschäfts dann auszugehen ist, wenn nicht anzunehmen ist, dass der Vertrag auch ohne seinen nichtigen Teil abgeschlossen worden wäre. Stellt die vertragliche Regelung zur Übertragung der Patientenkartei nach dem Willen der Parteien einen wesentlichen Bestandteil des Vertrages dar und erweist sich die getroffene Regelung als unwirksam, so kann dies trotz Salvatorischer Klausel die Gesamtnichtigkeit des Vertrages zur Folge haben (vgl. z. B. BGH, Urteil vom 11.10.1995 – VIII ZR 25/94). Eine vorsorglich in den Vertrag aufgenommene Formulierung, wonach die Übergabe der Patientenkartei nicht wesentlicher Vertragsbestandteil sei, dürfte hier kaum weiterhelfen (so aber Rieger in Rechtsfragen beim Verkauf und Erwerb einer ärztlichen Praxis, 1999), zumal bei der Auslegung des Vertrages der wirkliche oder mutmaßliche Wille der Vertragsparteien maßgebend ist. Danach dürfte es zumindest dem Erwerber wesentlich darauf ankommen, im Rahmen des Praxiskaufs auch Zugriff auf die Patientendaten des Abgebers zu erlangen. Ohne eine Regelung bezüglich der Übertragung der Patientenkartei hätte der Erwerber den Vertrag regelmäßig nicht abgeschlossen, so dass bei Nichtigkeit der Regelung über die Patientendaten von einer Gesamtnichtigkeit des Vertrages auszugehen ist. Umso deutlicher zeigt sich, dass auch scheinbar nebensächliche Vertragsinhalte stets der Gesetzeslage und dem aktuellen Stand der Rechtsprechung entsprechen sollten.

12.6 Leistungsstörungen beim Praxiskauf

12.6.1 Mängel der Arztpraxis

Grundsätzlich haftet der Verkäufer einer Sache dem Käufer für die Mangelfreiheit des Kaufgegenstandes. Gemäß § 433 Abs. 1 S. 2 BGB ist der Verkäufer verpflichtet, dem Käufer die Sache frei von Sach- und Rechtsmängeln zu verschaffen. Die

kaufrechtlichen Vorschriften über die Gewährleistung bei Sach- und Rechtsmängeln sind gemäß § 453 BGB auf den Praxiskauf als Unternehmenskauf entsprechend anzuwenden. Für den Unternehmenskauf kann man drei übergreifende Fehlerkategorien bilden:
- Der Abgeber hat fehlerhafte Angaben gemacht.
- Zum Unternehmensvermögen gehörende Sachen bzw. Rechte sind mangelhaft.
- Die Praxis als Unternehmen ist insgesamt „mangelhaft".

Dabei kann nicht immer eine klare Abgrenzung zwischen den einzelnen Fehlerkategorien vorgenommen werden; häufig treten Fehler aus den einzelnen Kategorien nebeneinander auf.

Übertragen auf die ärztliche Praxis liegt ein Fehler der ersten Kategorie z. B. dann vor, wenn der Abgeber bei den Vertragsverhandlungen falsche Umsatzzahlen angibt. Sind dagegen medizinische Apparaturen defekt und damit nicht für den Betrieb der Arztpraxis geeignet, ist ein Gegenstand des Unternehmensvermögens fehlerhaft. Ein Mangel der Arztpraxis als Unternehmen im Ganzen könnte schließlich in ihrem schlechten Ruf bzw. dem dadurch bedingten nicht mehr vorhandenen Patientenstamm liegen.

Ein **Sachmangel** liegt gemäß § 434 BGB vor, wenn die Kaufsache bei Gefahrübergang, regelmäßig also im Zeitpunkt der Übergabe, nicht die vereinbarte Beschaffenheit aufweist. Ist eine Vereinbarung über die Beschaffenheit der Sache nicht getroffen worden, so ist die Kaufsache mangelfrei, sofern sie sich für die nach dem Vertrag vorausgesetzte Verwendung eignet. Ansonsten ist sie mangelfrei, wenn sie sich für die gewöhnliche Verwendung eignet und eine Beschaffenheit aufweist, die bei Sachen der gleichen Art üblich ist und die der Erwerber nach der Art der Sache erwarten kann. Der Begriff der Beschaffenheit in § 434 BGB umfasst dabei auch tatsächliche, wirtschaftliche und rechtliche Beziehungen der Kaufsache zur Umwelt. Das heißt, dass sowohl die Umsätze und Erträge einzelner Geschäftsjahre, als auch die Ertragsfähigkeit eines Unternehmens zur geschuldeten Beschaffenheit gehören können. Voraussetzung ist allerdings, dass im Kaufvertrag eine entsprechende Beschaffenheitsvereinbarung getroffen wurde. Ist im Kaufvertrag festgehalten, dass die verkaufte Arztpraxis in den zurückliegenden Geschäftsjahren bestimmte Umsätze oder Erträge erzielt hat, ist dies eine Beschaffenheitsvereinbarung. Treffen diese Angaben nicht zu, ist das verkaufte Unternehmen nicht vertragsgemäß und der Abgeber haftet gemäß den §§ 434ff. BGB. Demgegenüber werden Angaben des Abgebers über zukünftige Erträge nicht von den Vorschriften des Gewährleistungsrechts erfasst. In solch einem Falle haftet der Abgeber nur, wenn er eine selbständige Garantie gemäß § 311 BGB übernommen hat, was regelmäßig nicht der Fall ist.

Demgegenüber liegt ein **Rechtsmangel** der Kaufsache vor, wenn Dritte in Bezug auf die Sache Rechte gegen den Erwerber geltend machen können, die nicht im Kaufvertrag vereinbart waren (§ 435 BGB). Ein Rechtsmangel liegt damit beispielsweise vor, wenn der Abgeber zur Sicherung von Darlehen Praxisgeräte an eine Bank übereignet hat, hierüber in den Verkaufsverhandlungen aber nicht aufgeklärt hat. Auch baurechtliche Nutzungsbeschränkungen, z. B. das Fehlen der erforderlichen Nutzungsänderungsgenehmigung beim Betrieb einer Arztpraxis in einem

Wohnhaus, oder ein ausgelaufener Mietvertrag über die Praxisräumlichkeiten können einen Rechtsmangel in Bezug auf das Unternehmen Arztpraxis darstellen. Sofern einzelne Gegenstände und Rechte des Unternehmensvermögens mangelhaft sind, stellt sich die Frage, unter welchen Voraussetzungen auch das verkaufte Unternehmen als „mangelhaft" anzusehen ist. Nach der heutigen Gesetzeslage können die Parteien ohne weiteres vereinbaren, dass sämtliche Gegenstände des Unternehmensvermögens frei von Sachmängeln sind. Solch eine Erklärung wird der Abgeber einer Arztpraxis jedoch in der Regel nicht abgeben, da es sich bei den übertragenen Gerätschaften meist um gebrauchte Geräte handelt. Regelmäßig erfolgt insoweit ein **Gewährleistungsausschluss**. Ist eine solche Beschaffenheitsvereinbarung nicht getroffen worden, kann schließlich ein Sachmangel gemäß § 434 Abs. 1 Satz 2 Nr. 1 BGB vorliegen. Dazu müsste das Unternehmen infolge des mangelhaften Einzelgegenstandes nicht für die nach dem Vertrag vorausgesetzte „Verwendung" geeignet sein.

Die vertraglich vorausgesetzte Verwendung des Kaufgegenstandes Arztpraxis dürfte i. d. R. darin bestehen, dass der Erwerber in der erworbenen Praxis seiner ärztlichen Tätigkeit uneingeschränkt nachgehen kann. Dieses dürfte zumindest auch die gewöhnliche Verwendung darstellen, die der Erwerber erwarten durfte. Insofern liegt ein Mangel sicherlich dann vor, wenn beispielsweise eine Behandlungseinheit defekt ist.

Es **empfiehlt** sich, darüber hinaus Beschaffenheitsvereinbarungen in den Vertrag aufzunehmen, durch welche die für die Parteien wertbildenden Faktoren des Kaufgegenstandes Arztpraxis eine Konkretisierung erfahren. Im Rahmen solcher Regelungen sollte klargestellt werden, in welchem Zustand sich beispielsweise die vorhandene Medizintechnik befindet und welche Folgerungen die Parteien des Kaufvertrages hieraus ziehen. Sind dem Abgeber Funktionsstörungen bekannt, so sollten sie im Hinblick auf § 444 BGB, wonach sich der Abgeber auf einen Haftungsausschluss für Mängel nicht berufen kann, wenn er diese arglistig verschwiegen oder eine Garantie übernommen hat, ebenfalls in den Vertrag aufgenommen werden. Je konkreter der Kaufgegenstand und seine Bestandteile von den Parteien beschrieben wird, desto eher lassen sich im Nachhinein Streitigkeiten über den zugrunde gelegten „Soll-Zustand" vermeiden.

12.6.2 Aufklärungspflicht des Abgebers

Neben den Gewährleistungsrechten kann der Erwerber unter anderem dann Schadensersatzansprüche geltend machen, wenn der Abgeber bestehende Aufklärungspflichten verletzt. **Aufklärungspflichten** des Abgebers zugunsten des Erwerbers bestehen insbesondere in Bezug auf solche Umstände, die für den Erwerber erkennbar von ausschlaggebender Bedeutung für den Kaufabschluss sind. Eine Aufklärungspflicht des Abgebers eines Unternehmens wird von der Rechtsprechung beispielsweise dann angenommen, wenn die Umsätze des Unternehmens kurz vor Vertragsschluss erheblich gesunken sind oder sich die Grundlagen der Kaufpreisberechnung, von denen beide Parteien ausgegangen sind, geändert haben.

Dasselbe dürfte gelten, wenn beispielsweise die Nutzbarkeit der Praxisräumlichkeiten nicht gewährleistet ist. In solch einem Falle würde der Abgeber gegen eine aus dem Schuldverhältnis bestehende Pflicht verstoßen und sich schadensersatzpflichtig machen. Eine Haftung des Abgebers wegen arglistigen Verhaltens kommt darüber hinaus dann in Betracht, wenn er ungeprüft Tatsachenbehauptungen „ins Blaue hinein" aufstellt.

12.6.3 Rechtsfolgen

Liegen Mängel im o. g. Sinne vor, kann der Erwerber die in § 437 BGB bezeichneten Rechte geltend machen. Nach Wahl des Erwerbers hat er den Mangel zu beseitigen oder eine mangelfreie Sache zu liefern (§ 439 BGB). Die Beseitigung oder die Nachlieferung kann der Abgeber verweigern, wenn die Nacherfüllung mit unverhältnismäßigen Kosten verbunden ist. Der Abgeber eines Unternehmens ist daher grundsätzlich dazu verpflichtet, defekte oder untaugliche Geräte nachzuliefern, sofern diesbezüglich kein wirksamer Gewährleistungsausschluss vereinbart wurde. Er haftet demnach auch für einzelne Bestandteile des Unternehmens, auch wenn der Mangel einer Sache auf den Gesamtwert keinen Einfluss hat.

Scheitert die Nacherfüllung oder wird diese vom Abgeber abgelehnt, kommt für den Erwerber entweder der **Rücktritt** vom Vertrag oder die **Minderung des Kaufpreises** in Betracht.

Der **Rücktritt** vom Vertrag ist gemäß § 323 Abs. 5 BGB ausgeschlossen, wenn die Pflichtverletzung unerheblich ist. Ist ein Mangel jedoch erheblich, so kann der Erwerber nach Ablauf einer angemessenen Frist zur Nacherfüllung vom Vertrag zurücktreten, mit der Folge, dass das Unternehmen zurück zu übertragen und der Kaufpreis zu erstatten ist. Eine Fristsetzung ist entbehrlich, wenn die Nacherfüllung unmöglich, fehlgeschlagen oder dem Abgeber nicht zuzumuten ist. Die Rückabwicklung eines Praxiskaufvertrages kann jedoch zu äußerst unbilligen Ergebnissen führen, insbesondere in dem Fall, dass der Abgeber die Praxis beispielsweise mangels Zulassung nicht selbst weiter fortführen kann. Zudem gestaltet sich die Rückabwicklung eines Kaufvertrages häufig sehr schwierig. So wird das Unternehmen regelmäßig durch Entscheidungen des Erwerbers verändert. Es könnten Investitionen vorgenommen, Praxispersonal gewechselt oder das Dienstleistungsangebot verändert werden. Darüber hinaus schadet der mehrmalige Wechsel dem Ruf einer Arztpraxis. In der Vertragspraxis wird das Rücktrittsrecht des Erwerbers daher häufig für die Zeit nach Vollzug des Kaufvertrages ausgeschlossen oder erheblich eingeschränkt.

Alternativ kann der Kaufpreis gemindert werden. Die Voraussetzungen der Minderung entsprechen denen des Rücktritts mit dem Unterschied, dass eine Minderung auch bei unerheblichen Mängeln möglich ist. Bei der Minderung wird der Kaufpreis in dem Verhältnis herabgesetzt, in welchem zur Zeit des Vertragsschlusses der Wert des Unternehmens im mangelfreien Zustand zu dem wirklichen Wert gestanden haben würde (§ 441 Abs. 3 BGB).

Neben dem Rücktritt und der Minderung kann der Erwerber zusätzlich **Schadensersatz** statt der Leistung verlangen, wenn der Abgeber die Pflichtverletzung,

d. h. die Mangelhaftigkeit des Kaufgegenstandes, zu vertreten hat, ihm also zumindest fahrlässiges Handeln vorgeworfen werden kann (§§ 280, 281 BGB). Weiterhin gibt es den Schadensersatz wegen Verzögerung der Leistung, wenn z. B. eine verspätete Übergabe der Praxis erfolgt und dem Erwerber dadurch Umsatzeinbußen entstehen. Ein Schadensersatz neben der Leistung kommt in Betracht, wenn der Abgeber z. B. wesentliche Informationen bezüglich der Praxis vorenthält und dem Erwerber aufgrund der Unkenntnis ein Schaden entsteht.

Schließlich kommt alternativ zum Schadensersatzanspruch nach § 281 BGB der Ersatz nutzloser (frustrierter) Aufwendungen des Erwerbers, beispielsweise Vertragskosten, gemäß § 284 BGB in Betracht. In jedem Fall ist der Erwerber so zu stellen, wie er bei ordnungs- und vertragsgemäßer Leistung des Abgebers gestanden hätte.

12.6.4 Verjährung

Die Gewährleistungsansprüche des Erwerbers wegen eines Sach- oder Rechtsmangels des Unternehmens verjähren nach § 438 Abs. 1 Nr. 3 BGB grundsätzlich in zwei Jahren, soweit sie sich auf die Nacherfüllung (§ 437 Nr. 1, § 439 BGB) oder auf Schadens- bzw. Aufwendungsersatz (§ 437 Nr. 3, § 440, § 280ff. BGB) beziehen. Die Verjährung beginnt beim Sachkauf nach § 438 Abs. 2 BGB mit der Übergabe bzw. Ablieferung der Kaufsache. Das Rücktritts- und Minderungsrecht des Erwerbers (§ 437 Nr. 2, § 440, § 323 BGB) unterliegt hingegen selbst keiner Verjährung, die Ausübung beider Rechte ist jedoch nach § 438 Abs. 4 und 5, § 218 Abs. 1 BGB unwirksam, wenn die der Ausübung zugrunde liegenden Gewährleistungsansprüche verjährt sind.

12.7 Checkliste

> **Checkliste: Praxisverkauf – Was ist zu beachten?**
> Unabhängig von der wirtschaftlichen Relevanz eines Praxis(ver)kaufs muss eine rechtliche Begleitung und Absicherung dieses Schrittes erfolgen. Es nutzt dem Abgebenden nichts, einen guten Preis zu erzielen und sich sogleich erfreut zurückzulehnen, wenn später Probleme auftauchen, die wegen fehlender vertraglicher Regelungen zu gravierenden Folgen führen. Auch für den Praxiserwerber, der mit dem Erwerb der Praxis meist die Grundlage seines künftigen Einkommens schaffen möchte, ist eine rechtssichere Vertragsgestaltung von ganz erheblicher Bedeutung.
> Dieses Kapitel abschließend soll daher der übliche Verlauf einer Praxisveräußerung im gesperrten Gebiet und eine Reihe von wichtigen Punkten

dargestellt werden, die bei der Übertragung einer Praxis unbedingt beachtet werden sollten:

1. **Frühzeitige Planung**
Das Nachbesetzungsverfahren nimmt eine geraume Zeit in Anspruch. Der zeitliche Ablauf hat auch Bedeutung für den zu erzielenden Kaufpreis. Daher: Ermittlung des Verkehrswertes der Praxis im Vorfeld der Zulassungsentscheidung. Ziel ist die realistische Einschätzung und Zusammenstellung von Argumenten für die Verhandlungen mit dem künftigen Vertragspartner, aber auch für die etwaige Wertfestsetzung durch die Zulassungsgremien im Rahmen des gesetzlich normierten Nachbesetzungsverfahrens. Durch die Vorlage eines Bewertungsgutachtens lässt sich gegebenenfalls Streit über die Höhe des Verkehrswertes vermeiden.

2. **Der „zweite" Weg**
Annoncierung in den einschlägigen ärztlichen Zeitschriften, um schon im Vorfeld Kontakt mit Bewerbern herzustellen und Verhandlungen aufzunehmen. Bis zur Bewältigung aller Formalitäten (Entscheidung des Zulassungsausschusses, Mietvertrag, Finanzierung des Kaufpreises durch den Erwerber, Praxiskaufvertrag, etc.) können leicht zwölf Monate vergehen. Potentielle Erwerber sind nicht nur junge, niederlassungswillige Ärzte, sondern auch und insbesondere bereits bestehende größere Einheiten (MVZ, BAG, etc.), welche Zulassungen für anzustellende Ärzte suchen.

3. **Der „offizielle" Weg**
Ausschreiben der Praxis in den offiziellen Mitteilungsblättern der KV. Damit ist das formale Verfahren in Gang gesetzt. Im Zweifel (z. B. bei nur geringer Überschreitung der Sperrungsgrenze) Überprüfung der Anordnung der Zulassungsbeschränkung für den Planungsbereich. In diesem Fall ist ein „freier" Verkauf möglich.
Vorsicht: Die Formulierung in Bezug auf den „Verzicht" der Zulassung im Rahmen der Antragstellung bei der KV ist von entscheidender Bedeutung! Ein Verzicht ist endgültig und bindend. Es ist daher lediglich die beabsichtigte Beendigung der vertragsärztlichen Tätigkeit mitzuteilen, oder der Verzicht unter die Bedingung der Zulassung des Wunschnachfolgers zu stellen.
Vorsicht: Vor der Ausschreibung prüft die der Zulassungsausschuss gem. § 103 Abs. 3 a SGB V, ob eine Nachbesetzung des Vertragsarztsitzes aus Versorgungsgründen überhaupt erforderlich ist. Lehnt er die Nachbesetzung ab, bleibt nur, dagegen den Rechtsweg zu beschreiten. Eine Ausschreibung entfällt im Modell „Verzicht gegen Anstellung" (s. 12.4.2).

4. **Die Auswahl**
Übersendung der Liste der eingegangenen Bewerbungen durch die zuständige Stelle der KV Kontaktaufnahme und Kennenlernen der einzelnen Bewerber durch den Abgebenden. Jeder könnte der „Auserwählte" sein.

5. **Die Einigung**
Einigung mit dem Erwerber möglichst vor der Entscheidung der Zulassungsgremien. Die Kaufverträge werden unter der Bedingung der bestandskräftigen Zulassung des Erwerbers abgeschlossen, wobei auf die genaue Formulierung des Bedingungswerks besonderes Augenmerk zu legen ist. Dies ist deshalb erforderlich, weil nicht der Abgebende „das letzte Wort" in Bezug auf seine Nachfolge hat. Die Auswahl obliegt dem Zulassungsausschuss auf Grundlage der gesetzlichen Kriterien. Die Interessen des Abgebenden werden grundsätzlich nicht berücksichtigt. Ausnahme: Zumindest der Verkehrswert der Praxis muss gezahlt werden. Faktisch wird allerdings in vielen KV-Bereichen demjenigen Bewerber in der Regel der Zuschlag erteilt, mit dem der Abgebende eine Einigung erzielt hat.
6. **Die Sitzung des Zulassungsausschusses** Unbedingte Teilnahme an der entscheidenden Sitzung des Zulassungsausschusses, sofern die Möglichkeit besteht, dass ein anderer Bewerber als der Wunschnachfolger zugelassen wird, damit ggf. noch im Sitzungstermin der Nachbesetzungsantrag zurückgezogen werden kann.
7. **Der Zulassungsbescheid**
Die Prüfung der Entscheidungen der Zulassungsgremien, um gegebenenfalls doch noch den Wunschkandidaten durchzusetzen, ist angebracht. Der Nachbesetzungsbeschluss unterliegt bestimmten juristischen Voraussetzungen, damit er rechtmäßig ist.
8. **Rechtsmittel?**
Gegen die Auswahlentscheidung der Zulassungsgremien können die nicht berücksichtigten Bewerber, der bisherige Praxisinhaber, seine Erben oder Mitgesellschafter, deren berechtigte Interessen nicht ausreichend berücksichtigt worden sind, aber auch die Krankenkassen und die KV Widerspruch einlegen. Dieser Widerspruch hat aufschiebende Wirkung, sodass der ausgewählte Bewerber zunächst seine vertragsärztliche Tätigkeit nicht aufnehmen kann. Gegen die Entscheidung des Berufungsausschusses wiederum können die betroffenen Beteiligten klagen. Diese Klage wird beim Sozialgericht erhoben und hat ebenfalls aufschiebende Wirkung.

▶ **Hinweis:** Im Falle des Falles sollte per einstweiliger Anordnung eine vorläufige Entscheidung des Sozialgerichtes über die Besetzung des Vertragsarztsitzes angestrebt werden. Der Streit über die Besetzung eines ausgeschriebenen Vertragsarztsitzes führt nämlich sonst bei längerer Dauer regelmäßig zu erheblichen Verlusten.

Auch der Berufungsausschuss kann aber die sofortige Vollziehung seiner Zulassungsentscheidung anordnen. Dies sollte vorsorglich beantragt werden.

9. Die Verträge
Praxiskauf-, Berufsausübungsgemeinschafts- und Praxisgemeinschaftsverträge bedürfen einer besonderen und sorgfältigen Überprüfung im Vorfeld der Übertragung. Hier bestehen auch Beziehungen zu vorhandenen Miet- und Arbeitsverträgen. Aufgrund des unmittelbaren Zusammenhangs sollten diese Verträge niemals vollständig unabhängig voneinander verhandelt und abgeschlossen werden.

Der Arzt und das Familienrecht 13

13.1 Einleitung

Das Familienrecht ist ein sehr komplexes Rechtsgebiet und insbesondere für Freiberufler mit einer Vielzahl von Problemen und Undurchsichtigkeiten behaftet. Es ist häufig der Fall, dass fehlendes Problembewusstsein oder schlichte Gedankenlosigkeit zu nicht umkehrbaren nachteiligen Konsequenzen für das Vermögen der Ehegatten führen können.

So hat auch der selbstständige Arzt im Gefüge der vielschichtigen Unwägbarkeiten, die sich aus den familienrechtlichen Vorschriften und der Rechtsprechung ergeben, eine besondere Verantwortungsposition gegenüber sich selbst, seiner Familie und letztendlich auch gegenüber seiner Praxis.

Die folgenden Ausführungen dienen dazu, ein Problembewusstsein zu wecken, indem unter Einbeziehung einzelner Aspekte aus dem Bereich des Familienrechts grundsätzliche Stolperfallen, die sich für Freiberufler ergeben können, aufgezeigt, Lösungswege dargestellt und Grundlagenkenntnisse vermittelt werden.

13.2 Die Arztpraxis im Zugewinn – Grundlagen

13.2.1 Der Güterstand der Zugewinngemeinschaft

Der gesetzlichen Regelung nach leben Ehegatten ab dem Zeitpunkt der Eheschließung in dem Güterstand der Zugewinngemeinschaft.

Der Grundgedanke der Zugewinngemeinschaft basiert auf der Annahme, dass völlig losgelöst von der Rollenverteilung in der Ehe, **eine jeweils hälftige Teilhabe** eines Ehegatten an dem von beiden erworbenen Vermögen besteht. Der Begriff der „Gemeinschaft" wird jedoch in vermögensrechtlicher Sicht oftmals missverstanden. Das Vermögen der Eheleute bleibt nämlich getrennt (§ 1363 Abs. 2 S. 1 BGB), unabhängig davon, ob es vor oder nach der Eheschließung erworben wurde. Damit bleibt beispielsweise jeder Ehegatte Eigentümer der ihm gehörenden Gegenstände.

Ebenso haftet im Güterstand der Zugewinngemeinschaft nicht der eine Ehegatte für Verbindlichkeiten des anderen Ehegatten. Jeder haftet nur für seine eigenen Verbindlichkeiten. Gläubiger können also nicht automatisch auf den Ehepartner zurückgreifen. Den Schuldgrund der Zugewinngemeinschaft gibt es nicht. Eine **Mithaftung** für Verbindlichkeiten des anderen Ehegatten besteht nur, wenn es sich um gemeinsame Schulden handelt (Abschluss von Kreditverträgen etc.). Dieser Aspekt ist insbesondere bei der Disposition über Vermögenswerte in der Ehe besonders zu beachten. Insofern findet auch im Güterstand der Zugewinngemeinschaft eine Gütertrennung statt, allein mit dem Unterschied einer vermögensrechtlichen Ausgleichsverpflichtung, dem Zugewinnausgleich, im Falle der Beendigung der Zugewinngemeinschaft durch Scheidung oder Tod eines Ehegatten.

13.2.2 Der Zugewinnausgleich

Anlass für die Durchführung eines Zugewinnausgleichs ist in der Regel die Scheidung der Ehegatten. Allerdings kann auch bei Eingreifen der güterrechtlichen Lösung im Todesfall eines Ehegatten, wegen eines Güterstandwechsels durch Ehevertrag sowie Klage auf vorzeitigen Zugewinn (§§ 1385ff. BGB) und bei Aufhebung der Ehe (§§ 1313ff. BGB) ein Zugewinnausgleich stattfinden. Das Prinzip der Zugewinnausgleichsberechnung ist immer gleich.

Der Zugewinn selbst stellt die Differenz zwischen dem sogenannten **Anfangsvermögen** und dem **Endvermögen** eines Ehegatten dar. Im Zugewinnausgleichsverfahren wird ermittelt ob und in welcher Höhe die Ehegatten einen Zugewinn erzielt haben. Dazu wird das Vermögen zum Tag der Eheschließung (Anfangsvermögen) dem Endvermögen zum jeweiligen Stichtag (z. B. im Fall der Scheidung zum Zeitpunkt der Zustellung des Scheidungsantrags) gegenübergestellt. Es können sich jedoch, je nach Grund für die Auflösung des Güterstands und des damit in der Regel verbundenen Zugewinnausgleichs, unterschiedliche Stichtage für die Bewertung des Endvermögens ergeben.

Gemäß § 1377 Abs. 1 BGB können die Ehegatten den **Bestand des Anfangsvermögens in einem Verzeichnis** sicherstellen. Im Verhältnis unter den Ehegatten gilt dann die gesetzliche Vermutung der Richtigkeit des Verzeichnisses. Auf diese Weise kann das Anfangsvermögen dokumentiert werden. Wenn die Ehegatten kein Verzeichnis anfertigen, gilt die Vermutung, dass das Endvermögen eines Ehegatten auch seinen Zugewinn darstellt. Diese Vermutung muss zunächst von dem Ehegatten entkräftet werden, der sich z. B. auf einen niedrigeren Zugewinn beruft und behauptet, er habe ein höheres Anfangsvermögen gehabt als 0,- Euro, so dass die Differenz zwischen seinem Anfangsvermögen und dem Endvermögen (Zugewinn) geringer ist.

Zu beachten ist auch, dass sowohl das Anfangsvermögen, als auch das Endvermögen **negativ** sein können. Bestehen also zum Zeitpunkt der Eheschließung Verbindlichkeiten (z. B. das Darlehen für den Praxiskauf), führt der Schuldenabbau während der Ehe ggf. zu einem Zugewinn, auch wenn das Endvermögen mit 0 € oder ebenfalls negativ anzusetzen ist. Zu beachten ist lediglich, dass es keinen

13.2 Die Arztpraxis im Zugewinn – Grundlagen

negativen Zugewinn gibt und die Höhe der Zugewinnausgleichsforderung durch den Wert des Vermögens begrenzt wird, das nach Abzug der Verbindlichkeiten bei Beendigung des Güterstandes vorhanden war (§ 1378 Abs. 2 BGB). Der ausgleichspflichtige Ehegatte soll sich nicht verschulden müssen, um die Ausgleichsforderung zahlen zu können.

Folgende Beispiele sollen die Grundprinzipien des Zugewinnausgleichs verdeutlichen.
- Grundsätzlich ist der Ehegatte mit dem höheren Zugewinn gegenüber dem Ehegatten mit dem geringeren Zugewinn **zum Ausgleich der Hälfte des Differenzbetrages** verpflichtet. Hat beispielsweise der Ehemann ein Anfangsvermögen von 20.000 € und am Ende der Ehe ein Endvermögen von 220.000 € hat er einen Zugewinn von 200.000 € erzielt. Beläuft sich der Zugewinn der Ehefrau nur auf 50.000 €, ist der Ehemann verpflichtet die Hälfte der Differenz, also einen Betrag in Höhe von 75.000 € an die Ehefrau auszuzahlen.
- Hat der Ehemann ein negatives Anfangsvermögen von – 100.000 € und ein Endvermögen von +30.000 €, ist ein Zugewinn in Höhe von 130.000 € entstanden. Wenn die Ehefrau ein Anfangs – und ein Endvermögen von 0 € und damit keinen Zugewinn hat, könnte man rein rechnerisch von einer Ausgleichszahlung in Höhe der Hälfte der Differenz des Zugewinns des Ehemannes, also von 65.000 €, ausgehen. Hier greift jedoch die in § 1378 Abs. 2 BGB gesetzlich verankerte Kappungsgrenze ein. Wie bereits dargestellt soll sich der ausgleichspflichtige Ehegatte nicht verschulden müssen, um die Ausgleichsforderung zahlen zu können. Auch wenn die Zugewinnausgleichsforderung rein rechnerisch 65.000 € beträgt, muss der ausgleichspflichtige Ehegatte nicht mehr zahlen als in seinem Aktivvermögen vorhanden ist. Daher muss die Ausgleichszahlung nur in Höhe von 30.000 € erfolgen.
- Hat aber die Ehefrau z. B. einen Zugewinn von 200.000 € muss der Zugewinn des Ehemannes in Höhe von 130.000 € (–100.000 € Anfangsvermögen und 30.000 € Endvermögen) voll berücksichtigt werden, so dass nur eine Zugewinndifferenz von 70.000 € besteht und die Ehefrau an den Ehemann die Hälfte der Differenz, also 35.000 € zahlen muss. Die Kappungsgrenze ist jedoch zu erhöhen, wenn „illoyale Vermögensverschiebungen" (§ 1375 Abs. 2 BGB) durch einen Ehegatten stattfinden. Der Grundsatz, dass der ausgleichspflichtige Ehegatte zur Erfüllung der Zugewinnausgleichsforderung keine Verbindlichkeiten eingehen muss, wird durchbrochen, wenn ein Ehegatte versucht seine Vermögensposition im Zugewinnausgleich zu verbessern, indem er unentgeltliche Zuwendungen gemacht hat, durch die er nicht einer „sittlichen Pflicht oder einer auf den Anstand zu nehmenden Rücksicht" entsprochen, Vermögen verschwendet hat oder Handlungen in der Absicht vorgenommen hat, den anderen Ehegatten zu benachteiligen. Selbst, wenn ein Ehegatte durch eine illoyale Vermögensverschiebung (z. B. Übertragung des Barvermögens auf die Geliebte oder mehrmonatige Weltreise in der Trennungsphase) sein Endvermögen auf 0 € reduziert hat, kann der illoyal verwendete Betrag dem Endvermögen hinzugerechnet werden, so dass eine Ausgleichspflicht besteht, obwohl kein Aktivvermögen vorhanden ist.

Verbindlichkeiten sind bei der Zugewinnausgleichsberechnung grundsätzlich von den Aktiva in Abzug zu bringen. Darüber hinaus ist der Kaufkraftschwund heraus zu rechnen, indem eine Berichtigung des Anfangsvermögens über den Lebenshaltungskostenindex vorgenommen wird. Es soll auf die Kaufkraftverhältnisse umgerechnet werden, die bei Beendigung des Güterstandes vorliegen. Die Zugewinnausgleichsforderung ist erst mit Beendigung des Güterstandes fällig und ab diesem Zeitpunkt auch vererblich und übertragbar.

Der Güterstand endet mit Rechtskraft des Scheidungsurteils, durch Abschluss eines Ehevertrages, der abweichende Regelungen zum Güterstand enthält, mit dem Tod eines Ehegatten oder mit der vorzeitigen Aufhebung der Zugewinngemeinschaft durch rechtskräftige Entscheidung (§ 1388 BGB).

13.2.3 Vermögenswerte im Zugewinn

Es gibt eine Vielzahl von Vermögenswerten, die in den Bereich des güterrechtlichen Zugewinns fallen und damit für die Berechnung des Zugewinns von Bedeutung sind. Anzusetzen sind grundsätzlich alle am jeweiligen Stichtag (§ 1374 Abs. 1 BGB Anfangsvermögen, § 1384 BGB Endvermögen) bei einem Ehegatten vorhandenen geldwerten, rechtlich geschützten Positionen (BGH FamRZ 1977, 41; BGHZ 146, 64 = FamRZ 2001, 278 = NJW 2001, 439f.). Verbindlichkeiten sind grundsätzlich von den Aktiva in Abzug zu bringen.

Zu berücksichtigen ist auch die Regelung über den sogenannten **privilegierten Erwerb**. Danach sind Vermögenswerte, die einer der Ehegatten nach Eintritt des Güterstandes (in der Regel ab dem Tag der Eheschließung) von Todes wegen, mit Rücksicht auf ein künftiges Erbrecht, durch Schenkung oder als Ausstattung erwirbt dem Anfangsvermögen des erwerbenden Ehegatten zuzurechnen.

Man spricht in diesem Zusammenhang von einer Privilegierung, weil durch diese Regel der Grundgedanke der stichtagbezogenen Berechnung durchbrochen wird. Der Grundsatz besagt, dass Vermögenswerte, die in der Ehe erworben werden nur dem Endvermögen und nicht dem Anfangsvermögen hinzuzurechnen sind. Der privilegierte Erwerb führt dazu, dass die vorgenannten unter § 1374 Abs. 2 BGB fallenden Werte nicht nur in das Endvermögen, sondern auch in das Anfangsvermögen eingestellt werden.

> **Beispiel:**
> Erbt ein Ehegatte im Laufe der Ehe ein Barvermögen in Höhe von 50.000 €, wird dieser Betrag bei einer Berechnung des Zugewinnausgleichs in das Anfangsvermögen und das Endvermögen eingestellt, wobei etwaige Zinserträge, die seit dem Anfall der Erbschaft entstanden sind nur im Endvermögen Berücksichtigung finden und damit den Zugewinn des erbenden Ehegatten erhöhen. Wird einem Ehegatten während der Ehe ein Grundstück vererbt oder schenkungsweise übertragen, wird es mit dem Wert zum Zeitpunkt der Übertragung in das Anfangsvermögen eingestellt. Wenn dieses Grundstück zum Zeitpunkt der Beendigung des

Güterstandes beispielsweise nicht mehr Bauerwartungsland sondern Bauland ist, hat eine erhebliche Wertsteigerung stattgefunden, die nur im Endvermögen zu beachten ist.

Insbesondere folgende Werte können im Zugewinnausgleich als zu berücksichtigende Vermögenswerte einbezogen werden:

13.2.3.1 Grundstücke

Ein Grundstück wird mit seinem wirklichen Wert in eine Zugewinnausgleichsberechnung einbezogen.

Es gibt verschiedene Methoden, diesen Wert zu ermitteln. Neben dem Sachwertverfahren kommt das Ertragswertverfahren in Betracht. Eine weitere Methode ist die sogenannte Mischwertmethode, die letztendliche eine Kombination aus den beiden Verfahren darstellt. Eine Wertermittlung kann auch ausgerichtet an dem aktuellen Veräußerungswert erfolgen. Es ist abhängig vom Einzelfall, welche Methode oder ggf. gemischte Methoden für die Bewertung herangezogen werden. Belastungen des Grundstücks, z. B. wegen Rechten Dritter (Nießbrauchrechte) sind wertmindernd anzusetzen.

13.2.3.2 Immobilie

Immobilieneigentum, ob eigen- oder fremdgenutzt, fällt als Vermögenswert in jedem Fall in den Zugewinnausgleich. Unterschiede ergeben sich lediglich bei den Bewertungsmethoden. Es ist immer eine konkrete Betrachtung des Einzelfalles notwendig, um überhaupt beurteilen zu können, welche Bewertungsmethode anzuwenden ist.

13.2.3.3 Arztpraxis/Anteile an einer Berufsausübungsgemeinschaft (Gemeinschaftspraxis)

Die Einzelpraxis, der Gesellschaftsanteil an der Gemeinschaftspraxis sowie auch alle anderen Unternehmen oder Beteiligungen fallen grundsätzlich in den Zugewinnausgleich. Die Bewertung erfolgt ebenfalls sachverhaltsspezifisch, also einzelfallbezogen. Für die Bewertung einer Freiberuflerpraxis wird die sogenannte modifizierte Ertragswertmethode herangezogen (siehe dazu Kap. 12).

Allerdings gibt es eine **Reihe von Besonderheiten**, die bei der Bewertung von Arztpraxen/Unternehmen im Zugewinnausgleichsverfahren zu beachten sind. Es handelt sich nämlich gerade nicht um die typische Verkaufs – und Bewertungssituation zwischen Veräußerer und Erwerber. Vielmehr ist eine Praxisbewertung im Zugewinnausgleich gesetzlich angeordnet. Es besteht nicht die Möglichkeit den ermittelten Wert als Angebot mit anderen Alternativangeboten zu vergleichen. Wenn im Zugewinnausgleichsverfahren keine Einigung über den Wert zustande kommt, wird im Zweifel eine gerichtliche Überprüfung stattfinden müssen. Die Prinzipien des gesetzlichen Güterstandes basieren schließlich gerade darauf, das während der Ehe erzielte wirtschaftliche Ergebnis und damit auch den Unternehmenswert auf beide Ehegatten gleichmäßig zu verteilen. Bestand die Praxis bereits am Tag der Eheschließung, ist wegen des Stichtagprinzips eine Bewertung der Praxis zu den jeweiligen Stichtagen (Anfangs – und Endvermögen) vorzunehmen. Die Bewertung hat nach den jeweiligen stichtagbezogenen Erkenntnisverfahren zu erfolgen, wobei für beide Stichtage dieselbe Bewertungsmethode anzuwenden ist. In diesem Zusammenhang ist insbesondere § 1377 Abs. 3 BGB zu beachten. Sollte der Wert der Praxis zum Tag der Eheschließung nicht nachgewiesen werden können, ist der Praxiswert insgesamt als Zugewinn zu Lasten des Arztes zu berücksichtigen. Des Weiteren gilt ein **Verbot der Doppelverwertung** von Vermögenspositionen und Schulden bei Unterhalt und Zugewinn. Es muss also zwischen Vermögensstamm und Vermögenserträgen differenziert werden. Wenn im Zugewinn und gleichzeitig bei der Berechnung des Unterhalts Vermögenswerte berücksichtigt werden, liegt ein Verstoß gegen das Doppelverwertungsverbot vor.

Übertragen auf die Bewertung von Freiberuflerpraxen schlägt dieses Verbot ganz besonders bei der Ermittlung des sogenannten „Goodwill" durch.

Der BGH hat durch Urteil vom 09.02.2011 XII ZR 40/09 erneut bestätigt, dass der **„Goodwill" (Geschäftswert) bei der Bewertung von Freiberuflerpraxen** heranzuziehen ist. Der „Goodwill" ist der Wert, der über die eigentlichen Vermögensgegenstände hinaus bei einer Veräußerung erzielt werden kann. Dieser Wert äußert sich darin, dass das Unternehmen im Verkehr höher eingeschätzt wird als es dem reinen Substanzwert entspricht. Der „Goodwill" einer Praxis gründet sich im Wesentlichen auf immaterielle Faktoren wie z. B. Standort, Art und Zusammensetzung des Patientenstammes, Konkurrenzsituation und vergleichbare auf den Nachfolger übertragbare Faktoren. Selbst wenn aus den Erträgen des Unternehmens, die mittelbar auch durch den „Goodwill" geprägt sind, Unterhalt gezahlt wird, liegt nicht zwangsläufig ein Verstoß gegen das Doppelverwertungsverbot vor, wenn der „Goodwill" als wertprägender Faktor bei der Bewertung einbezogen wird. Bei der Bewertung einer freiberuflichen (Gemeinschafts-) Praxis ist daher nicht wie bei der reinen Ertragswertmethode ein kalkulatorischer Unternehmerlohn, sondern ein an den individuellen Verhältnissen des Inhabers ausgerichteter konkreter Unternehmerlohn abzuziehen. Dieser Unternehmerlohn ist bei einer Unterhaltsberechnung anzusetzen (vgl. BGH Urteil vom 09.02.2011 XII ZR 40/09). Auf diese Weise soll verhindert werden, dass der personenbezogene Anteil bei der Bewertung des „Goodwill" durchschlägt. Gleichzeitig ist gewährleistet, dass kein Verstoß gegen das Doppelverwertungsverbot vorliegt, weil bei der Bewertung der für den Zugewinnausgleich maßgeblichen Zahlen, das individuelle Einkommen, das für die Unterhaltsberechnung maßgeblich ist, herausgerechnet und damit im Zugewinn nicht berücksichtigt wird.

Fest steht jedoch, dass die Einbeziehung des „Goodwill" insoweit zu einer **erheblichen Erhöhung des Zugewinns** des freiberuflich tätigen Ehegatten führen kann. Selbst wenn beispielsweise eine Praxis vor der Eheschließung gegründet/übernommen wurde und damit mit dem Wert zum Zeitpunkt der Eheschließung in das Anfangsvermögen eingestellt wird, kann sich im Laufe der Ehejahre und der weiteren Entwicklung der Praxis, auch ohne Änderung des Wertes des Betriebsvermögens, nur auf der Grundlage des „Goodwill" eine erhebliche Wertsteigerung ergeben. Damit vergrößert sich die Differenz zwischen Anfangs – und Endvermögen. Es entsteht ein größerer Zugewinn.

13.2.3.4 Geldforderungen, Kontoguthaben, Wertpapiere

Geldforderungen sind mit dem Nominalwert zu berücksichtigen und für den Fall, dass zum Berechnungsstichtag keine Fälligkeit besteht abzuzinsen. Dies gilt auch für Verbindlichkeiten, die erst zu einem späteren Zeitpunkt beglichen werden müssen.

Im Falle von Kontoguthaben ist der tatsächliche Wert am Stichtag zu berücksichtigen. Wertpapiere sind nach dem mittleren Wert des Tageskurses zum Stichtag anzusetzen.

13.2.3.5 Kapitallebensversicherungen

Eine Kapitallebensversicherung oder eine Kapitallebensversicherung mit Rentenwahlrecht ist im Zugewinnausgleich zu berücksichtigen. Der tatsächliche Wert der Versicherung ist zum Stichtag zu ermitteln. Es obliegt dem zuständigen Richter den Zeitwert zu schätzen. Der Rückkaufswert wird bei der Bewertung nur angesetzt, wenn am Stichtag (Anfangsvermögen und Endvermögen oder nur Endvermögen falls die Versicherung während der Ehe abgeschlossen wurde) die Fortführung des Versicherungsvertrages nicht zu erwarten ist.

13.2.3.6 Kapitallebensversicherungen zum Zwecke einer Finanzierung

Oftmals werden Kapitallebensversicherungen für die Tilgung eines Kredits eingesetzt. Wenn die Versicherung an das finanzierende Kreditinstitut als Sicherheit abgetreten wird, stellt die verbleibende Rechtsposition keinen Vermögenswert dar. Durch die Tilgung reduzieren sich aber die Verbindlichkeiten. Damit erhöht sich automatisch auch das Endvermögen. Der wirtschaftliche Wert der Verbindlichkeiten wird um den Zeitwert der Lebensversicherung reduziert.

13.2.3.7 Haushaltsgegenstände

Grundsätzlich zählen zu den Haushaltsgegenständen alle Gegenstände die nach den Vermögens – und Lebensverhältnissen der Ehegatten für das Zusammenleben und das Wirtschaften innerhalb der Familie bestimmt sind und der gemeinsamen Lebensführung dienen. Für die Qualifizierung als Haushaltsgegenstand kommt es nicht auf die Eigentumsverhältnisse an. Auch Gegenstände die nur im Eigentum eines Ehegatten stehen, können Haushaltsgegenstände sein. Gegenstände die dem persönlichen Gebrauch oder beruflichen Zwecken dienen, sind hingegen keine Haushaltsgegenstände. Haushaltsgegenstände im Alleineigentum eines Ehegatten oder Gegenstände die nicht als Haushaltsgegenstände zu qualifizieren sind, unterfallen als Vermögenswerte dem Zugewinnausgleich und nicht der Haushaltsverteilung.

Im Fall der Ehescheidung werden nur die Gegenstände verteilt, die im gemeinsamen Eigentum der Ehegatten stehen. Bei Haushaltsgegenständen (z. B. Bücher, Fotoausrüstungen, Sportgeräte, elektronische Geräte und der Freizeitgestaltung dienende Gegenstände, wenn sie für das rein familiäre Zusammenleben bestimmt waren) greift im Fall der Ehescheidung § 1568 b Abs. 2 BGB ein. Danach gilt die Vermutung, dass Haushaltsgegenstände, die während der Ehe angeschafft wurden, gemeinschaftliches Eigentum sind. Derjenige der sich auf Alleineigentum beruft, muss diese Vermutung des gemeinschaftlichen Eigentums widerlegen. Zum persönlichen Gebrauch bestimmte Gegenstände wie Schmuck, Sammlungen (Münz- oder Briefmarkensammlungen; OLG Hamm, FamRZ 1980, 683, 685) sind der gesetzlichen Vermutung nach Alleineigentum und damit im Zugewinnausgleich zu berücksichtigen. Es gilt die Eigentumsvermutung nach § 1362 Abs. 2 BGB wonach für die ausschließlich zum persönlichen Gebrauch eines Ehegatten bestimmten Sachen im Verhältnis der Ehegatten zueinander und zu den Gläubigern vermutet wird, dass sie dem Ehegatten gehören, für dessen Gebrauch sie bestimmt sind. Auch Antiquitäten und Kunstgegenstände sind keine Haushaltsgegenstände, wenn die Vermögensbildung im Vordergrund steht (BGH, FamRZ 1994, 575; BGH, FamRZ 1984, 575 = NJW 1984, 1578). Es handelt sich jedoch um Haushaltsgegenstände, wenn sie nach dem Lebenszuschnitt der Beteiligten den Bedürfnissen des häuslichen Lebens dienen.

Ein Pkw ist kein Haushaltsgegenstand, wenn das Fahrzeug überwiegend für berufliche Zwecke eines Ehegatten benutzt wird. Der PKW fällt in einem solchen Fall in den Zugewinnausgleich. Wenn die Nutzung des PKW aber überwiegend familiären Zwecken dient, handelt es sich um einen Haushaltsgegenstand.

13.2.4 Zugewinnausgleich und Konsequenzen für die berufliche Existenzgrundlage

Oftmals ist die eigene Praxis oder der Gesellschaftsanteil die eigentliche Existenzgrundlage.

Leben die Ehegatten im Güterstand der Zugewinngemeinschaft und endet der Güterstand (z. B. durch Rechtskraft der Scheidung), kann die Existenzgrundlage wegen des Ausgleichs des ehelichen Vermögens gefährdet werden. Jede Form von Unternehmen/Praxis und/oder Beteiligung fällt in den Zugewinnausgleich, soweit dies nicht durch Ehevertrag ausgeschlossen ist. Der während der Ehe erwirtschaftete Wertzuwachs ist auszugleichen.

Besteht eine Beteiligung an einer Gesellschaft ist die Bewertung der Gesellschaft unter Einbeziehung des „Goodwill" für die Berechnung des Zugewinnausgleichs auch einschlägig, wenn der Gesellschaftsvertrag für den Fall des Ausscheidens des Gesellschafter – Ehegatten eine Abfindungsklausel enthält. Ebenso haben Einschränkungen oder der Ausschluss von Abfindungen in Gesellschaftsverträgen bei Austritt des Gesellschafters keine Auswirkungen auf den anzusetzenden Wert des Gesellschaftsanteils im Zugewinnausgleichverfahren. Der „Goodwill" ist bei der Bewertung der Praxis/Beteiligung immer zu berücksichtigen.

Dieser ideelle Wert ist jedoch in der Praxis gebunden. Erst bei einer Veräußerung der Praxis realisiert sich dieser Wert in liquiden Mitteln. Ist also der freiberuflich tätige Arzt einer Zugewinnausgleichsforderung ausgesetzt, ist nicht nur die **Liquidität der Praxis** nachteilig berührt.

Vielmehr ist auch der Bestand der Praxis gefährdet, wenn die Zugewinnausgleichsforderung so hoch ist, dass der Ausgleichspflichtige die Forderung nicht durch vorhandene Geldmittel ausgleichen kann.

Die Zugewinnausgleichsforderung wird im Falle der Aufhebung des Güterstands durch Scheidung mit Rechtskraft der Scheidung fällig. Sollte zu diesem Zeitpunkt bereits ein **vollstreckbarer Titel**, gerichtet auf eine Zugewinnausgleichszahlung vorliegen, kann umgehend auch in die Praxis hinein vollstreckt werden. Gesellschaftsanteile können ebenso wie Gesamthandsvermögen oder Sonderbetriebsvermögen gepfändet werden. Es kann sogar die Liquidation der Gesellschaft drohen. Damit besteht nicht nur ein **erhebliches finanzielles Risiko** für den ausgleichspflichtigen Gesellschafter – Ehegatten, sondern auch für die übrigen Gesellschafter, die von den vorgenannten Folgen eines Zugewinnausgleichsverfahrens ebenfalls betroffen wären.

13.3 Vermögensschutz – Gestaltungsmöglichkeiten

13.3.1 Der Ehevertrag

Ein Ehevertrag ermöglicht es von den gesetzlichen Regelungen, z. B. im Falle der Scheidung, abzuweichen.

Eine Anpassung der gesetzlichen Regelungen an die jeweiligen Lebensumstände kann vor und während der Ehe erfolgen. Die Rechtsprechung stuft ehevertragliche Vereinbarungen als vorrangig gegenüber den gesetzlichen Regelungen ein (BGH, FamRZ 1997, 800, 802). Die Vertragsfreiheit ermöglicht den Eheleuten in bestimmten Grenzen eine Vielzahl von Abwandlungen und Modifikationen. Der Ehevertrag ist in § 1408 BGB definiert und bedarf gemäß § 1410 BGB der notariellen Beurkundung. Dies gilt zumindest, wenn Regelungen im güterrechtlichen oder versorgungsausgleichsrechtlichen Sinne getroffen werden sollen.

Neben dem vor – und während der Ehe geschlossenem Ehevertrag gibt es noch die sogenannten Trennungsvereinbarungen, die scheidungsbezogen und nicht scheidungsbezogen getroffen werden können.

Scheidungsbezogene Trennungsvereinbarungen sollen nur vorübergehende Regelungen bis zur Ehescheidung treffen. Oftmals werden in diesen Vereinbarungen Regelungen zum Trennungs- und Kindesunterhalt und zu Fragen der Wohnungsnutzung und Überlassung von Haushaltsgegenständen etc. getroffen. Die nicht scheidungsbezogenen Trennungsvereinbarungen treffen Regelungen für einen noch nicht absehbaren Zeitraum und werden meist auf die Überlegung gegründet, dass ein Scheidungsverfahren nicht durchgeführt werden soll, die Ehegatten im übrigen aber wirtschaftlich vollkommen getrennt voneinander leben möchten. Dafür ist es meist auch notwendig güterrechtliche Fragen, Fragen des Versorgungsausgleichs und erbrechtliche Fragen zu klären und entsprechende Regelungen zu treffen.

13.3.2 Grenzen der Vertragsfreiheit

Das Bundesverfassungsgericht hat die Vertragsfreiheit durch seine Rechtsprechung eingeschränkt. In seiner Entscheidung vom 06.02.2001 (BVerfG in FamRZ 2001, S. 985) wurde eine wesentliche Änderung der Rechtsprechung eingeleitet.

Die Vertragsfreiheit als Auswuchs des Grundsatzes der Privatautonomie setze voraus, dass die Bedingungen der Selbstbestimmung des Einzelnen auch wirklich vorliegen. Die Rechtsprechung müsse darauf achten, dass Grundrechtspositionen beider Vertragspartner gewahrt bleiben. Eheverträgen sind dort Grenzen zu setzen, wo jene nicht Ausdruck und Ergebnis gleichberechtigter Lebenspartnerschaft sind, sondern eine auf ungleiche Verhandlungspositionen basierende Dominanz eines Ehepartners widerspiegeln (BVerfG, Beschluss vom 29.03.2001 – Aktenzeichen 1 BvR 1766/92). Auch der BGH (Entscheidung vom 11.02.2004 (XII ZR 265/02)) betont, dass grundsätzlich die Ehevertragsfreiheit gelte, die Grenzen aber dort liegen würden, wo die Vereinbarung den Schutzzweck der gesetzlichen Regelung unterlaufe.

Aus diesen Entscheidungen leiten sich **die Maßstäbe ab, die bei der Überprüfung der Wirksamkeit und Angemessenheit von Eheverträgen zu beachten sind**. Es findet eine Wirksamkeitskontrolle (§ 138 BGB) und eine Angemessenheitskontrolle (§ 242 BGB) statt. Die Gerichte prüfen regelmäßig, ob der Schutzzweck der Norm durch vertragliche Vereinbarungen beliebig unterlaufen wird. Dies ist der Fall, wenn eine evident einseitige Lastenverteilung durch die vertragliche Vereinbarung entsteht und hiermit dem belasteten Ehegatten – auch nach Abwägung beiderseitiger Interessen eine unzumutbare Belastung aufgebürdet wird. Je intensiver die Belastungen in den Kernbereich des Scheidungsfolgenrechts eingreifen, umso schwerer sind diese einzustufen.

Es gibt verschiedene **Rangstufen**, die eine grobe Orientierung bilden. Vertragliche Regelungen zum Kindesbetreuungsunterhalt (§§ 1570, 1573 Abs. 2 BGB) greifen beispielsweise intensiv in den **Kernbereich** ein und sind der ersten Rangstufe zuzuordnen. Insofern sind ehevertragliche Regelungen nur sehr bedingt möglich. Werden z. B. der schwangeren Ehefrau, die keine Ausbildung hat durch Ehevertrag sämtliche Kindes- und nachehelichen Unterhaltsansprüche genommen und wird auf Drängen des wohlhabenden Unternehmerehegatten auch noch der Versorgungsausgleich ausgeschlossen, dürfte dieser Vertrag einer Wirksamkeits- und Angemessenheitskontrolle nicht standhalten. Regelung zur Abänderung und Modifizierung des Zugewinns sind jedoch grundsätzlich problemlos möglich. Der Zugewinnausgleich ist nicht vom Kernbereich umfasst. Trotz der Einschränkungen in der Vertragsfreiheit sollte man sich nicht davon abhalten lassen, wichtige Regelungen durch den Abschluss eines Ehevertrages zu treffen. Die gesetzlichen Regelungen können zwangsläufig nicht der jeweiligen individuellen Situation der Ehegatten Rechnung tragen, sondern bedürfen einer Korrektur durch einen Ehevertrag. Nur so können interessensgerechte Regelungen für die Ehegatten getroffen werden.

13.3.3 Allgemeine Regelungsmöglichkeiten in Eheverträgen

Das Gesetz sieht vor, dass die Ehegatten im Rahmen von Eheverträgen, unter Berücksichtigung von Verbotsgesetzen und den unter Punkt 3.b. dargestellten Einschränkungen, Vereinbarungen treffen dürfen, durch die von den gesetzlichen Regelungen abgewichen wird. In der Regel sollen typische Trennungs- und

13.3 Vermögensschutz – Gestaltungsmöglichkeiten

Scheidungsfolgesachen in Eheverträgen aufgegriffen und an die individuelle Situation der Ehegatten angepasst werden.

13.3.3.1 Trennungsunterhalt

Sobald die Eheleute getrennt leben, kann derjenige von beiden der kein oder ein geringeres Einkommen als der andere hat den nach den ehelichen Lebensverhältnissen und den Erwerbs und Vermögensverhältnissen der Ehegatten angemessenen Unterhalt verlangen. Eine Trennung im Sinne des Gesetzes liegt vor, wenn zwischen den Ehegatten **keine häusliche Gemeinschaft mehr** besteht. Zumindest ein Ehegatte muss erkennbar eine Wiederherstellung ablehnen. Es kommt nicht zwingend darauf an, dass einer der Ehegatten auszieht. Eine Trennung unter Aufgabe der häuslichen Gemeinschaft ist auch innerhalb der Ehewohnung möglich. Ist ein Ehegatte nicht in der Lage durch seine eigenen Einkünfte aus Erwerbstätigkeit oder Vermögen heraus seinen Lebensbedarf selbst zu decken, gilt er als bedürftig und kann damit Unterhalt verlangen. Die **Höhe des Unterhalts** richtet sich nach den ehelichen Lebensverhältnissen, im Besonderen nach den Einkommens – und Vermögensverhältnissen.

Der Unterhaltsverpflichtete ist zur **Auskunft** über sein Einkommen und zur Erteilung entsprechender Belege verpflichtet. Auf der Basis der vollständig erteilten Auskünfte wird der Trennungsunterhalt unter Einbeziehung der unterhaltsrelevanten Belastungen berechnet und geltend gemacht. Für jede Unterhaltsart gelten gleichermaßen Besonderheiten bei der Ermittlung des unterhaltsrelevanten Einkommens von Selbstständigen. In der Regel wird der Durchschnittsgewinn der letzten 3–5 Jahre ermittelt. Betriebliche Entscheidungen können jedoch erhebliche Auswirkungen auf das zu ermittelnde Einkommen haben. Werden z. B. bei der Ermittlung des unterhaltsrelevanten Einkommens die Personalkosten überprüft und stellt sich heraus, dass der unterhaltsverpflichtete Ehegatte die neue Lebensgefährtin gegen Zahlung eines überdurchschnittlichen Gehalts in dem Betrieb beschäftigt, kann es unter bestimmten Umständen zu einer Kostenkorrektur kommen. Ähnlich ist es bei verdeckten privaten Lebenshaltungskosten, die als Betriebsausgaben deklariert werden. Die rein steuerrechtliche Gewinnermittlung ist gerichtlich auf Angemessenheit überprüfbar und auch einer gerichtlichen Korrektur im Rahmen von Unterhaltsfragen zugänglich.

Daher ist in der Regel angezeigt, sich möglichst frühzeitig mit Grundlagen der Einkommensermittlung zu befassen. Besteht aus der Sicht der unterhaltsberechtigten Person ein **Bedarf** (Summe der unterhaltsrechtlich erheblichen, laufenden Lebensbedürfnisse), eine **Bedürftigkeit** (fehlende Möglichkeit des Unterhaltsberechtigten seinen Bedarf selbst zu befriedigen) und ist der Unterhaltsverpflichtete **leistungsfähig** (nur wenn der Verpflichtete nach seinen Erwerbs- und Vermögensverhältnissen nicht in der Lage ist ohne Gefährdung des eigenen Selbstbehalts Unterhalt zu gewähren), liegen die Grundvoraussetzungen für eine erfolgreiche Geltendmachung von Unterhalt vor.

Eine weitere Voraussetzung für die berechtigte Geltendmachung von Unterhalt ist das Nichtvorliegen sogenannter Verwirkungsgründe (§ 1579 Nr. 2–8 BGB). Ein Ehegatte soll nur Unterhalt verlangen dürfen, wenn er die ihm obliegenden Pflichten erfüllt und sich gegenüber dem unterhaltsverpflichteten Ehegatten loyal verhält. Zu prüfen ist in diesem Zusammenhang auch, ob dem „Gerechtigkeitsempfinden der Allgemeinheit in unerträglicher Weise durch das Verhalten des an sich Berechtigten widersprochen wurde" (vgl. OLG Frankfurt/Main vom 06.11.1990 Az. 4 UF 66/90; OLG München vom 17.01.1996 Az. 12 UF 1241/95). Ob und inwieweit eine **Erwerbsobliegenheit** des Unterhaltsberechtigten besteht ist einzelfallabhängig zu beurteilen und kann dazu führen, dass die Unterhaltszahlungsverpflichtung entfällt oder drastisch reduziert werden muss.

Einer alleinerziehenden Mutter, die ein oder mehrere kleine Kinder betreut, ist es nicht zuzumuten nach Ablauf des ersten Trennungsjahres in Vollzeit zu arbeiten. Anders mag dies bei einer Ehefrau sein, die auch während der Ehe regelmäßig gearbeitet hat, arbeitsfähig ist und keine Kinder (mehr) betreuen muss. Wird eine Erwerbsverpflichtung bejaht, kann dem unterhaltsberechtigten Ehegatten ein fiktives Einkommen zugerechnet werden, wenn ein tatsächliches Einkommen nicht erzielt wird. Der Anspruch auf Trennungsunterhalt endet spätestens mit Rechtskraft der Scheidung. Auf Familien – und Trennungsunterhalt kann durch ehevertragliche Vereinbarung für die Zukunft nicht wirksam verzichtet werden (§§ 1361 Abs. 4 Satz 4, 1360a Abs. 3, 1614 BGB).

13.3.3.2 nachehelicher Unterhalt

Der Trennungsunterhaltsanspruch erlischt mit Rechtskraft der Scheidung. Ab Rechtskraft der Scheidung kann ein Anspruch des Ehegatten auf Zahlung von nachehelichem Unterhalt bestehen. Die gesetzliche Grundlage für den nachehelichen Unterhaltsanspruch ergibt sich aus den §§ 1570–1576 BGB.

Im Allgemeinen kann nach diesen Vorschriften ein nachehelicher Unterhaltsanspruch bestehen, wenn eine auf die Ehe bezogene Bedürfnislage besteht. Dem bedürftigen, wirtschaftlich schwächeren Ehegatten steht ein Anspruch auf nachehelichen Unterhalt zu. Erzielt beispielsweise eine alleinerziehende Mutter nach der Scheidung Einnahmen aus Vermietungen, die ihren Bedarf decken, besteht in der Regel kein Anspruch auf Unterhalt. Der Unterhaltsanspruch ist als einheitlicher Anspruch zu sehen und besteht so lange fort, wie sich aus zeitlicher Sicht einer der gesetzlichen Unterhaltstatbestände an den anderen anschließt. Wenn also die Unterhaltskette, z. B. wegen fehlender Bedürftigkeit unterbrochen wurde, kann der Unterhaltsanspruch entfallen. Es gilt nach wie vor der Grundsatz der Eigenverantwortung. Gemäß § 1569 S. 1 BGB obliegt es nach der Scheidung grundsätzlich jedem Ehegatten selbst für seinen Unterhalt zu sorgen. Dem steht der Grundsatz der nachwirkenden Mitverantwortung (nacheheliche Solidarität) entgegen, der die rechtliche Grundlage für alle nachehelichen Unterhaltsansprüche bildet.

Insgesamt gibt es **sieben Unterhaltstatbestände** aus denen sich ein Anspruch auf nachehelichen Unterhalt ergeben kann. Dazu gehören

- der Betreuungsunterhalt § 1570 BGB,
- der Altersunterhalt § 1571 BGB,
- der Krankheitsunterhalt § 1572 BGB,
- der Arbeitslosigkeitsunterhalt § 1573 Abs. 1,3 BGB,
- der Aufstockungsunterhalt § 1573 Abs. 2 BGB sowie

13.3 Vermögensschutz – Gestaltungsmöglichkeiten

- der Ausbildungsunterhalt § 1575 BGB und
- der subsidiäre Billigkeitsunterhalt § 1576 BGB.

Nachehelicher Unterhalt muss aber **nicht zwingend unbefristet** gezahlt werden. So ist z. B. eine Ehefrau in der Regel ab dem dritten Lebensjahr des Kindes wieder verpflichtet sich eine Arbeitsstelle zu suchen, um ihren Bedarf eigenverantwortlich abzudecken. Die Unterhaltstatbestände können eingeschränkt werden, wenn eine weitere Zahlung von Unterhalt nach der Scheidung den Lebensumständen der Ehegatten nach unbillig wäre. Neben eine Herabsetzung oder zeitlichen Begrenzung können auch beide Begrenzungsmöglichkeiten kombiniert eingreifen.

Es gilt abzuwägen inwieweit eine in der Ehe gewachsene **wirtschaftliche Verflechtung und Abhängigkeit**, auch unter Zurückstellung der Belange des unterhaltsbedürftigen Ehegatten zum Wohle der Familie, zu einer **gesteigerten Mitverantwortung der beiden Ehegatten** untereinander geführt hat.

Eine Begrenzung oder Befristung des nachehelichen Unterhaltsanspruchs hängt im Wesentlichen von den Nachteilen ab, die ein Ehegatte durch die Ehe im Hinblick auf seine eigenen Erwerbschancen und seine berufliche Entwicklung erlitten hat.

Der Begriff der **ehebedingten Nachteile** ist im Rahmen der Billigkeitsabwägung (§ 1578 b BGB) von wesentlicher Bedeutung. Diese Nachteile müssen ursächlich auf die gemeinsame Lebensführung und Lebensplanung zurückzuführen sein. Gibt ein Ehegatte seinen Beruf oder seine Ausbildung wegen der Kindererziehung auf, liegen damit objektive Umstände vor, die ehebedingte Nachteile begründen können. Liegen keine ehebedingten Nachteile vor kann der Unterhaltsanspruch herabgesetzt und/ oder zeitlich begrenzt werden. Neben den ehebedingten Nachteilen gibt es jedoch noch weitere Kriterien, die bei einer Billigkeitsprüfung nach § 1578 b BGB herangezogen werden. So kann auch die **Dauer der Ehe** und die damit verbundene wirtschaftliche Verflechtung der Ehegatten untereinander gegen eine zeitliche Begrenzung sprechen, selbst wenn keine ehebedingten Nachteile vorliegen.

In **Eheverträgen** können grundsätzlich nacheheliche Unterhaltsregelungen in verschiedensten Konstellationen und Modifikationen getroffen werden. Zu beachten sind jedoch die bereits (Punkt 3. b.) dargestellten Grenzen der Vertragsfreiheit.

So wird ein **vollständiger Verzicht auf nachehelichen Unterhalt** nur noch in besonderen Einzelfällen wirksam sein und einer Inhaltskontrolle standhalten. Im Falle einer Doppelverdienerehe wird ein gegenseitiger Verzicht auf nachehelichen Unterhalt wirksam sein, wenn sich beide einig sind, dass die Ehe zukünftig kinderlos bleibt und damit keine ehebedingten Nachteile zu erwarten sind.

Soll hingegen der nacheheliche Unterhalt in Form des Kindesbetreuungsunterhalts gemäß § 1570 BGB durch vertragliche Regelung ausgeschlossen werden, sind solche Regelungen nur sehr bedingt möglich. Der Kindesbetreuungsunterhalt steht auf der obersten Rangstufe. Der Kindesbetreuungsunterhalt beinhaltet den sogenannten Basisunterhalt, der für mindestens 3 Jahre nach der Geburt des Kindes zu zahlen ist. Eine abändernde Regelung zur Höhe des Unterhalts kann grundsätzlich unter engen Voraussetzungen erfolgen. Eine Befristung oder ein gänzlicher Ausschluss kann nicht empfohlen werden.

Es gibt eine große Vielzahl von Regelungsmöglichkeiten, die immer abhängig von der konkreten Lebenssituation und der zukünftigen Lebensplanung sind. Wichtig ist eine genaue **Analyse der persönlichen Situation** und der Zielsetzung, die mit einer ehevertraglichen Regelung verfolgt wird. Letztendlich kommt es auch auf die Gesamtheit der Regelungen in einem Ehevertrag an, weil abschließend immer eine Gesamtabwägung vorzunehmen ist.

13.3.3.3 Kindesunterhalt

Grundsätzlich schulden Eltern ihren Kindern Unterhalt, solange sie kein Einkommen haben, um ihren Bedarf selbst zu decken.

Die Unterhaltsverpflichtung kann sich auch über das 18. Lebensjahr hinaus erstrecken und bis zum Abschluss einer Erstausbildung andauern. Dazu kann auch ein Studium gehören. Selbst wenn sich ein Studium an eine erste praktische Ausbildung anschließt, kann unter gewissen Umständen eine fortwährende Unterhaltspflicht bestehen. Es gibt den **Barunterhalt** und den **Naturalunterhalt**.

Der Naturalunterhalt wird durch den betreuenden Elternteil z. B. in Form von Unterkunft, Lebensmitteln etc. geleistet. Ein volljähriges Kind hat keinen Anspruch mehr auf Naturalunterhalt.

Vielmehr sind beide Elternteile barunterhaltspflichtig und damit auch der Elternteil bei dem das Kind lebt. Bei minderjährigen Kindern zahlt der barunterhaltspflichtige Elternteil monatliche Geldleistungen. Für die Berechnung des Kindesunterhalts ist die jeweils aktuell gültige Düsseldorfer Tabelle heranzuziehen. Die **Düsseldorfer Tabelle** ist in Einkommens – und Altersstufen unterteilt. Je nach Einkommensgruppe und Altersstufe kann unter Berücksichtigung der Bedarfskontrollbeträge und der Anmerkungen zur Düsseldorfer Tabelle der Kindesunterhaltsbetrag ermittelt werden. Bevor eine Einstufung in die Düsseldorfer Tabelle vorgenommen wird, ist jedoch erst das bereinigte Nettoeinkommen des Unterhaltsverpflichteten zu ermitteln. So können in der Regel unter anderem z. B. Fahrtkosten für den Weg zur Arbeitsstätte etc. von dem Einkommen in Abzug gebracht werden. Ist ein Unterhaltsbetrag nach der Düsseldorfer Tabelle ermittelt worden, muss überprüft werden, ob dem Unterhaltspflichtigen nach Zahlung des Kindesunterhalts noch genug Geld bleibt, um seinen eigenen Lebensunterhalt zu sichern. Es gibt verschiedene Selbstbehaltssätze, die ebenfalls in den Anmerkungen zu der Düsseldorfer Tabelle ausgewiesen sind und danach variieren, ob der Unterhaltspflichtige erwerbstätig oder nicht erwerbstätig ist. Der Unterhalt laut Düsseldorfer Tabelle ist nur der **Mindestunterhalt**. Etwaiger Sonderbedarf (unregelmäßiger, außergewöhnlich hoher Bedarf) oder Mehrbedarf (während eines längeren Zeitraums anfallender Bedarf der die üblichen Kosten übersteigt und deshalb vom laufenden Unterhalt nicht gezahlt werden kann z. B. Kosten für Nachhilfe, Klassenfahrt, spezielle Medikamente etc.) ist in diesen Unterhaltssätzen nicht enthalten und kann gesondert geltend gemacht werden. Die Düsseldorfer Tabelle ist eine Orientierungshilfe ohne Gesetzeskraft. Die Tabelle wird jedoch von den Gerichten angewandt. Allerdings ist die Art der Anwendung bei der Ermittlung des unterhaltsrelevanten Einkommens des Unterhaltspflichtigen in den einzelnen Bundesländern teilweise unterschiedlich.

Auf Kindesunterhalt kann durch vertragliche Regelung nicht wirksam verzichtet werden (§ 1614 BGB). Vereinbarungen zu Lasten der Kinder sind unwirksam. Es gibt jedoch die Möglichkeit Freistellungsvereinbarungen zu treffen. Der Ehegatte, der die Kinder betreut, kann sich durch eine vertragliche Regelung dazu verpflichten, den anderen Ehegatten von Unterhaltsansprüchen der Kinder freizustellen. Eine Freistellungsvereinbarung kann auch der Höhe, der Dauer und dem Grunde nach flexibel gestaltet werden.

13.3.3.4 Versorgungsausgleich

Der öffentlich-rechtliche Versorgungsausgleich gehört ebenfalls zu den typischen Scheidungsfolgen und ist von Amts wegen durch das Gericht grundsätzlich im sogenannten Verbundverfahren (also zusammen mit dem Scheidungsverfahren) durchzuführen.

Die während der Ehe erworbenen Ansprüche auf eine **Altersversorgung** werden zwischen den Ehegatten zu gleichen Teilen aufgeteilt. Dies gilt unabhängig von der sonstigen Vermögenssituation der Eheleute. Dem Versorgungsausgleich liegt – ähnlich wie bei dem Zugewinnausgleichsverfahren – der Gedanke der Absicherung des Ehegatten zugrunde, der während der Ehe zum Wohle der Familie und Kinderbetreuung keine Absicherung für das Alter aufbauen konnte. Dies bedeutet jedoch nicht, dass der Versorgungsausgleich damit im Falle einer kinderlosen oder Doppelverdienerehe ausgeschlossen wäre. Die Durchführung des Versorgungsausgleichs kann nur durch wirksame Vereinbarung der Ehegatten untereinander oder von Gesetzes wegen ausgeschlossen sein. So findet z. B. gemäß § 3 Abs. 3 VersAusglG ein Versorgungsausgleich bei einer kurzen Ehedauer von bis zu 3 Jahren nicht statt, es sei denn einer der Ehegatten stellt einen ausdrücklichen Antrag auf Durchführung des Versorgungsausgleichsverfahrens. Nach Maßgabe des Versorgungsausgleichsgesetzes findet zwischen den geschiedenen Ehegatten ein Ausgleich von im In – und Ausland bestehenden Anrechten statt, insbesondere aus der gesetzlichen Rentenversicherung, aus anderen Regelsystemen wie der Beamtenversorgung oder der **berufsständischen Versorgung**, aus der betrieblichen Altersversorgung oder aus der privaten Alters- und Invaliditätsvorsorge.

Die in der Ehezeit erworbenen Anteile von Anrechten (Ehezeitanteile) sind **jeweils zur Hälfte** zwischen den Ehegatten zu teilen. Ausgleichspflichtig ist die Person, die einen Ehezeitanteil erworben hat. Der ausgleichsberechtigten Person steht die Hälfte des Wertes des jeweiligen Ehezeitanteils (Ausgleichswertes) zu. Es werden also zunächst die einzelnen Anrechte der Ehegatten für den Zeitraum der Ehe ermittelt. Dann findet eine Bewertung des Ehezeitanteils für jedes auszugleichende Anrecht statt. Die Hälfte dieses Wertes steht dann dem anderen Ehegatten zu. Für Verfahren seit dem 01.09.2009 findet keine Gegenüberstellung sämtlicher Versorgungsanwartschaften der Ehegatten mit anschließender Saldierung und einseitiger Ermittlung einer ausgleichspflichtigen Person mehr statt. Vielmehr wird jedes Anrecht separat ausgeglichen. Im Ergebnis führt dies dazu, dass die Ehegatten bezogen auf die Ehezeit eine aneinander angeglichene, gleichhohe Altersvorsorge erwerben. Auch der Versorgungsausgleich unterliegt einer strikten **stichtagsbezogenen Regelung**, ähnlich wie der Zugewinnausgleich. Gemäß § 3 Abs. 1 VersAusglG beginnt die Ehe mit dem Tag des Monats in dem die Ehe geschlossen wurde und endet am letzten Tag des Monats vor Zustellung des Scheidungsantrags.

Die Ehegatten sollten daher, bei einer bewussten Entscheidung für ein Leben in Trennung, ohne das Scheidungsverfahren durchzuführen, immer auch berücksichtigen, dass in dieser Zeit weiterhin ausgleichspflichtige Rentenanwartschaften anwachsen und erst durch Zustellung des Scheidungsantrags das Ende der Ehezeit im versorgungsausgleichsrechtlichen Sinne eintritt.

Grundsätzlich besteht die Möglichkeit den **Versorgungsausgleich** durch Vereinbarung unter den Ehegatten **auszuschließen** (§ 6 VersAusglG). Dies kann durch einen vollständigen, für einen bestimmten Zeitraum vorgesehenen oder auf bestimmte Anrechte beschränkten Ausschluss geschehen. Zu beachten sind auch hier wieder die Grundsätze zur Inhalts – und Wirksamkeitskontrolle. Bestehen keine Wirksamkeits- und – Durchsetzungshindernisse, ist das Familiengericht an die Vereinbarung gebunden. Der Versorgungsausgleich soll eine Absicherung für das Alter sicherstellen. Insofern ist die Wirkung vergleichbar mit der Wirkung des nachehelichen Altersunterhalts. Der Bundesgerichtshof stuft den Versorgungsausgleich seiner Bedeutung und Tragweite nach auf der zweiten Rangstufe der Scheidungsfolgen ein. Gerade deswegen ist bei der Gestaltung von Eheverträgen immer zu überprüfen, ob Kompensationsleistungen vereinbart werden sollten. Derartige Überlegungen sind allenfalls dann entbehrlich, wenn Regelungen zum Versorgungsausgleich wegen ohnehin gehobener Vermögensverhältnisse der Ehegatten einer umfassenderen Verfügungsbefugnis unterliegen oder nur geringfügige Wertdifferenzen der auszugleichenden Anrechte bestehen.

Dabei sollte insbesondere darauf geachtet werden, ob der Kompensationsleistung auch eine Versorgungseignung zuwächst. Die Regelung sollte im Sinne der individuellen Situation und der Lebensplanung gestaltet werden.

13.3.3.5 Zugewinn

Das Güterrecht ist für die Frage des Vermögensschutzes von ganz besonderer Bedeutung. Der Bundesgerichtshof hat mehrfach die Auffassung vertreten, dass die Ehe keine zwingende Vermögensgemeinschaft ist (BGH NJW 2008, 3426) und den Zugewinn auf der letzten Stufe der zur Kernbereichslehre entwickelten Rangleiter angesiedelt. Es besteht daher eine sehr weitgehende, vertragliche Gestaltungsfreiheit, die eine Vielzahl unterschiedlicher Gestaltungsmöglichkeiten eröffnet.

13.3.3.6 Haushaltsgegenstände

Ehevertragliche Regelungen zu der Aufteilung von Haushaltsgegenständen sind möglich. Es muss jedoch immer erst danach differenziert werden, ob bestimmte Gegenstände aus dem Haushalt in den Zugewinn fallen oder nach den Grundsätzen der Haushaltsteilung zu verteilen sind. Oftmals empfiehlt es sich, ein Verzeichnis zu erstellen in dem alle Haushaltsgegenstände der Sachbezeichnung nach mit individuellen Merkmalen (Anschaffungspreis, Datum, Aussehen, Anzahl etc.) aufgelistet und ggf. nach Eigentumsverhältnissen separiert werden. Die Frage der Haushaltsteilung mag auf den ersten Blick eher eine untergeordnete Rolle spielen. Es sollte jedoch nicht unterschätzt werden, welches Streitpotential eine Haushaltsauseinandersetzung birgt. Insofern sind vorbeugende Regelungen sinnvoll.

13.3.4 Regelungsmöglichkeiten zum Schutz der Praxis/Gesellschaftsanteile

Gerade aus Sicht eines Freiberuflers sind die ehevertraglichen Gestaltungsspielräume in güterrechtlichen Fragen von erheblicher Bedeutung. Oftmals entsprechen Eheverträge in ihren Auswirkungen nur bedingt oder ab einem bestimmten Punkt einer intakten Ehe, nicht mehr den tatsächlichen Vorstellungen oder dem Lebensmodell der Vertragsparteien.

Deshalb ist es besonders wichtig, sich zu überlegen, aus welchen Gründen Vereinbarungen getroffen oder getroffene Vereinbarungen geändert werden sollen. Es muss berücksichtigt werden, dass durch ein und denselben Regelungsinhalt nicht nur der gewünschte positive Effekt erzielt werden kann, sondern auch in anderer rechtlicher Hinsicht nachteilige Konsequenzen entstehen können, die in dieser Form von den Vertragsparteien nicht bedacht und vor allem nicht gewünscht waren.

Beabsichtigen die Ehegatten den gesetzlichen Güterstand der Zugewinngemeinschaft abzuändern, kann eine vertragliche Regelung in Form der **Gütertrennung** oder der Modifizierung der Zugewinngemeinschaft getroffen werden.

Ob eine Gütertrennung tatsächlich notwendig ist oder eine **Modifizierung der Zugewinngemeinschaft** ausreicht, hängt von den genauen Zielen der Parteien ab. Grundsätzlich bieten Modifizierungen des gesetzlichen Güterstandes Vorteile gegenüber der Gütertrennung, weil gleiche Rechtsfolgen eintreten ohne auch die Nachteile der Gütertrennung in Kauf nehmen zu müssen.

13.3.4.1 Gütertrennung

Die Gütertrennung tritt ein, wenn die Eheleute den gesetzlichen Güterstand ausschließen oder aufheben, falls sich aus dem Ehevertrag nicht etwas anderes ergibt. Das gleiche gilt, wenn der Ausgleich des Zugewinns ausgeschlossen wird.

Gütertrennung hat zur Folge, dass die Vermögensmassen der Ehegatten vollständig voneinander getrennt bleiben. Die Ehegatten sind an einem Zuwachs der Vermögensmasse des jeweils anderen nicht beteiligt und haben am Ende der Ehe **keinen Ausgleichsanspruch**. Ebenso sind die Regelungen der §§ 1365ff. BGB ausgeschlossen, die im Rahmen der Zugewinngemeinschaft in bestimmten Konstellationen Mitspracherechte der Ehegatten begründen können. Die Vereinbarung der Gütertrennung führt zu einer **klaren und eindeutigen Regelung**, birgt aber in sich auch **viele Nachteile**. Es handelt sich um eine starre Regelung die im Laufe der Jahre den ehelichen Lebensverhältnissen nicht mehr zwingend gerecht wird. Darüber hinaus sind die Motive, die zu einer Vereinbarung der Gütertrennung führen bzw. geführt haben oftmals geprägt von der irrigen Vorstellung über die Auswirkungen der Gütertrennung, ohne dass den Parteien bewusst ist, dass die verfolgten Ziele auch auf anderen Wegen umgesetzt werden können.

So kommt es in der Praxis immer wieder dazu, dass Gütertrennung gewünscht wird, um sicherzustellen, dass der eine Ehegatte nicht für Schulden des anderen Ehegatten haftet. Eine Haftung für Schulden eines Ehegatten ist eindeutig nicht in der Wahl des Güterstandes der Zugewinngemeinschaft begründet.

Ebenso ist die Vorstellung unzutreffend, dass die Herausnahme der Praxis, des Unternehmens oder von Gesellschaftsanteilen aus dem Zugewinn nur durch die Vereinbarung von Gütertrennung zu gewährleisten ist. Insofern ist in den meisten Konstellationen eine Modifikation des Güterstandes vorteilhafter als die Gütertrennung, zumal die Nachteile der Gütertrennung erhebliche Auswirkungen haben können.

Gütertrennung und Erbrecht
Die Wahl eines bestimmten Güterstandes hat erhebliche erbrechtliche Konsequenzen in Bezug auf die Erbquote. Im Güterstand der Gütertrennung werden die gesetzlichen Pflichtteilsansprüche der Kinder anders als beim Zugewinn geregelt.

Praxisbeispiel:

Der Ehemann verstirbt und hinterlässt seine Frau und zwei Kinder. Die Ehefrau erhält gemäß § 1931 Abs. 1 BGB einen Erbteil aus dem Vermögen des Ehemannes in Höhe von ¼. Da beide Eheleute in dem Güterstand der Zugewinngemeinschaft gelebt haben, erhält die Ehefrau nach § 1931 Abs. 3, § 1371 Abs. 1 BGB einen weiteren Viertelerbteil. Die Ehefrau ist damit zu ½ erbberechtigt. Die weitere Hälfte des Erbteils erben die beiden Kinder nach § 1924 Abs. 1 und Abs. 4 BGB zu je ¼.

Ist die Gütertrennung vereinbart worden gilt § 1931 Abs. 4 BGB. Danach erben der überlebende Ehegatte und jedes Kind zu gleichen Teilen, wenn als gesetzliche Erben neben dem überlebenden Ehegatten noch ein oder zwei Kinder des verstorbenen Ehegatten erbberechtigt sind. Damit erben der überlebende Ehegatte und die beiden Kinder zu je 1/3. Es ist also offensichtlich, dass der überlebende Ehegatte allein von der Erbquote her benachteiligt ist, weil die Erbquote im Güterstand der Zugewinngemeinschaft ½ und bei Gütertrennung und zwei Kindern 1/3 ausmacht. Die Regelung des § 1931 Abs. 4 BGB gilt nur, wenn ein oder zwei Kinder erbberechtigt sind. Damit wird geregelt, dass im Falle der Gütertrennung die Ehefrau, die nach 1931 Abs. 1 BGB nur Anspruch auf ¼ Erbteil hat, nicht weniger erhält als die Kinder. Ansonsten würde im Falle eines erbberechtigten Kindes ein Kind neben dem überlebenden Ehegatten ¾ erhalten. Wenn mehr als zwei Kinder erbberechtigt sind erbt der überlebende Ehegatte bei Gütertrennung immer nur zu ¼. Der Anteil nach § 1371 Abs. 1 BGB in Höhe von ¼ entfällt bei der Gütertrennung. Selbst wenn keine Kinder vorhanden sind, erbt der überlebende Ehegatte im Fall der Gütertrennung neben den Erben 2. Ordnung (Großeltern etc.) nur ½ und nicht den zusätzlichen pauschalen ¼ Anteil der nach § 1371 Abs. 1 BGB, im Fall des Zugewinnausgleichs nach Tod eines Ehegatten anfallen würde. Die Vereinbarung der Gütertrennung führt also zu einer Reduzierung der Erbquote des überlebenden Ehegatten.

Gütertrennung und Erbschaftssteuer – 1
Gemäß § 5 Abs. 1 ErbStG wird die Steuerpflicht des überlebenden Ehegatten begrenzt. Leben die Ehegatten im Güterstand der Zugewinngemeinschaft oder ist

durch Ehevertrag festgelegt, dass ein Zugewinnausgleich im Todesfall erfolgen soll, kann der überlebende Ehegatte als Erbe oder Vermächtnisnehmer den Ausgleich des Zugewinns über die Erhöhung der Erbquote um ¼ beanspruchen. In diesem Fall stellt § 5 Abs. 1 ErbStG einen Betrag in Höhe einer fiktiv berechneten Zugewinnausgleichsforderung **steuerfrei**. Der Erwerb des überlebenden Ehegatten wird damit – vorbehaltlich bestimmter Sonderregelungen – zu dem Anteil nicht mit Erbschaftssteuer belastet, der ihm bei einer gedachten güterrechtlichen Lösung als Ausgleichsforderung zugestanden hätte. Der über diese fiktive Ausgleichsforderung hinausgehende Erwerb **unterliegt der normalen Besteuerung**. (BFH Urteil vom 27.06.2007 – II R 39/05). In Abweichung zur rein zivilrechtlichen Berechnung einer Zugewinnausgleichsforderung ist bei einer fiktiven Berechnung aus steuerlichen Gesichtspunkten zu beachten, dass die Vermutung des § 1377 Abs. 3 BGB (Endvermögen = Zugewinn) nicht gilt, sondern der Zugewinn nachgewiesen werden muss. Der überlebende Ehegatte muss daher die Möglichkeit haben das Anfangsvermögen nachzuweisen, da nur auf diese Weise ein Zugewinn dargelegt werden kann. Dies ist bei einer langen Ehedauer kaum mehr möglich.

▶ **Tipp:** Das Anfangsvermögen sollte immer genau dokumentiert werden, um den Nachweis gegenüber dem Finanzamt erbringen zu können. Die Ermittlung der erbschaftssteuerfreien Ausgleichsforderung richtet sich nur nach dem Bürgerlichen Gesetzbuch. Abweichende vertragliche Regelungen sind unbeachtlich. Bei der fiktiven Berechnung der Zugewinnausgleichsforderung werden also nicht nur die Vermögensbestandteile berücksichtigt, die gemäß einer ehevertraglichen Regelung oder von Gesetzes wegen Gegenstand einer Zugewinnausgleichsberechnung sind, sondern auch Vermögensbestandteile (z. B. Gesellschaftsanteile), die durch eine Vereinbarung gezielt aus dem Zugewinn herausgenommen wurden. Dadurch kann sich die fiktive Zugewinnausgleichsforderung, also der steuerfreie Betrag nicht unerheblich erhöhen.

Dieser **Nachteil kann auch nicht rückwirkend** beseitigt werden. Vereinbaren die Ehegatten Gütertrennung und entschließen sich im Laufe ihrer Ehe in den Güterstand der Zugewinngemeinschaft durch vertragliche Vereinbarung zurückzukehren, sei es auch nur in modifizierter Form, gilt für den Eintritt des Güterstandes der Zugewinngemeinschaft der Tag des Vertragsabschlusses. Selbst wenn durch die eheliche Vereinbarung eine Rückwirkung der Zugewinngemeinschaft auf den Tag der Eheschließung erzielt werden soll, gilt aus steuerrechtlichen Gesichtspunkten für die Steuerfreiheit der Tag des Vertragsabschlusses als Stichtag für die Bewertung des Anfangsvermögens.

Fest steht also, dass die Zugewinngemeinschaft oder eine modifizierte Vereinbarung, die den Zugewinnausgleich für den Fall der Scheidung, nicht aber für den Fall des Todes ausschließt **ganz erhebliche finanzielle Vorteile** bringen kann.

Praxisbeispiel:

Der Ehemann hat ein Vermögen von 2.000.000 €. Die Ehefrau hat kein Vermögen. Das Anfangsvermögen beider Ehegatten ist mit 0 € zu bewerten. Die Ehefrau ist Alleinerbin.

Im Falle der **Gütertrennung** verbleibt nach Abzug des Freibetrages in Höhe von 500.000 € ein zu versteuernder Betrag in Höhe von 1.500.000 €. Der Abzug des Versorgungsfreibetrages unterbleibt in diesen Berechnungen, weil die Höhe grundsätzlich abhängig ist von etwaigen Versorgungsleistungen, die der überlebende Ehegatte erhält. Setzt man nunmehr den Steuersatz in Höhe von 19 % an ergibt sich eine Steuerlast in Höhe von 285.000 €.

Im Fall der **Zugewinngemeinschaft** stünde der Ehefrau auch ein Erbe in Höhe von 2.000.000 € zu. Allerdings hat sie gemäß § 5 Abs. 1 S. 1 ErbStG Anspruch auf eine Steuerbefreiung in Höhe der fiktiven Zugewinnausgleichsforderung. Der Ehemann hat einen Zugewinn von 2.000.000 €, so dass der Ehefrau, die kein Vermögen hat, eine Ausgleichszahlung in Höhe von 1.000.000 € zugestanden hätte, wenn ein Zugewinnausgleichsverfahren durchgeführt worden wäre. In Höhe dieses Betrages ist die Erbschaft steuerfrei. Von dem restlichen Betrag in Höhe von 1.000.000 € ist der Freibetrag in Höhe von 500.000 € abzuziehen, so dass ein zu versteuernder Betrag in Höhe von 500.000 € verbleibt. Setzt man für diesen Betrag den in § 19 ErbStG ausgewiesenen Steuersatz von 15 % an, ergibt sich eine Steuerlast in Höhe von 75.000 €.

Die Auswirkungen der Wahl des Güterstandes werden anhand dieses Beispiels ganz deutlich. Die unterschiedliche steuerrechtliche Behandlung der Güterstände führt in dieser Konstellation zu einer Differenz in Höhe von 210.000 €. Hätten die Eheleute statt der Gütertrennung eine Modifikation des Güterstandes in der Form vorgenommen, dass der Zugewinnausgleich nur im Fall der Scheidung, nicht aber im Todesfall eines Ehegatten ausgeschlossen sein soll, hätte die überlebende Ehefrau 210.000 € Steuern weniger zahlen müssen.

Gütertrennung und Erbschaftssteuer – 2

Der § 5 Abs. 2 ErbStG stellt die reale Zugewinnausgleichsforderung steuerfrei. Der überlebende Ehegatte kann im Erbfall auch die Erbschaft ausschlagen. Insofern würde es in der Zugewinngemeinschaft nicht mehr zu einer Erbteilserhöhung (§ 1371 Abs. 1 BGB) kommen und damit zu einer Steuerfreiheit des fiktiv errechneten Zugewinnausgleichbetrages, sondern stattdessen zur sogenannten **güterrechtlichen Lösung**. Danach kann der überlebende Ehegatte den Ausgleich des Zugewinns verlangen, wenn er nicht Erbe wird und ihm auch kein Vermächtnis zusteht. Es kommt dann nicht zu einer erbrechtlichen Erhöhung des gesetzlichen Pflichtteils um ein weiteres Viertel. Vielmehr hat der Ehegatte, der das Erbe ausschlägt erbrechtlich Anspruch auf die Hälfte des gesetzlichen Pflichtteils und kann gleichzeitig den realen Zugewinnausgleich verlangen.

Der überlebende Ehegatte hat im Güterstand der Zugewinngemeinschaft im Todesfall also ein **Wahlrecht**.

Wenn er sich dafür entscheidet das Erbe auszuschlagen reduziert sich der gesetzliche Pflichtteil um die Hälfte. Er kann aber dafür den realen Zugewinnausgleich verlangen. Diese Ausgleichsforderung gehört in vollem Umfang zum steuerfreien Erwerb von Todes wegen. **Es empfiehlt sich** im Erbfall eine vergleichende Berechnung anstellen zu lassen, um feststellen zu können, welche der Möglichkeiten (§ 1371 Abs. 1 BGB oder § 1371 Abs. 2 BGB) zu einem besseren Ergebnis führt.

Zu beachten ist auch, dass anders als bei der erbrechtlichen Lösung nach § 1371 Abs. 1 BGB im Fall des § 1371 Abs. 2 BGB vermutet wird, dass das Endvermögen dem tatsächlichen Zugewinn entspricht. Der überlebende Ehegatte muss also nicht den oftmals schwer zu führenden Nachweis für den Bestand des Anfangsvermögens erbringen, um die steuerrechtlichen Vorteile zu erlangen.

Im Güterstand der Gütertrennung kommt es im Todesfall eines Ehegatten gar nicht erst zu einer Anwendbarkeit des § 1371 Abs. 2 BGB, so dass auch nicht die Möglichkeit besteht, ein Wahlrecht in Anspruch zu nehmen und in den Genuss der Steuerfreiheit nach § 5 Abs. 2 ErbStG zu kommen.

§ 5 Abs. 2 ErbStG stellt aber nicht nur die reale Zugewinnausgleichsforderung im Todesfall (sofern man von dem oben beschriebenen Wahlrecht Gebrauch macht) steuerfrei. Auch der Zugewinnausgleich im Falle einer Auszahlung zu Lebzeiten der Ehegatten erfolgt nach § 5 Abs. 2 ErbStG unter bestimmten Voraussetzungen **steuerfrei**. Es kann von den Ehegatten gewünscht sein, bereits während der (intakten) Ehe eine vorzeitige Übertragung von Vermögen vorzunehmen. Beabsichtigen die Ehegatten den Zugewinn zu Lebzeiten schenkungssteuerfrei zu übertragen ist dies aber nur möglich, wenn es sich nicht um eine freiwillige Leistung ohne unentgeltlichen Rechtsgrund, sondern um eine durch gesetzliche Wirkung veranlasste Zahlung handelt. Der Zugewinnausgleichsanspruch kraft Gesetzes kann ausgelöst werden, wenn durch ehevertragliche Vereinbarung ein Wechsel vom Güterstand der Zugewinngemeinschaft in den Güterstand der Gütertrennung erfolgt.

Die Ehegatten sind jedoch nicht gezwungen nach dem Wechsel den Güterstand der Gütertrennung beizubehalten, nur um die steuerrechtlichen Vorteile zu erlangen. Es ist rechtlich anerkannt im Wege einer sogenannten **Güterstandschaukel** durch Ehevertrag vom Güterstand der Zugewinngemeinschaft in den Güterstand der Gütertrennung zu wechseln und in ein und derselben vertraglichen Vereinbarung auch zu regeln, dass nach dem Wechsel in den Güterstand der Gütertrennung ein erneuter Wechsel in den Güterstand der Zugewinngemeinschaft erfolgen soll. Wenn man in dieser Form vorgeht, besteht allerdings ein geringes **Risiko**, sich dem Vorwurf einer missbräuchlichen Gestaltung auszusetzen, mit der Folge, dass die Steuerfreiheit der Ausgleichszahlung nicht anerkannt wird. Der Bundesfinanzhof hat aber bis heute Entscheidungen von Finanzgerichten gebilligt, wonach eine solche Vorgehensweise steuerrechtlich als unbedenklich angesehen wurde.

Um jegliches Risiko auszuschließen, sollte in der Vereinbarung daher zumindest ein gewisser Zeitraum festgelegt werden, in dem die Ehegatten in Gütertrennung leben, bevor sie in den Güterstand der Zugewinngemeinschaft zurückkehren. Am sichersten ist die Variante, die erneute Rückkehr in den Güterstand der Zugewinngemeinschaft im Rahmen eines zweiten notariellen Vertrages zu vereinbaren. § 5 Abs. 2 ErbStG entfaltet auch Wirkung, wenn die Ehegatten zu Beginn Ihrer Ehe

Gütertrennung vereinbart haben und beabsichtigen rückwirkend in den Güterstand der Zugewinngemeinschaft zu wechseln. Wird durch eine notarielle Vereinbarung das Anfangsvermögen rückwirkend auf den Tag der Eheschließung festgelegt (Rückwirkung der Zugewinngemeinschaft) kann der Zugewinnausgleich aus der gesamten Ehezeit steuerfrei erfolgen, obwohl für einen gewissen Zeitraum ursprünglich Gütertrennung vereinbart war. Diese steuerfreie Rückwirkung gilt aber nur für den realen Zugewinnausgleich nach § 1371 Abs. 2 BGB und nicht für die erbrechtliche Lösung und die damit verbundene fiktive Zugewinnausgleichsberechnung nach § 1371 Abs. 1 BGB.

13.3.4.2 Häufige Empfehlung: Modifizierte Zugewinngemeinschaft

Die modifizierte Zugewinngemeinschaft bietet die Möglichkeit, die Vorteile des Güterstandes der Zugewinngemeinschaft zu nutzen und individualisierte vermögensrechtliche Lösungen zu treffen, die nicht nur zu einer Absicherung des eigenen Vermögens, sondern auch zu einer uneingeschränkten Verfügungsmöglichkeit über das eigene Vermögen führen.

Die (zukünftigen) Ehegatten sollten die Möglichkeiten einer vertraglichen Modifikation immer in ihre Überlegungen zur Gestaltung einer ehevertraglichen Regelung einbeziehen. Die Höhe des Zugewinnausgleichs kann beschränkt werden. Auch die Ausgleichsquote ist abänderbar. Es ist möglich, den Zugewinnausgleich für den Scheidungsfall auszuschließen, aber für den Todesfall zu vereinbaren. Damit würde keine vollständige Gütertrennung eintreten. Im Falle der Scheidung würde kein Zugewinnausgleich durchgeführt. Im Todesfall würde sich dennoch die Erbteilsquote des überlebenden Ehegatten erhöhen. Er könnte in Höhe der fiktiven Zugewinnausgleichsforderung einen erbschaftssteuerfreien Anteil erhalten. Es bestünde alternativ auch die Möglichkeit den realen Zugewinnausgleich nach § 1371 Abs. 2 BGB geltend zu machen, der ebenfalls steuerfrei zufließen würde. Möchte der freiberuflich tätige Arzt seine Praxis oder seine Anteile an einer Gemeinschaftspraxis aus güterrechtlicher Sicht schützen, kann anstatt der Gütertrennung vereinbart werden, dass die Arztpraxis oder Anteile an einer Gemeinschaftspraxis für den Fall der Scheidung nicht dem Zugewinnausgleich unterfallen (weder dem Anfangs – noch dem Endvermögen hinzugerechnet werden), wobei der private Vermögenszuwachs am Ende der Ehe ausgeglichen werden soll. **Eine Beschränkung des Zugewinnausgleichs durch Herausnahme des unternehmerischen Vermögens ist einer der häufigsten Fälle von Modifikationen der Zugewinngemeinschaft**. Eine solche Regelung begründet jedoch weitergehenden Regelungsbedarf. Es müssen verschiedene rechtliche Aspekte, Auswirkungen und die Sichtweisen beider Ehegatten berücksichtigt werden.

Verfügungsbeschränkungen nach §§ 1365, 1369 BGB
Nach § 1365 BGB kann sich ein Ehegatte nur mit Einwilligung des anderen Ehegatten verpflichten, über sein Vermögen im Ganzen zu verfügen. Hat er sich ohne Zustimmung des anderen Ehegatten verpflichtet, so kann er die Verpflichtung nur erfüllen, **wenn der andere Ehegatte einwilligt**. Diese Regelung soll die Ehegatten untereinander vor einseitigen Verfügungen schützen, die ein wirtschaftliches Risiko darstellen.

13.3 Vermögensschutz – Gestaltungsmöglichkeiten

Das Vermögen eines Ehegatten im Ganzen ist betroffen, wenn es sich um **85–90 % des Vermögens** des Ehegatten handelt (vgl. OLG Koblenz FamRZ 2008, 1078; OLG München FamRZ 2005, 272). Liegt ein Rechtsgeschäft vor, das unter § 1365 BGB fällt, sind Verträge schwebend unwirksam und einseitige Rechtsgeschäfte, z. B. Kündigung oder Anfechtung, unwirksam. Schwebend unwirksame Rechtsgeschäfte können nachträglich durch die Zustimmung des anderen Ehegatten geheilt werden. Erteilt der andere Ehegatte die Zustimmung nicht und entspricht das Rechtsgeschäft ordnungsgemäßer Verwaltung, kann das Familiengericht die Zustimmung des anderen Ehegatten ersetzen, wenn dieser sie ohne ausreichenden Grund verweigert oder durch Krankheit oder Abwesenheit an der Abgabe einer Erklärung verhindert und mit dem Aufschub Gefahr verbunden ist.

Dieses Verfügungsverbot kann den **Entscheidungsspielraum eines freiberuflich Tätigen enorm einschränken** und wird auch nicht automatisch aufgehoben, indem z. B. das unternehmerische Vermögen aus dem Zugewinn ausgenommen wird. Oftmals stellt die eigene Praxis oder der Anteil an der Gemeinschaftspraxis das Vermögen eines Ehegatten im Ganzen dar. Entscheidet sich der freiberuflich tätige Ehegatte z. B. die Praxis zu verkaufen, besteht ein absolutes Veräußerungsverbot, wenn es sich dabei um das Vermögen als Ganzes handelt und der andere Ehegatte dem Verkauf nicht zustimmt. Selbst bei einer Umwandlung oder Umstrukturierung der (Gemeinschafts-) Praxis ist die Handlungsfähigkeit blockiert. In einer Gemeinschaftspraxis sind damit auch alle anderen Gesellschafter betroffen. Sollen beispielsweise Abfindungsregelungen geändert oder Änderungen am Betriebsvermögen durch Verkauf oder Einbringung neuen Vermögens erfolgen kann durchaus eine Zustimmungsbedürftigkeit des anderen Ehegatten vorliegen. Im schlimmsten Fall können notwendige Maßnahmen, zumindest bis zum Abschluss eines gerichtlichen Verfahrens auf Ersetzung der fehlenden Zustimmung durch das Familiengericht, nicht umgesetzt werden.

▶ **Praxistipp:** Sollen Regelungen zu einer Modifizierung der Zugewinngemeinschaft getroffen werden, ist es immer notwendig auch die gesetzlichen Verfügungsbeschränkungen der §§ 1365ff. BGB in die Gestaltungsüberlegungen einzubeziehen. In der Regel ist zu empfehlen die Beschränkungen aufzuheben. Zumindest sollte eine solche Regelung im Bezug auf das unternehmerische Vermögen erfolgen.

Der Begriff des unternehmerischen Vermögens – Abgrenzung zum Privatvermögen

Eine Vereinbarung zur Abänderung der wirtschaftlichen Folgen eines Zugewinnausgleichs durch Herausnahme der Praxis(-anteile) aus dem Zugewinn bedarf einer genauen Konkretisierung des unternehmerischen bzw. betrieblichen Vermögens. Es reicht nicht aus, lediglich die Praxis zu benennen oder durch eine allgemeine Beschreibung der Beteiligung an einer Praxis eine Regelung zu treffen. Der Begriff des Betriebsvermögens ist nicht eindeutig genug definiert. Steuerrechtlich umfasst das Betriebsvermögen bei einer Personengesellschaft im Grundsatz sowohl die Wirtschaftsgüter, die zum Gesamthandsvermögen der Mitunternehmer gehören, als auch diejenigen Wirtschaftsgüter, die einem, mehreren oder allen Mitunternehmern gehören (Sonderbetriebsvermögen I oder II).

Eine genaue Beschreibung der Werte, die aus dem Zugewinn ausgenommen werden sollen, ist daher gerade bei Betriebsvermögen angezeigt. Allerdings können die Grenzen zwischen dem Privatvermögen und dem durch die modifizierte Regelung privilegierten Vermögen fließend sein. Damit besteht auch die Gefahr oder Möglichkeit (je nach Sichtweise) eines **manipulativen Einwirkens** auf die Höhe des Zugewinnausgleichs durch Verschiebungen zwischen privatem und betrieblichem Vermögen.

Sog. **gewillkürtes Betriebsvermögen** (Sonderbetriebsvermögen II) können z. B. vermietete bebaute Grundstücke, Immobilien, Wertpapiere, Gesellschaftsanteile an einer Kapitalgesellschaft oder auch die Kunstsammlung sein, die der Praxis aus dem Privatbesitz heraus zur Verfügung gestellt wurde. Es kann also aus steuerrechtlicher Sicht eine Umwandlung von Privatvermögen in gewillkürtes Betriebsvermögen erfolgen. Damit werden Vermögenswerte, die eigentlich in den Zugewinn fallen sollten in das vom Zugewinn ausgeschlossene unternehmerische Vermögen übergeleitet und der Zugewinnausgleichsanspruch verkürzt. Ebenso können die Entnahmen verringert und so der Wertzuwachs des privilegierten Vermögens erhöht werden. Wenn man aber einen umfassenden Schutz der Praxis(-anteile) wünscht, ist eine Festlegung der betrieblichen Vermögenswerte notwendig.

Zudem gibt es Regelungsmöglichkeiten, um eine ggf. vom anderen Ehegatten befürchtete **Manipulationsgefahr zu begrenzen**. Eine Regelung zur Modifikation des Zugewinnausgleichs durch Herausnahme der Praxis(-anteile) sollte daher stets auch von Überlegungen zu dem Umgang mit Verbindlichkeiten, Erträgen und Surrogaten geprägt sein.

Folgeunternehmen und Änderung der Gesellschaftsstruktur

Grundsätzlich können sich gesellschaftsrechtliche Strukturen ändern. Dies gilt nicht nur in Bezug auf die Rechtsform einer Gesellschaft, sondern auch hinsichtlich der Gründung etwaiger Folgegesellschaften. Es ist immer **sinnvoll** eine Regelung zu treffen, die gewährleistet, dass auch Folgeunternehmen, Tochterunternehmen und Beteiligungen nicht vom Zugewinnausgleich umfasst sind.

Beschränkung der Zwangsvollstreckung

Wenn der Ausschluss des Zugewinnausgleichs durch vertragliche Regelung nur bestimmte Vermögenswerte umfasst, kann wegen des übrigen (Privat-) Vermögens noch ein Zugewinnausgleich stattfinden. Ist z. B. der freiberuflich tätige Arzt vor diesem Hintergrund gegenüber seiner Ehegattin ausgleichspflichtig, obwohl seine Praxis durch vertragliche Regelung aus dem Zugewinn herausgenommen wurde, kann seine Frau wegen der Zugewinnausgleichsforderung, resultierend aus dem nicht privilegierten Vermögen, dennoch in das privilegierte Vermögen vollstrecken, falls diese Ausgleichsforderung nicht durch liquide Mittel gezahlt werden kann. Zu empfehlen ist eine Regelung die eine Vollstreckung in das privilegierte Vermögen verhindert. Ansonsten wäre der Schutz der Praxis(-Anteile) nicht vollumfänglich gewährleistet.

Ehegatteninnengesellschaft
Die Ehegatteninnengesellschaft ist eine Form der Gesellschaft bürgerlichen Rechts und kann zwischen den Ehegatten entweder durch ausdrückliche Vereinbarung oder konkludent entstehen.

In ausdrücklicher Form kommt eine Ehegatteninnengesellschaft durch Abschluss eines Gesellschaftsvertrages zustande. In dem Gesellschaftsvertrag wird ein Gesellschaftszweck festgelegt. Es kann jeder erlaubte, wirtschaftliche oder ideelle Zweck vereinbart werden. Der **Bau des gemeinsamen Hauses** kann z. B. ein solcher Zweck sein.

Eine Gründung durch konkludentes Verhalten kann dadurch erfolgen, dass die Ehegatten durch beiderseitige Leistungen einen über den normalen/typischen Rahmen hinausgehenden Zweck verfolgen. So kann bereits eine Ehegatteninnengesellschaft vorliegen, wenn gemeinsam eine berufliche oder gewerbliche Tätigkeit ausgeübt wird oder ein Ehegatte durch seine Arbeitskraft mithilft ein Unternehmen aufzubauen.

Wenn eine Innengesellschaft vorliegt, besteht auch ein **Anspruch auf Auseinandersetzung bei einer Trennung**. Der Stichtag für die Bewertung von Ansprüchen ist – anders als beim Zugewinnausgleich – der Tag der Trennung. Der Anspruch des Ausgleichsberechtigten ist auf eine **Geldzahlung** gerichtet. Die Auseinandersetzung richtet sich nach dem BGB. Eine Ehegatteninnengesellschaft besteht unabhängig von der Art des Güterstandes. Im Bezug auf den Schutz von Praxis(-anteilen) **ist also zu beachten**, dass die bloße Herausnahme aus dem Zugewinn noch keine Gewähr dafür ist, dass der andere Ehegatte im Bezug auf dieses privilegierte Vermögen nicht doch noch Ausgleichsansprüche aus einem anderen Rechtsgrund geltend machen kann.

Der Bundesgerichtshof hat bei Mitarbeit einer Ehefrau in der Praxis des freiberuflich tätigen Ehemannes zumindest angenommen, dass Ansprüche der Ehefrau aus einer Ehegatteninnengesellschaft infrage kommen (vgl. BGH FamRZ 2003, 1454).

▶ **Praxistipp:** Durch klare Regelungen in Eheverträgen können Ausgleichsansprüche aus einer ungewollten Ehegatteninnengesellschaft ausgeschlossen werden.

13.3.5 Fazit

Es ist für jeden Freiberufler, ob in Einzelpraxis, Gemeinschaftspraxis oder Praxisgemeinschaft sinnvoll, sich vor oder in einer Ehe mit familienrechtlichen Thematiken zu befassen und ehevertragliche Regelungsmöglichkeiten, nicht zuletzt aus erbrechtlich und steuerrechtlichen Gesichtspunkten, prüfen zu lassen. Oftmals wird ein offenes Gespräch mit dem (zukünftigen) Ehegatten über ehevertragliche Regelungen gescheut. Eine nüchterner Analyse der Vermögenssituation und der Absicherungsgedanke für den Fall der Scheidung wollen nicht so recht zu der romantischen Vorstellung einer ewig währenden Liebe passen. Wenn es aber entgegen jeder Erwartung doch einmal zu einer Trennung und Scheidung kommen sollte, ist es kaum noch möglich vernünftige Auseinandersetzungsregelungen zu treffen. Heutzutage wird im Durchschnitt jede dritte Ehe geschieden. Es stellt sich die Frage ob Aussagen wie „Warum heiraten, wenn jetzt schon ein Ehevertrag im Hinblick auf eine Scheidung geschlossen werden soll" oder „Es mag sein, dass andere einen Ehevertrag brauchen, wir sicher nicht" einer reifen und realistischen Sicht auf eine angestrebte gleichberechtigte dauerhafte Lebensgemeinschaft entsprechen oder vielmehr eine verklärte und auch naive Sicht der Dinge vorherrscht. Keiner kann die Zukunft vorhersehen. Letztendlich ist der Entschluss eine Ehe einzugehen in der Regel von Gefühlen geprägt, die sich zwar über einen gewissen Zeitraum entwickelt und verfestigt haben. Eine Garantie dafür, dass diese Gefühle dauerhaft bleiben und ausreichen, um den Bund der Ehe für immer aufrechterhalten zu können, gibt es aber nicht. Genau aus diesem Grund ist Vorbeugung und Absicherung für die Zukunft immer sinnvoll.

Stichwortverzeichnis

A
Abdingung, 21, 25
Abfindung, 164, 172, 175–176, 179, 182
Abmahnung, 266
Abrechnung nicht persönlich erbrachter Leistungen, 128
Abrechnungsbetrug, 127–128, 178
Abrechnungsmanipulation, 121
Abrechnungsprüfung, 65
Akteneinsichtsrecht, 123
Allgemeines Gleichbehandlungsgesetz, 244
alternative Heilverfahren, 31
Altersversorgung, 351
ambulante Operation, 199
ambulante spezialfachärztliche Versorgung, 80
Anfangsvermögen, 338
angestellter Arzt, 210
Anstellung von Ärzten, 39, 195–196, 210, 273
   Berufsordnung, 91
   Einhaltung der vertragsärztlichen Pflichten, 273
   nachvertragliches Wettbewerbsverbot, 274
Anti-Korruptionsregelungen, 95
Apparategemeinschaft, 152, 155, 192
Approbation, 85
   Rücknahme, 86
   ruhende, 86
   Widerruf, 86
Arbeitsrecht, 243
   Kündigung, 257
   Probezeit, 249
   rechtliche Grundlagen, 243
   Überstunden, 246
Arbeitsverhältnis
   Beendigung, 256
   Begründung, 243
   Störung, 255
Arbeitsvertrag, 243, 246
   Abschluss, 246
   befristeter, 250

Arzneimittelverordnung, 54
Arzt, angestellter, 210
Arzt-Patient-Rechtsbeziehung, 1
Ärztegesellschaft, 94, 166
Ärztehaus, 101
Ärztekammer, 42, 87, 212
Arzthaftpflichtrecht, 217
Arztpraxis, 294
   mehrere Standorte, 92
   Übertragung, 294
Arztregister, 36
Arztvertrag, 1
Assistent, 212, 241
Auffälligkeitsprüfung, 49
Aufhebungsvertrag, 256
Aufklärung, 22
Aufklärungspflicht
   über Behandlungsalternativen, 226
   wirtschaftliche, 8
aufschiebende Bedingung, 328
aufschiebende Wirkung, 56–57, 118, 312
Ausbildungsassistent, 212
Auseinandersetzung, außergerichtliche, 231
außergerichtliche Auseinandersetzung, 231
Ausfallhonorar, 16
ausgelagerter Praxisraum, 156
Ausschreibung, 306
Auswahlkriterien, 309

B
Basisunterhalt, 349
Bedarfsplanung, 37, 303
Beendigung des Arbeitsverhältnisses, 256
Behandlungsalternative,
   Aufklärungspflicht, 226
Behandlungsfehler, grober, 236
Behandlungspflicht, 21
Behandlungsprogramm, strukturiertes, 79
Behandlungsunterlagen, 233

© Springer-Verlag GmbH Deutschland 2017
H.-P. Ries et al., *Arztrecht*,
DOI 10.1007/978-3-662-54405-1

Behandlungsvertrag, 27, 152, 166, 168
  Ende, 6
  Zustandekommen, 3
Belegarzt, 200
Beratung, 28, 45
Berufsausübung, gemeinsame, 91
Berufsausübungsgemeinschaft, 151
  überörtliche, 184
Berufsgerichtsbarkeit, 107
Berufsordnung, 11, 22, 88
  Anstellung, 91
  Ärztegesellschaft, 94
  gemeinsame Berufsausübung, 91, 152
  Kooperation, 92, 153, 157, 189
  mehrere Praxisstandorte, 92
Berufsverbot, 145, 326
Berufung, 237
besondere ambulante ärztliche Versorgung, 77
besondere Versorgung, Anschubfinanzierung, 74
Bestandsschutz, 169
Beteiligung, 157, 159, 171, 194
Betreibermodell, 156
Betreibung, 17
Betriebskosten, 283
Betriebsübergang, 272, 320
  Arbeitsrecht, 272
  Unterrichtungspflicht, 273
  Widerspruchsrecht der Arbeitnehmer, 272
Betriebsvermögen, 359
  gewillkürtes, 360
Beweisbeschluss, 235
Beweislast, 50, 236
Beweislastumkehr, 51
Beweisverfahren, selbständiges, 238
Blickfangwerbung, 100
Buchwerte, 299
Bundesärztekammer, 88

C
Checkliste
  Praxisverkauf, 333
  Wirtschaftlichkeitsprüfung, 60

D
Dauerassistent, 213
deliktische Haftung, 217
Diagnosis Related Group, 200
Direktvertrag, 71
Disease Management Programms(DMP´s), 79
Disziplinarausschuss, 112
Disziplinargewalt, 111

Disziplinarmaßnahme, 115
Disziplinarverfahren
  Ablauf, 112
  Amtsermittlung, 113
  Antrag, 112
  Ermessen, 112, 117
  Eröffnungsbeschluss, 113–114
  Hauptverhandlung, 114
  Mangel, 117
  Ordnung, 109, 113, 146
  Pflichtverletzung, 110
  Rechte des Arztes, 115
  Rechtsmittel, 118
  Stellungnahme, 113
  Verhältnismäßigkeit, 117
  Ziel, 109
Dokumentation, 9, 239
Dokumentationspflicht, 10
Doppelbelastung, 68
Doppelverwertungsverbot, 342
DRG (Diagnosis Related Group), 200
Düsseldorfer Tabelle, 350

E
Ehegatten-Arbeitsverhältnis, 322
Ehegatten-Arbeitsvertrag, 254
Ehegatten-Innengesellschaft, 361
Ehevertrag, 345–346
Einholung eines Sachverständigengutachtens, 235
Einsparungen, kompensatorische, 51
Einwilligung, 5
  der Eltern, 5
  des Patienten, 133
  mutmaßliche, 132–133
Elternzeit, 252
Endvermögen, 338
Entlastungsassistent, 212
Entschädigungsanspruch, 304
Erbschaftssteuer, 355
Erholungsurlaub, 251
Ermächtigung, 39, 193
Ermittlungsverfahren, 126, 146
  Einstellung, 146
Ertragswertmethode, modifizierte, 341

F
Fahrlässigkeit, 134
Fälligkeit, 17, 19
Fallkostenvergleich, statistischer, 48
Familienrecht, 337
Fortsetzungsklausel, 164
freiberuflicher Honorararzt, 204

G

Gemeinschaftspraxis, 152, 168, 184
   Scheinvertrag, 170
   Vorteile, 168
Gemeinschaftspraxisvertrag, 169
   Abfindung, 176
   Bestandsschutz, 178
   Beteiligung, 171
   Fehler, 177
   Geschäftsführung, 173
   Gewinn, 174
   Hinauskündigungsklausel, 175
   Konkurrenzschutzklausel, 179
   Kündigung, 175
   Verlust, 174
   Zulassung, 182
   Zusammenarbeit, 174
Genehmigung, 169, 177, 187, 191, 195, 212
Gesamtvergütung, 36
Geschäftsführung, 173, 190
Geschäftsstelle, 45, 56
Gesellschaft bürgerlichen Rechts, 160
Gesellschafterstellung, 161
Gesellschaftsvermögen, 161
Gesellschaftsvertrag, 169, 171, 181
Gesundheitsleistung, individuelle, 27
Gesundheitsschaden, 228
Gesundheitszentrum, 208
Gewährleistung, 111
Gewährleistungsanspruch, 315
Gewährleistungsauftrag, 36, 65
gewillkürtes Betriebsvermögen, 360
Gewinn, 99, 149
GKV VStG, 151
GmbH, 99, 166, 192, 197
Goodwill, 172, 179, 181, 190, 299, 325
grober Behandlungsfehler, 236
Güterstandschaukel, 357
Gütertrennung, 353

H

Haftpflichtrecht
   Grundlagen, 217
   Schadensersatz, 228
   Schmerzensgeld, 228
Haftung
   aus Aufklärungsfehler, 225
   deliktische, 217
   für Schulden eines Ehegatten, 353
Haftungsfall, Prävention, 238
Handlung, unerlaubte, 217
hausarztzentrierte Versorgung, 75
   Teilnahme der Versicherten, 75
   Vertragsinhalt, 76
   Vertragspartner, 76
Heilkunde-GmbH, 166
Heilmittelverordnungen, 54
Heilverfahren, alternatives, 31
Hilfeleistung, unterlassene, 134
Hinauskündigungsklausel, 175
Honorarabrechnung, 12, 52, 115, 211
Honorararzt, 203
   freiberuflicher, 204
   honorarärztliche Tätigkeit im Krankenhaus, 202
Honorarbescheid, 170
Honorarverteilung, 42, 169
Honorarverteilungsmaßstab (HVM), 42, 68
Honorarvertrag, 203
HVM (Honorarverteilungsmaßstab), 42–43, 68

I

immaterieller Praxiswert, 299
Immobilieneigentum, 341
individuelle Gesundheitsleistung (IGeL), 27
Integrationsvertrag, 72
integrierte Versorgung, 71
   Teilnahme der Versicherten, 74
intellektuelle Prüfung, 51
Internet, 105
Inventarverzeichnis, 315
Investitionskostenabschlag, 83

J

Job-Sharing, 38

K

Kapitallebensversicherung, 343
Karenzentschädigung, 275
Kartellrecht, 78
Kassenärztliche Vereinigung, 35, 110
Kassenärztliche Vereinigung (KV), 22, 111, 211
   Vertreterversammlung, 35
Kaufpreisminderung, 332
Kaufvertrag
   Arbeitsverhältnisse, 320
   Ehegattenzustimmung, 325
   Genehmigung, 325
   Gewährleistung, 329
   Konkurrenzschutzklausel, 325
   Mietvertrag, 323
   Rechnungsabgrenzung, 324
   Salvatorische Klausel, 329
   Vorvertrag, 313

Kernbereich der Gesellschafterstellung, 161
kick-back, 157
Kindesunterhalt, 350
Klageerwiderung, 235
Klageschrift, 234
Klinik, 99
kompensatorische Einsparungen, 51, 55
Konkurrenzschutz, 179, 190
Konkurrenzschutzklausel, 179, 287, 325
Konkurrenztätigkeit zum Nachteil seines
    Arbeitgebers, 274
Konsiliararzt, 202
Kooperation, 92, 149, 154, 158, 168, 189
    Apparategemeinschaft, 152, 192
    Berufsausübungsgemeinschaft, 151–152
    Gemeinschaftspraxis, 152, 168
    GmbH, 166
    Gründe, 149
    Laborgemeinschaft, 152, 192
    Medizinisches Versorgungszentrum
      (MVZ), 193
    mit Krankenhaus, 198
    Partnerschaftsgesellschaft, 164, 198
    Praxisgemeinschaft, 189
    Praxisnetz, 209
    Praxisverbund, 209
    Rechtsform, 190, 192–193
Kooperationsgrad, 43
Körperverletzung, 131, 133
Korruptionsbeauftragte, 146
Kostenerstattung, 38
Krankenhaus, Kooperation mit Ärzten, 198
Krankenhausstrukturen, Nutzung, 199
Kündigung, 257
Kündigungsfrist, 260
Kündigungsrecht, 254
Kündigungsschutz, 262
KV Siehe Kassenärztliche Vereinigung, 35

L
Laborgemeinschaft, 152, 192
Landesausschuss der Ärzte und Krankenkas-
    sen, 83
Leistung, wahlärztliche, 205
Leistungsbegrenzung, 186, 214
Liquidation, 345
Luftleistung, 128

M
Mahnwesen, 17
materieller Praxiswert, 171
Medizinisches Versorgungszentrum
    (MVZ), 193

    Bürgschaftserklärung, 197
    Genehmigung, 195
    Geschäftsführung, 195
    Zulassung, 193, 195
Mietrecht
    Bedeutung, 279
    Genehmigung, 291
    Schutzvorschriften, 279
Mietvertrag, 280–281
Mietzins, 282
Minderaufwand, 55
Minderung des Kaufpreises, 332
modifizierte Ertragswertmethode, 341
modifizierte Zugewinngemeinschaft, 353, 358
Morbidität, 43
Münchener Empfehlungen, 319
Mutterschutzvorschriften, 252

N
Nachbesetzungsverfahren, 303
    Ausschreibung, 183, 306
    Auswahlentscheidung, 183, 309
    Konkurrentenstreit, 312
    Kriterien, 169, 297, 309
    Verlauf, 183, 305
    Verzicht, 307
nachehelicher Unterhalt, 348
Nachhaftungsversicherung, 242
nachvertragliches Wettbewerbsverbot, 275
Nebenkosten, 283
Nebentätigkeit, 41, 187
Niederlassung, 172, 293, 312
Nullbeteiligungsgesellschaft, 154
Nutzung von Krankenhausstrukturen, 199

O
Offenbarungspflicht, 13, 20
offensichtliches Missverhältnis, 50, 55
Organisationsgemeinschaft, 152, 189

P
Partnerschaftsgesellschaft, 164
Patientenkartei, 138, 189, 317
Pflichtverletzung, 112, 115, 190, 332
Plausibilitätsprüfung, 65–66
Präsenzpflicht, 38
Praxisabgabe, 326
Praxisbesonderheiten, 51, 53, 57
Praxisbewertung, Verkehrswertermittlung, 311
Praxiseinrichtung, 294
Praxisgemeinschaft, 12, 168, 189
    Geschäftsführung, 190
Praxiskaufvertrag, 313

Rückabwicklung, 332
Vorvertrag, 313
Praxislogo, 100
Praxismietvertrag, 323
Praxisnetz, 80, 209
Praxisraum, ausgelagerter, 92, 156
Praxissitz, 179, 192
Praxisübernahmevertrag, 313
Praxisübertragung
  Arbeitsverhältnisse, 320
  Ausschreibung, 306
  Fälligkeit, 316
  Gewährleistung, 329
  Inventarverzeichnis, 315
  Kaufpreis, 298
  Kaufvertrag, 313
  Konkurrentenstreit, 312
  Kündigung, 320
  Mietvertrag, 323
  Patientenkartei, 317
  Planung, 296
  Verkehrswert, 311
  Zulassungsbeschränkung, 303
Praxisverbund, 209
Praxisvertretung, 40, 326
Praxiswert
  immaterieller, 299
  materieller, 171
Privatbehandlung, 229
Private Krankenversicherung, 1
Privatpatient, 8, 21, 300
  Vergütung, 3
Probezeit, 249
Prüfmethode, 46, 51, 53
Prüfreferent, 56
Prüfvereinbarung, 45, 56

Q
QZV (qualitätsgebundene Zusatzvolumina), 43

R
Rechtsmittel, 237
Rechtsschutzmöglichkeit, Zulassungsentziehungsverfahren, 124
Regelprüfmethode, 45
Regress
  Praxisübertragung, 319
  Wechselwirkung, 68
  Wirtschaftlichkeitsprüfung, 51
Regulierungshoheit der Versicherung, 233
Residenzpflicht, 38
Revision, 238

Richtgrößenprüfung, 55
Richtigstellung, sachlich-rechnerische, 65
RLV (Regelleistungsvolumen), 43
Rückabwicklung eines
  Praxiskaufvertrages, 332
Ruhestandsversicherung, 242

S
Sachverständigengutachten, 235
Salvatorische Klausel, 181, 329
Satzung, 35
Schadensersatz, 12, 98, 228
Scheingesellschaft, 128, 170, 177
Scheinpartnerschaft, 159
Scheinselbständigkeit, 206
Scheinsozietät, 170, 177–178
Schmerzensgeld, 228
Schönheitsreparatur, 286
Schutzvorschrift, mietrechtliche, 279
Schwangerschaft, 40
Schweigepflicht, 11, 317
  Ausnahmen, 13
  Praxisgemeinschaft, 12
  Praxisverkauf, 11
  Rechnung, 12
  Verletzung, 136
selbständiges Beweisverfahren, 238
Selektivvertrag, 77
Sicherstellungsauftrag, 22, 36, 111
Sozialgericht, 118, 313
Sozialversicherungspflicht, 205
Spezialisierung, 103
Sprechstunde, 41, 128, 156, 169
statistischer Fallkostenvergleich, 48, 55, 68
Strafrecht
  Abrechnungsbetrug, 127
  Berufsverbot, 145
  Einwilligung des Patienten, 133
  Folgen einer Straftat, 144
  Körperverletzung, 131
  Schweigepflicht, 136
  unterlassene Hilfeleistung, 134
  Verfahrenseinstellung, 146
  Verhältnismäßigkeit, 145
  vorsätzlicher Betrug, 129
Straftat, 144
  Rechtsfolgen, 144
Strafverfahren
  Ablauf, 146
  Einstellung, 146
Streubreite, 50
strukturiertes Behandlungsprogramm, 79
Strukturvertrag, 80, 210

T

Tätigkeitsschwerpunkte, 103
Teilzeitanstellung am Krankenhaus, 202
Telemediengesetz, 105
Trennungsunterhalt, 347
Trennungsvereinbarung, 345

U

Übergangszone, 50
überörtliche Berufsausübungsgemeinschaft, 184
Überversorgung, 196, 293
Umwandlung einer angestellten Zulassung, 215
unerlaubte Handlung, 217
Unterhalt, 347–348
    nachehelicher, 348
unterlassene Hilfeleistung, 134
Unternehmerlohn, 342
Unterversorgung, 36, 39
Urlaub, 40, 101, 120, 149, 169, 191, 211, 322
Urteil, 237

V

Veräußerungsverbot, 359
Verbundverfahren, 351
Verfügungsverbot, 359
Vergleich, 58, 237
Vergleichsgruppe, 49, 53
Vergütung, 68
Verhältnismäßigkeit, 97, 117, 145
Verhandlung, 57
Verjährung, 19
Verkehrswert der Praxis, 299, 304
Verkehrswertgarantie, 312
Verlust, 163
Vermögensverschiebung, 339
Vermögenswerte im Zugewinn, 340
Versicherung, Regulierungshoheit, 233
Versorgung
    ärztliche
        besondere, ambulante, 74
        besondere, Anschubfinanzierung, 77
        besondere, Vertragsgestaltung, 77
        hausarztzentrierte Siehe hausarztzentrierte Versorgung, 75
        integrierte Siehe integrierte Versorgung, 74
        spezialfachärztliche, ambulante, 80
Versorgungsausgleich, 351
Vertragsarzt, 295, 306
vertragsärztliche Tätigkeit, 38, 119, 186, 211, 312
Vertragsarztsitz, 41, 119, 175, 182, 184, 186, 196, 212, 294
    Nachbesetzung, 182, 303
Vertragsarztzulassung, 22
Vertragsgestaltung bei besonderen Versorgungsformen, 77
Vertreter, 40, 155, 211, 241
Verweilgebühr, 16
Verwirkungsgründe, 347
Verzicht, 39, 120, 182, 197
Verzug, 17, 316
Verzugsschaden, 18
Vollzulassung, 215
Vorbehalt, 191, 313, 316, 323
Vorsatz, 129
Vorvertrag, 313

W

wahlärztliche Leistung, 205
Weiterbildung, 36, 42, 212
Weiterbildungsassistent, 212
Weiterbildungsordnung, 42, 106
Werbung, 96, 100
    Klinik, 99
Wettbewerbsklausel, 179, 325
Wettbewerbsrecht, 97
Wettbewerbsverbot, 276
    nachvertragliches, 275
Wirtschaftlichkeitsgebot, 23, 44, 51, 118
Wirtschaftlichkeitsprüfung, 43
    Arzneimittelverordnungen, 54
    Auffälligkeitsprüfung, 49
    aufschiebende Wirkung, 56–57
    Beweislastumkehr, 51
    Checkliste, 60
    Doppelbelastung, 68
    Einzelfallprüfung, 50–51
    Ermessen, 55
    Geschäftsstelle, 45
    Heilmittelverordnung, 54
    intellektuelle Prüfung, 51
    kompensatorische Einsparungen, 51, 55
    Mehraufwand, 53, 55
    Minderaufwand, 55
    offensichtliches Missverhältnis, 50, 55
    Plausibilitätsprüfung, 66
    Praxisbesonderheiten, 57
    Prüfmethoden, 46, 51, 53
    Prüfreferent, 56
    Prüfvereinbarung, 45, 56
    Prüfverfahren, 45, 52
    Rechtsschutzmöglichkeiten, 57
    Regelprüfmethode, 45

Richtgrößenprüfung, 55
sachlich-rechnerische Richtigstellung, 65
statistischer Fallkostenvergleich, 48, 55, 68
Stellungnahme, 52
Streubreite, 50
Übergangszone, 50
Vergleich, 58
Vergleichsgruppe, 49, 53
Verhandlung, 57
Zufälligkeitsprüfung, 68
Wohlverhalten, 122
Wunschbehandlung, 241

Z
Zahnärztehaus, 101
Zeitungsanzeige, 102
Zeugniserteilung, 269
Zufälligkeitsprüfung, 68
Zugewinn, 352
    Vermögenswerte, 340
Zugewinnausgleich, 338
Zugewinngemeinschaft, 337
    modifizierte, 353, 358
Zulassung, 36, 294
    angestellte, Umwandlung, 215
    Ende, 39
    ruhende, 118
    Verzicht des Praxisabgebers, 307
Zulassungsausschuss, 309
    Ermessensentscheidung, 308
Zulassungsbeschränkung, 303
Zulassungsentziehung
    Akteneinsicht, 123
    Antrag, 123
    fehlende Ausübung der Tätigkeit, 120
    gröbliche Pflichtverletzung, 121
    Stellungnahme, 123
    Verfahren, 123
        Rechtsschutzmöglichkeit, 124
    Voraussetzungen, 119
Zweigpraxis, 156, 212

Printed by Printforce, the Netherlands